좋은 리더의
리더십을 위한
친절한 병법서

좋은 리더의
리더십을 위한
친절한 병법서

초판 인쇄일 2025년 11월 13일
초판 발행일 2025년 12월 1일

지은이   임유진
펴낸이   김순일
펴낸곳   미래문화사
신고번호 제2014-000151호
신고일자 1976년 10월 19일
주소   경기도 고양시 덕양구 삼송로 222, 현대헤리엇 업무시설동(101동) 301호
전화   02-715-4507
팩스   02-713-4805
이메일   mirae715@hanmail.net
홈페이지 www.miraepub.co.kr
블로그   blog.naver.com/miraepub

ISBN 978-89-7299-589-0 (03390)

좋은 리더의 리더십을 위한 친절한 병법서

| 임유진 편저 |

그들은 어떻게 위기를 기회로 바꾸었는가?

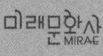
미래문화사
MIRAE

《좋은 리더의 리더십을 위한 친절한 병법서》을 펼치며

인류 역사는 한마디로 전쟁의 역사다. 그중에 대국이란 영토가 넓고 군사력이 강한 나라를 말한다.

서양의 로마와 동양의 중국은 그 본보기로 전쟁의 역사이자 군사의 역사였다. 천년의 비서祕書를 남긴 지대물박地大物博의 중국은 생존과 번영의 수단으로 전쟁을 일으키고 그래서 문화와 역사를 발전시키는 동력으로 이용했다. 전쟁은 인력과 물자, 즉 수단과 방법을 총동원하여 겨루다보니 결과는 비참하고 처절하다. 어떻게든 이기기 위해 수단과 방법을 가리지 않고 구사했던 패턴들을 모아서 일목요연하게 정리한 것이 병법서다.

병법서兵法書는 그래서 몹쓸 책이다. 《36계 병법》도 매한가지다. 읽고 또 읽어 봐도 인仁·의義·예禮·지智·신信의 인간 도리는 눈 씻고 봐도 없다. 혀는 검이 되고 입술은 창이 되어 치고받는 날카로운 논변으로 무장한 유세객들의 각축장이 되기도 했다. 세기적 논변의 껍질만 벗겨 봐도 독기毒氣어린 이빨과 먹고 먹히는 기만전술로 가득 차 있다.

《36계 병법》을 비롯해 모든 병법은 상대방을 속이고 싸워서 이기려는 수작들로 꾸며져 있다. 이기는 것이 최상의 목표이면서도 계책 중에 최고의 계책은 싸우지 않고 이기는 것이라고 한다. 그래서 전열을 가다듬는 초반, 총진군으로 전세를 뒤집는 중반, 승세를 굳히는 종반의 살벌한 게임이 진정으로 병법이 가르치는 얄궂은 법法이다.

패기만만한 20대 후반에 이《36계 병법》을 읽고는 세상을 이길 비장祕藏의 무기를 가진 무사처럼 흥분했다. 그만큼 머리를 빙 돌게 매료시키고 어떤 난관에 부딪치든지 마법의 지팡이처럼《36계 병법》중에 하나를 꺼내 대응하면 이기지 못할 싸움이 없다고 자신만만했다. 세상이 내 손 안에 들어 있다는 승리감에 도취되어 있었다. 어느 누구와도 싸울 만반의 준비를 갖춘 듯하였다. 그래서 나의 주장은 언제나 당당했고 일 처리는 일사천리였다.

그러는 동안 많은 사람이 내 주장에 채이고 일 처리 과정에서 상처를 입어 마음에 응어리를 남게 했다. 나는 이를 해소하기 위하여 눈물 나는 노력을 기울이면서 전략을 바꿔야겠다고 생각했다.

그리고 마흔이 넘어 다시《36계 병법》을 꺼내 들었다. 책을 읽으면서 소름이 돋는 듯 뜨끔했다. 그렇게 만만해 보이던 세상은 한없이 넓게 느껴졌고 내가 서 있는 자리는 초라할 정도로 작아져 있었다. 15여 년 만에 보이는 확연한 변화였다. 손 안에 쥐어질 듯한 세상은 온데간데없고 조심스럽고 남의 눈치나 살피는 소시민이 되어 있었다.

10년이면 강산도 변한다는데 바로 그 자리에 서 있었다.

'달은 우주의 촛불이 되고(월위우주촉月爲宇宙燭), 바람은 산과 강의 북이 된다(풍작산하고風作山河鼓)'는 옛 시가 그 옛날《36계 병법》처럼 내 마음에 와 닿았다. 세상이 평면이 아니라 입체적으로 비쳐지기 시작하면서 내일의 예측이 가능했다.

병법하면 많은 사람들이《손자병법孫子兵法》을 떠올리지만《36계 병법》도 전국시대 때부터 활용되어온 유명한 병법서다.

병법서이기 때문에《손자병법》속의 핵심이《36계 병법》속에 녹아있어 누구에게나 승리를 안겨다주는 인생 교과서다.

'구름은 천층 봉우리가 되고(운작천층봉雲作千層峰), 무지개는 백 척의 다리가 되도다(홍위백척교虹爲百尺橋)'는 말처럼 《36계 병법》은 천층 봉우리가 되고 가랑비에 무지개가 뜨는 다리가 되고 있었다. 나는 다시 《36계 병법》을 읽으면서 구정물 속에 몸을 담갔었다는 생각을 지울 수 없었다. 강자 앞에 약하고 약자 앞에 강한 겁쟁이의 표본이 나였음을 알았다.

'사람의 마음은 조석으로 변하지만(인심조석변人心朝夕變), 산색은 예나 지금이나 변함이 없다(산색고금동山色古今同)'는 말처럼 변하지 않을 것 같았던 내가 이 시대의 표류아가 되어 있었다.

《36계 병법》은 결코 새로운 묘법妙法이 아니다. 병법 중의 병법이라는 싸우지 않고 이기기 위해서 불리하면 도망가고 움츠려 있다가 재도전하는 〈주위상책走爲上策〉이 최고의 계책이다. 이를 15여 년이 지난 뒤에 읽고 나서 비로소 깨닫게 된 것이다.

'도망가는 게 상책'이라는 말이 물러섬과 나아감의 단순한 이치를 이토록 실감나게 매료시켰던 때가 없었다. 이제 30대 때보다 지위는 높아졌지만 여전히 위로 보면 층층 고공이고, 아래로 내려다보면 치고 올라오는 후배들이 두렵다. 그래서 20대의 당당하던 모습은 벗어던져 버린 지 오래다. 이젠 상사의 말에 토 달지 않고 고분고분해지고, 후배들에게도 지시보다 부탁해야 하는 어투가 생존을 위해서 어쩔 수 없이 내뱉는 태도다. 이는 지켜야 할 '가정'이 있고 싸움에서 이기기 위해 이길 싸움에만 나서면서부터다.

패배는 곧 죽음이다. 죽으면 모든 것이 끝장나 버린다. 힘을 키워 재도전할 기회마저 놓쳐버리고 만다. 새로운 기회를 잡기 위한 계책이 《36계 병법》이고 이 계책의 맨 마지막 계가 '달아나고 도망간다'는 〈주위상走爲上〉책이다.

《36계 병법》을 정리하면서 병법도 '그렇고 그런 것이구나'라는 생각을 갖게 되었다. 선을 추구하고 악을 배척하는 도전적인 젊은 날과 달리 마흔을 넘어서면서 동전의 양면일 뿐이라는 생각이 그렇다. 지금 황혼 녘을 바라보면서 인생의 순리를 따름이 마치 생의 항복 선언서같이 느껴져 생경스럽기만 하다. 병법은 마치 원처럼 시작이 끝이고 끝이 시작이라는 다람쥐 쳇바퀴 같다는 생각이 든다. 권모술수와 처세술이 정치적 플레이와 사업적 게임처럼 이 속에 교묘하게 녹아 있어 손에서 책을 놓지 못하게 만든다.

우리 속담에 도둑놈은 한 죄지만 도둑맞은 놈은 열 죄라는 말을 새겨 보게 된다. 훔친 물건은 하나밖에 없지만 도둑맞은 놈은 제대로 간수하지 못한 죄에다 쓸데없이 의심한 죄 등 열 가지를 짓게 된다는 말이다. 병법이라는 것도 결국 전략가들이 승리한 껍데기에다 이것저것 덧칠하여 놓은 이야기가 주된 테마다. 그렇게 보면 남들이 벗어 놓은 허물이나 이미 꾀했던 책략을 모아 놓은 패턴에 불과할 뿐이다. 어느덧 뒷 강물이 앞 강물 밀어내듯 석양 노을이 보일 듯한 변방에 서있다.

어느 시대건 소시민이 한 세상 살아가는데 눈꼬리를 세우고 사는 때가 얼마나 되겠는가! 마음속에 타협이라는 보따리를 싸들고 주어진 현실을 인정하면서 꼬리를 바짝 내린 채 납작 엎드려야 짓밟히지 않는다는 것도 이쯤해서 알게 되었다. 살아남은 자가 강한 자라는 예측을 가능하게 하고 그래서 비겁하지만 도망가 훗날을 기약하는 게 상책임을 《36계 병법》이 다시 한 번 상기시켜 주고 있다. 《36계 병법》은 2,500년 전에 군사적 정치적 요소들을 집합한 지식을 보편적 원칙에 따라서 정리한 전략적 학문서다. 따라서 이 《36계 병법》을 읽고 나면 역사적 사건을 36가지 패턴으로 짜맞춘 산물임을 알게 되고 읽는 사람에게는 구만 리를 나는 날개를 달아 주는 기쁨을 누릴 것이다.

편저자

차례

제1부 승전계 勝戰計

제2부 적전계 敵戰計

제3부 공전계 攻戰計

제4부 혼전계 混戰計

제5부 병전계 竝戰計

제6부 패전계 敗戰計

《36계 병법》의 개요

36계는 '도망가는 것이 상책走爲上策'이라고 알고 있다. 그래서 많은 사람들이 《36계 병법》이 따로 있다고 하면 놀란다. 그러면서도 은연중에 〈차도살인借刀殺人〉이나 〈성동격서聲東擊西〉나 〈원교근공遠交近攻〉이나 〈미인계美人計〉나 〈고육계苦肉計〉는 《36계 병법》 내용인지 모른 채 많이 쓰고 있다.

《36계 병법》은 서른여섯 개의 계책인데 첫 계 〈만천과해瞞天過海〉에서 서른여섯 계인 〈주위상책走爲上策〉으로 끝나며 중국인들에겐 《손자병법》에 버금갈 만큼 널리 알려져 있다.

중국 고전 중에 7가지 병서 《손자孫子》, 《오자吳子》, 《육도六韜》, 《삼략三略》, 《사마법司馬法》, 《이위공문대李衛公問對》, 《울요자尉繚子》 등을 일컬어 '무경칠서武經七書'라 하는데 《36계 병법》은 이 7경 중에서 빼어난 서른여섯 항목을 골라 수록한 것이라고 전한다.

《36계 병법》이 세상에 알려진 것은 《자치통감資治通鑑》에서 '단장군檀將軍이 36가지 계책 중 도망가는 것도 계책이다檀公三十六策 走爲上策 計汝父子唯有走耳.'고 한 부분에서부터다. 단도제檀道濟는 남북조시대 때 남조 송나라 사람으로 송宋 무제武帝의 건국을 도운 명장이며 북위北魏가 두려워 할 정도로 위명威名을 떨쳤다. 그런 36계가 이름만 전해져 오다가 1941년도에 지금의 형태로 발견되어 세상에 알려졌다. 36계를 출전에 따라 아래 다섯 가지로 분류해 보면 다음과 같다.

첫째, 병법서에서 유래한 네 가지.

　4계 이일대로以逸待勞, 30계 반객위주反客爲主-《손자孫子》.

　6계 성동격서聲東擊西, 19계 부저추신釜底抽薪-《회남자淮南子》.

둘째, 사서史書에서 유래한 여섯 가지.

　1계 만천과해瞞天過海, 2계 위위구조圍魏救趙, 14계 차시환혼借尸還魂,

　23계 원교근공遠交近攻, 24계 가도벌괵假途伐虢, 36계 주위상走爲上

셋째, 《삼국지연의》에서 유래한 열 가지.

　3계 차도살인借刀殺人, 8계 암도진창暗渡陳倉, 9계 격안관화隔岸觀火,

　15계 조호이산調虎離山, 16계 욕금고종欲擒故縱, 31계 미인계美人計,

　32계 공성계空城計, 33계 반간계反間計, 34계 고육계苦肉計,

　35계 연환계連環計.

넷째, 시詩에서 유래한 세 가지.

　11계 이대도강李代桃殭, 17계 포전인옥抛磚引玉, 18계 금적금왕擒賊擒王.

다섯째, 출전이 없이-속담처럼 이어져 온 열세 가지.

　5계 진화타겁趁火打劫, 7계 무중생유無中生有, 10계 소리장도笑裏藏刀,

　12계 순수견양順手牽羊, 13계 타초경사打草驚蛇, 20계 혼수모어混水摸漁,

　21계 금선탈각金蟬脫殼, 22계 관문착적關門捉賊, 25계 투량환주偸梁換柱,

　26계 지상매괴指桑罵槐, 27계 가치부전假痴不癲, 28계 상옥추제上屋抽梯,

　29계 수상개화樹上開花.

위에서 보듯이 《36계 병법》은 다른 병법서와는 달리 사자성어로 되어 있어 읽고 외우기 쉽다. 출전도 대중적인 《삼국지연의》의 예화들을 수로 골라 넣었는데 이것은 엮은이가 누구나 쉽게 익히게 하고자 하는 의도가 있었음을 알 수 있다.

현재의 《36계 병법》이 만들어진 시기는 분명치 않지만, 17세기 명나라 말에서 청나라 초기에 수집된 것이라는데 전문가들의 견해가 일치하고 있다. 왜냐하면, 주림朱琳이 지은 《홍문지洪門志》에 청대淸代 초에 반청복명反靑復明을 일으켰던 홍문회(홍화회)에서 삼십육계를 편찬했다는 기록이 있기 때문이다.

이민족異民族 북위를 떨게 했던 한족漢族 단도제의 기상을 민중에 전하여 청나라의 지배에서 벗어나자는 의도가 깊이 내재되어 있었다. 또한 《36계 병법》이 지금의 형태로 발견된 1941년은 국공합작으로 중국이 일본에게 선전 포고한 해이며 한족의 자존을 일깨우기 위한 시점이기도 하여 주목된다.

따라서 《36계 병법》은 나라의 존망이 위태로웠던 때에 민초들에게 애국심을 고취시키기 위해 만들어진 대중들을 위한 병법서였던 것이다. 혹자는 완성도가 떨어진다고도 했지만 은연중 중국인들의 생활 속에 녹아들었고, 어느 상황에서든 한계씩 뽑아 대입시킬 수 있는 형식이라 인기가 높아만 갔다.

더 나아가 사람이 살아가는데 처세술이나 정치철학에도 사용빈도가 높아져 즐겨 읽는 병법서가 되었다. 이처럼 많은 사람들의 사랑을 받고 입에 오르내렸는데도 지금까지 국내에 《36계 병법》에 대한 온전한 이해서가 없었는데 이번 《36계 병법》서에서는 어느 상황에서나 접근할 수 있도록 충분한 예화를 들어 활용빈도를 높일 수 있게 하는 데 주력하였다.

일러두기

1 《36계 병법》에 속하는 서른여섯 가지 계들을 언급할 때에는 〈 〉(꺾은 괄호)를 써서 표시하였다.
예) 만천과해 ☞ 〈만천과해〉, 차도살인 ☞ 〈차도살인〉
2 책 이름에는 《 》(이중 꺾은 괄호)를 쓰고, 그 책 속의 장章이나 편編은 〈 〉(꺾은 괄호)로 표기하였다.
3 인용은 ' '(작은따옴표)를 기준으로 삼고, 강조하는 부분에도, 고사성어도 작은따옴표로 구분하였다.
예) 〈반객위주〉의 계는 '주객전도主客顚倒', '본말전도本末顚倒'라는 말과 비슷하다.

제1부

승전계

勝戰計

아군이 충분히
승리할 수 있는 형세에 있을 때
적을 압도하여 상황을 유리하게
진개하는 진략이다

은밀하게
내일을 도모하라

만천과해
瞞天過海

하늘을 가리고
바다를 건너다

하늘인 황제를 속이고 바다를 건너다. 물을 무서워하는 황제를 속여 안전하게 바다를 건너게 한 고사에서 유래했다. 책략은 어둠 속보다 드러난 곳에서 더 잘 먹히며 완전한 노출은 더 깊은 의심을 낳게 만든다. 그래서 적의 판단을 흔들어 놓는다.

이 계計는 아무도 모르는 기상천외한 기전奇戰이라기보다는 일을 도모하기 위한 모전謀戰으로, 가급적 위험한 위전危戰을 피하고 안전安戰을 꾀하여 생전生戰을 도모하기 위한 자구책이다.

여기서 '만瞞'은 속일 만과 가릴 만으로, 다른 사람에게 사건의 실정을 가려서 속이는 것을 말한다. '천天'은 천자, 즉 황제를 뜻한다. '과해過海'는 바다를 건너다 또는 지난다는 뜻으로 〈만천과해〉는 물을 두려워하는 황제가 바다를 못 보게 막아 그가 모르는 사이에 큰 부대와 함께 바다를 건너게 한 고사에서 유래했다. 이 말의 출처는 《영락대전永樂大典》·〈설인귀정요사략薛仁貴征遼事略〉에 다음과 같이 수록되어 있다.

당태종唐太宗(이세민李世民 626~649)이 육군과 수군 30만을 이끌고 고구려(보장왕寶藏王 645년)를 침략하기 위해 나섰다. 그런데 눈 앞에 요동遼東을 떠나 오천 리 가량 떨어진 곳에서 앞을 가로지르는 요하遼河를 만나게 되었다. 물을 두려워하는 태종은 요하를 보자 기겁하고 출정한 것을 후회했다. 해변에서 하늘 높이 솟구치는 파도를 본 태종은 두려운 마음에 중신들 말도 귀에 들어오지 않았다. 동쪽으로 고구려를 바라보니 아직도 천 리나 떨어진 먼 땅이었다. 태종은 앞서 출정한 부대의 총대장인 장사귀張士貴를 불러 계책을 물었다.

"내가 바다를 보니 고구려를 침략하기 위해 나온 것이 후회막급하다. 이를 어쩌면 좋겠느냐?"

이 말을 듣고 장사귀도 어찌할 방법이 없어 설인귀薛仁貴를 불러 대책을 묻자 설인귀가 장사귀의 귀에 대고 기발한 계책을 내놓았다.

"지금 천자는 물을 건너는 것을 두려워하고 있습니다. 제게 한 가지 계책이 있습니다. 천 리나 되는 바다가 내일이면 일반 병졸을 비롯하여 황제에게도 보이지 않게 될 것입니다. 두고 보십시오. 모두 안전하게 바다를 건너게 될겁니다."

설인귀와 장사귀는 천자 태종에게 아뢰었다.

"이곳 고을의 한 부자 노인이 황제께서 왕림하셨다는 말을 듣고 황제의 군사를 위하여 많은 식량과 마초馬草(말을 먹이기 위한 풀)를 준비해 놓았다고 합니다."

태종은 매우 기뻐하며 그 부자 노인을 만나겠다고 했다.

"그 노인도 폐하 배알을 원하고 있습니다."

"아 그래, 그럼 내일이라도 만나게 하라."

"그런데 그 노인이 폐하를 해변의 언덕 쪽에서 뵙고자 합니다."

"그럼, 그렇게 하라."

다음 날 문무백관들과 태종이 해변에 이르니 아름다운 비단으로 치장된 수십 칸의 큰 건물이 보였다. 노인이 태종과 함께 그 집으로 들어섰다. 바닥은 예쁜 수로 덮여 있어 황홀했다. 황제가 휘황찬란한 방으로 들어서 자리를 잡자 백관들은 술과 안주를 올리고 연회를 열어 즐거운 시간을 보냈다. 그런데 얼마간의 시간이 흐른 후, 사면에 장식한 천이 바람에 날리어 펄럭이고 파도 소리는 마치 천둥 소리와 같이 거세게 들렸다. 탁자 위에 있던 술과 안주도 나뒹굴어 바닥에 떨어지고 몸도 좌우로 흔들려 안정할 수가 없었다. 태종은 비로소 의심을 하고는 사람을 시켜 장막을 열게 했다. 앞을 보니 망망한 바다에 끊임없이 밀려드는 파도뿐이어서 동서남북을 구분할 수 없었다. 태종은 겁에 질렸다.

"이곳이 도대체 어디인가?"

장사귀는 태종에게 무릎을 꿇고 사죄했다.

"우리의 배는 바다를 건너 목적지에 이미 가까이 이르고 있습니다. 황공하오나 폐하께서 바다를 너무 두려워하시기에 부득이 이렇게 할 수밖에 없었습니다. 용서하소서!"

태종은 이렇게 하여 아무도 모르는 사이에 두려움 없이 큰 바다를 건널 수 있었다. 갑자기 내습을 받은 고구려 보장왕은 허를 찔려 강화를 요청하게 되었다.

그러나 우리나라 국사 대사진에는 대종이 30만 명을 이끌고 내습하여 요동과 백암白巖 두 성을 함락했으나 안시성에서 대패하여 돌아갔으며, 661년 소정방이 평양을 포위하였다가 이듬해 연개소문淵蓋蘇文에게 패하여 돌아갔다고 적고 있다.

또 《삼국사기》의 〈최치원 열전〉에 따르면 신라의 무열왕은 고구려와 같은 전철을 밟지 않기 위해 일곱 번이나 당나라로 사신을 보내 유화책을 폈다고 기록하고 있다. 그리고 고구려는 치욕을 만회하려고 여러 차례 당 극복을 시도했으나 끝내 그 뜻을 이루지 못했다. 백제도 고구려와 사정이 크게 다르지 않았다. 백제가 당나라를 괴롭히자 당 고종황제는 현경顯慶 5년에 소정방蘇定方에게 10도의 강병과 전함 1만 척을 주어 백제를 쳐 점령한 다음 부여도독부扶餘都督府를 설치하여 반대 세력을 다스리게 했다. 그리고 나중에는 관리를 뽑아 맡겼으나 진압에 실패하여 하남河南으로 옮겼다. 그래서 총장摠章 원년에는 영공 서적徐勣에게 명하여 고구려를 점령한 다음 안동도독부安東都督府를 설치하였다. 이때 고구려 유민들이 북쪽 태백산 밑에 위거하여 발해渤海라는 국호를 세우고 건국하였다.

〈만천과해〉는 비계秘計가 아니라 지극히 상식적인 것 중에 큰 기밀이 숨겨져 있다는 것을 깨우쳐준다. 〈만천과해〉는 확실한 명분과 목적이 뚜렷할 때에는 윗사람을 속였다 하더라도 징벌은커녕 그 대의명분에 윗사람도 따를 수밖에 없음을 보여준다. 따라서 태종은 장사귀가 상황에 맞춰 생각해 낸 묘책임을 알고 나중에는 후한 상까지 내렸다.

이 계책은 어두운 밤에 사람이 없는 데서 도둑질하듯 쓰이는 계책이 아니라 밝은 대낮에 의도적으로 상대의 심리를 이용하여 계략을 성사시키는 평범 속의 비범인 것이다.

한비자韓非子는 〈망징亡徵〉에서 나라가 망할 징조를 들어 군주가 경계해야 할 점을 말한 바 있다.

또 왕과 군 지휘관 간에 두 가지 불통거리가 있는데 그것은 왕이 진격하지 못하는 이유를 모르면서 진격명령을 내리는 것이 첫째요, 둘째는 퇴각하는 이유를 모르면서 퇴각을 명령하는 것이라 했다. 이것을 일러 왕이 군대를 꿰찬 것이라 하여 코를 꿰었다고 하는데 이렇게 명령 계통을 어지럽혀 놓고 통제하거나 이리저리 인사에 개입하여서 혼란을 일으키는 것이 패전의 단초가 된다. 이는 승리를 적에게 헌납하는 행위이다. 말하자면 지휘관을 귀 막고 눈멀게 하는 것으로 그야말로 〈만천과해〉다.

태사자 <만천과해>로 포위를 뚫다

공융孔融(153~208)은 삼국시대 산둥 부곡 사람으로 공자의 20대손이다. 이 공융이 북해성에서 적에게 포위되어 있을 때 쓰였던 계책이다. 공융의 예하에 있던 태사자太史慈(166~206, 동채東萊: 산둥·황현 사람)는 성안에 갇혀 꿈쩍도 못하게 되었다. 철통 같은 봉쇄를 돌파하여 어떻게든 평원平願 태수 유비劉備에게 구원을 요청하려 했으나 길이 없었다.

두터운 포위망을 뚫을 수 없자 태사자는 비장한 각오로 이 상황을 타개할 묘책을 생각해냈다. 그는 활과 과녁을 가진 기사 세 사람을 데리고 성문을 열고 밖으로 나갔다. 성 안의 병사들과 성 밖의 적병들은 모두 깜짝 놀라 긴장했다. 태사자는 거리낌 없이 말을 끌고 성 가까이 있는 참호 속으로 들어가 언덕에 과녁을 세우고 활쏘기 연습을 시작했다.

그리고 태사자는 연습이 끝나자 다시 성 안으로 아무 일도 없었다는 듯이 돌아왔다.

다음 날도 태사자는 어제와 똑같이 활쏘기 연습을 하고 돌아왔다.

3일째도 그런 일을 계속하자 성을 에워싼 적병들은 처음에는 경계하여 꿈쩍도 않더니 나중에는 경계심을 풀고 일어서서 구경하는 자가 있는가 하면 아예 누워서 쉬는 자도 있었다.

4일째도, 5일째도, 그는 여전히 똑같이 활쏘기 연습을 했다. 이제 적병들은 무관심하게 바라볼 뿐이었다.

그 다음 날, 태사자는 주먹밥을 싸고 의복을 간편하게 갖추는 등, 탈출 준비를 하였다. 그리고 준마에 힘껏 채찍을 가하며 쏜살같이 적의 포위망을 돌파하였다. 갑자기 돌파 당한 적이 추격해 왔을 때 그는 이미 포위망을

벗어나 멀리 사라진 뒤였다. 태사자는 적의 포위망을 뚫기 위하여 상대로 하여금 경계심이 풀려 판단을 흐리게 하는 〈만천과해〉의 계략을 써서 성공한 것이다.

사람들은 흔히 준비가 충분하다고 생각하면 태만해진다. 그리고 익숙한 것에 대해서는 의심하지 않는다. 음陰과 양陽은 내부에 존재하는 것이고 또한 상대적인 것이다. 따라서 가장 양陽적인 것은 가장 음陰적인 것과 통한다.

〈만천과해〉이 계책은 아무도 없는 곳에서 은밀하게 이루어지는 것이 아니라 엄연히 사람이 있는 공개된 장소에서 이루어지는 음모이고 계책이다. 밤중에 도둑질하고, 으슥한 골목에서 사람을 상하게 하는 것은 모사謀士가 아니라 치한들이나 하는 짓이다.

배에서 내리지도 않고 이긴 노병

춘추전국시대(기원전 770~221) 때 초楚나라 사공이 양자강長江 나루터에서 십여 명의 승객을 태우고 건너편 기슭을 향해 떠났다. 그 배에는 일반인들과 장사하는 사람들, 그리고 군복을 입은 사람들도 타고 있었다. 군복 차림의 사람 중엔 혈기 왕성한 젊은 병사도 있었고, 싸움터에서 수많은 경험을 쌓은 노병도 타고 있었다.

배가 막 강 가운데에 이르렀는데 젊은 병사가 옆에 앉아 있는 사람과 시비를 벌이더니 위아래 없이 한껏 목청을 높였다. 그는 장사하기 위해 배에 오른 사람을 얕보며 힘으로 을러댔다. 장사꾼은 병사의 고압적인 기세에 눌려 입을 다물고 있었다. 젊은 병사의 이러한 태도를 지켜보고 있던 노병이 참다못해 한마디 했다.

"여보게, 젊은이, 다 같이 배에 탄 일행인데 그렇게 큰 소리로 몰아붙이면 되겠는가?"

그러자 젊은 병사가 벌떡 일어나며 소리쳤다.

"아니, 당신은 왜 남의 일에 참견하는 거요?"

젊은 병사는 단칼에 목을 벨 듯이 허리에 찬 칼자루를 잡았다. 가슴이 섬뜩한 순간이었다.

"젊은이, 그쯤 해두게. 그만한 일로 칼을 뽑으려 들다니……."

"당신은 아까부터 왜 끼어들어 잔소리요?"

병사는 칼자루를 잡은 채 대단한 기세로 노병을 노려보았다.

노병이 점잖게 말했다.

"그저 참으라 했을 뿐이오."

"거, 참, 당신이 뭔데 참으라 말라 명령하는 거요?"

젊은 병사의 기세는 더욱 등등해졌다. 이때 마침 배는 강 한복판에 있는 섬을 스쳐 지나가고 있었다. 노병이 섬을 가리키며 말했다.

"그렇게 칼을 쓰고 싶으면 내가 상대해 줄 테니 저 섬으로 내려갑시다. 배 안에선 다른 사람이 다칠 수 있으니……."

노병이 사공으로부터 삿대를 빼앗아 배를 섬 기슭으로 몰았다. 그리고는 배가 섬 가까이에 닿자 삿대를 지렛대 삼아 뛰어내릴 듯한 자세를 취했다. 그러자 젊은 병사가 먼저 쏜살같이 뛰어내려 칼을 뽑았다. 먼저 좋은 위치를 선점하고 노병이 내려오기만 하면 칼을 휘두를 심사이었다. 그 순간이었다. 노병은 번개같이 삿대로 뱃머리를 밀어 섬을 떠나버렸다. 젊은 병사가 눈이 휘둥그래져서 낭황하고 있는 사이 노병은 유유히 노를 지어 강을 건넜다.

노병의 재치와 기지는 젊은 병사의 의표를 찌른 것이다. 노병은 구태여 칼을 쓰지 않고 귀찮은 상대를 섬에 내려놓음으로써 일을 끝낸 것이다. 노병이 삿대를 짚고 섬으로 뛰어내릴 듯 취한 속임수가 〈만천과해瞞天過海〉의 '만천'이라 할 수 있다. 이는 《손자병법》에 니오는 '싸우지 않고 이기는 전법'과 같은 맥락이다.

《36계 병법》 각 계책은 대개 유래나 출전이 제시되어 있는데 제1계 〈만천과해〉는 그 유래가 밝혀져 있지 않다. 위의 예화는 고사와 잘 맞아떨어져 넣은 것에 불과하다. 더러는 〈만천과해〉를 〈만천과하〉라고도 하는데 이는 같은 뜻이다.

중국 고대사에서는 하늘[天]은 전지 전능하여 속일 수도 없고 속여지지도 않는 절대적인 것으로 인식했다. 인간은 자연의 섭리를 거스를 수 없듯이 하늘을 따르고 순응하는 것으로 알았다. 여기서 〈만천과해〉는 순리를 잠시 재워두고 역행하여 펼치는 책략을 말한다. 평소에 익숙한 것으로 경계를 늦추게 한 후 의심하게 만들면 속임수에 쉽게 넘어가게 만들 수 있다는 심리전술인 것이다.

계량이 <만천과해>로 위왕을 설득하다

〈만천과해〉는 상대방이 눈치채지 못하게 하는 것처럼 반대로 상대방이 모르고 있는 것을 일깨워 주는 역발상에도 활용된다. 이리 비틀고 저리 비틀어 응용해 볼 수 있는 계計다.

위魏나라는 조趙나라의 수도 한단邯鄲 지방을 공격하려 부산하게 준비 중이었다. 사신으로 가 있던 계량季梁이 이 소식을 듣고 황급히 돌아와 왕의 귀에 솔깃한 말을 했다.

"제가 큰길에서 초나라로 간다는 사람을 만났는데, 그는 수레를 북쪽으로 향하고 있었습니다. 그래서 제가 '초나라로 가려면 남쪽으로 가야지 어찌해서 반대 방향인 북쪽으로 갑니까?'

그랬더니 그 사람이 내게 '수레를 끄는 말이 명마라서 그렇다고 말했습니다.' 그래서 제가 다시 말했습니다.

'아무리 명마라 하더라도 그쪽은 초나라로 가는 길이 아닙니다.'

그러자 그 사람이 말했습니다.

'저는 돈이 많아서 그렇습니다.'

'돈이 많아도 그쪽은 초나라로 가는 길이 아닙니다.'

라고 거듭 말하자 그 사람은 엉뚱하게도 이렇게 말하는 것이었습니다.

'제 마부가 특별해서 그렇습니다.'라고 했습니다."

계량은 왕을 바라보면서 위나라의 정황을 살펴가며 위에서 말한 예를 하나하나 풀어 자세히 설명했다.

"제가 보건대 그 사람은 몇 가지 좋은 조건을 가지고 있었습니다. 그러나 그 사람은 조건이 좋으면 좋을수록 오히려 초나라와는 거리가 더욱 멀어질 뿐이었습니다."

그러면서 현재 처해 있는 위나라의 실정을 들어 말했다.

"지금 폐하께서는 천하의 신망을 얻고 싶어 하십니다. 그러면서 한편으로는 나라가 크다는 것과 병사가 많고 뛰어나다는 것만을 믿고 한단 지방을 공격하려 하십니다. 그러나 전쟁 횟수가 많으면 많을수록 천하의 신망을 잃게 될 것입니다. 이는 마치 남쪽의 초나라로 가려는 사람이 북쪽으로 가는 것과 같습니다."

계량은 대왕의 뜻과는 정면으로 배치되는 의사를 초나라로 가겠다는 사람의 예를 들어 차분히 말했다. 그렇지 않고 대왕의 뜻을 면전에서 대놓고 반대했다면 제 명에 살 수 없었을 것이다.

황제나 왕은 생사여탈권을 거머쥔 절대자다. 그런 상황에서 그의 눈을 뜨게 하고 귀를 열게 하는 데 직설적으로 말하다가는 자칫 절대자의 비위를 거스르기 십상이다. 그러다가는 목이 열 개라도 배겨내지 못한다. 그래서 우회적인 논법을 사용하여 설득한 것이나. 〈만전파해〉가 그 전형적인

계 중의 하나라 할 수 있다. 즉 의중을 감추고 바다를 건너게 하듯 뜻을 우회적으로 표출하여 대의를 성사시키는 방법이 이 계책의 정수다.

위의 예에서 위나라 왕의 설득 과정이 〈만천과해〉라면 기업을 경영하는 최고경영자 더 나아가서 국가를 통치하는 절대권력자를 설득하는 과정도 다를 바가 없다. 경영자는 이利라는 토끼를 쫓으면서 동시에 명예名譽라는 토끼도 원한다.

그런데 자칫 잘못하면 가루 팔러 가는데 바람 불고 소금 팔러 가는데 가랑비 내리는 꼴이 될 수도 있다. 그렇다고 바람을 탓하고 가랑비를 탓할 수도 없다. 자신의 판단이 잘못되었음을 알고 신속하게 거두어들이는 것이 상책이다.

국가나 회사를 경영하는 CEO가 정책을 세우고 일을 시작하여 어느 정도 성과를 얻으면 더 바랄 것이 없겠다고 생각하고 세워진 목표에 한껏 매달리게 된다.

그런데 의외로 그 목표가 쉽게 달성되면 더 높은 데에다 푯말을 꽂고 또 그 목표를 향해 달린다. 그리고 그 목표마저 달성되면 또다시 푯말을 더 높은 데 꽂아 놓고 을러대며 달리게 된다.

그렇게 더 높이 더 높이 하다가 시간이 지난 뒤에 돌아보면 어느 사이에 건강도 잃고 기력도 쇠잔하여 주저앉게 된다. 권력의 날개에 힘이 빠지고 목에 기운이 꺾여 있을 때는 후회해도 이미 늦다. 후회는 전쟁터의 장군이 패장이 되듯 모든 것이 날아가 버린다.

〈만천과해〉 이 계는 상대방이 전혀 눈치채지 못하게 하는 데 묘미가 있다. 높은 데다 푯말을 꽂든, 낮은 데다 푯말을 꽂든, 감쪽같이 처리해야 한다. 《36계 병법》의 모든 계가 그렇지만 상대방이 나중에 알고 어떤 조치를 취하려 해도 취하지 못하도록 만들어야 계략이라 할 수 있다. 태종이 사정을 알았을 때는 어떠한 조치도 취할 수 없었던 것처럼, 또는 태사자가 활을 들고 나가 활쏘기 연습을 하여 주위를 안심하게 해놓고 경계를 분산시킨 다음 포위망을 뚫었듯이 말이다. 또 노병이 속임수로 젊은 병사를 섬에 내려놓고 떠난 것들은 나중에 그 뜻을 알고 나도 아무런 대응조치를 취할 수 없게 만드는 계책이다. 그렇기에 이 계책은 처음에 상대방을 방심하게 만드는 사전작업이 가장 중요하다. 설인귀의 계책으로 태종이 가무와 거대한 휘장에 속아 망망대해를 두려움 없이 건너게 한 것처럼 말이다.

그러나 명심해 두어야 할 일이 있다. 전쟁이란, 국가의 대사大事로써 실패하면 나라가 망하고 만다. 그래서 무경칠서武經七書라 불리우는 7대 병서의 하나인 《사마법司馬法》에는 '나라가 크더라도 전쟁을 좋아하면 필연코 망하고, 천하가 태평하더라도 전쟁에 대비하지 않으면 반드시 위기를 맞는다'고 말하고 있다.

21세기의 신화적인 기업인 애플 사도 1976년 21세의 잡스가 아버지 차고에서 컴퓨터 회로기판을 만든 데서 비롯되었다. 수많은 부침이 있었지만 2007년 6월, 프레젠테이션에서 스티브 잡스가 갑자기 아이폰을 꺼내 스마트폰 혁명을 일으켰다. 이렇게 일을 비밀리에 추진하는 것이 〈만천과해〉의 계략이라 할 수 있다. 따라서 국가의 권력자나 기업을 경영하는 경영자는 자기의 내심을 드러내지 않고 아무도 모르게 차분히 준비하는 비계祕計를 가지고 있어야 닌뛴을 딛고 바다를 건너듯 목적한 바를 성취할 수 있다.

주周나라 무왕武王이 상商나라 주왕紂王을 토벌하자 천하는 주나라가 되었다. 그래서 기득권을 가졌던 상나라 사람들은 주나라 무왕의 박해를 피해 세상을 누비면서 장돌뱅이로 생계를 유지하게 되었다. 그때부터 세상 사람들은 떠돌아다니면서 장사하는 상나라 사람들을 상인商人이라고 부르기 시작했다.

그런 상인 중에는 이슬람교 안에서 상인으로 활약하며 부를 축적한 사람도 있고, 그래서 그 핏속에 상나라 사람들의 유전자가 숨 쉬고 있다. 생각해보면 이 또한 세월의 바다를 건넌 역사의 〈만천과해〉라 부를 수 있을 것이다.

지금 우리는 반만년의 역사 속에서 일찍이 누려보지 못했던 세계 무역 규모 10위 안에 올라 있다. 그런가 하면 삼성의 스마트폰이 세계시장을 뒤흔들고 있다. 이 또한 유대인들이나 상나라 사람들처럼 〈만천과해〉의 질곡을 벗어나 번영의 기틀에 올라선 자랑스러운 모습이 아니겠는가.

빌 게이츠의 독과점금지법

마이크로소프트사(MS)의 빌 게이츠도 말할 수 없는 고난의 연속이었던 때가 있었다. 그도 이 〈만천과해〉와 같은 터널을 지나고 나서야 세계를 깜짝 놀라게 하는 오늘이 있었다.

1997년, 빌 게이츠는 미국의 '독과점 금지법' 위반 혐의로 미 법무부에 의해 기소되었다. 그의 기소는 인생 최대의 시련이었고, MS 역시 기업 분할이라는 최대의 위기에 처했다. 더욱이 개발된 윈도98에도 자사의 인터넷 웹브라우저를 필수사항으로 삽입하여, 법원으로부터 판매중단 가처분 신청을 받았고 이로 인하여 회사는 운영 전반에 걸쳐 악화일로에 있었다. 이미지에 심대한 타격을 입은 빌 게이츠는 은밀한 계책을 준비했다. 굶주린 사자가 먹잇감을 노리듯 그는 자신의 몰락이 곧 세계 컴퓨터 시장의 몰락이라고 생각하고 이는 역사를 후퇴시킨다고 굳게 믿었다. 그리고 언론에 적극적으로 사자가 포효하듯 자신의 주장을 펴기 시작했다. 빌 게이츠의 언론 플레이는 전 세계를 향한 포문이었으며 작게는 미국 행정부를 향한 직사포였다.

"나는 정부가 컴퓨터 소프트웨어 설계에 참여하는 것을 원치 않는다. 특히 정부가 나서서 소비자들로 하여금 새로운 기술을 이용하지 못하도록 제제하겠다는 것은 잘못된 것이라고 생각한다."

그는 선택의 여지가 없는 결전을 마음속에 다지고 결연히 미국 정부를 향해 예리한 칼날을 휘둘렀다. 빌 게이츠의 사활을 건 전략에 당시 미국 대통령 클린턴이 직접 나서 빌 게이츠가 비록 실정법을 위반했지만 MS의 몰락은 곧 미국 경제의 몰락일 수 있다며 손을 들어준다. 이어서 빌 게이츠는 CEO직을 스티브 발머에게 넘기며 경영 일선에서 물러났다. 하지만 2000년 4월, 잭슨 판사는 'MS가 독점금지법을 위반했다'고 판결했다. MS는 즉각 항소했다. '본사를 캐나다로 옮기겠다.'거나 친親 MS 성향의 부시 행정부가 출범하자 물밑 접촉으로 변곡점의 불씨를 살려냈다. 결국 1년 후인 2001년 6월, 항소법원은 MS의 회사 분할명령을 기각했다. 1심 판결을 뒤집은 항소법원의 판결은 어느 정도 예견되었다. 재판을 담당한 7명의 판사에 친 MS 인사였기 때문이었다. 이후, 미국 정부는 MS의 분할을 포기하고, MS와의 협상에 들어갈 수밖에 없었다.

천 길 낭떠러지로 굴러 떨어질 절체절명의 위기에서 기사회생하는 순간이요, 거친 파도를 헤치고 항해를 마친 〈만천과해〉의 순간이었다. 빌 게이츠는 CEO자리에서 물러났지만 회장직과 더불어 최고 소프트웨어 아키텍트chief software architect 직책을 맡으며 MS의 상징으로서 탄탄대로를 활주하여 제트 비행을 하게 되었다.

빌 게이츠에 이어 애플사를 설립한 스티브 잡스가 혁신이란 1000가지 좋은 생각을 거절하는 것이라고 하면서 자칫 좋은 것만 한꺼번에 우겨 넣다보면 혁신이 아닌 '괴물'이 된다고 하면서 방향 혁신의 결정체로 스마트폰인 아이폰을 출시하여 그 뒤를 활강하고 있다.

<만천과해> 마케팅 전략으로 소비자를 유혹하다

《36계 병법》은 단순히 전쟁만을 위한 차원을 넘어서 실제 생활에서 인간 관계와 비즈니스 상황에서도 그 맥을 짚어 볼 수 있다. 이 계략의 사용자 즉 마케터는 고객들이 자신이 연출한 상황을 파악하지 못하게 해야 한다.

요즘 마트에서 세트로 판매하는 상품과 서비스는 〈만천과해〉 응용의 좋은 사례라 할 수 있다. 꾸러미 상품이나 서비스라 써진 가격은 그럴 듯한 포장으로 위장되어 있어 하나하나 뜯어보면 단독 가격 총계보다 도리어 높은 경우가 많다. 마케팅 사원은 묶음 판매 전략을 이용해 상품과 서비스를 더 매력적으로 보이게 하는데 모든 노력을 기울이게 되는데 이는 이익을 극대화하는 데 소비자가 눈치채지 못하게 하는 데 그 목적이 있다.

한때 유비쿼터스ubiquitous를 말하면서 꿈의 기기라고 말했다. 반도체·휴대전화·통신기기·게임기·디지털 카메라·오디오·TV·캠코더·MP3·노트북·네비게이션 등을 포함한 신개념으로 일컬었다. 그러면서 인터넷 물결은 90년대 흐름의 끝줄기라고 말했었다. 그러나 지금은 로봇과 BT와 나노와 우주항공 등을 중심으로 미래기술이 유비쿼터스 역할을 대체하고 있다. 유비쿼터스란 신神이 어디에나 존재한다는 뜻이다. 한때 유비쿼터스는 새로운 물결로 대두되었다. 그러나 지금은 역동적인 스마트시대로 갈아타고 있다.

한편 많은 소비자가 비싼 돈을 들여 여러 기능을 가지고 있는 상품을 편리하다고 샀지만 결국, 상품이 제공하는 모든 기능들을 적절하게 이용하지 못하고 있다. 상품의 모든 기능에 대한 가격을 지불하고 구매했음에도 불구하고 스마트폰의 수많은 기능 중에 손에 꼽힐 정도만 사용하고 있는 것이다. 소비자가 이처럼 비용을 지불했으면서도 이용하지 않는 부분들을 손실로 생각하지 않는다는 점은 매우 흥미롭다. 이런 예들은 마케팅 종사자가 성공적으로 〈만천과해〉 전략을 응용했음을 보여주는 예이다.

춘추오패春秋五霸의 제齊나라 환공桓公이 폐허가 된 땅을 보고 물었다.

"이 땅은 누구의 땅인가?"

"곽씨郭氏의 땅입니다."

"왜 이렇게 폐허가 되었는가?"

"곽씨는 선량함을 좋아하고 악함을 미워했기 때문입니다."

그러자 환공이 이해할 수 없다는 듯이 물었다.

"선량함은 누구나 좋아하고 악함은 미워하는 것은 인지상정인데 어찌하여 쇠망했단 말인가?"

"곽씨는 선량함을 좋아했지만, 오히려 선을 행하지 않았고 악함은 미워했지만 오히려 악을 버리지 않아 이런 꼴이 되고 만 것입니다."

관중管仲은 그 말이 이치에 맞다고 생각한 뒤에 환공에게 물었다.

"폐하, 이치에 맞는다고 하면서 행하지 않으심은 선을 좋아하면서도 도리어 선을 행하지 않은 곽씨나 무엇이 다릅니까?"

이에 환공은 잠에서 깨어난 듯 자기가 미혹 즉 만천瞞天에 빠져 있었음을 깨달았던 것이다.

〈만천과해〉의 이 계는 36계 중에 제1계라는 데 의미를 부여함으로써 묘책의 기묘함을 알게 한다. 여기서 '계計'나 '책策'을 혼용하는바 이는 이미 사회적으로 공감대가 형성되어 어설프지 않기 때문에 그냥 나오는 대로 썼을 뿐이다. 이어 전략이나 전술도 같은 의미로 혼용하였음을 밝히는 바이다.

정면공격보다
우회하라

위위구조
圍魏救趙

위나라를 포위하여
조나라를 구하다

위위圍魏는 위나라를 포위하고 구조救趙는 조나라를 구한다는 뜻이다. 이는 강적과 직접 대적하기보다는 적을 분산시켜 놓은 후 공격을 꾀하고 우회하여 공격함으로써 목적을 달성하는 것을 말한다. 합동 공격을 통해 운명의 판도를 바꿀 수 있다는 전략이다.

중국 역사에서 기원전 4세기는 전국시대로 한韓·조趙·위魏·제齊·초楚·연燕 사이에 전쟁이 끊이지 않았다. 이때 위魏나라가 조趙나라 수도를 포위하여 위기에 처하자 제齊나라가 조나라 지원에 나서게 되었다. 그런데 제나라 지원군이 조나라 수도를 포위하고 있는 위나라와 싸우지 않고 비어 있는 위나라 수도 대량성大梁城을 공격하게 된 배경이 〈위위구조〉의 계計명이 되었다.

위나라가 조나라에 군사를 동원하여 정공법으로 옥죄고 들어가자 조나라가 시급하게 제나라에 원병을 요청했다. 제나라는 만일 조나라가 위나라에 점령되면 다음 목표는 제나라가 될 수도 있다고 생각하여 조나라를 돕기 위해 위나라 수도 대량성으로 쳐들어갔다. 그러자 위나라는 본국의 위급함을 알고 조나라 수도 한단邯鄲을 점령하려던 포위망을 풀게 했다는

'손빈孫臏의 계計'로 중국의 역사서 《사기》의 기록이다. 여기에 등장하는 손빈은 참으로 오묘한 인물이다. 그는 《손자병법》을 저술한 손무孫武의 후손으로서 젊었을 때 위나라 장수 방연龐涓과 함께 귀곡자鬼谷子 문하에서 동문수학한 사이였다. 후에 방연은 위나라 혜왕惠王에게로 가 그가 뛰어난 장수임을 인정받아 군사軍師가 되었다. 그런데 동문수학 중에 손빈이 위혜왕魏惠王에게 까지 그 유명세가 알려지자 시기하여 손빈을 위나라로 불러들여 혜왕에게 직고한 다음 두 다리를 자르는 빈형臏刑에 처하게 했다. 그리고 다시는 재기할 수 없도록 그 죄명을 이마에 먹물로 새겨 넣었다.

손빈의 빈은 이렇게 빈형을 당한 데서 유래되었다. 손빈은 친구 방연의 모함으로 죽을 자리에서 제나라 사신使臣의 도움으로 간신히 도망쳐 제나라 전기田忌 장군의 문객으로 들어가게 되었다. 그런데 그가 제나라 권력의 심층부에 등극하게 된 동기는 참으로 우연한 기회였다.

왕족과 말달리기 경주에서 전기장군이 우승하도록 도운 일이 계기가 되어 일약 국가적인 책략가로 발탁되었다. 그 말 달리기에서 전기 장군의 최하급의 말과 왕의 최상급 말과 달리게 하여 한 번 지고, 다음은 왕의 중급 말과 전기의 최상급 말과 달리게 하여 이기고, 마지막으로 왕의 최하위 말과 전기 장군의 중급 말과 달리게 하여 2승 1패로 승리를 거두게 했다. 제위왕齊威王은 손빈의 재주에 감탄하여 군사로 발탁하였고 손빈은 그 후 방연이 참모로 있는 위나라와 두 번이나 결전을 치뤄 그때마다 승리를 거두었다. 그의 계략 중에 마릉에서 손빈의 위장도주 전술에 말려 방연이 스스로 목숨을 끊음으로써 손빈을 지독하게 시기했던 방연은 결국 손빈에 의해 최후를 맞게 된다. 도저히 일어설 수 없도록 짓눌러 버리려 했던 손빈에게 방연은 지략에서 깨끗하게 당하고 만 것이다.

제2계 〈위위구조〉의 계는 적敵을 분산分散시킨 다음에 공격해야 유리하다는 《손자병법》과, 《사기》의 〈오기열전吳起列傳〉의 예를 따른 계책이다. 적과 싸움에 있어서 양陽을 채택하지 않고 음陰을 채택해야 한다는 전략과 전술을 그대로 따른 고도의 책략인 셈이다.

군사를 다스리는 것은 흔히 물을 다스리는 것과 같다고 손자는 말했다. 즉, 적의 예봉銳鋒(날카롭게 공격하는 기세)을 피하는 것은 물의 흐름을 바꾸는 것과 같고, 약자가 강자에게 대항할 때는 둑을 쌓아 물을 막아 힘을 축적하였다가 물이 넘칠 즈음 그 허점을 포착하여 공격한다는 전략이다.

원용援用하여 해석하면 싸움을 승리로 이끌려면 함부로 쳐들어가는 경거망동을 삼가고 차분히 틈을 엿보아 치밀한 계책을 세워 진압해야 된다는 뜻이다.

엉켜 있는 실타래를 풀기 위해서는 함부로 튕기거나 잡아당겨서는 안 되는 것과 같이 사자가 큰 짐승이지만 작은 짐승을 잡을 때도 덥석 덤벼들지 않고 빈틈을 노려 목덜미를 물어뜯듯이 허를 찌르고 상대의 기세를 꺾어 버리면 자연히 풀릴 수가 있다는 계책이다.

제2계 〈위위구조〉에서 위나라가 조나라를 쳐들어갔을 때 상황을《사기史記》의 〈손자孫子·오기열전吳起列傳〉의 기록을 보면 다음과 같다.

전국시대 중엽(BC 341년) 위나라 혜왕惠王(BC 369~19)은 방연龐涓 장군에게 30만 대군을 주면서 이웃 조趙나라로 진격하여 항복을 받아내라고 했다. 갑자기 침략을 받은 조나라는 수도 한단邯鄲성을 포위당하고 항복을 요구받는 위급한 상황에 처하게 되었다. 한단성은 오늘날의 하북성河北省을 말하는데 그 당시는 중국 천하에서 가장 번창하고 화려했던 문화도시였다.

첩첩이 포위된 상태가 장기간에 이르자 한단성의 조나라 백성들은 식량 공급이 두절되어 굶어 죽는 자가 속출했다. 이러다 보니 가축은 물론 쥐까지 잡아먹는 지경에 이르렀으며 차차 도가 더하게 되자 끝내는 어린 자식까지도 잡아먹는 지경에까지 이르렀다. 이처럼 처참한 지경에 이르자 어떤 이는 차마 자기 자식을 직접 잡아먹을 수 없다 하여 서로 자식을 바꾸어 잡아먹었다고 하니 그 비참함을 미루어 짐작할 수 있다.

　조나라는 견디다 못해 최후의 운명을 걸고 이웃 제나라에 밀사를 보내 원군을 요청했다. 제나라(지금의 산동성山東省 지역) 위왕(威王: 기원전 356~320)은 즉시 군신회의를 열어 원군파견 여부를 논의했다. 그 결과 조나라의 항복은 곧 제나라에 크게 위협이 된다는 결론을 내리고 지원군을 파견키로 했다.

　그래서 파견군의 총사령관을 손빈으로 정했으나 손빈孫臏은 한사코 사양했다. 이는 손빈이 위魏나라에 있을 때 친구인 방연의 모함으로 죽을 뻔하다가 제나라로 도피해 왔으며 현재 방연이 한단성 포위군을 지휘하고 있는 마당에 자기가 전면으로 나서는 것은 작전상 좋지 않다는 이유에서였다. 그래서 제나라는 전기田忌 장군으로 하여금 이 전쟁에 참전케 했다. 전기 장군은 총사령관이 되자 물밀 듯이 한단성을 향해 진군하려 했다. 이때 손빈이 전기 장군의 작전에 이의을 제기하여 계획을 바꾸도록 했다. 이 작전계획이 전국시대 많은 싸움 중에서 가장 이름이 높았던 이른바 '손빈의 계〈위위구조〉'로 내용은 다음과 같다.

　"지금 위나라는 조나라 수도 한단성 공격에 모든 정예병력를 동원하고 있습니다. 때문에 위나라 수도인 대량성大梁城(지금의 하남성 개봉시)은 얼마 안 되는 노약병들이 지키고 있을 뿐입니다. 우리 제나라 지원군이 직접 한단성 위나라 포위군을 공격하면 조나라는 위기를 면할 수가 있겠으나 적이 정예부대인 만큼 우리 제나라 지원군도 상당한 손실을 각오해야 할 것입니다. 경우에 따라서는 난처한 전국戰局에 빠져들 가능성도 있습니다. 그런 위험을 피하기 위해서는 우리 지원군이 한단성 위군과 정면으로 부딪치는 것은 좋지 않습니다. 그것은 마치 엉클어진 실오라기를 함부로 만지는 것과 같습니다. 매듭을 찾아 풀면 전체가 쉽게 풀릴 수 있듯이 높은 가지에 앉은 새를 쫓는 데는 밑에서 나무의 큰 가지를 흔들면 쉽게 새를 쫓을 수 있습니다. 싸움의 이치도 마찬가지로 한단성 포위를 풀게 하기 위해서는 직접 포위군과 부딪혀 싸우기보다 위나라 수도 대량성을 공격하여 위기를 조성하면 위나라는 수도를 구하기 위해 한단성 포위군을 본국으로 불러들이게 될 것입니다. 이렇게 하면 우리 제나라 지원군은 큰 위험부담 없이 조나라를 위기에서 구할 수 있을 것입니다."

이것이 손빈이 전기 장군에게 전달한 세기적인 계책 〈위위구조〉였다.

그러면서 손빈은 제2계략으로 지원군을 두 개 군단으로 쪼개 제1군은 야간행군으로 비밀리에 위나라 수도 대량성을 공격 목표로 정해 진군하게 했다. 대량성은 노약병이 수비하고 있어서 제1군단만으로도 쉽게 위기에 빠뜨릴 수 있다는 계산이었다. 그렇게 하면 위의 혜왕은 즉시 조나라 한단성을 포위하고 있는 방연으로 하여금 회군하여 대량성의 제나라 군대를 격퇴하도록 명령할 것이라는 심산이었다. 그리고 제2군 지원군은 미리 위군이 돌아오는 길목에 잠복해 있다가 이들을 급습하면 쉽게 대파할 수 있다는 작전계획이었다. 손빈은 이렇게 해서 지원군이 일석이조의 전과를 올릴 수 있는 두 가지 계책을 직접 전기 장군에게 전했다.

손빈의 이 같은 작전 계획은 그대로 맞아떨어져 위나라 본국의 위기를 구하기 위해 서둘러 회군하던 방연군軍은 마릉(馬陵: 지금의 산동성山東省)에 잠복해 있던 제나라 제2군의 야습으로 지리멸렬되어 재기불능 상태가 되어 도주하고 말았다. 병력을 잃은 방연은 오도 가도 못하고 있다가 스스로 자결하는 길을 택했다.

이 손빈의 〈위위구조〉의 계략에는 또 하나의 유명한 전략이 숨겨져 있었다. 위나라 수도 대량성을 향해 진군한 제2군은 손빈의 계책대로 진군

도중 도망병이 많이 생겨 그 병력이 크게 줄어든 것으로 보이기 위한 위장
전술을 편 것이었다.

제2군의 진격은 한단성에서 회군하
여 위나라로 돌아가는 위군의 길을 앞
서 따랐는데 군데군데 야영지에 설치된 가
마솥의 수를 대량성에 가까워질수록 8만에
서 6만 개로, 6만 개에서 5만 개로, 5만 개에
서 3만 개로 줄여갔다. 이것은 제2군
의 제나라 병사가 위나라로 진격 중
그만큼 많이 도망하였음을 보여 주기 위한 위장술이었다. 이 가마솥 숫자
를 보고 방연 장군은 대량성에 도달한 제나라 지원군이 얼마 안 되는 병력
일 것으로 오산하고 안심했다. 손빈의 계책이 그대로 적중한 것이다.

먹이를 노리는 것 또한 먹이가 된다

〈위위구조〉의 계를 음미해 보면 장자壯子가 신발 없이 창백한 얼굴로 짚
신을 만들거나 뙤약볕에 앉아 이를 잡고 있을 때 수레 100대를 몰고 가던
조상曹爽이 장자에게 조롱하듯 한 말이 떠오른다.

"재상이 되어 달라는 초楚왕의 부탁을 받아들이지 그랬습니까?"

조상의 엉큼한 말에 장자가 말했다.

"진흙탕에서 꼬리를 끌면서 사는 것이 죽은 거북이 제사상을 받는 것보
다 낫다."

장자는 죽은 거북이에게 제사를 지낸들 무슨 소용이 있겠느냐며 차라
리 진흙탕에서 꼬리를 끌며 살지언정 사지로 뛰어들진 않겠다고 말한 것
이었다.

그런 장자가 하루는 숲 속에서 사냥을 즐기고 있을 때, 남쪽에서 이상하

게 생긴 까치가 날아들었다. 그 까치는 장자의 이마를 스치고 날아가 근처의 밤나무 숲에 내려앉았다.

"묘한 새로군. 큰 날개를 갖고 있으면서도 잘 날지를 못하지 않는가."

장자는 이렇게 중얼거리면서 소매를 걷어 올리고 밤나무숲으로 들어가 저녁거리를 준비하기 위해 까치를 향해서 화살을 겨냥했다.

그런데 자세히 보니, 그 까치는 나뭇잎 그늘 뒤에 있는 사마귀를 노려보고 있었다. 또 그 사마귀는 서늘한 나무 그늘에서 한가로이 노래 부르고 있는 매미를 노려보고 있었다. 사마귀도 까치도 눈앞의 먹이에 마음을 빼앗겨, 자기에게 다가오는 위험을 알아채지 못하는 것이었다.

"먹이를 노리는 것이 또한 먹이가 된다. 이익을 추구하는 자는 해를 초래한다. 이 얼마나 무서운 일인가?"

장자는 그렇게 중얼거리면서 화살을 던지고 서둘러 밤나무숲을 빠져나왔다. 그런데 뒤를 쫓아온 밤나무숲 산지기에게 붙잡혀서 좀도둑으로 몰려 심한 모욕을 당했다. 그 후 3개월간 장자는 방에 틀어 앉아 꼼짝도 하지 않았다.

어쩌면 전국시대의 판도가 서로 물고 물리는 시대이니만큼 장자의 이 이야기는 그 뜻을 잘 대변해 주고 있는 듯하다.

〈위위구조〉의 전법은 적의 힘의 근원이 되는 근거지 즉 본부를 치는 것보다 기둥을 쳐서 들보를 움직이게 하는 제25계 〈투량환주〉의 전략이기도 하다. 따라서 적의 공격을 받았을 때 정면으로 맞싸워 고통을 받는 것은 어리석은 일이며, 이보다는 적의 약점을 찔러 정신을 잃게 하는 전략을 구사하라는 이야기다. 바꿔 말하면 상대방의 급소를 찔러 꼼짝 못 하게 하거나 제일 귀중하게 생각되는 것을 빼앗으면 따라올 수밖에 없다는 전술이다. 제일 아끼는 것이란 빼앗기면 치명적인 손실을 입는 핵심을 말한다.

흉포한 적을 섬멸할 때는 물을 작은 수로로 끌어들이는 것처럼 그 선봉을 피하여 분산되기를 기다렸다가 공격한다. 약한 적에 대해서는 둑을 쌓아 그 흐름을 막는 것처럼 약점을 포착하여 그 소멸을 도모한다.

병법이란, 사대부가 내세우는 도덕군자론 같은 인仁·의義·예禮·지智·신信을 논하는 자리가 아니다. 오직 죽느냐 죽이느냐의 살얼음판에서 숨막히게 전개되는 피비린내 나는 싸움만 있을 뿐이다.

서희徐熙, 싸우지도 않고 80만 대군을 물리치다

병법 중의 최상의 병법은 싸우지 않고 이기는 병법이라고 손자는 말했다. 즉 '백전백승이 최선이 아니라 싸우지 않고 상대를 굴복시키는 것이 최선이다.' 《36계 병법》도 마찬가지다.

또 계책의 최상은 사전에 적의 의도를 간파하여 미리미리 막는 것이 제일의 계책이다. 그다음은 적의 동맹관계를 깨뜨려서 고립시키고 스스로 와해되게 만드는 방법을 동원하는 책략이다. 직접 교전하는 것은 병법 중에 가장 낮은 수준의 계책이다.

힘에 의존하여 상대를 굴복시키는 것은 비록 이겼다고 해도 손실이 따르고 갈등을 유발하기 때문에 가장 졸렬한 방책으로 치는 것이다.

그 이유는 두 가지가 있다. 하나는 힘으로 밀어붙이는 싸움은 아무리 잘 싸우더라도 상당한 피해를 감수해야 한다. 또 하나는 오늘의 적도 정세변화에 따라서는 장차 우군이 될 가능성이 있다는 계산이다. 그러니까 상대를 다치지 않게 하고 우군으로 만드는 것이 훨씬 크게 얻는 것이라는 심산이다. 따라서 가능하면 싸우지 않고 상대를 굴복시키는 것이 최고의 병법이 된다. 그러면 싸우지 않고 이기는 구체적인 방법에는 어떤 것이 있을까? 거기에도 두 가지 방법을 생각할 수 있다.

하나는 외교 교섭에 의해 상대의 의도를 봉쇄하는 전략이다. 그러기 위해서는 당연히 외교 교섭 기술에 능해야 한다.

또 하나는 술수와 지략을 구사하여 상대를 마음대로 요리하는 계책이다. 즉 힘으로 이기는 것이 아니라 머리로 이겨야 한다는 전술이다.

고려 성종 12년(993)때, 거란契丹의 소손녕蕭遜寧이 80만 대군을 이끌고 쳐들어와 고려가 위기에 처하게 되었다. 거란이 거병한 이유는 고려의 북진 정책과 친송외교親宋外交에 불안을 느꼈기 때문이다. 이때 서희徐熙가 직접 적장과 담판하여 거란군을 철수시키는 데 성공했다. 그리고 평장사平章事로 청천강清川江 이북에 살던 여진족을 몰아내 압록강변과 평북을 장악했다. 80만 대군과 싸우지 않고 세 치의 혀로 물리친 서희야말로《손자병법》의 '싸우지 않고 이긴다.'를 그대로 실천한 좋은 예이다.

당시 적장 소손녕이 80만 대군을 이끌고 위풍당당하게 고려를 침략해 오자 고려의 조정에서는 서경西京 이북의 땅(평양)을 떼어주고 화의하자는 할지론割地論과, 도저히 저들을 이길 수 없으니 항복하자는 양론으로 갈라져 의견이 분분했다. 그런 상황에서 서희가 국서를 갖고 적장 소손녕과 담판을 벌여 거란군을 철수시키고 피 한 방울 흘리지 않고 강동 6주를 차지하는 성과를 얻어냈다.

서희는 고려라는 국명이 고구려의 후예이기에 붙여진 것이라고 주장하며 고구려의 옛 땅이 거란의 것이라는 소손녕의 주장을 일축하고 대군을 물리쳤다.

자발, 지는 싸움을 <위위구조>로 뒤집다

요컨대 '싸우지 않고 이긴다.'는 것은 '힘으로 싸우는 것이 아니고 머리로 싸운다.'는 말이다.

초楚나라의 장군 자발子撥은 무엇이든 재능을 가진 사람이면 부하로 삼는 데 열심이었다. 어느 날 한 남자가 찾아와 말했다.

"저를 부하로 써 주십시오."

"당신은 어떤 재능을 가지고 있는가?"

"저는 남의 물건을 감쪽같이 훔쳐오는 재주를 가지고 있습니다."

이 말을 듣고 자발은 기뻐하며 말했다.

"좋소, 그대를 나의 부하로 삼겠소."

그러자 옆에 있던 부대장이 자발에게 말했다.

"장군님, 남의 물건을 훔치는 보잘것없는 사람을 왜 부하로 삼으십니까?"

"너희들은 알 바 아니다."

그로부터 얼마 되지 않아 제나라 군사가 초나라로 쳐들어왔다. 자발이 군사를 이끌고 싸움터로 나갔다.

자발은 제나라 군병을 맞아 세 번이나 싸웠으나 모두 지고 말았다. 초나라 신하들은 여러 가지로 계책을 세웠으나 제나라 군사력을 물리칠 수가 없었다. 그때 도둑질을 잘한다는 부하가 자발에게 찾아와 말했다.

"제가 보잘것없는 재주나마 가지고 있으니, 장군님을 위해 그 재주를 써 보겠습니다."

자발은 기뻐하며 기꺼이 승낙했다. 그날 밤, 도둑질을 잘하는 부하는 제나라의 진영으로 몰래 숨어 들었다. 그리고 제나라 장군 막사의 장막을 훔쳐다가 자발에게 바쳤다. 자발은 심부름꾼을 시켜 제나라 장군에게 장막을 돌려주면서 덧붙였다.

"우리 병사 한 사람이 나무하러 갔다가 장군의 장막을 가져왔기에 돌려드립니다."

그 부하는 다음 날 밤에는 제나라 상군의 베개를 훔쳐왔다. 그리고 자발은 그 베개를 잘 포장하여 돌려주었다. 다음 날은 장군의 수염 묶는 끈을 훔쳐와 이것을 또 제나라 장군에게 돌려보냈다. 그러자 제나라 장군이 크게 놀라 말했다.

"우리가 물러가지 않으면, 오늘 밤에는 초나라 병사가 나의 목을 가지러 올지 모른다. 그러니 서둘러 물러가도록 하자."

이리하여 제나라 군사는 철수하게 되었고, 초나라는 큰 위험에서 벗어나게 한 〈위위구조〉였다.

이 계략은 쥐새끼 같은 계책이랄 수도 있겠지만 이런 상황에서는 훌륭한 병법의 하나가 될 수 있다.

《36》계 중에 바로 제2계인 〈위위구조〉에서 주목할 점은 조나라를 돕기 위해 제나라가 군대를 움직인 것은 조나라가 넘어지면 제나라의 안전에 문제가 생기기 때문이었다. 이와 같이 초나라의 병사가 장군의 장막 안에 있는 물건을 훔쳤다는 것은 끝내는 목숨도 훔쳐갈 수 있다는 불안감을 가지지 않을 수 없다. 따라서 군대를 철수할 수밖에 없도록 상대를 〈위위구조〉의 계략으로 압박한 것이다. 그리하여 초나라는 안전을 도모할 수 있었다. 싸우지 않고 이긴 좋은 예로 기억에 담아둘 만한 계책이다.

관중, 〈위위구조〉로 월나라 수군을 격퇴하다

병법 중의 방법으로 '처음에는 처녀와 같이 부드럽게 하지만 뒤에서는 전광석화와 같이'란 말이 있다. 과단성 있게 신속하게 계략을 세워 번개같이 밀어붙이라는 계략이다. 그러니까 상황이 일단 공세로 바뀌면 단숨에 상대를 몰아붙이는 전법을 '전광석화'라고 말한다. 전광석화는 부싯돌에 불이 붙는 속도가 무척 빠르기 때문에 붙여진 말로 매우 신속한 기세를 가리키는 말이다.

전쟁은 상대편을 제압해야 하기 때문에 백수의 왕 사자가 작은 토끼를 잡을 때도 있는 힘을 다하듯이 신속하게 밀어붙여야 한다.

전쟁에 관하여 제나라 환공桓公이 포숙아鮑叔牙의 친구인 지략가 관중管仲에게 물었다.

"우리 제나라 병사들의 전투기술도 많이 진보되었다. 이제 외국으로 원정을 나가려는데 전략가인 관중의 생각은 어떤가?"

관중을 떠보기 위해 던진 질문이었다. 관중이 서슴지 않고 대답했다.

"아직 이르옵니다. 무엇보다도 사용할 무기가 모자랍니다. 우선 죄인들을 사면하여 무기를 만들게 하고 전력증강에 힘써야 하옵니다."

환공은 그의 의견을 받아들여 죄인들을 처벌하는 대신 풀어주고 그들에게 무기를 만들어 공급토록 했다. 그러자 과연 전력이 급격히 증강되었다.

"자, 이제 훈련으로 다져지고 무기도 충분히 갖추어졌으니 전쟁을 해도 괜찮겠는가?"

그러자 관중이 환공에게 말했다.

"적을 치려면 먼저 자국의 백성들을 어여삐 여겨야 하옵니다. 대국을 치려면 먼저 주변의 소국을 달래야 하옵니다. 예부터 명장들은 모두가 적을 치기에 앞서 내 편의 진영을 굳게 단속하였습니다."

환공이 관중의 말을 들으며 느닷없이 치세에 대한 관중의 식견을 떠보며 물었다.

"옛날, 나라를 망친 군주들은 어떤 잘못을 저질렀는가?"

"예, 세 가지 잘못을 저질렀습니다."

"그 첫 번째는 무엇이던고?"

"대외적으로 자기 나라의 이익만 추구하고 여러 제후의 지지를 얻으려고 하지 않은 것이었습니다."

"음, 독선적이어서 다른 나라들과 협력하지 않았단 말이지. 그러면 그다음은 어떤 잘못을 저질렀는가?"

"세금만 거둬들일 뿐 백성들을 어여삐 여기지 않은 것이 그 두 번째입니다."

"음, 싸움을 하면 재정이 필요하니까 그럴 수도 있었을 거야. 세금을 내는 백성 쪽에서 보면 혹정이 되었겠지. 혹정은 호랑이보다 더 무섭다는 말도 있지 않은가. 그러면 세 번째 잘못은?"

"자신의 귀에 솔깃한 말만 믿고 직언하는 자를 멀리하는 것입니다. 그 때문에 진짜 정보에는 귀머거리가 되어버립니다. 방금 말씀드린 세 가지 잘못 중에 한 가지라도 그르치게 되면, 국토를 뺏기고 큰 손해를 입게 되옵니다. 그리고 이 세 가지를 모두 범하게 되면 강한 나라도 망하게 되옵니다."

환공이 관중의 말을 듣고 짚이는 데가 있어서 다시 물었다.

"그럼 어떻게 하면 백성들을 잘 다독이고 이웃 나라로 하여금 신망을 얻겠는가?"

"그것은 백성들로 하여금 자기 일에 책무를 다하게 하고 이웃 나라로부터 믿음을 갖게 하며, 그리고 천하 사람들에게 신망을 주는 것이옵니다."

"음, 그렇겠군. 그럼 어떻게 하면 믿음을 주게 되는지 그 방책을 말해주시오."

"우선 군주 자신이 수양에 힘쓰고, 그다음에 나라를 다스리며, 그리고 난 다음에 제압해야 하옵니다."

"자신의 수양이라니?"

"첫째 건강에 힘쓰고, 그리고 도량을 넓게 갖고 뜻을 높이 가지며, 덕을 쌓아 혈기에 얽매이지 않는 것이, 곧 수양의 방법이옵니다."

이렇게 관중과 환공의 대화는 국가의 존망과 성쇠를 논하였다.

제2계인 〈위위구조〉는 반드시 조나라를 구하기 위해서 싸운 것이라기보다는 제나라 스스로의 안위를 지켜내는 방도를 말함이었다. 〈위위구조〉

는 위기 탈출 방법으로 상대의 허를 찔러 적을 격퇴시키는 방법을 말한다.

관중과 환공의 대화 내용은 제2계 〈위위구조〉에 대한 자국의 안위와 적을 칠 전략이 잘 묘사되어 있다. 다시 환공이 궁금증에 못 이겨 관중에게 물었다.

"그렇다면 나라를 다스린다 함은 무엇을 말함인고?"

"그것은 훌륭한 인재를 모아, 적재적소에 쓰고, 경제를 발전시켜 백성을 편안하게 하고, 도덕교육을 시행하며, 세금을 가볍게 하고 형벌을 적게 하는 것들입니다. 이렇게 나라가 잘 다스려지면 자연히 천하가 고개 숙이고 들어와 통일을 할 수 있게 됩니다."

"음, 들어보니 간단한 일 같은데."

"예, 그러하옵니다. 그러나 실행하기는 매우 어렵습니다."

환공이 내심 환한 미소를 지으며 관중에게 물었다.

"북진하여 고죽孤竹과 이지離支 두 나라를 치고 싶은데 지금 북쪽으로 군사를 진격시키면 그 틈을 이용해 남쪽에서 월나라 군사가 공격해 올지 모른다. 월나라 군사는 천하무적이라고 들었는데 어떤 방책이 있겠는가?"

"예, 월나라 군사는 수전水戰에 뛰어납니다. 따라서 월나라의 침공을 막으려면 무엇보다도 수군을 양성해야 합니다. 그리고 월나라를 침공하려면 월나라 군대보다 막강한 전력을 갖추어야 합니다. 때문에 더 강도 높은 훈련이 필요합니다."

"그건 그리 간단한 일이 아니지 않은가?"

"물론입니다. 그래서 우선 수련修練(수군 훈련)에 온 힘을 다 쏟아야 하옵니다."

"수련에 대한 내용을 구체적으로 말해보도록 하라."

"장강을 건너서 월나라를 공략하려면 큰 배가 필요하오나 오직 방위 때문이라면 작은 배도 충분합니다. 그 대신 그 부대에는 수전에 뛰어난 자들을 뽑아 배치해야 합니다.”

“그럼 훈련을 어떻게 하지?”

“우선 삼천三川의 냇물을 막아서 깊고 큰 인공 호수를 만들어야 합니다. 그리고 나서 수영에 뛰어난 병사들에게는 특별 수당을 주겠다는 포고를 내리면 될 것입니다. 그런 후에 철저히 수군 훈련을 하면 됩니다.”

환공이 관중의 이 계책을 듣고 실행한 지 1년도 못 되어 수군 전용의 특수 부대를 만들 수 있었다.

만반의 준비를 갖춘 뒤에 북진한 제나라 환공은 고죽과 이지를 쉽게 점령할 수 있었다. 이때 제나라 본진이 북진하는 틈을 타 예상대로 남쪽에서 월나라 군사가 공격해왔다. 방위군 사령관인 관중은 때를 놓칠세라 준비해 둔 5만 수군의 특수 부대로 하여금 월나라 군사를 막게 하여 천하무적인 월나라 군사를 격퇴시켰다. 이것이 유명한 〈수련의 계책〉이다.

사실 자국의 방위를 위해 이웃나라를 돕는 것도 전략의 하나가 되겠지만 그보다 스스로 방비를 튼튼하게 하여 자국의 안전을 도모하는 것이야말로 무엇보다도 선행되어야 할 계책 중에 계책이다. 〈위위구조〉의 계책에 앞서 환공의 방비책은 모든 계를 다 아우르는 저수지와 같은 계라 할 수 있다. 《손자병법》에는 ‘실實을 꾀하고 허虛를 공격한다’고 누누이 강조하고 있다. 〈위위구조〉의 계는 이 계략의 대표적인 전략전술이다. 실實이란 아군의 전력이 충만한 상태를 말한다. 허虛란 어딘가 전력이 허술한 상태를 의미한다. 즉 실實을 꾀하고 허虛를 공격한다’는 것은 상대의 전력이 충만되어 있는 곳은 피하고 허술한 곳을 공격하라는 〈위위구조〉가 주는 교훈이다.

《손자병법》은 처음부터 끝까지 유연한 병법으로 설명되어 있다. 정면 돌파의 강공작전이나 병력을 무시한 무리한 공격, 또는 죽지 않으면 살기 식의 옥쇄전법이나 제22계 〈관문착적關門捉賊〉의 계략은 《손자병법》을 통해 볼 때 더없이 어리석은 전략이다.

그럼 부득이 강적과 싸워야 할 때는 어떻게 해야 하는가.

정면으로 대결해서는 승산이 없지만 어쨌든 싸울 수밖에 별도리가 없는 경우 우선 상대로 하여금 방심하게 한 다음 상대가 전혀 예상하지 못한 부분에 공격을 가하는 것이 첫째 방책이다. 제6계 〈성동격서〉나 제8계 〈암도진창〉 같은 계에 속한다.

둘째로 적의 병력을 분산시켜 놓고, 아군의 힘은 한곳으로 집중시켜 전력을 극대화시켜 싸운다는 〈위위구조〉전법이다.

아군의 병력보다 서너 배가 많은 병력과 대항하자면 중과부적이다. 1대 3이나 1대 4로 싸운다면 처음부터 고전을 면치 못할 것이다. 그때는 적의 병력을 십여 군데로 쪼개 분산시켜 놓고 나서 공격을 가하면 반대로 2명이나 3명에서 1명을 대항하는 꼴이 된다. 이렇게 되면 싸움을 유리하게 이끌 수 있다.

인간은 누구에게나 잘하는 것과 못하는 것이 있기 마련이다. 따라서 전력專力(오로지 한 가지 일에 온 힘을 다함)이란 상대방에게는 장점을 발휘하지 못하도록 하고, 자기는 장점을 십분 발휘하여 유리한 상태로 싸울 수 있게 만드는 것이 계책이다.

물의 흐름에서 병법을 터득하라는 손자는 다시 그때그때의 정황에 따라 임기응변으로 싸우라고 전하고 있다.

병법서란 말할 것도 없이 싸움의 원리와 방법을 정리한 이론서이다. 그러나 원리와 방법을 머리에 새겨둔다고 해도 싸움에 이길 수 있는가 하면 반드시 그렇지는 않다. 무엇보다 중요한 것은 임기응변의 운용이다. 물론 원리원칙을 분별해 두는 것은 말할 것도 없이 필요하다. 그러나 승리를 거두는 열쇠는 원리와 병법을 어떻게 적절하게 운용할 수 있는가에 달려 있다.

기업이나 나라의 경영도 마찬가지다. 경영자가 경영을 합리적으로 이끌어 사세가 커지면 설비에 투자를 하기 마련이다. 이때가 가장 호기라고 봐야 한다.

그런데 경영 예측이 맞아떨어지면 다행이지만 그렇지 못하여 지금까지 투자한 곳을 미루어 두고 또 새로운 곳에 투자를 하게 되면 회사의 자금인 힘이 분산되기 마련이다. 이땐 큰 기업이라 할지라도 여력이 없으면 자금에 허덕일 수밖에 없다. 이는 힘이 한 곳으로 집중되지 않고 분산되었기 때문이다.

뿐만 아니라 이런 사례는 운동경기인 축구, 배구, 농구, 야구 어느 종목에도 적용된다. 경기 중 앞으로 나아갈 때와 뒤로 빠질 때를 적시에 활용할 수 있도록 감독과 코치가 흐름을 신속하게 읽어야 한다.

조변, <위위구조>로 굶어 죽어가는 백성을 살리다

북송시대北宋時代 조변趙卞의 이야기는 귀담아 둘 필요가 있다. 조변이 월주의 지사로 있을 때의 일이다. 강소·절강성 일대는 가뭄이 심한데다가 메뚜기 떼가 크게 발생하여 소출이 형편없이 줄었다. 이 때문에 쌀 부족이 심각해 쌀값은 폭등하고 주민의 5, 6할이 굶어 죽는 비참한 상황이 벌어지게 되었다.

그런데 강소 절강성 일대의 각 주에서는 관리官吏가 쌀을 비싸게 파는 것을 금하는 포고를 내리고 상금까지 붙여서 쌀을 비싸게 파는 상인을 엄하게 단속하는 판이었다. 조변은 다른 주의 지사와는 생각을 달리했다. 그래서 쌀을 가지고 있는 사람은 자기가 원하는 가격으로 자유롭게 팔아도 좋다고 허가를 내주었다. 그 결과 한밑천 잡으려는 각지의 상인들이 앞을 다투어 월주로 밀려와 쌀을 팔기 시작했다. 순식간에 쌀이 시장에 넘쳐 쌀값은 삽시간에 내려가 월주에서는 굶어 죽는 사람이 한 사람도 없게 되었다.

〈위위구조〉는 제나라가 위기에 빠진 조나라를 구하고 제나라 스스로도 안전을 보장받기 위한 조치였다. 순망치한脣亡齒寒(입술이 없으면 이가 시리다)

이라는 말대로 조나라가 위나라에 먹히면 바로 다음 목표가 제나라가 될 것이기 때문이었다.

위에서 말한 병법의 최상은 싸우지 않고 이기되 승리할 조건이 있으면 진격하고 승리에 어려움이 있다고 판단되면 물러난다는 평범한 전략이다. 월주의 조변은 비상한 선택으로 백성들을 굶주림에서 구했다.

만일의 승리를 믿고 전폭적으로 행동해서는 결코 전략이라 할 수 없다.

다시 말해서 유리하다고 판단되면 공격을 가하고, 불리하다고 판단되면 물러난다는 아주 당연한 이론인 것이다.

얼마나 많은 지도자들이 이 기본 원칙에서 이탈하여 자멸의 길을 걸었던가.

그런데 가장 위험한 고비는 전의를 다지며 기세등등하게 앞으로 나아가는 때다. 앞으로 나아가는 것은 눈이 앞에만 있는 만큼 쉽다. 참으로 어려운 것은 나아가다가 물러나는 때이다. 나아가는 것만 알고 물러날 줄은 모르는 사람은 무모한 사람으로 장래를 보장할 수 없다.

무모한 용기를 평하여 사람들은 '필부지용匹夫之勇(혈기만 믿고 함부로 행함)' 또는 '만용蠻勇'이라고 한다.

일반적으로 장수나 전략가는 전진하는 데는 능하지만 후퇴하는 전법에는 서투르다. 저음부터 승산만 앞세우고 건곤일척乾坤一擲의 승부를 시도하는 경향이 대체적인 전략전술가들이 하는 놀음이다. 이 전법의 구상은 승세를 타고 있을 때는 그래도 무방하다. 하지만 형세가 불리하여 팔방이 꽉 막혀 옴짝달싹 못 하게 되었을 때 그래도 싸워야 한다면 어떻게 되겠는가. 전군괴멸의 비운을 면치 못하게 된다.

그 점에 있어서 중국인은 어디까지나 신중하다. 그들은 나아감과 동시에 물러날 일을 생각하고 전진한다. 승산이 없으면서도 과감하게 부딪쳐보자는 식의 무리한 싸움은 〈위위구조〉에서 보듯이 절대로 하지 않는다.

승산이야 어떻든 과감하게 부딪쳐보기를 좋아하는 한국인의 성격과 비교하여 볼 때 시사하는 바가 크다.

철저한 준비와 배려가 절대적으로 필요하다. 《삼략三略》에서 막사가 준비되지 않으면 피곤하다는 말을 할 수 없는 것이 장수이고, 우물이 마련되지 않으면 목마르다는 말을 못하는 것이 장수다. 배고픔도 마찬가지다.

내 배부르면 종에게 밥 짓지 말라는 말은 고충을 알아채지 못한 우민한 장수나 하는 짓이다.

중국군, 〈위위구조〉의 게릴라전으로 일본군을 농락하다

8년여에 걸친 중일전쟁에서 일본군은 백만 명이 넘는 군대를 광대한 중국 대륙에 투입하여 '진격'의 전법戰法으로 싸웠으나 악전고투惡戰苦鬪의 연속으로 결국엔 패전의 고배를 들고 말았다.

반면 중국군은 '후퇴'의 전법을 활용하여 일본군의 예봉을 피하면서 일본 수뇌부를 고전의 수렁으로 끌어넣어 결과적으로 승리를 거두었다.

중국군은 후퇴했다가는 게릴라전으로 반격하고, 일본군이 진격해 오면 또 후퇴했다. 넓고 넓은 중원의 땅을 이용하여 섣불리 싸우지 않고 전력을 유지하면서 이 전술을 폈다. 이와 같은 중국군의 계책에 일본군은 철저히 농락당했다. 중국의 오랜 역사 속에서 최후의 승리자가 된 지도자들은 모두 달아나는 작전에 능했다. 적은 병력으로 몇십만 대군을 상대해 싸우기 위해서는 게릴라 작전과 같은 전술이 필요하다. 그렇게 전력의 보존을 꾀해야 나중에 이길 가능성이 있다. 이것이 《36계 병법》중에 제일 마지막 계인 〈주위상책走爲上策〉으로 도망가는 것이다. 반대로 진격만 알고 후퇴를 몰랐던 부대의 리더나 CEO는 전부 자멸하고 말았다.

물론 과감하게 진격하여 부딪쳐 보는 전법을 무조건 부정할 수는 없다. 뜻밖의 힘을 발휘하여 불가능을 가능으로 만드는 경우도 만에 하나 있을 수 있다. 바로 배수진背水陣을 친 한신韓信 같은 의외의 변수가 있을 수 있다는 뜻이다.

하지만 대체로 뜻대로 되는 일이 그리 많지 않다.

그러나 후퇴하는 전법을 터득하고 있으면 눈부신 승리의 기회는 적어도 병력의 괴멸이라는 최악의 사태는 피할 수 있다.

요컨대 진격하는 것이 마땅할 때에는 전진하고, 후퇴해야 할 때에는 물러설 줄 알아야 한다. 이 판단이 지휘관인 리더에게는 가장 중요한 자질이다. 이것은 전쟁뿐만이 아니라 인간이 살아가면서 매일매일 접하는 일 중의 하나이다.

제2계 〈위위구조〉에서는 조나라를 구한다는 데 목적이 있다. 그 구하는 방법이 뒤통수를 치는 전법이 될 수도 있고, 정면 공격의 전술이 될 수도 있다. 일단 구조하는 쪽이나 구조를 받아야 할 쪽도 살아 있어야 그의 임무를 수행할 수 있다. 이 점이 중요하다.

〈위위구조〉의 제2계는 전략 전술상으로 우리에게 교시해주는 바가 크다. 러일 전쟁과 청일 전쟁이 이 전략에 속하고 지금도 우리나라는 남과 북이 갈라져 피차《36계 병법》속의 계략을 끊임없이 전개하고 있다.

제나라가 자국의 방위를 위해서 소나라를 노왔듯이 형제인 북한을 돕는 것은 계책을 떠나 우리의 안전을 도모하기 위해서 너무나 당연한 도리이자 사명이라 하겠다.

마치 형과 아우가 형님 먼저 아우 먼저 하는데 여기에 무슨 논리와 계산이 있을 수 있단 말인가. 망나니 형제가 있다면 달래고 얼러서 제자리로 돌아오도록 만들어 형제지간의 도리다. 형과 아우가 벗단을 서로 갖다 놓았다는 옛이야기처럼 도와야 할 손길이 필요하면 도와야 하지 않겠는가? 〈위위구조〉의 넓은 의미는 나라를 이끄는 CEO의 입장에서 보면 더 밝고 환하게 보인다.

지금 세계는 총성 없는 무역 장벽 제거라는 함포로 무차별 공격을 가하고 있다. 이 자유무역의 함포가 세계 무역시장에 거세게 밀어닥쳐 사냥감을 찾고 있다. 세계무역시장에서 주목을 끌고 있는 것은 FTA 협상파고協商波高이다.

많은 우여곡절 끝에 2012년 3월 15일 한·미 FTA가 발효되었다. FTA 협상의 주역들은 협상의 명분으로 미국시장으로의 수출증대 효과를 기대하고 있다. 그러나 미국이 우위를 차지하고 있는 농업, 축산업, 제조업과 서비스업 분야에 관한 방비를 완벽히 할 수만 있다면 얼마나 좋겠는가. 국가의 장래를 위해서 꼭 필요한 체결이지만 백락伯樂의 말 감정법이 아니기를 바랄 뿐이다.

백락이 두 사람에게 조간자趙簡子의 외양간으로 가 뒷발질하는 버릇이 있는 말을 감정토록 했다. 그런데 한 사람이 뒤로 가 세 차례나 엉덩이를 만졌는데도 뒷발질을 하지 않았다. 그래서 뒷발질 버릇이 있다고 한 사람이 감정을 잘못한 것이 아니냐고 묻자, 그는 이렇게 말했다.

"이 말의 앞무릎이 부어 있어 그러는 거요. 말이 뒷발질을 하려면 체중을 앞발에 실어야 하는데 부어 있어 뒷발질을 못하는 거요. 당신은 뒷발질하는 감정은 잘하는지 모르겠지만 무릎 감정할 줄은 모르는 성 싶소."

무엇보다도 농업 부분에서 생산성이 높은 저렴한 농산물들이 유입되게 되면 우리 농가들은 그 경쟁력을 잃을 수밖에 없다. 이 부분이 '아픈 무릎' 부분일 수도 있다는 말이다. 다음으로 사회의 양극화가 심화될 우려도 심각하게 논의할 필요가 있다. 소비자의 측면에서는 다양한 제품들을 값싼 가격에 구입할 수 있다. 다만 특허권 문제 등으로 의약품 복제가 힘들어지면서 제약품 가격이 올라갈 가능성도 배제할 수 없다. 이 또한 아픈 무릎이다.

우리나라가 이 모든 것을 기꺼이 맞아들일 준비가 되어 있다면 한·미 FTA 체결은 한국의 대외 경쟁력을 높여 수출 증대 효과를 가져올 것이다. 뿐만 아니라 선진화된 제도를 받아들여 국운 상승의 효과를 누리고 단군 이래 최대의 흥행기를 맞을 수 있는 환경을 제공받게 될 것이다.

이런 점에서 한국 역사에 다시없는 국운상승의 결과를 가져올 호기를 맞고 있는 것이다. 다만, 얻는 쪽이 있으면 잃는 쪽이 존재하게 마련인데 이 잃는 쪽에 대해서는 보호 장치도 마련해야 할 것이다.

무슨 일이든 장단점이 있게 마련이다. 〈위위구조〉의 계책에서처럼 단점을 감추고 장점을 내세우는 데 예봉을 뒤로 감추고 협상력을 높일 필요가 있다. 그래서 우리에게 취약한 점을 최대한 보완할 수 있는 여러 제도적 장치들을 마련하는 데에 신중을 기해야 한다.

한·미 FTA가 산고 끝에 체결되었으니 가시적인 효과를 기대할 수 있어야 한다. 그러나 식품과 의약품 등 국민 건강과 직결된 분야에서 가격 경쟁력을 잃고 값싼 제품에만 의존한다면 상당한 부작용도 예상할 수 있다. 이런 역공을 어떻게 피해 반전의 기회를 잡을 수 있겠는지 머리를 맞대고 논의해야 할 때다. 우회하여 급소를 치는 〈위위구조〉의 계략이 전략이기를 내심 바랄 뿐이다.

제3계

직접 나서는 것은
초보자의 방법이다

차도살인 借刀殺人 남의 칼로 적을 제거한다	남의 칼로 사람을 해치운다. 제삼자를 이용하여 상대를 쳐 없앤다. 즉 남의 손을 통해 내가 목적한 상대방을 없애는 전술을 말한다. 이 계는 내 손에 피를 묻히지 않고 남의 손을 통해 목적을 달성하는 것으로 상대방의 손실이 곧 나의 이익이라는 것이다.

    눈엣가시 같은 방해자를 제거하는데 구태여 내가 칼을 뽑아 피를 묻히지 않고 남의 손을 빌려 처리하게 한다. 우리 속담에 손대지 않고 코 푸는 식의 계략이다.

    이 계략의 특징은 적이 전혀 감지하지 못 하게 하는 데에 절묘함이 있다. 감쪽같이 실행해야 하기 때문에 일이 벌어진 뒤에야 감으로 느끼지만 그때는 이미 늦다. 때문에 이 전략은 매우 고등전술에 속한다.

    중국의 고사에서 예를 든다면, 서주西周에서 탈출하여 적국 동주東周로 흘러들어 간 창타昌他가 서주의 기밀을 폭로할지도 모르는 위급한 상황이었다. 이를 안 서주에서는 그를 제거하기 위한 비책으로 책략을 쓰지 않을 수 없었다. 그래서 돈과 편지를 휴대한 사자를 동주로 보냈다. 편지의 내용은 다음과 같았다.

"성공의 전망이 보이지 않거든 이 돈을 사용하고 도망해 돌아오라."

그러고도 안심이 안 되어 아무도 몰래 측면 지원을 했다. 또 다른 사람을 위장하여 동주로 보내 동주의 관리에게 이렇게 말을 전했다.

"창타에게 정체불명의 밀사가 가 있다."

이 기밀을 알고 밀사를 잡은 동주는 창타를 서주의 첩자로 알고 그를 붙잡아 즉시 처형해 버렸다.

위험인물을 내 손 까딱하지 않고 남의 손을 빌려 감쪽같이 처치해버린 차도살인이다.

이는 개인적인 인간관계에서도 흔히 있는 일이지만 거대한 조직인 국가 간에서도 피아彼我 간에 다반사로 쓰는 계책이다.

중공군, <차도살인>으로 기밀유출을 막다

태평양전쟁 때의 일이다. 중공군이 굶주림에 못 이겨 일본군에 투항하는 사람이 늘어가고 있었다. 배고픔과 추위를 견디지 못해 어쩔 수 없이 일어난 일이었다. 하지만 중요한 전쟁업무를 수행하고 있던 요직의 간부급이 투항하게 되면 전력에 큰 타격을 입을 수밖에 없다. 따라서 중공군 쪽에서는 가만히 있을 수 없는 위급한 상황이었다. 그래서 우선 통신망을 이용하여 급히 암호 관수표를 타전했다.

"일본군 점령 지역에 잠입해 있는 일부 죄수들이 게릴라로 변신하여 도망했다. 그리고 그들을 처치하기 위하여 성예 대원들이 출농 중이다. 그들을 유의하라."

이런 타전을 전하며 다음과 같은 타전도 함께 전했다.

"구국의 용사 그대는 신명身命을 걸고 적의 품에 뛰어들었다. 암약에 차질이 없도록 하라."

이렇게 계속 타전을 흘렸다. 물론 관수표 암호 타진이지만 직군이 암호를 탐지하여 해독하고 있다는 사실을 뻔히 알고 일부러 거짓 정보를 흘린 것이다.

요컨대 무전을 타전할 때 '도둑고양이 같은 놈이 이탈했다' 등 욕설하는 것은 스파이 쪽이라고 보면 십중팔구 틀림없다. 그리고 '우리의 영웅 아무개가'라고 칭송하는 것은 도망자라고 보면 틀림없다. 왜냐하면 도망자는 조직의 일원인 양 칭송을 해야 적 쪽에서는 간첩으로 보기 때문이다. 그러니까 이쪽의 정보가 적군에게 새어 나가지 않게끔 하려면 도망자를 없애버려야 하는데 이런 때는 대체적으로 구국 용사라고 칭송해야 적으로서는 암적인 존재로 인식하게 된다.

〈차도살인借刀殺人〉은 그림자 없는 음모요, 머리 싸움인 이간 모략이다. 이런 빤히 속이 들여다보이는 술책에 넘어가는 사람이 있으랴 싶지만 눈뜨고 똑바로 쳐다보면서도 속을 뒤집어 볼 수 없기 때문에 속는 사람이 뜻밖에 많다. 그것은 사람과 사람 사이의 심리에는 도랑(개울)이 패여 있어 심리적 간격이 있기 때문이다.

공자의 제자 증삼曾參의 이야기 속에서도 충분히 그런 예측이 가능하다.

증삼이 살던 고을에 동명이인同名異人 증삼이 있었는데 그가 살인을 했다. 동네 사람들이 그 이야기를 듣고 공자의 제자 증삼 어머니에게 쫓아와 '아들이 살인을 했다'고 전했다. 증삼의 어머니는 들은 체도 하지 않고 그냥 베만 짜고 있었다. 그런데 조금 있다가 또 다른 사람이 찾아와 '아들이 살인을 했답니다.'고 전했다. 그래도 계속 베만 짜고 있었다. 그런데 또 다른 사람이 와서 '증삼이 살인을 했답니다.'고 전하자 증삼의 어머니는 벌떡 일어나 신발도 신지 않은 채 밖으로 뛰어 나갔다. 이처럼 같은 이야기를 반복해서 듣게 되면 세뇌되어 아닌 것도 그런가 하고 생각하게 된다. 사람에게는 이런 심리적 맹점이 있다. 이름 하여 세뇌현상이다. 우리 속담에 '열 번 찍어 안 넘어가는 나무 없다.'는 말과 같다.

《전국책戰國策》은 전국시대(BC 403~221)의 정치·외교·군사에 관한 여러 가지 이야기를 모은 일종의 사서史書인데 여기에 다음과 같은 이야기가 있다.

애첩 정수, 손 하나 까닥 않고 라이벌을 내치다

초楚나라 회왕懷王(BC 328~299)이 정수鄭袖라는 후궁을 무척 사랑했다. 정수는 미녀이기도 했지만 재치가 있고 매우 영리해서 회왕의 총애를 한몸에 받았다.

그런데 위魏나라 혜왕惠王으로부터 진희晉姬라는 미녀를 선물로 받고는 그녀의 미색에 빠져 정수로부터는 점점 멀어져 갔다. 정수는 불같은 질투심으로 밤잠을 이루지 못하는 지경에 이르렀다. 궁중에서의 질투는 금기이며 그것이 표면적으로 드러나면 궁중에서 추방되거나 죽임을 당하기 일쑤였다. 그래서 내색을 못 하고 있던 정수는 궁리 끝에 하나의 묘책을 꾸며냈다.

정수는 그날부터 진희를 친동생 못지않게 사랑하는 척했다. 계책이지만 진실로 사랑하는 것처럼 보이게 했다. 그래서 맛있는 음식이나 좋은 옷감과 옷, 보석이 생기면 진희를 불러서 나누어 주고 음식도 같이 나누어 먹곤 했다. 진희의 부모에게도 귀한 선물을 보내주어 환심을 샀다. 그리고 진희를 만나면 그의 손을 어루만져주면서 말했다.

"대왕께서 그대를 마음에 들어 하시니 참으로 기쁘오. 주상의 총애를 잃지 않도록 정성을 다하시게나!"

정수는 본심을 숨기고 능청맞게 말했다.

"그대가 입궐하고부터는 대왕께서 나날을 유쾌하게 보내시니 궁중에 화기가 충만하고 그 덕분에 나도 안심하게 되었다네."

이러다 보니 어느덧 진희는 정수를 피를 나눈 언니처럼 믿게 되어 정수의 밀을 잘 따랐다. 이 사실을 알게 된 회왕도 크게 기뻐하며 정수를 믿었고, 어쩌다가 시간이 나면 잠시 정수의 방에도 들러 외로움을 달래 주었다.

그러던 어느 날, 진희가 정수의 거처를 찾아와 이야기를 나누는데 정수가 한 가지 귀띔을 해주었다.

"대왕께서는 그대를 무척 마음에 들어 하시네. 한 가지만 제외하고는 말일세. 그것은 자네의 코가 높다고 하셨네. 대왕이 오시거든 손으로 코를 슬쩍 가리는 것이 좋을 걸세. 자연스럽게 말일세."

그날부터 진희는 왕이 나타나면 코를 가리는 버릇이 생겼다.

어느 날, 왕이 오랜만에 정수의 거처에 들러 이야기를 나누다가 정수에게 물었다.

"진희는 과인이 나타나면 코를 가리는데 왜 그러한가? 아는 것이 있으면 말하라."

"네?"

정수는 무슨 말을 하려다가는 머뭇거렸다.

"상관 말고 말하라."

회왕이 그녀에게 다그쳐 물었다.

"하오나, 대왕께서는 그녀를 총애하시옵는데 혹여나 심기를 그르치오면 불충이 되올까 두렵사옵니다. 하문을 거두어 주옵소서."

이렇게 되면 왕의 입장에서는 더욱 그 일이 알고 싶어질 수밖에 없다. 왕은 더 다그쳐 물었다.

"알고도 숨기는 것이 불충이다. 어서 말하라."

정수는 마지못한 체하며 입을 열었다.

"황공하오나 진희는 대왕의 옥체에서 구취狗臭가 난다 하옵니다. 차마 말씀드리기 황송합니다."

이 말에 회왕은 크게 노했다.

"과인을 짐승에게 비하다니, 무례하기 그지없구나."

회왕은 돌아가자마자 즉시 형관刑官에게 명하여 진희의 코를 베어 성 밖으로 내치라 했다. 진희는 영문도 모른 채 코를 베이고 성에서 추방당했다.

이리하여 정수는 자기 손 하나 까딱하지 않고 자기가 마음먹은 바를 보기 좋게 해치우게 되었다. 이 계략은 자기의 본심은 깊이 감추고 진희와 왕이 자기를 믿게 만든 계책이 숨어있다. 이 경우 왕이 진희를 추방했으나 그것은 어디까지나 왕 자신의 의지였고, 진희는 그것이 정수의 계략임을 전혀 몰랐다는 점에서 완벽한 〈차도살인〉의 계략이다.

역사 속에서는 이 계략을 심심치 않게 찾아볼 수 있다. 인간은 완전하지 못하기 때문에 함정에 빠져든다. 불리한 경우 동맹국의 원조를 직접 청하는 것은 하책下策이며 적의 힘, 적의 경제력, 적의 지모知謀 등을 교묘히 빌어 적을 함정으로 몰아 붕괴시키는 것이 최상의 계책이다.

병법에서 '빈다'는 말은 '기댄다'는 말로 사예四裔(나라 사방의 먼 끝)를 원조하고 안으로는 이해를 같이하는 나라와 우의를 다지며 군대를 빌려가지고 구조한다는 뜻이다. 다시 말하면 대첩對疊(양쪽 군대가 서로 대치하는 것)하도록 모략을 꾸미고 적당히 양쪽의 법수法手(방법과 수단)를 빈다면 그 법수는 말할 나위도 없이 교묘해진다. 만약 힘이 넉넉지 못하면 그 안에서 적의 힘을 빈다. 이쪽에 없는 재물을 적에게서 빈다. 부족한 장졸將卒도 적의 장졸을 빌려 보충한다. 지모智謀 역시 적의 지모를 빈다. 내가 하고 싶지 않은 것은 적을 유인해서 시키면 적의 힘을 빈 것이 된다. 내가 죽이고 싶지 않을 때 적을 속여 적으로 하여금 섬멸케 하면 적의 칼을 빈 것이 된다. 그 부富를 칭찬해 주고 그것을 계기로 해서 적의 재물을 빈다. 그로 하여금 스스로 싸우게 하고 그것을 계기로 내가 보전된다면 적의 군졸을 빈 셈이 된다. 반드시 직접 행동으로 나서지 않고 가만히 있어서 그 일을 성취한다. 적은 우리를 위하여 힘을 빌려주고도 칭송을 받지 못한다. 이상은 병법에 정리된 〈차도살인〉에 대한 일례들이다.

조조, <차도살인>으로 예형을 제거하다

삼국시대 예형禰衡(173~196)이란 사람은 글재간이 있고 강직한 성품을 지녔으나 오만했다. 그가 거물 조조曹操를 비방했다. 조조가 공융孔融을 보고 예형에 대해 말했다.

"예형은 소인으로 전혀 예의를 모른다. 그를 죽이는 것은 식은 죽 먹기나 다름없다. 새나 쥐를 으깨버리듯 언제든지 해치울 수 있다. 그러나 놈에게는 남다른 재주가 있어 그 이름이 원근에 떨치고 있다. 내가 그를 죽인다면 사람을 거느릴 줄 모르는 도량이 좁은 사람이라는 평판이 돌 것이다. 따라서 유표劉表라면 음험하고 성급한 사람이니까 놈을 받아들이지 못하고 죽일 것임에 틀림없다."

그래서 조조는 사로잡은 예형을 말에 태우고 기병 두 사람에게 호위시켜 남양南陽 유표에게 보냈다. 유표에게 보내진 예형은 조조가 말한 대로 유표의 심복 부장 황조에 의해 죽임을 당했다. 예형은 겨우 26세였다.

조조는 예형을 쥐도 새도 모르게 해치울 수도 있었으나 끝내 남의 손인 황조의 손을 빌려 목적을 달성한 것이다.

소진, <차도살인>으로 죽어서도 복수하다

연횡가連衡家 소진蘇秦(BC 323년)은 제나라에서 자객에 의해 중상을 입고 숨을 몰아쉬면서 촌각을 다투고 있었다. 소진은 진秦나라를 고립시키고 전국시대 여섯 개 나라의 동맹체제를 결성시키는 데 탁월한 수완을 발휘했다. 연합 동맹을 이끌어낸 소진은 그 여섯 나라의 수상을 겸직한 당대의 뛰어난 웅변가요, 전략가였다. 그는 이 연합동맹인 합종책이 시들해지자 제나라의 객경客卿에 머물러 있던 중 자객으로부터 급습을 당해 치명상을 입었다.

그는 건강이 회복될 수만 있다면 반드시 자기를 해친 자객을 찾아내 복수하려고 마음먹었다. 그러나 점점 상처가 악화되어 회생의 가망이 없게 되자 죽은 뒤에라도 범인을 잡아 처벌하겠다는 생각으로 계책을 폈다. 그는 문병차 찾아온 제나라 위왕威王에게 간곡히 부탁했다.

"제가 죽거든 차열형車裂刑에 처하시고, 소진은 알고 보니 연燕나라 첩자이며 제나라에 모반을 획책했다는 내용의 방榜을 곳곳에 붙여 주십시오. 그러면 저를 해친 자객이 스스로 이름을 밝히면서 나타날 것입니다. 그때 그자를 잡아서 저의 원한을 풀어 주십시오."

차열형車裂刑이라 함은 사지四枝를 네 마리의 말에 묶고 말을 달리게 하여 찢어 죽이는 중형을 말한다. 소진이 죽자 위왕은 소진의 말대로 차열형에 처하고 그가 유언한 대로 첩자였음을 전국에 알렸다. 그러자 며칠 만에 한 남자가 나타나 자기가 소진을 죽였노라고

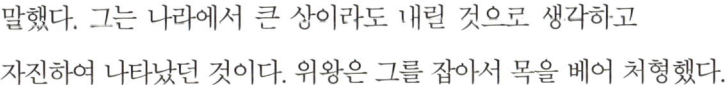

말했다. 그는 나라에서 큰 상이라도 내릴 것으로 생각하고 자진하여 나타났던 것이다. 위왕은 그를 잡아서 목을 베어 처형했다.

소진의 계략은 자기를 습격한 자를 남의 손을 빌려 없앤 〈차도살인〉으로도 좋은 예가 되려니와 숨어 있어 알아낼 수 없는 범인을 유도해 내는 제20계 〈혼수모어〉와 같은 계략 중의 하나이다.

정나라 환공 〈차도살인〉으로 회鄶 지역을 얻다

운동경기 중에 유도는 상대방의 힘을 역으로 이용하여 공격하는 날 그

대로 유도 경기다. 그러니까 상대방의 힘을 역으로 이용하여 넘어뜨리는 유도전법이다.

정鄭나라의 환공桓公은 회鄶라는 지역을 몰래 습격하려고 계획을 세웠다. 그래서 우선 회의 호걸豪傑 양신良臣, 변재辯才를 비롯 적중에서 내로라하는 사람들을 알아내 그 사람들의 성명을 하나하나 적었다. 그들이 회를 떠받치고 있는 한 회를 습격해도 성공 가능성이 없기 때문에 회의 군주가 그들을 제거하도록 하기 위한 계책을 측근들에게 수립하게 했다. 정나라 환공은 거명된 이들에게 회의 기름지고 비옥한 땅을 골라 일이 성사된 뒤에 뇌물로 주고, 또 각각 관작官爵을 준다는 등 약속을 한 서류를 작성했다. 그리고 회의 정문 밖에 제단을 쌓고 그 서류를 묻은 다음 그 위에 닭 피와 돼지피를 뿌리고 맹약을 행한 것처럼 해 놓았다.

회의 군주는 이 사실을 보고받고 이는 필시 몰래 맹약을 한 것이 틀림없으리라고 믿었다. 그리고 그들을 잡아내 불문곡직하고 전원 처형해 버렸다. 정나라 환공은 회심의 미소를 짓고 거치적거리는 세력이 제거되자 그 틈을 놓칠세라 기습하여 회를 힘들이지 않고 빼앗았다.

회 땅을 차지하기 위해 회를 지키는 장수들과 중신들을 참살하는 일을 자신이 직접 움직이지 않고 회의 군주에게 맡긴 것이다.

자공, <차도살인>으로 노나라를 구하다

자공(子貢 : BC 520~?, 단목사端木賜를 이름)은 공자의 제자로 춘추시대春秋時代 때 위衛나라 사람인데 장사에도 밝거니와 임기응변에 뛰어나 정치활동에도 참여하게 되었다.

공자는 제齊나라의 대군이 문하汶河에 진을 치고 노魯나라를 공격하려고 노리고 있을 때 노나라를 구하기 위하여 자공을 특파하여 제나라를 회유케 했다. 자공은 그 명을 받들어 제나라 장수를 어떻게든 설득하여 노나라의 공격을 막고 그 대신 오吳나라를 정벌토록 계획을 변경시켰다. 그렇게 한 다음 자공은 그날 밤을 틈타 오나라로 달려가 오왕에게 제나라를 치도록 설득했다.

오나라와 제나라가 전쟁을 시작하자 뒤이어 자공은 또 진晉나라로 달려가 진 정공晉定公에게 오나라의 공격을 방어하라고 했다. 오가 제나라를 격파하고 여세를 몰아 진나라로 쳐들어 갔다. 진나라는 우세한 병력으로 기다리고 있다가 오나라를 격파시켰다.

자공은 한 번 나서서 노나라를 보존하고, 제나라를 교란하고, 오나라를 격파하고, 진나라를 강하게 하고, 월越나라를 패자覇者로 만들었다. 이 10년 동안의 싸움으로 다섯 나라가 변동되는 수난을 겪게 되었다(史記-仲尼弟子列傳). 이처럼 자공은 남의 손을 빌려 노나라를 구함과 동시에 패자의 자리를 바꾸는 〈차도살인〉의 계를 실행했던 것이다.

오기, '나만 죽을 순 없지.'

전국戰國 초기, 중원이 팽팽한 세력 다툼으로 긴장하고 있을 때 초楚나라 도왕悼王(BC 381년)이 죽자 도왕의 비호 아래 일대 개혁정치를 폈던 오기吳起라는 재상이 초나라 귀족들의 사병이 쏜 화살을 맞고 죽게 되었다. 오기는 정치가로 일가를 이룩한 유명한 인물이었으나 병법가兵法家로 더욱 유명한 인물이다.

오기는 손무孫武와도 겨룰 정도로 뛰어난 병법가였지만 귀족들의 미움을 사게 된 것은 그의 개혁정치가 왕족들이나 귀족들의 기득권을 완전히 부정하는 내용이었기 때문이다. 특권층들은 자신들이 누리고 있던 세습적 정치·경제·사회적 특권이 박탈당할 위기에 처했기 때문에 그를 제거하려 했다. 오기가 강력한 개혁정치를 펼 수 있었던 힘의 배경은 도왕의 절대적인 지지가 있었기 때문이었다. 따라서 그 힘의 배경이었던 도왕이 죽자 기다렸다는 듯이 귀족들이 일제히 봉기하여 오기에게 앙갚음을 한 것이다.

내습으로 오기가 죽기 전, 그는 당황했다. 도저히 살아날 가망이 없다고 생각한 오기는 급박한 상황 속에서도 병법가답게 죽은 뒤에 자기를 죽인 무리들에게 원수를 갚는 계책을 생각해냈다.

그는 병사들이 활을 쏘며 몰려오자 도왕의 시신이 안치되어 있는 궁중으로 뛰어들어 침대에 누워있는 도왕의 시체를 바짝 끌어안았다. 왕의 시체를 안장한 방에 뛰어들어 온 병사들이 오기를 향해 마구 활을 쏘았는데 이 화살은 오기를 빗나가 도왕의 시신에도 꽂혔다. 오기는 그 자리에서 화살에 맞아 죽었다. 오기가 도왕의 시신을 껴안고 죽은 것은 기상천외하게도 두 가지의 계략이 숨어있었다.

첫째로 자신을 쏜 화살은 어김없이 왕의 시신에도 꽂힐 것이라는 계산이었다. 당시 왕의 시체에 상처를 입힌 자는 고하를 막론하고 참형에 처하게 되어 있었다. 두 번째로는 기왕에 죽을 바에야 순교적인 순사殉死 형식을 취하여 왕실에 대한 충성을 표시하고자 함이었다. 그러니까 오기는 자기의 입장을 표명하고, 왕의 시체에 활을 쏜 무리들의 반역죄를 더욱 무겁게 하려는 심산이었다.

도왕의 뒤를 이어 초왕이 된 숙왕肅王은 선왕의 시체에 화살을 날린 병사와 그 병사를 동원한 귀족들을 모두 잡아서 죽이고 순사한 오기의 넋을 기리는 대제大祭를 지내주었다. 오기는 지략으로 명분을 세워 숙왕으로 하여금 자기의 원수를 갚게 하는 이른바 〈차도살인〉의 계를 오묘히 실행한 셈이다. 사람은 순간 어떤 생각을 하느냐에 따라 가치가 달라진다. 이처럼 다른 제삼자를 동원하여 앓던 이를 뽑듯 해결하는 계를 제3계 〈차도살인〉

의 계라고 한다.

당앙, <차도살인>으로 스스로 죽을 길을 만들다

군신간에는 의리가 첫째겠지만 잘못된 주문에 의하여 자칫 만고에 낙인이 찍힐 군주가 되는 것 또한 측근에 의해 저질러 질 수 있다.

바로 이런 이야기의 귀감이 될만한 송宋나라 재상 당앙唐鞅의 이야기가 있다.

송왕이 재상인 당앙에게 물었다.

"나는 죄 지은 사람을 많이 죽였다. 그런데 신하들이 나를 두려워하지 않는 이유가 무엇인가?"

왕의 물음에 당앙이 대답하였다.

"전하께서는 죄를 지은 사람들만 벌하십니다. 그러므로 죄를 짓지 않은 사람들은 두려워하지 않습니다. 죄가 있는 사람이건 없는 사람이건 가리지 마시고 벌을 내리십시오. 그렇게 하면 모든 신하들이 전하를 두려워하게 될 것입니다."

"음, 알았다."

그로부터 얼마 뒤 왕은 당앙을 묶어서 꿇어 앉히게 했다. 그리고 명령을 내렸다.

"여봐라, 당앙을 사형시키도록 하라."

삼짝 놀란 낭앙이 왕에게 아뢰었다.

"전하, 저는 아무 죄도 짓지 않았습니다. 그런데 어찌하여 저를 죽이려고 하십니까?"

"너는 전에 내게 한 말을 잊었느냐? 죄가 있는 사람이나 없는 사람이나 가리지 말고 벌을 내리라고 하지 않았느냐?"

이 말을 듣고 딩잉은 아무 대답도 하시 못했나.

결국 당앙은 자기가 죽을 길을 스스로 만들어 그 길로 들어간 것이다.

폭군과 성군은 휘하의 신하가 어떻게 보필하느냐에 달렸다. 모든 대신들이 모두 당앙과 같은 식으로 군주를 분별없이 비호한다면 만고에 악명 높은 군주가 될 수밖에 없다.

〈차도살인〉의 계와는 동떨어진 듯하지만 결국 스스로 죽을 길을 찾았으니 역 〈차도살인〉이 된 셈이다.

그래서 자고로 말은 위로와 감동을 주기도 하지만 때로는 칼이 되어 깊은 상처를 남기기 때문에 신중히 가려서 해야 하는 법이다.

흔히 무일푼으로 사업을 시작하는 사람을 일컬어 나마裸馬라고 한다. 고삐도 안장도 채워지지 않은 말을 말하는데 천방지축으로 뛰는 자유분방함을 뜻하기도 한다. 그 이유는 말에 안장이 얹혀지고 고삐가 채워 지면 자유롭게 뛸 수가 없기 때문이다.

바꿔 말하면 사람이 아무것도 없이 사업을 시작했을 때가 나마고 처음 시작이니 망한다 해도 손해 볼 것이 없고 엎어진다 해도 다시 일어나면 그만이지 않겠는가. 그런데 장가를 가게 되고 아내를 얻게 되면 안장이 얹혀지는 셈이고, 거기다 덜컥 아이라도 낳게 되면 안장과 더불어 고삐를 잡히는 꼴이니 함부로 뛸래야 뛸 수가 없게 된다. 자연히 활동이 옹색해지고 행동이 부자연스러워지게 되는데 거기에다 마누라의 잔소리도 한몫하게 된다. 이때 돈이라도 조금 모아지면 그 재산이 아까워 행동이 조심스러워지고 몸동작이 둔탁해진다. 딴엔 안장이 떨어지면 어쩌나, 요렇게 했다가는 재산이 날라가지나 않을까 소심해지고 이리저리 재보게 된다.

이렇게 자고 나면 걱정이 되풀이되고 그러다 보니 일다운 일도 제대로 못 하게 될 수밖에 없다. 때문에 아무것도 없이 처음 사업에 손을 댔을 때가 사업을 거침없이 확장해 나갈 때이다. 그때는 망해봤자 손해 볼 게 없잖은가. 이렇게 아무것도 없을 때 CEO는 남의 힘을 최대한으로 이용해야 한다. 이왕 시작했으니 보란 듯이 남의 돈을 몽땅 빌려서 투자해 놓아야 넘어지더라도 돈을 빌려준 사람이 빚을 못 받을까 봐 부추겨 주게 된다. 그러니까 자기 칼이 아닌 남의 칼을 이용해 물건 베는 연습을 해보는 셈이다. 빌려서 벌인 사업이니 남의 칼인 셈이 아닌가? 이름 하여 〈차도살인〉의 계를 사업 쪽에서 활용하는 예라 할 수 있다. 또 회사원은 회사에서 월급을 받으면서 일을 배우거나 장사하는 수완을 터득하는 것이니 이거야말로 남의 힘을 빌려 물건 베는 연습을 하는 게 아니고 뭐겠는가? 이 또한 〈차도살인〉계를 현장에서 체험하는 예라 할 것이다.

옛말에 빚도 재산이라는 말이 있다. 그래서 이왕 빚을 지려면 크게 지고 큰 나무 밑으로 들어가라는 말이다. 큰돈을 빌리게 되면 꾸어준 돈이 아까워 꿔준 사람이 이리저리 손을 써주고 받아내기 위해서 음으로 양으로 부추겨 줄 수밖에 별도리가 없다.

그러나 여기에도 경계해야 할 것이 있다. 대기업으로부터 자금을 빌리게 되면 자칫 그 자금줄로 말미암아 쥐도 새도 모르게 흡수당할 수도 있다는 생각을 염두에 둬야 한다. 대기업으로서는 이미 투자 해놓은 돈에다 몇 푼 안 들이면 '인수'라는 악어 주둥이를 벌리고 달겨들 수 있기 때문이다. 이는 예상치 못한 〈차도살인〉의 올가미가 될 수도 있다는 말이다.

그러나 대개는 빌려준 쪽이 안달하게 된다. 큰 우산 밑에 있으면 안전한 까닭이 여기에 있으며 우리가 대륙 간 핵우산 아래 머문 것도 어쩌면 이런 계책으로 봐야 한다. 이는 다른 사람을 기대어 내가 군건한 기반 위에 서는 유도전법의 케이스이기도 하다.

국가의 최고 경영자나 기업의 총수인 CEO는 영원히 보장된 자리가 아니다. 잠시 머물다 떠나는 자리다. 따라서 전체를 위해 스스로 송나라 당앙의 〈차도살인〉의 자리에 서야 할 때가 있다. CEO가 경계해야 될 네 가지가 있다.

첫째, 권한을 아랫사람에게 맡기면 그 권한을 빌미로 세력이 확대되어 기업 내의 상하가 그를 위해 일하게 된다는 사실이다.

둘째, CEO를 대신하여 은행 업무를 맡아 큰돈을 빌려오게 되면 물고기를 못 속에 기르는 격이 되어 내부의 기강을 흐트러뜨린다.

셋째, 권한을 오랫동안 아랫사람에게 맡기면 힘을 저축하는 것이 되어 노골적으로 목에 힘을 주게 된다.

넷째, 상벌을 이용하여 이해관계를 제어해야 함에도 심사를 아랫사람에게만 맡기면 경영에 누수 현상이 생긴다.

진나라 여공厲公 때 대신들의 위세가 높아 서동胥童이 여공에게 충고했다.

"대신들의 지위와 세도가 높아 폐하와 같아서 외교를 흥정하고 사리로 국법이 문란하여 위협이 됩니다."

여공은 이 충고에 몇몇 대신을 처형했다. 그러나 나머지 몇몇 대신들이 3개월 후 반란을 일으켜 여공을 죽이고 말았다. 그런가 하면 초나라 재상이 주州지방의 군주가 되자 막강한 세력으로 국정을 좌지우지했다.

이에 초楚나라 양왕襄王은 그를 수상하게 여겨 쉬게 했다.

양왕이 주지방에 있을 때 산발을 한 사내가 왕 앞을 지나갔다.

"금방 지나간 자가 누구냐?"

"아무도 못 봤는뎁쇼?"

"그렇다면 내가 도깨비를 봤단 말이냐?"

알고도 모르는 것처럼 아무도 입을 열지 못했다.

바로 이와 같이 권한의 이동은 멀쩡한 사람을 바보로 만들 수 있다.

1960년대 할리우드의 〈셰인〉이라는 서부 영화가 있었다. 당시 인기 배우 앨런 래드가 주인공 카우보이역을 멋지게 소화했다. 재빠른 총 놀림 솜씨로 맞대결에서 악당들과 두목까지 쓰러뜨린다. 그런 그가 최후의 승리를 거둔 뒤 저녁 황혼을 향해 말고삐를 거머쥐고 표표히 떠나는 라스트 신은 관객을 가슴 뭉클하게 감동시킨다. CEO도 영화의 라스트 신에서와 같이 떠날 때를 알고 또 끝맺음이 좋아야 한다. 불필요하다고 생각되는 부서를 정리하는 것도 〈차도살인〉의 계략을 활용하여 CEO가 영민하게 처신해야 한다. CEO가 깊이 명심해야 할 일은 CEO의 출현은 만들어지고 조작되는 게 아니라 발굴된다는 사실이다. 리더는 무리 중에서 스스로 성장한다는 점을 깊이 인식해야 한다. '부재기위불모기정不在其位不謨其政'이라는 말은 그 자리에 있지 않으면 그 자리의 정사를 논하지 말라는 말이다. 고문이니 명예회장이니 하는 어정쩡한 자리에 앉아서 책임지지 않을 언행을 삼가라는 뜻이다. 평소 투명경영을 강조해 오던 미래산업 정문술 사장은 몇 해 전 전문경영인에게 전격적으로 바통을 넘겼다. 이런 결단은 정신적 올인으로 자신을 〈차도살인〉한 것이기도 하다.

"저의 은퇴 결단을 쇼로 오해하는 사람들도 있을 겁니다. 솔직히 수렴청정의 유혹도 받았지만 신앙으로 극복했습니다. 아직도 눈을 감아야 지휘봉을 놓는 창업주들이 많습니다. 미련을 못 버리는 것이지요. 회사가 자기 것이라는 생각 때문입니다. 기업 활동에는 일절 관여하지 않겠지만 디지털 시대의 새로운 자선 문화를 개발하는데 매일매일을 바쁘게 보낼 예정입니다."

석양은 질 무렵 더욱 찬연히다. 정문술 사장의 모습은 그 노을을 보는 듯해 참으로 마음 뿌듯하다.

때가 올 때까지
참고 기다려라

이일대로
以逸待勞
편히 쉬다가 지친
적을 도모한다

쉬면서 적군이 지칠 때를 기다려서 친다. 적을 곤경에 빠뜨리고 곤란한 상황으로 몰아넣으려면 반드시 먼저 공격할 필요는 없다. 적극적인 방어를 하면서 때가 올 때까지 기다려 아군이 유리한 국면을 만든다.

이 계책은 힘을 아꼈다가 일을 도모하여 승리를 얻어내는 전술을 말한다. 나는 편히 쉬면서 기다리고 적은 괴롭혀 쉬지 못하게 하였다가 공격한다는 계략이다. 그러니까 적을 불러들여 술책 속에 빠뜨리는 병법으로 손자孫子는 이렇게 말하고 있다.

"전장戰場에 먼저 도착하여 적을 기다리면 쉬운 싸움을 할 수 있으나 늦게 도착하여 허둥지둥 전장에 임하는 자는 고통스런 싸움이 될 수밖에 없다. 싸움을 잘하는 사람은 민첩한 행동으로 먼저 유리한 고지를 선점하고 적을 불러들여 섬멸시킨다."

《손자병법》은 전쟁 상황을 유리하게 이끌어 승리하느냐 아니면 고통스런 상황에서 전쟁하느냐 하는 문제를 상정하고 있다. 진정한 전술이란 지형지물地形地物을 이용하며 나의 모습은 감추고 적의 일거일동을 감시하면서 계책을 세운다. 말하자면 적을 기다리기만 하는 것이 아니라 소수의 병력을 효율적으로 운용해 다수를 견제하는 계책이다.

작은 움직임(小動)만으로 큰 움직임(大動)을 견제함으로써 중추中樞를 이롭게 하여 주도권을 수중에 넣는 것을 말한다. 따라서 주위의 정세를 견제하는 것은 말할 것도 없고 궁극적으로 싸워서 이기는 전법이 〈이일대로〉의 계략이다.

여기서 '일逸'자는 보통 편안하다, 뛰어나다는 뜻으로 쓰이고 있다. 그러나 휴식을 취한다는 의미도 있다. 따라서 여유를 갖는다는 의미이다. 노勞자는 고통스럽다, 힘들다, 어렵다는 뜻이고, 대待자는 기다린다는 뜻이다. 그러니까 '나는 쉬면서 상대가 지치기를 기다린다.'는 뜻으로 풀이될 수 있다. 말하자면 여유를 가지고 적이 지치기를 기다렸다가 최적의 기회를 잡아 일거에 습격하여 승기를 잡는다는 술책이다.

계략을 성공으로 이끌기 위해서는 머릿속에 새집을 짓는 상상이나 막연히 적이 지치기를 기다려서는 의미가 없다. 전술을 짜서 적이 지치도록 하는 방법을 구사해야 한다. 그리고 언제 공격을 감행할 것인가, 또는 어떤 형태로 어디에 역점을 두어야 할 것인가를 고려해야 한다. 제4계가 지친 적을 도모한다는 말처럼 기다리는 시간에 힘을 축적하여 필요할 때 한꺼번에 힘을 발휘할 수 있도록 훈련으로 힘을 단련해야 한다. 그러면서 적이 언제 공격해 올지 모르기 때문에 빈틈없는 대비 태세도 갖추고 있어야 한다.

싸움에 있어서 적을 지치게 하는 전술은 여러 가지가 있다. 기습작전이나 소수 게릴라전이 그 예이다. 1808년 스페인 국민들이 게릴라전을 펼쳐 나폴레옹군의 퇴로를 막고 보급 차량과 병참선을 차단하여 6년 만에 마아낼 수 있었다. 이처럼 적은 병력으로 적의 허를 찔러 소모를 강요하는 유도작전이 게릴라전이다. 그런데 이보다 더 고도의 전술은 적의 내분을 조장하여 사분오열하게 만드는 것이다. 적을 조각조각 분산시킬 수 있다면 이보다 더 좋은 방법은 없다. 그러나 그런 전술은 쉽사리 먹혀들지 않는다.

마오쩌둥, <이일대로>로 일본군을 내몰다

게릴라전하면 1808년 나폴레옹에 항거하여 스페인 국민의 민족적 저항에서 기원되었다. 그러나 역사적으로 보면 한漢나라 때 외세를 막기 위해 게릴라Guerrilla전을 펼친 기록이 있다. 유사 게릴라 전으로는 러시아의 빨치산과, 중국의 공산 혁명 당시 유격전과, 북한의 123군 부대의 청와대 기습 건과, 미국에서 2001년 9월 11일 쌍둥이 빌딩을 쓰러뜨린 테러 등이 있다. 이 계의 본고장인 중국의 마오쩌둥도 빼놓을 수 없다. 중일전쟁 때 마오쩌둥은 연안延安에 근거하여 산악지대에서 일본군과 싸웠다. 그때 지리에 밝은 이른바 팔로군八路軍(중국 공산군)은 일본군이 쳐들어오면 물러나고 일본이 물러나면 뒤따라가 건드리면서 끝없는 소모전을 유도했다. 이에 일본군은 누적된 피로와 소모전에 견디지 못해 산악지대를 포기하고 간신히 철도만을 지켜 보급로 확보에 주력했다. 그런데도 팔로군은 밤마다 철로를 파괴하고 일본 수비부대를 야습하여 끝내는 일부 철로 연변에서도 물러날 수밖에 없었다.

이렇게 적을 피로하게 만들어 놓고 난 다음에 총공격에 나서는 작전이 〈이일대로〉의 계책이다.

그런데 총공격에 나서는 데도 당연히 준비하고 갖추어야 할 전제조건이 있다. 아군의 전력이 충만하고 사기가 왕성해야 하기 때문이다. 또 공격의 시기를 정하는 데 있어서도 적의 사기가 뚝 떨어져 전의戰意가 최대한으로 떨어졌을 때가 적기다.

즉 운동경기에서도 적의 허를 찌르고 약점을 공략하는 전법이 최선의 방책이듯 전쟁도 마찬가지다.

《삼국지》에 등장하는 제갈량의 남정전南鄭戰은 이름하여 게릴라전으로 그 이름이 유명하고, 일본해日本海 해전이었던 러일전쟁도 게릴라 전쟁으로 전사에 이름이 높다.

일본함대, <이일대로>로 러시아 함대를 격파하다

우리 역사와 관계가 깊은 러일전쟁Russia日戰爭(1904~1905)때 러시아가 일본군에게 연전연패했다. 따라서 러시아는 구겨진 체면을 단번에 만회하려고 저 멀리 북극에 있는 연합함대를 출동시켜 일본군에 맞서게 했다.

결전의 1905년 5월 27일, 쓰시마해협對馬島海峽에서 느긋하게 기다리고 있던 도오고東鄕대장이 통솔하는 일본 연합함대와 러시아의 연합함대가 전열을 가다듬어 일대 접전을 벌였다. 그런데 이 전쟁에서 러시아의 연합함대는 일본군의 몇 배의 함정과 병력이 있었는데도 힘 한번 제대로 써보지도 못하고 전멸당하고 말았다. 일본군은 〈이일대로〉의 계책대로 러시아군이 먼 거리를 돌아와 피로한 상태를 놓치지 않고 게릴라전으로 들이쳤던 것이다. 이에 러시아 함대는 속수무책으로 당하게 되고 전쟁 결과 대패하고 말았다. 일본해 해전으로 불리는 이 전투는 〈이일대로〉의 진형적인 전투로 해상에서 보여준 보기 드문 예라 하겠다.

이때 러시아 함대가 수적으로는 오히려 일본 함대를 압도하는 상황이었음에도 게릴라전으로 치고 나온 일본 함대에 완패하고 말았던 것이다.

이 전투 내용을 짚어보면, 러시아 함대는 신식 함과 구식 함의 혼성함대로 1904년 10월에 본국 리바우 군항에서 출발하여 7개월이라는 긴 시간을 항해해 일본해에 도착했다. 약 3만 5천 킬로미터의 거리를 그것도 두 번이나 직도赤道를 횡단하는 고난의 항해를 거쳐 5월 27일, 가까스로 일본해 입구에 도착했다. 위풍당당한 것과는 반대로 지칠 대로 지쳐 고통이 극에 달해 있던 러시아 군대였다.

이처럼 녹초가 되어 있는 러시아 연합함대를 수적으로 열세에 있는 일본 함대가 손꼽아 기다렸다가 게릴라전으로 들이치니 당할 재간이 없었던 것이다. 좌측으로 들이치는가 하면 우측으로 몰고 우측인가 하고 보면 좌측에서 공격해 왔던 것이다. 그야말로 눈코 뜰 새도 없이 동에 번쩍 서에 번쩍하는 기동작전에 휘말려 어리둥절한 사이에 완패한 것이다.

그러니까 공격다운 공격도 제대로 해보지 못하고 수비만 하다가 지리멸렬하고 만 것이다.

독일의 크라우제비츠Clausewitz 병법학자는 '방어는 공격보다 견고한 전투 방식이다'고 말했지만 고래古來로 방어만으로 전투를 이긴 예는 없다. 실제로 많은 경험에 의하면 방어하는 쪽이 더 정신적으로 위축되고, 또 소극적이 되어 자멸하는 경우가 적지 않았다. 스포츠경기에서도 계속 방어만 하는 팀은 경기가 더욱 위축되어 나중에 패하고 마는 것과 같은 이치라 하겠다.

손자는 '잘 싸우는 사람은 적을 조종할 뿐, 조종당하지 않는다'고 주장하고 있다. 남에게 조종당하는 경우 그것은 바로 주도권을 상대에게 빼앗겼음을 의미하는 것으로 그런 때는 아무리 노력해도 좋은 결과를 얻을 수 없다.

작전 계획은 전투에 임해서만 세우는 것이 아니다. 공격을 멈춘 자리에서도 끊임없이 전개되는 것이 계책이고 전법이다. 그래서 쉬면서도 괴롭히고, 적이 잘 되면 이간질하고, 예상치 못한 곳에서 혼란을 야기시켜 자중지란에 빠뜨리는 것이 계책의 목표다.

지휘관이라면 위의 모든 계책을 염두에 두고 헝클어진 실타래를 풀듯이 임하여야 한다. 덮어놓고 눈앞에 보이는 사건에 매이지 않는 것이 상책이다. 자고로 명장名將이니, 지장智將이니 하는 장군들은 〈이일대로〉의 계책을 머리에 숙지해 두고 절체절명의 기회를 노려 매가 새를 낚아채듯 작전을 펼치는 것이다.

삼국시대에 있었던 이릉 싸움도 마찬가지다.

유비 현덕, 육손 장군의 <이일대로>전술에 패주하다

촉한蜀漢(서기 222년)의 유비劉備 현덕玄德은 수륙 20만 대군으로 양자강을 따라 오吳나라 영토로 침공해 들어갔다. 강을 따라 내려오는 진격은 물살을 따르기 때문에 매우 빨랐다. 촉군은 7백 리를 진격하여 오나라 요충지인 이릉에 이르게 되었다.

한편 이에 대항하여 5만의 오나라 군대가 이릉에 진을 치고 촉군을 기다리고 있었다. 오군의 총지휘는 육손陸遜이었는데 오군의 참모들은 모두가 한결같이 촉군을 맞받아쳐야 한다고 주장했으나 육손은 이를 반대하고 자기의 전략을 참모들에게 말했다.

"지금 촉군은 강변의 내리막길을 따라 기호지세騎虎之勢로 진격해옴으로 여세가 붙어 공격력이 왕성하다. 사기가 왕성한 군대는 피하는 것이 현명하다. 거기다가 촉군은 지세가 유리한 입장에 포진하고 있어서 섣불리 공격하면 오히려 그들의 작전에 말려들 위험이 크다. 이러한 때는 적의 동정을 감시하고 아군의 사기를 높이면서 준비를 서서히 하여 정세의 변화를 기다렸다가 공격하는 것이 상책이다. 적은 그간 7백 리를 단숨에 달려왔기 때문에 며칠이 지나면 피로가 한꺼번에 엄습해 올 것이다. 그때를 기다려 공격하도록 하는 것이 좋은 방책이다."

그러나 참모들은 육손이 촉군이 20만의 대군임을 알고 지레 겁을 먹고 싸움을 고의로 회피하는 것으로 알고 수군거렸다. 한편으로 이 지방의 지세에 밝은 육손은 여러 조의 게릴라 부대를 편성하여 밤이면 촉군 진지의 이 구석 저 구석을 침투하여 군수물자와 창고 등에 불을 질러, 촉군이 한시도 안심하고 쉬지 못 하게 했다. 이러기를 몇 달, 육손은 어느 날 갑자기 참모들을 불러 모아놓고 이제 때가 왔으니 휘하 병졸들을 통솔하고 신속히 총공격을 하라는 명령을 내렸다. 그리고 각 지휘관들에게 당부했다.

"지금 전선은 교착상태에 빠져있다. 촉군이 우세한 병력을 보유하고 있지만 처음 쳐들어왔을 때처럼 유리한 국면이 아니다. 그간 우리의 교란작전에 시달려 지쳐 있고 사기도 떨어져 있다. 이때 맹공을 가하면 적은 쉽게 패주하고 말 것이다."

이 말을 들은 지휘관들이 비로소 육손의 작전을 알고 일제히 총공격을 감행하자 촉군은 크게 당황하여 줄을 지어 패주하는 바람에 유비는 간신히 백제성白帝城이라는 곳으로 몸을 피할 수밖에 없었다.

이 전투가 중국 삼국시대 전쟁 역사상 유명한 '이릉 싸움'이다. 육손이 4배나 되는 적을 물리치게 된 작전이 《36계 병법》중 제4계 〈이일대로〉의 표본적인 계책이었던 것이다.

이와는 정 반대의 기록도 있다. 《후한서後漢書》에는 이렇게 말하고 있다. '지키는 사람은 늘 편안하고 공격하는 사람은 피곤하다. 편안함으로써 피곤한 것을 기다린다. 굳이 싸울 필요가 없다는 말이다.'

어쨌든 전쟁은 이기는 전략이 필요하다. 이는 전쟁뿐만 아니라 기업을 경영하는 CEO도 성공해야 된다는 점에서는 마찬가지다.

특히 21세기 글로벌 시대에는 거대자본이 국경을 초월하여 봇물처럼 쏟아져 들어왔다가 썰물처럼 빠져나가기도 한다. 이런 과정에서 우리도 IMF라는 아픈 과거를 체험했다.

사실 한국의 IMF는 어떤 면에서 거대세력이 그물을 던져 사냥감을 포획한 듯한 느낌을 지울 수 없다. 그리고 포획한 사냥감인 한국을 IMF라는 올가미를 채워 이리 끌고 저리 끌고 다니면서 길들이기 한 흔적을 잊을 수 없다. 이는 국가를 경영하는 예측과 외환관리의 부재에서 온 우리의 잘못이 크기 때문에 할 말은 없지만 뒷맛이 씁쓰레함은 꼭 소태껍질을 씹는 맛 그것이다. 지금 세계는 어느 나라가 경제적인 주도권을 잡느냐 하는 치열한 각축전 속에 있다.

실리콘 밸리, <이일대로>의 여유 속에 꽃 피다

1970년대 후반, 세계의 주도권을 일본에 빼앗길 뻔했던 미국이 오늘날 강력한 면모를 지니게 된 이면에는 실리콘 밸리 메이킹The Making of Silicon Valley라는 프로젝트가 있었다.

실리콘 밸리가 널리 알려진 것은 1970년대 이후의 일이지만 그 시작은 1890년대까지 거슬러 올라간다. 당시 상원의원이었던 리랜드 스탠퍼드 Leland Stanford가 팔로 알토Palo Alto에 대학을 설립하면서부터다.

스탠퍼드는 자신이 설립한 대학의 학생들이 단지 지식을 얻는 것에 그치지 않고 그 지식을 현장에 직접 적용시킬 수 있기를 원했다. 교수들도 스탠퍼드의 이러한 생각에 전적으로 동의해, 과학이나 엔지니어링 부분을 중심으로 대학 설립 초기부터 산업체와 공동으로 연구하고 제품을 개발해 내는 기틀을 만들었다. 실리콘 밸리 이야기는 미국의 첨단 과학에 대한 정책이 <이일대로>의 계를 충실히 따른 예라 하겠다.

실리콘 밸리는 1957년 쇼 클리의 제자 8명이 훼어차일드 반도체사를 설립하는 데서 시작하였는데 훼어차일드사에서 독립한 로버트 노이스, 고든 무어, 앤디 그로브 등이 인텔사를 설립하여 반도체 사업의 효시를 이룬 역사적 싱크 탱크Think Tank이다. 1970년대 반도체와 컴퓨터 산업의 중심지로 부상하면서 '실리콘 밸리'라는 이름이 붙여졌다.

실리콘 밸리가 성공한 요인으로는 기업가 정신을 바탕으로 풍부하고 우수한 인력을 배출하고 고수익을 추구하는 벤처캐피털의 원활한 공급 지원과 인프라의 완비, 기업 간의 긴밀한 네트워크를 형성하는 데 성공했기 때문이다.

이는 〈이일대로〉에서 여유를 가지고 수비에 임했다가 적이 지치기를 기다려 들이친다는 말과 같이 여유롭게 준비하고 연구는 치열하게 하는 자기 충전의 기간이다. 모든 사람들을 삶을 편리하고 윤택하게 해줄 첨단기기의 개발은 지혜의 총아이며 지식의 금자탑이라고 말할 수 있다.

이 실리콘 밸리의 장점은 첨단을 연구하는 아이디어맨들의 집산지이며 이들이 변화에 즉각 대처하는 능력이다. 마치 움츠렸던 개구리가 훌쩍 뛰는 것과 같다. 미국 연구가들은 자기들끼리 지식을 공유하면서 조그마한 사무실에다 침실을 들여놓고 연구에 몰두했다. 그들은 미래를 내다보면서 실리콘 밸리를 인간생활의 풍요를 위해 그야말로 피나는 노력을 아끼지 않는 기술과 정보산업의 집약지로 일궈냈다.

반면 그런 아이디어가 다른 나라로 유출되는 것을 막기 위해 그들은 지적 재산권을 주장하기에 이르렀고 이것은 로열티(특허 및 상표 사용료)라는 형태로 나타났다.

실리콘 밸리로부터 시작된 창조적 에너지가 미국을 일으키고 그 에너지의 힘찬 물결이 21세기의 새로운 역사의 장을 역동적으로 열어가고 있는 것이다.

실리콘 밸리는 미국의 공학자·창업가·경영인들에게 동경의 대상이 되었다. 그들은 배움을 찾아 또는 새로운 물결에 편승하기 위해 실리콘 밸리로 몰려들었다.

실리콘 밸리는 이처럼 〈이일대로〉의 계략에서 말하는 것처럼 미래를 내다보고 기다리는 데서 만들어진 곳이다. 이곳은 다른 어느 곳보다 연구가 빨리 진척된다는 특징이 있다. 대학들이나 인터내셔널, 에머스 연구센터, 로렌스 리버모어 연구소와, 록히드 연구소, 제록스 팔로 알토 연구센터는 물론 대부분의 첨단기술 분야 연구가 이곳에서 쉼 없이 이루어지면서 자연히 이들 간에 경쟁을 유발하고 있기 때문이다.

실리콘 밸리에서는 물건을 만들어내는 연구만 하는 것이 아니라 기업을 어떻게 경영할 것인가에 대한 연구도 활발하다. 따라서 새로운 경영기법들이 연구되고 또 연구를 받아들여 새로운 기업이 탄생하고 그중 몇은 좋은 본보기가 되었다.

이베이ebay가 온라인 시스템업체 페이팔paypal을 15억 달러에 사들인 사건은 '페이팔 마피아'라고 불릴 만큼 충격적이다. 구글은 유튜브, 소셜 네트워킹 사이트 링크인, 사진 전문 사이트 슬라이드를 사들이면서 '마피아'로 군림했다.

이처럼 실리콘 밸리가 세계의 인재와 돈 그리고 아이디어를 블랙홀처럼 빨아들이는 원동력은 M&A 합병으로 이룩한 신화다. 애플이나 구글이 끊임없이 경쟁력을 유지할 수 있는 것은 M&A를 통해 수혈받기 때문이다. 이에 비해 우리나라의 국내 기업은 제값을 받지 못하고 기술을 교묘히 빼돌려 고사시키는 일이 비일비재하다. 이런 풍토에서는 벤처라는 신화는 그림의 떡이다.

이에 비해 미국은 자라나는 벤처 기업이라는 나무가 잘 자라도록 법의 지주를 세워주어 장려하고 있다. 하이 테크놀로지에 관한 법의 적용도 과감하게 바꾸고 한편으로 통신마케팅 전문가들이 새로운 입지를 개척하면서 이 분야를 정비해 나갔다. 이런 가운데 선사출판이 시삭되고 3차원 영상을 이용한 애니메이션 등 영화의 특수효과가 비약적으로 발전했다. 또 다른 산업인 생명공학 기술은 밸리 지역의 일류 대학들이 개발한 유전자 변형과 복제 기술 등이 활발히 연구·개발되기 시작했다.

그중 실리콘 밸리를 활성화시키는 요인은 뭐니뭐니해도 지식의 공유다.

그런데 자기 내부에서는 지식을 공유하나 그 울타리를 벗어나면 그때부터는 소유로 바뀐다. WTO가 시장경제 원리를 앞세워 지적 재산권의 틀을 바꾸어 놓은 것이 그 예다. 그러나 미국은 자국의 기간산업 육성을 위해 그 안에서는 자유롭게 공유하게 해 활성화에 불을 붙여놓고 있다.

이런 공유는 그들 간에 새로운 시너지 효과를 낳게 했다. 예를 들면 선견지명이 있는 사람들은 컴퓨터를 이용하여 새로운 종류의 약품을 연구하기도 했으며, 발달된 레이저 기술을 이용하여 새로운 의료기기를 만들어내는 등 여기저기서 동지팥죽 끓듯 신제품들이 쏟아져 나왔다.

이처럼 거대 미국이 세계의 주도권을 잡기 위해 한편으로는 육성하고 또 한편으로는 제약하면서 총력을 기울이는 모양이 《36계 병법》전략 중 우위를 점령하기 위한 제30계 〈반객위주〉요, 문을 걸어잠그고 밖으로 새어 나가지 못 하게 하는 제22계 〈관문착적〉의 계이며, 기다리고 때를 봐서 내리치는 〈이일대로〉에 해당된다 하겠다. 〈이일대로〉의 계에서처럼 쉬면서 힘을 비축했다가 피로에 지친 적을 맞아 싸우는 것과 같이 세계가 깜짝 놀랄만한 제품을 개발해 세계시장을 석권하겠다는 전략이다.

이제 세계는 기술이 세계의 모든 사람들을 경영에 참여하게 하는 고객 참여 경영의 길을 열어가고 있다. 〈이일대로〉의 계와 실리콘 밸리에 대한 전략적 측면이 교묘하게 맞아 떨어진다는 생각에서 잠시 그 이면을 훑어본 것이다.

왕전, <이일대로>로 기세등등한 초군을 일격에 격퇴하다

전국시대 말 진秦나라의 젊은 장군 이신李信은 20만 대군을 거느리고 초나라를 공격했다. 공격을 시작하자마자 진나라 군대는 여러 성을 연속 함락시켜, 그 기세가 누구도 감당하지 못할 정도로 충천했다. 그러나 이신은 초나라 장군 항연項燕의 계책인 복병계伏兵計에 말려 승승장구하던 지금까지의 전쟁에서와는 달리 대패하고 무기와 갑옷 등을 모두 버리고 달아나게 되었다. 진나라의 손실은 막대했다. 일이 이렇게 되자 진나라에서는 이신을 징계하지 않을 수 없었으며 그래서 내린 처벌이 늙었다는 평계로 사직을 권고하는 것이었다. 이신은 한 번의 실수로 징계를 받고 고향으로 돌아가게 되었고 그 후임으로 농사일을 하던 왕전王翦 장군을 기용하여 진군의 수모를 만회하기 위한 대책을 논의했다.

왕전은 육십만 명의 군사를 거느리고 초나라 국경 가까운 변경에 진을 쳤다. 초나라 군사들은 즉각 군대를 동원하여 왕전 장군에 대항했다. 그런데 나이가 많은 왕전은 꿈쩍도 하지 않은 채 오로지 성을 구축하고 주변에 참호를 팔 뿐 결전하겠다는 기미가 보이지 않았다. 그는 성을 굳건하게 구축하고 지키는 데 주력하겠다는 의지의 표현으로 땅을 파고 채소씨를 뿌리는 등 장기전에 대비했다. 두 나라 군사가 서로 팽팽하게 대치하고 있는 가운데서도 아주 여유있게 대처하고 있을 뿐이었다.

전선은 일촉즉발一觸卽發의 위기감만 감돌 뿐 잠잠했다. 그러자 초나라 군부와 조정에서 진나라 군대를 격퇴시키고자 조바심이 났다. 이렇게 일년여의 기간을 서로 대치하다 보니 초나라는 답답했다. 왕전은 장수들을 격려하여 기세를 높이고, 실컷 먹고 마시게 하며 충분한 휴식을 취하게 했다. 진나라 군사들은 날이 갈수록 건강해지고 사기는 높아졌다. 평시엔 틈만 나면 훈련으로 전열을 가다듬고 기예를 익혀 군사의 질이 매우 높아져 왕전은 매우 만족했다.

이렇게 일 년이 지나자 초나라 군사는 긴장되었던 마음이 풀어지고 장수들은 싸울 의지가 시들해졌다. 거기에 본토를 지킨다는 명분 아래 상당한 군사를 동쪽으로 빼내 이동시켰다. 이렇게 되자 왕전은 시기가 온 것을 알고는 즉시 철수하는 초나라 군대를 일제히 공격했다.

진나라 장수들은 굶주린 사자가 먹이를 쫓는 기세로 초나라 군사를 일격에 격퇴했다. 이신 장군이 패하여 쥐구멍이라도 찾아 숨을 듯이 고전했던 진나라 군사는 완전히 변모하여 마치 독수리가 먹이를 낚아채듯 초나라 진영을 휩쓸었다. 이렇게 기다려 힘을 비축했다가 때가 이르렀을 때 들이쳐 승리를 거두는 계략이 〈이일대로〉다.

〈이일대로〉의 계책대로 적이 피로해질 때까지 기다리자면 한도 끝도 없을 수 있다. 그래서 여러 가지 방법으로 괴롭히거나 방심하게 하는가 하면 게릴라전을 펴 못살게 군다. 그렇게 계략으로 상대방을 피로에 지치게 한 다음 공격해 승리를 쟁취한다. 특히 전투에서는 사기가 승패를 좌우하는 최대의 관건이 된다. 마찬가지로 기업에서도 일을 신명나게 하는 경영방법이 회사를 성공으로 이끄는 관건이 된다.

경영자는 경영의 최일선에서 오케스트라를 지휘하는 지휘자와 같이 빠르고 강하게 그리고 쿵쿵 울려야 할 때가 있는가 하면 모깃소리보다 더 작게 그러면서도 청중을 압도하는 소리를 내야 할 때가 있다. 이것이 CEO의 역할이요 지휘자가 연출해 내는 경영기법이다.

〈이일대로〉는 편안한 마음으로 때를 기다렸다가 들이치는 계다. 기다린다는 말은 그냥 시간을 소비하는 것이 아니라 미래를 기획하고 설계하는 기다림이다.

여기서 기다림이란 연구고, 연구란 어떤 면에서 기다림의 연속이다. 길고 긴 기다림이 숙련되어야 연구가가 될 수 있다. 그것은 마치 봄에 꽃이 피지만 여름을 지나 가을이 되어야 열매를 볼 수 있는 것과 같은 이치다. 〈이

일대로〉는 꽃을 보고 열매를 기다리는 것과 같은 게다.

기다림의 의미인 '달초撻楚'란 부모나 스승이 자식이나 제자의 잘못을 훈계하기 위하여 회초리로 볼기나 종아리를 때리게 하여 잘못을 깨우치게 하는 것을 말한다.

수없이 참고 기다리며 타이르지만 그래도 부족해서인지 안타까운 마음이 눈물로 아롱지는 〈이일대로〉가 부모의 마음이다.

이런 부모와 스승의 아픈 마음이 자식이나 제자에게 전해지기를 바라는 간절한 마음이 종아리를 칠 '달撻'이 되고 가시같은 슬픔이 되는 회초리 '초楚'가 되어 전해지기를 바라는 마음에서다.

장군將軍을 아버지로 둔 아들이 있었다. 아들은 자기 아버지가 세상에서 제일 높고 훌륭한 사람이라고 생각하고 선생님의 말씀도 잘 듣지 않고 친구 간에도 안하무인眼下無人이었다.

이런 소식을 담임선생님으로부터 전해 들은 아버지는 깊은 생각에 잠겨 밤낮으로 고민하다가 어느 날 선생님을 집으로 초청했다.

초청받은 선생님이 막 대문에 들어서자 장군인 아버지는 맨발로 뛰어나가 무릎을 꿇고 선생님을 맞이 하였다. 이를 지켜본 아들이 깜짝 놀랐다.

'세상에서 아버지가 제일 높고 훌륭한 줄만 알았는데 선생님 앞에 무릎을 꿇으시다니, 선생님이 아버지 보다 높으신 분이구나!'

아들은 선생님을 극진히 모시는 아버지를 보고 크게 반성했다.

자식 교육은 평생을 기다리는 〈이일대로〉라 할 수 있다. 그런만큼 자식을 가르치고자 하는 부모의 마음은 직위의 높고 낮음이 없다.

계책도 사람 사는 세상을 윤택하게 만들기 위해 쓰여진 것이라고 볼 때 참으로 바른 계책은 교육하는 일이 아닐까?

기회가 왔을 때는
벌떼처럼 공격하라

진화타겁 趁火打劫 불난 틈을 이용하여 타격을 가한다	불난 틈을 타 도둑질한다. 즉, 적의 위기를 틈타 공격한다는 전략이다. 적이 심각한 위기에 빠지면 그를 이용하여 공격한다. 이는 약한 군대가 강한 군대를 이기는 전법이다.

이 계의 특징은 불을 지르고 적의 위기를 틈타 공격한다는 계책이다. 병법이란 위기의 상황에서 이기기 위한 비책을 강구하는 작전계획이다. 따라서 상대방이 곤경에 처해 있을 때를 놓치지 않고 쳐들어가야 승리를 쟁취할 수 있다.

호기라고 생각되는 절체절명絶體絶命의 기회에서 서른 여섯가지 계책을 가리지 않고 적용한다. 이 계는 적이 위기에 처했으면 그 틈을 타 공격하여 승리를 거둔 후에 덕을 베푸는 것은 승자의 몫임을 보여주는 책략이다. 따라서 불이 난 틈을 이용하여 도둑질을 한다는 말처럼 적측에 내우內憂가 있으면 영토를 점령하고, 외환外患이 있으면 그 민중을 탈취한다는 전략이다. 요행히 내우외환內憂外患에 싸여 있으면 물어볼 것 없이 그 국가를 병탄倂呑(남의 물건이나 다른 나라의 영토를 제 것으로 만듦)한다는 계책이다.

이 계의 진면목은 적의 폐해가 안에 있으면 그 땅을 겁탈하고 적의 폐해가 밖에 있으면 그 백성을 겁탈한다는 실효책이다. 폐해가 안팎에 다 있으면 그 나라를 겁탈한다는 모질고 흉폭한 전략이다. 말하자면 상대의 약점이 발견되면 지체없이 공격하여 무너뜨린다는 용병술이다.

이런 상황을 재치있게 풀어나간 전신사田臣思의 예가 있다.

제나라, 전국시대 혼란을 틈 타 연나라를 공략·합병하다

서로 떠받치고 밀고 당기는 춘추전국시대 때 제齊나라는 한韓나라와 동맹하여 연燕나라를 침략하려 했으나 이웃 조趙나라와 초楚나라가 지켜보고 있어 손을 쓸 수가 없었다.

때마침 진秦나라와 위魏나라가 동맹하고 한韓나라를 공격해 옴으로 제왕齊王은 동맹국으로서 급히 한나라의 구원에 나서려 했다. 그때 제왕의 측근 전신사田臣思가 만류하고 나섰다.

"조와 초는 한이 멸망하면 자기네 국가가 위태로워지므로 틀림없이 구원에 나설 것입니다. 그러니 먼저 나설 것이 아니라 정세의 추이를 관망하심이 좋을 줄로 아옵니다."

과연 사태는 전신사의 말대로 한을 중심으로 진·위·조·초의 혼전으로 연은 고립되고 어느 나라도 제나라에 관심을 갖지 않았다. 제나라는 이 틈을 이용하여 30일 만에 연을 공략하여 합병하는 데 성공했다.

진화타겁의 '진趁'자는 옛글자(古字)로서 '쫓는다', '추격한다'라는 뜻이나 '짓밟는다', '쳐부순다'는 뜻으로도 쓰인다. '겁劫'자는 불교 용어로 영겁, 억겁 등으로 영원함을 뜻하지만 여기서는 '도둑질하다', '겁탈하다', '끝장을 내다' 등으로 쓰여지고 있다.

중국 고전에는 겁劫자를 병화兵火, 즉 전쟁으로 일어나는 화재라는 뜻으로도 썼다. 뜻으로 풀이하면 바로 화적火賊이라는 말이 되기도 한다.

이 계는 달리 해석하면 호랑이에게 물려가도 정신만 차리면 산다는 말과 같이 불이나 전쟁이 나면 당황하여 우왕좌왕하지 말고 정신을 차리고 살 방도를 찾으라는 말이다. 특히 큰불이 갑자기 일어나면 평소의 규율과 통제력이 무너지기 일쑤다. 이와 같은 상황이 군대라는 조직 속에서 일어나면 군율과 지휘력이 혼란에 빠져 통제 불능의 상태가 되어 적의 침공을 불러들이는 위급한 일이 생길 수 있으며 이런 때는 지리멸렬의 비운을 맞을 수 있다.

〈진화타겁〉에서 알아두어야 할 요점은 '불난 집'의 화재를 지칭하는 것이 아니다. '집안싸움' 즉 내분을 조심하라는 말이다. 집안싸움이 심하면 마치 불난 집처럼 질서가 무너지고 혼란에 빠지기 십상이다. 이런 때에 공격을 당하면 쉽게 무너지고 만다.

군대뿐만 아니라 나라도 그렇고 작게는 먹고 살기 위해 하루하루 꾸려나가는 구멍가게나 집안도 마찬가지다. 회사가 망하는 것도 흥하는 것도 외환外患보다는 내환內患에 의한 경우가 대부분이다.

모든 경쟁자는 예외 없이 상대편의 허점을 노린다. 상대방의 허점이 없으면 이편에서 허점이 생기도록 획책하여 만든다.

이런 계략은 스포츠 경기에서도 마찬가지다. 경기는 스포츠맨십이 강조되면서도 상대의 실수나 허점이 보이면 주저 없이 공격한다. 그러나 누구도 그것을 비난하거나 나무라지 않는다. 오히려 허점을 보인 쪽이 잘못이다. 대개의 경우 반칙도 아니다. 하물며 죽느냐 사느냐 하는 전쟁 마당에서야 더 말할 필요가 없다. 그야말로 고양이가 쥐 잡듯, 암탉이 알을 끌어안듯, 늙은 쥐가 궤짝을 쪼듯 변화무쌍하게 적을 제압해 승리를 쟁취한다.

이에 대해 손자는 병兵은 궤계詭計(간사하게 남을 속이는 꾀)라 하여 '실實

을 피하고 허虛를 찌르라'는 지침서를 내리고 있다. 또 전국시대 유명한 권모술수의 대가 한비韓非는 '적의 허점을 찾아내 공격하라'고 하면서 여러 가지 술수를 조목조목 나열하고 있다.

계략은 앉아서 펴는 것이 아니다. 계책이 들어맞게 유도하고 안 되면 조작한다. 현장을 높은 곳에서 내려다보며 지휘하거나 상황실에서 치밀하게 진두지휘한다. 끊임없이 적에게 내분이 일어나도록 공작하고 그 내분이 커지고 심화되도록 전술을 펴는 것이 계책이다. 적의 '집안싸움'이 확대되도록 부추기고 기름을 부어 화재가 커지도록 하는 것이 〈진화타겁〉의 주요한 계책이다.

그러나 이 계략을 쓰는 데는 유의할 점이 있다. 섣불리 건드리면 오히려 적의 내분을 소멸시키고 더 굳건히 단결하게 하는 역효과를 가져오기도 한다. 조직은 공동의 적에 대해서는 협력 결속하는 성질이 있기 때문이다. 제삼자가 이간질한다는 사실이 드러나면 지금까지 갈라져 싸우다가도 그 싸움을 거두고 결속하여 창끝을 이쪽으로 겨냥한다. 예컨대 '오월동주吳越同舟'라는 말이 그것을 잘 대변해 주고 있다.

오월동주는 《손자병법》에 나온 명언으로 춘추 말기 오吳나라와 월越나라 이야기를 기록한 내용이다. 오나라와 월나라는 원수지간이 되어 두 나라 백성들도 서로 만나면 시비하고 다투기 일쑤였다.

이런 두 나라 사람들도 한배를 타고 가다가 풍랑을 만나면 힘을 합쳐 위기에 대처하기 마련이다. 이는 상대를 위해서가 아니라 내가 살아남기 위해서이다.

두 사람이 위급한 지경에 이르면 마치 오른팔과 왼팔처럼 힘을 합쳐 위기에 신속하게 대처한다. 전쟁에서도 공동의 적이 나타나면 원수 지간인데도 힘을 합친다는 고사가 바로 오월동주로 널리 알려져 있다.

통치자들은 반대 세력에 밀려 국론이 분열될 경우 다른 나라와 분쟁을 일으켜 위기감을 조성하여 반대 세력을 잠잠하게 하고 국민의 단결을 촉구한다. 이러한 계략은 하수에 속하지만 정치적으로 자주 사용하는 계책이다. 우리나라에서도 정권을 틀어쥔 사람들이 걸핏하면 남침설을 조작하여 야당 억압과 정권 유지수단으로 이용해 왔음을 경험한 바 있다. 이처럼 오월동주의 인간 심리를 교묘하게 이용한 〈진화타겁〉의 속 보이는 예가 지금도 버젓이 자행되고 있다.

한편 우리나라가 휴전선을 가운데 두고 분단되어 있는 것도 알고 보면 주워 먹기 쉽도록 쪼개놓고 언젠가 나동그라지기를 기다려 취하려는 덮어씌운 계책일 수도 있다. 2차대전 후 독일은 전쟁 당사국이기 때문에 동서로 분단되었는데 일본은 전쟁 당사국인데도 왜 분단되지 않고 엉뚱하게 우리 국토만 남북으로 갈라졌는지도 이유야 어떻든지 깊이 짚어 봐야 할 대목이다.

〈진화타겁〉의 계략은 남의 집에 불나기를 기다렸다가 혼란에 빠지면 쳐들어가 숨통을 조이는 조금은 야비한 계다. 그러나 이는 적과 대치하여 살아남기 위한 전략이요 자구수단일 뿐이다. 중원의 여러 나라가 서로 세력 다툼을 벌이면서 지탱하던 때에 생존을 위한 방법으로 등장한 것이 《36계 병법》인 것이다.

보통 사람들의 생각으로는 이웃과는 위해 주고 모자라면 보태주고, 필요하면 빌리는 등, 상부상조하는 것이 그 기본 틀이지만 여기서는 죽느냐 사느냐가 걸린, 인륜과는 먼 이야기이다. 또 상황 설정이 불이 나서 집이 타들어 가는데 분초를 다투어 물을 퍼부어 불을 꺼야 하는 때에 왼쪽을 꺼라 오른쪽을 꺼라 지시만 하고 있다면 어떻겠는가?

그 동안 불은 집을 삼키고 말 것이다.

진나라 끝 무렵 '진승陳勝의 삼일천하'라는 고사도 그런 면에서 빠뜨릴 수 없는 교훈을 남겨주고 있다.

지장智將 장한, 반군 내분을 조장해 <진화타겁>하다

진秦나라의 시황제始皇帝, 즉 진시황제가 죽고 그의 막내아들 호해胡亥가 2세 황제로 등극했던 기원전 209년 하남성 어느 시골에 살던 진승陳勝이 오광吳廣이라는 친구와 함께 진秦에 반기를 드는 혁명을 일으켰다.

진승은 원래 지금의 하남성 양성이라는 곳에서 남의 집 머슴살이를 하며 살았다.

2세 황제가 등극한 원년, 하남성 각 고을에서 한창 일할 만한 젊은 청년들이 느닷없이 징용되어 북으로 끌려가는 중이었다. 구백여 명의 무리 중에 진승도 끼어 있었는데 구백여 명이나 떼를 지어가다 보니 굼뜬 데다가 마침 비까지 주룩주룩 내려 지척거리는 바람에 길을 가기가 여간 어려운 게 아니었다.

거기다 더 큰 비가 쏟아지자 강물이 범람하는 바람에 길이 막히고 홍수가 져 더 이상 갈 수가 없게 되었다. 그런데 당시 진나라 법에는 징용되어 가는 자들이 기일까지 딩도하지 못하면 이유를 막론하고 사형에 저하세 되어 있었다.

진승 일행은 아무리 서둘러도 도저히 기일 안에 도착할 수가 없는 형편이었다. 이래도 죽고 저래도 죽을 바엔 선택은 하나밖에 없었다. 그래서 진승과 오광은 힘을 합쳐 수송지휘관을 처치하고 구백여 명의 징용자들을 설득한 다음 봉기를 일으킬 수밖에 없었다. 그는 동료들을 향해 마음속에 지닌 생각을 끊임없이 털어놓았다.

"우리는 이러나저러나 죽을 몸이오. 우리가 사는 길은 오직 하나, 진나라를 쳐부수는 것뿐이오."

그들은 무리에게 자기들이 처해 있는 상황을 솔직히 말했다.

"우리도 같은 사람이 아니오. 왜 우리라고 단지 그날에 당도하지 못했다는 이유만으로 벌레같이 죽어야 한단 말이오. 왕후장상이 어디 나면서부터 타고났답디까? 우리도 궐기하여 정권을 휘어잡으면 왕후장상의 씨가 될 수 있는 거요."

농군들은 '와' 하고 소리를 지르며 진승을 따르게 되었다. 이것이 중국 역사상 최초의 농민반란이었다. 이때 진승과 오광의 반란군이 승승장구하여 세력이 커지면서 크게 호응을 얻자 진승이 왕의 자리를 넘보는 것을 보고 친구 오광이 진승에게 핀잔을 주었다. 그러자 진승이 오광에게 '참새가 어떻게 홍곡(큰 기러기와 고니. 즉, 큰 인물)의 마음을 알겠느냐'고 대꾸했다.

진승은 반기를 들고 맨 앞에서 선동할 때 '왕후장상의 씨가 따로 있는 것이 아니다.'라고 하며 반란군에게 힘을 불어 넣어주고 사기를 북돋아 진격을 거듭했다. 특히 '왕후장상의 씨가 따로 없다'는 말은 당시 농민들이 각성하는 데에 엄청난 시너지 효과를 나타냈으며 그로부터 새로운 생각을 갖게 되는 계기가 되었다.

반군이 기치를 올리자 중앙 정부의 시달림을 받던 농민들과 지방의 관리들이 속속 반군에 가세하게 되었다. 지식인이나 호족豪族들도 줄줄이 반군에 가담하여 순식간에 수천 수만 명에 이르렀다. 이 같은 현상은 진시황제의 압정에 대한 폭발이며 이를 계기로 각 지방에서 반란군이 잇달아 봉기하여 진승군에 합류 했다. 진승의 군대는 들불같이 번져 순식간에 대군단을 이루었다. 이들이 일곱 개의 현을 수중에 넣자 병거兵車(군사용 수레)가 7백 대, 기마騎馬가 1천 필이 넘고 병사는 10만여에 달하게 되었다. 그야말로 파죽지세였다. 여기에다 각지에서 봉기한 반군이 서로 연락 체제를 형성하여 일종의 반진연합전선反秦聯合戰線이 형성되었는데 초한전의 두 주인공 항우項羽와 유방劉邦도 이때 반군 대열에 서서 몸집을 키워가고 있었다.

농민군은 가는 곳마다 그 수가 늘어나 하남 회양 땅에 이르러서는 진승은 그곳의 왕이라 일컫고, 나라 이름을 장초長楚라고 명명하면서 위계를 세워가기 시작했다.

진승은 일약 머슴에서 왕으로 등극하게 된 것이다. 그런데 그는 초야에 있을 때 말하기를 '만약에 내가 출세를 하더라도 서로 잊지 말고 지내자'고 굳게 약속한 친구들이 있었다. 오광도 그중에 하나였다. 그러나 그 말을 실천에 옮기기가 그리 쉽지 않았다. 왕이 되자 옛날 알고 지내던 친구들이 줄을 지어 찾아왔다. 진승은 그들을 일일이 만날 수가 없었다. 그리고 그들이 원하는 청을 다 들어줄 수도 없었다. 그러나 그로서는 최대한 배려하여 조금 가까운 친구에게는 벼슬을 주고 조금 먼 친구는 재물을 주어 보냈는데 그러다 보니 이를 어떻게 다 들어 줄 수 있겠는가? 그는 이제 '왕후장상의 씨가 따로 없다.'고 말하던 그가 아니었다. 주위의 친구들은 그가 왕관을 쓰더니 마음이 변한 것으로 생각했다. 그런 와중에도 진승이 대택향에서 230킬로미터를 진격하여 진성陳城이라는 도시를 점령하자 그의 예하에는 30만 대군이 형성되었다. 그러자 진승은 군을 제1로路 군에서 제4로 군으로 편성하여 진나라 도성 함양咸陽을 향해 진격해 들어갔다.

이에 진秦나라 조정에서는 위급한 상황을 어떻게든 수습하려고 지장智將 장한章邯으로 하여금 반군을 격퇴하도록 명했다. 장한은 즉시 정부군을 편성하여 반군의 동태를 낱낱이 살폈다. 여러 첩보병을 반군 지역에 파견하여 정보를 수집한 결과 반군 내에 농민출신과 지식인, 그리고 구 관리출신 등이 있는데 그들 사이에 보이지 않는 알력이 있다는 것을 알아냈다. 농민출신을 제외한 사람들은 그 지방의 유지들이니 진승군 안에 지배 계층에 있는 사람들이었다.

이들은 반군 속에서도 나름대로 지휘하는 위치에 있으면서 은연중에 농민군을 좌지우지 지배하게 되어 병졸들은 농민출신들 뿐이었다. 이런 상황이다 보니 농민 출신들은 불만을 품게 되고 이런 불씨는 반군 내에서 또 다른 반기를 들기 시작했다.

농민들이 반기를 들고 나선 목적은 자기들을 노예와 같이 혹사하고 지배하는 진제국秦帝國을 타도하는 데 있었다. 지식층도 역시 진秦을 타도하자는 목적은 같았으나 자신들의 지배계급 위치는 유지해야 한다는 생각이었다. 그래서 지식인과 농민들 사이에는 묘한 괴리가 있었다. 그러나 일단 진승을 왕으로 떠받쳐 올리는 데는 합의했다. 지식인들은 진승을 괴뢰로 세우고 실권은 자기들이 쥐고 흔들려는 음모가 암암리에 작용되고 있었던 것이다.

이렇게 되자 하부조직인 농민군은 지휘계급을 믿지 못하게 되고, 진승도 배신자로 보게 되었다. 그런데 그 지식층 속에는 당시 명사로 이름이 알려진 장이張耳와 진여陳餘와 같은 인물도 끼어 있었다. 이들은 후에 한漢나라가 세워지자 고관의 자리를 차지하고 크게 위세를 떨쳤던 사람이다.

반군 내의 이 같은 미묘한 사정을 알게 된 장한은 병사 중 수백 명을 골라 장차 좋은 지위를 약속하고 반군 내부에 침투하여 농민출신과 지식층 사이의 반목을 부채질하는 공작을 폈다. 반군 내로 침투하는 데는 어려움이 없었다. 누구나 지원하면 병사가 되던 때였으니까. 이렇게 하여 장한이 파견한 제5계의 〈진화타겁〉의 계략으로 반군 진영에는 내분의 불이 붙어 부대마다 상충하는 소리가 끊이지 않았다. 이처럼 내분의 격화로 혼란에 빠진 진승의 부대는 그야말로 불난 집을 방불케 했다.

진의 장한이 이때를 놓치지 않고 일제히 공격하니 반군은 어이없이 붕괴되고 말았다.

진승은 도주하다가 '왕이 되자 사람을 몰라본다'고 불평하던 부하에게 살해되고, 반군은 불과 6개월 만에 궤멸되고 말았다. 여기서 잠시 진승에 대한 평가를 덧붙인다면 제갈량이 말한 십부지장十夫之將은 넘을지 모르지만 신장信將이나 지장智將은 못되었으며, 더더군다나 대장大將의 반열에는 한참 못 미치는 인물이었다.

진승 반군의 전모를 보면서 병법의 대가 제갈량의 지휘통솔의 일면을 살펴보면 다음과 같다.

제갈량은 부하 10명을 거느리는 사람은 십부지장十夫之將, 병사 천 명을 거느리는 사람은 천부지장千夫之將, 병사 만 명을 거느리는 사람은 만부지장萬夫之將, 병사 십만 명을 거느리는 천하지장天下之將으로 구분하고, 각급 장병들이 구비해야 할 기본 조건들을 다음과 같이 제시하고 있다.

예를 들면 십부지장은 '악질분자의 행동을 알아내고 화근을 미리 발견하며 여러 사람들을 복종시킨다.'고《장원將苑》에서 밝히고 있다.

천하지장은 '인애를 아래에까지 펼치고 신의로서 이웃 나라들을 복종시킨다. 그러자면 첫째 천문天文을 알고, 둘째 인사人事를 살피며 마지막으로는 지리地理에 밝아야 한다고 했다. 따라서 온 천하를 자기 집으로 삼을 줄 알아야 한다.'고 말하고 있다. 지휘관 자리에 있는 부장은 재능, 덕망, 지혜가 있어야 하고 직위의 높고 낮음은 그 재능에 따라 결정되는 것으로 제갈량은 분류했다.

또 장병들의 특기 등 기능에 따라 아홉 가지 부류로 구분했다. 이 아홉 가지 특기를 다 갖춘 장병이면 더할 나위 없이 좋겠지만 그런 장병은 매우 적을 수밖에 없으므로 그 가운데 한 가지만 갖추면 병으로서는 충분하다고 말하고 있다. 그러나 그중 몇 가지를 동시에 구비하면 작전 수행에 이상적이라고 적고 있다.

〈진화타겁〉은 내분을 조성하여 혼란에 빠뜨리는 전술이기 때문에 이를 막아낼 지혜로운 장병을 길러내는 것이 요체다. 위에서 말한 장병의 자질에는 장군으로서 구비해야 할 조건이 상당히 구체적으로 서술되어 있다. 그런 면에서 덕으로 부하를 보살피는 인장仁將과, 명예를 목숨처럼 아끼고 책임을 다하는 의장義將과, 나갈 때와 들어갈 때를 알고 겸손하면서도 강직한 예장禮將과, 전쟁의 변화를 읽고 위험 속에서 적을 물리쳐 승리하는 지장智將이 더없이 요구된다. 그리고 작전에서 공을 세운 자는 상을 주고 도망친 자에게는 벌을 주어 일을 공평하게 처리하는 신장信將과, 무예에 뛰어나고 용감한 재능을 가진 보장步將과, 말을 잘타고 용감하게 싸우는 기장騎將과, 강한 적이라도 두려워하지 않고 앞장서 기세를 떨치는 맹장猛將과, 도량이 넓고 다양한 계략을 구사하여 작전을 승리로 이끄는 대장大將의 아홉 가지는 시대를 뛰어넘어 지금의 선발 기준에도 그대로 맞아 떨어진다 하겠다.

월왕 와신상담하여 오왕을 <진화타겁>하다

제5계 〈진화타겁〉에서 빼놓을 수 없는 월왕越王 구천勾踐과 오왕吳王 부차夫差의 고사를 빼놓을 수 없다.

〈진화타겁〉은 적의 피해가 안에 있으면 그 주동 인물에게 겁을 주고 밖에 있는 것이라면 그 백성들을 겁주고, 안과 밖에 모두 해가 있다면 그 나라에 겁을 주어서 집어삼키라는 계략이다. 참으로 가증스러운 계책이다.

이렇게 모든 계가 앉아서 느긋하게 펴는 것이 아니라 일을 만들어서 겁박하고 이쪽에서 쓴 계략이 먹혀들게 하는 것이 《36계 병법》이다.

기원전 498년 월왕 구천과 오왕 부차는 서로 물고 물리며 엎치락뒤치락하는 악연의 역사를 가지고 있다.

오왕 부차는 아버지인 합려의 원수를 갚기 위해 가시 위에서 잠을 자며 수행원들에게 임종 시의 아버지 합려가 하던 '부차야, 너는 구천이 네 아비를 죽인 것을 잊었느냐?'는 말을 되뇌게 하여 복수심을 키워왔다. 3년 후 열심히 나라를 키운 부차에게 기회가 왔다.

오왕 부차가 군대를 이끌고 쳐들어왔다는 소식을 듣고 구천은 직접 진두지휘하고 나섰다. 그러나 군사력이 약했던 구천은 이 싸움에서 크게 패하여 부차에게 항복하고 말았다. 그는 아내와 대신들을 거느리고 오왕 부차의 시중을 드는 종이 되었다.

월나라 왕이었던 구천은 오왕 부차의 마부 노릇을 하며 재기를 다짐하면서 이를 깨물며 속마음을 감추고 공경하는 척했다. 부차는 구천이 충심으로 자기를 섬긴다고 생각하고 3년이 지나자 구천에게 자기가 있던 월나라로 돌아가도 좋다고 돌려보냈다. 구천은 자신의 치욕을 씻기 위해 매일 쓸개를 곁에 걸어놓고 쓸개의 맛을 다시며 '구천아, 너는 옷 벗고 머리 숙였던 치욕을 걸고 잊지 마라!'며 복수를 불태웠다.

오왕 부차가 가시 위에서 잠을 잔 것이나 월왕 구천이 쓸개를 핥은 것은 모두가 뒷날의 복수를 다짐하며 자신에게 채찍을 가한 행위인데, 이 고사가 바로 '와신상담臥薪嘗膽'이다. 구천은 10년 동안 월나라 백성들을 편안하게 하고 군비를 강화하여 강력한 힘을 가진 나라로 만들었다. 그렇게 하여 누구도 넘볼 수 없는 태평 시대를 열면서 한편으론 군비를 튼튼히 하는 부국 강병책을 썼다.

그러면서도 구천은 오나라를 섬기는 것처럼 허리를 낮추었으며 매해 부차에게 빠지지 않고 예물을 바쳤다. 그는 마음속으로 다짐한 일을 실행에 옮기기 위해 오왕에게 월나라의 미녀를 뽑아 상납했다. 그가 바친 미녀 중에는 자기가 아끼는 중국 고대 4대 미인 서시西施도 있었다.

구천은 미인을 바쳐 부차의 시야를 흐리게 하고 다른 편으로는 오나라 재정을 탕진하게 하는데 초점을 맞췄다. 그러면서 그는 끈질긴 인내심을 가지고 출격할 적기를 노리면서 암암리에 오나라의 위기를 조성, 결정적인 시기를 노리고 있었다.

드디어 기회가 왔다. 오나라는 심한 가뭄에 시달려 백성들의 원성이 하늘을 찌를 듯 높아갔다. 거기다가 오왕 부차는 간신들의 말만 듣고 바른말을 하는 충신들을 무차별 제거했다. 서시를 비롯 부차에게 보낸 미인들은 구천의 의도대로 부차의 혼을 빼놓기에 충분했다. 구천은 치욕의 날로부터 12년이 지난(기원전 482년) 봄, 부차가 천하의 패권覇權을 장악하기 위해 기杞의 황폐한 땅에서 제후들과 맹약을 하고 있는 사이에 군사를 이끌고 오나라로 쳐들어갔다. 상대방을 안심하게 해놓고 쳐들어가는 것이 바로 〈진화타겁〉의 전략이다. 오나라는 속수무책으로 당했고 이 전쟁에서 승리한 월나라는 그 세력이 막강해 졌다. 이 전쟁에서 패한 오나라는 끝내 역사의 뒤안길로 사라졌다.

〈진화타겁〉은 적이 위기에 처해 있을 때를 틈타 공격하여 승리를 거두는 전략이다. 그러니까 상대방의 약점을 공격하여 무너뜨리는 계략으로 부차는 구천이 자기 수중에 들어왔을 때 그를 죽이라는 측근의 이야기를 듣지 않았던 데 불찰이 있었다.

오왕 부차는 그 기회를 놓쳐 결국 자기가 잡았다가 놓아준 구천에게 화를 입었다. 뿐만 아니라 오나라를 영원히 역사에서 사라지게 한 장본인이 되었다. 반대로 월왕 구천은 자기에게 주어진 기회를 충분히 활용했다.

미인 서시로 하여금 정부의 기밀을 빼내고 가뭄으로 민심이 이반한 틈을 타 오왕 부차를 무너뜨린 고사지만 오늘날에도 마음에 새겨둘 만한 이야기다.

세계가 테러의 늪에 빠져 허우적거리는 때에도 CEO는 눈을 크게 뜨고 먹이를 찾는 독수리처럼 경영 시스템을 가동할 돌파구를 찾기 위해 머리를 짜내야 한다. 9·11테러가 일어나자 미국을 중심한 세계는 분노에 떨었다. 미국 부시 대통령은 주먹을 불끈 쥐면서 반테러 보복을 다짐했다.

미국은 아프가니스탄의 황무지 바위산에 연일 융단폭격을 가했다. 테러를 일으킨 오사마 빈 라덴의 생포 또는 살상을 장담했다. 그러나 한동안 오사마 빈 라덴은 오리무중이었다. 수백 킬로미터 떨어진 곳에서 일 미터의 움직임까지 환히 내려보고 있다는 미국의 첨단 위성정보 기술과 첩보시스템이 얼마나 실용적으로 가동 되었는지 알 수 없다.

실제야 어쨌든 빈라덴은 불귀의 객이 되었다. 꼭 잡고야 말겠다는 미국의 의지대로 끝내 미국에 의해 제거된 것이다. 그러나 역사를 두고 깊은 골을 가진 기독교와 이슬람교 간에는 긴장이 내재하고 있다.

성경은 아브라함이 유대민족의 조상으로 되어있다. 아브라함은 100살이 되도록 아들이 없자 아내 사라가 몸종 하갈을 아브라함에게 주어 이스마엘을 낳게 했다. 그런데 사라가 이삭을 낳자 하갈과 이스마엘은 사막으로 쫓겨나가 아랍의 조상이 되었다. 그러니까 지금의 기독교회와 이슬람교 간은 배다른 이복형제지간이다. 세계 분란의 씨인 중동분쟁은 역사를 거슬러 올라가면 유대민족의 한 뿌리인 셈이다.

필자는 21세기라는 숫자를 스물한 살 이성적 나이에 비유하여 생각하곤 한다. 즉 19세기가 열아홉 살이라면 20세기는 스무 살이고 따라서 아직 철이 덜 든 청년들처럼 서로 싸우고 뺏고 하느라 전쟁이 난무했다. 그러나 21세기부터는 스물한 살의 성년이 된 만큼 지성을 갖춘 어른과 같이 조용한 지구촌이 되리라 믿었는데 벽두부터 이복형제의 테러에 떨어야 했다.

그러니까 이제 스물한 살이면 새로운 이성 상대를 맞아 가정을 꾸려야 할 나이인데 아직도 철모르는 청소년처럼 지구촌 집안을 혼란에 빠뜨리는 경거망동을 멈추지 않고 있다.

경영자는 어지럽고 격랑이 몰아치는 가운데도 그물을 들고 바다로 나가는 어부와 같은 사명감으로 격랑 속에 뛰어들어야 한다. 기업인들은 시장에서 종종 전쟁을 치른다고 말하곤 한다. 하지만 아무리 치열하기로서니 총탄을 맞고 쓰러지는 전쟁만큼은 아니다. 그만큼 시장의 경쟁이 치열하다는 강조일 것이다. 전쟁은 파괴와 굴종이 목표이지만 비즈니스 경쟁은 어디까지나 번영을 추구하고 더 좋은 물건을 만들어 소비자를 찾아 나서는 일이다. 혹자는 기업 자체도 죽느냐 사느냐 하는 생존의 무대라고 강조하기도 한다.

9·11테러 후 전쟁터였던 이라크와 쿠웨이트를 누비는 한 자랑스러운 한국인을 보았다. 혹자는 물질적인 이익을 위해서라고 말할지 모르겠지만 천하를 주고도 바꿀 수 없는 자기 목숨보다 더하겠는가? 그러나 그들은 그일 자체가 소중한 평화의 손짓이기도 하다.

국경을 비즈니스맨들이 넘나들지 않으면 탱크가 넘는다는 금언처럼 아무리 유대인들의 자금이 세계 금융시장에 융단폭격을 감행하더라도 비즈니스맨들이야말로 평화의 사도인 것은 틀림없다.

지금 세계는 초강국 미국의 손에 세계 경영권의 카드가 쥐어져 있다. 미국의 생각에 따라 각국은 어떻게 해야 할지, 그리고 어느 줄에 서야 안전할지 눈치를 보면서 생각을 굴리고 있다.

유엔 본부가 버젓이 서 있는데도 세계 정세는 나라와 나라 사이의 이해관계에 따라 좌우되며 유엔이 평화유지의 역할을 제대로 발휘해내지 못하고 있다.

제 기능을 못 하는 유엔은 종교 간의 분쟁조정에도 손을 놓고 있다. 이런 상황에서 어디에서부터 손을 써야 할까? 이는 마치 나무가 메말라 가는데도 손을 못 쓰는 것처럼 제 구실을 못하는 유엔의 한계 상황을 대변해주고 있다.

국가의 최고 지도자나 기업의 경영자는 일반 국민과 소비자와 맞닿아 있다. 하부 구조인 대리점에서 제품이 안 팔리기 시작하면 결국 기업이 송두리째 위기에 처하게 된다는 사실을 본사에서는 시시각각으로 감지하여 알고 있어야 한다. 어딘가에서 나타나는 조짐이 〈진화타겁〉이며 그 징조는 상품 진열대에서부터 나타난다. 국가라는 레테르letter, 다시 말해 상표도 잘 살고 못 사는 기준에 따라 달라진다.

1975년 새마을운동을 일으켜 경제적인 기반을 구축한 박정희 대통령이 정주영 회장을 청와대로 불러들여 당부했다.

"중동엘 다녀오셔야겠습니다. 공무원을 그곳에 보냈더니 개발이 어렵다는군요. 낮에는 더워서 일할 수가 없고 거기다 물이 없어 공사가 불가능하다는 보고입니다. 그러니 정 회장이 가서 보시고 못한다면 그만두겠습니다!"

5일 만에 중동에서 귀국한 정주영 회장이 박정희 대통령을 만나게 되었다.

정주영 회장의 첫마디는 감탄 그것이었다.

"시성이면 감천이라더니 하늘이 우리를 돕습니다."

"그게 무슨 말씀이오?"

"중동은 건설 공사가 아주 쉬운 지역입니다. 일 년 내내 비가 안 오니 계속 공사를 벌일 수 있고요, 모래와 자갈이 현장에 널려 있으니 자재 조달이 아주 쉽습니다. 물만 있으면 됩니다."

"50도가 넘는 더위는 어떻게 하고요?"

"낮에는 에어컨을 틀고 자고요, 밤에 일하면 됩니다."

이렇게 해서 정부의 지원을 받아 중동에 진출한 현대는 밤에 횃불을 들고 일하고 낮에는 휴식을 취했다.

이를 본 세계가 깜짝 놀랐다. 이렇게 해서 사막의 땅 중동이 달러 박스가 되고 우리나라 경제를 부흥시키는데 밑거름이 되었다.

'심불재언心不在焉이면 시이불견視而不見'이라는 《대학大學》의 말이 있다. 마음이 없으면 보아도 보이지 않는다는 말이다. 중동을 보고 온 정주영 회장의 안목은 성경 속에서 모세가 중동 땅을 젖과 꿀이 흐르는 가나안 땅으로 보았던 것이나 마찬가지가 아닐 수 없다. 생각의 차이, 시각의 차이가 〈이일대로〉라면, 작전 중에 지휘자는 잠시의 시간이 계획의 단초가 될 수 있다. 〈이일대로〉란 다시 말해 작전타임이다.

여자는 밥상을 들고 문지방을 넘으면서 열두 가지 생각을 한다는 속담이 있다. 지금 세계는 한집안에 두 여인을 데리고 사는 시끄러운 집안과 같다. 아직도 잔존하는 공산주의와 민주주의 그리고 기독교와 이슬람교라는 두 여인을 데리고 사는 지구촌의 집안 사정은 참으로 고통스럽다. 마치 젊은 아내와 늙은 아내를 함께 데리고 사는 남편과 같아서 퇴근하면 나이가 많은 아내는 자기보다 젊은 남편과 사는 것이 부끄럽다며 눕혀놓고 검은 머리를 뽑고, 젊은 아내는 자기보다 늙은 남편과 사는 것이 부끄럽다며 남편이 들어오면 역시 눕혀 놓고 흰머리를 뽑아댄다. 남편은 검은 머리와 흰머리를 뽑아내는 바람에 대머리가 되고 말았다는 이야기처럼 지금 지구라는 촌락도 마찬가지로 삐걱대고 있다.

불이 난 틈을 이용하여 이익을 취한다는 〈진화타겁〉의 계처럼 세계는 지금 누구에게 이익을 주기 위해 서로에게 총구를 겨누고 있는 것인가?

상대방의 주의를 다른 곳으로 유도하라

성동격서 聲東擊西 동쪽에 소리치고 서쪽을 공격한다	동쪽에다 소리지르고 서쪽을 친다. 동쪽을 공격한다고 하면 동쪽으로 병력을 집결시키게 된다. 자연히 서쪽이 허술하기 마련이다. 적이 허술한 틈을 이용하여 공격하는 전술이다. 적의 지휘부를 혼란에 빠뜨린 다음 기회를 잡아 물리친다.

〈성동격서〉는 제1부 승전계의 마지막 계이다. '성동聲東'은 동쪽에다 대고 소리친 후 '격서擊西'는 서쪽을 친다는 계로 엄밀히 말하면 공격에 앞서 적의 병력을 분산시키는 데 목적이 있는 심리전이다. 이는 이목을 동쪽에 집중시킨 틈을 이용해 서쪽을 선격적으로 기습하는 세책이다. 말하자면 직을 분산시켜 교란에 빠뜨린 다음 공격하는 작전으로 고대로부터 흔히 사용되어 온 전략이다.

이 계략은 너무나 일반화되어 있어 상대가 잘 속지 않을 뿐만 아니라 도리어 역이용당할 가능성도 있다. 때문에 이 계를 쓰고자 할 때는 역공에 대한 대비책도 함께 세우는 만반의 준비가 필요하다.

놀이 문화 중의 하나인 바둑이나 장기판에서도 이용되며 승부의 세계인 스포츠에서도 다반사로 구사되는 전법이다. 특히 구기 종목에서는 이 성동격서의 면모를 상시 볼 수 있다.

사람들은 자기의 행동방식이 기존의 유형이나 관례에 들어맞기를 바란다. 계책은 바로 그 방식을 뒤집어엎는 것이다. 갑작스러운 기습이나 테러가 효력이 큰 것은 기존과는 전혀 다른 예상치 못한 방식이기 때문이다.

이 계는 《회남자淮南子》·〈병략훈兵略訓〉에서 말한 대로 군사를 사용함에 부드러운 것은 강함으로 대하고, 모자람이 보이면 강대함을 갖춰 승기를 잡을 것을 말하고 있다. 즉 움츠리는 듯하나 실제로는 공격을 하기 위해 한 발 뒤로 빼는 작전이며, 그다음 강하게 앞으로 내딛는 것이 이 계책의 주무기다.

전한前漢 경제景帝 때 오吳나라와 월越나라 등, 분봉分封된 왕족王族 7국(오·초·교서·교동·치천·제남·조)이 연합하여 한漢나라에 대항했다. 이에 한漢나라 장군 주아부周亞夫는 성루城壘를 고수하며 한 발짝도 나가지 않았다.

오군이 성의 동남쪽을 공격할 낌새를 보이자 그는 성 서북쪽의 수비를 굳게 하도록 명했다. 얼마 안 가서 과연 오군은 서북을 공격해 왔으나 준비가 완비되어 있었기 때문에 쉽게 막을 수가 있었다. 오나라 군대는 이 작전에서 패하여 보급로가 끊겨 어려움에 처하게 되었다.

이 일화는 군대를 통솔하는 지휘자가 침착하고 냉정하게 대처하여 적에게 속지 않고 대비책을 강구한 〈성동격서〉의 좋은 예라 하겠다. 주아부는 상대방의 움직임으로 상대방의 작전을 미리 알아차리고 그에 대한 대비를 충분히 해두었던 것이다.

후한後漢 말기, 주준朱儁이 원성苑城으로 쳐들어오는 황건적黃巾賊을 공격했을 때 그는 적정을 살필 수 있도록 성 밖에 큰 둑을 쌓았다.

그리고 북을 치며 부대를 이끌고 성의 서남쪽을 공격하는 것처럼 보이게 했다. 그러자 황건적은 허둥지둥 서남쪽으로 달려가 수비태세를 갖추는 것이었다. 이를 보고 주준은 몸소 주력군 5천을 이끌고 동북을 불의에 습격하여 성을 빼앗았다.

이처럼 성동격서는 공격전을 위한 교묘한 술책으로 적을 교란시켜 일격에 섬멸하는 전략이다.

진秦나라 맹명시, <성동격서>로 진晉군을 급습하다

기원전 624년, 진秦나라의 맹명시孟明視 장군이 진晉나라를 쳐들어갔을 때 효殽는 진晉의 땅이었다. 맹명시는 효성殽城을 점령했으나 밤사이에 적에게 포위당해 지원부대와의 연락이 끊기고 말았다. 악전고투를 겪던 중 알고 보니 후속 부대가 근처에 와 있는데도 두 달 동안이나 후속 부대와 연락을 취할 수가 없었던 것이다.

그것을 안 맹명시는 성을 탈출하여 포위군을 뚫으려 했으나 기회를 잡지 못하고 있었다. 맹명시는 밤새도록 돌파를 위해서 어떤 계략을 쓸까 하고 골몰했다.

다음 날, 그는 동문에 불을 피우고 병사들을 모아 음식을 만들어 나누어 먹으면서 소란을 피웠다. 이 같은 소란을 본 진晉군은 처음에는 이상하게 생각하고 경계했다. 그러나 그러한 일이 연일 계속되자 경계심을 풀고 차츰 느긋해졌다. 그러자 맹명시는 내일이 사기 생일이며 지금까지의 소란이 그 생일잔치의 준비였다고 헛소문을 퍼뜨렸다. 진晉의 장병들은 맹명시가 매우 어리석은 장수라고 비웃었다. 포위된 몸으로 성에 갇혀 식량도 부족한데 생일잔치라니, 자기밖에 모르는 어리석은 장수라고 조롱했다.

3일이 지나자 맹명시는 사병을 모아 또 거창하게 잔치를 벌였다. 술은 금했으나 병사들은 동문 위에 올라가서 북을 치고 춤을 추며 축하연을 벌였다. 때때로 맹명시도 나타나 같이 노는 모습을 보여주기도 했다. 진晉군은 안심하고 동문 쪽으로 모여 이를 구경하고 있었다.

맹명시는 이 틈에 경계가 소홀해진 서문에 먼저 개(犬)를 내보내고 그 뒤를 따라 일행 3명이 탈출하는 데 성공했다. 이때 동문성 위에는 맹명시 장군의 차림새를 한 가짜 맹명시가 사병들 사이에 끼어 왔다갔다 하고 있었다.

성을 탈출한 맹명시는 지원부대를 지휘하여 동문에 몰려 있는 진군晉軍을 급습하여 대승을 거두었다. 이 작전계획이 바로 〈성동격서〉의 전술이며 계책이다.

이 성동격서는 근대 전에서도 그 예를 쉽게 찾아볼 수 있다. 우리나라가 동족상잔의 전쟁으로 위기에 처했을 때 맥아더 장군의 '인천상륙작전'이 그것이다. 부산이나 군산지역이 지형적으로 훨씬 유리한데도 간만의 차이가 커 위험한데도 굳이 인천을 택한 것이다. 또 2차 세계대전 때 사상 최대의 작전이라는 '노르망디 상륙작전'도 이에 해당된다.

본 계의 고장인 중국 역사 속에서 이에 해당하는 예를 들어보기로 한다.

제齊·한韓·위魏가 연합, 연燕을 공격했을 때의 일이다. 연나라를 구원하기 위하여 출정한 경양景陽이 이끄는 초군楚軍이 별안간 위나라의 중요한 성을 공격해 함락하는 바람에 3국은 놀라서 싸움을 포기하게 되었다.

목적을 달성한 초군이 본국으로 돌아가려 하자 성의 서쪽에는 한군이 진을 치고, 동쪽에는 제군이 주둔하고 있어 움직일 수가 없었다.

경양은 곰곰이 생각한 끝에 먼저 서쪽 성문을 열고 낮에는 전차戰車와 기마騎馬, 밤에는 횃불을 흔들며 군사軍使가 한군과의 사이를 부지런히 왕래하고 있는 것처럼 보이게 했다. 그러자 제나라 군사는 한군이 초군과 내통, 연합하여 공격해 오는 것이 아닐까 의심하고 후퇴해 버렸다. 놀란 것은 뒤에 남게 된 한군으로 우세한 초군의 공격을 받으면 큰일을 당할 것이라고 생각하고 야음을 틈타 도망치듯 귀국해 버렸다.

흔히 사람들은 '됐다'고 생각하는 순간 상식적으로는 생각할 수 없는 착오를 범하게 된다. 〈성동격서〉는 동쪽에서 소리를 지르고 서쪽을 치고, 아무도 생각지 못한 기습인가 하면 종적도 없이 사라진다. 이렇듯 교묘히 적을 유혹하여 착각에 빠지게 하고 틈을 보아 섬멸하는 책략이다. 《통전通典》에는 '소리는 동쪽을 친다 하고 실은 서쪽을 친다.'고 되어 있다. 고대의 병서 중에는 이런 전황이 여기저기에 기록되어 있다.

'계計'라는 것은 남을 속이고 그 틈을 이용하여 치고 들어가서 이기는 비책을 말한다.

그러나 속이고자 하는 작전을 미리 알아차리고 방비를 한다면 작전을 세운 쪽에서 도리어 크게 낭패를 볼 수도 있다. 이는 병사를 이끄는 장수 상호 간의 치열한 머리싸움이다.

본심을 감추고 남의 마음을 들여다 본다

한韓나라의 소후昭侯(기원전 399~333)는 어느 날 측근들을 시험해 보기 위해 잘라낸 손톱 하나를 감춰 누고 이렇게 명했다.

"잘라낸 손톱을 잃어버리는 것은 불길한 일이다. 무슨 수를 써서라도 잃어버린 손톱을 꼭 찾아내도록 하라."

명령을 받은 신하들은 온 방 안을 샅샅이 뒤졌지만 잃어버린 손톱을 도저히 찾을 수 없었다.

"아직도 찾지 못했단 말이냐. 아니 그러면 잘라낸 손톱이 어디로 날아갔단 말이냐! 잘 찾아보아라!"

그러자 신하들은 다시 한 번 열심히 방안을 뒤졌다. 그때, 한 신하가 몰래 자기의 손톱을 잘라 손에 들고 말했다.

"손톱을 찾았습니다. 여기 있습니다."

소후는 손톱을 들고 찾았다는 신하
를 보고 내심 기분이 언짢았다.

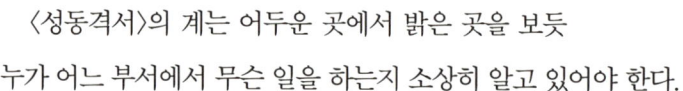

그리하여 소후는 누가 진실
한 사람인지 아닌지를 알게 되었다.

〈성동격서〉의 계는 어두운 곳에서 밝은 곳을 보듯
누가 어느 부서에서 무슨 일을 하는지 소상히 알고 있어야 한다.

계략은 때론 보고도 못 본 체, 듣고도 못 들은 체 속마음을 감출 줄도 알
아야 성공할 수 있다. 소후의 이야기는 인간의 속성이 얼마나 간사하고 윗
사람에게 아첨할 수 있는가를 말해주는 예라 하겠다.

연합군, 노르망디 상륙작전으로 독일군의 허를 찌르다

제2차대전 때의 노르망디 상륙작전을 언급한 바 있지만 성동격서의 교
과서적인 작전이다. 이 작전은 1944년 6월, 연합군이《36계 병법》에 예시
된 대로 〈성동격서〉의 계책을 감행했다. 연합군이 상륙 지점을 노르망디로
정하고 독일군을 속이기 위해 '칼리'라는 곳에 상륙한다는 거짓 정보를 흘
린 것도 그렇다.

사실 노르망디보다 칼리가 상륙작전에 유리한 점이 많았다. 칼리의 지
형은 물자의 수송이나 공군 이착륙에 유리하며 선착 해안도 노르망디보다
조건이 좋았다. 그런데도 연합군이 조건이 나쁜 노르망디를 선택한 것은
바로 그 점을 역으로 이용하여 독일군의 판단에 혼돈을 일으키려는 계략
이었다.

연합군은 노르망디 상륙작전 결행을 앞두고 칼리 해안에 스파이를 접근
시키기도 하고 몇 차례의 폭격을 감행하는 등, 상륙작전이 임박한 것처럼

위장전술을 폈다. 독일군은 이 위장전술에 완전히 속아 전 부대를 칼리 지역으로 집결시켰다.

노르망디 상륙작전은 이와 같이 독일군의 허를 찌른 완벽한 〈성동격서〉의 전술이었다. 그러나 만에 하나 이 작전이 잘못되어 독일군이 연합군의 위장전술을 눈치채고 노르망디로 집결했다면 연합군은 엄청난 피해를 입었을 것이다. 노르망디 상륙작전은 그래서 '사상 최대의 작전'인 동시에 '사상 최대의 모험'을 건 작전이었던 것이다.

이와 같은 위장전술은 한국전쟁에서도 그대로 적용되었다. 이른바 인천상륙작전이 그것이다. 인천상륙작전도 인천이 아니라 군산이나 목포항을 이용할 수도 있었다. 그런데 수도권을 코앞에 둔 인천상륙작전을 전격적으로 단행한 것은 대단한 모험이었다. 그 경위는 다음과 같다. 일본 동경에 있는 맥아더 사령부는 북한군 간첩이 틀림없이 사령부 수뇌부에 끼어 있을 것이라는 것을 알고, 인천상륙작전을 군산의 모 지점으로 변경한다는 허위정보를 흘렸다. 그리고 군산 주변의 지형을 점검하는 등 작전 계획을 실제로 실행하는 것처럼하자 북한군이 군산 지방으로 집결하게 되었다. 그러나 실제로는 인천에 상륙을 감행했던 것이다. 동쪽을 치는 체하면서 우회하여 감쪽같이 서쪽으로 쳐 들어가는 세기적인 〈성동격서〉의 계략이었던 것이다.

공자孔子의 제자 자공子貢은 《논어》의 〈위령공편〉에서 일생동안 실천할 것은 '서恕'로 자기가 원하는 것이 아니면 남에게 베풀지 말라고 했다. '서恕'란 용서容恕와 같은 뜻이다.

그런데 제齊나라가 노魯나라를 공격하려고 하자 스승인 공자의 제가를 받고 제나라와 오나라와 월나라와 진나라를 방문하여 그들이 서로 싸우게 함으로써 자기가 사는 노나라는 위기에서 벗어날 수 있었다.(p.66참조)

말하자면 자기가 원치 않는 것을 언변을 써 남에게 떠넘긴 셈이다. 자공은 그만큼 정치적 언변이 능한 공자의 제자였다.

그런데 공자가 여행 중에 타고가던 말이 도망쳐 남의 밭작물들을 뜯어 먹는 소동이 벌어졌다. 밭작물 농부가 화가 나서 말을 붙잡아 매놓고 주인이 나타나기를 기다리고 있었다. 그러자 자공이 농부에게 가 겸손한 언사로 사과하며 말을 되돌려 달라고 했다. 그러나 농부는 자공의 말을 일거에 거절하며 들어 주지 않았다.

공자는 그냥 빈손으로 돌아온 자공을 보고 '만승萬乘의 제후를 설복시키는 장점이 있지만 농부를 설득시키는 데는 허점이 있구나.'고 하면서 마부를 찾았다.

그리고 공자는 마부를 보내 농부를 설득하게 했다. 마부가 농부에게 다가가 말했다.

"당신의 경작지는 참으로 넓구려! 동쪽에서부터 서쪽까지 이르니 우리 말이 도망친 이상 당신네 농작물을 먹지 않을 수 있었겠소."

농부는 마부의 말을 듣고 반색하며 말을 풀어 고삐를 돌려주고는 환하게 웃었다. 〈성동격서〉는 상대방의 장점과 약점을 이용하여 목적을 달성하는 고도의 계책이다. 만승의 제후를 쥐락펴락한 자공이었지만 농부 하나는 설득시키지 못한 것이다. 하지만 마부는 농부의 마음을 휘어잡을 수 있었다. 마부의 칭찬에 농부는 그만 경계심을 풀고 도리어 기쁘게 그의 말을 돌려주었다. 이것이 〈성동격서〉의 계책인 것이다.

제2부

적전계

敵戰計

아군과 적군의 세력이 비슷해
서로 대치한 상황에서
적군을 기묘한 계략으로 미혹하여
승리를 이끄는 작전이다

없어도 있는 것처럼
보여라

무중생유
無中生有

아무것도 없는 데서
유를 만들어낸다

무에서 유를 창조해낸다. 없는 것을 있는 것처럼 보이게 한다. 허허실실의 책략으로 허를 실로 바꾸어 적을 혼란에 빠뜨린다. 겉모습을 진짜처럼 꾸며 적을 기만하고 종종 임박한 위험을 가장하여 방심하게 만든다.

〈무중생유無中生有〉는 없는 '무無'를 있는 '유有'로 만들어 있게 하는 것이다. '무중無中'은 없는 가운데이고 '생유生有'는 있게 하는 것이므로 없는 가운데서 있게 한다는 뜻이다. 이 계의 본뜻은 거짓 정보를 흘려 적을 속이지만 끝까지 속이는 것이 아니라 허를 실로 바꿔 적을 혼란으로 몰아넣는 계략이다. 거짓은 언젠가는 탄로나기 마련이다. 또 무無의 상태로는 전쟁에서 이길 수 없다. 때문에 시기를 보아 전격적으로 무를 유有로 바꾸면 곧바로 날카로운 창끝이 되어 적을 섬멸할 수 있다.

〈무중생유〉의 무無는 가식이나 허위를 말하고, 유有는 참이나 진실을 말한다. 진실 속에 거짓이 있고 거짓 속에 진실이 있어 참과 거짓이 서로 뒤엉켜 적을 혼란에 빠뜨리는 기만전술을 말한다.

인간의 감정은 여러 가지 현상을 통해 걸러진다. 따라서 자신이 보고자

115 •

하는 것만 보고 아는 것만 내세운다. 이것이 심리학에서 말하는 선택적 지각選擇的智覺인데 결국 자기가 아는 만큼 파악한다는 말이다. 계책에서 허구와 진실을 혼합하여 보여주다 보면 모호성이 깊어져 결국 자기 스스로를 속이는 감정에 빠질 수도 있다.

이 계략을 세 단계로 나누어 설명하면, 첫 단계로는 적에게 거짓을 보여 참인 것처럼 오해하게 만드는 것이다.

두 번째 단계로는 아군의 계략이 거짓이었음을 적이 알게 되지만 대수롭지 않다고 여겨 태만에 빠지게 하는 것이다.

세 번째 단계로는 거짓이었던 것을 진실된 것으로 바꾸어 적을 혼란에 빠뜨려 승리로 이끄는 계책이다.

그러니까 허虛와 실實을 단계적으로 교묘히 구사하여 적을 착각하게 만들어 승리를 쟁취하는 계책이다.

전국시대 감무, <무중생유>로 라이벌을 추방하다

전국시대 감무甘茂가 진秦(기원전 309년)나라 혜문왕惠文王 때 재상으로 임명되었다. 감무가 재상의 일을 보고 있는데 어느 날 진나라 왕이 공손연公孫衍을 믿음직스럽게 생각하고 그 곁으로 와 잘 있었느냐고 물으면서 공손연에게 아무도 모르게 이렇게 말했다.

"머지않아 그대를 재상으로 임명하려고 생각하고 있네."

아무도 듣지 않게 조용히 속삭이듯이 한 말인데 마침 그곳을 지나가던 감무의 부하가 이 말을 엿듣고 곧바로 감무에게 고해바쳤다. 그리고 얼마간의 시간이 지난 뒤 감무가 왕 앞에 나아가 머리를 조아리며 말했다.

"대왕께서는 현명한 재상을 얻으셨습니다. 진심으로 축하해 마지않습니다."

감무의 이 말에 혜문왕이 깜짝 놀라면서 물었다.

"도대체 무슨 말을 하는 건가. 나에게는 그대라는 재상이 있지 않은가?"

그러자 감무가 아주 또렷한 목소리로 왕에게 말했다.

"공손연이 재상에 임명되는 것으로 알고 있습니다."

"도대체 누가 그 같은 말을 하던가?"

"공손연에게서 들었습니다."

왕은 공손연이 인사의 비밀을 함부로 말한 것으로 단정하고 몹시 분노하며 공손연을 진나라에서 추방해 버렸다.

이를 일러 후세 사람들은 감무가 없는 것을 있는 것처럼 꾸며 공손연을 쫓아냈다면서 이야말로 〈무중생유〉의 계라고 말했다.

여희, 독을 써 태자 신생을 모함하다

춘추시대 진(晉:기원전 672년)의 군주 헌공獻公은 이민족 여융驪戎을 토벌했는데 그때 여희驪姬를 얻어 측실로 삼고 총애했다.

그런 여희가 나중에 헌공의 아들을 낳았다. 그 뒤로 헌공은 여희를 옆에 두고 너무 사랑한 나머지 태자 신생申生을 비롯한 다른 아들들을 멀리하게 되었다.

헌공이 어느 날 사랑스런 여희에게 은밀히 말했다.

"나는 태자 신생을 폐하고 그대가 낳은 아들을 태자로 삼으려고 생각하고 있다."

이 말에 여희는 눈물을 흘리면서 헌공에게 말했다.

"신생님이 태자의 지위에 있다는 것은 세상이 다 알고 있는 일입니다. 더구나 모두가 신생님을 따르고 있습니다. 저 같은 사람을 위해 적자를 폐하고 서자를 세우려 하시다니 될 법이나 한 일입니까? 그렇게 하시겠다면 저는 자살하고 말겠습니다."

헌공은 여희의 가륵한 마음에 감동했다. 그리고 그 뒤로 더욱더 그녀의 아들에 대한 사랑이 깊어졌다.

그러나 여희는 헌공 앞에서는 입에 침이 마르도록 신생을 칭찬하면서 뒤로 돌아서기만 하면 사람을 시켜 헌공에게 신생의 험담을 하도록 사주했다. 그리고 자신의 아들을 태자로 세울 것을 주도면밀하게 획책하고 있었다.

어느 날 헌공이 사냥을 나가고 없자 궁중이 비어 있는 틈을 타 여희는 신생에게 말했다.

"헌공께서는 꿈에 돌아가신 신생님의 어머님을 만났다고 했습니다. 이렇게 꿈에 보일 땐 어머님께 제祭를 올리고 공물로 고기를 바치면 아버지께서도 좋아하실 겁니다."

자신의 지위가 위태로워지고 있음을 절박하게 느끼고 있었던 신생은 부친 헌공에게 자신의 존재를 재인식시킬 절호의 기회라고 생각하고 여희의 말대로 하기로 마음먹었다. 그리고 자신의 거성에서 제를 올리고 공물인 고기를 헌공에게 전해 올리기 위해 궁 안으로 가져왔다.

헌공이 궁을 비우고 자리에 없었기 때문에 고기는 그대로 궁중에 놓여 있었다. 여희는 그 틈을 타 몰래 그 고기에 독을 발라 놓았다.

이윽고 헌공이 사냥에서 돌아오자 요리사가 신생이 가져온 고기를 내왔다. 시장하던 차에 먹을 것을 보자 아무 생각 없이 먹으려는 헌공을 말리면서 여희가 말했다.

"그 고기는 먼 곳에서 보내온 것이니 혹시 독이 있는지 시식을 시켜 보는 것이 좋을 듯합니다."

그리고 고기를 떼어 개에게 던져 주자 그 고기를 먹은 개가 즉석에서 끙끙거리다가 죽었다. 여희는

울면서 헌공에게 말했다.

"신생님은 정말로 잔인한 분이군요. 나리는 이미 늙으신 몸인데 그 새를 기다리지 못하고 이렇게까지 해야만 하는 걸까요. 이번 일은 우리 모자 때문일 것입니다. 이제 우리 모자는 타국으로 몸을 피하거나 자살을 하는 수밖에 없습니다. 나리께서 세상을 떠나신 뒤 우리 모자가 신생님의 제물이 되지 않도록 조처해 주십시오."

헌공은 여희의 말을 완전히 믿었다. 일이 이렇게 되자 신생은 생명이 위험하다는 것을 깨닫고 급히 이웃 나라로 망명했다. 그 뒤 그는 자신의 처지를 비관하여 자살하고 말았다.

여희의 용의주도한 계략이 보기 좋게 성공을 거둔 셈이다.

그녀의 간계는 피도 눈물도 없는 권력의 세계에서 쉬이 벌어지는 일이지만 어찌 됐던 〈무중생유〉의 한 계책이다. 하물며 전쟁터에서 획책하는 계책은 어떠하겠는가?

이 계에서 역사 속의 고인계藁人計 전략을 구사한 대목을 빼놓을 수 없다.

당唐나라 현종玄宗 때 '안녹산安祿山의 난亂'은 중국 역사상 고묘高妙한 전술로 유명하다. 역사적인 미인 양귀비楊貴妃가 이 반란으로 38세의 젊은 나이에 현종 앞에서 관군에 의해 목 졸려 죽은 사건이기에 더욱 널리 알려지게 된 것이다.

반란군이 옹구雍丘 성을 포위하여 장기전에 들어갔을 때 성안에 갇혀 있는 관군의 장수는 장순張巡이었다. 장순은 안녹산과 사사명史思明에 맞서 싸웠다. 그는 2~3천 명의 병사를 통솔하고 옹구를 사수하고 있었다. 매일 일진일퇴의 싸움이 계속되었다. 이렇게 시간이 흐르자 성안의 물자가 떨어져 바닥 나버렸다. 거기에다 반란군을 향해 쏠 화살까지 모자라 진퇴양난에 빠졌다. 장순은 이런 상태라면 투항하거나 성문을 열고 나아가 맨몸으로 싸우다 죽을 수밖에 없는 처지였다.

이런 절박한 상황에서 장순이 고심하다가 하나의 계책을 세웠다. 그는 병사들을 동원하여 1,000개의 고인藁人, 즉 볏짚으로 인형을 만들게 했다. 장순은 볏짚 인형에 병사들의 검은 옷을 입혀 진짜 병사로 보이게 하고 새끼줄을 고인의 어깨에 묶었다.

밤이 되자 이 고인을 성벽에 내려뜨리고 끈을 조작하여 성벽을 타고 내려가는 것처럼 보이게 했다. 성을 포위하고 있던 반란군들이 이것을 보자 일제히 화살을 쏘아댔다. 관군은 끈을 조작하여 고인이 성으로 기어오르고 간혹은 화살을 맞아 떨어지는 시늉을 보이다가 끝내는 모두 거두어들였다. 그리고 고인에 꽂혀있는 화살을 모두 모았다.

이틀 밤을 이렇게 하자 수만 개의 화살이 모아졌다. 장순은 이렇게 해서 얻어진 적의 화살로 그들을 막는 데 사용했다. 그리고 한 걸음 더 나아가 적의 허를 찌르는 또 하나의 계략을 폈다.

그 다음 날 새벽 고인 한 개를 일부러 성 밖으로 떨어뜨려 날이 밝은 후 반란군이 그것을 보게 했다. 그래서 이것이 장순의 계략임을 알게 했다. 이에 반란군은 장순의 계략에 말려든 것을 알고 기세가 꺾이고 경거망동을 후회했다.

사흘째 밤에 장순은 진짜 병사 두 사람에게 검은 옷을 입혀 성벽을 타고 내려가게 했다. 반란군은 또 고인이려니 생각하고 화살을 쏘지 않았다. 그 다음 500여 명의 진짜 병사가 검은 옷을 입고 일제히 성벽을 타고 내려갔다. 포위를 하고 있던 반란군은 그때도 활을 쏘지 않았다. 다음 더 많은 관군이 성 밑으로 내려가 죽은 듯이 잠복하고 있었다. 반란군은 그것이 고인인 줄로만 알고 안심하고 접근해 왔다. 가까워지자 고인인 줄 알았던 병사들이 일제히 일어나서 집중사격을 가하는 바람에 반란군은 사체를 남기고 그대로 달아나 포위망이 완전히 풀리고 말았다.

이 전술에서 처음에는 거짓을 보여 상대의 판단을 흐리게 하고 나중에는 그 거짓을 진짜로 바꾸어 허를 찌른 것이다. 이와 같은 계략을 〈무중생유〉라 하며 《학림옥로鶴林玉露》라는 책에 '야박고인夜縛藁人 의이갑주衣以甲冑'라고 기록하고 있다.

《36계 병법》의 내용을 듣도 보도 못한 기상천외한 것처럼 생각할 수 있으나 그 기지機智를 알고 보면 대개가 어처구니없을 정도로 일반적인 것들이다. 기계奇計라는 것은 신출한 것을 일컫는 것이 아니라 원래가 사람의 의표를 찌르는 것들로서 알고 보면 별것이 아니다. 따라서 〈무중생유〉의 계가 어려운 비밀장소에 감추어져 있는 것이 아니라 사람들의 눈에 띄기 쉽고 누구나 알 수 있는 곳에 그 허점과 비밀이 숨어 있는 것이다.

없는 것을 있는 것처럼 꾸며 목적을 달성하는 〈무중생유〉의 계는 역사 속에서 어렵지 않게 그 예를 찾아볼 수 있다. 앞에서도 밝힌 바 있지만 《36계 병법》중에 그 하나를 적용하고자 해서가 아니라 행하다 보면 은연중에 《36계 병법》중 한 계책에 해당하는 행위를 하고 있는 것을 보고 스스로도 놀라게 된다.

앞에서 말한 장순의 고인계藁人計도 의인술擬人術의 일종이다. 의인이라 함은 가짜 인간을 산 사람같이 보이게 함으로써 상대의 눈을 속이는 전술이다. 〈의병고인계疑兵藁人計〉란 전략을 멋지게 구사한 인물로 제갈량이 있다.

제갈량, <무중생유>로 10만 화살을 얻다

역사적으로 유명한 적벽대전赤壁大戰을 앞두고 제갈량諸葛亮(자는 공명)은 화살 10만 개가 갑자기 필요하게 되었다. 그 많은 화살이 필요하게 된 동기에 대해서는 두 가지 설이 있다. 첫째는 오吳나라 무장 주유周瑜가 제갈량의 역량을 시험해 보기 위해 10일 안에 화살 10만 개를 만들어달라고 요구했다는 것이고, 둘째는 수송에 문제가 생겨 화살 보급이 늦어졌기 때문이라는 이야기다. 어쨌든 신속하게 화살을 조달할 수 없는 상황에서 10만 개의 화살이 필요했던 것이다.

공명은 생각 끝에 계략을 짜냈다. 그는 부하에게 배 20척과 그 배에 고인藁人 백 개씩을 준비하라고 지시했다. 그리고 안개가 자욱한 새벽에 배 한 척에 20~30명씩의 수병을 태워 대안에 포진한 위魏군을 향해 궁형弓形으로 배를 진격시키고 북을 치며 함성을 올리게 했다. 공명은 기상을 미리 파악하여 양자강에 안개가 끼는 날을 알고 있었다. 안갯속으로 병사를 가득 실은 오吳군의 선단이 접근해 오자 조조는 안갯속이라 덮어놓고 나아갈 수도 없어서 대안에서 수륙 양군이 마구 활을 쏘게 했다. 화살이 오군의 선단에 세워진 고인군藁人軍에 비 오듯이 꽂혔다. 오의 선단은 안개가 개일 때까지 북을 치고 함성을 지르다가 태양이 솟아 안개가 걷힐 무렵에 진지로 돌아왔다. 배마다 화살이 가득하여 10만 개가 훨씬 넘었다.

없는 화살을 교묘한 전술로 현지에서 조달한 것이다. 이것이 〈무중생유〉의 기발한 계책이다. 여기서 생각해 볼 것은 문제 해결 방안을 강구하는 사고방식의 전환이다. 사람들은 누구나 문제에 봉착하면 고정관념에 사로잡히기 쉽다. 그럴 땐 이런저런 생각을 할 겨를도 없이 헤매거나 허둥대기 일쑤다. 이럴 때는 경직되고 수직적인 사고에서 벗어나 한 번 더 생각을 가다듬어야 한다. 지휘관은 이럴 때일수록 수평적인 사고로 융통성을 발휘해야 한다. 사고의 전환은 문제 해결의 중요한 열쇠가 되기 때문이다. 그러나 이러한 작전을 수립하기에 앞서 무에서 유를 창조할 수 있는 기반을 만들어야 한다. 여기서 제갈량의 이야기를 다시 더듬어 생각해 볼 필요가 있다.

적을 섬멸시킬 무예는 반드시 조직을 갖추어야 한다. 제갈량은《장원將苑》택재擇材에서 싸움을 잘하며 홀로 강적을 쳐부수는 자들로 보국대報國隊를 편성했다. 보국대로 전군에 기세를 떨치고 있는 중에도 다시 용감하고 민첩한 자들로 돌격대를 편성했다. 그리고 잘 걷고 걸음이 빠른 자들을 모아 특공대를 편성하고, 또 말 타고 활을 잘 쏘아 백발백중시키는 자들로 기습대를 편성했다. 또 억세고 큰 활을 잘 다루어 멀리 쏘아 맞히는 자들로 저격대를 편성하여 작전에 임하도록 했다. 제갈량은 이렇게 세세한 사항을 구체적으로 나누어 작전에 임했다. 그 당시 작전 병기를 보면 제갈량의 이같은 편성 방법은 매우 과학적이며 현실에 맞는 적절한 대책이었으며 어떤 방법보다도 사실에 입각한 실용적인 전술이었다고 할 수 있다.

모든 군대의 병사들을 능력에 따라 적재적소에 채용한 외에도 제갈량은 인재를 참모로 중용했다.

또 장병의 참모 요원들을 고급, 중급, 하급의 3급 막료로 나누고 그 재능의 높고 낮음에 따라 직위를 부여했다. 제갈량이 중요시한 재능은 무엇보다도 지혜로운 운용이었다. 적의 정황을 관찰하며 적군과 아군 쌍방의 장단점을 판단하는 능력은 바로 지혜의 표출이며 그 기초가 되는 것은 '일에 부딪혀 효과적으로 임기응변하는 것이다.'고 말하고 있다.

즉, 우매한 자가 지혜로운 자를 이긴다는 것은 이치에 맞지 않으며, 지혜로운 자가 우매한 자를 이기는 것은 이치에 맞다. 지혜로운 자가 지혜로운 자를 이기는 것은 때에 따라 재치 있게 움직이는 슬기 때문이다. 일에 부딪혀 임기응변할 줄 모르면 지혜로운 자가 아니다.

또 형세에 순응하는가 거스르는가도 결국 지혜를 어떻게 운용하는가에 달려 있다. 제갈량은 지혜로운 자는 전후天候(기후),시세時勢, 인화人和를 거스르지 않는다고 《장원將苑》에서 말하고 있다. 그리고 무엇보다도 지용智用을 중요한 전제로 삼았다. 말하자면 천후와 시세와 인화에 순응해야 승리할 수 있으며 이 세 가지에서 그 어느 한 가지라도 빠지면 형세에 역행하게 된다는 생각을 가지고 전쟁에 임했다.

제갈량의 이 같은 전략을 염두에 두고 앞에서 말한 안녹산의 난에 등장하는 장순張巡의 고인계藁人計나 제갈량의 의인술擬人術을 짚어 보면 인간의 고정관념을 깨뜨리고 수평적 사고방식에서 그 해결점을 찾아낸 탁월한 〈무중생유〉의 계략이었다.

〈무중생유〉의 계에서 르네상스의 기폭제가 되었던 '메디치효과Medici Effect'에 대하여 생각해 보게 된다.

소와 닭만큼이나 관계없을 것 같은 이질적인 관계를 융합하여 색다른 감성과 결과를 가져오게 하는 것이 메디치효과다. 이것은 마치 한류와 난류가 만나서 황금 어장을 만들 듯이 이탈리아의 메디치 가문이 예술가와 과학자 그리고 상인의 이질적인 집단을 융합하여 고도의 경영 기법을 적용하여 변화를 가져온 데서 기인하였다.

예컨대 화장품 제조업체가 식품 제조에 쓰이는 발효성을 이용하여 인체에 유용한 상품을 만들어 히트치는 경우와 같은 것이다.

이것은 우리 사회에서 유교와 불교와 천주교회와 기독교는 아우를 수 없는 것인데도 통합의 시스템을 만들어 어울리게 할 수 있는 것만큼 색다른 것이라고 말할 수 있다.

'메디치효과'가 어디까지 일지는 몰라도 〈무중생유〉의 계에서 오늘날 디지털 시대를 맞아 쪼개진 남북 관계까지 아우를 수 있다면 얼마나 속 시원한 일이겠는가를 중세 메디치 가문을 보면서 생각해 보게 된 것이다. 따라서 CEO는 그 시대를 경영하는 경영자로서 〈무중생유〉의 계를 깔고 앉아 역사와 문화에 한 획을 긋는 의인들이라고 말할 수 있다.

반도체는 산업의 쌀이다

반도체는 PC, 자동차, 텔레비전, 세탁기, 휴대전화 등 모든 제품에 사용된다. 현대인과 반도체는 끊으려야 끊을 수가 없다. 그래서 반도체를 '산업의 쌀'이라고 부른다. 이 반도체가 얼마 전에는 일본의 주력상품이었다. 1980년대 미국이 주도하던 반도체를 시장에서 밀어내고 일본이 그 자리를 차지했다. 그런데 지금은 한국의 반도체가 세계시장에서 점유율을 높이자 일본의 반도체가 변두리로 밀려나고 있다. 일본의 주력상품을 밀어내고 한국 삼성의 D램이 어느덧 진열대에 올라서 전략적인 성공을 거둔 것이다. 이는 〈무생중유〉의 계가 말하듯이 폐허의 한국이 기술의 나라 일본을 따돌린 의미있는 성공이다.

〈무중생유〉의 지략과 얼룩말

미국의 시인 쉘 실버스타인은 〈얼룩말의 질문〉이라는 시詩에서 이렇게 적고 있다. 어느 날 한 무리의 검정말이 떼지어 뛰어가고 있었다.

검정 점이 박힌 얼룩말이 검정말이 뛰어가는 틈에 들어가 뛰고 있었다. 무리 중에 검정말이 보니까 흰 점이 박힌 얼룩말이 검정말 틈에 끼어 뛰어가고 있는 것이 아닌가? 그래서 물었다.

"너는 흰말인데 왜 우리 검정말 틈에 뛰어 가는 거냐?"

그랬더니 흰 점의 얼룩말이 말했다.

"나는 원래 검정말이었는데 흰 점이 박혀 있을 뿐이야."

그렇게 한참을 뛰어가고 있는데 점점 발걸음이 무거워졌다. 마침 그때 한 무리의 흰말이 뒤에서 떼지어 뛰어오고 있었다. 얼룩말은 숨이 차 검정말 틈에서 떨어져 얼른 흰말 틈으로 들어가 함께 뛰었다. 그러자 흰말 한 마리가 물었다.

"너는 검정말인데 왜 우리 흰말 틈에 뛰어가니?"

그러자 이 얼룩말이 대답했다.

"나는 원래 흰말이었는데 군데군데 검정 점이 박혀 있을 뿐이야."

하면서 흰말과 함께 뛰어갔다.

〈무중생유〉의 계는 마치 얼룩말처럼 자기가 유리한 대로 생각하는 묘한 맛을 주는 계다. 없는 것도 있는 것처럼 가장하고 있어도 없는 것처럼 묻어 두고 속여야 하는 만큼 이랬다 저랬다하는 이중 플레이나 마찬가지다.

세상을 살아가는데는 이 얼룩말처럼 얼룩덜룩하게 살아야 편리하다. 아니 쉽다. 그래야 편한데 사람들은 꼭 흑백을 따져 줄을 세우려고 한다.

너 아니면 나, 적 아니면 동지 하고 자꾸만 갈라 놓으려는 생각으로 꽉 차 있다.

이제 인간 본연의 자세 즉 양심의 소리를 듣고 이성에 귀를 기울여 살아야 할 때다.

세계화 시대에 이 지구를 너와 내가 살아가는 공존의 무대로 생각하고 서로서로 존중하며 평화롭게 살아야 안전한 지구호가 되지 않을까?

허위정보를 누설하여
역으로 이용하라

암도진창
暗渡陳倉

아무도 모르게
진창을 공격한다

아무도 모르게 진창을 기습공격한다. 정면으로 공격하는 척하다가 적의 뒤로 우회하여 공격을 가한다. 유방의 군대가 잔도를 수리하는 척 하면서 아무도 몰래 진창으로 이동했다는 뜻이다.

이 계는 우회하여 적의 후면을 공격하여 타격을 입히는 계책이다. 여기서 '암도暗度'는 아무도 모르게 건넌다는 뜻이다. 즉 천길만길 절벽 길에 나무로 엮어 만든 산길인 잔도棧道를 고치는 척하면서 진창陳倉으로 방향을 돌려 선착한 기만 작전이다. 그러니까 고의로 니아기는 동향을 노출해 적이 대비하도록 유도한 다음 허술한 곳을 급습하여 승리를 거두는 작전계획이다.

유방, <암도진창>으로 항우를 기습공격하다

<암도진창>의 이야기는 진秦나라가 멸망한 직후 항우項羽가 장차 천하를 독차지할 야심을 품고 밑그림을 그리는 데에서도 생각해 볼 수 있다. 그러나 겉으로는 진나라의 옛 영토를 쪼개서 유방劉邦 등, 반진反秦 장군늘에

게 영지로 나누어 주고 왕의 봉호를 내리는 등 그 속뜻을 감추고 내일을 내다보고 있었다. 그런데 항우는 다른 장수들에 대해서는 별로 큰 관심을 가지지 않았지만, 유방만은 앞으로 자기와 천하를 다툴 인물이라 보고 경계를 게을리하지 않았다.

반진 장군들은 진의 도읍지 함양咸陽을 먼저 함락시키는 사람을 관중關中의 왕王으로 삼는다는 약속을 한 일이 있다. 우여곡절 끝에 함양에 제일 먼저 당도한 사람은 다름 아닌 유방이었다. 일이 이렇게 되자 항우는 초조함을 감추지 못했다.

관중은 진나라에서 특별히 정성을 들여 관리한 지역으로 교통이 편리하고 곡물이 풍부한 고장이었으며, 군사적으로도 견고한 성을 구축한 곳으로 천혜의 요새要塞였다. 이에 항우는 파촉(巴蜀:사천성)과 한중漢中(산시성 서남의 산악지대) 일대를 유방에게 주어 그를 한왕漢王에 봉하고, 관중 지방은 셋으로 나누어 진나라의 항장降將들인 장한章邯·사마흔司馬欣·동예董翳 세 사람에게 떼어주어 유방을 견제케 했다.

그리고 항우 자신은 스스로 초패왕楚覇王이 되어 장강長江의 중하류와 회하淮河유역의 비옥한 토지를 차지하고는 팽성彭城을 도읍지로 삼았다.

유방 또한 항우에 의해 한왕으로 봉해졌지만 천하를 독차지할 야심이 있었던 터라 이러한 조처에 불만이 대단했다. 그러나 아직 항우의 힘에 비할 바가 못되어 입을 꾹 다문 채 남정南鄭 일대로 들어가지 않을 수 없었다.

이때 유방은 장량張良이 알려준 계책대로 한중에 들어서자마자 잔도棧道 (벼랑과 벼랑을 잇는 나무다리)를 모조리 불살라 버렸다. 그것은 방어의 목적도 있었지만 그보다는 항우를 속이기 위함이었다.

한중에 도착한 유방은 재능 있는 전략가 한신韓信을 대장군으로 삼고 장차 천하를 차지할 계획을 추진했다. 한신은 우선 관중 지방을 빼앗아 항우를 꺾을 근거로 삼고자 했다.

유방의 총사령관 한신은 많은 병사를 잔도로 보내 잔도를 복구하라고 명령했다. 항우의 장수 장한章邯은 이 소식을 전해 듣고 잔도의 복구 상황에 촉각을 곤두세웠다. 우회하여 쳐들어올 것을 전혀 예측하지 못하고 척후병과 일부 군사를 파견해 모든 관문을 철저히 지키는 데만 치중했다. 그러나 시간이 지나도 이미 복구가 끝난 잔도에서 군대가 움직일 기미가 보이지 않았다.

장한章邯은 의아하게 여겨 정찰병을 보내 유방의 군영을 살피게 했다. 정찰에서 돌아온 병사는 유방의 군대는 이미 그곳을 떠나 텅 빈 장막들만 있을 뿐이라고 전했다. 유방이 잔도를 복구시킨 것은 속임수였던 것이다. 잔도 수리에만 눈을 돌리고 있던 장한은 경계를 느슨하게 하여 진의를 파악하지 못했던 것이다. 유방은 조용히 병사를 이끌고 촉에서 나와 지름길로 장한의 군사가 주둔한 곳의 뒤쪽인 진창을 습격하여 장한군을 일격에 격파하였다. 이에 장한은 자살하고, 사마흔司馬欣과 동의東倚는 그 자리에서 항복하고 말았다.

한신이 군사를 보내 잔도를 수리하게 한 것은 일종의 속임수였다. 그것은 유방과 함께 대군을 거느리고 쥐도 새도 모르게 진창을 쳐서 빼앗으려는 의도를 감추기 위한 계략이었다. '겉으로는 잔도를 수리하면서 본진은 계략대로 아무도 모르게 진창을 건넜다 明修棧道 暗渡陳倉'라는 말을 줄여〈암도진창〉이라 한다. 더러는 '진창암도'라고 바꾸어 말하기도 한다.

〈암도진창〉은 말 그대로 아무도 모르게 야음을 틈타 적의 후방을 치고 늘어간 중국 역사상 불후의 명작전이었다.

일상생활의 사고思考에서도 수직적인 성격을 가진 사람이 있는 반면 유연하게 곡선적인 성격을 가진 사람도 있다. 이것이 국가 간의 전쟁에서도 정면공격, 정면돌파, 기습, 외교채널을 통한 우회작전 등 다양성을 띠고 나타난다.

어떤 목표를 설정한 다음 일로매진하는 것은 당연지사다. 하지만 종종 정면돌파보다 돌아가야 할 때도 있다. 이것은 거북이와 토끼의 경주에서 토끼의 방심을 유도하는 거북의 지혜와도 같을 수 있다.

성질이 급하면 뜨거운 차를 마시기 힘든 것처럼 물건을 살 때 마음에 드는 물건이 눈에 띄었다 하더라도 쉽게 티를 내서는 싼값에 내 것으로 만들 수가 없다. 상인에게 먼저 속마음을 보여준다면 어떻게 원하는 값에 그 물건을 소유할 수 있겠는가?

현명한 사람은 자신의 목표를 달성하기 위해 표정을 감추고 뒤로 계산을 한다. 목표는 마음속에 숨겨두고 상대에게 보여주지 않은 채 우회하는 것이다. 계책이 성공하려면 때론 지뢰밭도 건너야 하고 가시철망도 통과해야 한다. 경계하는 적의 초병에게 보여줄 패스포트인 통행권도 준비할 필요가 있다. 동쪽에 뜻이 있으면 서쪽을 건드리고, 급한 듯 상대를 자극하면서도 돌아간다.

쉬 더워진 방이 빨리 식듯이 쉽게 달아오른 열정은 오래 지속되기 어렵다. 이는 마치 술을 마시며 사귄 친구는 술 깨면 언제 보았냐는 듯 잊어버리는 것과 같다. 사람과 사람의 만남은 한 번으로 그치지 않는다. 그래서 때로는 끈끈한 정情과 신용으로 사귀어야 한다. 사람 사이의 만남은 일회용 볼펜이 아니기 때문이다. 마음에 드는 무언가가 있다면 그것이 사람이든 사물이든 간에 오래도록 정성을 기울여야 한다. 〈암도진창〉의 계가 말해주듯이 급할수록 돌아가라는 말은 한 가지 일에 정성을 기울이고 지속적으로 진행하여 목표를 달성하라는 말이다. 계책은 목숨을 건 전쟁이기 때문에 야반도주하듯 우회하여 목적한 진창을 점령해 버린 것이 이 계의 진면목이다.

위나라 등애, <암도진창>으로 촉의 부성을 점령하다

전쟁으로 낮과 밤을 지새던 삼국시대 말기, 위魏나라는 촉蜀나라를 향해 노도와 같이 공격해 들어갔다. 위나라의 장수 종회鍾會는 양평관을 따라 내려가 일거에 검각劍閣을 점령하여 촉의 수도인 성도成都를 점령하려는 계획을 세웠다. 하지만 제갈량의 유지를 받은 명장 강유姜維는 혼신의 힘을 다하여 빈약한 군사로 위의 대군을 맞아 끈질기게 버텨나갔다.

험준한 검각劍閣(사천성 검각현)의 산세가 촉의 성을 튼튼하게 감싸고 있었던 것도 크게 한몫하고 있었다. 종회가 검각에서 묶여 오랫동안 쌍방의 대치 상태가 계속되자 위나라 장수 등애鄧艾는 검각에서 서쪽으로 400리, 성도에서는 300리나 떨어진 부성을 공격하는 방책을 세웠다. 등애는 병법에 밝은 사람으로 큰 산이나 연못만 봐도 군대의 배치를 연구할 정도로 병법 연구에 몰두하는 사람이었다. 강유의 저항이 만만치 않아 할 수 없이 택한 전략이었는데 등애의 전술이 그대로 맞아떨어졌다. 등애가 부성을 공격하기 위해 병력을 이동했다는 소식을 들은 강유는 부성을 구원하기 위하여 병력을 이끌고 나올 수밖에 없었다. 그러자 주력군이 빠진 검각은 종회의 군대에 의해 쉽게 함락되고 말았다.

한편, 등애는 부성을 공격하기 위해 정예군 1만 명을 거느리고 사막을 100여 리나 행군하여 부성으로 향했다. 없는 길을 만들고 절벽을 타며 전진하는 그야말로 고행의 길이었다. 그들은 험준한 산악의 길이 촉을 점령하는 지름길이라고 믿었다.

전장에서 멀리 떨어져 아무런 대비가 없었던 부성은 갑자기 나타난 위나라 병사들에 의해 싸워보지도 못하고 함락되었다. 〈암도진창〉의 계책이 확실하게 먹혀들어간 것이다. 한편 부성을 구원하기 위하여 검각을 나섰던 촉의 주력부대는 그야말로 닭 쫓던 개 지붕 쳐다보는 격이 되고 말았다.

〈암도진창〉은 치밀한 우회작전으로 일을 성사시키는 계책으로 시간과 공간의 구애를 받지 않는다.

전투에서 정면공격은 칼날과 칼날이 맞닿는 것처럼 위험이 따른다. 우회작전에 비해 위험도가 높고 손실도 크다. 정면공격은 결국 적의 주력부대와 충돌하는 셈인데《손자병법》에서도 주세主勢, 즉 실세에 정면으로 부딪치는 전법은 지장智將의 용병이 아니라고 지적하고 있다.

〈암도진창〉은 제6계의 〈성동격서〉와 발상이 여러모로 유사하다. 조금 다른 점은 〈성동격서〉의 전략이 승리할 만한 형세에서 적을 압도하려는 제1부 〈승전계〉에 들어있는 데 반해 〈암도진창〉은 비슷한 세력끼리의 결전에서 상대방의 허를 찔러 전황을 뒤집어 승기를 가져오는 제2부 〈적전계〉에 있다는 점 뿐이다. 그것은 〈성동격서〉가 싸움을 승리로 이끄는 '교란전술'이라면 〈암도진창〉은 적과의 대치 상태에서 입지를 유리하게 확보하기 위한 '뒤집기 전략'이라고 할 수 있다.

그럼 우회작전의 내용은 무엇인가?

《손자병법》은 물의 흐름에 비유하여 용병은 물의 흐름과 같으니 저항이 약한 곳을 찾아서 공격하라는 말이다. 이는 누구나 다 알고 있는 적의 '허虛'를 공격해야 한다는 말이다.

오기 장군, 직접 병사의 종기 고름을 빨아내다

〈암도진창〉의 계책은 사기를 진작시키기 위한 일환으로도 종종 활용되고 있다. 춘추전국시대(기원전 406년) 전술가 오기吳起 장군이 중산국中山國을 쳐들어가 갔을 때의 일이다. 그는 인장仁將이라는 이름을 얻을 만큼 부하를 사랑하고 아껴 군졸과 같은 옷, 같은 음식, 같은 잠자리에서 자고, 진군할 때도 말을 타지 않고 군졸과 함께 도보로 행군했다. 그리고 자기가 먹을 식량은 자신이 직접 짊어지고 가는 등, 병사와 고락을 함께했다.

어느 날 오기는 군졸 한 사람이 다리에 종기가 생겨서 고생하는 것을 보고 서슴없이 자기 입으로 종기의 고름을 빨아내 치료해 주었다. 이 사실을 전해 들은 그 병사의 어머니는 대성통곡을 하며 슬퍼했다. 이웃 사람들이 수상히 여겨 '댁의 아들을 장군께서 친히 고름을 빨아 낫게 해 주었으면 얼마나 영광된 일이냐면서 위로했다. 그러자 그 병사의 어머니가 자초지종을 말했다.

"2년 전 그 아이의 아버지가 오기 장군을 따라 싸우다가 부상을 당했습니다. 그런데 그 상처가 덧나서 점점 심해지자 장군께서 친히 약을 바르고 치료하여 상처를 낫게 해주었습니다. 그런 뒤 그 아이의 아버지는 적과 싸울 때 장군의 은덕을 생각해서 물러서지 않고 힘껏 싸우다가 끝내 일선에서 전사하고 말았습니다. 이제 이 애도 장군께서 베풀어준 은혜를 입었으니 아버지처럼 장군에 대한 충성을 다하다가 전사하고 말 것입니다."

이것이 《사기》중 〈오기열전〉에 나오는 유명한 '연저지인吮疽之仁'이라는 고사다.

〈암도진창〉은 모든 장병들이 전투에 임하는 데 있어 일사불란하게 작전 수행에 따라주어야 가능하다. 그래서 오기 장군과 같이 장병이 마치 형제처럼 전우애가 두터울 때 전쟁의 수행 능력은 배가되는 것이다.

그런데 오기에 대한 법 이론가들의 해석은 분분하다. 전국戰國 말기 성악설性惡說로 인간 불신의 철학을 주장한 한비자韓非子는 다음과 같이 말했다.

"오기의 연저지인은 병졸의 인명을 존중하거나 사랑하고 아껴서가 아니라 선력戰力을 최대한으로 끄집어내기 위한 고도의 술책이었다."

이렇게 오기는 냉정한 법가를 일으킨 한비자에 의해 형편없는 인물로 평가 받을 정도였다. 그도 그럴 것이 오기가 학업 중 어머니가 돌아가셨다는 말을 듣고도 상喪을 치르러 가지 않다가 스승 증자曾子에게 인정없는 자는 제자 자격이 없다 하여 내침을 당했다고 하는 대목이 사실을 입증하고 있다.

또한 그는 노魯나라에 있을 때 제齊나라가 쳐들어오자 노왕이 그를 장군으로 임명하려다가 아내가 제나라 사람이라는 이유 때문에 주저하였는데 그때 집으로 가 아내의 목을 베어 장군이 된 인물이었다. 그러니 냉정한 한비자가 보더라도 혀를 내두를 정도로 냉혈한으로 평가될 정도의 인물이었다.

일반적으로 강병을 만드는 방법은 육체적으로나 정신적으로 강력한 훈련으로 단련시키는 데 있다. 그러나 오기는 한 단계 넘어서 사람의 마음을 사로잡았다. 즉, 충성심의 강도를 높임으로써 강병을 만들었으니 그는 고도의 인간심리를 우회작전으로 편 것이라 하겠다. 오기야말로 고도의 〈암도진창〉의 계를 몸소 말없이 실천한 사람이라 할 것이다.

월나라 구천왕, 개구리에게 큰절을 하다

〈암도진창〉을 말하다 보면 월나라 구천왕의 의도된 행동에 대한 이야기를 빼놓을 수 없다.

월越나라 구천句踐(기원전 496~464)이 오吳나라 부차왕夫差王에 복수하기 위해 절치부심했던 사연은 제5계 〈진화타겁〉에서 와신상담의 고사를 들어 언급한 바 있다. 하여튼 구천은 싸움에 이기기 위해서는 무엇보다도 목숨을 아끼지 않는 용감무쌍한 병사들이 필요했다. '그는 목숨을 초개같이 버릴 수 있는 군병을 어떻게 양성할 수 있을까' 하고 고민했다.

그러던 어느 날 구천은 많은 시종을 거느리고 야산으로 나가 사냥을 했다. 우거진 풀길을 걸어가는데 풀숲 사이에서 큼직한 개구리 한 마리가 뛰어 나오더니 길을 가로막고 눈을 부릅뜨며 구천을 노려보았다. 개구리의 성난 얼굴을 바라보던 구천왕이 느닷없이 말에서 내려 개구리를 향해 허리를 굽혀 큰절을 하는 것이었다.

깜짝 놀란 것은 개구리가 아니라 옆에 따르던 시종들이었다. 구천의 느닷없는 행동을 이해할 수가 없어 시종 한 사람이 왕에게 다가가 그 사연을 물었다.

"대왕께서 어찌하여 미물 따위에 예를 올리십니까?"

그러자 구천이 말했다.

"용감하지 않으냐. 죽음을 무릅쓰고 떡 버티고 있는 저 모습을 보고 내 어찌 그 용기에 경의를 표하지 않을 수 있겠는가? 이 개구리를 잡아서 궁중 연못에 살게 하고 후이 대접하라."

궁중으로 돌아온 구천은 개구리에게 별호를 내리는 등, 개구리를 특별히 돌보게 했다. 시종들은 어처구니없었으나 왕의 명이라 어쩔 수 없이 시행했다.

그런데 이 얘기가 병사들 사이에 널리 알려져 구천왕에 내한 존경심이 전에 없이 높아졌다. 용기가 있다 하여 개구리에게도 경의를 표하고 후대하는 왕이니, 하물며 용맹한 군인이라면 더욱 우대할 것이 아니겠는가. 이러한 생각에서 병사들은 저마다 다투어 용맹한 군인이 되기 위해 극한 훈련을 견디며 노력했다. 심지어 어떤 지휘관은 자기의 용맹을 보이기 위해 부하를 시켜 자기 목을 살라 왕에게 바치게 하는 일까지 있었다. 이리하여 월나라 군대는 죽기를 맹세하고 목숨을 초개같이 버리는 병사들로 가득 친 강군이 되었다. 그리고 얼마 후, 구천은 오나라에 대한 복수전을 전개하여 끝내 오나라를 정복했다.

구천왕의 개구리에 대한 예우를 '와용지례蛙甬之禮'라 부르게 되었는데 이 '와용지례'는 오기 장군의 '연저지인'과는 또 다른 〈암도진창〉으로 목표를 달성하기 위한 강병책強兵策이라 할 수 있다.

여기서 우리는 우리의 현실을 똑바로 돌아볼 필요가 있다. 한국인들은 대체적으로 대쪽같이 곧은, 직선적인 사고방식을 가지고 있다. 또한 백절불굴百折不屈의 투지로 총알같이 뛰어 나가는 기개를 가졌으나 다혈질적이어서 우회하거나 곡선적으로 살아가는 슬기가 부족한 편이다.

거기다가 목소리가 크고 강성적이어서 정면공격이나 중앙돌파를 마다치 않는다. 나중에는 어떻게 되더라도 우선 앞으로 나아가고 본다. 그만큼 앞뒤 가리지 않고 돌진하다 보니 피해가 클 수밖에 없다. 이것은 결코 자랑거리가 될 수 없다. 중국인들은 직선적인 사고방식과 곡선적인 사고방식을 새끼줄 꼬기와 같이 다양하게 사항에 맞게 적절히 구사하는 지혜를 가지고 있다.

실과 허를 적절히 활용하면서 어쨌든 살 길을 모색하던 중국인들은 확실히 다르다. 만만디로 중국인들은 춘추전국시대 때부터 각 나라가 제 살 길을 찾다 보니 권모술수에 능했다. 정치, 군사, 처세술 등, 각 분야에서 살아남기 위한 흥미 있는 사례가 중원 각 곳에서 비법이나 비결처럼 잘 포장되어 나왔다. 그런 가운데 병법이라는 전략서가 나와 상대를 억누르기 위한 묘책으로 우대됐다. 특별한 권모술수가 들어있는 것도 아닌데 그저 짓밟고 쳐부수는 것이 고작인데도 용병술로 전수되었다. 병서라는 것들은 긍정적인 측면보다는 남을 속이고 빼앗는 부정적인 측면이 강하게 묘사되고 있다.

제나라 설공, <암도진창>으로 왕의 마음을 꿰뚫다

제齊나라 왕이 재상인 설공薛公에게 왕비가 죽자 후궁 중에서 새 왕비를 천거하도록 했다. 이럴 경우 왕의 마음에 어느 후궁이 마음에 드는지 직접 물어보는 것은 신하의 예가 아니어서 왕의 의중을 은연중에 읽어내서 천거해야 명신名臣이다. 그런데 이때 제나라 신하들은 아무도 왕의 의중을 알지 못해 고민하고 있었다. 이때 설공이 하나의 방법을 생각해 냈다. 그것이 바로 곡선적이고 우회적인 〈암도진창〉에 해당하는 계책이라 생각할 수 있다.

설공은 세공사에게 후궁의 수에 맞추어 귀걸이를 하나씩 만들도록 했다. 그런데 그중 한 쌍만은 특별히 아름답고 눈부시게 만들게 하여 왕에게 바쳤다. 왕은 기뻐하며 그것들을 후궁들에게 나누어 주었다. 다음 날, 후궁을 살펴본 설공은 가장 아름다운 귀걸이를 달고 있는 후궁을 왕비로 천거하자 왕은 크게 기뻐하며 그 후궁을 왕비로 삼았다. 설공이 귀걸이를 통해 〈암도진창〉의 계책을 써 왕의 속셈을 알아내 천거할 수 있었던 것이다.

인간은 누구나 가치가 있다고 생각하는 쪽으로 움직인다. 무게의 중심이 어디에 있는지 은연중에 나타내는 것이 인간이다.

그런데 가치는 눈에 보이는 것이 아니라 내면세계에 있는 것으로 자신의 판단 기준에 따라 행동을 하게 한다.

전쟁에서는 적이 전혀 생각지 못한 방법으로 승리한 진략을 이 〈암도진창〉에 빗대기도 한다.

정면을 공격하는 척하여 적군이 정면 수비를 강화할 때, 몰래 적군의 측면을 공격해 승리하는 계로 모든 계책이 그러하듯 이 전략의 핵심은 적군의 관리가 허술한 곳을 급습하는 전법이다. 《역경易經》의 '익동이손益動而巽'이라고 이익을 따라 행동하는 방식을 소개하고 있으며 우회적인 방법으로 불시에 기습하여 승리를 거둔 데서 유래되었다.

《그림자 없는 성부》라는 책에는 유대인늘이 세계를 막강한 경제력으로 드라이브하고 압력을 행사하는가 하면 권력가들의 손에 칼을 쥐여주고 있는 사실을 적나라하게 묘사하고 있다.

그 소설의 진위 여부는 차치하고라도 세계의 돈줄을 쥐고 저수를 했다가 방류하는 그 흐름을 놓고 보아도 재력만으로 쥐락펴락한다는 인상을 지울 수 없다.

한고조가 진창을 남몰래 쳐들어가 평정하여 '진창에 몰래 가다'라는 〈암도진창〉이라는 고사를 남겼듯이 유대인들은 다방면에서 암도(모르게)진창으로 가는 길목에 서 있다.

아니 유대인들은 이미 그들의 목표인 진창에 도착해 있는 사람들이다.

경제학의 원조인 애덤 스미스도 그렇고, 세계를 뒤흔든 공산주의 이념의 창시자인 칼 마르크스도 그렇다. 현대 경영학의 구루GURU인 피터 드러커도, 또 1987년부터 전 세계 경제의 대통령이라고 불리는 미국 연방준비제도이사회(FRP) 의장을 4번 연임한 그린스펀도, 네덜란드 철학자 스피노자, 오스트리아 심리학자 프로이트, 물리학자 아인슈타인, 희극배우 채플린, 정치가이자 외교가 키신저, 영화감독 스필버그 그리고 기독교의 창도인인 예수도 역사 위에 우뚝 선 유대인이다.

미국 신대륙 발견자 콜럼버스와 독일의 시인 하인리히 하이네, 프랑스 철학자 베르그송과 레이몽 아롱, 이탈리아 화가 모딜리아니도 그렇다. 명저 《경제원론》의 저자이며 노벨경제학상 수상자인 미국의 새뮤얼슨도 유대인이다. 이렇게 하늘의 별처럼 수많은 유대인 스타들이 빛을 쭉쭉 발하고 있다. 그렇다고 학계에만 포진하고 있는 게 아니다. 돈을 만지고 세력을 확장하여 보이지 않게 세계의 판도를 장악하는 데에도 그들은 천재적 수완가들이다.

한고조 유방이 조용히 병사를 이끌고 진창陳倉을 습격해 장한을 물리치고 승리했듯이 유대인들은 나라가 없이 유리 방황하면서도 세계 금융권을 쥐고 국제무대를 상대로 암도暗渡하고 있다.

　CEO도 때로는 계획적으로 기습 작전을 전개해야 한다. 대선 중에 떠도는 이런저런 유언비어도 〈암도진창〉의 계에서 비롯된 것이라고 볼 수 있다. 일본이 세계시장을 석권하여 쾌재를 부르다가 이제 지난 10년여의 공백을 만회하기 위하여 총력을 기울이고 있다. 과거의 영광을 되찾기 위해 아무도 모르는 〈암도진창〉의 계를 마음속에 새기면서 돌진하고 있다.

　세계 1위의 노키아가 신용등급이 떨어지고 주인이 바뀐 것도, 시장 트렌드를 읽지 못하고 발빠르게 대응하지 못한데 있다. 노키아의 오랜 성공이 오히려 독이 되어 스마트한 트렌드를 따르지 못했다.

　이때 애플 아이폰과 삼성의 갤럭시가 시장을 장악하여 〈암도진창〉해 버린 것이다. 노키아도 뒤늦게 스마트폰 시장에 뛰어 들었지만 장한이 패배한 것처럼 위탁 생산의 한계에 부딪치게 된 것이다. 〈암도진창〉의 계가 CEO에게 어떻게 시장의 흐름을 예측하느냐에 따라 성패가 좌우되는 지를 잘 보여주는 대목이기도 하다.

상대에 내분이 일어나면 관망하라

격안관화
隔岸觀火

강 건너 불 보듯
관망한다

강 건너 불구경하듯 조용히 기다린다. 나와는 하등의 이해관계 없는 남의 일은 보고만 있는다. 괜히 강 건너 화재에 뛰어들어 다치는 사람은 지각이 없다. 적 내부에 심각한 갈등이 발생하면 기다렸다가 격화되면 쳐들어가 승리한다.

이 계는 무위(無爲 Inaction)전략으로 강 건너 불구경하듯 바라보면서 대비책을 세우면 된다는 전술이다. 노적가리에 불이 났는데 튀밥을 주워 먹는다는 말과 같이 남의 화재에 뛰어들어 지각없는 짓을 하지 말라는 뜻이다. 이는 적의 내부에 갈등이 생겼을 때 일

을 관망하다가 적당한 시점에 행동을 개시한다는 말이다.

최적의 타이밍을 잡기 위해 인내심을 요구하는 전술로 서로 다툼을 벌이고 있다 하더라도 섣불리 나서게 되면 상충세력들까지 똘똘 뭉쳐 대항해 올 것이므로 강 건너 불구경하듯 할 필요가 있다. 잘못 건드리면 도리어

반격을 받을 수 있기 때문이다. 따라서 책략을 펼 때는 적 내부의 변화를 주시하면서 인내심 있게 기다려 일을 도모해야 한다. 제5계 〈진화타겁〉과 비슷한 면이 있기도 하다. 단지 나에게 이해관계 없는 남의 싸움에는 강 건너 불구경하듯 오불관여吾不關與 하는 것이 〈격안관화〉의 계략이다.

그렇다고 마냥 뒤에서 기다리기만 하는 것이 아니라 적의 내분을 부채질하고 어지럽혀 최적의 공격 시기를 기다리는 어부지리漁父之利 전략이 이 계책이다.

멀찌감치에서 적의 내부에 흐르는 기류를 감지하다가 이론異論이 분분해져 자중지란이 일어나면 그때가 기회인 것이다.

지휘관은 적 요새의 지형지물을 살피고 세밀한 계획을 수립한 다음 병력을 투입하여 승리를 쟁취한다.

남의 집안 싸움에 간섭하다 맞아 죽은 기 노인

춘추시대 중산中山국의 어느 마을에서 재산이 많은 아버지가 죽자 상속될 재산을 분배하는 문제로 형제간에 싸움이 벌어졌다. 아버지의 재산을 놓고 형제끼리 서로 많이 차지하려고 집안 식구들이 모두 나서 다투었다. 재산이 많은 고로 소실(少室:첩)들도 거느리고 살았는데 그 수가 만만치 않았다. 소실에게서 대이닌 시자들도 이 재산 싸움에 그냥 있을 수만은 없었다. 형제간의 싸움에 소실들의 수하까지 합쳐져 급기야 집안싸움으로 확대되었다. 그러자 온 마을이 두 파로 갈라져 마을 전체가 반목하는 사태에까지 이르렀다.

그런데 이 마을에는 가난하지만 스스로 군자인 냥 자처하는 기箕씨 노인이 살고 있었다. 그가 싸움의 내용을 알고 보니 서로 재물을 더 많이 갖겠다는 욕심 탓이었다. 그리고 이처럼 싸움이 커진 것은 소실들이 뒤에서 부재질을 하기 때문이라는 것도 알아냈다.

그러자 기노인이 그 싸움을 중재하겠다며 먼저 형네 집으로 찾아갔다. 가던 도중 마침 마을의 지수智叟라는 노인을 만났는데 싸움을 만류하러 간다는 기씨의 말을 듣고 쓸데없는 짓을 한다며 만류했다. 지수라 함은 고대로부터 현명한 늙은이라는 뜻이었다.

"형제간의 재산 싸움이 그대에게 아무 이익도 없고 손실도 없는데 왜 남의 집안싸움에 쓸데없이 관여하려 하는가. 모른 체하는 것이 좋을 걸세."

기씨는 펄쩍 뛰며 지수 영감에게 말했다.

"당치 않은 말이오. 남의 잘못을 알면서 그것이 나에게 이익이나 손해가 없다 하여 오불관여하는 것은 군자의 도리가 아니지 않소. 내가 그 형을 찾아가서 형제간의 재물 싸움은 군자의 도에 어긋남을 설득할 것이오."

지수의 말을 듣지 않고 형네 집으로 간 기씨는 아우의 사주를 받고 온 것일 거라고 생각한 형네 가족들에게 몰매를 두들겨 맞고 내쳐졌다. 온몸에 상처를 입고 신음하면서 기씨는 그제야 지수의 말이 옳았음을 깨달았다. 그러나 내친걸음에 상처가 아물지도 않은 상태에서 이번에는 아우네 집으로 갔다. 아우네 식솔들 역시 이 노인이 형의 사주를 받고 온 것으로 오해하고 실컷 매질하여 길가에 내동댕이쳤다. 겨우겨우 살아 돌아온 기노인은 매질 후유증으로 며칠 뒤에 죽고 말았다. 한비는 이 기 노인을 평하여 강 건너 불 보듯 하면 될 일을 괜스레 화재에 뛰어든 어리석은 사람이라고 꼬집었다.

기씨는 〈격안관화〉의 계처럼 강 건너 불 보듯 하든가 아니면 지수의 말대로 오불관여吾不關與 했더라면 됐을 것을 괜한 싸움에 참견했다가 아까운 목숨을 잃고 만 것이다.

산동 마을, 괜스레 나서서 곤욕을 치르다

전국시대는 각 나라가 서로 뿔을 맞대고 싸우는 각축시대였다. 이때 성도成都에서 대규모 공사인 도강둑都江堰을 쌓는 공사가 벌어졌다. 도강둑은 성도의 서북 약 100리, 민강岷江 중류 관현현성灌縣縣城 서북쪽이었다. 진秦소양왕昭襄王(기원전 306~251년) 말년 기원전 250년경에 대규모로 만들어졌다. 《사기》의 〈하거서河渠書〉에 의하면 촉蜀 지방 장관인 이빙李氷이 민강岷江의 수해를 없애고, 물을 전답으로 끌어들여 농사짓는 용수로 쓰는 한편 둑을 교통로로 사용하기 위해 쌓은 것이 이 공사였다.

도강둑은 뒤에 촉蜀 지방 발전에 크게 기여한 것으로 《화양국지華陽國志》에 기록이 있다. 이 사건이 발단된 곳은 이퇴離堆라는 곳이었다. 산서와 산남이 하천을 사이에 두고 산남, 산북 두 마을 사이의 이해가 상충되어 큰 싸움이 벌어졌다.

수로의 방향에 따라 두 마을 중 한쪽 마을은 많은 민가가 떠나야 했기 때문에 서로 관가에 몰려가 진정을 하고 결국엔 양쪽 마을의 패싸움이 벌어졌다. 두 마을의 장정들이 몽둥이를 들고 인정사정없이 싸우는 바람에 부상자도 속출했다.

그런데 산동 마을은 그 수로가 어디로 나든 아무 관계가 없었다. 글자 그대로 〈격안관화〉의 입장이었다. 그런데 아무 상관도 없는 산동의 정장亭長, 하장河長 등 마을 유지들이 괜스레 산서·산북 두 마을을 찾아다니며 중재에 나섰다.

산북 마을에는 그전부터 마을의 정장을 꿈꾸다가 현재의 정장에게 자리를 빼앗긴 사람이 있었다. 그는 이 기회를 이용하여 정장을 밀어내고 자기가 정장이 되고자 관에다 지금의 정장과 중재에 나선 유지들을 중상모략했다. 정장과 유지가 중재를 미끼로 두 마을에서 뇌물을 받아먹었다는 것이었다. 그러자 관가에서는 정장과 유지들을 잡아다가 곤장을 치는 등 고문을 가했다.

〈격안관화〉하면 될 것을 괜히 뛰어들었다가 모략에 휘말린 것이다. 그러나 오불관여도 덮어놓고 무조건 상책이라고 할 수는 없으며 사리를 잘 분별하는 지혜와 슬기가 필요하다.

〈격안관화〉는 《36계 병법》 계책인 만큼 어디까지나 전장戰場에서의 전략·전술로 보아야 한다. 아무리 이해관계가 없는 남의 집 싸움이라고 해도 철저하게 모른 체할 수는 없지 않겠는가? 그러므로 어떤 중재를 할 것인가가 이 계책이 풀어야 할 난문제이다.

전국 말기의 한비자韓非子는 철두철미한 인간 불신의 사상으로 맹자에 반대하여 성악설性惡說을 확립한 법사상가法思想家였다. 그는 사람은 누구나 이해관계에 따라 움직인다는 인간관을 내세워 법에 의한 통치 철학을 체계화하였는데 그 저서가 《한비자韓非子》라는 책이다. 한비자의 말대로 아무런 도움도 안 되는 일은 강 건너 불 보듯 하면 될 것을 관여했다가 곤욕만 치르게 된 것이다.

백전 노장 조충국, 반란군을 느긋이 추격하다

전한前漢(기원전 61년)시대 백전노장 조충국趙充國이 강족羌族의 한 부족 선령先零의 반란을 진압할 때 이야기다.

조충국은 적의 기습에 대비하여 조심하면서 결코 서두르는 일 없이 신중하게 행군했다.

선령에 도착하니 반란군은 진압군을 기다리다 지쳐 사기도 규율도 해이해져 있었다. 그러한 때 강족들은 조충국의 대군을 보자 황수(黃河 : 황하강)를 건너 도망치려고 했다. 강 상류의 길은 좁고 험했다.

조충국은 일이 이 지경에 이르렀으므로 서두를 것 없다는 듯이 천천히 추격했다. 그때 부하 한 사람이 뛰어와 다급하게 말했다.

"서둘러 추격해야 적을 섬멸할 수 있습니다. 지금의 추격 속도는 지나치게 느립니다."

조충국은 그 부하에게 차분히 말했다.

"궁지에 빠져 있는 적을 끝까지 몰아붙여서는 안 된다. 이쪽에서 느긋하게 추격하면 놈들은 도망갈 수 있는 한 도망가려고 하지만, 이쪽에서 막다른 지경에 몰아넣어 도망갈 길을 끊어 놓으면 놈들도 결사적으로 저항할 것이다."

부하들은 모두 입을 모아 말했다.

"지당하신 말씀입니다."

결과, 반란군은 앞을 다투어 도망가다가 강에 빠져 죽은 자가 수백 명이나 되고 항복하거나 목이 베인 자는 5백여 명에 이르렀다. 나머지는 모두 뿔뿔이 흩어졌다.

쥐도 궁지에 몰리면 고양이를 문다는 말이 있다. 아무리 입도직으로 전세가 유리해도 지고 있는 상대를 막다른 궁지로 몰아넣으면 필사적인 저항을 하게 되어 뜻하지 않은 손실을 볼 수 있다. 승리를 서두르지 않고 상대가 자멸하도록 신중하게 밀어붙이는 것이 결과적으로는 커다란 전과를 얻을 수 있게 된다.

손자는 치治로서 난亂을 다스리며 정靜으로써 화譁를 다스린다고 했다. 또 병법가 오기吳起는 나라가 어지럽고 백성이 지쳐 있을 때 군사를 움직이는 것은 역逆이라고 했다. 기다리고 은거하면서 때를 기다리는 것도 계책

중의 하나라고 생각해야 한다. 더불어 적을 느긋하게 추격하는 것도 〈격안
관화〉의 계책에 속한다.

조조, 자기 손을 쓰지 않고 원희와 원상을 제거하다

삼국시대 원상袁尙과 원희袁熙 형제가 말 수천 필을 거느리고 의기투합,
요동遼東 땅으로 도망쳤다. 아버지 원소袁紹는 조조曹操와 세력을 겨룰 정
도로 막강했으나 아버지 원소가 죽자 맏아들 원담袁譚과 후계자 다툼으로
사이가 벌어져 자중지란이 일어났고 조조에게 패퇴해 후일을 도모하고자
요동으로 달아 난 것이다.

그 무렵 요동 태수 공손강公孫康은 조조와 멀리 떨어져 있었
으므로 위험이 코앞에 있지 않아 굳이 조조에게 고분
고분할 필요가 없었다. 그런데 조조가 오환烏桓을
쳐부순 다음 승세를 타 마침내 공손강을
정벌하여 그 영지를 손에 넣었다. 이
렇게 되자 조조의 신하들은 내친김에
도망친 원씨袁氏 형제를 잡아들여야 한
다고 주장했다. 조조는 그 말에 대하여 자기의 생각을 말했다.

"나는 지금 공손강이 원상과 원희를 죽여 그 머리를 내게 보내 오게끔
일을 꾸미고 있는 중이다. 구태여 원정에 나가 군사를 피로케 할 필요가 없
다."

조조(207년 9월)가 대군을 이끌고 유성에서 철수하자 과연 공손강은 원
상과 원희를 죽여 그들의 머리를 보내왔다. 그러자 조조의 부하들이 물었다.

"어떻게 공손강이 이렇게 해올 것을 간파하셨습니까?"

그러자 조조가 말했다.

"원래 공손강은 원상과 원희가 자기를 병합하지나 않을까 두려워하고

있었다. 그런데 두 사람이 자기에게 왔으니 더욱 의심할 것이 틀림없다. 그 상황에서 만약 내가 군대를 움직여 공격하면 그들은 합심하여 저항하겠지만 내버려두면 반목이 생길 것이 불 보듯 뻔한 일이다."

제3계 〈차도살인〉에서 언급한 바 있지만 자기가 직접 손대지 않고 눈에 가시 같은 존재를 없애는데 강 건너 불 보듯 〈격안관화〉한 것이다.

《손자병법》〈화공편〉도 이와 유사하다. 〈화공편〉은 제1단계에서는 화공하는 방법을, 다음 단계에서는 병력을 신중히 움직이는 방법에 대하여 말하고 있다.

그 내용인즉 지혜가 있는 주인은 이익을 생각하고 좋은 장수는 참다운 이로움이 무엇인가를 생각한다. 이롭지 않으면 움직이지 않으며, 얻을 바가 없으면 사용하지 않으며, 위기에 처하지 않으면 싸우지 않는다.

임금이 노여움을 가지면 군대의 사기를 일으킬 수 없고, 장수가 분노하면 전쟁을 수행할 수 없다. 장병들의 마음가짐은 힘에 맞으면 움직이고 힘에 맞지 않으면 멈춘다.

노여움은 다시 기쁨으로 변할 수 있고 분노는 다시 즐거움으로 돌릴 수 있지만, 망국은 다시 회복할 수 없고 죽은 자는 다시 소생하지 않는다. 그러므로 지혜로운 주인은 이를 신중히 하고 좋은 장수는 이를 경계한다. 이것이 나라를 보존하고 군을 다스리는 길이다.

〈격안관화〉의 계에 속하는 이야기는 중국 역사 속에 양탄자처럼 요소요소에 깔려 있다.

공손강, 원상·원희의 목을 조조에게 전달하다

조조曹操의 입장에서 원희와 원상의 목을 바친 공손강公孫康의 예를 앞에서 들었는데 이번에는 원씨 형제와 공손강의 입장에서 살펴보기로 한다.

삼국시대 하북에 세력을 펼친 원담袁譚, 원희袁熙, 원상袁尚 삼 형제가 남피성에서 조조의 공격을 받던 중 아버지 원소袁紹가 병사했다. 원담은 조조에게 패하여 죽고 살아남은 원상과 원희는 도망치다가 위나라 장주 초촉焦觸과 장남張南의 공격을 받아 요서의 오환에게로 도망가 몸을 의지했다. 그런데 오환이 패하자 또 다시 공손강에게로 도망가 몸을 의탁했던 것이다.

원상은 천성적으로 싸움에 자신이 있었다. 그래서 공손강에게 몸을 의탁하느니 공손강의 군대를 함락시키자고 형 원희에게 의논했다.

"지금 의탁하려고 들어가면 공손강은 우리와 만날 테니 함께 놈을 처치하여 버립시다. 그렇게 해서 요동을 지배한다면 아직 재기가 가능합니다."

이에 원희는 암묵적 동조를 하고는 공손강에게로 찾아갔다.

한편 공손강 역시 마음속으로 두형제를 어떻게 할까 고심했다.

"지금 원희, 원상을 토벌하지 않으면 나중에 후환이 될 것이다."

그래서 미리 정예병을 마구간에 숨겨 두고는 원상과 원희를 불러들였다.

원상, 원희 형제가 안으로 들어서자 공손강의 복병이 달려들어 그들을 결박하고 얼어붙은 맨바닥에 꿇어앉혔다.

한겨울이라 원상이 추위에 떨며 꿇어앉아 있자니 온몸이 떨려 깔개인 거적을 찾았다. 이에 형 원희가 원상을 꾸짖었다.

"맨살의 목이 만 리 나그넷길을 떠나려 하는데 새삼스레 거적은 뭐에 필요하단 말이냐?"

그 말이 끝나고 얼마 지나지 않아 두 사람은 목이 잘렸다. 이렇게 하여 원상과 원희의 목이 조조에게 전달된 것이다.

조조는 원희와 원상의 목숨을 강 건너 불 보듯 가만히 보고만 있었지만 〈격안관화〉의 계가 말해주듯 결국 그들의 목을 취할 수가 있었다.

누구든 돈(물질)으로부터 자유로운 사람은 없다. 그러다 보니 돈이 모든 가치의 기준이 되고 따라서 사물·현상·행위 등에 크게 영향을 미치게 된다. 국가를 경영하거나 기업을 경영하는 CEO는 이 가치의 설정에 물질적

정신적 투자를 아낌없이 쏟아 부어야 한다.

'가치'라는 용어는 18세기 정치경제학자 애덤 스미스의 《국부론》에서 주로 교환가치라는 경제학적 의미로 쓰였다. 그런데 현대인들에게 '가치'라는 말은 내가 시간과 재물을 투자할 만큼 소중하게 여기는 것을 말한다.

돈에 가치를 둔 사람은 돈을 버는 곳이면 아무리 먼 장소라 하더라도 찾아간다. 경영자는 자본과 관계하면서도 끊임없이 자기 자신을 수양하고 억제하는데 단련이 되어 있어야 한다. 따라서 기업을 일으키고 이끌어 가는데 한시도 등한시할 수 없는 돈바람이 부는 일선에 서기를 두려워하지 않는다. 늘 더 높은 곳에 가치를 두기 위해 자기 자신에게 채찍질하는 것이다.

영화감상에 가치를 둔 사람은 무슨 일이 있어도 영화를 보고 시간을 투자한다.

맛있는 음식을 먹는 것에 가치를 둔 사람은 한 끼의 식사를 위해서 몇 시간을 운전해서라도 좋은 식당을 찾아간다. 따라서 아무리 비싼 음식이라도 사 먹는 것을 주저하지 않는다.

입는 옷에 가치를 둔 사람은 빚을 내서라도 절기마다 옷을 사 입고 유행이 바뀔 때마다 민감하게 유행을 따라간다.

사람은 누구든지 자신이 중요하다고 느끼는 가치에 시간과 돈을 투자한다. 이것이 가치의 기준이며 그런 가치에 생산성을 부여해 마케딩을 펼쳐 돈을 모으는 것이 경영이다. 〈격안관화〉의 계에서 엿볼 수 있듯이 산속에 들어가 나무 하나하나를 보는 것이 아니라 멀리 떨어져 산을 보는 자세로 임해야 한다. 국가를 다스리는 지도자나 기업을 경영하는 CEO는 그런 시각으로 사리를 분석하고 관조하는 지혜가 있어야 한다.

그런데 진정한 가치는 눈에 보이지 않는 내면세계에 있다. 바다에 떠 있는 배는 사람들의 눈에 보이는 배의 크기나 외형에 의해서가 아니라 사람들의 눈에 보이지 않는 물 밑에 있는 기관이나 프로펠러나 키에 의해 움직인다. 아무리 아름다운 배라 할지라도 물 밑에 있는 장치들이 부실하거나 작동하지 않는다면 그 배는 곧 가라앉고 만다. 마찬가지로 사람을 움직이는 것도 그 사람의 마음, 즉 내면의 가치에 있다. 가치는 마치 나무의 뿌리와도 같다. 나무의 열매를 결정하는 것은 그 뿌리다. 나무의 생명은 보이지 않은 그 뿌리에 있는 것이다.

대개 사람들은 가치를 말하지 않아도 당신의 가치가 무엇인지 금방 알아낼 수 있다. 지금 당신이 어디에 돈을 쓰고 어디에 시간을 사용하고 있는지를 보면 어디에 가치를 두고 사는지 알 수 있다.

영화를 보는 사람이 있고 낚시를 가는 사람이 있다. 가족과 함께 즐거운 시간을 보내는 사람이 있고 하루 종일 운동을 하는 사람도 있다. 도서관에 가서 책을 읽는 사람이 있고 백화점이나 시장에 가서 옷을 사는 사람이 있다. 시간과 돈이 있을 때 하는 행동을 보면 그 사람의 진가를 알 수 있다.

가치 기준이 돈인 사람은 자녀가 화분이나 도자기를 깼을 때 굉장히 화를 낸다. 그러나 자녀에게 가치를 둔 사람은 화분이나 도자기가 깨졌을 때 아이가 다쳤는가, 안 다쳤는가에 관심이 있다.

가족 사랑이 최고의 가치라고 외치면서 가족에게 시간과 돈을 쓰지 않는 사람은 거짓말을 하고 있는 것이다.

〈격안관화〉는 무엇에 가치의 기준을 두고 한 개인이 행동하는가를 분석하는 틀이 될 수 있다.

통솔력이 없는 우유부단한 지휘관이나 그런 CEO가 있다면 휘하 장병들이 엄청난 대가를 치를 위험성이 있다.

특히 세계화 시대에는 자본에 국경이 없고 세계가 한 울타리 안에서 연립하며 때때로 첨예하게 대립하는 치열한 경쟁시대다. 그 치열함은 바로 죽느냐 사느냐 하는 전쟁터와 같이 살아남느냐 아니면 소리 없이 사라지느냐 하는 기로에 서 있기에 그렇다.

따라서 경영자들은 일선 전장에서 전투를 지휘하는 무장과 같이 천시天時와 지세地勢와 인화人和를 아우르는 진정한 지휘관이면서 앞을 내다보는 혜안이 있어야 한다. 세계를 밟고 우뚝 서 〈격안관화〉하는 자세가 필요하다는 말이다.

현대인들은 대중 매체와 인터넷의 발전으로 상당한 지식을 공유하고 있다. 따라서 무엇과도 견줄 수 없을 정도로 날카롭고 영리하다.

그런데 그렇게도 영리하고 문화인으로 자처하는 이들이 미국의 뉴욕에서 잊지 못할 일이 벌어졌다.

거꾸로 걸린 그림을 보며 극찬한 뉴요커들

1966년 10월 18일부터 12월 4일까지 세계 최대의 도시 뉴욕에 있는 현대 미술관에서 프랑스 화가 앙리 마티스의 유작 〈배〉가 전시되었다. 그런데 이 걸작품이 장장 47일 동안이나 거꾸로 걸린 채 전시되었는데 그동안에 많은 관람자로부터 뜨거운 상찬을 받았다는 사실이다.

지혜 있기로 신神이 되고 총명하기로 우주宇宙의 정복자를 자처하는 현대인들에게 끔찍스럽고 수치스러운 일이 아닐 수 없다.

셰익스피어의 작품 속에 '일각수는 나무에 속고, 곰은 거울에, 코끼리는 구멍에, 사자는 올가미에, 사람은 아첨하는 일에 속는나'는 말이 있다.

현대인의 그 높은 지성知性, 넓은 식견識見, 정확한 판단判斷에도 불구하고 뉴욕의 시민들이 47일간이나 거꾸로 걸린 그림을 보고 감탄했다니 현대인 스스로가 자신을 비웃는 역설적인 일이 아니겠는가?

셰익스피어의 말과 같이 자신自信이 지나치면 스스로 우둔해질 수 있다는 이야기다.

인류의 삶은 이 《36계 병법》이 아니라도 전쟁의 역사고 피의 역사다. 지금까지의 역사는 전쟁으로 점철된 그야말로 핏자국이 얼룩진 역사임을 부인할 수 없다. 국경선마다 얼마나 많은 피로 얼룩진 선이던가?

그래서 역사의 주인공인 우리는 지구라는 무대에 서서 보이는 것만 볼 것이 아니라 내재된 이면의 것도 보아야 한다. 앞서 언급한바 있는 선택적 지각選擇的知覺이라는 말처럼 넓게 관조하면서 보려는 것 외의 것도 봐야 한다. 매사를 남의 일처럼 〈격안관화〉할 수 없는 고뇌는 어쩌면 보려고 하는 것만 보려는 데 있을 수 있다.

레미제라블의 작가로 유명한 빅토르 위고는 "오늘 내가 사는 목적은 싸우는 데 있다. 그리고 내일 내가 사는 목적은 이기는 데 있다. 또 평생 사는 목적은 잘 죽는 데 있다."고 말했다.

흔히 인간의 삶을 고해苦海라고 말한다. 고해 속에서 사는 사람은 대체로 다음 세 가지 대상과 싸운다고 했다.

첫째는 자연과의 투쟁이요, 둘째는 사람과의 싸움이요, 셋째는 자기 자신과의 싸움이다. 이 세 가지 싸움에서 승리할 때 사람은 참된 자연인으로 살아갈 수 있다는 말이다.

사람들은 자연과의 싸움에서 과학을 이용해 왔다. 과학의 힘으로 돌산에 고랑을 내고 땅속에서 온갖 자원을 끌어내며 심지어 달까지 진출하는 기계를 개발했다. 또 사람과의 싸움에서는 정치를 이용해왔다. 정권의 힘으로 군대를 움직이고 경제를 부흥시켜 타인을 정복해 온 것이 지금까지 사람과 사람 간의 싸움이었다.

사람들은 두 가지 투쟁에서 비교적 승리를 거두었다. 그러니까 자연을 어느 정도 자신의 필요에 따라 이용하는 경지에 이르렀고, 사람과의 싸움에 있어서도 자신을 보호하고 세력을 확장하는 지혜를 사용한 셈이다. 이에 반해 사람이 유일하게 승리하지 못한 아니 어쩌면 영원히 승리를 거둘 수 없는 싸움은 자기 자신과의 싸움일 것이다. 그러나 이 싸움에서까지 승리하지 않고서는 참된 자유인이라 할 수 없다. 자연을 정복하고 다른 사람을 굴복시키는 데는 과학과 정치라는 도구로써 어느 정도 가능했다. 즉 머리로 짜낸 지혜와 권력만 있으면 가능했던 것이다. 그런데 자기 자신과의 싸움은 머리와 힘만으로는 승리할 수 없다. 오히려 자기의 지식과 힘은 자기와의 싸움에서 하등의 도움도 되지 못한다는 사실이 된다.

사실 인간은 성숙한 것 같으면서도 거꾸로 걸린 그림을 보고 좋아할 정도로 자기도취에 빠진 위선자들이다. 진정한 자유인이 되기 위해 인간은 자기와의 싸움에서 승리하여 자기완성을 이루어야 할 것이다.

〈격안관화〉의 계는 경거망동하거나 쓸데없는 일에 신경 쓰지 말고 기다리고 참으면서 시기가 무르익기를 기다렸다가 열매를 따는 것처럼 승리를 쟁취하라는 이야기다.

비장의 무기는
웃음으로 감추어라

소리장도 笑裏藏刀 웃음 속에 칼이 숨어 있다	웃음 뒤에 비수를 숨기고 있다. 눈 앞에서는 허리를 굽히면서 속셈은 음흉한 것을 비유하는 말이다. 입으로는 달콤한 말을 하면서 뒤에서 배반하는 사람을 묘사한 말이다. 적이 어떻게든 믿게 만들어 경계를 늦춘다음 계책을 써 성공을 거둔다.

　적을 안심시켜 놓고 뒤에서 허를 찔러 승리를 거두는 계략이다. 상대가 깔보도록 해놓고 뒤로 은밀히 준비한 다음 전격적으로 돌진하여 계략을 성공시킨다. 이때 전략이 누설되지 않게 하기 위해 살기를 숨기고 적 앞에서 미소 짓는다. 여기서 '소리笑裏'는 웃음 속이라는 말이고 '장도藏刀'는 칼을 감추고 있다는 말이다.

　'소중유도笑中有刀'는 웃음 가운데 칼이 있다는 말이다. 〈소리장도〉란 속으로 무서운 전략을 세워놓고 겉으로는 전혀 그렇지 않은 듯 자기의 심중을 감추는 것을 말한다. 정치를 하는 사람은 자기가 추구하는 대의가 반드시 상대방의 대의보다 정당해 보여야 한다. 사실 상대방과 도덕성이라는 고지를 놓고 전투를 벌이고 있는 셈이다. 상대를 제압하기 위해서는 상대를 사악하게 만들어야 한다. 그래서 상대의 취약점을 파악하고 그의 위선적 행위를 폭로하여 차별화한다. 반대로 도덕적인 공격을 상대방으로부터 당할 때는 푸넘하지 않고 같은 가치인 눈에는 눈, 이에는 이, 불에는 불로 맞서야 한다. 가능하다면 스스로 약자라는 인식과 희생자, 아니면 순교자로 각인시키는 게 상책이다. 그러면서 10계가 뜻하는 웃는 얼굴에 침 못 뱉는다는 사람의 심리를 교묘히 이용해야 한다.

《당서唐書》의 〈간신열전姦臣列傳〉에 다음과 같은 이야기가 실려 있다.

이의부李義府는 당태종(재위 626~649년) 때 감찰어사·태자사인 등을 지낸 지위가 높은 사람이었다. 그는 생김새가 부드럽고 공손하여 남과 이야기할 때는 웃음을 지어 보이지만 음흉한 마음의 소유자였다. 고종(649~683년) 연간에는 이부상서와 중서령을 지냈지만, 성격이 흉악하고 수단이 악랄한 사람으로 이름나 있었다.

그는 교활하여 겉으로는 늘 미소를 머금고 다녔지만 자기의 마음에 들지 않는 사람이 있으면 무슨 수를 써서라도 그를 중상모략해 축출해 버렸다. 그런데도 그는 당 태종 재위 시 중서인으로 승진했으며 측천무후 때는 중서시랑, 참지정사라는 고관으로 있다가 우재상까지 지냈다. 때문에 당시 사람들은 그를 일러 고양이 얼굴을 뒤집어쓴 사람, 즉 인묘人猫라고 불렀다.

이의부, 웃음 속에 칼을 품고 있는 자

이의부李薲府가 어느 날 감옥에 미모의 여죄수가 들어왔다는 말을 들었다. 소식을 듣자 옥리를 감언이설甘言利說로 꾀어 그녀를 석방하게 하고는 자기가 차지해 버렸다. 그 후 그런 행위가 자기에게 불리한 소문으로 나돌자 사람을 시켜 옥리를 윽박질러 자살하게 하고 고발한 사람은 파직시켜 먼 변방 지역으로 추방해 버렸다.

이의부의 이런 교활한 행농을 지켜보던 왕의방王義方이라는 신하가 그를 신심으로 충고했다. 그런데 이의부는 왕의방 옆에서는 충고를 고맙게 생각한다고 형제 의를 맺자고 말까지 해 놓고는 그가 돌아가자 황제에게 그를 중상하여 먼 시골로 좌천시켜 버렸다.

이런 일들로 사람들은 이의부를 가리켜 '웃음 속에 칼을 품고 있는 자'라고 불렀다.

이의부는 천성이 간교하고 자기보다 위에 있는 사람에게는 아첨하여 비위를 맞추고 밑에 있는 사람은 깔보는 위인이었다. 그는 항상 미소 짓는 얼굴로 누구에게나 온화하고 겸손한 태도로 대했다. 그러다가 일단 자기의 출세나 이익에 장애가 된다고 싶으면 가차 없이 제거해 버리는 악랄한 사람이었다.

세상에는 겉 다르고 속 다른 사람이 있다. 겉으로는 온화하고 부드러운 웃음을 지으면서 속으로는 비수(匕首:날카로운 단도)를 감추고 불리할 경우 기회를 노려 해치려는 이의부와 같은 사람이 있다. 이러한 사람을 〈소리장도笑裏藏刀〉, 즉 웃음 뒤에 비수를 숨기고 있다고 말한다.

비슷한 말로 '구밀복검口蜜腹劍', '면종복배面從腹背'라는 말도 있는데 입으로는 꿀처럼 달콤한 말을 하면서 뱃속에는 칼을 품고 있는가 하면 면전에서는 복종하면서 돌아서면 배반하는 겉 다르고 속 다른 사람들을 일컫는다. 이런 사람은 '여우 껍질을 뒤집어쓴 사람'처럼 믿을 수 없는 만큼 앞서 수를 읽고 경계해야 한다.

이임보, 앞에서 치켜세우고 뒤로 내치다

당나라 현종玄宗(재위 712~756) 때 이임보李林甫라는 재상 역시 〈소리장도〉에 걸맞는 인물이었다. 그는 당대唐代의 악명 높은 간신으로 성질이 사악하고 음흉하여 자기와 맞서거나 비위에 거슬리는 자는 고묘高妙하게 숙청하곤 했다. 그 예로 엄정지嚴挺之라는 이름난 신하가 이임보와는 사귈 만한 인물이 못 된다고 생각하고 그와의 접촉을 기피했다. 이 사실을 눈치챈 이임보가 엄정지를 자기 집으로 초청하여 주연을 베풀고 우의를 돈독히 하자며 그의 인품을 추켜올렸다. 그리고 이튿날 현종 앞에서 문득 생각이 난 듯 지난밤에 요긴한 회합이 있었다면서 넌지시 엄정지에 대해서 아뢰었다.

"어제 저는 엄정지와 함께 있었는데 그는 폐하가 양귀비를 곁에 두는 것을 아주 못마땅하게 생각하는 눈치였습니다."

현종이 이 말을 듣고 심기가 뒤틀린 것은 당연했다. 황제는 즉시 엄정지를 먼 시골로 좌천시켜 버렸다. 이렇게 이임보는 자기를 멀리하는 엄정지를 황제의 주변에서 내쳤는데 얼마 후 현종이 엄정지의 인품을 인정하고 이임보에게 물었다.

"그는 지금 어디에 있는가? 그는 역시 인물이야."

하고 다시 불러들이려는 의사를 보였다. 그러자 이임보는 현종에게 고했다.

"지당하신 말씀이옵니다. 어의御意를 받들겠습니다."

황제의 면전에서는 이렇게 말했으나 이임보의 속셈은 달랐다. 그는 곧 엄정지의 아우를 찾아내 이렇게 말했다.

"폐하께서 그대의 형을 잊지 않고 계시는 것 같네. 신병을 치료하기 위해 상경하고 싶다는 청원서를 써내면 내가 즉시 폐하께 보여 형이 폐하를 배알하도록 주선하겠네."

아우는 이임보가 시키는 대로 형에게 전했고, 엄정지가 청원서를 제출하사 이임보는 그것을 현종에게 보이며 말했다.

"폐하께서 모처럼 엄정지를 다시 기용하시려 하오나 엄정지는 중병을 앓고 있으니 그에게 중임을 맡기는 것은 감당하기 어려울까 염려됩니다. 환우가 쾌유할 때까지 그대로 두어 요양토록 하심이 좋을까 합니다."

청원서를 들여다본 현종은 고개를 끄덕이며 상경 청원만을 윤허하고 도성都城 기용은 유보하고 말았다.

이임보, 이적지도 내치다

이임보의 세도 당시 이적지李適之라는 강직한 좌상左相이 있었다. 이적지는 필요할 때는 언제나 서슴없이 현종에게 직언을 올리기에 이임보에게는 눈엣가시였다. 그래서 이임보는 이적지를 궁지에 몰아넣을 계략을 꾸몄다. 어느 날 이임보는 이적지와 자리를 함께하게 되었는데 이때 말을 꺼냈다.

"화산華山에는 쓸만한 금광맥金鑛脈이 있는데 이를 발굴하면 나라에 크게 유익하리라 믿습니다. 그런데 이 발굴은 누구보다도 폐하의 신임이 두터운 좌상이 상소하도록 하심이 어떻겠소? 아마 황제 폐하께서도 기뻐하실 것이요."

이 권고를 받고 며칠을 생각한 다음 이적지가 이임보의 말대로 현종에게 상소를 올렸다. 현종은 매우 기뻐하며 이임보를 불러 직접 화산의 금을 발굴하도록 지시했다. 그러자 이임보는 엄숙한 태도로 현종에게 아뢰었다.

"폐하, 당치 않은 분부이시옵니다. 신은 화산에 금맥이 있음을 익히 알고 있었으나 화산은 폐하의 영기靈氣가 깃들어 있는 영산靈山이옵기에 감히 생각조차 하지 않았던 것입니다. 하명을 거두어 주옵소서."

이임보의 말을 듣고 있던 현종은 이임보의 충성을 가상히 여겨 상을 내리고 이적지를 불러 꾸짖으며 말했다.

"이후부터 만사는 이임보와 상의하여 상소하도록 하라."

이후 현종은 이적지를 믿지 않게 되었고 도리어 이적지를 멀리했다.

이 같은 이임보의 수법이 〈소리장도〉의 음흉한 계이다.

《군주론》으로 유명한 16세기 이탈리아의 정치 사상가 마키아벨리는 '목적을 위한 수단과 방법은 모두가 정당하다'고 했다. 따라서 위대한 군주와 강한 군대와 국가의 튼튼한 재정이 국가를 번영케 하는 것이라고 했다. 그리고 국가의 이익을 위하여 군주는 어떠한 방법을 쓰더라도 허용된다고 했다. 세상 사람들은 이러한 마키아벨리즘을 비난하면서도 권력의 자리를 유지하기 위해 이 사상을 신봉하고 있다.

적에게는 믿게 만들어 방심시키거나 적이 깔보도록 분위기를 조성해 놓고 이쪽은 은밀히 방책을 세워 준비한 다음 행동으로 제압에 나서는 방책이 〈소리장도〉이다.

조위, 태연히 담소하여 도망군을 모략에 빠뜨리다

송대宋代에 조위曹瑋는 위주渭州의 지사知事였다. 그런데 그의 군율은 엄격하여 밑에 휘하 사람들은 그를 매우 두려워했다. 엄한 규율에 앙심을 품은 병사들이 견디다 못해 반란을 일으켜 도망쳤다. 형세가 불리해지자 그들은 서하西夏로 스며들었다. 변방 정찰원의 기마 부대가 보고를 위해 달려왔을 때 조위는 태연히 담소하며 평소와 다름없는 태도를 보였다. 보고하고자 달려온 장수들이 놀라 조위에게 그들이 서하로 투항하면 위험하지 않겠느냐고 말하자 그는 천천히 말했다.

"그들은 내 명령으로 그렇게 행동한 것이다. 크게 염려할 것 없다."

서하에서는 조위의 그 같은 말을 소문을 통해 송나라 병사들이 도망해 온 이면에는 간계奸計가 있는 것으로 판단하고 그들을 잡아 모두 죽여 버렸다. 이것은 조위가 임기응변으로 도망친 자들을 모략에 빠뜨린 것이다.

이는 제3계 〈차도살인〉계에도 해당하지만 자기 속마음을 감추고 목적을 달성하는 〈소리장도〉에도 적합하다.

공손앙, 웃음 뒤에 칼을 숨기고 오성을 점령하다

전국시대에 진秦나라는 대외적으로 확장 일로에 있었다.

먼저 요충지인 황하 효산崤山 일대를 손에 넣으려고 공손앙公孫鞅(상앙商鞅으로 불리기도 한다)으로 하여금 위魏나라를 공격하게 했다. 공손앙이 이끈 대군이 위나라의 오성吳城에 이르렀다. 이 오성은 위나라의 명장이었던 오기吳起가 심혈을 기울여 구축한 곳으로 작전상 요충지였다. 따라서 이 지역 방어가 너무나 견고하여 정면으로 공격하기가 어려운 상황이었다.

위나라를 지키고 있는 장수 중에는 전에 공손앙과 왕래가 있었던 공자앙公子卬이라는 자가 있었다. 공손앙은 바로 그 공자앙을 이용하기로 마음먹었다.

공손앙은 이를 실행에 옮기기 위해서 즉시 공자앙에게 옛정을 생각하여 화해하자는 내용의 편지를 보냈다.

"비록 우리 두 사람이 각각 다른 주인을 섬기고 있으나 지난날 우리의 우정을 생각하여 평화조약을 맺는 것이 좋을 것 같소."

그리하여 평화조약을 실천에 옮기는 듯 선봉에 있는 군사를 철수시켰다. 공자앙은 편지를 받아 보고, 아울러 진군이 퇴병하는 것을 확인했다. 그는 매우 반갑게 생각하고 즉각 회신을 보내 회담 날짜를 잡았다. 공손앙은 공자앙이 자신의 계략에 말려드는 것을 보고 암암리에 회담 장소에 군사를 매복시켜 놓았다. 당일, 공자앙이 삼백여 명의 병사를 이끌고 회담 장소에 나가니 공손앙이 이끌고 온 병사는 자신의 병사보다 그 수가 적었다. 그나마 무장을 해제하고 있어 상대를 완전히 믿고 있는 것으로 보였다. 회담의 분위기가 한참 무르익어가자 두 사람은 우정을 다시 확인하면서 술잔을 들어 다짐했다.

회담 후, 공손앙이 자리에서 조용하게 공자앙을 부르자 공자앙이 미소를 지으며 나아가는데 갑자기 숨어 있던 병사들이 사방에서 그를 포위했

다. 공자앙과 삼백여 명의 따르던 병사들은 대항
도 해 보지 못하고 모두 사로잡혔다.

공손앙은 포로로 잡은 공자앙과
병사를 이용하여 오성吳城의 성문
을 열게 하고 오성을 점령했다. 위
나라는 할 수 없이 서하西河 일대를
나누어 진나라에 바치고 화평을 구했
다. 진나라는 공손앙의 〈소리장도〉의 계를 이용
하여 가볍게 효산 일대를 얻을 수 있었다.

공손앙이 친분을 이용하여 공자앙을 위기에 빠트리고 목적을 달성한 경
우로 비신사적이고 비겁하다는 평을 면하기 어렵다.

사마천도《사기》에서 공손앙은 사기를 쳤다고 비평했다. 그러나 손자의
견해에 따르면 승리하기 위해서는 사기도 유력한 작전으로써 허용할 수
있다.

원재, <소리장도>로 조은에 복수하다

당唐나라 제7대 숙종肅宗 때, 조은朝恩이란 사람은 미관말직微官末職으로
있다가 차츰 승진하여 관군용사觀軍容使가 되었다. 그리고 다시 천하관군
용선위처치사天下官軍容宣慰處置使라는 높은 자리에까지 오르게 되었다.

그는 다시 실력을 인정받아 국자감國子監에서 일하게 되었는데 국자감
이란 원래 선비들이 있는 곳이었다.

조은이 하루는 국자감에서 나와 대신들을 모아 놓고 주역周易 강의를
하게 되었다. 그는 강의 중에 우연히 대신들에 대한 가혹한 평을 늘어놓게
되었다.

'솥〔鼎〕발이 부러져 임금께 진상할 음식이 엎질러졌다'는 주역의 원문

대목에서 대신들과 재상을 빗대어 조금 강한 어조로 빈정거렸다.

"솥에는 발이 세 개 있어 서로 괴이고 서 있게 마련인데, 대신이 임금을 괴이는 것이 이와 같다. 그런데, 솥발이 부러져서 솥 속에 있는 음식이 엎질러졌다면 그 솥발은 책임을 다하지 못한 것이다. 국가의 대신들이 그래서는 나라가 엎어지고 말 것이다."

여기까지 듣고 있던 대신들은 낯빛이 달라졌다.

그런데 유독 원재元載라는 사람은 조금도 낯빛이 달라지지 않을 뿐 아니라, 입가에는 빙그레 웃음을 띠고 있는 것이 아닌가!

조은은 '성을 내는 것이 보통인데, 성을 낼 때 성을 내지 않고 빙그레 웃는 사람의 속은 알 길이 없다'고 속으로 생각하며 원재야말로 두려운 인물이라고 생각했다.

예상은 적중하여 대종代宗 때 원재는 대종과 짜고 조은을 궁중으로 불러들여 끝내 죽이고 말았다.

조은이 두려워했던 대로 원재는 그 속을 알 수 없는 무서운 인물이라고 《신당서新唐書》는 기록하고 있다.

〈소리장도〉의 전략은 전쟁터에서만이 아니라 일반 사회생활 속에서도 얼마든지 볼 수 있다.

영업사원 중에 판매실적이 좋은 사원은 미소로 환심을 사 매출을 올리는 능력이 '예술적 경지'에 이른 〈소리장도〉를 십분 활용한 사람이라고 말할 수 있다. 장사는 흔히 물건을 파는 것이 아니라 친절과 미소를 팔고 그 사람의 인격을 판다고 말한다.

사실 미소를 지음으로써 고객이 경계심을 풀고 호감을 갖게 하여 우호가 두터워지면 영업사원이 지닌 물건도 확실해 보이고 믿음이 간다. 따라서 그가 가지고 있는 물건도 좋아 보여 사지 않고는 배기지 못하는 것이다. 그러니 물건은 영업사원 손에 있으나 이미 소비자의 마음속에 가 있는 것이나 마찬가지다.

기업이 물건을 만들어 시중에 내놓더라도 최일선에서 부딪치는 것은 소비자 한사람 한사람인 고객이다. 따라서 기업은 고객의 마음을 휘어잡을 수 있는 제품을 만들고 판매사원은 진실한 마음과 믿음을 주어야 고객과의 관계에 있어 번영을 구가할 수 있다.

그리고 소비자인 고객이 그 물건을 쓰면서 마음속으로 '이 물건 참 마음에 든다. 사길 잘했어.' 하면서 입가에 미소를 지을 때 진정한 〈소리장도〉의 계책이 성공한 것이 아닐까?

남을 해치기 위해 속마음을 감추고 미소를 지어 보이는 악랄한 미소가 아니라 '잘했군, 잘했어.'하면서 자기 자신이 만족스러워 웃는 미소가 진정한 〈소리장도〉라 할 것이다.

우리 속담에 '웃으며 사람 친다'는 말이 있다. 겉으로 좋은척하면서 기실은 해롭게 하는 것을 말한다. 또 '웃느라 한 말에 초상난다'는 말이 있는데 농으로 한 말이 듣는 사람에게 상처를 주는 말로 항상 조심하라는 말이다.

열 나라를 아는 것이 자기 아내를 아는 것보다 쉽다는 말처럼 인간의 마음을 아는 것이야말로 진정한 〈소리장도〉일 것이다.

작은 손실로
결정적인 승리를
유도하라

이대도강 李代桃僵 오얏나무가 복숭아 나무를 대신한다	오얏나무가 복숭아나무를 대신해서 넘어진다. 작은 손해를 보는 대신 큰 승리를 거둔다는 의미다. 국부적局部的 손실을 전면승리로 활용하는 계책이다, 패배가 불가피할 때는 대를 위해 소를 희생한다.

《악부樂府》에 나온 시詩 중에 '복숭아나무가 우물가에 있는데 오얏나무 (자두나무)가 복숭아나무 옆에 자라고 있었다네. 그런데 벌레가 복숭아나무 잎을 갉아 먹고 나서 오얏나무 잎과 뿌리를 갉아 먹으니 복숭아나무 대신 오얏나무가 쓰러지네. 나무도 이처럼 어려움을 나누거늘 사람인 형제간에 있어서랴.'란 글귀가 있다.

이 시는 형제간에 의리를 저버리고 골육상잔骨肉相殘을 벌이는 것을 보고 한탄한 내용이다.

나무들도 서로 어려움에 처하면 돕고 사는데 형제가 권력에 눈이 어두워 서로 피를 흘려서야 하늘이 두렵지 않겠는가 하는 뜻이다.

'강僵'은 쓰러진다, 엎어진다는 뜻이며 '이대도李代桃'는 오얏이 복숭아나무 대신이라는 뜻이다.

벌레가 좋아하는 복숭아나무에서 오얏나무로 옮아붙어 오얏나무가 복숭아나무 대신 죽는다. 나무는 이렇게 서로를 위하는데 형제는 서로 잊는다는 비유로 '이것으로 저것을 대신한다'는 뜻이다.

제11계의 〈이대도강〉이란 국부적인 손해를 보는 대신 전면적인 승리를 쟁취하는 전략으로 큰 고기를 낚기 위해 미끼를 던져주는 것과 같은 계책이다. 바둑에서의 사석작전처럼 상대에게 작은 이득을 주고 큰 이득을 취하는 것이다. 전쟁에서든 비즈니스에서든 손실은 있게 마련이다. 문제는 그 손실을 어떻게 최소화하고 이익과 환치할 것인가에 있다. 그런데 무능한 리더는 국부적인 손실에 집착하다가 결과적으로 더 큰 손실을 입고 만다. 그래서 손자는 다음과 같이 지적하고 있다.

"지혜로운 사람은 반드시 이익과 손실의 양면의 사태를 대비하여 생각한다. 대비해서 마음을 정하고 나면 사태는 순조롭게 진척된다. 물론 손실을 입었을 때에 그것에 의해 생기는 이익도 고려해 넣는다."

작은 손해에 너무 집착하지 않고 그 손해를 역으로 활용하여 보다 큰 이익을 얻도록 힘써야 한다는 데는 이론이 있을 수 없다. 우리 속담에 '되로 주고 말로 받는다.'는 말과 같다. 달리 말하면 단점으로 도리어 장점을 이기는 비결과 같은 것이다.

샐러리맨을 예로 든다면 샐러리맨의 직급이 오른나고 꼭 좋은 점만 있는 것은 아니다. 직급이 높아지면 그 책임 또한 무거워지고, 하위직에 있을 때와는 달리 언동을 신중히 해야 한다. 또 성공하여 이름이 알려진 기업은 그만큼 사회적 책임이 부과되고 그 오너도 처신을 신중히 해야 한다. 그것은 개인이면서 사회적인 공인이 되기 때문에 한쪽 면을 얻으면 한쪽 면을 잃는 것이 세상의 이치이기에 그렇다.

《36계 병법》 중에서 출전이나 의미가 분명치 않은 것들이 있었는데 그런 것들은 오랜 세월을 거치는 동안에 그럴싸한 의미가 붙여져 정착되었다. 바로 제11계 〈이대도강〉도 고대 악부 《계명鷄鳴》에서 유래되었다고 하지만 이 또한 나중에 부가되어 계책에 속하게 된 것으로 추정된다.

진서파, 잡부로 내쳐져 스승으로 귀환하다

춘추시대 노魯나라에 맹손孟孫이라는 사람이 있었다. 그의 집에는 진서파秦西巴라는 가신家臣이 있었는데 그는 학식이 있는 사람이었는데도 말단에서 허리를 굽실거리며 살았다. 맹손은 그를 몰라보고 잡부처럼 부렸다. 진서파는 그 집을 떠나고 싶었으나 그나마도 일자리를 잃으면 생활이 곤란해지므로 불만을 참고 살수밖에 없었다.

어느 날, 맹손이 사냥을 나가서 사슴 새끼 한 마리를 생포하여 진서파에게 주며 집으로 가져가도록 했다. 그날 저녁 맹손이 친구의 집에 들렀다가 집에 와 보니 사슴 새끼가 보이지 않았다. 진서파를 불러 연유를 물었더니 그는 이렇게 말했다.

"사슴 새끼를 데리고 오는데 어미 사슴이 따라오면서 어찌나 애통하게 울든지 호통을 쳐 쫓았으나 어미사슴이 그래도 끝까지 따라오면서 울기에 비록 짐승이기는 하지만 그 모성애에 못 이겨 새끼를 놓아 주었습니다."

맹손은 크게 노하여 진서파를 그 자리에서 내치고 말았다. 쫓겨난 진서파는 당장에 생계가 어려웠다. 그래서 가난해 글을 배우지 못하는 마을 소년들을 모아 글을 가르쳐주고 그들이 한 줌씩 가져오는 곡식으로 근근이 연명했다. 그렇게 구차하게 생활하다 보니 사슴 새끼를 놓아 준 것이 후회되었고, 그의 어머니 역시 신중치 못한 처신으로 맹손의 집에서 쫓겨난 것을 나무랐다. 그러나 진서파는 곧 후회하는 마음을 버렸다. 생계에 어려움이 있기는 하나 가난한 아이들에게 글을 가르치는 것이 맹손 집에서 잡부 노릇이나 하는 것보다는 보람 있는 일이었기에 성의를 다하여 아이들을 가르쳤다.

그가 아이들에게 글을 잘 가르친다는 소문을 들은 맹손이 심사숙고한 나머지 다시 진서파를 불러 자기 자식의 가정교사로 채용했다. 진서파는 뜻하지 않게 좋아하는 일도 하고 높은 직책도 얻게 되었다. 그러자 다른 가신들이 맹손에게 쫓아낸 진서파를 왜 다시 채용하느냐고 따져 물었다.

그러자 맹손이 자기가 생각한 바를 이야기했다.

"내가 진서파를 가정교사로 삼은 것은 그가 유식해서만이 아니다. 유식한 사람은 달리 얼마든지 구할 수 있다. 그러나 그는 지난날 어미 사슴의 모성애를 가엾게 여겨 새끼를 놓아준 적이 있는데 그것 때문에 그를 내쳤다. 그런데 돌이켜보니 내가 그를 몰라본 것이다. 내가 그에게 아이 교육을 맡긴 것은 나름대로 생각이 있어서다. 생각해 보라. 한낱 짐승에 대해서도 그처럼 정이 두터운데 사람에게는 오죽하겠느냐? 나는 그가 내 자녀를 교육함에 있어서도 반드시 어머니의 정으로 대할 것이라고 믿어 의심치 않는다."

진서파는 처음에는 잡부로 일했으나 사슴 새끼를 놓아주어 그 집에서 쫓겨나 어려운 처지가 되었다. 그런데 그것이 동기가 되어 아이들 스승으로 크게 대접받고 봉록도 많이 받아 이익을 얻었으니 작은 손해를 보는 대신 큰 이득을 취한 〈이대도강〉인 셈이다.

〈이대도강〉의 이야기는 역으로 생각하면 참으로 난처한 일일수도 있다.

검을 다루는 무사들은 처음엔 껍질을 베고 그러고 나서 살을 베고 그 다음에 뼈를 자른다고 한다. 쌍방이 팽팽하게 겨룰 땐 현격한 실력 차이가 없으면 어느 쪽도 쉽게 이길 수가 없다. 그런 상황에서 상대방에게 상처를 입히기 위해서는 이쪽에서도 어느 정도의 상처는 감수해야만 한다.

이른바 팔은 내주고 심장을 취하는 〈고육지책〉을 쓰지 않을 수 없다. 모든 것을 다 얻으려고 한다면 다 잃을 수도 있다.

나의 껍질은 내주고 속살을 취하며, 살은 내주고 뼈를 취한다〔肉斬骨斷〕는 생각으로 임해야 한다. 나의 장점으로 적의 단점을 치면서 나의 단점을 최소화한다면 나중에 웃는 자가 될 수 있는 계책이 〈이대도강〉이다.

유방, 미운 옹치를 영주로 발탁하다

유방劉邦이 항우項羽를 꺾고 천하를 도모하게 끔 밑그림을 그려준 한신韓信마저 해치운 다음 전한前漢(서기 202년)인 한漢나라를 세웠다.

유방은 나라를 세우자 곧바로 부하들의 논공행상을 시행했다. 그중에 20여 명을 영주로 발탁했다. 그 밖의 많은 사람들에 대해서는 각기 세운 공적에 대한 평가가 분분하여 논의에 결말이 나지 않아 미루고 있었다.

어느 날 유방은 궁전 뜰 모래밭에 무장들이 둘러앉아 토론을 벌이고 있는 것을 보고 참모인 장량張良에게 물었다.

"저들은 지금 무슨 이야기를 하고 있는 것인가?"

"폐하께서는 모르셨습니까? 저들은 지금 반역을 모의하고 있는 중입니다."

"천하를 이제야 겨우 평정했는데 왜 또 모반을 하려 한단 말인가?"

"폐하께서는 원래 서민이었는데 저들의 힘을 빌려 일국의 황제로 만인 지상에 오르셨습니다. 그러나 지금 영주로 발탁된 것은 소하蕭何나 조참曹參 등, 폐하의 옛 친구들 뿐이고, 처형된 자들을 보면 평소에 폐하가 싫어했던 자들이 대부분입니다. 저들은 폐하가 모두에게 영주를 주지 않으려는 것이 아닐까, 또는 다른 트집을 잡아 처형되는 것이 아닐까 두려워하며 저렇게 모의를 하고 있는 것입니다."

그러자 유방이 장량에게 물었다.

"그렇다면 어떻게 하는 것이 좋겠는가?"

"네. 묘안이 있습니다. 폐하께서 평소에 가장 미워하고 싫어하는 자가 누구이십니까?"

유방이 눈을 부릅뜨며 장량을 쳐다 봤다.

"옹치雍齒다. 그는 나와 오랜 친구임에도 나를 자주 괴롭혔다. 놈을 죽일까 생각도 했는데 공적이 커서 차마 죽일 수가 없었다."

"그러시다면 지금 곧 옹치를 영주로 발탁하셔야 합니다. 그가 발탁이 되는 것을 보면 모두 안심할 것입니다."

유방은 그 말을 듣고 고개를 끄덕이더니 즉시 옹치를 불러 영주로 발탁하고 논공행상을 서두르게 했다. 무장들은 기뻐하면서 말했다.

"옹치조차도 영주가 되었다. 이제 우리는 걱정할 필요가 없다."

유방은 전체를 위해 자신의 사감을 버리고 대범한 조치를 취함으로 정세를 바로 잡을 수 있었다. 〈이대도강〉의 계를 적절히 활용하여 한고조는 어려운 국면을 슬기롭게 넘겨 천하의 안정을 찾을 수 있었다.

싸움에서 아군과 직군은 피차 장단점을 가시고 있나. 다만 누가 단점을 장점으로 먼저 전환하느냐가 관건이다. 이때는 병사를 이끄는 장수가 주된 역할을 해야 한다. 〈이대도강〉은 형세가 불리할 때 국부적인 음陰을 버리고 가치가 큰 양陽을 택하는데 묘미가 있다.

전쟁에서 우리 편의 전력이 압도적으로 우세하다고 가는 곳마다 같은 방식으로 이기려고 해서는 안 된다. 어느 쪽에서는 느슨하게 하고 다른 쪽에서는 팽팽하게 밀어붙여 승리로 이끌어야 한다. 즉 작은 것을 희생해서라도 큰 것을 확실하게 얻는 것이 중요하다.

한곳에서 이기면 이것이 전 국면으로 파급되어 모든 곳에서 이길 수 있는 기틀을 잡기 때문이다.

전쟁에서 결전점決戰點에 전력을 집중하면 다른 곳의 전력이 약해져 거기서는 패하게 될지도 모른다. 그러나 그것은 일시적인 것이며 결전점의 승리는 얼마 안 가 패한 곳을 망라할 것이다. 적의 뼈를 잘라내는 치명상을 주기 위해 자신의 생명에 별 지장 없는 살이나 껍질이 베이는 것은 참아야 한다. 상대의 장점을 피하고 그 단점을 공격하여 제압하는 것이 〈이대도강〉의 계책이다.

전기 장군, 손빈의 계략으로 경마에서 제왕을 이기다

전국시대 제齊나라의 장군 전기田忌는 제 위왕齊威王을 위시하여 왕족들과 자주 경마를 즐겼다.

군사軍師 손빈孫臏은 그들의 경마 실력이 크게 다르지 않으나 상·중·하의 3등급으로 나눌 수 있는 것을 파악하고는 전기에게 경마의 방법을 넌지시 알려주었다.

"우리 쪽 하급下級 말을 상대방 상급上級 말과 대결시키시고, 우리 쪽 상급 말을 저쪽 중급中級 말과 대결시키십시오. 그리고 우리 쪽 중급 말을 상대방 하급 말과 붙게 하십시오."

그 결과 전기는 한 번 지고 두 번 이겨 승리를 거두었다.

첫 번째 시합에서 제왕의 말이 압도적으로 승리하자 제왕은 즐거워하며 전기를 비웃었다. 그러나 전기는 의기소침해 하지 않고 "만약 제가 세 번의 시합에서 모두 진다면 그때 나를 비웃어 주십시오."했다. 그런데 나머지 두 시합에서는 기적처럼 전기의 말이 제왕의 말을 앞질렀다. 제왕은 믿을 수가 없었다. 전기가 〈이대도강〉 전략을 사용하고 있었으나 위왕은 전혀 알지 못했다.

제왕이 심사가 뒤틀려 있을 때 전기가 미소를 지으면서 다가와 슬그머니 아뢰었다.

"폐하, 오늘 저의 승리는 저의 말들이 뛰어나서가 아니라 손빈의 전략을 사용했기 때문입니다."

그리고 손빈의 전략에 대해 자세히 설명했다.

"신에게 손빈이 말하기를, 신의 하등급 말로 전하의 상등급 말과 대적하여 지게 하고, 상등급 말로 전하의 중등급 말과 대적하여 이기면, 자연히 신의 중등급 말이 전하의 하등급 말을 이길 것이라 하였습니다. 그의 말을 따르니 자연히 2승 1패가 되어 신이 전하를 이긴 것입니다."

제왕은 손빈을 극찬한 후 궁으로 불러들여 어떻게 전쟁에서 이 전략을 응용할 수 있는지를 물었다.

손빈은 물 찬 제비처럼 전략에 대한 말을 거침없이 쏟아 놓았다.

"이 전략은 이미 오래전부터 사용되어 왔지만 중요한 것은 어떻게 응용하느냐입니다. 쌍방의 세력이 비등할 때 교묘하게 이 전략을 사용하면 승리할 수 있으며, 적의 세력이 아군의 세력보다 뛰어날 때 이 전략을 사용하면 그 손실을 줄일 수 있습니다."

제나라 위왕은 그의 말에 감탄하지 않을 수 없었다. 위왕은 그때부터 손빈을 곁에 두고 천하를 같이 논하게 되었다.

원하는 것을 얻기 위해서는 적당히 잃는 것을 감수해야 한다는 〈이대도강〉의 전략을 설명했던 것이다. 작은 실패로 큰 성공을 도모할 수 있다면 작은 것을 버리는 결단이 필요하다.

여불위, <이대도강>하여 진의 실세가 되다

진秦나라 여불위呂不韋는 크게 투자하여 톡톡히 한몫 잡는 기화가거奇貨可居를 실행한 사람으로 유명하다.

전국 말기, 여불위는 거상巨商으로 진나라와 자웅을 겨루는 여섯 나라를 자유자재로 드나들며 장사를 하고 있었다. 여불위는 시황제始皇帝의 친아버지로 알려지기 전에도 이미 거상으로 이름을 크게 떨치고 있었다.

이 여불위가 거부巨富가 된 상술은 간단했다. 바로 매점매석買占賣惜을 한 것이다. 물건 값이 내려갈 때 싸게 사서 저장해 두었다가 물자가 딸려서 값이 오르면 파는 방법을 취했던 것이다. 또 하나 숨겨진 상술은 물건이 아닌 사람에게 투자한 '기화가거奇貨可居'였다. '기화奇貨'라 함은 특이하고 귀한 물건을 뜻한다. 그러나 여불위가 생각하는 '기화'란 사람의 시선을 끌거나 당장에 값이 나가는 것은 아니지만, 때를 만나면 값어치가 나가는 것이었다. 여불위는 그와 같은 진기한 것들을 보게 되는 즉시 사두었다. '가거可居'라 함은 사둔다는 뜻이다.

여불위의 '기화가거'의 고사는 그런 면에서 기상천외하다. 그 이야기의 줄거리는 다음과 같다.

《사기史記》에 나오는 〈여불위 열전〉을 보면 양책陽翟 출신인 여불위가 조趙나라 수도 한단을 수시로 드나들었다. 여느 때 무슨 돈 벌 거리가 없나 하여 술집에 들렀는데 마침 그 술집이 어여쁜 무희를 팔기 위해 흥정을 벌이고 있었다. 그 술집은 흉년이 들어 문을 닫는 참이라 무희를 싸게 팔려는 것이었다. 그런데 아무리 싸게 팔아넘기려 해도 사는 사람이 없었다. 이때 여불위가 생각하기에 '지금은 불경기이나 언젠가는 다시 경기가 살아나서 술집이 흥청대면 값이 나가리라' 생각하고 그 무희를 싼값으로 넘겨받았다.

여불위는 그녀를 한단에 있는 자기 집으로 데려가 식모로 부리다가 미색이 아까워 소실로 삼았다. 그러다가 여불위는 우연찮게 또 하나의 기화奇貨를 발견했다. 조나라에 볼모(人質)로 잡혀 와 있는 진秦나라의 소년이 그것이었다. 알고 보니 이 소년은 진나라 소양왕昭襄王(재위 기원전 306~251년)의 태자인 안국군安國君(후의 효문왕孝文王 기원전 250년, 1년 재위)의 서자 자초子楚(후의 장양왕莊襄王, 기원전 249~247년)였다. 그때 진나라와 조나라 양국은 불편한 관계였는데 그 견제의 희생양으로 자초가 볼모가 된 것이었다. 조나라에서 그는 늘 생명의 위험을 느끼고 있었다. 그는 그날그날 먹고 지내는 것도 어려울 뿐 아니라 허물어져 가는 낡은 집에서 어렵게 생활하고 있었다. 이같은 사실을 알게 된 여불위는 이 기이한 물건에 투자할 가치가 있다고 생각했다. 즉 '차기화가거야此奇貨可居也'라고 믿었던 것이다. 바로 이 말이 줄어서 나중에 고사로 정착되었으며 '기화가거'가 된 것이다.

여불위는 자초를 집에 잡아두고 있으면 언젠가는 큰 돈벌이가 되겠다고 판단하여 좋은 음식과 의복을 제공했다. 장래를 내다보고 투자한 것이다. 여불위의 계산대로 소왕이 죽고 안국군이 왕위에 오르면 자초를 태자로 봉하도록 하는 일은 그리 어려운 일이 아니었다. 여불위는 손을 쓰기로 마음먹고 자초를 자기 집에 초대했는데 자초가 무희舞姬를 보고 한눈에 반했다. 자초는 여불위의 소실인 무희(여불위의 식모)가 마음에 들어 그에게 자기에게 주기를 청했다. 여불위는 자초의 제안을 순순히 받아들여 정실正室로 삼게 했다.

여불위는 무희를 술집에서 데려온 후 조희趙姬라 개명하여 불렀다. 그런 조희가 자초에게 갔을 때는 이미 여불위의 씨를 배 속에 지니고 있었고 얼마 후 그녀는 아들을 낳았다. 그 후 10여 년이 지난 기원전 250년, 자초의 아버지인 안국군이 효문왕孝文王으로 등극하자 자초는 태자가 되었고 그동안의 공로로 여불위는 진나라 상국相國(오늘날 국무총리)에 임명되어 실권자가 되었다. 세월이 흘러 조희의 몸에서 태어난 아들이 13세의 어린 나이로 진나라 왕위에 오르니 이름이 징政으로, 이 사람이 바로 시황제始皇帝다.

정은 39세 때 천하를 통일하여 처음으로 '황제皇帝'라고 일컫게 되었으니 후세 사람들이 시황제始皇帝라 불렀다. 여불위는 시황제 시대에도 오랫동안 실권자로서 그 위세가 중원에 떨쳤다. 세속적으로 말하자면 아들과 함께 중국 천하를 쥐락펴락한 것이다.

여불위는 〈기화가거〉라는 상술로 역사의 한 페이지를 장식한 〈이대도강〉의 계를 보기 좋게 성취했다. 여불위야말로 나라의 부富와 권력을 기화가거의 상술로 차지한 역사적인 인물이다. 이는 〈이대도강〉의 대표적인 사례라 할 수 있을 것이다.

월나라 이목, 일부러 져서 차례로 흉노를 정벌하다

전국 시대 후기 월越나라는 흉노족匈奴族인 첨람檐襤, 동호東胡, 임호林胡 등의 침략으로 변경이 편안할 날이 없었다. 월나라 왕은 이들을 막기 위해 이목李牧을 북쪽의 문호인 안문雁門에 파견했다. 그런데 이목은 부임한 후 성문을 굳게 닫아걸고 장병들에게 날마다 소와 양을 잡아 먹이기만 할 뿐, 적과 싸울 생각을 하지 않았다.

흉노족들은 그런 이목의 속셈을 알 수가 없어 감히 쳐들어갈 생각을 못했다. 이목은 흉노족의 시야를 속이면서 엄격하게 장병들을 훈련시켜 병사들의 전투력을 증강시켰다. 몇 년이 지나자 병마는 더욱 강성해지고 사기는 하늘을 찌를 듯이 높아졌다.

기원전 250년, 이목은 흉노를 공격하기 위한 준비를 완비했다. 그는 약간의 군사들을 내보내 변방의 백성들을 보호하게 했다. 흉노들은 이를 얕보고 약탈을 자행하고 이목의 군사들과 한판 싸움을 벌였다. 이목의 군사들은 도망가는 척하며 약간의 사람과 짐승을 잃었다. 여기서 승리한 흉노들은 이목이 나와서 싸움을 하지 않았던 것은 병력이 약하고 담도 작아서였다고 생각했다. 그래서 흉노의 장군 선우禪于는 친히 대군을 이끌고 안문을 공격했다. 이목은 적군이 온 것을 알고 진영을 엄격하게 정비한 후 성안에서 기다렸다. 그리고 군사를 세 갈래로 나누어서 전투태세를 갖추었다. 흉노는 이목의 계략에 말려 전력을 여러 곳으로 분산했다. 이때 이목의 정예가 흉노의 정중앙을 들이쳤고 흉노는 막강한 전력에 대패하여 달아났다. 흉노는 이 전쟁의 타격으로 말미암아 자연히 멸망하게 되고, 첨람국襜襤國이 무너지자 동호와 임호도 차례로 월나라에 항복했다.

이목은 작은 미끼를 던져 주고 결국 큰 승리를 얻어낸 〈이대도강〉의 전략을 써서 크게 성공했던 것이다.

〈이대도강〉의 계략은 열세에 있는 병력으로 우세한 적을 방어하며 적을 견제하다가 조건이 충족했을 때 공격을 감행, 승리를 이끄는 작전이라고 말할 수 있다.

이는 세계화 시대에 들어 자본에 국경이 없는 오늘날에도 찾아볼 수 있다. 살아남기 위해서는 높게만 보이는 벽을 극복하고 성공적으로 경영대열에 서야 하기 때문에 기업경영의 전략과 전술은 경영자의 포켓 속에 늘 가지고 있어야 하는 비책이다.

존슨&존슨사, 손실을 감수하고 고객의 절대 신뢰를 얻다

세상에 널리 알려진 존슨&존슨사는 로버트 존슨(1886년)이라는 사람이 설립한 회사이다. 그는 '고통과 질병 퇴치'라는 이념을 내세워 많은 사람들의 호응을 얻었다. 그런데 존슨&존슨사에서 만든 타이레놀(1982년) 약병에 누군가가 시안화물(청산가리)을 넣어 시카고 지역에서 7명의 사망자가 발생했다.

이에 존슨&존슨사는 사건이 시카고 지역에서만 발생했음에도 불구하고 즉각 전 미국 시장에서 타이레놀을 전량 회수하는 조치를 취했다. 그리고 그 일을 즉각 선 미국민에게 알렸다. 존슨&손슨사는 회수하는데 당시 1억 달러의 비용이 들었고 2,500명의 인력을 동원했다.

워싱턴포스트지는 이 사건을 통해 존슨&존슨사는 아무리 많은 비용이 들더라도 옳은 일이라면 반드시 시행한다는 기업 이미지를 소비자에게 심어주는 데 성공했다고 보도했다.

이 일로 존슨&존슨사는 미국 국민들에게 큰 신뢰를 얻어 기업이 더욱 번창할 수 있었다.

〈이대도강〉의 계는 일부 손실을 감수하더라도 더 큰 이익과 승리를 위해 감수해야 하는 전략이다.

군사적으로 볼 때 적이 우세하고 아군이 불리할 때 그 형세를 역전시키기 위해서는 지금 일부 희생을 감수하고 나중에 승리를 기약하는 것이 이 계의 전말이다.

존슨&존슨사가 엄청난 손실을 각오하면서 타이레놀을 전량 회수한 것은 당장 눈에 보이는 손해가 있겠지만 멀리 보면 돈보다 귀한 신용을 확보한 조처이니 이미 승리를 거둔 셈이었다.

때로는 큰 거래를 위해 작은 이익을 희생해야 한다. 많은 사람들이 작은 일에 집착해 큰 것을 잃는 경우가 종종 있다. 〈이대도강〉은 이런 점을 확인하고 생각을 전환해 보라는 전략이다.

우리 속담에 인생은 새끼 꼬기와 같다고 했다. 좋고 나쁜 일이 뒤엉켜 돌아가기 때문이다. 인간 만사 새옹지마塞翁之馬라는 말이다. 《회남자淮南子》·〈인간훈人間訓〉에서 길흉화복吉凶禍福이 엇갈리는 〈이대도강〉을 새옹塞翁 노인을 세워 잘 그려놓고 있다.

오랑캐 흉노와 접해 있는 마을에 새옹이라는 노인이 살고 있었다.

어느 날 이 노인이 기르던 말 한 필이 어디론가 사라졌다. 마을 사람들이 이 사실을 알고 새옹 노인을 위로하자 노인이 태연하게 말했다.

"이것이 오히려 복이 될 수도 있을 것이외다."

몇 달 뒤, 그 말은 오랑캐 땅의 좋은 암말을 데리고 돌아왔다. 그래서 마을 사람들이 이번에는 노인에게 참 좋은 일이라고 축하하자 그는 정색을 하며 말했다.

"이것이 오히려 화가 될 수도 있을 것이외다."

그 노인에게는 외아들이 있었다. 그런데 어느 날 아들이 데리고 들어온 그 암말을 타고 놀다가 떨어져 다리가 부러지고 말았다.

마을 사람들이 아들이 다쳐 누워 있는 것을 보고 위로하자 노인은 아무렇지도 않다는 듯 말했다.

"이것이 오히려 복이 될 수도 있을 것이외다."

그로부터 1년여가 지난 뒤 오랑캐가 변방에서 쳐들어왔다. 마을의 젊은 이들은 모두 징병 되어 전쟁터에서 죽거나 다쳤다. 하지만 이 노인의 아들만은 절름발이 불구자였기 때문에 징집당하지 않아 죽음을 면할 수가 있었다. 예로부터 사람들은 불행을 만났을 때 새옹지마의 이야기를 빌어 인생의 길흉으로 일컫게 되었다.

오늘날에도 나쁜 일이 좋은 일이 되고 또 좋은 일이 나쁜 일로 바뀔 수 있다는 말로 '인생지사 새옹지마'라는 말을 많이 쓴다.

지휘관이 가져야 할 마음의 자세에서 '피그말리온 효과Pygmalion Effect'를 상기헤 볼 필요가 있다.

1964년 미국의 교육청에서 실험한 내용으로 똑같은 부류의 학생들을 A그룹과 B그룹으로 편성한 다음 가르치는 선생님들에게 A그룹은 우수한 학생들로 편성되고, B그룹은 열등한 학생들로 편성되어 있다고 말해준다.

그런데 수업에 들어가는 선생님들이 A반에 들어갈 땐 우수한 학생들로 이루어진 반이라 생각하고 수업을 하다 보니 학생들의 장점만 보이게 되니 칭찬을 하고 그런 기대를 갖고 열심히 가르쳤더니 성적이 올라갔다. 이에 반해 B반에 들어살 때는 열능한 학생이라는 선입견 때문에 그들의 결점만 눈에 들어와 그들을 바로잡으려고 책망하게 되고 벌을 주게 되면서 점점 더 단점이 부각되고 강화되어 갔다.

이렇게 일정 기간이 지난 뒤 학습효과를 측정해 봤더니 A반이 B반보다 모든 면에서 월등하게 차이를 보였다. 이런 현상이 '피그말리온 효과'이다.

집단이라는 면에서는 군대나 학교나 마찬가지일 수 있다. 지휘관이나 선생이 어떤 마음으로 대하느냐가 엄청난 차이로 나타날 수 있다.

학생이 성장하려면 선생의 믿음과 기대가 학생들에게 전달되고 거기에 학생들이 부응하여 '자기충족예언Self fulfillinfprophecy'이 발휘되어야 한다는 말이다.

우수한 그룹이 된 A반이 강한 군인 될 수 있는 요건이 바로 B반이 A반을 위해 희생된 〈이대도강〉일 수 있다는 이야기다.

〈이대도강〉은 오얏나무인 자두나무가 복숭아나무를 대신해 넘어진다는 의미로 이는 거꾸로 복숭아나무가 오얏나무 대신 넘어질 수도 있다는 말이기도 하다. 툇마루를 빌려 주고 안방을 빼앗길 수도 있다는 주객전도라는 말이다.

목표를 어디에 두었느냐에 따라 작전을 달리하듯이 때로는 작은 것을 내주고 큰 것을 취하는 대담함을 인생행로에서는 종종 가져봄 직하다.

아무리 작은 이득이라도 묵과하지 말라

순수견양
順手牽羊

손에 들어온 양을
끌고 간다

손에 잡히는 양을 슬쩍 이끌고 간다. 제 발로 들어온 양은 하늘이 주는 복이므로 눈 딱 감고 챙겨둔다. 손에 들어온 이익은 놓치지 않고 취한다는 의미다. 적의 사소한 과실도 나의 이익으로 바꾼다.

〈순수견양〉의 '순수順手'는 손에 잡히는 것을 말하고, '견양牽羊'은 양을 끌고 간다는 말이다. 이를 계책에서는 손에 들어온 것을 놓치지 않는다는 말이다. 작전 중에 적에게 약점이 보이면 그 틈을 놓치지 않고 작은 이익이라도 챙기라는 뜻이다.

제12계는 속된 말로 무엇이든 기회가 있을 때 훔친다는 뜻이며 꺼풀을 벗기고 속을 들여다보면 '힘들지 않고 얻은 이득은 서슴지 말고 챙겨두라'는 의미다. 바꾸어 말하면 얻은 것은 하늘이 주는 복(천흥지복天興之福)이니 잠자코 받아두는 것이 상책이라는 음흉한 계책이다.

《사기史記》에 '하늘이 주는 것을 받지 않으면 도리어 화를 입는다'라는 말이 있다. 하늘이 가져다주는 기회를 맞아서 주저하고 있을 때 결단을 촉구하는 명인으로 곧잘 인용한다.

주어진 이득은 이유없이 챙기라는 말이지만 그렇다고 눈 앞의 이익에만 사로잡혀 마구 집어 삼켜서는 안될 일이다. 앞뒤의 상황을 판단하여 수용 가능한 범위 내에서 취해야 한다. 말하자면 확고한 목표가 세워져 있고, 그 목표를 이루기 위해 전진할 때는 상황에 따라 임기응변으로 대처해서라도 목표를 이룬다는 말이다. 모든 것이 순조로운 고도 성장시대에도 앞날을 예측하기란 쉽지 않다. 무엇보다 저 성장시대에는 조그만 이익이라도 착실하게 챙겨나가는 것이 중요하다.

사자는 아무리 배가 고파도 풀을 뜯지 않는다는 말처럼 실전에서 고상한 척 해봐야 소용없다. 살아남아야 후일을 기약할 수 있다.

중국 본토의 사람들은 뜻하지 않게 얻어진 재물이나 벼슬 등의 좋은 것은 하늘이 주는 복이라 생각해 왔다. 가령 뜻하지 않은 '횡재'가 생기면 예부터 그렇게 생각했는데 그중에서도 제 발로 걸어들어 온 양이 있다면 이는 하늘이 준 것이니 체면차릴 필요 없이 챙겨두는 것이 좋다는 이야기이다.

그렇다면 왜 하필이면 〈순수견양〉인가.

중국사람들은 옛날부터 양을 제일의 재산으로 생각해 왔다. 마치 우리나라 농촌에서 소가 전답 다음으로 중요한 재물이었던 것처럼 중국에서는 양을 재산의 척도로 삼았고 고기 역시 양고기를 으뜸으로 쳤다.

얼마 전까지만 해도 조세의 척도를 양으로 삼았던 때가 있었다고 한다. 중공 정권이 수립되기 전까지도 그 집의 재산수준을 양을 몇 마리나 가지고 있는가로 판단했다고 한다. 그런 만큼 양은 중국인들의 의식 속에는 중요한 위치를 차지하고 있다.

한신, 하늘이 준 복을 스스로 차버리다

《사기》에 제齊나라를 격파한 한신韓信은 유방劉邦에게 사람을 보내 자기를 제나라의 임시 왕으로 봉해 달라고 했다. 그때 유방은 한창 항우項羽의 공격을 받아 곤란한 지경에 빠져 있었다.

"아니 와서 돕지는 못할망정 임금으로 봉해 달라니, 이게 무슨 망발인가?"

유방이 발끈 화를 내자 그 광경을 지켜보던 진평陳平이 조용히 말했다.

"지금 형편이 우리에게 불리한데 자칫 한신이 등을 돌리기라도 한다면 큰 낭패입니다. 그냥 허락하십시오."

이 말에 유방은 표정을 누그러뜨리며 사신에게 말했다.

"거참 좋은 생각일세. 그런데 임시는 무슨 임시인가, 정식 왕으로 봉하지."

이렇게 해서 한신은 제왕齊王의 자리에 앉게 되었다. 한편 항우의 입장에서도 한신이 자기를 공격하면 대세가 밀릴 수 있다고 생각해서 역시 한신에게 사람을 보내 화해를 청했다. 의리를 중시했던 한신은 유방의 도움으로 왕이 되었으므로 항우의 청을 거절할 수밖에 없었다.

그러자 한신의 부하로 있던 괴통蒯通이란 사람이 한신에게 말했다.

"제가 장군의 관상을 보니 제후에 봉해질 만합니다. 또한 뒷꼭지를 보면 말할 수 없이 귀한 상입니다."

"그게 무슨 소린가?"

"지금 천하는 유방과 항우 두 사람의 손에 좌지우지하고 있습니다. 그런데 그 사이에 장군이 끼어 있습니다. 누구든 장군의 지원을 받는 사람이 천하 통일을 이룩할 것입니다. 그렇기 때문에 유방과 항우 두 사람의 운명은 장군의 손에 달려 있다고 해도 과언이 아닙니다."

"그렇다면 나는 이렇게 하면 좋겠는가?"

"장군께서 취할 가장 좋은 방책은 그 어느 쪽도 편들지 않고 이 상태를 유지하는 것입니다. 그래서 삼발이 솥의 발처럼 삼국이 나란히 서는 것이 지요."

괴통은 한신의 표정을 읽으면서 정세변화에 대한 흐름을 자세하게 설명했다.

"지금 하늘은 장군께 천하를 요리할 수 있는 기회를 주고 있습니다. 장군께서 유방의 편을 들면 유방이 천하를 잡게 될 것이고, 항우를 편들면 항우가 천하를 차지하게 될 것입니다. 그러나 장군께서 유방과 손을 떼고 독립하여 천하를 삼분한다면 장군께서 가장 유리한 땅을 차지하고 나라를 세울 수 있을 것입니다. 이 기회를 놓치지 말고 독립하여 제나라를 중심으로 새로운 제국을 세우도록 하십시오. 옛말에 하늘이 주는 것을 받지 않으면 오히려 허물이 되어 돌아오고, 때가 왔는데도 실행하지 않으면 재앙을 받는다고 했습니다. 이 점을 잊지 마시기 바랍니다."

괴통의 간곡한 충언에도 한신은 끝내 유방을 배신하지 못하고 그를 위해 최선을 다했다. 그 결과 천하는 한漢나라의 손에 들어갔지만, 한신은 나중에 유방이 무신들을 제거하는 과정에서 유방의 부인 여씨에 의해 참수형에 처해지고 말았다. 형장으로 끌려가면서 한신은 이런 말을 남겼다.

"내가 하늘이 주는 것을 받지 않으면 화를 당한다는 괴통의 말을 듣지 않아 저런 아녀자에게 죽임을 당하는구나."

그는 뒤늦게 땅을 치고 후회하며 형장의 이슬로 사라졌다.

〈순수견양〉은 기회를 보고 있다가 자기 손에 들어온 양을 훔쳐 끌어오듯이 적의 허점이 생기면 그곳을 공격해 승리를 얻어내는 책략이다.

월왕 구천, 〈순수견양〉하여 오왕 부차를 치다

월越나라 범려范蠡의 결단은 〈순수견양〉에 대한 좋은 예이다.

기원전 473년, 월나라는 오吳나라를 몰아쳐 오왕 부차가 고소산姑蘇山으로 도망을 쳤다. 부차는 월왕 구천句踐에게 사신을 보내 화평을 요청했다. 월왕은 몇 해 전에 자기가 오군에 몰려 회계산會稽山에 숨었을 때 오왕이 그를 죽이지 않고 살려주었던 생각이 나서 화평요청을 받아들이려 했다. 그러자 월의 중신 범려范蠡가 극구 반대하고 나섰다.

"회계 산에서는 하늘이 월나라를 오나라에 주었으나 오왕이 하늘이 주는 것을 받지 않았습니다. 지금은 오왕이 우리 월나라에 의해서 궁지에 빠졌습니다. 이번에는 하늘이 오를 월에게 주었습니다. 이것은 하늘의 뜻입니다. 그러니 하늘의 뜻에 거역해서는 안 됩니다. 대왕께서는 지난 22년 동안 오를 정벌하고자 천신만고의 수난을 겪어 왔는데, 지금 부차를 제거하지 않는 것은 하늘이 주는 것을 받지 않는 것과 같습니다. 이번 기회를 놓치면 도리어 화를 입게 됩니다. 도낏자루는 도끼에 맞추어 만드는 법입니다. 지금 하늘이 주는 기회를 놓치면 천추의 한을 남길 것입니다."

월왕 구천은 범려의 말에 감동하면서도 얼른 결단을 내리지 못하고 어물거리자 범려는 나서서 전군에 진격 명령을 내렸다. 그리고 오의 사신에게 큰 소리로 말했다.

"화평은 없다. 가서 오왕에게 전하라."

범려는 위풍당당히게 사신에게 말하고 밀 고삐를 회계 산으로 돌리년서 휘하장병에게 명령했다.

"나는 월왕의 명을 받아 군을 이끈 것이다."

사신은 혼비백산하여 뛰어 나갔다. 월왕은 그때까지도 연민의 정에 묶여 오왕에게 사신을 살려 보내면서 이렇게 말했다.

"용동甬東이라는 섬에 가면 백 호百戶의 땅이 있으니 그곳에서 군수직을 맡아 여생을 보내도록 전하라."

그러나 오왕 부차는 이를 사양하고 자결했다. 이로써 오와 월의 역사적인 항쟁이 끝을 맺었다. 범려의 서슬 퍼런 결단이 월의 승리를 가져온 것이다. 어떤 일에 있어서나 한 번의 기회가 승패를 결정하는 중요한 요인이 된다는 것을 새겨둘 필요가 있다.

〈순수견양〉은 한 가지 일에 치중하지 말고 눈을 돌려 챙길 수 있는 이익은 모두 챙겨 가지라는 이야기로 풀이할 수 있다. 그러니까 조그마한 이익이라도 빠뜨리지 말고 티끌 모아 태산이라는 자세로 챙기라는 뜻이다. 그러나 주의할 것은 작은 이익에 눈이 어두워 큰 이익을 소홀히 하지 말라는 당부도 귀담아 두어야 한다.

전쟁에서 인의를 내세우다 죽음을 맞은 송양공

싸움판에서 인仁·의義·예禮·지智가 무슨 잠꼬대 같은 소리겠는가. 평화시에는 위의 마음가짐이 교육의 목표이겠지만, 전쟁에서는 아무짝에도 쓸데없는 누더기일 뿐이라는 말이다. 여기서 그 일면을 더듬어 살펴보고자 한다.

춘추시대 초기에 송宋나라는 작은 나라였지만 송양공宋襄公 대에 이르러서는 천하의 패권을 노리는 야심을 가질 정도로 국력이 신장했다.

이때 송나라와 초楚나라 사이에 홍수泓水(하남성 내)라는 강을 끼고 대치 중이었다.

초나라 군대가 강을 건너기 위해 강물에 뛰어들어 허우적거리자 목이目夷라는 송나라 재상이 양공襄公에게 급히 말했다.

"지금 적을 공격하면 승기를 잡을 수 있는 가장 적절한 기회이니 공격 명령을 내리십시오."

그러나 양공은 그가 평소에 가진 편협한 겸양 사상을 내세워 목이에게 말했다.

"상대의 허점을 이용하는 것은 군자의 길이 아니지 않은가?"

그러면서 초군이 강을 건너 진용을 갖추기 위해 이리 뛰고 저리 뛰는 때에도 기다리고만 있었다. 조금 후 초군이 강을 완전히 건너 진을 치느라 법석을 떨며 송나라 진영을 엿보고 있을 때였다. 목이가 양공에게 다시 말했다.

"지금 공격하여 초군을 제압하지 않으면 우리의 전세가 약하기 때문에 불리합니다. 공격 명령을 내리십시오."

목이는 출격하기를 재촉했다. 그러나 송양공은 여전히 인의仁義를 내걸며 이에 따르지 않았다. 시간이 지나 이제는 초나라 군대가 진을 쳐 놓고 공세를 펼쳤다. 그제서야 송양공은 정정당당正正當當하게 출정 명령을 내렸다.

초군이 전열을 갖추어 공격해오자 비로소 맞붙어 싸웠으나 병력이 약세였던 송군이 대패하고 말았다. 양공은 이 싸움에서 적이 쏜 화살을 맞아 부상이 악화되어 죽음을 맞고 말았다.

이런 송양공의 싸움을 보고 후세 사람들은 적과의 싸움에서까지 인의를 떠드는 우둔하고 가소로운 행동을 일컬어 '송양지인宋襄之仁'이라고 부르게 되었다.

후일 목이는 이 홍수전泓水戰을 평하어 다음과 같이 술회했다.

"싸움은 상대방을 쳐서 이기는 것이 목적이다. 때문에 승리는 싸움의 지상 목표이며 이기기 위해서는 평시의 인仁·의義·예禮·지智·덕德에 매여서는 안 된다. 양공은 이길 수 있는 절호의 기회를 마다하고 끝까지 인의仁義를 찾았다. 이는 얼빠신 판난이며 하늘이 수는 기회를 스스로 버렸기 때문에 부상을 당하고 그 부상으로 죽었으며 휘하 병졸들도 억울하게 희생되었다. 이는 하늘의 뜻을 거역하여 천벌을 받은 것이다."

'모든 일은 작은 일에서부터 시작하여 나중에 큰일을 이룬다.' 한비자는 큰 일은 반드시 작은 일에서 비롯되며, 많은 것은 적은 것에서부터 생긴다고 했다. 즉, 천하의 어려운 일은 쉬운 데서부터 시작하고 천하의 큰일은 작은 일에서부터 일어난다고 했다. 따라서 무슨 일이든 커지기 전에 미리 막아야 큰 피해를 줄일 수 있다고 〈순수견양〉의 계는 말하고 있다.

'큰 저수지도 하찮은 개미구멍으로부터 무너지며, 큰 집도 아궁이 틈으로 새어 나오는 작은 불길로 인하여 재앙을 맞는다.'

고사에 치수治水를 잘하는 백규白圭라는 사람은 둑을 돌아보고 그 구멍을 잘 막았다고 전하고 장로長老라는 사람은 아궁이의 틈을 잘 발라서 불을 조심했다고 한다. 두 사람은 작은 일에 조심을 했기 때문에 백규가 있을 때에는 물난리가 없었고, 장로가 있을 때에는 화재가 없었다고 한다.

작은 것도 잘 챙기고 예방해야 큰 손실을 막을 수 있다.

천하를 다스리는 것은 여반장이다

전국시대 양주楊朱라는 학자가 양왕梁王을 만나보고 이렇게 말했다.

"천하를 다스린다는 일은 손바닥을 뒤집기(여반장如反掌)보다도 쉬운 일입니다."

양왕이 양주의 말을 듣고 가당찮다며 말했다.

"당신 같은 사람이 어찌 그런 말을 할 수 있겠느냐?"

양왕은 양주에게 핀잔을 주었다. 그러면서 면전에서 양주를 비꼬아 말했다.

"선생은 자신의 아내 한 사람도 잘 다스리지 못하고 또 얼마 안 되는 문 앞의 전답도 가꾸지 못하면서, 천하를 다스리기가 손바닥을 뒤집듯이 쉽다고 하니 그게 대체 무슨 말입니까?"

양주가 양왕의 말이 떨어지기가 무섭게 대답했다.

"왕께서는 양 치는 아이를 보신 일이 있으십니까? 백 마리도 더 되는 양들을 다섯 자 키도 못 되는 어린 목동이 회초리 하나로 마음대로 부릴 수가 있습니다. 그런데 천하를 잘 다스렸다고 하는 요堯임금이나 순舜임금에게 그 한 마리의 양을 부리라고 하면 잘 부릴 수 있을까요? 이것이 바로 천하를 다스리는 재주와 한집안을 다스리는 재주가 다른 것을 말해줍니다. 또 이런 말이 있습니다. '큰 고기는 시냇물에서 놀지 않고, 큰 새는 조그만 웅덩이에 모이지 않는다.'고 했습니다. 사물의 이치는 이렇게 작은 것에서부터 챙기는 것이 옳지만 사람 됨은 그 가치의 기준이 다릅니다. 태산은 한 줌의 흙도 사양하지 않듯 작은 일이나 큰일이나 끌어안아야 큰 사람입니다."

양주의 말을 들은 양왕은 눈을 지그시 감고 고개를 끄덕였다.

계책이란 적의 상황을 살펴 승리할 방도를 찾고 전쟁의 판도를 주도적으로 이끌어 승리를 쟁취하게 하는데 〈순수견양〉의 계책의 의의도 여기에 있다.

이사, 시황제의 마음을 움직여 축객령을 폐지하다

진秦나라가 천하를 통일하여 대제국을 이룩할 때에, 진나라 시황제始皇帝를 도와서 큰 공을 세운 사람은 이사李斯였다. 이사는 초楚나라 상채上蔡 사람으로 일찍이 순자荀子에게서 글을 배웠다.

학문을 성취하고 진나라로 가 상국 여불위呂不韋를 일게 되어 그 딕택으로 태자 정政(후에 시황제가 되었다)과 가까워질 수 있었다. 여불위가 쇠약하여 물러앉고 이어서 태자가 임금이 되자 이사가 재상이 되는 것이 순서였다. 그러나 그때 생각지도 않았던 일이 불거졌다. 당시 진나라에서는 큰 운하를 파는 공사가 있었는데, 이 일의 감독자는 정국鄭國이라는 사람이었는데 그는 한韓나라에서 온 사람이었다.

그 운하 공사는 엄청난 공사라 항간에 이를 둘러싼 소문이 파다했다. 그한 가지가 이 운하 공사는 한나라가 진나라의 재정을 조종하기 위한 음모의 일환이라는 소문이었다. 이러한 소문은 아주 허황된 것도 아니었다. 한나라 내부에서는 이러한 음모를 공공연하게 거론한 적이 있었던 터였다.

그러나 진나라는 그런 소문에 개의치 않고 공사를 진행시켰다. 그 운하를 완성하는 것은 진나라에 큰 이익을 줄 것이기 때문에 공사를 멈출 수가 없었다.

그런데 이 일에서 발단이 되어 다른 나라 사람에게 정사를 맡겨서는 안된다는 여론이 일어났다. 드디어 다른 나라에서 온 사람을 쫓아내자는 '축객령逐客令'을 공포하기에 이르렀다.

이사에게는 십 년간의 공이 허사로 돌아가는 순간이었다. 그래서 이사는 다음과 같은 글을 황제에게 올렸다.

"오늘날 진나라가 이처럼 강대해지고 번영할 수 있었던 것은 돌이켜 보건대, 역대의 제왕들이 유능한 신하들을 잘 썼기 때문입니다. 목공穆公 때의 백리해百里奚를 위시해서 진나라 사람이 아닌 공신들은 이루 헤아릴 수 없이 많았습니다.

태산은 한 줌의 흙도 사양하지 않습니다. 그래서 태산은 그 큰 모습을 간직할 수 있는 것입니다. 바다는 한줄기의 물도 가리지 않습니다. 그래서 바다는 그만큼 깊이를 지니고 있는 것입니다. 제왕은 백성을 물리치지 않는다고 합니다. 그래서 그 덕이 빛날 수 있는 것입니다.

나라에 중요한 일은 어질고 유능한 선비를 구하는 일이며, 이를 의심하여 내쫓는다는 것은 '적에게 군사를 빌려주고 도둑에게 양식을 내어 주는 일'과 같다 할 것입니다.

이와 같은 일은 백 가지 해가 있을 뿐, 한 가지 이익도 없을 것입니다. 이래서야 어찌 국가의 안전과 발전을 바랄 수 있겠습니까?"

이사의 〈간축객서諫逐客書〉라는 글은 시황제의 마음을 움직였다.

이리하여 시황제는 '축객령'을 폐지하고 이사는 그 자리를 보존할 수 있었다. 이처럼 〈순수견양〉의 계는 내게 준 것을 유지하고 갖지 못한 것을 취하는 전략전술의 계책이다.

스마트 시대, 핵심전략은 발상의 전환이다

21세기 세계화 시대에는 생각의 전환이 빨라야 살아남는다.

생각하기 따라서는 감당하기 힘든 말일 수도 있다. 융통성 있게 의식을 전환할 수 있어야 오늘날과 같은 스피드한 시대에 스마트한 사고로 현실에 대처할 수 있다. 발상 전환의 예를 다음과 같이 들어본다.

담임을 맡은 선생이 학생들 앞에서 투명한 유리 항아리에 주먹만한 돌을 하나씩 넣기 시작했다. 돌이 유리 항아리에 가득 채워지고 나서 선생이 학생들에게 물었다.

"이 항아리가 가득 찼습니까?"

그러자 학생들이 이구동성으로 대답했다.

"예."

그러자 선생은 테이블 밑에서 조그마한 잔돌을 꺼내 유리항아리에 넣으면서 말했다. 주먹만한 돌 사이로 자갈이 흘러들어 가 항아리를 채우자 선생은 또 학생들에게 물었다.

"이 항아리가 가득 찼습니까?"

눈이 휘둥그레진 학생들이 이번에는 또 무슨 변수가 있을지 몰라 당혹스러운 눈으로 말했다.

"예, 그렇긴 합니다."

그러자 선생이 학생들에게 말했다.

"좋습니다."

그리고는 다시 테이블 밑에서 모래주머니를 꺼내 유리 항아리에 흔들어 자갈 사이에 넣고 나서 학생들에게 물었다.

"이 항아리가 가득 찼습니까?"

그러자 학생들이 이제야 나머지 순서를 눈치챈 듯 대답했다.

"아니요."

"왜 그렇습니까?"

선생님은 다음에는 테이블 밑에서 주전자를 꺼내더니 항아리에 물을 부었다. 물이 돌과 모래 자갈 사이사이로 스며들어 유리 항아리는 그야말로 가득 찼다.

〈순수견양〉은 적의 허점을 노리고 있다가 즉시 공격하여 작은 이익이라도 취하고 그렇게 얻은 승리는 하늘이 준 것이라 생각하고 받아들이라는 전략이다.

완전한 승리를 위해서는 빈틈없이 계획하고 그야말로 물샐 틈 없는 전략이 필요하다.

소진蘇秦은 낙양사람으로 진나라의 재상 장의와 함께 귀곡자鬼谷子의 제자였다. 유세가인 소진이 진秦나라 혜왕惠王이 말했다.

"진나라는 서쪽으로 파巴와 촉蜀과 한중의 풍부한 물산이 있고 북쪽에는 오랑캐 땅에서 나는 맥피麥皮와 대代땅에서 나는 좋은말馬이 있습니다. 남쪽으로는 무산巫山과 검중黔中이 천혜의 요새이며 동쪽으로는 효산崤山과

함곡관이 견고한 요새를 이루고 있습니다. 백성은 부유하고 마음만 먹으면 용사 백만 명과 전차 만 대를 모을 수 있습니다. 이곳은 이른바 하늘이 점지하여 내려준 천하의 대국大國입니다. 이 정도면 제후들을 삼켜 천하를 통일하고 제왕의 자리에 오를 제반 요소가 갖추어져 있습니다."

소진의 말들을 듣고 혜왕이 대답했다. "새도 깃털이 자라지 않으면 날 수 없고 따라서 아직 치세의 이치가 서지 않았으니 천하 통일은 어려운 일이오." 이렇게 하며 쫓겨난 소진은 집으로 돌아가자 아내는 베만 짤 뿐 본체만체하고, 형수는 끼니도 챙겨 주지 않고, 아버지 어머니도 말을 섞지 않았다. 그런데 합종연횡合從連衡정책이 받아들여져 마침내 합종책의 책임자로 여섯 개 나라의 재상이 되었다.

그러자 소진이 고향을 지날 때면 부모는 성밖 삼십 리 지점에 나와서 영접하고, 무심했던 형수 씨는 땅에 부복하고, 아내는 곁눈질로 겨우 바라볼 뿐이었다.

위의 소진의 과거와 현재를 볼 때 〈순수견양〉은 뜻을 굽히지 않고 결연한 자세로 임할 때 주어진 것을 받아들이는 것이라고 볼 수 있다.

제3부

공전계

攻戰計

자신을 알고 상대를 파악하여
계책을 모의하고
적을 공격하면 백전백승이다

상대방의 본심을
드러내도록 하라

타초경사
打草驚蛇

풀을 쳐서 뱀을
놀라게 한다

풀을 쳐내어 뱀을 놀라게 한다. 적의 정체를 알 수 없을 때 쓰는 전략으로 정체를 드러나게 한다. 진군할 때는 늪이나 갈대숲 후미진 곳을 살펴 적을 확실히 파악한다. 〈타초경사〉는 숨은 적을 알아내는 탐색전술이다.

〈타초경사〉의 타초打草는 풀을 치는 것이고 경사驚蛇는 뱀을 놀라게 한다는 말이다. 그러나 이 계는 뱀을 직접 치지 않고 풀을 때려서 뱀의 정황을 알아내고사 하는 것이다. 이를테면 지위가 높은 거물급의 범죄를 다룰 경우 본인을 직접 조사하지 않고 그 비서나 운전사 등을 추적함으로써 거물의 범죄 내용을 알아내는 수법이다.

전투에서도 적의 정체를 알아내려면 일반적으로 수색(구석구석 뒤져 찾음), 정찰(적의 정세나 지형을 살피는 일), 첩보(상대편의 정보, 형편을 몰래 알아내어 보고) 등을 동원하여 그 정체를 알아낸다.

조금이라도 의심스러운 정황이 포착되면 반드시 정찰대를 파견해 적군의 동향을 파악하고 행동을 취해야 한다. 《역경易經》에 적의 진의를 알기 위해서는 거듭거듭 정찰하여 그 동향을 읽어야 한다고 적고 있다.

'지피지기 백전불태知彼知己 百戰不殆라는 말은 적을 알고 나를 알면 백번 싸워도 위태롭지 않다'는 손자의 말로 나의 역량을 알고 적의 역량을 알면 어떤 방법을 써서 이길 것인가를 알 수 있다는 말이다.

바꾸어 말하면 적의 동태를 알지 못하는 상태에서 자기 힘만 믿고 공격하는 것은 위험천만하다는 뜻이다. 병법을 아는 지휘관이라면 무턱대고 적을 공격하지는 않는다. 전에 반드시 적의 동태를 세세히 파악한 다음 행동에 나선다.

병법에 날짐승이 앉으려다가 다시 날아가는 곳에는 반드시 복병伏兵이 있다고 적고 있다. 행군 도중 군마軍馬가 갑자기 머뭇거리면 앞에 복병이 있다는 징조이다.

〈타초경사〉는 풀밭에 숨어 있는 뱀을 놀라게 해서 유인하는 계이다. 적이라는 주범을 잡기 위해 그 공범이나 하수인을 잡아서 확증을 잡고 나아가는 것으로 괸물에 돌을 던지면 동심원 파장을 일으키는 듯 동심원 작전이다.

그러니까 논제의 핵심을 찌르지 않고 변두리를 찍어서 이것저것 캐물어 접근하는 수법이 여기에 해당되는 계략이다.

부하들의 부정부패를 열거하여 현령 왕로를 꾸짖다

당唐나라 때 왕로王魯가 당도현當塗縣 현령으로 있으면서 수단과 방법을 가리지 않고 재산을 긁어모아 막대한 부를 축적했다. 이를 견디다 못한 그곳 백성들이 그의 부정은 직접 탓하지 않고 그의 부하들의 부정부패를 열거하여 연명으로 날인한 다음 고소장을 현아문懸衙門(관청)에 제출하였다.

죄상을 요목조목 들춘 증거를 제시하면서 그들을 엄벌에 처해줄 것을 청원한 고발장을 든 왕로는 깜짝 놀랐다.

각 죄목이 자기가 축재한 사실과 너무도 일치하므로 온몸이 부들부들 떨렸다. 왕로는 그 소장을 다 읽고 나서 등에 진땀이 스며 옷이 젖었고 얼굴에 핏기를 찾을 수 없을 정도로 창백해져 의자에 힘없이 주저앉았다.

왕로는 이 일을 어떻게 해야 할지 좋은 방도가 떠오르지 않아 그는 놀란 심정 그대로를 여덟 글자로 써서 판결을 내렸다.

"관하 백성들은 풀을 베려고 한 일이지만 나는 풀 속에 숨어 있던 뱀같이 가슴이 써늘하도록 놀랐다."

이렇게 토로한 왕로는 〈타초경사〉의 참뜻을 헤아려 축재한 제물을 내놓아 패가망신하는 일만은 면했다.

예나 지금이나 왕실과 고관대작의 집에서는 재산이나 실권을 놓고 암투가 끊이지 않는다.

광무제, <타초경사>로 송홍을 떠보다

후한後漢을 세운 광무제(光武帝:재위 25~57년) 때 송홍宋弘은 정직하고 온후한 성품으로 사람들의 존경을 받았다. 당시 광무제는 송홍의 인품을 보고 곁에서 보좌할 박식하고 재능있는 사람을 추천해 달라고 명했다. 그러자 송홍은 그 자리에서 환담桓譚을 천거하면서 말했다.

"환담의 학문은 전한 때의 양웅揚雄이나 유향劉向과 견줄 만할 정도입니다. 그 사람이라면 폐하를 잘 보필할 것입니다."

송홍의 말을 들은 광무제는 두말 않고 환담을 발탁하고 정치를 돕도록 했다. 그런데 환담은 엉뚱하게도 궁중에서 연회가 열릴 때면 항상 정鄭나라의 음악을 연주하게 했다. 이 사실을 알게 된 송홍은 크게 화를 내며 환담을 불러 꾸짖었다.

　"정나라의 음악은 음탕해서 예부터 성현들도 듣기를 꺼리던 음악인데 어찌 그런 음악을 황제께 들려 드리는가? 그것이 황제를 보필할 사람이 취할 행동인가?"

　송홍은 곧바로 입궐해서 광무제에게 자기가 환담을 천거했던 것을 사죄하며 말했다.

　"제가 환담을 천거한 것은 그가 충성스러운 마음으로 황실을 바로잡기를 바랐기 때문이었습니다. 그런데 오늘날 궁중에서 정성(鄭聲:음란하고 야비한 음률)을 즐겨 듣고, 그 소리가 끊이지 않으니 모두 저의 불찰입니다. 저를 벌해 주십시오."

　이 일로 광무제는 환담을 파직했고, 광무제는 더욱 송홍의 사람됨에 탄복하여 그를 높이 샀다.

　〈타초경사〉란 풀을 쳐서 뱀을 움직이게 하듯 환담의 처사를 보고 송홍은 그의 됨됨이를 간파했던 것이다.

　마찬가지로 광무제는 송홍이 환담을 천거했으나 그가 모범적으로 정사를 돌보지 않자 자기의 잘못인 양 사죄하는 것을 보고 사람됨을 읽었던 것이다.

　당시 광무제에게는 손위 누이인 호양공주湖陽公主가 있었다. 그런데 그녀는 일찍이 남편을 여의고 과부로 지냈다. 광무제는 누이가 홀로 된 것을 안타깝게 여겨 은밀히 신하들 가운데 배필이 될만한 사람을 물색하고 있었다.

　한번은 광무제와 호양공주가 이야기를 나누던 중 신하들의 인품에 대해 거론하였는데, 그때 호양공주가 말했다.

"인품이나 기량, 어느 면으로 보아도 송홍을 따를 사람이 없지요."

이 말을 들은 광무제는 누이의 마음을 눈치채고 조용히 송홍을 불러 그 마음을 알아보기로 했다. 그야말로 〈타초경사〉의 계책을 활용한 것이다.

송홍이 입궐하자 광무제는 몇 가지 정사에 관한 이야기를 나눈 다음 송홍의 생각을 은근히 떠보는 질문을 던져 그 속마음을 캐보았다.

"남자들은 돈을 모아 살림이 넉넉하게 되거나 높은 벼슬에 오르게 되면 지체 높은 사람들과 교분을 맺는 것이 상례지 않소? 그리하여 자연히 옛 친구를 멀리하게 마련인데 그 또한 인지상정이 아니겠소. 그렇게 자신의 지체가 높아지면 처를 바꾸기도 한다는데 경은 지금 천하가 우러러보는 사람이 되었으니 처를 지체 높은 가문의 여자로 바꾸어 볼 생각은 없으신지?"

광무제는 넌지시 걸맞은 여자가 있음을 비쳤다. 바로 이 대목이 〈타초경사〉의 의중을 떠보는 탐색 작전이다. 이 말을 듣자 송홍이 정색을 하고 대답했다.

"신은 어려울 때 사귄 친구는 결코 잊어서는 안 되며, 함께 어려움을 겪은 아내는 세상이 어떻게 바뀌든 버려서는 안 된다고 알고 있습니다. 신은 가난하고 미천할 때에 사귀었던 친교(빈천지교貧賤之交)를 잊을 수가 없으며, 술지게미와 겨를 먹으며 고생을 함께해 온 조강지처糟糠之妻는 주부(主婦 : 안주인)에서 내칠 수 없습니다."

송홍이 가고 난 뒤 광무제는 병풍 뒤에서 이 말을 듣고 있었던 호양공주에게 아무래도 일이 어렵겠다는 뜻을 전했다.

"들으셨지요. 전혀 먹혀들지 않으니 단념하시오."

호양공주는 자기 생각만으로 남의 남자를 가로채려 했으나 송홍의 높은 인품을 확인하고 자신의 생각을 깨끗이 접었다.

송홍의 마음을 떠보는 방법이 풀을 쳐서 뱀을 이끌어내는 〈타초경사〉의
유도전법이다.

태자 상신, 〈타초경사〉로 부왕의 본심을 알아내다

춘추시대 초楚나라 성왕成王(재위 기원전 671~626년)은 그의 장남 상신商
臣을 태자로 봉했다. 그런데 얼마 후 측실側室에게서 태어난 직職이 총명하
여 서자이지만 자기 대를 이을 재목이라고 생각하여 태자의 자리를 바꾸겠
다는 생각을 했다. 성왕은 혼자만 생각하고 있었으나 어느새 그러한 소문
이 궐문 밖에서까지 나돌았다.

태자 상신은 소문에 대하여 여러 경로로 알아보았으나 부왕의 마음을
잘 파악할 수 없었다. 그러나 그것이 사실이라면 무슨 대책을 세워야만 했
다. 어떻게든 부왕의 본심을 알아내는 것이 급선무였다. 그는 고민 끝에 그
의 시종인 반숭潘崇에게 묘책을 물었다. 반숭은 왕의 시종이나 측근이 알고
있다 해도 함부로 입을 열지 않을 것이니 무슨 소식을 듣게 되면 알려 드리
겠다고 말했다.

며칠이 지나자 반숭이 상신에게 하나의 계책을 귀띔해 주었다. 성왕에
게는 강우江芉라는 출가한 누이가 있었다. 구실을 만들어 강우를 초청하여
연회를 베푸는 중 계획적으로 강우를 화나게 하여 그녀의 입에서 뱉어지는
정확한 정보를 입수한다는 전략이었다.

상신은 반숭의 계책대로 연회를 마련하고 강우를 초청하여 담소하다가
일부러 강우를 화나게 만든 다음 그 화를 더 부채질했다. 잔뜩 화가 난 강
우는 상신에게 쏘아붙이듯 말했다.

"너의 됨됨이를 보니 부왕께서 너를 태자에서 폐하고 직을 태자로 봉하
겠다는 결심을 이해할 수 있겠다."

그녀는 잔뜩 화를 내면서 자리를 박차고 나가 버렸다. 이로써 상신은 성

왕의 본심을 알게 되었다. 여기서 상신이 강우를 화나게 한 대목이 바로 뱀이 있는 곳을 알기 위한 〈타초경사〉의 계책이었다.

태자 상신은 반숭에게 이제 진위를 알게 되었으니 대책을 세우라고 말했다. 그러자 반숭은 세 가지 방법이 있다며 결단을 촉구했다. 이는 상신이 부정父情에 매여 쉽게 결단을 내리지 못할 것을 염려해서였다.

"만약 직이 태자가 되면 그의 신하가 될 수 있겠습니까?"

"그렇게는 할 수 없지."

"그렇다면 타국으로 망명하시겠습니까?"

"망명이라니 그것은 안 돼."

"신하도 싫고, 망명도 싫다면 길은 하나밖에 없습니다. 아버지를 왕의 자리에서 몰아내고 스스로 왕이 되는 것인데 그러한 용기는 있습니까?"

상신은 사정이 이러하니 다른 방도가 없다고 판단하고 아버지를 왕의 자리에서 끌어내릴 결의를 보였다.

상신은 반숭을 참모로 삼고 근위대를 동원하여 반란을 도모, 성왕을 감금하기에 이르렀다.

성왕은 상황을 뒤집기 위해서는 시간이 필요했다. 그래서 요리하는 데 3일이나 걸리는 곰 발바닥 요리를 먹고 죽겠다고 청했다. 그러나 반숭은 상신에게 절대로 허락해서는 안 된다고 진언했다. 그러지 성왕은 스스로 목숨을 끊어 자살하고 말았다.

앞의 광무제의 이야기나 상신의 이야기는 모두가 상대의 정체를 알아내는 〈타초경사〉의 계로 진위를 파악했다.

제13계〈타초경사〉는 토끼몰이 하는 식으로 감춰진 것을 뛰쳐 나오게 하여 잡는 술책이다.

한발능, <타초경사>로 북위군에 대승하다

북위北魏 말 기원전 523년 옥야진沃野鎭에서 병사들이 상관의 폭행을 견디다 못해 한발능韓拔陵을 중심으로 변란을 일으켰다.

524년 북위군과 반란군은 오원五原에서 교전을 벌였다. 북위군이 산을 장악하자 반란군은 평원에서 위기에 봉착했다. 한발능은 자기들이 위험에 처해 있다는 것을 잘 알고 있었으며 적의 상황을 파악한 후 작전계획을 수립했다. 그는 적진에 정찰대를 보내며 북위군을 발견하면 공중에 화살을 쏴 알리라고 했다. 정찰대는 좌우로 한 개씩의 활을 쏘아 올렸다. 한발능은 그것을 보고 북위군이 전쟁을 하는 것처럼 꾸미고 있음을 알아챘다. 북위군은 유인책을 이용해 반란군을 꼬여내려고 한 것이다. 북위군의 주력 부대는 그들이 본대로 좌우로 나눠 잠복하고 있었다.

한발능은 3개 부대로 나눠 그중 두 부대는 산을 에워싸고 숨어서 북위군과 싸우게 하고 나머지 한 부대는 자신이 직접 인솔하여 후퇴하는 것처럼 가장했다. 북위군은 반란군이 후퇴하는 것을 보고 바로 산 아래로 내려왔다. 이때 산 밑에 주둔해 있던 한발능의 부대가 북위군을 둘러쌌다. 북위군은 주머니 속에 날아든 새의 신세가 되고 말았다. 이 접전에서 한발능은 대승을 거두었다.

나중에 양군兩軍은 몸을 숨길 수 있을 정도로 무성한 풀숲에서 다시 맞닥뜨렸다. 한발능은 이상한 낌새를 감지하고 북위군 쪽에 있는 양쪽 풀숲을 살펴봤다. 그는 오른편 상공에 새 한 무리가 날아다니고 있음을 발견했다. 한발능은 부대를 둘로 나누고 각 부대를 다시 두 개의 조로 편성했다.

그런 후에 마치 거대한 집개처럼 양측으로 북위군을 습격했다. 예상대로 풀숲에 숨어 있던 북위군은 갑작스러운 상황 변화에 놀라 사방으로 도망쳤다. 한발능과 그의 군대는 혼란을 틈타 북위군에 압승을 거둘 수 있었다.

풀을 쳐서 뱀을 놀라게 하는 계략인 만큼 한발능은 정찰대를 통해 북위군의 위치를 파악했으며, 또 상공에 새가 날아다니는 것을 보고 그들의 동태를 파악했다. 바로 이 대목이 〈타초경사〉의 계책이다.

요임금, 하급관리의 축복에 <타초경사>하다

삼황오제三皇五帝의 요堯임금이 화산華山 지방을 순례했을 때의 이야기다. 국경을 지키는 하급 관리가 요임금에게 복福을 빌며 말했다.

"아, 성인이시군요. 성인께서는 오래도록 수壽하소서."

그의 축하를 받고 요임금이 말했다.

"사양하겠소."

그러자 하급 관리가 놀라서 이번에는 누구나 간절히 바라는 부富를 빌어 드렸다.

"성인께서는 부자가 되소서."

"그것도 사양하겠소."

부를 비는 것도 사양하자 난감하여 이번에는 다산多産을 축원했다.

"성인께서는 아들을 많이 두시옵소서."

"그것도 사양하겠소."

그러자 하급 관리가 그 속을 모르겠다는 듯이 고개를 흔들며 말했다.

"수하고 부하고 아들 많이 두는 것은 모든 사람들이 바라는 바이온데, 성인께서는 그 모든 것을 바라지 않으십니까?"

하급 관리의 말에 요임금이 다음과 같이 말했다.

"아들이 많으면 어려움이 많고, 부유하면 쓸데없는 일이 많고, 수하면 욕됨이 많아진다. 이 세 가지는 모두 내가 덕을 기르는 데 도움이 되지 않는다(수욕다壽辱多). 그래서 사양하는 것이다."

요임금은 하급 관리의 수와 부와 다산의 축원을 다 듣고 난 뒤에 수즉욕다壽則辱多는 덕을 기르는 데 도움이 되지 않는다며《장자莊子》, 〈천지 편天

地篇〉을 들어 마지막에 그 속내를 드러내 보였다. 여기서 요임금의 속내를 들여다 보는 대목이 〈타초경사〉다.

요임금은 하급관리의 축복을 세 번이나 받으면서 자신의 덕이 모자람을 깨달았던 것이다. 즉, 하급 관리가 축복할 때마다 그것이 변죽을 울리는 것처럼 자신의 속마음을 드러나게 한 것이다.

여기서 장자는 요임금이 성인이라고 생각했는데 고작 군자밖에 안 된다는 것을 알았다. '자식이 많으면 소질에 적당한 직업을 주면 되고, 부유하면 이웃과 나누면 되고, 오래 살면 세상의 온갖 희노애락을 즐기며 소일하면 될 것을 도대체 무엇이 걱정이란 말인가?'

그런데 오래 살면 못 볼 것을 보며 살게 된다는 뜻만 내세운다니 이것이 안타까울 뿐이라고 되뇌었다. 손자가 말한 '지피知彼' 즉, 적을 아는 방법으로는 예나 지금이나 우수한 정보에 의존하는 경우인데 그 전술이 참으로 다양하다. 현대전은 첨단기술이 투입된 과학무기로 적을 단번에 요절낼 수도 있다. 때문에 누가 더 정확한 정보로 적의 작전 계획을 알아내느냐가 중요하다. 이렇게 적의 동태를 파악하기 위해 첨단기기들을 다양하게 이용하고 있다. 첨단기능을 탑재한 인공위성이 수 백km 떨어진 곳에서 성냥갑 크기 정도의 물체를 찾아낼 정도다.

〈타초경사〉는 꼭 전쟁에서만 이용하는 계책이 아니라 수사기관이나 탐정 그리고 기업 경영자가 상담, 또는 상대를 설득할 경우에도 흔히 사용되는 기법이다.

대책이 없는 모험은 피하라

차시환혼 借屍還魂 시체를 빌려 혼을 불어넣는다	남의 시체를 빌려서 다시 태어난다. 자신의 육신이 없어져 영혼만 남았을 때는 남의 시신을 빌려 환생한다. 기업에서 '허수아비' 경영인을 내세워 경영한다. 폐기된 기술을 살리거나 활용가치가 없는 것을 활용한다.

〈차시환혼〉이라는 이 계의 용어는 신화에서 유래했다. '차시借屍'는 시체를 빌리는 것을 말하고 '환혼還魂'은 혼이 돌아온 것이니, 이는 시체를 빌려 다시 살아나는 일종의 부활이다.

이현李玄이란 사람이 도교道敎에서 말하는 신선神仙이 되려고 노자老子를 스승으로 모시고 불로장생不老長生 · 불로불사不老不死 비법을 익혔다. 그러던 어느 날 그는 신통력으로 영혼이 육체에서 빠져나가 태상노군太上老君(노자)과 유람을 떠나면서 자기 제자에게 신신당부했다.

"내가 죽으면 내 영혼은 육체를 떠나 신선과 노닐 것이다. 그러니 너는 내 육체를 지키고 있다가 7일째가 되어도 내 혼이 돌아오지 않으면 내가 신선이 된 것으로 알고 내 몸을 화장하여라."

제자는 스승의 말씀대로 꼼짝 않고 스승 시체 곁을 지켰다. 6일째가 되는 날이었다. 갑자기 하인이 달려와 어머니가 중병으로 위독하니 집으로 가야 한다는 것이었다. 제자는 크게 당황했다.

"어머니께서 위독하신데 스승님의 시신도 지켜야만 하겠고 이를 어찌하면 좋단 말인가. 그렇다고 내가 집에 돌아가지 않으면 어머니께서 눈도 편안히 감으실 수 없을 텐데."

하고 갈등하고 있으려니까 하인이 말했다.

"어찌 사제지간의 의리가 부모의 정에 미칠 수 있겠습니까? 스승의 영혼이 빠져나간 지 6일이나 지났으면 오장육부가 다 썩었을 텐데 혼이 돌아온들 무슨 수로 다시 살아날 수 있단 말입니까?"

하인의 말에 제자는 이현의 시체를 화장하고 집으로 돌아가 어머니의 장례를 치렀다. 7일째 되는 날, 이현의 혼백이 돌아왔으나 들어갈 몸이 없어 정처 없이 떠돌다가 길가에 버려진 거지의 시체를 발견하고 그 속으로 들어갔다. 그래서 그는 때가 더덕더덕 묻은 얼굴에 지팡이를 짚은 절름발이가 되었다. 그러니까 혼은 이현이지만 육신은 거지였다. 이를 두고 죽은 사람의 혼이 다른 사람의 시체를 빌어 부활한다고 하여 〈차시환혼〉이라고 했다.

〈차시환혼〉을 《36계 병법》에 집어넣어 설명하면서 화룡점정畵龍點睛을 첫 이야기로 시작한다. 남북조 시대 때 양梁나라 장승효張僧繇라는 화가가 남경에 있는 안락사安樂寺 주지의 부탁을 받고 금릉金陵 절벽에 네 마리의 용龍 그림을 그렸다. 용은 살아서 꿈틀거리는 듯 생동감 있게 그렸다. 그런데 네 마리의 용은 모두 눈동자가 없었다. 사람들이 왜 눈동자를 그리지 않았느냐고 묻자 눈동자를 그려 넣으면 살아서 날아가 버리기 때문이라고 했다. 사람들이 그 말을 믿지 않자 장승효가 붓을 들어 네 마리 중 한 마리의 그림에 눈동자를 그려 넣자 갑자기 번개가 치고 바람이 불더니 승천해 버렸다.

이 이야기는 당나라의 장언원張彦遠의 《역대명화기歷代名畵記》에 나오는 〈화룡점정〉이라는 고사에 실려 있다.

세도가들, 허수아비 왕을 이용하여 정권을 장악하다

세상에는 이용가치가 있으나 뒷전으로 밀려난 사람들이 많다. 이런 '살아있는 시체'를 이용하여 자기를 지키는 배경으로 삼거나 자기 세력을 확장하는 도구로 활용하는 전술이 〈차시환혼〉이다. 예를 들어 과거에 요직에 있던 사람이 정년퇴직을 하고 모 회사의 후견인으로 가는 것 등이 여기에 속한다.

〈차시환혼〉의 계는 반드시 사람에 한하는 것만은 아니다. 때로는 물건에도 이 계가 적용된다. 국민소득이 높아지고 물자가 풍부해지자 아파트단지에서는 아직 멀쩡한 가전제품이나 가구를 쉽게 버린다. 박원순 서울시장은 일찍이 사람들이 아직 쓸 수 있는 것을 쉽게 버리는 것에 착안하여 버리는 물건을 새롭게 단장하여 회생시켰다. 그리고 싼 값에 되파는 사회적 기업을 열었다. 그것이 유명한 '아름다운 가게'다. 그리고 애물단지로 전락한 뉴타운 사업을 신축하지 않고 리모델링으로 전환하여 다시 탄생하게 했다.

그래서 새집처럼 다시 단장됐다. 이로써 원주민은 쫓겨나지 않아도 되었고 높은 가격에 텅텅 빈 아파트만 남는 사태를 방지할 수 있었다. 이 또한 〈차시환혼〉 계책의 일환이다.

조선 역사에서 세도를 자랑하던 안동 김씨 일문이 더벅머리 총각 강화도령을 임금(철종)으로 모셔놓고 그 임금을 방패 삼아 자신들의 세도를 굳건히 다졌다. 이 또한 〈차시환혼〉의 계책을 활용한 예라 하겠다.

정세가 어지러웠던 조선 말엽 고종도 친러파, 친일파, 친청파의 득세에 따라 이리저리 끌려다니며 그들 세력을 위한 도구로 이용당했다. 중국 삼국시대의 조조와 조선 시대의 안동 김씨, 구한말 고종의 부끄러운 역사는 힘없는 왕들을 활용한 이른바 〈차시환혼〉이었다. 권력 유지를 위해 시쳇말로 바지사장을 내세워 배후 조종하는 것들이 모두 이런 예에 속한다.

긴 중국역사 속에서는 〈차시환혼〉에 해당하는 사례는 한둘이 아니다.

환관 조고가 황제를 이용하여 천하를 호령하다

진시황제 재위가 끝나고 조고趙高(기원전 210년)가 등장하여 위세를 시험한 지록위마指鹿爲馬도 〈차시환혼〉의 계에 해당한다. 진시황제가 병사하자 환관 조고趙高는 조정의 대권을 찬탈하기 위해 진시황의 죽음을 일단 비밀에 부치고 성지聖志(임금의 뜻)를 빙자해서 진시황의 장자 부소扶蘇를 자살케 했다. 그리고 나이 어린 둘째 아들 호해胡亥를 태자로 세운 다음 진시황의 죽음을 세상에 알렸다. 조고는 호해가 제위를 잇게 하고, 자신은 승상이 되어 조정의 실권을 장악했다.

조고는 이에 만족하지 않고 황제 자리마저 노리기에 이르렀다. 허수아비 황제를 앞에 내세우고 조고의 권세는 하늘을 찌를 듯이 높아졌다. 그러나 혹시라도 대신들이 불복할까 하여 전전긍긍하던 중 기상천외한 계책을 생각해 냈다.

어느 날 조고는 호해에게 사슴 한 마리를 바쳤다.

"폐하 오늘 신이 훌륭한 말 한 필을 구하여 폐하께 바치옵니다. 낮에는 천 리를 달리고 밤에도 팔백 리를 달릴 수 있는 천하의 준마駿馬이옵니다."

황제 호해는 자기에게 진상한다고 끌고 온 짐승은 분명 사슴인데 이를 말이라고 하니 황당할 수밖에 없었다. 그런데 조고는 끝까지 말이라고 우기니 황제가 껄껄 웃으면서 조고에게 말했다.

"승상, 승상은 지금 농담을 하는 게 아니오? 틀림없는 사슴을 가지고 말이라고 하니 뭔가 잘못 알고 있는 게 아니오?"

그러자 조고가 홱 몸을 돌려 좌우 측근들을 둘러보고는 다시 큰소리로 황제께 여쭈었다.

"아니옵니다. 폐하, 틀림없는 말이옵는데 어찌 사슴이라고 하십니까?"

황제는 의심을 하면서도 마음속으로는 '짐朕이 요사이 몸이 불편한 것을 알고 내 마음을 즐겁게 해 주려고 농을 하는 것이겠지' 하고는 정신을 가다듬고 말했다.

"좋소, 승상은 말이라고 하고 짐은 사슴이라 했으니, 그럼 이 자리에 있는 대신들에게 이것이 말인가 사슴인가를 물어봅시다."

백관百官들에게 공정한 심판을 묻겠다는 국왕의 말을 들은 신하들은 놀라움을 금치 못하면서 생각이 복잡했다. 사슴은 틀림없는 사슴인데 사실대로 고하자니 승상의 미움을 받을 것이고, 그렇다고 말이라고 한다면 국왕을 기만하는 것이 되고 마는 처지였다. 백관들은 서슬이 퍼런 조고 앞에서 묵묵부답할 수도 없는 노릇이었다. 그래서 모두들 고개를 떨구고 망설였다. 조고는 기세도 등등하게 두 눈을 부릅뜨고는 주위를 한번 쏘아 보고는 자세를 가다듬었다.

이윽고 한동안의 침묵이 지나 조고가 사슴을 궁궐 문 앞으로 끌고 오라고 하여 만조백관이 들으라는 듯이 말했다.

"폐하, 다시 한 번 살펴보십시오. 그리고 대신들도 똑똑히 보시오. 이렇게 몸이 둥글고, 다리가 가늘고, 목 털을 늘어뜨리고, 귀가 뾰족하고, 꼬리가 뭉툭한 이놈이 말이 아니고 무엇이란 말씀입니까? 여러분들 말 좀 해보시오."

백관들은 벌써 조고의 이러한 위세에 눌려 소신대로 말을 할 수가 없었다. 그래서 조고의 말이 떨어지자 합창이나 하듯이 대답했다.

"폐하! 맞습니다. 그건 말이옵니다."

이와 같이 멀쩡한 대낮에 뭇사람들 앞에서 사슴을 가리키며 말이라고 해도 많은 사람들이 옳다고 하면서 두둔할 정도였으니 당시 조고의 세력이 어떠했으며 그 정치 상황이 어떠했는가를 가히 짐작할 수 있다. 이것이 바로 '지록위마指鹿爲馬'라는 말이 나오게 된 유래다. 이렇게 되자 누구도 황제를 직접 배알할 수가 없었고, 황제 또한 누구를 만나고 싶어도 조고를 거치지 않고는 만날 수가 없었다.

황제는 이름만 황제일 뿐 '살아 있는 시체'로 완전한 허수아비가 되고 말았다. 진시황제의 천하 통일 대업을 도와 시황제의 오른팔 노릇을 하며 제일가는 중신인 재상 이사李斯조차도 한낱 환관宦官인 조고의 동의 없이는 황제를 만날 수 없었다.

조고는 권세가 날로 등등해지자 눈 속의 가시 같은 존재가 이사였다. 그래서 진 2세가 재위 2년이 되던 해에 이사가 제왕을 없앨 흉계를 꾸미고 있다고 모함했다. 2세는 이 말을 곧이듣고 이사를 죽이고 그의 가문 삼족三族을 멸했다.

그 후 2세는 조고의 술책을 전혀 눈치채지 못하고 오히려 '조고가 아니었더라면 이 몸은 이사의 손에 살해되었겠구려.'하면서 감격했다.

그러니까 2세 황제가 얼마나 어리석고 무능했던가를 가히 짐작할 수 있는 대목이다. 진 2세 황제 3년에 이사의 자리였던 승상 자리에 드디어 조고가 등용되니 조고의 권력은 조야朝野를 뒤흔들었다. 조고는 자기와 뜻이 안 맞는 사람들은 붙잡아다가 문책하거나 처형하니 국정 대사는 완전히 그 한 사람의 손아귀에 들어갔다.

이렇게 조고는 호해 황제를 〈차시환혼〉으로 이용하여 천하를 호령하는 데는 성공했으나 2년 후 진승陳勝과 오광吳廣의 반기로 진 제국은 멸망하고 만다.

조조, 헌제를 〈차시환혼〉으로 이용하다

위魏의 무제武帝 조조曹操가 헌제獻帝를 자기 기반을 닦기 위해 〈차시환혼借屍還魂〉으로 이용한 예를 살펴보자.

조조曹操(서기 190년)가 의병을 거느리고 원소袁紹를 맹주로 삼아 스스로 재상이 되어 권력을 휘두르는 동탁董卓을 타도하기 위해 쳐들어 갔지만 군웅들의 분열로 목적을 이루지 못했다. 결국 미인계로 동탁이 양아들 여포呂布에게 살해되자 장안을 비롯한 정국의 상황이 극도로 혼란에 빠지게 되었다.

헌제(재위 189~220)는 위기를 피해 폐허가 된 낙양洛陽으로 돌아가 기거했다. 그러나 낙양 역시 군웅이 할거하는 난장판이어서 불안하기 짝이 없었다. 그러자 그 무렵 가장 믿을 만한 세력이 조조였기에 과거의 복잡한 관계를 뒤로 한 채 그에게 구원을 요청했다.

세상일이란 묘한 것이어서 조조는 동탁이 헌세를 황세로 세우고자 할 때 반대하여 당시 전군교위典軍校尉의 지위를 버리고 물러난 일이 있었다. 이런 일로 서로에 대해 악감정이 있었다. 그런데도 헌제가 조조에게 구원을 요청한 것은 당시의 명사 순욱荀彧의 진언에 따른 것이었다. 헌제의 등극을 그처럼 반대했던 조조가 무슨 이유에서인지 서슴없이 헌제를 맞아 조조의 본거지인 허許라는 곳으로 천도하였다. 조조가 그렇게 싫어하는 헌제를 옹립한 것은 다른 생각이 있었기 때문이었다. 비록 헌제가 허수아비 황제이지만 천자天子라는 이름은 이용가치가 있었기 때문이었다.

세력자들이 서로 다투고 있을 때일수록 통치권자로서의 정통성은 중요하다. 따라서 황제를 받들고 있다는 그 자체가 유리한 입지와 명분을 확보할 수 있었던 것이다. 따라서 백성들은 황제를 모시고 있는 조조를 실세로 인정할 것이라는 점에 착안한 것이다.

아니나 다를까, 헌제는 조조에게 대장군 무평후武平候라는 벼슬을 내려 실제로 천하를 호령하는 위치에 섰다. 이때가 건안建安 원년(서기 196년)이다. 조조는 재정기반을 확립하기 위해 토착 농민들에게 땅을 나누어주어 농사를 짓도록 한 유명한 둔전屯田제를 실시하여 크게 성공함으로써 완전한 기반을 구축했다.

이에 반해 원소袁紹는 처음부터 헌제를 이용할 생각을 하지 못해서 조조에게 밀리고 말았다. 조조는 뛰어난 모사가답게 헌제를 〈차시환혼〉으로 이용했던 것이다.

〈차시환혼〉의 계는 생각하기에 따라 그 범위가 넓고 기기묘묘하며 복잡하다.

기업경영자, 영혼 없는 몸뚱이에 영혼을 불어넣다

요즘은 투명 경영의 일환으로 직원들에게 권한 이임을 하는 회사가 점점 늘어나고 있다. 다시 말해 사장의 권한을 직원들에게 이임하는 것인데 이런 때 CEO는 혹시 자신이 〈차시환혼〉의 자리에 서는 것은 아닌지 생각할 수 있다. 그러나 그것은 좁은 생각이다. 오히려 사원들 스스로 독립성을 키우고 자율성을 확보하게 하는 요체인 것이다. 그래야 회사는 강한 바람에도 꿋꿋하게 버텨 자생할 수 있다.

흔히 위에서 밑으로 내려오는 상명하달식은 전근대적인 경영기법이 되었다.

특히 세계화 시대에는 CEO의 자리가 높고 먼 계단 위에 있는 것이 아니라 낮은 곳에 위치하여 신속하게 일 처리를 할 수 있도록 도와야 한다. 그런 면에서 권한이양empowerment은 직원들이 지니고 있는 엄청난 양의 에너지를 분출하도록 촉진하는 역동적인 힘이 된다. 그래야 직원들은 상사가 자신들을 신뢰하고 있다고 느낀다. 이처럼 이들의 독립성과 자율성을 보장함으로써 관리자들은 다른 사안에 집중할 수 있을 뿐만 아니라, 직원들은 자신의 업무에 만족함과 동시에 더욱 책임감을 깊게 느끼게 된다.

그리고 점점 조직의 중요한 일원으로 위에서 내려오는 명령을 아래에서 받아 처리하는 수동식으로 처리하는 자리에서 능동적으로 업무에 참여하여 능력을 발휘하는 형태로 바뀌어 간다.

크라이슬러사Chrysler의 CEO인 로버트 이튼Robert Eaton은 회사 수익을 246%, 즉 37억 달러나 증대시킬 수 있었던 방법에 대해서 질문을 받았을 때 다음과 같이 대답했다.

"한마디로 권한이양 때문에 가능했습니다."

지금은 일본의 도요타나 한국의 현대자동차에 밀려 고전 중에 있지만 얼마 전까지만 해도 경영모델로 칭송받던 기업이었다.

따라서 고객에게 보다 나은 서비스나 제품을 제공하기 위해서는 직원 개개인의 독창력을 최대한 발휘하게 하고 어려운 상황에 처해있을 때는 즉가 지원해 직원들의 동력을 더 빠르고 완벽하게 고양해야 한다. 그래서 유능한 경영자들은 직원들이 실수를 하더라도 그들에게 권한을 이양하는 것은 변화를 위한 혁신이다.

1,200명의 미국 근로자들을 대상으로 한 갤럽 조사에 따르면 응답자의 66%가 한 사안에 대한 의사결정은 관리자가 하고 의사결정 과정에 참여 요청을 받더라도 제한된 수의 근로자들만이 권한이양을 받는다고 했다. 권한이양에 대해서 말만 앞세우지 말고 직원들에게 실제적인 독립성과 자율권을 부여하여야 회사도 살아남고 능률도 올릴 수 있다.

기업의 중견간부는 개인적으로 솔선수범을 직접 보이는 것보다 직원을 잘 활용하는 것이 최선의 방법이다. 예를 든다면 브루클린에 있는 신임 관리자가 화장실 물이 새는 것을 보고 CEO인 놈 브로드스키Norm Brodsky가 사무실로 달려가서 화장실의 물이 넘친다고 말한 다음 누구를 불러야 할지에 대하여 물었다. 그러자 브로드스키는 직접 자루걸레와 양동이를 들고 가서 화장실을 청소했다. 놀란 신임 관리자에게 브로드스키는 다음과 같이 설명했다.

"우리 회사에서는 화장실 물이 넘칠 땐 이렇게 하지요. 다음번에는 어떻게 해야 하는지 알겠지요?"

〈차시환혼〉이란 죽은 시체에 혼을 불어넣는 계이다. 위의 예에서 보듯이 화장실에 물이 넘치는데 CEO 사무실까지 뛰어간 사람은 '사람은 있으나 쓸모 있는 사람이 아니라 지시가 떨어져야만 움직이는 로봇과 같은 인간'이라고 봐야 할 것이다.

초보는 프로그램을 따라 움직이는 지시형 기계나 다름없다. 그런데 경력이 쌓이면 직원들이 능동적인 자세로 일에 임해야 한다. 그럼에도 그 회사의 봉급을 받고 일하지만 자칫 수동적으로 혼이 없는 로봇처럼 행동하는 사람이 있다면 그 회사의 기강은 살펴볼 필요도 없을 것이다.

이런 기계적인 인간에게 혼을 불어넣는 일을 일컬어 〈차시환혼〉의 계책이라 할 수 있다.

세계화 시대에는 눈을 크게 뜨고 귀를 활짝 열어 신속하게 정보를 입수하여 대책을 수립해야 살아남는 시대다.

〈차시환혼〉이라는 말은 솔선수범이라는 문화가 없는 기업을 솔선수범하게 만드는 즉 영혼이 없는 몸뚱이에 영혼을 불어넣어 생각하고 행동하는 인간으로 만드는 일이다.

기업을 영어로 코퍼레이션Corporation이라고 한다. 이 코퍼레이션은 몸통을 의미하는 라틴어 코퍼스Corpus에서 유래했다. 코퍼레이션은 여러 사람들로 구성된 조직이 유기적으로 육체처럼 움직이는 것을 의미한다.

몸뚱이인 코퍼스에서 나온 기업Corporation에 문화가 없다면 그것은 죽어 있는 물체와 같다. 문화가 떠난 기업은 외피만 남는다. 흙으로 돌아가기 위해 썩어지는 육체처럼 와해에 직면할 수밖에 없다고 이어령 교수는 말했다.

'기企'라는 한자를 풀어보면 기업의 본질을 이해할 수 있다. '기'라는 글자는 '사람 인人'자에 '멈출 지止'자를 합쳐 만든 회의會意 문자다. 사람이 길을 걸어가다가 잠시 멈춰서서 생각에 잠긴다는 말이다.

왜 사람이 멈추어 서는 것일까? 멈춰서서 생각에 잠기고 다시 눈을 떠서 주변을 살펴본다는 말은 자신을 성찰하고 자신의 좌표를 정한다는 뜻이다. 주변을 살피고 자기가 지나왔던 길을 새삼 돌아보고 앞으로 나갈 방향을 찾기 위해서다.

우뚝 멈춰서 생각한다는 것이 바로 기업의 '기'가 담고 있는 의미다.

기업이 영속적으로 번영하고 성장을 다지기 위해서는 멈춰서서 자신의 위치를 점검하고 미래를 예측해보는 것이 필요하다. 대개의 사람들은 기업이 그저 열심히 뛰기만 하면 되는 것으로 생각하기 쉽다. 그러나 뛰어야만 실 수 있던 시내는 이미 시나갔다. 현재와 같은 변혁기, 산업사회를 거쳐 후기 산업사회에 접어든 이 시점에서는 정보의 힘이 큰 걸음으로 뛰는 것보다 앞선다.

〈차시환혼〉은 기업 문화에 인간의 혼을 불어 넣는 게이다.

장사하는 사람들에게도 나름대로 상도常道가 있다

상도란 장사하는 사람이 지켜야 할 도리道理이다. 그 길 중에 가장 곧은 길이 정도正道고 정도가 살아있어야 건강한 사회다. 〈차시환혼〉은 기업사회에 새로운 정신을 불어넣는 계이다.

다시 옛이야기로 돌아가 보자. 노魯나라와 추鄒나라가 서로 맞싸우는 전쟁 와중에서의 이야기다.

싸움이 치열하여 추나라 장수 서른세 명이 전장에서 죽었지만 그 병사들은 하나도 죽지 않았다. 괴이하게 생각되어 추나라 목공穆公이 그 이유를 맹자孟子에게 물었다.

맹자는 딱 잘라서 장수들이 병사들에게 베풀 줄 몰라 그렇게 되었다고 대답했다.

그러니까 장수가 호령만 하고 병졸의 고통을 모른다면 싸움터에 나간 병졸들은 싸우고자 하는 전의戰意가 없어 도망치고 그렇게 되면 장수 홀로 남아 싸우다가 잡혀 목숨을 빼앗긴다. 이는 마치 표독한 장군은 독수리와 같아 새떼를 거느리지 못하는 것과 같다.

따라서 훈훈한 마음으로 사람을 품으면 벗이 모이고, 냉혹한 마음을 가진 사람에게는 벗이 떠난다고 하는 말과 같다. 물고기에게는 수초가 필요하듯이 장수는 따뜻한 품 안을 열어 두어야 한다.

〈차시환혼〉의 계는 조직체에 혼을 불어넣어 조직이 능동적으로 움직이게 하는 계다.

이는 전쟁터에서나 산업 일선에서나 국가라는 큰 조직도 마찬가지다. 군대에도 나름대로 군사 문화가 있듯이 기업에도 문화가 그리고 국가라는 거대한 조직 속에도 문화가 살아 있어야 한다. 이 문화가 바로 〈차시환혼〉의 계책대로 혼이 살아 있어야 문화라고 말할 수 있다.

어려운 상대는 끌어내라

조호이산 調虎離山 호랑이를 유인해 산에서 끌어낸다	호랑이를 산에서 유인해 낸다. 적을 꾀어낸다. 깊은 산 속에 있는 호랑이는 유인해 평지로 내몰아야 잡을 수 있다. 위험 인물을 끌어내 제거한다. 호랑 이의 이빨이나 발톱을 없애버리면 거꾸로 개에게 복종한다. 적을 이편이 바라는 곳으로 끌어내는 유인작전이다.

　'조호調虎'는 산에 있는 호랑이고, '이산離山'은 산을 떠나다이다. 산속의 호랑이를 이끌어 낸다는 뜻이다. 이는 유리한 위치에 있는 적을 계책으로 유인해 요새를 벗어나게 하여 공격하는 전략이다.

　호랑이가 산중에 있을 때는 천하 무적이지만, 평지에 내려오게 되면 산 보다는 훨씬 퇴치하기가 쉬워진다. 이와 마찬가지로 요새에 버티고 있는 강적을 밖으로 꾀어내어 쳐부수는 것이 〈조호이산〉의 책략이다. 허나 상대가 호랑이라면 몰라도 인간인 경우는 꾀어내는 데 웬만큼 교묘한 계책이 아니면 걸려들지 않는다. 그 솜씨 여하가 이 책략을 성공시키는 열쇠가 된다.

이 계책은 강자를 약화시키는 전략인데 즉, 돈이 많은 사람의 돈줄을 봉쇄하고, 권력을 휘두르는 사람은 권력의 배경을 차단하면 된다. 호랑이가 사나운 개를 복종시키는 것은 날카로운 발톱과 이빨 때문이다. 재력가는 돈이 곧 발톱이고 이빨이다. 이때 쓰는 계책이 〈조호이산〉이다. 원숭이는 나무에서 떨어져도 원숭이이지만 사람은 권력에서 떨어지면 사람이 아니라는 말이 있다. 우리는 주변에서 큰 회사의 책임자로 있거나 권력기관에 있을 때에는 그 힘이 막강했지만 그 자리에서 물러나면 일시에 무력한 사람이 되고 마는 경우를 흔히 본다. 그것은 마치 맹호가 진흙구덩이에 빠지거나 덫에 걸린 것과 같다고 해야 할 것이다.

이 계략에서 어려운 것은 조調이고, 호虎는 강한 것을 말하며 산山은 유리한 지리 조건을 말한다.

백기 장군, 명장 염파를 모함하여 요새 밖으로 끌어내다

적을 의도한 대로 꼼짝 못하게 하는 책략은 여러 가지가 있다. 그러나 그중에 적의 장수를 바꾸게 한 장평전長平戰의 계략을 더듬어 보면 〈조호이산〉의 계략이 확실하게 보인다.

전국시대 진秦(기원전 260년)나라가 여러 번 조趙나라를 공격하였지만 명장 조사趙奢와 염파廉頗에게 번번이 패했다.

진나라의 장군 백기白起는 25만 명의 군사를 움직여 다시 조나라로 쳐들어갔는데 조나라 효성왕孝成王은 염파 장군에게 40만 대군을 주어 맞서게 했다.

염파는 조나라 수도인 한단성邯鄲城 서북에 있는 요새지 장평長平(지금의 산서성山西城 고평 서북쪽)에 나아가 진지를 구축하고 진격해오는 백기군을 맞아 장기전을 펴서 소모전을 유도하는 전략을 세웠다. 염파는 조나라에서 일선 전투경험이 많은 노장이었다.

그는 능가하는 무장이 없을 만큼 용맹한 장군인데도 장기전 전략을 채택한 데는 그만한 이유가 있었다. 진나라는 국력이 한창 뻗어나는 시기이며, 군대도 사기가 왕성하여 천하무적임을 자타가 공인하는 강군인데 반해, 조나라는 40만 대군이라 하지만 대다수가 노병이고 젊은 군졸들은 아직 한 번도 전투경험이 없는 약병이었다. 그렇기에 백기군과 정면으로 부딪치는 싸움으로는 승산이 없었기 때문에 염파 장군은 보급선이 먼 약점이 있기는 하지만 백기군과 맞서지 않고 장기전을 대비하고 있었다. 그렇게 적의 소모와 피폐를 기다렸다가 결정적인 기회에 공격을 가하여 괴멸시키고자 하는 전략이었다.

그에 비하여 백기군은 원정군이었으므로 속전속결이 유리한 입장이었다. 그런데 염파군은 견고한 진지에 기댄 채 전면전을 회피하고 있었으므로 백기군은 싸움 한번 해보지도 못하고 고전하고 있었다. 그래서 여러 가지 방법과 전술로 염파가 진지 밖으로 나오도록 유도했으나 요지부동이었다. 그렇게 수개월 동안이나 기다리게 되니 백기 장군은 장평에서 수렁에 빠진 꼴이 되고 말았다.

그러자 백기 장군은 첩자를 조나라 도성으로 파견하여 진나라 군사들이 가장 두려워하는 장수는 염파가 아니라 조사의 아들 조괄趙括이라는 소문을 퍼뜨렸다.

조나라 왕은 그러잖아도 염파의 장기전을 못마땅하게 생각하고 있던 차에 조괄에 대한 소식을 듣고 내심 고개를 끄덕였다. 그래서 끝내 염파를 불러들이고 조괄을 대장으로 삼기 위해 대신들 회의를 소집했다. 그러자 주위의 대신들이 간하고 나섰다.

"전하! 그것은 안 됩니다. 생각을 돌리십시오."

그 소식을 전해 들은 조괄의 어머니와 재상인 인상여藺相如가 결사적으로 만내하고 나섰다.

왜냐하면 조괄은 어릴 때부터 총명해 병서도 많이 읽고 나이에 비하면 아는 것도 많지만 천성이 오만하고 자기밖에 모르는데다가 실전 경험이 없었기 때문이었다. 하물며 그의 아버지이자 유능한 병법가인 조사도 살아있을 때 조괄에 대해 종잇장 위에서 병법을 운운하는 데 불과한 지상담병紙上談兵 즉, 종이호랑이에 지나지 않는다고 말한 바 있었다 조괄의 어머니는 조괄의 아버지 조사가 살아있을 때 했던 말을 들어 극구 반대했다.

조괄에 대한 인사로 조정이 시끄러운 와중에 조나라 왕은 도성인 한단에서 떠도는 염파 장군에 대한 비난의 소리를 들었다.

내용인즉, 염파는 40만 대군을 거느리고도 겁을 먹고 나아가 싸우지 않고 있다는 것이었다. 이에 조나라 효성왕은 물론 일부 중신들도 불만이었다. 염파의 장기전이 적절한 작전인지 그 실정을 모르는 조정은 들썩거리고 있었다. 이 같은 불신 여론을 유도해 낸 것이 백기 장군의 〈조호이산〉의 계략이었다.

조괄은 아버지 조사 밑에서 어릴 때부터 병법을 공부했다. 그래서 조괄은 이론적으로는 아버지를 능가할 정도로 밝았으나 실전에 대해서는 전무했다. 조괄은 병법에 능하다는 명성이 높아지자 병법가로써 천하에 자기를 따를 사람이 없다는 자만심으로 꽉 차 있었다.

그런데 급기야 조나라 조정에서는 염파를 해임하고 대신 조괄을 임명하자는 소리가 높아졌다. 이때 장평 현지에서 백기군 병졸 두 명이 염파군에 의해 잡혀 와 조나라 조정으로 호송되어 왔다. 잡혀 온 포로를 문초한 결과 지금 백기 장군 휘하의 진군은 염파 장군이 물러나고 유능하고 혈기왕성한 조괄이 총지휘관으로 임명될까 봐 그를 걱정하고 있다는 것이었다. 그러자 조나라 효성왕은 이를 곧이듣고 조괄을 장평 파견군 총사령관으로 임명했다. 포로 두 명은 백기 장군이 보낸 위장포로였다.

실전경험이 없는 조괄은 의기양양하게 장평 현지로 부임하여 병서에서 익힌 전법을 실전에 옮겼다. 염파가 포진했던 진지를 즉시 바꾸고 장병을 전진 재배치하면서 지휘관도 교체하는 등, 염파가 구축한 지구전의 포진을 공격형으로 바꾸었다. 그리고 적이 공격해오면 정면으로 맞서 싸우도록 맞대응 작전을 지시했다.

이와는 반대로 진군의 백기 장군은 그동안 조나라 군대에 의하여 군량미 보급로를 끊긴지가 40여 일이나 되어 위급한 상황이었는데 조괄의 작전으로 보급로가 뚫리니 활기를 되찾아 조군을 공격할 수 있게 되었다.

조괄은 자기가 사령관이 된 것이 백기 장군의 계략인 것을 모르고 전진 배치가 끝나고 전열을 가다듬자 조괄의 군대가 물밀 듯이 진나라 진영을 쳐들어가자 백기 장군의 군대가 뒤로 물러서기 시작했다. 이는 백기 장군의 주도면밀한 계책이었다. 그런데 이를 눈치채지 못한 조괄은 승기를 잡은 듯싶어 서둘러 진격해 들어갔다. 그러자 이때 갑자기 진군이 사방에서 벌떼처럼 일어나 조괄의 군대를 포위했다. 눈 깜짝할 사이에 벌어진 전황은 완전히 조군에게 불리하여 40만 대군이 우왕좌왕하다가 싸움도 제대로 해보지 못하고 괴멸하고 총사령관 조괄도 포위망을 뚫지 못하여 그곳에서 전사하고 말았다.

조군과의 싸움을 승리로 이끈 백기 장군의 위장전술이 염파라는 맹호를 산에서 늪지로 끌어낸 〈주호이산〉의 계략이었다.

손자는 '성城을 공격하는 것은 하책下策이다'라고 말했다. 무턱대고 공격하는 것은 스스로 실패를 사초하는 원인이 된다. 그리고 적이 유리한 지형을 차지하고 있는 이상 무리하여 빼앗으려 해서는 안 된다. 하물며 적이 준비를 갖추고 있고 병력도 이쪽보다 세다면 말할 것도 없이 참고 기다리거나 아니면 어떻게든 분산시킨 다음 성안에서 밖으로 끌어내야 한다.

이처럼 적을 양분하거나 사분오열했을 때 공격해야 승리를 거둘 수 있다.

조양자, <조호이산>을 역이용하여 지백을 치다

진晉나라의 지백智伯이 구유仇由를 치고자 했으나 길이 험해 대군을 움직이기 힘든 형편이었다. 지백은 길을 닦기 위해 우선 큰 종을 만들어 구유의 왕에게 선물로 보내겠다는 뜻을 전달했다. 그 소식을 듣고 구유의 장수인 만지가 왕에게 진언했다.

"전하, 큰 종을 만들어 보내는 것은 작은 나라가 큰 나라를 섬길 때나 하는 일입니다. 그런데 지금은 큰 나라가 작은 나라에 그와 같은 일을 하니 종이 도착하고 나면 반드시 군대가 뒤따라올 것입니다. 절대로 그 제안을 수락해서는 안 됩니다."

하지만 탐욕에 눈먼 구유의 왕은 그의 말을 듣지 않았다. 그러자 만지는 그날로 제나라로 도망쳐버렸다. 그가 떠난 지 1주일도 지나지 않아 구유는 멸망하고 말았다.

적과 싸울 때 적장이 우매하여 변화의 이치를 모르면 작은 이익으로 유인한다. 그가 눈앞의 이익을 탐내어 뒤에 따를 피해를 모를 것 같으면 군사를 미리 매복시켜 두었다가 습격, 적을 격파한다는 것은 《한비자》의 계책이기도 하다.

또 지백은 세 사람에게 땅을 떼어 달라고 요구했다. 첫 번째 대상은 한韓의 강자康子에게 요구하였다. 강자는 매우 불쾌했으나 힘을 앞세우는 당시의 형편으로 만 호戶의 고을을 그에게 주었다. 이에 자신을 얻은 지백은 또 위魏의 환자桓子에게도 같은 요구를 했다. 위에서도 만 호의 고을을 그에게 주었다. 이번에는 조趙의 양자襄子에게 채고랑茶皐狼의 땅을 요구하였다. 마치 자기 땅인 듯 아주 어느 땅을 달라고 정해서 요구한 것이다.

조양자趙襄子는 괘씸하기 짝이 없었다. 그의 가신家臣 장맹담張孟談과 더불어 숙의한 끝에 지백의 요구를 거절했다.

지백은 크게 노하여 말했다.

"제 놈이 감히 내 요구를 거절하다니, 어디 두고 보자. 내 그놈을 기어코 멸망하게 하리라."

지백은 조양자를 힘으로 없애 버리려 하였다. 자신의 군대만이 아니고 한韓의 강자와 위魏의 환자에게도 군사를 동원토록 하여 세 세력이 연합하여 공격을 감행했다.

조양자는 아버지 조간자趙簡子가 선정을 베푼 진양성으로 가 연합군과 대항하기로 했다.

진양성에서는 조양자를 바삐 맞아들이고 온 성 안이 한 덩어리가 되어 지백의 군사와 맞섰다. 지백이 거느린 연합군은 진양성을 포위하고 부근에 흐르는 하천을 막아 그 물을 모두 진양성 안으로 몰아넣었다. 성을 물에 잠기게 하여 밖으로 나오게 하자는 〈조호이산〉의 작전이었다.

하루 이틀 시간이 흐름에 따라 진양성은 자꾸만 물에 잠겼다. 성 안의 주민들은 가재도구를 높은 곳으로 옮기고 노숙을 해야 했으며 성이 잠기지 않은 곳이 6척에 불과하여 개구리가 우글거리고 있는 상태였지만 조금도 불평을 하거나 배반할 뜻이 없었다.

조양자는 성이 물에 완전히 잠기기 전에 승부를 내야 할 긴박한 사태에 이르렀다. 그는 궁리 끝에 기사회생起死回生의 묘책을 생각해 냈다.

'진양성이 물에 잠겨 진양성의 백성도 싫증을 느끼고 있지만 지백의 군사도 마찬가지일 것이다. 더욱이 한·위의 군사는 지백의 명령에 할 수 없이 출전했으므로 눈치만 보고 있을 것이 뻔하다. 한·위의 군사들을 내 편으로 만들어 지백의 군사를 협공해 보자.'

조양자는 장맹담을 은밀히 한·위의 진영으로 파견하여 그들을 설득하도록 했다.

"만일 조가 망하면 그다음은 누구의 차례입니까? 입술이 없어지면 이가 시리다는 말이 있듯이 그다음은 한도 위도 우리와 같은 운명이 될 것입니다. 결국 지백의 천하가 될 것이 확실합니다. 우리들 셋이 힘을 합하여 지백을 치는 일만이 함께 살 수 있는 길입니다."

"우리 셋이 힘을 합하면 지백을 이길 수 있는 계책이 있겠소?"

장맹담은 힘이 들어 있는 목소리로 말했다.

"물론입니다. 문제는 물입니다. 지금 진양성으로 흘러들어오는 물길을 지백의 진영으로 돌리는 일입니다."

"좋소! 그렇게 하기로 합시다."

세 사람은 날짜와 시간을 맞추기로 정하고 장맹담은 진양성으로 돌아왔다.

조양자는 약속한 날짜에 장졸을 보내어 먼저 제방을 지키던 지백의 군사를 모두 처치하고 진양성으로 흘러 들어오던 물길을 지백의 진영으로 돌렸다.

갑자기 물난리를 만난 지백의 군사들이 아우성을 치며 물을 피해 우왕좌왕하고 있을 때 한·위의 군사들이 일제히 협공하고 조양자는 선봉에 서서 쳐들어가니 지백의 군사는 대패하였다. 조양자는 지백을 죽이는 한편 그 일족도 모두 멸망시키고 지백이 소유하고 있던 땅을 삼분하였다.

이처럼 〈조호이산〉의 계책은 역사의 곳곳에서 유용하게 빼서 썼던 계략이었다.

재상 장재현, 〈조호이산〉으로 황족의 재산 다툼을 중재하다

북송시대北宋時代 때 황족들 사이에 이따금씩 상속 문제를 놓고 다툼이 심심치 않게 일어났다. 이런 경우 대개는 오늘날의 사법기관과 같은 판결원의 결정에 따랐다.

그런데 재상인 장재현張在賢(943년~1014년)은 황족들의 복잡한 이해관계로 누구나 꺼리는 송사를 처리하겠다고 자진하였다.

"폐하 이 판결은 제가 맡겠습니다."

장재현은 황제로부터 허락을 받았다. 사건을 맡은 장재현은 황족의 형과 그 동생 두 사람을 각각 관청으로 불러들여 다툼의 경위를 물었다.

두 사람은 제각기 아버지로부터 물려받은 재산이 자신의 것보다 상대의 것이 더 많다고 생각하고 한 치의 양보도 없이 조금이라도 더 가지기 위해 열을 올렸다.

장재현은 두 사람의 말을 다 듣고 난 뒤에 다시 물었다.

"그 말이 틀림없습니까?"

"예, 틀림없이 그렇습니다."

두 사람은 분명히 자기에게 배당된 재산이 형은 아우 것에, 아우는 형의 것에 비해 적다고 우겼다. 그러나 장재현은 두 형제에게 다시금 생각해 보고 대답하라고 했다. 그래도 그 형제는 틀림없다고 우겼다.

"지금까지 계산해 본 결과, 틀림없습니다."

장재현은 즉시 두 사람에게서 지금까지의 진술이 사실이라는 확인서를 쓰도록 하고 서명을 받았다. 그리고 두 사람을 귀가토록 소치했다. 상재현이 판결한 내용은 다음과 같았다.

"형은 동생 집으로 동생은 형 집으로 가도록 하시오."

아울러 두 형제에게 유산 상속의 서류만을 교환하게 하고 일체 재산은 손을 대지 못하도록 조치했다.

그러자 두 형제는 조금 전까지만 해도 서로 네 것이 많다 내 것이 적다 하고 불평하더니 더 이상 아무 소리도 못 했다.

위의 이야기는 두 사람 모두 한 자리로 끌어내 두 사람 모두 승자가 되도록 한 〈조호이산〉의 계책이었다.

계략이나 계책은 누구에게나 이롭게 쓰일 때 돋보인다.

기업경영자, 직원들의 마음을 유인해 내어야 번창한다

〈조호이산〉은 호랑이를 유인하여 산을 떠나게 하는 계략이다. 그런데 인간에게는 산에 머무르고자 하는 마음과 또 한편으로는 산을 떠나고자 하는 두 가지 마음이 있다. 회사에서 열심히 맡은 바 일을 하고자 하는 마음이 있는가 하면 열심히 일한다고 알아주는 사람이 있느냐. 그냥 슬렁슬렁해도 시간은 가고 그러면 한 달이 지나 봉급은 나오는데 하는 생각도 가지게 된다.

랜즈 엔드사Land-s'end의 CEO 리처드 앤더슨Richard Anderson은 직원들과의 좋은 관계를 형성하는 것은 회사 발전을 위해 꼭 해야 할 첩경이라고 확신했다.

리처드 앤더슨은 자기의 경영방침을 다음과 같이 말했다.

"기업 경영에 있어 가장 중요한 것은 모든 직원들에게 내가 대접받고 싶어하는 방식으로 대접하도록 하는 것이라고 생각합니다. 우리는 무조건적인 상명하달로 유지하는 회사가 아닙니다. 직원들은 직함이 아닌 서로의 이름을 스스럼없이 부릅니다. 이름을 불러줌으로써 기분이 좋아지고 그 회사의 수익도 올라가므로 직원들을 더욱 알뜰하게 보살핍니다. 그에 따라 회사는 날로 번창합니다. 직원들의 기분이 좋아지면 그들의 긍정적인 태도가 일상의 전화통화 같은 데에서도 나타난다고 믿고 있습니다. 매우 간단한 것이지만 바로 이것이 진실입니다."

리처드 앤더슨은 회사의 직원들이 움츠리지 않고, 있는 역량을 최대한 발휘하게 하여 일할 수 있도록 배려하는 것이 호랑이를 산에서 유인해 내는 일이고 적이 요새를 벗어나게 하여 요리하는 방법이라는 것이다.

이는 치열한 세계화 시대에 살아남아 번영하기 위한 기업경영의 기본 원칙이다.

〈조호이산〉은 원래 호랑이를 잡기 위한 방법으로 호랑이를 산에서 유인해내어 평원에서 쉽게 포획하기 위한 전략이다.

망설이는 마음을 기꺼이 일 할 수 있도록 이끌어 내어, 있는 역량껏 일하게 하는 것이 CEO가 해야 할 일이다.

때로는 직원들의 간지러운 데를 긁어도 주고 편안하게 쉴 수 있는 문화 공간도 만들어주어 건강을 보살피고, 또 취미 생활도 지원하여 스트레스를 풀어준다면 그 에너지가 바로 회사의 목적과 연결된다. 따라서 회사는 사원들이 항상 최상의 컨디션으로 자기를 컨트롤 할 수 있도록 도와야 한다. 그리하여 최고의 제품, 최상의 품질을 갖춘 제품이 나올 수 있게 공을 들이는 것이다. 〈조호이산〉은 최상의 컨디션과 최고의 성과를 이룬 목적물이다.

강태공姜太公은 위수 강변에 초막을 지어 놓고 낚시질로 생계를 유지했다. 그런데 세간에서는 강태공은 곧은 낚시를 물에 넣고 세월을 낚았다고 한다. 그렇게 허구한 날을 보내다 보니 생활이 말이 아니었다. 그래서 마씨 부인이 견디다 못해 못살겠으니 헤어지자고 했다. 강태공은 좋은 말로 타일렀다. 그러나 마씨 부인은 들은 체도 않고 떠나버렸다. 그러고 얼마 있다가 주 문왕周文王이 낚시질하는 강태공을 만나 그 사람됨을 알아보고 나이 80임에도 국사國師로 모셨다. 그래서 일약 국상부國尙父의 자리에 오르게 되었다. 수 문왕에 이어 무왕武王 때는 상商나라의 주왕紂王을 무너뜨리고 주나라를 공고히 하는데 큰 공로를 세웠다. 그로 인하여 강태공은 제왕齊王의 자리에 봉해졌다. 왕이 되어 호위를 받으며 제나라로 가는데 한 여인이 강태공 앞에 나타났다. 다름 아닌 전처 마씨였다. 마씨를 본 강태공은 대야에 물을 떠 오게 하여 땅에 쏟았다. 그리고 마씨 부인에게 이를 담을 수 있겠느냐고 묻고는 자신과 선처의 관계는 이와 같다고 말하고는 길을 떠났다.

강태공의 의로운 행적으로 백이伯夷와 숙제叔齊에 관한 일화를 들지 않을 수 없다. 주周나라 무왕武王이 상商나라 주왕紂王을 토벌하려 하자 백이와 숙제가 길을 가로 막았다. 상나라 주왕이 아무리 포악하다 하나 부친의 장례도 치르지 않고 무기를 들고 나서는 것은 도리가 아니라는 것을 알리려 함이었다. 무왕은 대의를 막고 나선 그들을 칼로 목을 베려고 했다. 하지만 강태공은 저 둘이 의로운 사람들이라는 것을 알고 무왕을 막아서 놓아주었다.

역사적으로 보면 문왕文王은 낚시질을 하던 늙은 촌부 강태공을 끌어내 대단한 일을 해냈다. 이 점이 바로 한 사람의 마음속에 들어 있는 지혜와 능력을 인정해주고 끌어내게 한 또 하나의 〈조호이산〉이 아닐 수 없다.

필부의 자리에서 일인지하 만인지상一人之下萬人之上이 된 강태공은 강상姜尙(姜이 원래 성이다), 여상呂尙(봉지를 따른 이후의 성이 여呂이다) 국사國師, 사상부師尙父(師로 모시고, 받들어 모시고, 아버지로 모신다는 뜻), 태공망太公望(문왕이 선대 태공께서 장차 성인이 올것이며, 주나라는 그로인해 일어날 것이라는 예언이 내려왔는데 그에 걸맞는 사람을 만났다하여 태공의 희망, 태공이 바라던 사람이란 뜻으로 불리웠다), 여망呂望, 강자아姜子牙(子牙는 字이다)라 부르게 되었다.

달리 말하면 예리한 칼과 무서운 불을 다스릴 줄 알아야 맛있는 요리를 할 수 있다는 우리 속담을 〈조호이산〉에서 귀담아들을 필요가 있다.

상대방의 마음을 잡아라

욕금고종
欲擒故縱

잡고자 하면 일부러
놓아준다

큰 것을 위해 작은 것을 놓아준다. 잡으려 한다면 일단 놓아주라. 적을 지나치게 몰아치면 도리어 반격을 받는다. 그러나 퇴로를 열어주면 계속 도망가다가 지쳐 스스로 쓰러진다. 공격을 늦춰 사기를 떨어뜨리고 되돌아 쳐 승리한다.

제16계는 〈욕금고종欲擒故縱〉으로 잡으려거든 먼저 풀어주고 서두르려거든 잠시 늦추어 방심할 때를 기다려 치라는 계책이다. 여기서 '욕欲'은 하고자 하는 뜻을 의미하며, '금擒'은 사로잡는다는 말이다. 그래서 '욕금欲擒'은 글자 그대로 사로잡고자 하는 생각을 말한다. '고종故縱'의 '고故'는 옛 고이나 여기서는 잠시暫時라는 뜻으로 읽으며, '종縱'은 보통 '세로 종'으로 읽으나 여기서는 놓아준다, 느슨하다는 뜻으로 해석된다. 그러니까 잡고자 한다면 잠시 풀어주라는 의미다.

일부러 적이 도망가도록 두어 경계심을 없앤 후 공격하여 승리를 쟁취한다는 제16계의 계책이다. 퇴로를 막는 제22계 〈관문착적關門捉賊〉하여 조이면 필사적으로 반격해 오므로 오히려 달아날 구멍을 열어두어 스스로 함정에 빠지게 하는 책략이다.

송태종, 적의 식솔을 대접하여 적장의 투항을 이끌다

송태종宋太宗(976~997)이 변방의 이계천李繼遷 때문에 항상 근심에 젖어 있었다. 그래서 송태종은 이계천의 어머니를 인질로 잡아오도록 한 후, 대신들과 상의하여 그녀를 처형하려고 했다. 송태종의 말을 전해 들은 구준寇準이 그 길로 달려가 황제에게 아뢰었다.

"폐하, 옛날 항우項羽는 적의 증조할아버지까지 기름 가마에 넣어 튀겨 죽이려 했습니다. 그처럼 증조할아버지를 죽이는데도 조금도 개의치 않았습니다. 무릇 큰일을 하는 사람들은 부모를 돌보지 않는 편이므로 이계천도 마찬가지라 생각합니다. 전하께서 오늘 그의 어머니를 잡아 죽인다면 내일 이계천을 잡을 수 있으리라 믿으십니까? 그렇게 안 될 경우 오히려 원한만 깊어질 뿐입니다."

"그렇다면 어떻게 해야 하겠소?"

송태종이 답답하다는 듯이 구준에게 다그쳐 물었다.

"저의 우둔한 생각으로는 그의 어머니를 연주로 보내어 잘 돌봐주면 이계천을 불러들일 수 있다고 봅니다. 설령 당장 투항하지 않더라도 그의 마음을 사로잡을 수 있을 겁니다. 그것은 어머니의 생사가 우리 손에 달려있기 때문입니다."

그제서야 송태종은 무릎을 탁 치며 말했다.

"자네의 충고가 없었다면 큰일을 저지를 뻔했소."

얼마 후에 이계천은 어머니를 찾아 연주로 투항해왔다. '받고자 하거든 먼저 주라'는 말이 있다. 즉, 잡으려면 미끼를 던져서 물게 하고 그 뒤에 낚아서 올리라는 이야기다.

적을 놓아준다는 것은 아주 풀어주는 것이 아니라 느슨하게 안심시킨 다음 계책을 마련하라는 말이다. 달아날 기회를 잃은 상대는 비록 힘이 약한 경우라도 있는 힘을 다하여 반격해오기 때문에 평소에 없었던 몇 배의 힘을 발휘할 수 있다. 따라서 이편이 위기에 빠지는 돌발적인 사태가 생길 수도 있다.

'궁지에 몰린 쥐가 고양이를 문다.'는 말이 있듯이, 퇴로를 봉쇄하고 공격하면 빠져나갈 구멍이 없으므로 상대방도 필사적으로 반격해온다. 이러나저러나 죽기는 마찬가지니 싸우다 죽겠다는 마음을 먹기 때문이다. 그러므로 이러한 공격은 지장智將의 전법이 아니다. 오히려 달아날 구멍을 열어주어 달아나게 하면 도망가다가 스스로 지쳐서 힘이 빠지게 된다. 이때를 이용하면 힘들이지 않고 〈욕금고종〉책을 편 것이 된다.

제갈량, 맹획을 일곱 번 붙잡아 일곱 번 놓아주다

〈욕금고종欲擒姑縱〉의 계략을 제대로 실천한 사람이 제갈량諸葛亮이다. 공명孔明은 남방 이민족의 반란을 평정하는데, 그 우두머리인 맹획孟獲을 일곱 번이나 사로잡아서 일곱 번 다 놓아 주었다.

제갈량이 양양襄陽의 초려草廬에서 유비劉備를 처음 만났을 때 제시한 '천하삼분지계天下三分之計'를 실현하기 위해 장도를 계획하던 때다. 유비가 죽은 뒤 촉蜀의 실권자인 공명은 위魏나라를 타도하기 위하여 한漢왕조 재건이라는 촉蜀나라의 국시國是를 천명하고 나섰다. 그리고 널리 인재를 구하고, 안으로 군비와 조직을 정비하여 내정을 다지는 한편 오吳나라와 동맹을 체결, 나라의 기반을 튼튼히 다졌다. 이 과정에서 서남이庶南夷라 칭하는 남방에서 맹획이 반란을 일으켜 후환의 여지가 있기에 이민족을 토벌하기 위해 군대를 출동시켰다.

공명은 5월, 군대를 이끌고 현지에 이르렀다. 그곳의 추장 맹획孟獲이 오합지졸의 군대로 맞섰으니 잘 훈련된 촉나라의 적수가 되지 못했다. 그래서 공명은 맹획을 쉽게 생포할 수 있었다. 그러나 죽이지 않고 좋은 의복, 맛있는 음식과 편안한 침실을 제공하면서 촉나라군의 군영軍營을 구경시켜 주었다. 이는 촉나라군은 이렇게 잘 정비한 강군이니 너희들이 아무리 대항해도 이겨낼 수 없다, 순순히 항복하라는 뜻에서였다.

"어떤가? 군영이 허술한 곳은 없는가?"

그러자 맹획이 기다렸다는 듯이 불쑥 대꾸했다.

"지금까지는 촉군이 어디가 허술한지 몰랐으나 덕분에 손으로 잡을 듯 잘 알았다. 이 정도면 쉽사리 돌파할 수 있을 것 같소이다."

이 말을 들은 제갈량은 의미 있게 웃었다. 그리고 그 자리에서 맹획을 풀어 주어 돌려보냈다.

맹획은 3일 만에 다시 군졸을 이끌고 공격해 왔다. 그러나 그는 다시 촉나라군에 생포되고 말았다.

"이래도 승복하지 않겠는가?"

맹획이 말했다.

"너희가 꾀를 부려 나를 궁지에 몰아넣고 사로잡았다. 이처럼 악랄한 수법으로 나를 잡아왔는데 어찌 내가 항복하겠는가?"

공명은 이번에도 그를 전과 같이 대우하여 돌려보냈다. 그러자 맹획은 3일 만에 재공격을 감행했으나 또다시 생포되고 말았다. 공명은 이번에도 놓아주었다. 맹획이 말했다.

"나를 풀어주면 다시 전열을 가다듬어 진격해 오겠다. 그때 나를 이기면 기꺼이 승복하겠다."

그리고 군사를 모아 다시 공격해 왔으나 패하고 말았다. 맹획은 자기의 장수들이 공명의 은혜를 입어 일부러 패한 것이라 믿어 그들에게 벌을 내렸다. 이에 앙심을 품은 맹획의 부하들이 맹획을 묶어 촉한蜀漢의 공명에게 보내왔다. 묶여온 맹획을 보면서 공명이 물었다.

"이번에도 항복하지 않겠느냐."

"이번에는 부하들이 나를 팔았기 때문에 항복하지 못하겠다."

공명은 두말없이 그를 풀어주었다. 그랬더니 맹획도 이제는 공명에게 진심으로 감복하여 부하 되기를 청했다.

제갈량이 맹획을 죽이지 않고 이처럼 돌려보낸 이유는 이 지방 백성들이 한결같이 맹획을 훌륭한 지도자로 받들고 있다는 것을 알았기 때문이었다. 만약 맹획을 죽이면 이곳 백성들은 더욱 단결할 것이다. 그렇게 되면 이 지방 평정은 장기화될 것이고 촉군의 피해도 클 것이므로 맹획 스스로 굴복하도록 하겠다는 고등전술이었다.

맹획은 석방되면 또다시 공격하기를 일곱 번씩이나 거듭했으나 공명은 그때마다 초지일관, 전술을 바꾸지 않고 좋은 음식, 좋은 의복, 좋은 잠자리를 제공해 주었다.

일곱 번째 맹획의 부하들이 자신들의 장군을 묶어 보내왔는데도 놓아주자 맹획은 떠나려 하지 않고 이렇게 말했다.

"이제 반역할 생각이 사라졌소이다."

맹획은 드디어 공명 앞에 무릎을 꿇고 두 번 다시 거역하지 않고 촉나라를 따르기로 맹세했다. 과연 맹획은 그 후 많은 부하를 거느리고 공명에게 투항했다.

이것이 공명의 유명한 일곱 번 잡아 일곱 번 놓아 준 '칠종칠금七縱七擒'의 고사故事다.

제갈량은 이렇게 하여 남방 오지奧地까지 진출하여 모두 평정하였고, 그 지역의 통치자는 모두 현지의 지도자를 기용했다. 남방의 지도자들은 모두 마음 깊이 공명에게 감복하여 충성을 바쳤다.

《역경易經》에서는 힘이 다한 적을 궁지에 몰지 말고 그에게 퇴로를 열어

주어 경계심을 떨어뜨리면 손쉽게 항복을 얻어낼 수 있다고 했다. 많은 병력만 거느리고 있다고 전쟁에서 꼭 승리하는 것이 아니라 적이 패배를 인정하게 해야 진정한 항복을 받은 것이라는 것을 제갈량은 보여주고 있다.

명나라 말, 홍자성洪自誠이 지은 《채근담菜根譚》이라는 고전을 보면 인간관계에 대하여 다음과 같이 말하고 있다.

"사람 중에는 좀처럼 부리기 힘든 사람이 있다. 그런 경우 얼마 동안 내버려 두어 스스로 변화하기를 기다려보는 것도 방책일 수 있다 했다."

이러니저러니 간섭하면 상대는 심기를 건드려 더욱 빗나가기 십상이다. 심경 변화를 유도하면 따르기 마련이다.

노자老子가 이르기를 얻고 싶으면 반드시 먼저 주라고 했다. 태평천국太平天國의 문서에는 큰 것을 잡으려거든 먼저 놓아주고 빨리 이루려면 조금 늦추고 방심하길 기다려 공격하면 승리한다고 했다. 이는 낚싯줄을 길게 늘여놓고 큰 고기를 낚는 것처럼 오랜 기간을 거쳐 점진적으로 조건을 맞추어 나가서 큰 효과를 거둔다는 전략이다.

전쟁은 궁극적으로 승리가 목표다. 그런 면에서 본다면 덩샤오핑鄧小平의 '흑묘백묘黑猫白猫'처럼 검은 고양이 건 흰 고양이 건 쥐만 잘 잡으면 되듯이 자본주의든 공산주의든 중국인을 잘살게 하면 그만이라는 뜻도 된다. 바꿔 말하면 누구나 잘살면 된다는 선부론先富論과 맞닥뜨리게 된다.

곽진, 고자질한 부하를 용서하고 승리를 얻어내다

송의 태조太祖(960~976)가 곽진郭進으로 하여금 하서河西를 지키게 하면서 그의 휘하 병졸들에게 당부했다.

"너희들이 죄를 지으면 나는 너희들을 용서한다 해도 곽진의 군법은 엄격하므로 그는 너희들을 죽일 것이니 절대 죄를 범하지 말도록 하라."

소문대로 곽진의 군율은 엄격하여 많은 사람들이 불만을 품고 있었다.

그러자 곽진의 한 군교軍校(군대의 장교)가 태조에게 곽진이 반란을 음모한다고 밀고했다. 태조가 군교에게 반란의 내용을 묻자 군교는 대답을 못 하고 우물쭈물했다. 그리고는 곧바로 꿇어앉아 이실직고했다.

"곽진이 부하를 너무 엄격히 다루기에 저는 불만과 분노를 금치 못하여 무고誣告한 것입니다."

태조는 그를 벌할 수도 있었으나 그냥 곽진에게 압송하도록 명했다. 이에 곽진은 죄를 묻지도 않고 그를 석방하고, 하동 지방을 방어하게 하면서 말했다.

"네가 공을 세우면 나는 황제에게 보고하여 관직을 승진시켜 주겠지만 만일 싸움에서 패배하면 너는 적에게 투항하여 다시는 내 앞에 나타나지 말아라."

얼마 있다가 하동에서 전쟁이 일어났다. 군교는 필사적으로 싸워 승리하였고 큰 전과를 세우고 돌아왔다. 곽진은 태조에게 상신하여 그를 승진시켜주었다.

이것이 바로 작은 것을 용서하고 큰 것을 얻어내는 전략·전술로 〈욕금고종〉의 계책이다.

"쥐를 잡는데 검은 고양이면 어떻고 흰 고양이면 어떠냐. 우리도 시장경제 원리를 도입하자."고 한 덩샤오핑이 제일 먼저 단행한 것이 집단 농장 사영화私營化였다. 집단 농장이 모두가 잘 먹고 잘 살자고 한 집단 농장이었는데도 열심히 일하는 사람이 없어 모두가 가난했다. 그러던 때에 농지를 개인에게 나누어 주고 농사를 지어 일정 부분만 정부에 바치고 나머지는 지은 사람이 가지도록 했더니 비가 오면 물꼬도 터주고, 가물면 샘도 파고 하여 영농기술이 개선되고 종묘개량이 안 된 상태에서도 주인의식 하나로만 4배의 성과가 올랐다.

이 점이 바로 또 다른 〈욕금고종〉의 계책이 아닐 수 없다. 마음속에서 하고자 하는 불씨를 끄집어냈기 때문이다.

심부름꾼이나 하인은 주인이 외출하면 낮잠을 자거나 농땡이를 치는데 주인은 그렇지 않다. 머슴이나 하인은 열심히 일해도 정해진 분량 이상의 보상을 받지 못하기 때문에 주인과는 다른 것이다. 따라서 머슴이 주인 의식을 가지려면 시스템을 바꿔야 한다. 이것이 덩샤오핑이 집단 농장을 사유화한 이유라고 말할 수 있다.

광무제, 퇴로를 열어주어 승리를 얻다

광무제光武帝가 후한後漢을 세울 때쯤 전한前漢은 쇠퇴기의 어지러운 틈을 타 세력을 쥔 왕망王莽 이 '신新'이라는 나라를 세웠다. 광무제가 이를 무찔러 한漢을 세우므로 후한後漢의 초대 황제에 올랐다. 그는 서기 57년까지 33년 동안 후한의 기반을 튼튼하게 닦았다. 그러나 천하는 군웅이 할거하여 서로 세력을 다투고 있었다. 광무제는 지방 군벌들을 합병하고자 한단성을 공략하였다. 한단은 당시 지방도시로서 가장 큰 성이며 춘추시대에는 진晉의 도성이었고, 또 전국시대에는 조趙의 도성이 되기도 했던 중국대륙에서 가장 문물이 발달한 문화도시였다.

그런데 신新이 망할 무렵 이곳에는 신을 세웠던 왕망王莽의 근친이라고 자칭하는 왕랑王郞이라는 복술가(卜術家:점장이)가 이 지방 호족들을 규합하였다. 그는 한漢의 후계자라고 자처하며 군대를 조직, 천자天子를 사칭하여 황제 행세를 하고 있었다. 왕랑 다음가는 세력가로 알려진 경엄耿弇은 처음부터 왕랑을 달갑지 않게 생각했다. 이 경엄이 광무제와 손을 잡고 왕랑을 제거하려 했으나 사람들이 왕랑의 괴언怪言을 맹신하고 있어서 일이 여의치 않았다. 경엄은 그중에 용맹한 무리를 먼저 도모할 필요가 있다고 광무제에게 진언했다. 그에 따라 광무제와 휘하 장수들은 전략을 숙의하고 계책을 세웠다.

"퇴로를 열어 두고 공격하라."

10리 밖 중간에 병졸을 매복하여 도주하는 왕랑군의 지휘관은 포로로 잡고, 일반 군졸들은 달아나도록 그냥 두라는 명령이었다. 한군漢軍은 한단성 동남 성문을 공격하면서 서문과 북문은 공격하지 않았다. 그 대신 서문과 북문의 먼 곳에는 한군의 복병이 군데군데 숨어 있었다.

한군의 정예부대가 동문과 남문으로 공격하면서 쳐들어가자 처음에는 맞서 싸우던 왕랑군이 겁을 먹고 우왕좌왕하다가 한군의 공격이 없는 서문과 북문을 통해 도주하기 시작했다. 어느 정도 달아나던 패잔병들이 이제 지쳐서 허둥지둥할 때 한군의 복병이 나와 그중에서 두목으로 보이는 자는 포로로 잡고 나머지는 달아나도록 내버려 두었다.

이 싸움에서 만일 서문, 북문마저 봉쇄하여 그들의 퇴로를 차단했더라면 빠져나갈 길이 없는 왕랑군은 필사적으로 반격을 가해 왔을 것이다. 그렇게 될 경우 광무제군도 상당한 피해를 입었을 것이 틀림없다. 이같은 한단성 작전이 바로 〈욕금고종〉의 계책이다.

주의해야 할 점은 똑같은 계책을 연속적으로 또는 중복해서 사용하지 않는다는 것이다. 적군이 아군의 전략을 꿰뚫어 보고 대비할 수 있기 때문이다.

덩샤오핑은 나라의 시스템 개선으로 지금까지 정부가 비즈니스를 하던 것을 개개인이 비즈니스를 하게 만들었다. 누구라도 농사만 잘 지으면 열 가마, 스무 가마로 늘어나고 잘 살 수 있다는 희망을 가지게 되었다. 이것이 바로 성과주의로 주인의식을 극대화한 시스템 성공사례다.

흑묘백묘론은 1980년대 사회주의에서 시장경제를 대표하는 용어로 이러한 개혁 개방에 힘입어 중국은 비약적인 발전을 거듭하였다. 다만 공산주의 체제를 유지하기 위하여 정경분리를 취해 중국식 시장경제를 탄생시킨 것이다.

위단, 놓아주고 스스로 고개 숙이게 하다

당나라의 위단韋丹이 강서江西에 주둔하고 있을 때 어느 관리가 국가의 창고를 자그만치 십 년이나 지키고 있었다. 이 창고에는 양곡이 50만 석이 넘게 보관되어 있었다. 그런데 어느 날 창고의 재고량을 조사해보니 3,000 석이나 모자랐다. 위단은 이렇게 많은 양이 비는 것은 말단 창고지기의 소행만은 아니라고 생각했다. 그래서 이 사건을 은밀하게 몇몇 가까운 측근과 상의했다.

"이 많은 곡식을 어찌 한 사람이 다 가져갈 수 있겠느냐? 여기에는 필연코 어떤 권문세도가나 관리가 관련되어 있을 것이 틀림없다."

위단은 협의 끝에 관리들의 가산과 장부를 하나하나 검사했다. 과연 관리들이 몇 번에 걸쳐 나누어 가져간 곡량의 숫자와 명단을 발견 할 수 있었다.

위단이 관련된 관리들을 조용히 불러들여 지금까지 가져간 양곡의 숫자를 대면서 엄숙하게 말했다.

"너희들이 양곡을 가져가서 국가에 손해를 끼쳤는데 가져간 양곡을 한 달 내에 전부 가져와 채워 놓도록 하여라."

관리들은 이 말을 듣고 모두 땅에 꿇어앉아 머리를 조아리면서 고분고분 말했다.

"군후君侯께서는 극히 영민한 생각으로 아랫사람들의 실정을 살펴주시고 계십니다. 법에 의하면 저희는 모두 응당 형사책임을 져야 합니다. 이렇듯 중죄인데도 추궁하지 않으시니 꼭 수량대로 채워놓겠습니다."

법대로라면 모두 옥살이를 해야 할 판인데 위단의 너그러운 처분으로 면죄를 받을 수 있었던 것이다. 위단은 처벌을 하지 않는 대신 모자라는 곡

량을 빠짐없이 채우게 하였다. 이는 목적을 달성하기
위해 잠시 끈을 늦추는 것이나 다름없다.
결국 잡고자 하면 놓아 주어서 스
스로 머리를 숙이고 들어오게 하
는 〈욕금고종〉의 계책이라고 생각할
때, 위단이야말로 진정한 책략가라 할
수 있다.

　〈욕금고종〉의 계는 전쟁터에서 뿐만이 아니라 일상생활에서도 널리 쓰
이고 있다. 이 계는 꼭 군대에서 전략·전술서로만이 아니라 기업의 CEO
나 정치의 일선에서 그물처럼 던져 활용하고 있다.

　노벨경제학상을 받은 폴 새뮤얼슨Paul A. Samuelson에 따르면 정치가
단기적으로는 경제를 지배할 수 있으나 장기적으로는 역시 경제가 정치를
좌우한다고 말하고 있다. 또한 그에 따르면 미국의 전 대통령 카터가 인권
문제에 치중하다가 경제정책에 실패하여 실업자를 많이 냈기 때문에 대통
령직에서 물러나게 되었으며, 선진국의 정권교체는 대개의 경우 경제정책
의 실패 때문이라고 지적했다.

　일찍이 《Time》지는 특집으로 '레이건 대통령은 왜 그렇게 인기가 있는
가?'에서 가장 큰 이유 중에 경제건실에 초점을 두고 미국경제를 43개월
이나 회복 국면으로 이끈 경제정책의 성공 때문이라고 했다. 멀리 볼 것 없
이 우리나라도 정권교체가 이루어진 배경을 보면 IMF 경제 위기가 가장
큰 원인이었음을 알고 있다. 불안한 사회일수록 국민의 관심사는 먹고살기
편하게 해주는 경제가 제일 큰 토끼다. 때문에 정치가와 기업가는 경제를
활성화하기 위해 안간힘을 쓰지만 우왕좌왕하다가 시기를 놓치면 결국 도
중 하차하게 된다.

　경세를 철저하게 통제하는 국가에서도 경제문제 때문에 정치체제까지

바꾸고 있는 것은 장기적으로 볼 때 정권 유지의 핵심은 경제임을 확실히 보여주는 것이다.

근시안적으로 볼 때는 정치가 경제를 억누르면서 고삐를 잡고 끌고 가는 것 같지만 결국 외채, 인플레이션 등 경제문제가 정치를 뒤흔들어 놓으면 혼란 속에 정치가 동반하락하는 경우가 많다. 결국 이들 나라들도 궁극적으로는 경제 재건에 초점을 맞추어 끈을 느슨하게 하고 경제의 허리춤에 힘을 불어넣을 수밖에 없는 〈욕금고종〉책을 쓰지 않을 수 없다. 그렇지 않고는 수렁에 빠지면 헤어날 길이 없게 되어 재기 불능 상태에 빠질 수도 있다.

남미국가들이 대표적인 예인데 그중 아르헨티나는 금세기 초에 세계 십대 강국이 될 정도로 발전하였으나, 지금은 줄곧 침체를 면치 못하고 있다. 이 대목에서 우리 경제의 실정을 돌아보면 중남미 국가의 상황이 남의 일 같지 않게 보이는 이유는 뭘까?

후진국일수록 정경유착이 심할 수밖에 없다. 그렇게 정경유착이 지속되다 보면 시장경제의 원리에 따라 경제가 발전하는 것이 아니라 정치의 시녀 노릇으로 몇몇 재벌들만 배를 불리는 경제가 되어버린다.

이에 반해 도시국가 홍콩은 자유 경제 특구로써 그 존재 의의를 보여주고 있다. 그런 홍콩에서도 '자유방임'이란 말의 어감이 좋지 않다고 하여 최근에는 이를 '적극적 불간섭정책'으로 바꾸어 부르고 있으며 이는 간섭 없이 적극적으로 한다는 뜻으로 풀이되고 있다.

영국 수상 처칠은 1925년 경제단위를 금본위제로 복귀한 우를 범했다. 이에 폴 새뮤얼슨 MIT대학 교수는 영국경제가 이 때문에 지금도 침체를 면하지 못하고 있다고 평했다. 사실 경제문제는 누구에게나 쉽게 보이고 해결책도 금방 나올 것 같지만 한 코만 잘못 건드려도 엉켜버리는 특성들이 있어서 많은 정치가들이 실책을 범한다.

위대한 정치가 처칠도 경제문제에 관한 한 자신을 숲 속에서 길을 잃고 헤매는 아이에 비유했다. 미테랑 프랑스 대통령도 시장경제 원리에 역행하는 산업국유화라는 실책을 범하여 국력을 크게 약화시켰던 인물이다.

무한경쟁시대에는 눈에 쌍심지를 켜고 시장 밑바닥을 현미경으로 들여다보듯 샅샅이 훑어 치밀한 계획을 수립해야 한다.

이제 자본은 국경 없이 활개를 치는데 그를 들여다보는 초병이 없다면 싸움 한번 해보지 못하고 손을 들 수 있다.

〈욕금고종〉의 계는 대의를 위해 작은 것을 버리고 크게 이기는 계략이다. 그러니까 독수리가 하늘을 날면서 눈을 동그랗게 뜨고 먹을 것을 찾는 것처럼 시계를 멀리 두고 차근차근 일을 처리하는 혜안이 필요하다.

기업경영, 소비자의 마음을 사로잡아야

앞서 기업 문화를 말한 적이 있지만 경영 자원은 뭐니뭐니해도 경영의 3요소라 일컬어지는 사람, 물자, 돈이다. 성장 일변도의 경제에서는 생활을 풍요롭게 하기 위해 위의 세 가지만 잘 관리하면 별문제가 없었다. 좋은 상품만 만들면 팔리는 시대였기 때문이다.

그러나 개성을 중시하는 오늘날에는 다양한 소비자의 기호와 변하는 환경에 대응하기 위해 사람, 물자, 돈 외에도 정보, 시간이라는 경영 자원을 중시해야 한다.

여기서 시간은 결단과 행동의 타이밍, 이를테면 경영전략의 실행 속도 등을 말한다.

급박한 상황에서 단시간에 경쟁력을 높이기 위해서는 벤치마킹(경쟁 업체의 경영 방식을 면밀히 분석하여 그를 따라잡는 전략)도 높은 계책의 하나이다.

고객 만족을 내세우는 기업의 슬로건에서 보듯, 기업은 궁극적으로 '수요자가 가치를 결정한다.'는 생각으로 '고품질을 값싸게' 내놓기 위해 사력을 다한다. 옛날에는 경영사나 간부가 정보를 움켜쥐고 부하 직원에게 직접 지시했지만 지금은 저 말단에 있는 사람들도 보도 매체를 통해 정보를 알고 있으며 쉼없이 교류하는 시대가 되었다.

따라서 변화의 중심에 서 있는 경영자는 구시대의 경영 패러다임을 바꿔야 한다. 경영의 틀이나 행동기준, 경영철학 할 것 없이 모두를 바꿀 정도로 유연해져야 한다.

천재형 잡스는 항상 세계 최고의 제품을 만들어야 한다면서 스마트폰 '아이폰'을 출시하여 혁신을 이뤘다. 세계 최고의 혁신 기업 창업자 잡스가 죽고 지휘권을 넘겨받은 팀 쿡은 관리 전문가답게 점유율에만 집착한 채 톡톡 떨어지는 이윤에만 집착하고 있다는 지적이다.

이는 최고 경영자의 철학에서 오는 차이로 벤처 투자가 마크 안드레센은 '점유율을 지키기 위해선 낮은 이익률도 마다치 않는 스타일'이라고 쿡을 지적한 바 있다.

이처럼 우려스러운 목소리 뒤에는 애플 시대는 끝났다고까지 말하고 있는데 애플의 행방보다는 기업이 얼마나 〈욕금고종〉의 계책을 스마트 시대에 맞게 구사하는가에 달려있다.

경쟁자는 사회를 짊어지고 가는 CEO답게 사회의 현상까지도 사려깊게 생각하면서 다양한 전략을 예측하고 대비책을 강구해야 한다. 말하자면 창조적 혁신을 이끌어 낼 수 있어야 한다.

꼭 해외에 진출해서 공장을 세우고 현지 기업을 사들이는 것만으로 한정하는 것이 아니라 어떻게 값싸게 제품을 만들어 소비자의 욕구를 충족시킬 것인가 하는 기민한 생각을 하는 것이 경영이라고 말할 수 있다.

제갈량이 맹획을 일곱 번 잡아 일곱 번 놓아 주어 그 마음을 사로잡았듯이 경영자도 소비자의 마음을 사로잡는 계책을 쓸 수 있어야 바로 성공한 경영자일 것이다.

'마음에 없으면 보아도 보이지 않는다(心不在焉 視而不見)'는 말처럼 소비자의 마음을 읽고 그 마음에 맞춰 내놓는데 지갑을 열지 않을 소비자가 어디 있겠는가?

잡으려거든 일단 놓아주라는 말처럼 그 마음을 얻기 위해 소비자 마음을 잘 읽어야 한다.

제17계

작은 미끼로
큰 이득을 도모하라

포전인옥 抛磚引玉 벽돌을 던져서 구슬을 얻는다	돌을 주고 구슬을 얻는다. 즉, 원하는 것을 구하려거든 미끼를 던지라는 뜻이다. 《전등록傳燈錄》의 상건常建과 조하趙嘏의 시구에서 나온 말이다. 싸게 사고 비싸게 팔아 이익을 취한다는 의미다. 적을 유인하여 포위하고 승리로 이끈다.

〈포전인옥〉은 《전등록傳燈錄》에 기록된 당唐나라 시인 상건尙建과 조하趙嘏의 시문詩文에서 비롯되었는데 시원치 않은 시구 밑에 빛나는 새 구절을 써넣어 완성한 데서 유래되었다. 이 계책은 문학 작품에서 유래한 것이어서 넓고 크게 보지 못하고 작은 이익을 탐내는 인간의 심리를 꼬집고 있다. 그럴듯한 미끼를 던져 유혹한 다음 귀중한 것을 얻는 유인책이다.

'포抛'는 던진다는 말이고 '전磚'은 기와瓦나 하찮은 벽돌쪼가리를 말한다. 이를 해석하면 벽돌과 같은 대수롭지 않은 것을 던진다는 말이다. '인引'은 가져온다는 의미이고 '옥玉'은 구슬을 말한다. 그러니까 벽돌 조각을 던져주고 귀한 옥을 취한다는 뜻이다.

갖고 싶으면 먼저 주라는 말처럼 이득을 보려면 작은 것을 주고 큰 것을 취해야 한다. 우리 속담에 피라미로 잉어를 낚는다는 말이 있듯이 상대가 바라는 것을 줘서 그를 사로잡는다는 평범하면서도 의미심장한 계책이다.

당시 조하는 '피리 소리 들려오는데, 누각에 기대있네(長笛一聲人倚樓)'라는 시로 유명세를 타고 있었다.

상건, 미완의 시로 조화의 완성시를 손에 넣다

이 고사는 상건常建과 조하趙嘏의 이야기로 《역대시화歷代詩話》에도 전해지고 있다. 즉, 상건이 조하의 시에 심취해 자기가 반절만 지은 시詩를 보이고 조하가 나머지 시구詩句를 써넣게끔 유인한 데서 기인한다.

당나라 때 소주蘇州의 시인 상건은 조하 시인을 마음속으로 흠모하여 조하의 시를 얻기 위해 영암사靈岩寺라는 절벽 위에다 두 구절의 시를 써 놓았다.

며칠 후 조하가 그곳에 들렀다가 상건이 적어 놓은 시를 보고는 그 밑에 두 구절의 시를 더 적어 넣어 4구의 시를 완성했다. 조하의 명구가 들어가니 아주 훌륭한 시가 되었다. 상건의 이런 교묘한 방법을 후세인들이 〈포전인옥〉이라 했으며 남의 고견이나 훌륭한 작품을 끌어낸다는 뜻으로 사용되었다. 더러는 남의 고견을 듣기 위해 미숙한 작품을 발표한다는 겸손을 의미하는 말로 쓰이기도 한다.

미끼를 던져 호랑이를 잡는다는 말처럼 먼저 구미가 당기는 미끼를 주어 천천히 유혹하여 목적을 이룬다는 말이다. 그러나 사람은 상대가 자신을 농간하고 있나고 짐작하면 경계한다. 따라서 이 작전의 포인트는 상대가 눈치채지 못하도록 하는 교묘한 위장술에 있다. 따라서 전쟁에서는 위장된 미끼를 식별하는 판단력이 중요하다. 생각이 얕은 사람은 미끼에 걸려들기 쉽다. 눈앞의 이익에 눈이 어두워지기 때문이다.

전국 말기에 법가法家로 이름 높았던 한비자韓非子는 성악설을 주장하면서 '사람은 이제에 따라 움직인다'고 했다. 그래서 사람을 움직이려면 명령보다는 좋은 미끼를 보이라고 했다. 즉 '이익'이라는 미끼로 사람을 움직이게 하라는 말이다.

한비자, 옥돌을 묻어 부역을 동원하다

한비자는 한韓나라 왕자로 태어났다. 그러나 후실後室에서 태어났기 때문에 스스로 살아갈 길을 개척해야 했다. 그는 당대의 대학자인 순자荀子의 문하에서 공부를 했다. 이때 관가에서는 홍수만 나면 마을 앞 강이 넘쳐 피해가 이만저만이 아니었다. 이에 관가에서는 정장亭長에게 명하여 제방을 축조하도록 했다. 정장은 마을 사람들에게 부역을 명했으나 빠지는 사람이 많아 일이 지지부진했다. 이에 한비자가 정장에게 마을 사람들을 불러낼 묘책을 일러 주었다.

정장은 한비자가 시키는 대로 강변에 옥 하나를 몰래 묻어놓았다. 마을 사람들이 부역을 나와 흙을 퍼 나르다가 우연히 옥돌을 발견하게 되었다. 주운 사람은 옥돌을 비싸게 팔아 재미를 톡톡히 보았다. 이 소문이 퍼지자 마을 사람들이 다투어 부역에 참가했다. 옥돌이 강변에 많이 묻혀 있으리라 생각했기 때문이었다.

말하자면 〈포전인옥〉의 계책을 사용하여 너도나도 부역에 나서게 했던 것이다.

이와 비슷한 상앙商鞅의 이야기가 있다. 상앙은 위나라에서 진秦나라로 건너가 법을 새로 정하고 나라를 부강하게 일으켰던 재상으로, 진나라를 법치국가法治國家로 개혁해 전국시대 최강자로 우뚝  서게 하는 기틀을 마련하게 된다. 상앙이 진나라 효공孝公에게 엄벌주의에

따른 법치주의를 설파해 개혁법이 채택되었는데 반대하는 여론이 지배적이었다. 하루아침에 진나라에서 가장 싫어하는 인물 1위가 된 상앙은 사람들의 반대가 높아지자 법 시행 전에 뭔가 보여줘야 할 필요성을 느끼게 되었다. 상앙은 3장쯤 되는 나무기둥 하나를 들고 저잣거리에 나가 물었다.

"이것이 무엇이냐?",

"뭐긴, 기둥이지."

"그렇다. 나무 기둥이다. 그럼 여기는 어디냐?"

"어디긴, 저잣거리지!!"

"이 기둥을 동문 안 광장에 옮겨놓는 사람에게는 황금 10냥을 주겠다."

그리고 상앙은 나무기둥을 동문 밖 저잣거리에 세웠다. 사람들이 말도 안 되는 소리라고 비웃었다. '누가 그런 쉬운 일에 그런 거금을 준단 말인가.' 하며 아무도 지원하지 않자 상앙은 상금을 더 올렸다.

"이 기둥을 동문 안으로 옮겨놓는 자에게는 황금 30냥을 주겠다."

사람들은 더욱 기가 차 벼슬아치가 자신들을 희롱한다며 나서는 이가 없었다. 상앙은 상금을 황금 50냥으로 올렸다. 그러자 백성 중 좀 어수룩해 보이는 자가 비웃는 사람 속에서 나와 기운을 써 본다며 동문 안 광장으로 나무기둥을 어깨에 받치고 갔다. 구경꾼이 된 백성들은 어수룩한 자가 낑깨보는 것을 보고 싶이 쪼르르 뒤쫓았다. 몇 분 거리도 안 되는 동문 안에 기둥을 세우자 구경꾼들은 웃을 준비를 했다. 그때 상앙은 그 어수룩한 자에게 주머니를 건넸다.

"자, 황금 50냥이다."

그 순간, 모두 쥐죽은 듯 멍하니 서서 발걸음을 떼지 못 했다. 상앙은 주변 사람들을 둘러보며 말했다.

"새 법은 이런 것이다. 반드시 지켜야 하고 어기면 벌을 받는다."

그 뒤로 상앙의 법은 잘 지켜졌다. 상금이라는 유인책으로 그동안의 법

적용의 방만함을 일소해버린 것이다.

갑부 맹탁, 늙은 하인을 유인해 수많은 뇌물을 삼키다

동한의 장양張讓은 조정의 실권자였다. 그런 그의 집안 대소사를 늙은 하인이 관장하고 있었다.

돈 많은 갑부 맹탁孟琸은 장양과 사귀려 해도 그가 도무지 만나주지 않아 속을 끓이고 있었다. 생각다 못한 맹탁은 장양의 늙은 하인에게 거금을 주어 친구로 사귀었다. 늙은 하인은 거금을 받자 맹탁을 매우 좋아했다. 그는 장양에게 부탁할 일이 있으면 자신이 최선을 다하겠노라 다짐까지 했다. 그러자 맹탁이 말했다.

"딱 한 가지 요구가 있소. 나를 한 번만 초청해 주시오. 그리고 그때 나를 깜짝 반겨주시오."

"예! 그렇게 하죠."

늙은 하인은 싱글벙글 웃으며 고개를 끄덕였다.

장양의 집에는 언제나 지방관리들이 문턱이 닳도록 찾았다. 그래서 장양의 집 앞에는 늘 고급 수레들이 줄지어 서 있었는데 그 모습이 마치 장터를 방불케 했다.

어느 날 맹탁이 수레를 타고 장양을 찾아갔다. 벌써 많은 수레가 꼬리에 꼬리를 물고 서 있어 맹탁은 들어갈 엄두조

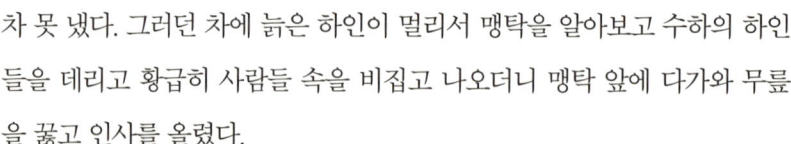

차 못 냈다. 그러던 차에 늙은 하인이 멀리서 맹탁을 알아보고 수하의 하인들을 데리고 황급히 사람들 속을 비집고 나오더니 맹탁 앞에 다가와 무릎을 꿇고 인사를 올렸다.

"안녕하세요, 나리! 어서 오세요."

"음. 일어들 나게!"

맹탁은 제법 큰 인물이라도 된 듯 건성으로 인사를 받았다.

하인들이 앞에서 길을 내고 맹탁의 수레가 그 뒤를 따라 굴러갔다. 그 광경을 지켜보던 관리들이 깜짝 놀랐다. 관리들은 맹탁과 장양의 관계가 보통이 아니라고 수군수군댔다.

그 후 관리들은 장양을 방문할 일이 있으면 먼저 맹탁부터 찾아가 뇌물을 바치며 도움을 바랐다. 맹탁은 아주 짧은 시간에 수많은 뇌물을 받아 챙겼는데 따져보면 그가 늙은 하인에게 건네준 돈보다 몇 배나 더 많았다.

〈포전인옥〉은 전쟁터에서 작전을 수행하면서 쓰는 계책이지만 이처럼 처세에서도 빛을 볼 수 있다.

소동파蘇東坡인 소식蘇軾은 부드러우면서도 속에는 뼈가 담긴 사람으로 《유후론留侯論》에서 필부는 욕을 먹으면 칼을 빼 들고 온몸으로 부딪쳐 싸우는데 이는 진정한 용기가 아니라고 했다.

《손자병법》에서는 적을 요동시켜 움직이게 하지 않으면 주도권을 빼앗긴다고 충고하고 있다. 따라서 적이 편안하면 피로하게 하고, 배부르게 먹고 있으면 굶주리게 하고, 안정되어 있으면 요동시킬 줄 알아야 계책이라고 말하고 있다.

선인先人들은 책에서 얻은 지식은 글자에 불과한 것이므로 죽은 지식이라 말하기도 했다. 체험을 바탕으로 몸으로 익힌 지식이라야 참다운 지식이라는 경험주의에 바탕을 두었다.

책이나 기타 견문으로 지식을 넓힌 다음 체험으로 확인해야 산지식이라는 말이다.

제齊나라 환공桓公이 성인들이 남긴 귀중한 책을 읽고 있었다. 그때 수레바퀴를 만들고 있던 편扁노인이 환공에게 물었다.

"폐하께서 지금 읽고 계신 책에는 무엇이 쓰여 있습니까?"

"성인의 가르침이 쓰여 있느니라."

그러자 편노인이 다시 물었다.

"성인이라 함은 지금 살아계신 사람입니까?"

"아니다. 이미 돌아가신 사람들을 말하느니라. 왜 그러느냐?"

"그렇다면 폐하, 지금 읽으시는 것은 옛사람들이 뱉어낸 똥 찌꺼기에 불과한 것이군요."

편노인이 이렇게 말하자 환공이 화를 내며 말했다.

"어찌 한낱 수레바퀴나 만드는 목공 따위가 함부로 입을 놀리느냐. 내가 읽고 있는 이 책이 옛사람들의 똥 찌꺼기란 말이냐. 그대가 말한 똥 찌꺼기란 말이 그 이유가 타당하면 용서하겠지만 그렇지 않다면 당장 벌을 내릴 것이다."

"폐하, 이는 제 경험에 따른 것입니다. 수레바퀴를 만들 때 축을 너무 헐렁하거나 꽉 죄지 않기 위해서는 경험만큼 중요한 것이 없습니다. 입으로 설명하는 것만으로는 부족합니다. 직접 만들어보고 실패도 하면서 땀 흘려 방법을 터득하지 않고는 안 되는 것입니다. 그래서 제 자식에게 가르치고 싶어도 가르칠 수 없고, 또 배우고 싶어도 배울 수 없는 것이 바퀴 만드는 일입니다. 폐하께서 읽으시는 책도 쓰신 분들은 이미 돌아가셨습니다. 성현들의 정신도 살아있지 않습니다. 그러니 폐하께서 읽고 계신 것이 옛사람들의 찌꺼기와 다를 게 무엇이겠습니까?"

이에 환공은 고개를 끄덕였다. 말이나 문자로 배우는 것은 실질적이지 못하고 직접 몸으로 부딪혀 익혀야 진짜 배우는 것이라는 〈포전인옥〉 책을 견지했다. 즉 머리로 배우는 것과 손과 발이 움직여 배운 것은 천양지차라는 말이다.

〈포전인옥〉은 쉽게 말하면 하찮은 것, 또는 값싼 것을 미끼 삼아 고귀하고 값진 것을 끌어온다는 뜻이다.

예나 지금이나 나라를 잘 다스리는 지도자는 국민으로부터 믿음을 얻어야 한다. 반대로 국민으로부터 믿음을 얻지 못하는 정권은 멸망한다.

흥미롭게도 미끼에 속지 않고 전쟁을 승리로 이끈 예가 있다.

적청, 물러날 때를 알고 물러나서 승리하다

북송시대北宋時代 무장인 적청狄青(1008년~1057년)은 일찍이 바이칼호 인근 사할린에 거주하는 퉁구스Tungus 족과 싸워서 승리하고, 패주하는 적을 산골짜기로 몰아넣었다. 부하들은 끝까지 추격해 적을 전멸시키자고 했으나 적청은 추격을 중지시켰다. 때문에 퉁구스 족은 도망을 갈 수 있었다. 나중에 살펴본 결과 산길은 깊은 골짜기로 연결되어 있었다. 역시 추격을 했어야만 했다고 아쉬워하는 부하들에게 적청이 말했다.

"그렇지 않다. 적은 우리를 그리로 유인하고 있었다. 우리는 그쪽 지리에 미숙하다. 틀림없이 험준한 골짜기에 복병이 있었을 것이다. 따라서 이 시점에서 멈추는 것이 적의 계략에 말려들지 않는 최선책이다. 또 우리는 이미 승리를 거두었다. 다소의 패잔병을 도망치게 내버려둔다 해도 대세에 영향은 없다."

적청은 힘에 의한 승리를 추구하지 않았다. 때문에 대승은 거두지 못했을망정 패배라는 쓰라림을 겪는 일은 없었다. 그 결과 명장이라 이름을 남긴 것이다.

무슨 일이든 순조롭게 풀리면 그런 상황이 지속될 것으로 생각한다. 그러나 바로 그때가 숨을 돌리고 냉철하게 앞을 내다봐야 할 때다. 아군이 미끼를 던져 승리를 추구하듯이 상대방도 똑같이 미끼를 던지고 역전의 기회를 엿볼 수 있기 때문이다. 상황이 좋을 때 객관적인 시각을 잃지 않고 적당한 시점에서 멈춰서 돌아보기 위해서는 대단한 자제력이 필요하다.

〈포전인옥〉은 작은 미끼로 큰 것을 낚는다는 말인데 주周나라 문왕은 야

외에 흩어져 있는 시체를 찾아 묻고 난 뒤에 비를 세워주고 그들의 명복을 빌어 민심을 얻었다. 또 연 소왕燕昭王은 천리마를 구한다는 명목 아래 죽은 말의 뼈다귀를 귀한 값으로 사주고, 그 뼈다귀를 묻어주는 시범을 보임으로 천하의 인재를 끌어들여 연나라를 부강하게 만들 수 있었다(제나라를 벼랑 끝까지 몰고 갔던 악의樂毅가 이때 찾아왔다). 제나라 환공은 식량을 나라에 바친 사람에게 관직을 주는 미끼로 그들로부터 식량을 거두어들였다. 그들은 한결같이 작은 것을 주고 큰 것을 거두어들이는 〈포천인옥〉의 계책을 쓴 것이다.

대체로 사기꾼은 최초의 거래에서는 확실히 약속을 이행하고 상대에게 이익을 준다. 이런 일이 두세 차례 반복하면 점점 경계심이 사라져 큰 거래를 하게 되고 그만 덜컥 두세 차례 이익의 몇십 배가 되는 큰 손해를 보게 되는데 그 미끼가 앞의 작은 거래들이었던 것이다.

유방, 〈포전인옥〉으로 흉노 모돈에 대패하다

한漢나라 유방은 간신히 중원 천지를 평정하고 한왕 신韓王信을 보내 마읍馬邑, 산서山西에 도읍을 정하도록 했다. 그런데 흉노匈奴가 마읍을 갑자기 포위해서 한왕 신은 항복을 해야 할 사태에 이르렀다. 흉노는 여세를 몰아 남방의 구주산句注山을 넘어 태원太原을 공격하고 내친김에 진양晉陽의 성 밑을 공략했다.

그러자 고제 유방高帝劉邦은 군사를 거느리고 직접 흉노 정벌에 나섰다. 한겨울 맹추위가 엄습해 동상으로 손가락을 잃는 병졸이 속출할 정도로 악화일로에 있었다. 이러한 와중에 흉노 모돈冒頓은 거짓으로 패주하는 것처럼 한나라 병사들을 꾀었다. 한나라 병사들은 그것도 모르고 여기에 걸려들었고 반격에 나선 흉노의 부대가 맹렬히 추격해 왔다. 그러자 또다시 모돈이 정예 부대를 숨기고 오합지졸의 병사들을 들여치니 한나라는 32만의 병졸 전부를 총동원하여 간신히 흉노를 추격했다.

유방은 맨 먼저 평성坪城 대동大同에 도착했으나 보병 부대는 아직 일부밖에 도착하지 못했다. 이 틈을 놓치지 않고 모돈은 정병 40만을 동원하여 고제를 백등산白登山에서 포위했다. 평성 싸움으로 알려진 이 일전一戰으로 한의 유방은 궁지에 몰려 화친 정책을 폈고 문제文帝때까지 흉노들의 회유에 끌려다녀야만 했다. 모돈의 〈포전인옥〉전략에 한나라가 말려든 것이다.

〈포전인옥〉에 대한 예는 일반 여염집에서도 짚어볼 수 있다.

부자, 〈포전인옥〉으로 아들을 살리고 재산을 되찾아주다

북송시대北宋時代 항주杭州의 어느 부자가 죽음에 이르렀을 때 그의 아들은 아직 세 살이었다. 부자는 사위에게 모든 재산 관리를 맡기고 아들이 성장해서 재산분배를 원활하게 하게 될 때 전 재산의 3할을 아들에게 주라는 유언을 남겼다. 그러니까 나머지 7할은 사위에게 준다는 내용이었다.

아버지가 죽고 세 살배기 아들이 성인이 된 뒤에 유서내용에 대한 재산분배에 의심을 품은 아들이 관청에 호소했다.

항주의 지방 장관을 맡고 있던 장영張永은 이 유서를 보고 심사숙고한 다음 사위에게 말했다.

"당신의 장인은 지혜로운 사람이다. 그 무렵 아들이 아직 어렸기 때문에 이렇게 해서 당신에게 아들과 재산을 맡긴 것이다. 만일 그렇지 않았다면 아들은 당신에게 어찌 되었을 지 모르잖겠느냐?"

그래서 판결하기를 재산의 7할을 아들에게, 3할을 사위에게 주도록 유서의 내용을 뒤집었다.

부자는 크고 많은 것을 사위에게 주는 것처럼 유인책을 썼던 것이다. 재산을 미끼로 아들도 살리고 성장한 후 유산을 제힘으로 찾을 수 있을 때 찾으라는 〈포천인옥〉의 세책이 살려 있었던 것이다.

등석鄧析(BC 545-501)은 정鄭나라 사람으로 공손교公孫僑와 더불어 명가의 출신으로 높은 지식을 가진 학자였다.

연일 폭우가 쏟아지더니 유수洧水의 물이 크게 불어났다. 정나라의 부잣집 아들이 강을 건너다 발을 헛디뎌 급류에 휩쓸려 죽었다. 어떤 사람이 마침 시체를 건져냈다. 시체를 건져 낸 사람이 시체가 부잣집 아들인 것을 알고 터무니없는 돈을 요구했다. 부자는 하는 수없이 학식이 풍부한 등석 선생을 찾아가 가르침을 청했다. 등석이 부자에게 말했다.

"안심하시오. 당신 말고는 시체를 다른 사람에게 팔지 못할 것이오."

부자가 등석선생의 말이 옳다고 여겨 태연이 기다렸다. 시체를 건진 사람이 시체가 썩을까 봐 걱정스러웠다.

그도 하는 수 없이 등석 선생을 찾아가 가르침을 청했다.

"안심하시오. 부자는 당신 말고는 다른 데서 시체를 사지 못할 것이오."

등석은 부호색시富戶索尸라는 양가론을 편 고사를 남겼지만 이러지도 저러지도 못한 논변에 불과하다. 〈포전인옥〉은 작은 지식을 가지고 세상을 살아가다 보면 안갯속에 빠져 이러지도 저러지도 못할 때 저울대를 가름해 주듯 일을 수습해 주는 계책을 내놓는 데 있다. 시체를 놓고 탐욕을 부리는 사람과 재물이 아까워 시체 수습을 못 해 혈육의 시체를 방치한 폐륜을 지적해 양가론을 부수는 것이 〈포전인옥〉의 계책이다.

힘들이지 않고 고상한 것을 얻고자 한다든지 힘들이지 않고 숭고한 이상을 실현하려는 것은 실제 가진 것에 비해 바라는 것이 많은 공상일 수 있다.

승부는
최후의 일각까지

| **금적금왕**
擒賊擒王

적을 잡으려면 먼저
왕을 잡는다 | 적을 잡으려면 우두머리인 왕부터 잡는다. 일을 도모하고자 할 때는 적의 요충지, 본진을 쳐야 한다. 적의 수장을 잡으면 자연히 무너진다. 적의 지휘부를 타격하면 혼란에 빠져 승리할 수 있다는 말이다. |

〈금적금왕擒賊擒王〉은 '도적을 잡으려면 먼저 우두머리인 왕을 잡으라'는 뜻이다. 문자 그대로 적의 두목인 왕, 즉 적장이나 최고사령부를 쳐부숨으로써 적을 괴멸하는 작전이며, 이는 싸움의 핵심 철칙이다.

모든 사물에는 급소가 있다. 뱀을 잡을 때는 머리에서 일곱 치 되는 부분을 잡는다는 말과 같이 급소를 잡으면 꼼짝 못한다. 해결이 어려운 일일수록 가닥을 잡아 잘 훑으면 의외로 간단히 해결할 수가 있다.

사람은 누구나 약점을 가지고 있다. 그 약점을 이용하면 교섭이나 설득을 유리하게 진행할 수 있다. 그 약점은 상대가 가장 기피하고 싶어하는 치부恥部이다. 상대가 부정한 일을 감추고 있거나 중요한 일에 실수했을 경우 그곳을 찌르면 교섭이 쉽게 이루어진다.

권투시합을 할 때, 상대의 약한 곳을 집중적으로 공략하는 것도 승리를 얻어 내기 위한 작전이며, 상대가 알려지기를 두려워하는 과거의 비밀을 들추는 것도 급소를 노려 전세를 유리하게 전개하고자 하는 방법 중의 하나이다.

이러한 전술이 곧 〈금적금왕〉에 해당하는 계책이라 할 수 있다.

상대의 급소인 우두머리를 잡는 방법은 여러 가지가 있다. 힘을 사용하든 지략을 사용하든 목적에 도달한다는 대원칙 아래서는 수단과 방법을 가리지 않는다.

당 시대唐時代 '안녹산安祿山의 난(755년~763년)'에서 장순이 전세를 뒤집은 예가 그 대표적인 것이다.

장순, 적장을 쓰러뜨려 반란군을 내몰다

안녹산安祿山의 난 때 수양修養을 지키는 장순將巡은 윤자기尹子琦가 이끄는 수십만 반군에게 포위되어 악전고투의 공방전이 계속되었다. 적장인 윤자기를 쓰러뜨리면 반란군은 흐지부지될 것이었지만 정작 그가 어디에 있는지 알 수가 없었다. 그래서 장순은 고(쑥의 일종)의 줄기를 깎아 화살을 만들어 적병을 쏘았다. 화살을 맞은 반란군의 병사가 자기가 부상을 당하지 않은 것을 이상하게 생각하고 떨어진 화살을 주워서 살펴보았다. 화살은 쑥대의 줄기로 만들어져 있었다. 병사는 크게 기뻐하고 윤자기에게로 달려가 보고했다.

"장순의 군대는 이처럼 고를 사용할 정도로 화살이 부족합니다."

그런데 장순은 화살을 쏘아놓고 그 병사의 행방을 쫓았다. 그렇게 해서 장순은 윤자기가 어디에 있는지를 알 수 있었다. 그리고 즉시 저격수들에게 명해 윤자기를 쏘게 했다. 화살은 윤자기의 왼쪽 눈에 명중, 윤자기는 견디지 못하고 말에서 떨어졌다. 수령이 부상을 당하는 것을 본 반란군은 동요하여 결국 물러갔다.

장수나 우두머리를 쏘라는 〈금적금왕〉은 구멍을 파서 쥐를 잡거나 그물을 쳐서 참새 따위를 잡는 것이 아니라 어려운 국면을 바로 전환할 수 있게 하는 계 중의 으뜸이라 할 수 있다.

《한비자》는 '전쟁은 이기는 것이 목적이다. 먹느냐 먹히느냐 하는 전쟁에서는 속임수가 곧 훌륭한 작전이다'라고 했다.《손자병법》에서도 비슷한 말이 있다. 생사를 가름하는 존망의 갈림길에서는 비겁한 방법도 불사할 수밖에 없는 것이 병법의 근간이다.

병법 중에《태공병법》은 전략, 전술, 전투에 이르기까지 크고 작은 문제들에 대해 빠짐없이 서술하고 있다. 전략술로 태공은 포위 돌파전, 공성전, 하천전, 적진 공격전, 매복전, 철퇴전, 도시 포위전, 돌격전, 화전火戰, 야간 습격전, 조우전, 분진합격分進合擊, 차전車戰, 기병전, 보병전, 통신 등에 이르기까지 구체적으로 이야기하고 있다. 이것은 그 당시 작전을 지휘한 장병들에게 지대한 영향을 주었다.

그러나 오늘날에는 병기와 전차, 통신 등 첨단 과학기술과 정보가 눈과 귀처럼 널려져 있는 시대로 태공시대와는 비교할 수조차 없다. 다만 그의 전략·전술이 시대를 초월한 보편성을 지니고 있어 오늘날에도 큰 가치가 있다. 우두머리를 잡는 데는 술수를 쓰는 〈공성계〉나 형세를 보아 마음의 위안을 주는 〈미인계〉나 똑같이 위력적일 수 있다. 육탄이 원사탄보다 상하다는 말은 미인계를 두고 한 말이다. 권좌를 뺏기 위해 춘신군春申君을 이용한 이원李園이 여동생 이언李嫣을 이용한 사건도 마찬가지다.

두보杜甫의 〈출색시出塞詩〉에서 활을 당길 때는 당연히 강하게 당겨야 하고, 화실을 쓰려먼 당연히 긴 것을 써야 한다. 사람을 잡으려면 먼저 말을 쏘아야 하고, 도적을 사로잡으려면 도적의 두목을 사로잡아야 한다고 했다. 승리하기 위해서는 문제의 핵심을 찾아 정통으로 공격해야 한다는 말이다.

〈금적금왕〉은 적의 우두머리를 쳐서 싸움을 승리로 이끄는 전술이다. 꼭 적의 우두머리를 죽이거나 살상해서가 아니라 적장을 사로잡을 수만 있다면 더 많은 정보를 얻어낼 수 있다. 그래서 사람을 쏘기보다는 타고 있는 말을 쏘라고 병법서는 가르치고 있다.

당태종唐太宗은 재주가 있는 사람으로 누구든지 한 번만 보면 그 사람의 인물됨을 가려낼 수 있는 독심술가였다. 어느 날 당태종은 다음과 같이 말했다.

"왕은 오직 한 사람, 따라서 마음은 하나뿐이다. 그런데 그 한 마음을 얻기 위해서 수많은 사람들이 모여든다. 어떤 자는 용기와 힘으로 왕이 전쟁을 하도록 촉구하고, 어떤 자는 말재주로써 왕이 옳고 그른 것을 가리게 하고, 어떤 자는 아첨으로 왕을 속이려 하고, 어떤 자는 취미가 같은 것으로 왕을 유혹한다. 이렇게 각각 장기를 지니고 왕에게 나선다. 그러므로 왕이 조금만 방심해도 이 사람들에게 넘어가 무서운 결과를 가져온다. 그래서 왕은 이러한 사실을 잘 판단할 줄 알아야 한다."

이 말은 꼭 왕에게만이 해당되는 말이 아니라 윗자리에 있는 모든 사람들에도 해당하는 경계의 말이다. 기업 경영의 CEO라고 해서 다를리 없고 국정을 맡아 일하는 관리라고 예외일 수 없다.

북송, 우두머리의 실정으로 도읍을 옮기다

송宋나라 말 휘종徽宗 재위 시에, 채경蔡京은 세도가였다. 채경은 25년간이나 권세를 누렸는데 학식도 많고 재주도 뛰어났다. 휘종과 가까워진 것은 취미 때문이었다.

사마광司馬光이 재상으로 있을 때 왕안석王安石이 만들어 놓은 신법新法을 다시 옛것대로 바꾸려고 서두르고 있는데 채경은 개봉부開封府의 지사知事로 있었다. 어느 날, 위에서 신법을 구법으로 바꾸라는 지시가 떨어졌다. 다른 사람들은 누구도 상부의 지시를 기일 내에 바꿔 놓은 사람이 없었는데, 채경만은 그 기간에 바꾸어 놓았다.

사마광은 채경이 천하에 제일가는 관리라고 칭찬을 했다. 채경은 그와 같이 요령이 출중한 사람이었다. 그래서 마침내 재상이 된 후, 왕이 놀이와 사치를 좋아하는 것을 알고, 놀음과 사치로써 왕의 비위를 맞추기 시작했다. 그래서 왕안석 때에 조금씩 늘어났던 나라 살림이 얼마 되지 않아 바닥이 드러나고 말았다.

부역에 끌려 나온 백성들은 원망이 자자했고, 왕이 세세한 국정을 챙기지 않아 벼슬아치들이 여기저기서 부정을 일삼았다. 그러나 채경은 이런 것을 조금도 고치려는 생각이 없이 자기에게 반대하는 자를 색출하여 가차 없이 처벌하고 억눌렀다.

이때 진관陳瓘이란 사람이 '사람을 쏘려면 먼저 말을 쏘라. 적을 사로잡으려면 먼저 왕을 사로잡아라'고 쓴 격문을 돌렸다.

진관의 동지들이 구름같이 몰려들었다. 그들은 연달아 왕에게 탄핵문을 올렸다.

진관이 '적을 사로잡으려면 왕을 사로잡으라'고 한 말은 나쁜 무리들을 없애려면 조그만 송사리들을 잡아서는 소용없고 괴수魁首를 잡아야 한다는 의미였다. 즉, 채경을 쫓아내야 한다는 뜻이었다. 이렇게 해서 채경은 오래 버티지 못하고 재상 자리에서 쫓겨났다. 암투를 벌이는 계책에서는 그 우두머리를 격퇴시켜야만 혼란을 잠재울 수 있다. 광주리에 담긴 게를 뒤집어 놓음으로써 웅크리고 있게 하는 것이다. 송나라는 채경으로 말미암아 나라가 어려워지고 이웃 금나라의 세력이 밀어닥치자 도읍을 남쪽으로 옮기는 지경에 이르렀다.

〈금적금왕〉은 뒤집어 생각해보면 우두머리 하나를 잘못 앉히면 나라가 기울만큼 우두머리의 역할이 크다는 것을 알 수 있는 계이기도 하다.

모수, 교섭 중 초 양왕을 사로잡다

진秦나라가 조趙나라 수도인 한단성邯鄲城을 공격하여 조나라 정세가 급박했다. 조나라 혜문왕惠文王은 재상인 평원군平原君을 초楚나라에 파견하여 구원을 요청했다. 이때 평원군은 식객들 중에서 문무에 뛰어난 자 20명을 골라 함께 초나라로 들어가려고 했다. 그런데 19명을 고른 뒤에 더 고를만한 사람이 마땅칠 않았다. 이때 모수毛遂라는 자가 자청해서 나섰다.(모수자천毛遂自薦)

"귀공은 내 집에 온 지 얼마나 되는가?"

"예. 3년째 됩니다."

"3년이나 되었다면 그대의 재능이 이미 나에게도 알려졌을 터인데, 아직 그대의 이름을 들은 바가 없고 3년 동안이나 나의 문하에 있었으면서도 아무런 재주도 보여 주지 못했으니 그만두게나."

평원군이 미덥지 못하다며 이렇게 말했다. 그러자 모수라는 자는 물러서지 않고 반론을 폈다.

"당치않은 말씀입니다."

그러자 평원군이 모수에게 말했다.

"현자는 자루 속에 들어 있는 송곳과 같아서 곧 자루를 뚫고 밖으로 그 끝을 내미는 법인데 그런 모양을 여태껏 보이지 못했잖소?"(낭중지추囊中之錐)

"제가 저를 천거하는 것은 저를 자루 안에 넣어달라는 뜻입니다. 저를 자루 속에 넣어 보지도 아니하시고 그 송곳이 무디다 할 수는 없는 것 아니겠습니까? 우선 자루 속에 넣어 주십시오."

이렇게 모수가 강력히 평원군에게 주장했다.

평원군은 모수의 말이 옳다고 여겨 마침내 그를 20번째 사람으로 선발하였다. 평원군 일행은 초나라에 이르러 조·초 두 나라가 연합하여 진나라에 대항하는 것에 대해 담판을 벌였다. 그러나 쌍방의 의견이 엇갈려 차일피일할 뿐, 성과가 없었다. 평원군은 20명의 수행 참모들에게 좋은 방법을 물었으나 그럴싸한 방안을 제시하는 사람이 없었다. 이때 말석에 앉아있던 모수가 말했다.

"양왕襄王(재위 기원전 298-263)과 직접 담판하도록 합시다. 만약 면회를 거절하면 직접 배알拜謁을 신청하십시오. 사신使臣을 거절할 수는 없는 법이니 만날 수 있을 것입니다."

평원군은 모수의 말에 따라 배알을 신청하여 양왕을 만났지만 아무런 성과도 얻지 못했다. 이에 모수는 참지 못하고 칼을 찬 채 양왕 앞으로 다가갔다. 양왕이 깜짝 놀라며 말했다.

"물러가라."

호령했으나 모수는 오히려 허리에서 칼을 빼 잡고 선 채로 눈을 부릅뜨고 말했다.

"아무리 초나라가 대국이라 해도 이렇게 사람을 질책하는 법이 어디 있습니까? 초나라는 넓은 국토와 백만 대군을 가지고 있으나 지금 이 시각에는 왕의 목숨이 내 손에 달려 있으니 내 이야기를 들어 주십시오.

초나라는 대국이라고 하지만 강국은 아니올시다. 장수 백기白起가 대왕의 군사들을 물리치고 초나라 도성을 격파한 뒤 조상들의 묘까지 모욕했던 일을 잊으셨습니까? 이에 대해서는 우리 조나라 사람들조차도 부끄럽게 생각하는데 대왕께서는 왜 모른 체하십니까? 우리 두 나라가 연합해서 진나라에 대항하자는데 그것이 어찌 우리 조나라만을 위해서이겠습니까? 뿐만 아니라 왕께서는 진나라의 세 곱이나 되는 영토와 병력을 가지고 있으면서도 진나라의 오만불손을 응징하지 못하고 있으니 이는 크게 부끄러워할 일입니다. 진나라는 지금 조나라를 침공하고 있는지라 그 국내는 비어 있습니다. 이에 초나라가 조나라와 군사동맹을 맺고 진나라를 친다면 진을 응징할 수 있을 것이며 조나라가 건재함으로써 초나라의 안보安保도 보전할 것입니다."

이렇게 피를 토하는 열변을 쏟아 놓자 초나라 왕이 고개를 끄덕이며 말했다.

"그래, 그대의 말이 옳구먼!"

모수의 말을 듣고 얼굴이 누그러진 초나라 왕은 당장 조나라와 손잡을 것을 맹세했다. 결국 모수의 담력과 언변으로 조나라는 외교 담판에서 성공을 거둔 것이다. 이에 평원군은 모수를 극구 칭찬하였으며 다른 사람들도 이를 인정하였다.

그때부터 자기 스스로를 추천하는 것을 일러 '모수자천毛遂自薦'이라 부르게 되었으며, 재주 있는 사람이 잠시 남의 눈에 띄지 못해 파묻혀 있는 것을 '추처낭중錐處囊中(자루 속에 든 송곳)', 재능을 충분히 발휘한 것을 '탈영이출脫穎而出'이라는 고사가 나오게 된 것이다.

여기서 모수가 왕을 협박한 것은 〈금적금왕〉의 계책이라 할 수 있다. 일시나마 교섭 상대의 우두머리를 사로잡은 것이니 '금왕擒王'의 계략이었다. 참고로 합종체결에 양왕이 국새를 찍어 조·초 군사동맹이 성립되자 모수는 양왕에 대한 패도佩刀의 무례를 용서받고자 스스로 자기의 목을 치려고 했다.

지금도 최고 통수권자 앞에서는 무기를 소지할 수 없는데 하물며 봉건시대에 군주 앞에서 칼을 소지하는 것은 상상도 할 수 없는 일이다. 그러나 양왕은 모수의 죄를 용서하였는데 그 이유는 표면상으로는 모수의 용맹을 가상하다 여겨서지만 내막은 모수가 자결함으로써 이 일이 타국에 알려지면 초왕과 초나라의 위신이 손상되기 때문이었다. 역시 양왕도 왕다운 기품과 도량을 가진 군주였음을 보여준 셈이다.

〈금적금왕〉의 핵심은 적의 요충지의 약점을 찾아 제거하는 것이다. 그러나 요충지는 보통 견고히 지키고 있으므로 이를 공격하려면 격전을 각오해야 한다.

〈금적금왕〉은 제16계 〈욕금고종〉의 보충으로 적과의 싸움에서 이기기 위해서는 물리적인 힘만으로 이기는 것이 아니라 스스로 항복하도록 해야 불필요한 손실을 줄일 수 있다고 말하고 있는 것이다.

그러나 적군의 최고 사령관의 항복을 받아 내기란 쉽지 않다. 그래서 이 계략은 보통 제19계 〈부저추신〉의 측근을 제거하는 계책을 먼저 구사하여 사령관을 고립시킨 후, 〈금적금왕〉을 연동시키면 불리해진 전황을 뒤집는 획기적인 〈연환계(제35계로 여러 계책을 연결해 사용하는 36계 병법의 고등 응용 계책)〉가 될 수 있다.

제4부

혼전계

混戰計

혼전 중에
승리를 쟁취하기 위해
칼을 다듬고 날을 세워
사용하는 전략이다

힘으로 안 되면
상대방의 김을 빼라

부저추신
釜底抽薪

끓는 솥 밑에서
장작을 꺼낸다

적의 기세가 충만할 때는 가마솥 밑에서 장작을 끄집어내듯 기세를 꺾은 다음 약점을 찾아 꺾는다. 적의 보급을 끊어버린다는 뜻이다. 적과 대치할 경우 정면 공격을 피하고 측면에서 조금씩 기반을 무너뜨리는 전략이다.

북제北齊 때 위수魏收가 〈양조문梁朝文〉에 쓴 글에서 장작을 꺼내 끓는 물을 멈추게 한 추신지불抽薪止沸과, 풀을 베고 뿌리를 없앤 전초제근剪草除根이라는 두 구句를 조합한 것으로 근본적인 일이 이루어지는 것을 의미하계책이다.

이는 아군의 세력이 적보다 약할 때는 적에게 직접 대항하지 않고 상대의 약점을 찾아 기세를 꺾은 다음 공격해야 한다는 계책이다. 이는 뿌리를 제거하여 풀을 뽑는 것과 같은 이치이다.

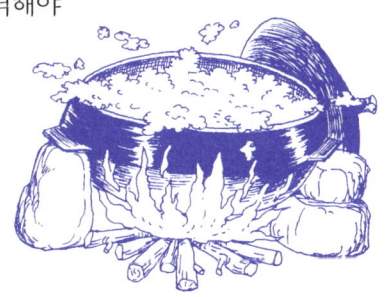

가마솥에서 펄펄 끓고 있는 물을 멈추게 하려면 솥 밑에서 타고 있는 장작을 끌어내면 된다. 물이 펄펄 끓

고 있을 때는 접근할 수가 없지만 아궁이에서 타는 장작을 들어내면 끓던 물이 점차 식어 마음대로 처리할 수 있다.

〈부저추신〉에는 깊은 음모가 숨겨져 있다. 가령 A라는 남자가 B라는 여자와 사귀려고 하는데 남자 C가 끼어들어 B와 C가 가까워지면 A는 불리해진다. 이때 '적당한 방법'으로 남자 C를 제거하면 B에게 접근하기 용이해져 쉽게 목적을 달성할 수 있다.

이 적당한 방법이란 것이 바로 〈부저추신〉이다. 적의 세력이 강하여 대항할 수 없을 때는 힘 빼기 작전을 쓰는 것도 〈부저추신〉의 계다. 계책은 사용해도 소리가 없고, 보이는 형태가 없고, 느낌은 있어도 알아채기 어려우며 남몰래 수단을 사용하기 때문에 술수에 넘어가면서도 미처 깨닫지 못한다. 형체가 없으므로 실제 전쟁에서는 적의 보급을 끊는다거나 아니면 적의 병사들의 사기를 떨어뜨리는 전술을 말하기도 한다.

잘 알려진 초한전楚漢戰의 '사면초가四面楚歌'가 바로 항우項羽에 대한 〈부저추신〉이기도 하다.

초한전은 장기將棋 게임으로 32짝의 붉은 글자(한漢군)와 푸른 글자(초楚군)의 두 종류로 나누어 판 위에 배치해 놓고 맞서 싸워 승부를 가리는 놀이기구이다. 즉, 차·포·마·상·사·졸 그리고 궁으로 나누어져 대결하는 양상이 제법 초·한군의 접전을 보는 듯하다. 바둑에 비해 수가 적고 단순하여 대마를 거느리는 맛은 없지만 속전속결이라는 점에서는 그만한 놀이도 드물다.

장량, 초나라 민요로 초군의 사기를 꺾다

진秦나라가 멸망한 뒤 초패왕楚霸王 항우項羽(기원전232~202)와 한漢왕 유방劉邦(기원전 247~195)은 천하를 다투면서 5년여 동안 싸움을 벌였다. 지칠 대로 지친 초나라와 한나라 쌍방은 싸움을 시작하고 4년째 되는 가을에 휴전 협정을 맺었다.

휴전이 성립하자 항우는 협정대로 동쪽으로 철수하기 시작했지만 유방은 장량長良(?~기원전186)과 진평陳平(?~기원전178)의 계책에 따라 항우를 추격하여 해垓라는 곳에 이르러 항우군을 물 샐 틈 없이 포위했다.

초군의 항우는 12월의 혹한 속에서 포위되자 그 포위망을 뚫기 위해 여러 번 출격을 감행하였지만 성공하지 못했다. 그것은 한신의 유명한 '십면매복十面埋伏' 전술로 항우가 갈만한 모든 곳에 병력을 매복시켜 상대방을 지치고 무기력하게 만드는 방법이었다. 그런 어느 날 밤이었다. 달빛은 교교皎皎한데 한군 진영에서 들려오는 통소 소리가 애간장을 끊게 했다. 고향을 그리워하는 슬프고도 애달픈 초나라 민요가 여기저기서 들려왔다.

항우와 장병들은 깜짝 놀랐다. 들려오는 노래가 분명히 초나라 민요였기 때문이었다. '한군 측에서 우리 초나라 민요가 들리는 것은 어찌 된 일인가? 혹시 한군이 이미 초나라를 점령하여 장병들을 그리로 끌고 갔기 때문일까?'

그렇지 않아도 초조한데 고향의 노래가 처량한 달빛에 젖어 들려오자 초나라 장병들은 자신도 모르게 노래를 따라 부르는가 하면 부모와 처자를 생각하며 눈물을 흘리기도 했다. 이 통소 소리의 정체는 한군의 참모인 장량長良이 연출한 것이었다. 초군은 그렇지 않아도 엄동실한과 사방으로 에워싼 포위 속에서 사기가 떨어지는데 여기저기서 애절한 자국의 민요가 들려오니 장병들의 마음은 더욱 심란해져 야밤을 틈타 도주하는 자가 생기는가 하면 한나라 진영으로 투항하는 자도 속출했다.

사태가 이 지경에 이르자 항우는 마지막이 왔음을 직감했다. 애마愛馬 오추烏騅를 달아나도록 고삐를 놓아 주었다. 그러나 말은 다리를 벌리고 힘껏 버티며 떠나지 않았다. 항우의 결심을 눈치챈 애첩 우미인虞美人은 '오오, 슬프다. 역빌산기개세力拔山氣蓋世는 다 어디로 갔는가?'라고 탄식하면서 항우의 칼을 뽑아 자기의 가슴을 찔러 자결했다.

더 이상 어찌할 수 없는 지경에 이르자 항우는 애마 오추와 함께 적진을 향해 돌진하니 800여 필의 군마가 뒤따랐다. 항우가 간신히 포위망을 뚫고 오강烏江(안미성 내)에 이르렀을 때는 불과 20여 필만 뒤따랐다. 항우는 스스로에게 질책했다.

"무슨 면목으로 고향을 찾겠는가?"

오강을 건너가 초나라에 들어가게 되면 재기할 수도 있었으나 그대로 적군 한의 진영으로 돌진하여 수백 명을 죽이고 자신도 자결했다. 사마천은 《사기》에서 다음과 같이 기록하고 있다.

"그의 최후는 귀신도 울게 하는 장렬한 죽음이었다. 초패왕이라는 이름을 더럽히지 않은 남아 장부였다."

사면초가四面楚歌라는 말은 항우가 이러지도 못하고 저러지도 못하는 곤경에 처해있었던 데서 유래된 고사였으며 고립무원孤立無援이나 진퇴유곡進退維谷의 의미로도 쓰인다. 유방의 참모 장량은 초나라 민요를 통해 초군에게 사기를 떨어뜨리는 〈부저추신〉의 계를 썼는데 기막히게 적중한 것이다.

가마솥 밑에서 타고 있는 장작을 치우면 끓던 물은 점차 식어간다는 〈부저추신〉은 상대가 막강한 힘을 과시할 때 그 힘의 근원을 파악하여 제거하면 성공한다는 계다.

사랑을 나누는 애정의 세계, 물건을 사고파는 상업의 세계, 피를 흘리는 전쟁의 세계, 서로 저 잘났다고 하는 정치 세계, 어디에서나 〈부저추신〉은 난무하게 작용하고 있으며 작은 일에서나 큰일에서나 약방의 감초처럼 쓰인다.

죽은 제갈량이 산 사마의를 도망치게 하다

《회남자淮南子》·〈본경훈本經訓〉은 끓는 물을 찬물로 식히는 것보다는 가마솥 밑의 장작을 빼는 것이 훨씬 효과적이다고 지적하고 있다.

《삼국지》에는 죽은 제갈량諸葛亮이 살아있는 사마의司馬懿를 물리쳤다는 대목이 있는데 전쟁터에서 기세가 얼마나 중요한지를 말해주는 대목이다.

제갈량은 위나라의 무도武都와 음평陰平 두 곳을 정복하여 북벌의 전초 기지로 삼아 전략을 세웠다. 그리고 형주, 익주, 옹주의 접경인 오장원五丈原에 진지를 구축했다. 그곳은 군수품의 보급과 후퇴와 진격이 모두 용이한 요충지였다.

사마의는 언제나 그랬듯이 수성전守城戰으로 대비해왔다. 이에 비해 제갈량은 넓은 분지인 오장원의 들판에 밭을 일구어 장기전에 돌입하는 한편, 사마의의 심기를 건드려 전투를 유발하고자 했다. 그러나 사마의는 성문을 굳게 걸어 잠그고 접전을 피했다. 제갈량은 사마의에게 여자옷을 보내 겁쟁이라고 놀렸다. 사마의는 그래도 여전히 미동도 하지 않았다. 천하를 관조하는 듯 여유만만하던 제갈량도 애가 탈 지경이었다. 사마의는 첩보를 통하여 제갈량에게 병색이 있음을 알아냈다. 사마의는 공명의 일거수일투족을 면밀히 파악했다.

사마의의 판단은 옳았다. 제갈량은 오장원에서 마지막 숨을 몰아쉬고 있었다. 여러 차례 북벌에 실패한 후 그의 몸은 눈에 띄게 쇠약해졌다. 이번 원정은 태양이 마지막 잔광을 쏟아내듯 일선에 부득이 몸을 내민 것이다. 거기다 사마의가 쉽게 대적해 주지 않으니 오장원에서 포진한 채 운명의 날을 하루하루 앞당기고 있었다. 이때 제갈량의 나이 겨우 54세였다. 지도자로서 적당한 경륜도 쌓여서 한창 일할 나이였다. 어려서부터 자기 관리에 철저했던 공명이 어쩌다가 적의 칼에 맞은 것도 아니고 병도 없이 죽음을 목전에 두었을까?

그 원인은 과로過勞였다. 유비가 죽고 난 다음부터 공명은 모든 정사를 빠뜨리지 않고 자기가 직접 세세하게 챙겼다. 병기를 만드는 일, 군량미를 확보하는 일, 문서를 처리하는 일까지 몸소 점검했다. 심지어 20대 이상의 곤장을 치는 일과 도끼의 질량과 우열을 가리는 일까지도 직접 관여했다. 게다가 주군 유비劉備의 뜻인 황실 부흥을 위해 노심초사했다. 그러다 보니 정신적·육체적으로 피폐해진 것이다. 동시에 수차에 걸친 원정이 수포로 돌아가니 어찌 피가 마르지 않겠는가! 6차 원정에서 그는 기력이 다하여 촛불이 꺼지듯 소진되고 있었던 것이다.

공명은 오장원에서 마지막 빛을 발하며 지친 숨을 몰아쉬고 있었다. 천하의 지략가도 천명天命은 어쩔 수가 없었다. 드디어 서기 234년 8월, 그는 '철군하라'는 짧막한 유언을 남기고 오장원의 별로 떨어졌다.

공명이 죽자 공명의 말대로 철군 명령이 떨어졌다. 촉군은 암암리에 철군을 서둘렀다. 오장원의 원주민이 이를 즉각 사마의에게 알렸다.

"제갈량은 이미 죽었고, 촉군은 철군할 준비로 여념이 없습니다."

공명의 침묵에 불안해하던 사마의의 표정이 비로소 밝아졌다.

"공격하라. 기회는 이때다."

지금까지 수성에만 일관하던 사마의가 드디어 공격 명령을 내렸다. 오랫동안 웅크리고 있던 위군이 공격의 북소리를 울렸다. 공명이 죽었다는 소식에 사기도 드높게 고함을 지르며 오장원을 향해 말을 몰았다. 촉군은 철군 명령을 받은 데다 최고 사령관의 죽음으로 기가 꺾여 전의를 상실한 상태였다. 이때 지휘권을 받은 강유姜維가 양의楊儀에게 명령을 내렸다.

"승상께서 살아계실 때는 성문을 잠그고 나오지 않던 사마의 무리이니 겁먹을 것 없다. 깃발을 돌려세우고 사마의를 공격하는 체하라."

촉군이 깃발을 돌려세우고 일시에 함성을 질렀다. 사방에서 북소리가 요란했고 선봉대가 사마의를 겨냥하여 진격했다.

"제갈량이 죽었다는 건 함정이었구나! 퇴각하라."

놀란 사마의는 즉시 군사를 돌려 황망히 달아났다. '사공명주생중달死孔明走生仲達', 즉, 죽은 제갈량이 산 사마의를 물리쳤다는 고사가 여기에서 생겼다. 더불어 사마의에게 찬물을 끼얹게 한 〈부저추신〉이었다.

적의 사기를 꺾기 위해서는 보급로를 차단하는 것만큼 효과적인 것이 없다. 그러나 가만히 앉아 있는 적의 사기를 떨어뜨리는 것은 결코 쉬운 일이 아니다. 그런데도 죽은 제갈량이 산 사마를 물리쳤으니 얼마나 기가 막힌 일인가. 전쟁에서 사기는 아무리 센 적도 무찌르는 힘을 발휘한다. 때로는 겁 없는 사마귀가 수레바퀴에 맞서는 격이 되더라도 죽기를 각오하고 덤비는 데는 어쩔 수 없다. 사기는 이처럼 중요한 무기이고 이길 수 있는 접전에서 이기고 마는 것이 기세다.

《울요자尉繚子》는 이렇게 말하고 있다.

"병사들의 사기가 왕성하거든 전쟁에 돌입하라. 그러나 부족하거든 피하라."

공명은 병법가답게 오선五善 사욕四欲이 있어야 한다고 평소에 강조했다. 오선이라 함은 첫째 적의 형세를 잘 알고, 둘째 진퇴의 방법을 잘 알며, 셋째 국가의 허실을 알고, 넷째 천시天時와 인사人事를 잘 알며, 다섯째 지리와 형세를 알아야 한다는 것이었다.

사욕이라 함은 첫째 전쟁을 기발하게 하고, 둘째 모의를 은밀히 하며, 셋째 병사들이 규율을 잘 지키게 하고, 넷째 마음을 하나로 뭉치게 해야 한다고 일렀다.

계발啓發이란, 계啓는 그 뜻을 열어주는 것이고, 발發은 그 말을 열어주는 것이라고 《논어》, 〈술이편述而扁〉은 말하고 있다. 이는 간절히 바랄 때 물을 주듯 짚어주고 궁금해서 동동거릴 때 말해주는 것이 참 교육인데 기다린다는 점에서 〈부저추신〉과 맞아떨어지는 방법이다.

후한後漢 초 오한吳漢이 대사마大司馬일 때, 어느 어두운 날 밤에 적이 군영을 습격한 일이 있었다. 그때 전 부대원들이 매우 당황하여 쩔쩔맸는데도 오한만은 태연히 침상에 누운 채 끄떡도 하지 않았다.

병사들은 오한의 그와 같은 침착한 태도를 전해 듣고는 이내 평정을 회복했다. 곧 오한은 정예부대를 선발해 어두운 밤을 틈타 반격하여 적을 쳐부술 수 있었는데 이가 바로 〈부저추신〉계책이었다.

장유, 주동자를 사로잡아 소요를 가라앉히다

북송北宋의 설장유薛長儒는 한주漢州의 통판通判(주감독관)이었다. 그런데 수위守衛 병사들이 반란을 일으켜 성문을 열고 불을 지른 다음 일제히 쏟아져 들어와 주지사며 병마군감兵馬軍監을 죽이려고 협박했다. 그 보고를 받자 주지사와 군감은 벌벌 떨며 근무지에서 한 발짝도 나가려 하지 않았다. 반란병들이 〈부저추신〉계략으로 선수를 쳐 가마솥 밑에서 장작을 꺼내듯 이들을 윽박질러 꼼짝 못 하게 한 것이다.

반란병의 기세가 충천하여 오히려 가마솥 위의 물이 펄펄 끓고 있는 형국과 같았다. 위기일발의 처지에 있을 때 장유張裕가 성문 밖으로 나가더니 반란군에 합세한 병사들을 향해 큰소리로 권고했다.

"너희들도 부모나 처자가 있을 것이다. 어째서 이런 엄청난 역적질을 하고 있느냐? 주모자主謀者 이외는 모두 여기서 떠나거라."

그 결과 부화뇌동附和雷同하던 사람들이 잠잠해졌다. 요동치던 대중이 잠잠해지자 분위기가 심상치 않음을 깨달은 주모자 8명만이 성문을 떠나 숨었다. 관군은 야외의 부락에 잠복해 있는 것을 간단히 체포했다. 당시 사람들은 그때 상황을 이렇게 말하고 있다.

"장유가 없었다면 걷잡을 수 없는 사태가 되었을 것이다."

이것이 바로 한참 법석이는 적에게 찬물을 끼얹어 사기를 떨어뜨리는 전략으로 아궁이에서 장작을 끄집어내는 계략을 실전에 옮긴 좋은 예에 해당되는 〈부저추신〉이었던 것이다.

이처럼 계책을 쓸 때는 상황에 맞게 쓰는 것이 중요하다.

"야, 저 사람, 김빼기 작전인 〈부저추신〉의 계를 쓰고 있군."

이렇게 눈치를 채면 결코 목적을 쉽게 이룰 수 없다. 사람은 본시 남의 말을 곧이곧대로 믿지 않는다. 또 사람에 대한 장점보다는 단점, 그것도 묘하게 좌로 틀고 우로 꼬아야 재미를 느끼는 본성이 있다. 그에 대한 예는 성악설性惡說을 부르짖은 순자荀子에게서도 찾아볼 수 있다.

은중감, 왕서의 중상을 불식하다

동진시대東晉時代 때 왕서王瑞는 은중감殷仲鑒을 아무 이유 없이 왕국보王國寶라는 중신에게 중상中傷(근거없는 말로 남을 헐뜯음)했다. 왕서의 중상을 왕국보가 믿을까 봐 은중감은 걱정이 태산 같았다. 은중감은 참다못해 친구이자 문장가로 이름이 높은 왕순王恂(350년~401년)에게 대책을 상의했다. 그러자 왕순이 대응책을 조용히 말해 주었다.

"자네는 자주 왕서의 집을 찾아가 그곳에서 밀담이나 하듯 사람을 물린 뒤 아무것도 아닌 일상적인 이야기를 하고 있으면 되네. 그렇게 하면 두 사람 왕서와 왕국보 사이는 금이 갈 것이야."

은중감은 왕순 친구의 말대로 했다. 하루가 멀다하고 빈번하게 왕서의 집을 찾아가 온종일 이런저런 이야기를 나누고는 돌아왔다. 이런 소문을 전해 들은 왕국보는 왕서를 만나자 대뜸 한마디 했다.

"최근에 은중감과 대단히 친해진 것 같더군. 사람까지 물리고 도대체 무슨 얘기를 그리하는 건가?"

왕서가 의외라는 듯 표정을 고치면서 담담하게 대답했다.

"평소처럼 교제를 하고 있을 뿐, 특별한 이야기를 하고 있는 것은 아닌

데 왜 그러십니까?"

왕서는 아무 거리낌 없이 있는 그대로 대답했다. 그런 일이 있고 난 뒤에도 은중 감은 여전히 왕서와 교류했다.

한편 왕국보는 앞서 왕서에게서 은중 감에 대한 이야기를 들은 바 있어서 이야기를 나누면서도 은중감을 살피고 있었다.

그런데도 은중감은 왕서에 대하여는 한마디 말도 없었다. 이는 왕국보가 왕서에 대해 달리 생각하게 했다.

은중감은 왕서에 대해 아무런 사감도 없는 것 같은데 왕서는 왜 은중감을 중상하는 것일까? 생각이 여기에 미치자 왕서가 자기에게 무엇을 숨기고 있는 것은 아닌가 의심했다.

그런 생각이 들자 왕서가 이제까지 은중감을 계속 비방해 온 것도 무언가 내막이 있는 것이 아닌가 싶었다. 그 뒤 왕국보와 왕서의 사이는 급속히 냉각되고 은중감에 대한 의심도 없어졌다.

자신에 대한 중상을 이렇게 해결한 은중감은 아궁이에서 타는 장작을 꺼내 솥 안의 물을 끓지 않게 한 〈부저추신〉을 적절히 활용했다. 뿐만 아니라 오히려 상대방의 신용을 떨어뜨리고 자기의 입지를 강화하는 효과까지 얻었다. 문장가인 왕순의 계책은 완전한 성공을 거둔 것이었다.

전국시대 초楚나라는 제齊나라와 동맹하여 강대국 진秦에 대항하고 있었는데 하루는 진의 사신이 초왕에게 말했다.

"6백 리 사방의 영토를 바칠 테니 제와 손을 끊고 우리 진과 하나가 되지 않으시겠습니까?"

힘들이지 않고서 영토를 얻을 수 있게 되었다고 기뻐하며 제와의 동맹을 파기하려는 초왕에게 한 신하가 나서며 말했다.

"진이 우리나라의 비위를 맞추는 것은 우리가 제와 동맹하고 있기 때문입니다. 만약 동맹을 파기하면 약한 우리에게 진이 영토를 줄 리가 없으며 도리어 우리를 공격하여 멸망시키고 말 것입니다."

그러나 초왕은 이러한 간언諫言을 귀담아듣지 않았다.

초왕은 제와 동맹을 끊고 진나라에게 약속한 땅을 달라고 했으나 여지없이 거절당했다. 초왕은 격분했으나 어쩔 도리없이 진의 비위를 맞추는 수밖에 없었다.

작은 돌을 던져 구슬을 얻는 17계 〈포전인옥〉처럼 땅을 떼어 주겠다는 감언이설에 동맹을 파기했지만 나중에는 자신마저 당하는 술수에 넘어간 것이다.

조조, 적군의 군량미를 불질러 전멸하다

후한後漢 왕조는 황건군黃巾軍의 봉기(서기 184)로 통치 능력을 완전히 상실했다. 다시 춘추전국시대처럼 군웅이 할거하는 시대가 된 것이다.

《삼국지》로 유명한 시대가 열리는 서막이기도 했다. 먼저 원소袁紹와 조조曹操 사이에서 패권을 노린 싸움이 벌어졌다. 이기는 자가 후한 왕조를 등에 업고 천하의 주도권을 장악할 판국이었다.

서기 199년, 군사적으로 우위에 있는 원소가 본거지인 업鄴을 떠나 조조의 본거지인 허許를 향해 진군했다. 조조도 이에 맞서 허를 떠났다. 원소의 군대는 11만, 조조는 5만으로 양군은 황하강 남쪽 관도官渡라는 곳을 끼고 대치했다.

전세는 호각세를 유지했으나 병력이 적은 조조가 불리했다. 밀고 당기는 기 싸움이 수개월 계속되었다. 그해 10월에 접어들자 조조군은 군세가 크게 줄고, 군량미도 한 달분 정도밖에 남지 않았다. 조조는 초조해졌다. 그런데 원소의 참모 중 한 사람인 허유許攸라는 사람이 조조군으로 투항해왔다. 조조는 허유를 상전처럼 극진히 맞았다. 허유가 투항해 온 이유는 원소가 자기를 홀대한데다 집안사람이 죄를 지어 신변의 위험을 느꼈기 때문이었다.

허유는 자기를 반가이 맞아준 조조를 도와줄 생각으로 계략을 짰다.

"지금 원소는 대군을 관도官渡 주변에 투입하고 있습니다. 그리고 이들의 군량미는 거기서 가까운 오소烏巢에 보관되어 있으나 수비가 견고하지 못합니다. 기습 부대를 편성하여 오소를 급습, 군량미를 불태워 버린다면 관도에 집결한 원소의 주력부대는 먹을 것이 없어 모두 도망칠 것입니다. 이때를 놓치지 말고 공격하면 쉽게 승리할 수 있을 것입니다."

허유로부터 정보를 입수한 조조는 몸소 정예병 5천을 이끌고 오소의 보급창고 기습에 나섰다. 병사들 모두에게 적의 깃발을 들게 하고 또 소리를 내지 못하게 입에 솜을 물렸다. 말에게도 입마개를 씌워 어두운 밤을 택하여 행군했다. 도중에 원소군의 검문이 있었다. 검문을 받자 이렇게 대답했다.

"대장의 명에 의하여 순찰 중이다."

이렇게 하여 조조는 오소를 지키는 수비부대를 포위하고 불을 질렀다. 적은 대혼란에 빠지고 쌓아 놓은 군량미가 모두 불길에 휩싸였다. 조조군은 우왕좌왕하는 원소의 군을 전멸시켰다.

군량이 끊긴 관도의 원소군은 먹을 것을 찾아 후퇴하기 시작했다. 그때 조홍曹洪과 허유許攸가 보병과 기병 5천을 이끌고 이를 추격하여 대승을 거두었다. 이리하여 조조는 황하 유역의 중원지대를 장악하였다.

즉 아궁이에서 장작을 꺼내 솥에서 펄펄 끓는 물을 서서히 식게 하는 작전을 구사하는 〈부저추신〉의 계책을 성사시킨 것이다.

기업문화와 <부저추신>

세계화 시대에 〈부저추신〉의 계는 여러 가지 형태로 기업 내에 수繡를 놓듯 무지갯빛처럼 파고 들어갈 수 있다.

〈부저추신〉의 계는 〈조호이산〉과는 〈연환계〉로 서로 보완할 수 있다. 〈조호이산〉이 우두머리를 목표로 삼는다면 〈부저추신〉은 우두머리 옆에 있는 참모를 제거함으로써 작전을 쉽게 성공시킬 수 있다는 계책이다.

또 제18계 〈금적금왕〉과 제5계 〈진화타겁〉과 제6계 〈성동격서〉 그리고 〈연환계〉를 교차해서 쓸 수 있다.

적을 잡으려면 왕을 먼저 잡으라는 〈금적금왕〉의 계책을 쓰면서 불을 질러 불이 난 집에 더욱 부채질하는 〈진화타겁〉의 계를 연속해서 쓴다면 효과가 배가될 수 있다.

이렇게 정신을 못 차리게 해 놓고 수초 속의 고기를 잡듯 적을 섬멸한다면 꼼짝할 수 없을 것이다.

기업에 있어서 경영전략뿐만 아니라 그것 이상으로 기업문화가 중요한 것은 애벌레가 나비가 되는 것처럼 가치관의 인지가 기업을 떠받치는 기둥이자 대들보이기 때문이다. 미국의 시사지인 《비즈니스 위크》지는 미국 기업이 위기상황에서 회생에 관심을 기울이는 점을 주목했다. 그래서 기업들이 사양길에 접어들어 호흡을 가다듬고 '기업문화'에 대해 의식하기 시작한 것으로 보도했다. 그 후부터 '기업문화'는 세미나에 단골 주제로 등장하기 시작했다. 기업경영의 주요관심은 어떻게 하면 가장 효율적으로 생산라인을 이끌어낼 수 있겠는가의 딜레마에서 기업문화를 착안한 것이다.

그래서 산업사회가 지닌 특성대로 단순화simplication하고, 전문화specialization하고, 또 표준화standardization해 나갈 수밖에 없었다. 이런 바탕 위에 인간이 해낼 수 있는 정신적인 능률을 부가하여 즐겁게 일하는 풍토를 만드는 것이 기업문화다. 그리고 통계화 방식을 동원해서 빅데이터를 철저히 분석하고 전망과 현 상태를 관리할 방식을 추진하는 것이 문화의 축이다. 하버드대학교 경영대학원을 나온 로버트 맥나마라가 미국 국방장관에 취임하여 철저한 계산과 계획성 있는 전술로 월남전쟁을 수행한 것은 〈부저추신〉의 유명한 일화다.

그러나 경영자들의 관심은 기업 내부 문제에서 기업 외부의 문제를 아우르는 풍토로 옮겨가기 시작했다. 기업 내부의 효율적인 작업관리나 인간관리가 조직적인 업무라면 이 조직을 어떠한 색깔이나 맛을 지니는 조직으로 만들 수 있는가 하는 문제다. 이 색깔과 맛이 기업문화라고 말할 수 있다. 지금은 제품의 수명이 단축되고, 기술이 빠른 속도로 진보하고 있으며 그 속에서 산업구조 자체가 급속도로 변해가고 있다.

이렇게 되자 경영전략의 사고도 한계를 노출하고 있다. 회사의 두뇌 집단이 정교하게 마련해 놓은 경영전략이 실천단계에 가서 좌초에 부딪히기 일쑤여서 기업환경변화에 대한 장기 예측을 한다는 것이 도무지 불가능한 일이 되고 만 것이다. 그만큼 사회변화의 폭이 가속화하고 있기 때문이다.

오늘날에도 내부의 운영관리와 경영전략은 무시할 수는 없다. 다만 기업문화가 바로 서 있지 않고서는 운영관리와 경영전략이 그 가치를 발휘할 수 없다는 것이다. 즉 운영관리와 경영전략이 단순한 기술에 머물지 않고 기업문화 차원으로 따뜻하게 덥혀 줘야 한다는 〈부저추신〉의 일환이다.

기업문화가 최근에 이야기되고 있다고 하여 이것이 지금만 중요한 것은 아니다. 기업문화는 과거에도 중요했고 지금도 중요하다. 다만 우리가 그것을 방관하고 있다가 이제야 깨달아 가꾸기 시작한 것뿐이다.

더불어 기업문화는 사원 각자의 개성을 존중하고 그 개성에서 우러나오는 그 사람만의 아이디어를 귀담아 들어주는 데서부터 꽃피우게 된다.

펜실베이니아주 허쉬에 있는 허쉬 푸즈Hershey Foods의 CEO인 리처드 짐머먼Richard Zimmerman은 '위험을 감수한 이에게 높은 지위를'이라는 특별상을 만들게 되었다. 이는 '개성존중주의'로 그 사람만이 가진 소중한 아이디어를 얻어내기 위한 조치였다.

"그것은 기존의 제도에 기꺼이 저항하면서, 새로운 발상으로 아이디어를 조직원으로부터 끌어내고자 포상제도를 만들었던 것이다."

이 상은 조업시간을 단축하지 않고도 기계의 부품을 청구할 수 있는 방법을 고안해 낸 유지보수 직원을 포함, 다양하고 기발한 아이디어를 제시한 직원들에게 돌아갔다.

또, 캘리포니아주 팔로 알토의 휼렛팩커드Hewlett-Packard사에서는 인쇄기 회로기판 부서를 폐쇄했을 때, 직원들의 상실감을 위로하기 위해서 뉴올리언스 스타일의 재즈 밴드를 불러 장례의식을 치렀다. 부서의 역사와 성과에 대해서 30분간 회고한 뒤에 상징적인 관을 매장했고, 이 장례의식은 전 직원들에게 각별한 기념식이 되었다.

문 닫은 회사는 이미 사망신고가 끝난 것이다. 그러나 그 안에 몸담았던 직원들의 마음을 이 단계에서 정리하고 새로이 가다듬는 의미로 장례를 치르고 새롭게 출발하는 계기를 만드는 아이디어는 신선한 충격을 주었다.

문화란 이처럼 다듬어진 것이나 의식화한 것 등을 한꺼번에 전환하는 복합적인 개념이다.

즉 인간이 농사를 짓기 위해 밭갈이를 시작한 이래 지금까지 인간생활을 주도해 온 생활환경 전체가 '문화'라고 말할 수 있다. 자연을 개간하는 농경 생활이 결국 문화가 자리 잡은 터전이기 때문이다. 밭을 갈고 적기에 씨를 뿌리는 농경은 아주 많은 노동력이 필요한 일이다. 결국 집단을 필요로 한다. 필요에 의해 가족들은 씨족을 형성하고 공동체라는 의식을 공유하게 되었다. 그러한 여러 갈래의 가족이 한 지역에서 생활하며 거친 자연에 순응해 갔다. 밭을 일구고 물을 대고, 씨를 뿌리는 농경민들은 유목민들처럼 홀로 목초지를 찾아가는 것과는 달리 공동체 의식이 일찍부터 싹텄고 그래서 정착하면 여러 규칙이 필요하게 되었다. 그런 갖가지 약속들이 시간이 흐르면서 문화로 자리잡게 되어 아래 세대로 이어지게 되었다. 앞에서 말한 문화 즉 컬처Culture의 어원은 여기에서 연유한 것이다. 문화란 인간의 노동에 의하여 사회적·역사적으로 이뤄진 물질적 정신적 총체이고, 그것이 상부구조에서의 정신적 소득으로 이어져왔다. 그러니까 궁극적으로는 물질적 문화의 기초 위에 정신적 생활 확장의 구현이며 인간생활 위에 핀 꽃이라고 말할 수 있다. 한마을의 문화, 도시의 문화, 국가의 문화, 민족의 문화를 만들어 내는 것이 다 여기에서 기인한다. 문화를 민족, 또는 국민과 같은 뜻으로 사용하고 있는 이유인 것이다.

최근에는 기업뿐 아니라 그 기업을 둘러싸고 있는 사회에서까지 문화라는 말을 빈번하게 사용하고 있다.

수많은 기업이 짧은 시간 안에 생기고 없어진다. 불과 50년 전만 봐도 우리가 잘 아는 기업이 몇 개 되지 않았다. 그리고 그 기업은 지금 일류기업으로 남아 있지 않다. 지금까지 멸망하지 않고 이어져 온 것은 '민족'이라는 씨족 개념이다. 그들은 나라가 망해도 없어지지 않았다. 그들에게는 문화라는 것이 있어 오랫동안 이어져 왔고 결속을 다져왔다. 수많은 위기가 닥쳐와도 민족은 살아남는 강인함이 문화의 힘이었다. 유대인을 봐도 그렇고 중동을 봐도 그들 자신의 명예를 지키기 위해 투쟁한다. 우리 민족은 두말할 필요 없이 민족문화가 가마솥에 군불을 피우듯 뜨겁게 달군 것이라고 생각한다. 그러한 끈끈함을 문화가 뒷받침해왔다. 급변하는 환경에 이렇게 효과적으로 대처할 수 있는 열쇠는 전략이나 조직보다는 오래전부터 이루어져 온 문화의 힘이다. 그러한 문화의 힘을 기업에 적용한 것이 기업문다.

여름 벌레에게 얼음을 이야기할 수 없다

우선 회사를 망하게 하려면 가마솥 밑에서 장작을 꺼내어 온기를 빼듯 사기를 떨어뜨려야 하는 것이 먼저다. 일하는 분위기를 해치려면 타는 아궁이의 장작을 꺼내고 찬물을 끼얹는 것은 유능한 직원을 빼내 다른 곳으로 옮기는 것으로 생각하면 된다.

그러니까 일선 전투에서 적의 장수를 포섭하여 이쪽으로 끌어올 수 있다면 아궁에서 타고 있는 나무를 꺼내는 격이 되고 적진에서는 유능한 자를 빼앗겼으니 〈부저추신〉의 계에 빠진 것이다.

춘추시대 공자孔子의 제자 안회顔回는 제나라 관중管仲의 말을 인용하여 '자루가 작으면 많은 것을 넣을 수 없고 두레박 끈이 짧으면 깊은 우물물을 길을 수가 없다.'했다.

《36계 병법》을 조목조목 이야기로 풀어가다가 옛날 우물 속에 앉아서 하늘을 보고 작다고 한 일화가 생각났다. 기실 하늘이 작은 것이 아니라 내가 본 것이 작은 것인데 혹 계책을 우물 속에 앉아서 보는 것은 아닌지? 여름 벌레에게 얼음을 이야기할 수 없는 것은 얼음이 없어서가 아니라 벌레가 얼음을 본 일이 없기 때문이다.

배움이 부족한 필자가 무궁무진한 병법서를 다루다 보니 아는 것만 들어 이야기히고 모르는 것은 모르니 접어두게 된 것을 두고 한 말이다.

그러나 아궁이에 불을 지펴 물을 끓게 하듯 나머지 뒷이야기도 나름대로 최선을 다해볼 요량이다. 물이 끓듯 심기가 불편하면 아궁이에서 숯을 꺼내듯 냉철한 머리로 서책을 뒤져보고 또 문자에서 찾다 못 찾으면 짧은 소견으로 나마 마무리할 것을 〈부저추신〉의 마음으로 피력해본다.

이스라엘에는 두 개의 바다가 있다고 한다.

하나는 갈릴리 바다고, 하나는 사해死海다.

사실은 두 개 다 호수지만 커서 바다로 일컫는데 이 두 호수를 이어주는 강이 바로 요르단 강이다.

그런데 갈릴리 바다는 물이 맑고 고기도 많으며 물가에 나무도 잘 자라 새들이 찾아와 노래하는 아름다운 숲을 이루고 있다. 그래서 사람들이 갈릴리 바다를 아주 사랑한다. 헌데 사해 바다는 더럽고 바다에 염분이 많아 어찌나 짠지 사람들이 들어가면 둥둥 뜬다고 한다. 고기도 살 수 없고 먹이가 없어 새들도 깃들지 않아 사람들도 싫어한다.

이처럼 갈릴리 바다는 생명이 숨 쉬는 바다가 되고 사해는 죽음의 바다가 되었다.

그럼 왜 생명의 바다가 되고 죽음의 바다가 되었을까?

그것은 상류에서 흘러들어온 요르단 강 물을 통하여 갈릴리 바다는 하류로 내보내기 때문에 물이 맑고 깨끗한 데 반해 사해는 요르단 강물을 받기만 하고 내보낼 줄 모르기 때문에 이렇게 된 것이다. 이것은 주고 받는 수수작용受授作用이 되지 않기 때문이며 막히면 뚫고 안 되면 되게 하는 것이 계책인데 사해는 대책이 없어 죽은 바다가 된 것이다.

혼란을 일으켜
결정타를 가하라

혼수모어 混水摸魚 물을 흐려 놓고 고기를 잡는다	물을 휘저어 혼탁하게 하고 물고기가 정신을 잃을 때 잡는다. 적 내부의 혼란이 일어 방향을 상실했을 때 공격한다. 유언비어를 퍼뜨려 적의 사기를 꺾고 내부의 분란으로 유리한 상황을 활용하여 기습한다.

적의 내부와 지휘 본부를 혼란 상태에 빠뜨려 놓고 일망타진하는 계략이다. '혼수混水'는 물을 휘저어 혼탁하게 만드는 것을 말하고, '모어摸魚'는 고기를 잡는 것을 뜻한다. 그러니까 제20계는 '물을 휘저어서 혼탁해지면 물고기가 방향을 잃어버렸을 때 그 틈을 타서 잡는다'는 책략이다. 이를 작전에 응용하면 적 내부에 혼란이 발생하도록 하여 그 틈을 타 쳐들어가 승리를 거둔다는 전략이다.

교란작전이란 적의 내부에 혼란을 일으켜서 지휘 체계가 흩어지게 하는 것이다. 예컨대 아군에게 적군의 복장이나 무기를 들게 하여 후방을 교란하고 지휘부가 다른 데 신경을 쓸 때 들이쳐 승리를 거두는 작전이다. 고금의 싸움에서 이 〈혼수모어〉의 교란작전은 흔히 사용해온 전술이다.

따라서 그 응용범위가 넓고 효과도 커서 일상생활을 하는 현대인으로서는 꼭 알아 두어야 할 계책이다.

앞서 다룬 19계의 〈부저추신〉은 가마솥 밑에서 장작을 꺼내 끓는 물을 막는 것이나 20계의 〈혼수모어〉는 물을 휘저어 혼탁하게 만든 다음 고기를 잡는다는 계이다. 《36계 병법》은 원래 각 계를 따로 떼어 쓰는 것보다 작전 수행 중에 연쇄적으로 병행 또는 혼용할 때 그 효과가 크게 배가된다.

맑은 물에서 물고기를 잡으려면 물고기는 제가 놀던 곳이라서 마음대로 도망친다. 따라서 물을 혼탁하게 한 다음 우왕좌왕하고 있을 때 잡아들이는 것이 최선의 전략이다.

제19계 〈부저추신〉편에서 원소와 조조의 싸움에서 조조가 불리한 위치에 있을 때 허유가 투항해와 원소의 기밀을 누설함으로 오소의 군량미를 태울 수 있었다. 조조는 그 군량미를 없애기 위해 몸소 정예부대 5천을 이끌고 기습에 나섰다. 병사는 모두가 적의 깃발을 들고 소리를 내지 않도록 입에 솜을 물었다. 말에게도 입마개를 씌우고 어두운 밤에 작전을 폈다. 도중에 적병으로부터 '누구냐?'는 검문이 있었으나 '대장의 명에 따라 순찰 중이다'라고 둘러대 발각을 피했다. 조조는 오소의 수비부대를 포위하여 불을 지르자 적은 대혼란에 빠지고 쌓아놓은 군량미가 모두 불길에 휩싸였다. 그래서 병사들이 우왕좌왕하는 틈을 타 급습하여 전멸한 것이다.

《36계 병법》의 제20계는 내부의 혼란으로 우왕좌왕하는 적을 아군의 작전대로 유도하는 계략이다. 또 혼란은 〈혼수모어〉에 해당하나 군량미를 없애기 위해 급습을 단행한 것은 〈암도진창〉이고 상대방이 모르게 가마솥 밑에서 장작을 꺼내는 〈부저추신〉에 해당한다. 보급창고를 부숴버린 뒤 본부대를 쳐 승리를 거둔 것은 쉬고 있다가 당황하는 상대를 공격하는 〈이일대로)로써 지휘자의 운용에 따라 연관성 있게 운용한 계책이다. 그러니까 작전계획에 따라 그때그때 전개되는 양상이 다양하게 펼쳐지는 것이니 하나의 작전계획 속에는《36계 병법》을 병기처럼 뽑아서 유기적으로 활용하는 것이 필요하다. 그러니까 제1계의 〈만천과해〉나 맨 마지막 36계 〈주위상계〉에 이르기까지 모든 계략이 마치 피아노 건반처럼 유기적으로 연계하여 지휘자의 지휘에 따라 연주하는 오케스트라와 같은 것이다.

여기서 '모摸'는 본뜬다는 의미로, 흉내 낸다는 의미이다. 읽을 때는 음이 '모'이다. 그러나 찾는다, 더듬는다는 의미로 읽을 때는 '막'으로 읽기도 한다. 따라서 물을 흔들어서 혼탁하게 한 다음 고기를 더듬어서 잡는다는 뜻이므로 '혼수막어'의 표현이 옳지만 일반적으로 '모어'로 읽는 경우가 많아 여기서는 〈혼수모어〉로 표기했다.

제나라 환공, 불구대천의 원수 관중을 참모로 들이다

춘추오패春秋五霸 중에 가장 영향력이 컸던 제齊나라 환공桓公은 현명한 재상, 관중管仲의 보좌를 받아 제후들을 호령하고 중원의 첫 번째 맹주가 되어 기세등등한 패국霸國을 이루었다.

제나라는 땅이 기름진 산둥山東반도에 있었고, 도읍은 임치臨淄였다. 고래로부터 이곳에 사리를 삽은 나라는 태평하고 백성들은 편안하여 살기 좋은 곳이었다. 역사를 거슬러 올라가면 주周왕조를 창건한 군사軍師 태공망太公望, 즉 여상呂尙은 은나라 주紂왕의 폭정을 피하여 이곳에서 곧은 낚시로 세월을 낚고 있었다. 그런데 무왕이 70세가 넘은 태공망을 조정으로 불러들여 왕사王師로 삼았다.

여상은 주왕조 건국의 공로로 영구營邱(지금의 산둥성)에 봉해졌는데 그곳에다 제齊나라를 창건했다. 이것이 제나라를 세운 유래이며 15대째 군주가 환공이다. 산둥은 우리 역사 속의 백제와도 연관이 깊다. 백제가 세력을 확장하고 있을 때는 바로 이 산둥반도를 점거하여 백제의 땅으로 만들어 그곳에서 농산물을 세금으로 거둬들여 번영을 구가했다. 그러니까 산둥반도는 엄연히 백제의 옛땅으로서 한반도에 예속되었던 곳이다.

이 땅에 환공은 제13대 군주인 희공僖公의 막내아들로 태어났다. 어렸을 때 이름은 소백小白이었는데, 그에게는 제아諸兒와 규糾라는 두 이복형이 있었다. 장자인 제아는 희공의 뒤를 이어 제14대 군주인 양공襄公이 되었다.

양공은 포악한 폭군이었다. 노魯나라 환공桓公에게 시집간 여동생 문강文姜과 사통하다 들키자 아들 팽생彭生을 사주해 환공을 죽였다. 이 일이 외교문제가 되자 팽생을 죽여 무마하려 하는 등 천하에 그 잔학성을 떨쳤다. 그러면서도 본인은 정치를 돌보지 않고 주색에 빠져 많은 여자를 취하였고, 그의 비위에 거슬리는 자가 있으면 닥치는 대로 죽였다. 그의 이복동생들은 형을 두려워한 나머지 모두 나라 밖으로 도망쳤다. 동생 규는 그의 생모가 있는 노魯나라로 망명했고, 소백小白은 거莒라는 작은 나라로 도망가 있었다. 망명할 때 규는 관중管仲과 소홀召忽을 대동했으며, 소백은 관중의 친구인 포숙鮑叔을 함께 대동했다.

제아가 아직 왕자로 있을 때 그의 종제인 공손무지公孫無知라는 왕족이 있었다. 둘은 하는 일마다 대립하고 있었는데 제아가 즉위하여 양공이 되자 무지는 지방으로 좌천되었다. 그러나 무지는 이상 성격자인 양공이 제나라를 다스리기 어려울 것이라 믿고 은밀히 기회를 엿보고 있었다. 기원전 686년 겨울, 양공이 사냥을 나갔다가 사고로 부상을 입고 돌아왔다.

무지는 양공의 부상 소식을 듣고 이 기회를 놓칠세라 군사를 이끌고 궁중으로 쳐들어가 양공을 살해해 버렸다. 〈혼수모어〉시대에 혼란을 부추기는 기막힌 일이 벌어진 것이다. 그는 새롭게 제나라를 건설하겠다고 선언했다.

'양공은 군왕으로서의 그릇이 못 된다.'고 만행을 폭로하고 지금부터 대의를 새롭게 하겠다고 천명했다. 그런데 양공을 죽인 무지 역시 군왕으로서의 그릇은 아니었다. 쿠데타에 성공한 무지는 그 축하연 석상에서 양공의 신하에 의해 살해되고 말았다.

이로써 제나라는 무정부 상태에 빠졌으며, 중신들은 다음 군왕을 모시기 위해 구수회담을 계속했다. 그 결과 중신인 고혜高傒의 강력한 추천으로 거로 도망가 있던 소백을 후계자로 결정했다.

소백은 어렸을 때부터 매우 영민한 왕자로 알려져 있었다. 아버지인 희공이 재위 중에는 중신들로부터 장차 제나라를 맡을 인물로 지목되었다. 그런데 순서에 따라 형인 제아가 즉위하게 되자 거나라로 떠나 있었다. 그는 거에 몸을 의탁하고 와신상담, 어려움과 괴로움을 참으면서 나날을 보내고 있었다. 중국 속담에 '거에 있었을 때를 잊지 말라(모망재거母忘在莒).'라는 말이 있는데 이는 소백을 두고 한 말로써 거에서 고통스럽게 지낸 지난날을 잊지 말라는 뜻으로 나온 고사다.

훗날 중국 본토에서 쫓겨난 장제스蔣介石는 이 '모망재거'라는 격언을 자신이 피신해 있던 대만 땅 곳곳에 써 붙여 놓았다. 소백의 고사를 따라 자신도 언젠가는 본토로 돌아갈 생각이었던 것이다. 한편 노나라로 망명간 규도 고국의 정변을 틈타 곧 행동을 개시했다. 순서로 보아 자신이 제위에 올라야 할 것으로 생각하고 있었던 것이다. 규는 노나라 군사를 빌어 제나라로 향했으며 관중을 장수로 하여 거로부터 돌아오려는 소백의 진로를 고의적으로 차단했다.

관중의 군사와 소백의 군사는 건시乾時에서 충돌했다. 관중의 뛰어난 전략으로 소백의 군사는 크게 패했으며 소백 자신도 관중이 쏜 화살에 맞아 말에서 떨어졌다. 그 화살은 사실 소백의 갑옷 띠에 맞았는데 멀리서 보기에는 꼭 배에 명중한 것처럼 보였다. 말에서 떨어진 소백은 죽은 시늉을 하고 가만히 누워 있었다. 규의 군사가 환성을 지르며 돌진해왔다. 관중의 활에 맞아 말에서 떨어진 소백이 죽었다는 보고를 받고 규는 의기양양하게 제나라로 여유롭게 들어갔다. 제나라 수도로 들어온 규는 깜짝 놀랐다. 그리고 자기의 눈을 의심했다. 이게 어찌 된 일인가? 이미 죽었어야 할 소백이 먼저 돌아와 왕위에 올라 있지 않은가. 혼비백산하여 말고삐를 돌려 허둥지둥 노나라로 다시 도망쳤다.

말에서 떨어져 사지에 있으면서도 소백은 침착하였고, 그 위급한 상황에서도 임기응변을 터득하고 있었다. 순간적으로 죽음을 가장하여 관중의 눈을 속인 그는 관중과 규가 떠나자 네 마리 말이 끄는 사두영구차에 몸을 싣고 제나라를 향해 밤낮없이 달렸다. 제나라 수도로 들어가자마자 곧 자신을 추천한 고혜를 찾아갔다.

이렇게 하여 소백이 제나라 왕으로 등극하게 되니 그가 바로 제 환공齊桓公이다. 환공은 〈혼수모어〉 속에서 지혜로 뜻은 이루었지만 마음속에 응어리가 있었다. 그것은 다름 아닌 관중이 자기를 향해 활을 쏜 일이었다. 환공은 그 일만 생각하면 부아가 치밀어 올랐다. 환공은 그 때 당했던 사실을 한시도 잊을 수 없어 관중이 있는 노나라를 공격했다. 노나라의 국력은 제나라에 미치지 못했다. 환공은 아주 빠르게 노나라 도읍지 곡부曲阜성 밑에 다다랐다.

노나라 왕은 어쩔 도리가 없자 사신을 보내 강화를 요청했다. 환공은 사신에게 말했다.

"철수야 할 수 있지. 하지만 조건이 있다."

사신은 깜짝 놀랐다. 그리고 환공에게 물었다.

"무슨 조건입니까?"

"먼저 이 나라에 숨어 있는 공자 규를 없애고, 그와 함께 있는 관중을 나에게 건네준다면 철수하겠다."

사신은 감히 혼자서 처리할 수 없는 일이라서 급히 노나라 왕에게 달려가 알렸다. 노나라 왕은 별수 없어 사람을 파견해 규를 죽이고, 관중을 포박하여 환공에게 건네주었다. 그러자 제나라는 군사를 철수했다.

이렇게 해서 관중은 제나라로 압송되었다. 그런데 제나라의 포숙아는 관중이 온다는 소식을 듣고 관중을 호송하는 수레로 곧장 달려가 관중을 보고 예를 갖추어 인사를 했다. 그리고 친히 관중의 포승을 풀어주며 환대하고 관중의 손을 잡고 성으로 들어왔다.

환공은 이런 포숙아를 보자 머리를 돌리고 본체만체했다. 노나라에서 관중을 데리고 온 환공은 이제나저제나 그 불구대천의 원수를 처리하기 위해 노심초사했다. 그때 포숙은 친구 관중을 위해 환공에게 중원 천지를 호령할 패자覇者의 포부를 이뤄줄 사람은 오직 관중뿐이라며 극력 변호하여 마침내 환공은 관중을 참모로 받아들였다.

여기서 우리가 주의해야 할 점은 〈혼수모어〉의 혼란 중에도 인재를 천거하고 또 인물을 알아 적재적소適所에 쓰는 일이다.

제나라 안에서 포숙의 지위와 명성은 노나라에서 관중의 지위와 버금갔다. 관중에 대한 포숙아의 뜨거운 우정이 관포지교管鮑之交라는 고사를 낳게 했다.

절친한 친구였던 포숙은 조정의 중심부에서 관중을 감싸느라고 어려운 일을 마다치 않았다. 관중의 성공은 포숙의 두터운 우정 덕택이었고 두 사람은 청사에 남게 된 것이다.

포숙아의 변함없는 우정으로 제나라의 요직에 오른 관중의 진면목은 뭐니뭐니해도 인재양성에서 찾아볼 수 있다. 그는 처음엔 규의 후견자였지만 제나라로 돌아와서는 40년 동안 계속해서 환공을 보좌했다. 겉으로는 신하이지만 사실 환공의 스승이 되어 자신이 이상理想으로 꿈꾸어 온 국가를 만들어 나갔던 것이다. 물론 지난날의 원수를 중용하여 그의 충언과 조언을 기꺼이 받아들인 환공도 훌륭하지만 뒤에서 소리 없이 바른 정치를 펼치게 한 포숙아의 자세도 역사상 유례를 찾을 수 없는 훌륭한 조력자였다.

환공은 규와 관중이 있는 노나라를 관중의 전략에 따라 공략하여 대승했다. 노나라 왕 장공莊公은 제나라의 국경 근방에 있는 영토를 내놓고 화평을 청해왔다. 그러나 혈기가 왕성한 환공은 그 청을 듣지 않고 수도인 곡부曲阜(산동성 곡부현 공자의 탄생지)를 공략하려고 했다. 그러자 관중이 극구 환공을 말렸다.

"안 됩니다. 모처럼 상대가 항복을 해오는데 이걸 무시하고 억지로 공격을 감행하면 노나라 백성들은 우리 제나라를 침략자로 보고 필사적으로 저항할 것입니다. 바라옵건대 일단 공격을 멈추시옵소서."

관중은 환공을 설득했다. 환공은 그 말을 받아들여 제나라의 가柯라는 곳으로 장공을 불러 그 약속을 서약도록 했다. 그때 의식이 끝나고 축하연이 베풀어져 한창 흥이 돋아지고 있을 때 갑자기 조말曹沫이라는 노나라 장군이 환공에게 칼을 들이대고 협박했다.

"이제 맹약이 이루어졌으니 제나라와 노나라는 이미 형제국입니다. 그러니 형제국이 된 마당인데 이제 뺏어간 영토를 돌려주십시오."

순간 환공은 새파랗게 질렸다. 제나라 무장들이 급히 달려들자 조말이 제나라 무장들을 쏘아보며 말했다.

"꼼짝 마라. 너희들이 한걸음이라도 움직인다면 제나라 왕의 생명은 내 손에서 끝날 것이다."

조말은 무예가 뛰어난 용맹스런 장군으로서 특히 단검을 잘 쓰는 사람이었다. 환공은 할 수 없이 그의 말대로 했다.

"좋다. 그대 말대로 하겠다."

그 말을 듣자마자 조말은 비수를 내던지며 큰 소리로 말했다.

"과연 제나라의 명군이십니다. 훌륭하십니다."

그러나 환공은 협박을 받아 일단 승낙했지만 분통이 터질 지경이었다. 잔치가 끝나자 환공은 부하들에게 장공과 조말을 없애도록 명령했다.

그때 관중은 연회석상에 참석하지 않았는데 그 소식을 듣고 급히 환공에게 쫓아가 즉각 반대 의견을 내세웠다.

"신이 그 자리에 있었더라면 조말과 생사결판을 냈을 것입니다. 애석하게도 조말의 협박으로 할 수 없이 승낙하셨다고는 하나 약속은 어디까지나 약속입니다. 특히 왕의 일언에는 천금의 무게가 있는 것이옵니다. 그런데 이제 와서 그걸 무시하고 상대를 죽이게 된다면 이것은 천하의 웃음거리가 되고 말 것입니다. 바라건대 노여움을 가라앉히시고 그 명령을 거두어 주시옵소서."

환공은 관중의 이 간언을 받아들여 영토를 노나라에 반환해 주고 '장공과 조말을 죽이라'는 명령을 거두어들였다.

어느새 이 이야기가 천하에 전해지고 여러 제후들은 한결같이 환공을 우러러 칭송했다.

"제나라 환공은 신의를 지키는 명군이다."

그래서 누구나 제나라와는 어떤 맹약이라도 안심하고 맺을 수 있다고 믿었다. 그로부터 몇 년 뒤 여러 제후들은 견甄에서 환공을 맹주로 받드는 화평회담을 성공적으로 성사시켰다. 이와같이 환공은 마침내 천하의 패자로 군림한 것이다.

〈혼수모어〉의 20계는 혼란한 정국을 정면돌파하는 관중의 지혜와 같은 신선한 충격을 전제로 한다. 칠흑같이 어두운 밤에 북두칠성이 길을 안내하듯이 계는 바로 이런 때 방향을 설정하는 길잡이 역할을 하는 지렛대와 같은 것이다.

지나고 보면 어느 시대인들 혼돈과 불화가 없었겠는가. 그러나 그때마다 관중과 같은 인물이 나침반이 되어 그 시대를 돌파하고 나면 밝은 서광이 떠오르게 마련이다.

전장에서의 살벌함을 뒤로하고 마치 게임을 하듯이 전술과 전략을 세워 상대를 넘어뜨리는 일은 한 편의 드라마다. 지지 않고 이기기만 한다면 재미있는 한판 승부라 할 수 있다. 때문에 전쟁에서는 힘의 대결뿐만 아니라 장수들 간의 지혜 대결도 치열하다. 따라서 작전을 전개하는 지휘관은 고도의 재능을 소유해야 한다. 계책을 가슴에 숙지하고 상황에 따라 전략전술을 구사해야 한다. 그것은 인식, 관찰, 판단, 상상, 창조, 결단 등의 능력을 포함한 다방면의 재능을 말한다.

여기서 진평陳平의 기계奇計로 적의 내부에 이간책을 써 성공한 예도 〈혼수모어〉의 좋은 예다.

진평, 항우와 그의 참모들을 이간질하다

기원전 204년 초, 유방劉邦은 항우가 잠시 비워둔 틈을 타 항우의 본거지 팽성彭城을 점령했다. 그러자 팽성을 빼앗긴 항우가 반격을 해왔고 이 싸움에서 유방은 대패하여 잔병을 이끌고 형양성滎陽城으로 물러나 진을 쳤다. 그런데 항우군이 계속 밀고 들어옴으로 수비를 해야 할 처지에 있었다. 병력도 얼마 안 되고 식량도 바닥이 보이는 처지에 아직 새싹도 돋지 않은 빈한한 3월이었다. 초조해하던 유방이 어느 날 참모인 진평陳平에게 무슨 좋은 방법이 없느냐고 물었다. 이때 진평이 다음과 같은 계책을 내놓았다.

"항우를 보좌하는 참모진은 아부亞父(범증范增), 종리매鍾離昧, 용저龍且, 주은周殷 등 몇 사람에 불과합니다. 첩자를 잠입시켜 이간책을 써서 서로 의심하게 만든다면 항우는 귀가 얇고 감정적인 사람이라 틀림없이 일이 잘 성사될 것입니다. 그렇게 하여 내분이 일어나면 그 틈을 타 공격하여 대승할 수 있습니다. 공작금으로 금 1만 근이면 가능할 것입니다.”

진평의 이 같은 계책에 유방은 즉시 금 4만 근을 진평에게 주며 방책을 강구하라고 했다. 진평은 금 4만 근을 풀어서 첩자를 초군에 잠입시켜 다음과 같은 헛소문을 퍼뜨리게 했다.

“종리매를 비롯한 무장들은 항우를 위해서 큰 공을 세웠다. 그런데도 항우는 그들에게 땅을 분배해 주지 않고 있기 때문에 그들은 유방과 내통하여 항우를 무찌르고 항우의 영지를 빼앗아 나누어 가지고자 모의하고 있다.”

이러한 소문이 항우의 귀에 들어가자 항우는 종리매 등 몇몇 참모들을 의심하게 되었다.

4월에 접어들자 항우군은 유방이 있는 형양성을 포위하기 시작했다. 궁지에 몰린 유방은 형양 서쪽의 땅을 주겠다는 조건으로 화평을 제의했다.

항우가 이 제의를 받아들이려는 눈치를 보이자 그의 수석참모인 아부亞父가 적극적으로 반대하며 계속 공격해야 한다고 주장했다. 항우도 아부의 주장에 따라 화평책을 거부하고 공격을 계속했다. 때문에 진평은 초조하기 이를 데 없었다.

공격에 시달리고 있던 어느 날 느닷없이 항우 측에서 군사를 파견하여 왔다. 진평은 이때다 싶어 얼른 계책을 짰다. 그리고 최고의 요리로 성대한 연회석을 펴서 군사를 맞았다. 그리고는 사자의 얼굴을 보는 순간 진평은 뜻밖이라는 표정을 지으면서 쏘아붙이듯 말했다.

“이거, 내가 사람을 잘못 봤구먼. 아부공(아부亞父: 범증)의 사자로 알았더니 항우의 사자로군.”

그리고는 준비했던 요리를 모두 내어 가게 하고 아주 보잘것없는 소찬을 내 오게 했다.

　군사가 돌아가 항우에게 자기가 본대로 들은
대로 보고했다. 이 보고를 받은 항우는 아
부를 의심하고 그때부터 아부의 말을
믿지 않았다. 이러한 사실을 알
지 못하는 아부는 입에 침이 마
르도록 지금 당장 형양성을 공격해
야 한다고 주장했으나 항우는 오히려 이상한 눈으로 아
부를 노려보았다. 아부는 항우가 자신을 의심하고 있음을 눈치채고 혼자
중얼거렸다.

　"이미 천하의 대세는 결판이 났다. 나는 물러나서 고향에서 여생이나 즐
기겠다."

　그리고 고향인 팽성을 향해 떠났는데 가는 도중에 등창이 생겨 얼마 못
가서 죽고 말았다. 진평의 이와 같은 초군 내부의 이간책으로 유방은 시간
을 벌어 형양성을 탈출했고, 끝내는 항우를 물리치고 천하를 통일하여 한
왕조漢王朝를 세웠다.

　이간책은 곧 적의 내부를 혼란케 한 교란작전이며 〈혼수모어〉의 계책을
보여준 것이다.

　소낙비가 거세게 쏟아지거나 홍수가 지면 샘물에 흙탕물이 들게 마련이
다. 이물질인 흙탕물이 시간이 지나면서 서서히 가라앉듯 도망병이나 또는
적군의 병사들이 끼어들어 왔을 때 이를 가려내는 것도 사려 깊게 실행에
옮겨야 한다. 혼탁한 물도 시간이 흐르면 자연히 맑아지게 마련이다.

조하, 병사들 속에서 반란병들을 색출하다

　당시대唐時代, 기주의 장관이 병사들에게 가혹한 형벌을 자행해 병사들

의 불만이 폭발, 장관을 죽이고 반란을 일으켰다. 그러나 반란은 본대의 파견으로 곧바로 진압되고 주모자는 모두 처형되었다. 이에 앞서 운주라는 곳에서도 반란이 일어났다. 이때 주모자는 잡혀 처형되고 따르던 병사들은 뿔뿔이 흩어져 각 부대에 편입되었는데, 그 일부가 기주에도 편입되어 은거하고 있었다. 따라서 반란의 무리들을 제거하기 위해 계책을 쓰지 않을 수 없었다.

특히 조정에서는 이번 사건을 계기로 반란에 가담한 기주와 운주의 병사들이 소동을 일으킬 것을 두려워해 그 지방의 모든 병사들을 전멸하라는 은밀한 모의를 했다. 이 명령을 받은 조하趙蝦는 군을 이끌고 기주로 향했다. 가는 도중 죄 없는 사람들까지 토벌한다면 너무나 가혹한 처사라고 생각하고 계책을 생각해 냈다.

기주에 도착한 조하는 아주 부드러운 말투로 이번에 자기의 출동 취지는 민생 안정에 있음을 설명했다. 그를 맞이한 기주의 장병들은 누구도 그를 의심하지 않았다. 또 조하는 기주에 입성한 뒤에도 사람들의 생활안정에 힘썼다. 입성한 지 3일째 되던 날, 조하는 기주의 병사 전원을 모아 연회를 베풀었다. 모두가 크게 기뻐하면서 연회를 즐겼다. 조하는 막사 밖에 인솔해 온 무장병 1천 명을 은밀하게 대기시키고 집합한 병사들을 향해서 말했다.

"황제 폐하는 운주의 백성들이 임지를 이동함에 있어서 대단히 노고가 많았다는 것을 들으시고 특별히 포상하라는 고마우신 말씀이 계셨다. 운주에서 온 자는 우로 모이고, 토박이들은 좌로 모여라."

이렇게 하여 좌우로 나뉘어서 다 모이자 토박이들은 모두 밖으로 내보내고 그대로 문을 닫았다. 그리고 미리 대기해 둔 무장병에게 명령해 남은 운주의 병사들을 일제히 습격하게 했다. 죽은 자가 1200명, 한 사람도 도망갈 수가 없었다.

이런 처사는 잔인한 처사라 생각하지만 이리저리 엉켜있는 실오라기를 풀 듯 섞인 병사 중에 이물질 같은 병사를 가려내기란 쉽지 않다. 바로 이런 때 〈혼수모어〉의 계책이 제비뽑기처럼 필요할 때가 있다.

독일군, 〈혼수모어〉로 미 지휘계통을 혼란에 빠뜨리다

1944년 12월, 2차 세계 대전 때 독일군은 점차 수세에 몰리면서 최후의 일전을 남기고 있었다. 이때 노르망디 해안에 상륙한 미군이 독일 본토를 향해 야금야금 진격을 계속했다. 독일군은 이를 프랑스 국경과 가까운 아르덴느 구릉 지대에서 막아 보고자 작전을 폈다. 히틀러는 이곳에 수십만의 병사와 1천 대의 전차를 투입하여 최후의 결전을 준비했다. 이 총반격작전에서 실패하면 독일군은 일거에 라인 강까지 후퇴할 수밖에 없었으므로 치열한 저항전이 될 수밖에 없었다.

독일군의 참모부는 가능한 한 연합군이 아르덴느에 이르기 전에 어떻게든 병력을 분산시킨 다음 그 주력부대를 집중 공격하여 괴멸시킨다는 작전을 세웠다. 그러기 위해서는 미군의 지휘계통을 혼란에 빠뜨릴 필요가 있다고 독일군 지휘본부는 판단했다.

이 교란 작전을 위해 독일 참모부는 가짜 미군을 대량으로 미군의 후방에 잠입시키기로 하고 영어에 능통하고 얼굴 모습도 미국인과 비슷한 장병 2천 명을 선발했다. 이렇게 하여 그들을 후방으로 투입함으로써 독일군은 두 가지의 효과를 노렸다.

고급장교를 가장하여 작전명령계통을 교란하고 만에 하나 발각되더라도 여기저기서 발각된다면 어디에 얼마나 숨어 있는지를 모르는 미군은 당분간 작전 명령을 내리지 못할 것이라는 계산에서였다. 그렇게 되면, 부대 간의 연합작전이 마비상태에 빠져 치명적일 것으로 예상한 것이다. 생각해 보면 소름이 끼치는 〈혼수모어〉작전이었다. 마침내 영어에 능통하고 외모가 미군과 같은 2천 명의 스파이에게 미군 군복을 입혀서 미군 후방에 잠입시켰다. 이들의 교란공작은 적중하여 미군의 지휘계통이 한동안 큰 혼란에 빠지고, 전 전선에 일대 혼선이 생겨 한때 크게 우왕좌왕했다. 완전히 독일군의 〈혼수모어〉 작전에 말려들고 말았던 것이다. 만일 이때를 맞춰 독일군의 집중공격이 있었더라면 미군은 돌이킬 수 없는 손실을 입었을 것이다. 그런데 이 무렵에 히틀러 암살 미수사건이 발생하여 공격작전이 유보되고 있었다. 미군은 명령에 혼선이 생긴 원인을 조사하던 중, 독일군의 가짜 미군 잠입을 탐지하고 이에 대한 색출작전을 신속히 전개하여 독일군의 의도를 사전에 방지할 수가 있었다. 다행히 독일군의 교란작전이 미수로 끝났으나 이것이야말로 전대미문의 〈혼수모어〉 계략이 전개될 뻔했다.

이 책략은 적의 내부에 혼란을 일으켜 전투력을 저하시키거나 지휘계통의 문란한 틈을 타서 이쪽의 뜻대로 조종하는 것을 노린 것이다. 히틀러는 공작원을 침투해 의도적으로 교란작전을 추진했고 절반쯤 성공했다. 이 계는 잘만 활용하면 응용 범위가 무궁무진하게 넓은 계책이기도 하다.

닭이라는 짐승은 모이를 찾으면서 이리저리 흐트러트리고 이곳저곳에서 먹을 것을 찾는다. 그러나 많은 동물들 중에는 먹이를 묻어 두거나 따로 저장해 두었다가 나중에 배가 고플 때 먹는 짐승도 있다.

공격하려고 작전 짜는 쪽은 병력을 끌어모으고 공격 대상은 흐트러뜨려 집어먹기 쉽게 만드는 것이 중요하다. 최고의 지휘관은 무엇보다 힘을 모으고 머리를 맞대어 소기의 목적을 이루어내는 장수다.

글로벌 시대에는 경영에서도 군대에서 작전계획을 수립하는 이상으로 치밀하고 섬세한 전략이 필요하다. 더군다나 세계화 시대이다 보니 각기 나라마다 특색 있는 전략과 계획이 절실히 요구된다.

SRC의 잭 스택, 오픈북 경영의 최고 성공 사례

최근의 성공적인 경영방법 가운데 한 가지가 오픈북open-book경영이라고 알려져 있다.

'오픈북' 경영을 가장 성공적으로 실시한 기업 중의 하나가 미주리주 스프링필드에 위치한 엔진 개조업체인 SRC 코퍼레이션이다. SRC의 사장 겸 최고경영자인 잭 스택Jack Stack은 '오픈북' 경영을 최초로 실행한 사람 중의 한 사람이다.

스택은 26세에 기계 가공 부서로 발령을 받아 줄곧 이 일을 해왔다. 스택이 이 부서에 들어올 때는 생산성 순위에서 최하위를 기록하고 있었다. 지지부진한 회사에서 잭 스택의 아이디어는 독특했다.

그는 이 부서의 일일 생산성 통계자료를 만들어 현장주임에게 제출한 다음, 그들의 성과와 타공장 부서의 성과를 비교 검토했다. 그리고 나서 이 부서의 생산성이 증가하는 데에는 그리 오랜 시간이 걸리지 않았다.

3개월 후 스택은 지금까지의 통계자료를 공개하기 시작했고 생산성 순위에서 최하위를 기록했던 이 부서는 일약 1위 자리를 획득하였다. 무엇이 무엇인지 모른 채 그날그날 일만 해오던 부서가 〈혼수모어〉에서 깨어나 눈을 동그랗게 뜬 것이다. 스택의 성과에 깊은 인상을 받은 인터내셔널 하베스터사는 그를 미주리주 스프링필드에 있는 사업부로 발령을 냈다.

이 사업부는 스택이 경영하기 이전에 연간 2백만 달러의 적자를 내던 공장이었다. 하베스터 측은 스택에게 공장을 폐쇄해야 하는지의 여부를 결정하는 데 6개월이라는 시간을 주었다.

스택은 공장을 정상화하기 위해 제품 품질에서 재산관리 그리고 안전성이라는 세 가지 목표를 설정했다. 그렇게 하여 공장을 가동했는데 공장이 십만 시간 동안 무사고를 기록했다. 이날 스택은 하루 동안 공장문을 닫고 무사고를 기념하는 맥주 파티를 열었다. 이 파티에서 포장용 주름종이로 장식된 지게 트럭의 퍼레이드와 더불어 소화기를 짊어진 직원들이 공장의 확성기를 통해 흘러나오는 영화 '록키'의 주제곡에 맞춰 행진을 했다. 이 행사가 끝나고 작업에 임했는데 스택의 부서들은 어김없이 생산목표를 초과 달성했고 그 결과 9개월 만에 이 공장은 25만 달러의 수익을 올리는 성과를 기록했다.

스택이 SRC로 온 후 15년 동안 연간 매출액은 약 2천6백만 달러에서 무려 1억 달러로 증가했다.

스택은 '오픈북' 경영의 세 가지 원칙을 세웠다.

모든 직원들은 중요한 모든 수치와 함께 회사의 성과를 추적하고 회사의 재무상태를 이해하기 위해 충분히 접할 수 있는 특정 장소 및 가능한 장소에 배포하거나 게시함과 동시에 그래프로 지표를 알기 쉽게 표시했다. 따라서 오픈북 재무상태가 흑자인지 적자인지 또는 유지상태인지를 이해할 수 있도록 교육하는 것을 병행하도록 했다.

이처럼 직원들이 회사의 성공과 직접적인 이해관계가 있음을 알게 되면서 지금까지 안갯속 같은 〈혼수모어〉에서 벗어났던 것이다. 만약 회사가 수익이 있다면 직원들은 그 수익의 일부분을 얻는 반면, 수익이 없다면 직원에게 분배될 것은 아무것도 없다는 것을 인식하도록 하는 데까지 이르렀다. 지금까지 직원들은 위에서 명령하는 대로 따르고 일만 해오던 〈혼수모어〉상태에서 회사가 수익을 내도록 도움을 주고 그에 대해 보상받을 때, 그들은 수익이 발생할 수 있는 일은 무엇이든지 한다는 사실을 깨달은 것이다.

그렇다면 과연 오픈북 경영시스템 하에서 일하는 직원들은 얼마나 잘 회사가 돌아가는 사실을 알고 있을까?

빌 포치가 농기계 생산업체인 케이스 코퍼레이션스에서 근무하고 있었을 때, 직원들이 표시된 가격에서 그 부품의 실제 가격보다 훨씬 낮은 비용과 그렇게 책정된 가격이라는 차이점을 알고 있으리라고는 기대하지 않았다. 그러나 놀랍게도 그 작업자는 전혀 혼돈하지 않았으며 '표시가격입니까? 거래가격입니까?'라고 물은 뒤 두 가지 가격뿐만 아니라 SRC사의 크랭크샤프트 생산비용에 대해서도 자세히 말하는 것이었다. 놀란 포치는 그 즉시 SRC사의 오픈북 경영 프로그램을 도입하지 않을 수 없었다.

글로벌 스탠다드 시대는 우물쭈물하는 경영이 아니라 투명경영시대다. 모든 일을 시스템화하고 사장과 직원이 한 코드에 맞춰 일사불란하게 움직일 때 생산력도 증가하고 창조적인 에너지도 분출한다. 결국 같은 패러다임을 가지고 서로 협동하는 공동체 의식을 가질 때 힘은 플러스 알파 되어 부가가치를 창출하게 된다.

SRC사가 제출된 각각의 아이디어에 대하여 최고 500달러까지 직원에게 포상한 이후, 트레이시는 자신의 성과금에 대하여 만 달러를 벌어들였다고 한다. 엔진 조립자인 찰스 올브라이트Charles Albright는 '나에게 동기를 부여한 것은 회사가 나를 주시하고 있다는 경험입니다. 따라서 저도 회사를 주시할 겁니다. 그것은 저에게는 가장 중요한 사항입니다.'

바로 자기와 연결된 회사의 직분이 회사를 주시하게 하고 혹시 우리 회사에 〈혼수모어〉의 검은 손은 없는지 유리알을 들여다보듯 알게 된다는 사실이다.

혼란한 정세는 기회를 노리는 자에게 그 기회를 제공한다

아시아 금융 위기를 국제 투기 세력이 어떻게 〈혼수모어〉 전략으로 활용했는가? 당시 많은 아시아 국가들의 화폐와 주식 시장은 혜성이 떨어져 지구를 흔들어대는 것처럼 급속도로 폭락하면서 몇 주 사이에 달러 투기 세력에게 잠식당한 정황이 포착되었다. 많은 투기 세력의 공매空賣 행위로 화폐와 주식 시장이 한없이 추락하더니 마침내 밑바닥까지 급락했다. 금융

위기에 놓인 아시아 각국의 정부는 자국의 화폐와 주식 시장을 보호하기 위해 안간힘을 쓰며 자구책을 강구하고 대책을 내놓았다. 그러나 국경을 넘나드는 투기 세력들은 계속 혼란한 〈혼수모어〉 속에서 많은 이익을 챙기고 있었다.

금융자본이 독수리처럼 날개를 펴고 아시아 전역을 휘돌면서 먹이 사냥에 나섰던 보이지 않는 발걸음이 빠르게 전개되었다.

그런 가운데 말레이시아 수상은 공개적으로 IMF를 비난하고 경고했다. 그 사이에도 말레이시아 화폐인 링깃의 가치는 계속 떨어지고 있었고 주식 시장도 붕괴 위기에 놓이게 되었다.

아시아 금융 위기를 통해서 막대한 이윤이 생기는 투자자가 색깔을 바꾸어 투기자로 변한 것이다. 아시아의 금융위기를 통해서 절실하게 느낀 것은 이해관계에 놓이게 되면 사람들의 도덕 수준은 형편없이 떨어진다는 사실이다. 또, 득과 실이 크게 차이 날 때, 정글의 법칙에 보이는 이기심이 발동한다는 사실이다. 자본시장이 혼란해지면 그 틈을 이용하는 기회주의자들이 쌍심지를 켜고 나타나 혼란한 가운데서 위법적인 행동도 서슴지 않는다는 사실이다.

또 주식 시장의 가격이 떨어지면 큰돈을 벌 수 있다며 기회를 놓치지 않는 여우나 늑대 같은 무리들이 있다. 이들은 닭장에 틈만 있으면 기어들어와 닭들을 서리하듯 주식시장을 교묘히 흔들어 댄다.

그러니까 시장이 혼란할 때 일반 투자자들은 지나치게 민감한 반응은 금물이다. 너무나 민감한 반응은 오히려 시장을 더 혼란스럽게 만들어 투기꾼들의 먹잇감이 될 뿐이다.

이 모두가 돈을 거머쥔 자본가들이 물을 혼탁하게 흔들어 고기를 잡는 〈혼수모어〉의 계략에 빠져들기 때문이다.

아시아 여러 나라들은 금융 위기를 겪으면서 경제 확장과 성장을 위해서는 신중해야 한다는 교훈을 얻었다. 경제가 발전하게 되면 무역의 활발한 교역이 이루어지고 이때 잠시 당좌 계정 적자 현상이 나타난다. 경제 발전에는 수출의 성장뿐만 아니라 수입을 위한 융자도 필요하다. 단, 장기 항목의 융자는 단기 대출로 상환할 수 없다는 것쯤은 상식적으로 알아야 한다. 결론적으로 경제는 반드시 적당한 방법으로 관리해야 외국 세력에 지배당하지 않는다. 만들지도 않고 선적하지도 않은 채 돈만 빼가는 도둑들이 투기자본가들인데 이들의 판치기는 기상천외하기 때문이다.

사실 금융은 또 하나의 보이지 않는 정부이고 항상 모의와 간계가 깔려 있다고 봐야 한다. 여기서 보이지 않는 정부란 금융 투기에 의해서 통수권자도 마음대로 바꿀 수 있기 때문이다. 사실 세계 자본이 날줄과 씨줄처럼 깔려 비단처럼 옥죄고 있는 판인데 거미집에 달린 나방 꼴이라면 어떻겠는가?

혼란한 국면은 기회를 노리는 자에게 그 기회를 제공한다. 전장에서는 적을 과대평가해 병사들을 떨게 만들고 뜬 소문이 난무하여 거짓말을 믿게 하며 사기는 땅에 떨어진다. 금융시장과 주식시장에서 난무하는 유언비어가 바로 그것이다.

이런 징후는 모두 적에게 겁약怯弱을 제공하는 징후들이다.

또 사람은 갑작스러운 혼란상태에 빠지게 되면 누구나 평정을 잃는다. 이것은 인간이 가진 맹점 중의 하나로 당연한 반응이겠지만, 그대로 있다가는 커다란 위기에 직면한다. 그러므로 로버트의 팔을 뻗었다가 다시 끌어들이듯이 신속하게 원상회복하지 않으면 안 된다. 위기와 평정의 차이는 회복시간의 차이일 뿐이다. 위기가 닥치면 평상심을 잃고 허둥대다가 기회를 놓치고 만다. 교섭의 명수들은 상대의 마음에 충격을 주어 균형을 깨뜨린 다음 그 본심을 읽은 다음 협상에 임한다.

한 나라의 경제는 반드시 적당한 방법으로 관리되어야 외국 자본에 지배당하지 않는다는 것이 〈혼수모어〉의 교훈이라 할 것이다.

지휘관이나 최고 경영자는 아랫사람의 마음을 읽을 줄 알아야 한다.

고종 때 전우田愚(1841년~1922년)는 이름 높은 성리학자로 '태극은 마땅히 높은 것이고 음양은 마땅히 낮은 것이라'고 하였다. 그는 정통 왕권의 계승만이 국권의 회복이라 생각했고, 파리강화회의에 보내는 장서에 서명하는 것도 이적夷狄을 끌어들이는 일이라고 하여 거절하였다.

그런 전우가 고종高宗 앞에 누더기 옷을 입고 나타났다. 고종이 전우의 옷을 보고 말했다.

"그대의 옷이 초라해 보이는구나!"

전우가 고종을 올려다보며 대답했다.

"제 눈에는 폐하의 어의御衣가 더 나빠 보입니다."

고종이 깜짝 놀라며 물었다.

"그대의 옷 보다 짐의 옷이 더 나빠 보인다니 그게 무슨 말인가?"

"폐하, 제 옷은 병사들의 옷보다 아주 편합니다."

그리고 말을 이었다.

"갑옷은 겨울엔 춥고 여름엔 아주 덥습니다. 그런데 폐하께서는 백성들에게 갑옷 입히기를 장려하고 계십니다. 갑옷은 싸우기 위해 입는 옷입니다. 그런데 폐하께서는 백성들에게 그 옷을 입히시는데 싸움을 장려하는 것같이 여겨져 하실 일이 아니라고 사료됩니다."

전우는 〈성동격서〉와 같은 음어와 〈혼수모어〉와 같은 아리송한 말로 고종을 고묘高妙히 백성들 간에 전쟁 분위기를 조장하는 것은 안 될 일이라고 깨우치고 있다.

제21계

진영을 그대로 두고
주력을 딴 곳으로 하라

금선탈각
金蟬脫殼

매미가 허물만
남기고 간다

매미가 허물을 벗어나듯 위기를 모면한다. 매미가 허물만 남겨 두고 몸뚱이만 빠져나가듯이 은밀히 후퇴한다. 적군이 공격하지 못하도록 교묘히 위장하고 주력부대를 이동시켜 위기를 벗어난다는 계책이다.

〈금선탈각金蟬脫殼〉은 매미가 성충으로 변할 때 유충의 껍질인 허물을 벗고 나와 몸만 날아가고 껍데기는 나뭇가지에 그대로 남겨두는 것을 말한다. '금선金蟬'은 매미가 성충이 되기 위해 기어 나오는 것을 말하고, '탈각脫殼'은 허물을 벗어 껍질만 남겨 놓은 것을 말한다. 일촉즉발의 위기상황에서 상대방의 감시를 속이고 자신은 몰래 몸을 빼 도망간다는 뜻이다. 이미 형세가 위급하여 싸울 수도 물러날 수도 없을 때 취할 수 있는 계책이다. 겉으로는 전투대형을 갖추고 끝까지 싸울듯한 태세를 보여 상대를 움직이지 못하게 하고 그 틈을 타 은밀히 주력부대를 이동하는 책략을 말한다.

제16계 〈욕금고종〉에서는 '궁지에 몰린 쥐가 고양이를 문다'라는 격언에 비유하면서 유리한 위치에 있다고 하여 상대를 혹독하게 몰아붙여서는 안 된다고 하였다. 그러나 제22계 〈관문착적〉에서는 '문을 걸어 잠그고 싹쓸어 잡는다.'고 했다. 이는 '약소한 적은 포위해서 섬멸하라.'는 뜻으로 말하자면 앞의 제16계 〈욕금고종〉과는 정반대의 책략이다. 얼핏 보면 모순인 것 같으나 상황에 따라 강공과 유연의 양면책을 가려 쓰라는 비계의 대목이다.

예를 들어 적의 병력이 소수이면서 약할 경우, 혹은 살려두었다가는 장차 큰 화근이 될 염려가 있는 경우는 초전박살의 계략이 필요하다. 이때 쓰는 계가 〈관문착적〉이다. 요컨대 상대가 약할 때 인정사정없이 철저하게 분쇄해 버리라는 것이다. 〈금선탈각〉의 계책이란 껍질을 남겨놓고 탈출하는 것이며 이 고사는 항우에게 포위당한 한고조 유방에게서 유래하였다.

유방, 〈금선탈각〉으로 항우의 포위를 유유히 빠져나가다

절대적으로 상황이 불리할 때 맞서 싸울 수는 없다. 거기에다 군량미도 모자라고 형세도 매우 위급한 상황인데 적군이 겹겹이 포위하고 조여 온다면 살기 위해서는 위험을 무릅쓰고서라도 쓸 수밖에 없는 것이 〈금선탈각〉의 계책이다.

유방劉邦이 항우項羽의 대군에게 성을 포위당하자 하는 수 없이 항복할 뜻을 밝혔다. 그러나 유방은 항우에게 잡힐 생각은 털끝만큼도 없었다. 유방은 모사 진평陳平의 계략대로 얼굴이 닮은 무장 기신紀信을 유방으로 변장시켜 투항하게 했다. 초나라 병사들은 유방이 투항해 온다고 좋아한 나머지 방어를 소홀히 했다. 그 사이에 유방은 성의 동문으로 부녀자들을 나가게 하고 적병이 그것을 구경하러 모인 틈에 서문으로 몰래 탈출해 버렸다. 나중에 항우가 성에 들어왔을 때는 성은 속이 텅 빈 껍질뿐이었다. 즉, 〈금선탈각〉의 계책이요, 제32계의 〈공성계空城計〉를 그대로 활용한 것이다.

전투에서는 일보 전진도 중요하지만 때에 따라서는 뒤로 후퇴하거나 퇴각해야 할 상황이 불가피할 때도 있다. 이처럼 퇴각할 때가 지휘관이 가장 심각하게 고민에 빠질 때다.

유방의 전한前漢 건국의 최대 공신은 소하蕭何로 알려져 있다. 소하는 군을 이끌고 각지를 전전하고 있는 유방의 후방을 지켜 민정을 살피고 재정을 잘 관리해 군에 보급이 끊긴 적이 없었다. 여러 번 커다란 전쟁에서 패배를 맛본 유방인데 소하는 그때마다 병력과 물자의 보급을 맡아 차질없이 조달했다. 따라서 유방이 내정에 신경 쓰지 않고 전쟁에 전념할 수 있었던 것도 소하가 있었기 때문이었다. 매사에 치밀했던만큼 소하의 사람 보는 눈은 정확하고 정통했다. 한신韓信이 초패왕楚霸王 항우項羽 밑에 있을 때 중용되지 않자 유방에게로 왔다. 그런 한신이 소하의 눈에 띄어 유방에게 천거했다. 그러나 유방은 한신을 탐탁지 않게 여겼다.

유방이 별로 알아주지 않자 한신은 유방 진영을 떠나기로 했다. 소하가 그 사실을 알고 쫓아가 사흘에 걸쳐 설득하여 그를 데리고 돌아왔다.

떠났던 소하와 한신이 돌아오자 꾸짖듯이 유방이 물었다.

"도망간 줄로 알았는데 왜 돌아왔소?"

"도망간 게 아닙니다. 한신이 주군 곁을 떠나려 하기에 그를 설득해 돌아왔습니다."

소하의 대답이 의외라고 생각한 유방이 한신을 왜 그렇게 신경 쓰는지를 물었다. 그러자 소하가 대답했다.

"주군께서 지금의 위치에서 만족하신다면 한신 같은 인물은 별로 필요 없습니다. 그러나 장차 천하를 제패하시고자 하신다면 한신 같은 인물은 천하를 뒤져도 찾기 어려운 '국사무쌍國士無雙'한 인물입니다."

유방은 소하의 말을 듣자 바로 그 자리에서 한신을 대장군으로 임명하였다.

이렇듯 소하는 유방과 함께 한漢을 세우는데 둘도 없는 인물이었으며 유방의 튼튼한 후견인이었다.

기원전 204년, 적과 공방전이 계속되고 있었던 때에 유방은 자주 사자를 파견해 재상인 소하의 노고를 치하하고 그를 위로했다. 이를 보고 측근이 소하에게 이렇게 말했다.

"싸움터에서 고생하시는 유방께서 종종 당신의 노고를 치하하는 것은 사실은 당신을 의심하는 마음이 있기 때문입니다. 당신에게 가장 좋은 방법은 아드님, 손자, 형제 가운데 군인이 될 수 있는 사람은 싸움터로 내보내는 것이 좋겠습니다. 그렇게 하면 유방은 더욱더 당신을 신뢰할 것입니다."

소하는 그 조언에 따라 아들과 형제들을 유방이 있는 전선으로 보내 공동운명체임을 보여주었다. 그러니까 속마음을 다 들여다볼 수 있도록 조치를 취했던 것이다. 이 또한 껍질을 벗어 속을 훤히 보여준 〈금선탈각〉이었던 것이다. 그러자 유방은 그런 소하를 더욱더 신뢰하고 기쁜 표정으로 받아들였다.

왕수인, 죽음을 가장해 살아남다

명明나라 때 왕수인王守仁은 후세 학자들이 호를 따라 양명陽明선생이라 불렀다. 그가 형부주사刑部主事를 지낼 때 무종武宗에게 환관 유근劉瑾의 죄를 직언히지, 무종은 오히려 왕수인에게 곤장 오십 대를 내리고, 거기다가 벼슬을 낮춰 귀주貴州로 내려보내 용장역龍場驛의 보좌를 맡게 했다. 용장역은 수도에서 아주 멀리 떨어져 있고 황량하여 사람도 적고 산이 많은 지방이었다. 왕수인은 유근의 괘씸한 처사를 가슴에 안은 채 총총 귀주길에 올랐다.

절강絶江 전당강錢塘江부근에 이르렀을 때 유근이 사색을 보내 자기를 죽이려 한다는 정보를 노복奴僕으로부터 들었다. 노복이 걱정하자 왕수인은 아무렇지도 않은 듯 오히려 노복을 위로했다.

"너무 걱정 마라. 유근은 그렇게 할 만한 인물이 못 된다."

겉으로는 그렇게 말했지만 그의 마음속에는 다른 생각이 있었다. 다음 날 노복이 일어나 보니 왕수인은 어디론가 가고 없었다. 베개 옆 종이에 절명시가 씌어 있었다. 그중 두 귀절은 다음과 같았다.

'백 년의 신하 슬픔이 얼마나 그지없는지. 밤마다 강가의 물결은 자서를 슬퍼하네.'

노복은 주인이 틀림없이 물에 빠져 죽었을 것이라고 생각하고 급히 강변으로 가 보았다. 강물 위에 옷이 떠 있는 것이 보였다. 사람을 시켜 건져 보니 과연 왕수인의 옷이었다. 그는 큰소리로 통곡을 했다. 때문에 인근 사람들은 모두 왕수인이 죽은 줄로 알았다. 왕수인의 암살 임무를 띠고 있던 자객도 이 소식을 듣고 왕수인이 남긴 물건을 확인하고는 그 길로 돌아갔다.

이것이 왕수인이 사용한 매미가 허물을 벗고 날아가듯 위기를 모면한 〈금선탈각〉의 계략이다. 즉, 사람들의 이목을 엉뚱한 곳으로 쏠리게 하여 그가 죽은 것으로 믿게 하고 자신은 도포로 갈아입고 복건福建의 무이산武夷山으로 가서 은거했다. 그는 얼마 동안 시간이 흐르고 나서야 살그머니 귀주의 용장역으로 들어가 권력과는 영구히 인연을 끊고 살았다.

이 계에서 가장 중요한 것은 상대를 감쪽같이 속여야 하는 술책이다. 제36계인 〈주위상〉계는 싸우기 전에 상황을 파악해 승산이 없으면 도망가는 것이라면, 〈금선탈각〉은 혼전 중이므로 상대를 속이는 장치가 필요하다. 〈금선탈각〉의 계를 쓰기 위해서는 옛말에 '적을 속이려면 나부터 속이라.'는 말처럼 아군까지도 완전히 속여 넘겨야 한다.

범수, 옷을 바꿔입고 달아나다

춘추전국시대 때 위魏나라의 범수范雎라는 사람은 집이 가난하여 중대
부中大夫라는 높은 벼슬에 있는 수가須賈의 식객으로 있었다. 범수는 수가
가 제齊나라의 사신으로 들어갈 때 따라 들어갔다. 그러니까 범수도 수가
의 수행원으로 제나라에 함께 간 것이다. 제나라 양왕襄王이 범수와 이야
기를 나누어 보고는 그가 장차 큰 인물이 되겠다는 생각에 떠날 때 슬쩍
금일봉을 건네주었다. 범수는 오해를 살까 염려하여 극구 사양했다. 그런
데 이런 광경을 본 수가는 '범수가 제나라와 내통했다.'고 위제魏齊(위나라
재상인 위공자)에게 고했다. 위제는 즉시 범수를 잡아 곤장을 쳤다.

곤장을 맞고 정신을 잃고 쓰러졌는데 얼마 후 범수가 정신을 차리고 보
니 전신이 멍석에 감기어 헛간에 누워 있는 것이었다. 바로 문 앞에는 가신
家臣 한 사람이 지키고 있었다. 범수가 살그머니 동정을 살펴보니 감시인
은 문턱에 앉아 졸고 있고 주위는 고요했다.

범수는 있는 힘을 다하여 멍석에서 벗어나 헛간에 있는 쇠망치로 졸고
있는 감시자의 뒤통수를 후려쳐 쓰러뜨렸다. 그리고는 옷을 벗겨 갈아입고
자신의 옷은 감시자에게 입혔다. 그리고 태연히 나와서 문지기에게 말했다.

"범수가 죽고 말았다. 내가 인부를 데려와 끌어내려 강
변에 버리겠다."

문지기는 그 말에 속아 넘어갔다. 범수는
그길로 그의 친구인 정안평鄭安平이라
는 사람의 집에 숨어 있으면서 이름을
장록張祿이라 바꾸고 국외로 탈출할 기
회를 노렸다. 마침 진秦나라 소양왕昭襄
王의 특사로 파견되어 온 왕계王稽를 정
안평의 주선으로 알게 되었다. 왕계는 범수를 보자 듣던 대로 범상치 않은

인물이라 진나라로 데려갔다.

범수가 헛간에서 감시자를 암살하고 옷을 바꿔 입음으로써 자신이 감시인이 되고 죽은 감시인이 범수가 되었던 것은 매미가 껍질을 남겨두고 달아나버린 〈금선탈각〉의 계략을 이용한 것이다. 범수라는 인물은 다음 제23계에 나오는 〈원교근공〉이라는 외교전략을 창출하여 진秦나라가 천하통일을 이룩하는데 결정적 기초를 세운 인물이다.

〈금선탈각〉의 계는 적용 범위가 매우 넓다. 이는 사람이나 환경을 막론하고 모두 그 대상일 수 있다. 예를 든다면 협상 중 일방적으로 몰리고 있을 때, 은근슬쩍 화장실에 다녀온다며 잠시라도 시간을 벌고 신중하게 생각할 기회를 가지는 것 역시 〈금선탈각〉의 계책이다.

카멜레온이 사냥을 하기 위해 수시로 몸의 색깔을 바꾸는 것도, 새들이 새끼가 싸놓은 똥을 둥우리에서 멀리 내다 버리는 것도, 새끼들의 안전을 도모하면서 살아남기 위한 〈금선탈각〉이요, 위장 전술이다.

한고조, 〈금선탈각〉으로 묵특의 포위를 빠져나가다

한왕韓王 희신姬信이 흉노의 묵특黙冒(冒頓묵돌이라고도 한다)과 공모하여 반역을 꾀하였다. 한漢나라 고조 유방劉邦이 친히 정벌을 나갔다가 묵특이 '성을 비우는 전략(공성계)'에 말려들어 백등성白登城 안에서 포위되고 말았다. 묵특의 〈금선탈각〉과 〈공성계〉에 말려든 것이다. 비록 좌우에 현명한 신하와 용맹한 장수들이 많았지만 군대가 포위되고, 밖으로는 원병이 없는 상태여서 답답했다. 거기다 안으로는 식량과 마초가 부족하고, 날씨는 추워지는 등, 악재가 한꺼번에 밀려와 속수무책이었다.

이때에 군영에서 지모가 뛰어난 진평陳平과 몇 차례 상황을 돌파할 대책을 의논했다. 그러나 어떤 좋은 계책도 소용이 없었다. 진평은 고조에게 잠시 전황의 흐름을 지켜보면서 방법을 생각해 보자고 했다. 포위된 지 6일이 지났다. 백등성에서 포위된 고조高祖는 자기 성질을 이기지 못해 숨이 막혀 죽을 것만 같았다. 그때 진평이 유방의 막사로 들어왔다. 고조는 진평에게 위험을 무릅쓰고라도 포위망을 뚫기를 바란다고 말했다. 이에 진평이 대답했다.

"흉노의 군사는 용맹스럽고 싸우기를 좋아하니 정면으로 충돌하면 전군이 몰살할 수 있습니다. 지금은 계책으로 이겨야지 힘으로 대적할 때가 아닙니다."

"도대체 어떤 계책이 있소? 6일 동안이나 생각했잖소?"

진평은 귀엣말로 고조에게 말했다.

"흉노왕 묵특은 평소에 알씨閼氏 부인을 총애하여 모든 일을 그녀가 하라는 대로 하며, 그녀에게서 한 발자국도 떨어지지 않고 첩도 들이지 않는다고 합니다. 지금은 알씨를 이용할 계책을 쓸 때입니다. 제 곁에는 이주李周라는 화가가 있는데 벌써 밤새워 미인도를 그리게 했습니다. 이제 그에게 금은보화를 주고 흉노의 진영으로 들어가 기회를 봐서 금은보화는 알씨에게 전하고 미인도는 묵특에게 전하기만 하면 포위망을 풀 수 있을 것입니다."

고조는 진평의 계책에 따라 즉각 이주를 파견했다. 이주는 흉노병으로 가장하고 흉노의 진영으로 들어갔다. 그리고는 알씨를 만나 금은보화를 진하고 한편 미인도는 묵특에게 전해 줄 것을 청했다. 알씨는 금은보화를 보자 금방 마음이 농하여 수락하면서 그림을 펼쳐보았는데, 미인도를 보자 질투심이 일어서 물었다.

"이 미인도는 무엇에 쓰는 것이요?"

이주가 물음에 답했다.

"한나라 황제가 묵특에게 포위당하였는데 전쟁을 그만두고 화친하고자 하는 뜻에서 보낸 것이고 이 금은보화는 당신에게 드리고, 묵특에게는 이 그림처럼 중국 제일의 미녀를 드리려는 겁니다."

알씨는 얼굴에 노기를 띠며 말했다.

"알았어요. 그림은 갖고 돌아가고, 가서 한나라 황제에게 마음 놓으라고 전하시오."

이런 일이 있고 난 뒤 알씨는 묵특에게 온갖 애교를 떨면서 말했다.

"한나라가 이미 왕을 구하려고 대병을 일으켰는데 내일이면 도착할 것이라고 합니다."

시큰둥해하는 묵특에게 알씨가 갖은 교태를 부리며 말했다.

"두 군주가 서로 싸우면 틀림없이 피해를 입을 것이고, 한나라는 땅이 넓고 인구가 많으니 비록 이번 싸움에 당신이 이긴다고 해도 영원히 그를 정복할 수는 없을 겁니다."

알씨는 말을 마치고 훌쩍거리기 시작했다. 바로 코앞에서 눈물 공세를 당하자 묵특도 마음이 약해져서 물었다.

"당신 생각은 어떤 것이오?"

"한의 황제가 벌써 6~7일 동안 포위되어 있었는데도 진중에 동요가 없는 걸 보니 하늘과 땅이 도와 한의 위기를 안정으로 바꾸나 봅니다. 하오면 우리가 무엇 때문에 천도를 어기겠습니까. 그를 내보내서 화를 피하는 게 좋겠습니다."

"네 말이 옳다. 내일 기회를 봐서 그렇게 하자."

그 다음 날 희신은 묵특이 포위망을 푼다는 정보를 듣고는 급히 와서 묵특에게 말했다.

"유방은 이미 7일 동안 포위되어 있었습니다. 그는 곧 지칠 것인데 지금 그를 풀어 준다면 호랑이를 놓아 산으로 돌아가게 하는 것이니 후환이 끝이 없을 것입니다. 유방이 당신께 미녀를 바친다고 했다는 데 미녀가 있는 것이 사실이면 철병을 하고, 만약 미녀가 없으면 성을 공격하라고 명령하십시오. 저는 그들이 미녀를 데리고 있지 않을 거라고 생각합니다. 비록 있다 하더라도 유방 자신이 호색한인데 당신에게 줄 리가 없습니다. 이는 당신을 기만하고 그 틈을 타 도망가려는 술책에 지나지 않습니다."

묵특이 희신의 말을 듣고는 사람을 파견하여 성 밑에서 그들에게 말했다.

"너희 한나라에 미녀가 있다면 그녀를 성 위에 세워서 우리 대왕이 보게 하라. 있다면 너희는 돌아갈 수 있을 것이고, 그렇지 않으면 풀어 주지 못한다."

그러자 고조는 곧 진평을 불러 의논했다.

"묵특이 진짜 사람을 보자고 하는데 어떻게 하면 좋겠소?"

진평이 대답했다.

"제가 벌써 그가 그렇게 하리라는 것을 예상해서 장인匠人을 시켜 몇 개의 나무인형을 만들어 선녀와 같이 화장을 시키라고 했습니다. 그러니 밤이 되어갈 무렵 성에 늘어놓아 등불 밑에서 보게 하면 그는 정신을 차릴 수가 없을 것입니다."

저녁때가 가까워지면서 진평은 전 장수들에 '포위망을 뚫을 준비를 하라'고 명령하고, 십여 개의 나무로 만든 미인들을 성 끝에 옮겨다 놓고 묶은 끈을 당겨 인형극을 하듯 움직이게 했다.

묵특이 성 밑에서 올려다보니 하늘에서 내려온 선녀 같은 미인들이 줄지어 있는지라 묵특은 정신이 아득해져서 휘하에 명령을 내렸다.

"길을 내줘라."

유방의 군대는 호랑이가 우리를 뛰쳐나가듯 재빠른 동작으로 빠져나갔다. 그런 와중에도 진평은 대장인 번쾌樊噲 등을 시켜 퇴로를 끊고 병졸들을 매복시켜 묵특이 추격해 오는 것을 방비했다.

묵특은 한나라 병사가 모두 물러간 것을 보고 성으로 올라가 미인을 취하려 했는데 가서 보니 나무인형만 성벽 밑에 기대어 있을 뿐이었다. 그는 분을 참을 수가 없어 급히 명령을 내렸다.

"추격하라!"

흉노군은 삼십 리를 추격했지만 번쾌가 이끄는 복병에 당해 크게 패하고 말았다.

묵특은 진평의 인형에 속고 성을 빠져나간 한나라군을 추격했으나 〈금선탈각〉계에 완전히 당하고 만 것이다.

'매미가 허물을 벗듯 위기를 모면한다.'는 계책은 매우 용이 주도한 계산 속에서 행해져야 속아 넘어간다. 여기서 말하는 〈금선탈각〉은 결코 전장에 임하여 퇴각하는 수단만이 아니다. 이 계는 고도의 공격 전술이자 우회적으로 적을 속이는 분신술分身術의 계책이다.

남을 눈가림으로 속이고 자기가 목적한 바를 이루려면 적으로 하여금 진지를 지키게 유도해 놓고 속으로 빠져나가 다른 부대를 지원하여 승리로 이끄는 이중플레이 전법이야말로 〈금선탈각〉의 본형이다.

<금선탈각>하는 아시아 경제

근래 아시아 경제는 건실한 성장을 계속하고 있다. 국제기구의 연구에 따르면 선진국이 3% 정도의 저성장에 머무를 전망인 데 반해서 신흥공업경제지역(NIES)과 동남아시아국가연합(ASEAN)의 국가들은 7% 정도 성장할 전망을 내놓았다. 미국의 리먼 브라더스 사태와 EU의 그리스 사태가 어떻게 풀리느냐에 따라 다르겠지만, 그런 어려운 상황에서도 중국은 8% 정도이며 아시아는 80년대 후반과 같은 고도성장이야 어렵겠지만 여전히 성장동력이 활발해 '세계의 성장센터'라 부르기에 적합한 확대일로에 있다.

아시아 경제의 발전 양상은 흔히 '기러기 떼 발전'이라고 불린다. 경제가 발전하자 ASEAN 등에 대한 투자가 확대됨으로써 투자의 물결이 아시아 각지로 번지는 현상을 두고 한 말이다.

지금까지 아시아 각국의 성장은 선진국에 대한 수출에 크게 의존했다. 그러나 지속적인 성장이 이어져 소득 수준이 향상되자 내수로도 성장을 유지할 수 있는 체질로 전환하고 있다.

선진국에 대한 의존도를 더욱 낮추기 위해서 ASEAN 자유무역지역 AFTA 등 경제구조의 전환을 꾀하려는 노력도 가속화되고 있다. AFTA는 ASEAN 국가들의 관세 철폐와 세율의 인하를 목표로 삼고 있다. 이는 수출이라는 일변도의 껍질을 벗는 몸부림이라 할 수 있다. 무역 장벽을 줄여 가맹국끼리의 서로 쌍무관계의 무역을 늘리면 자율적인 성장이 실현된다는 장기적인 안목을 놓고 벌이는 협상 제의다. 아시아·태평양경제협력체 AFEC도 2020년까지 원원하는 무역과 투자의 자유화를 추진할 계획이며 따라서 쌍무 간 경제발전에 크게 기여할 것이라는 기대가 높다. 이 모두가 가난의 껍질을 벗는 〈금선탈각〉의 일환이다.

또 다른 한편으로는 과잉 생산으로 병목현상이 심각해 성장을 해칠 우려를 낳고 있다. 그런가 하면 숙련된 노동자와 기술자를 중심으로 한 노동력 부족도 문제고 임금도 경제 성장 속도에 따라 폭등하고 있다. 수출 위주로 성장을 꾀하는 패턴은 이런 측면에서 새로운 문제를 안게 되고 그만큼 높은 단계의 성장률을 요구하고 있다.

역사에 유례가 없었던 아시아 국가들의 가난을 탈피하는 〈금선탈각〉이 차분히 이루어지고 있는 것이다. 과거의 허물을 벗고 새로운 세계로 나가기 위해서 새 술은 새 부대에 넣으라는 이야기의 주인공이 되어가고 있다. 글로벌 경영은 이제 시대의 요청이다. 하고 싶다고 하고, 하고 싶지 않다고 해서 안 되는 것이 아닌 그야말로 시대의 흐름이다.

사실 모든 《36계 병법》은 각 계마다 사용자가 주체적으로 응용하는데 묘미가 있다. 이 〈금선탈각〉의 전략은 제7계 〈무중생유〉와도 유사점이 있고 그 외 여타의 계와도 연계할 수 있다. '허물'을 미끼로 이용해 적을 속이거나 적의 주의력을 분산시키는 계책이기 때문이다. 따라서 제6계 〈성동격서〉와 제8계 〈암도진창〉을 함께 사용할 수 있고, 적이 완전히 속았을 때 제5계 〈진화타겁〉과 제12계 〈순수견양〉을 혼용하여 사용할 수 있으므로 〈연환계〉로서 병행할 수 있다. 그래서 모든 계는 연계해서 사용한다는 의미로 〈연환계〉라 하고 그 상황에 맞게 응용해야 효과를 배가할 수 있다.

흥미롭게도 이 계는 사기꾼들이 흔히 사용하는 수법이기도 하다. 처음에는 감언이설로 돈을 꾸어 신임을 얻은 다음 높은 이자를 주면서 더 많은 돈을 끌어모은다. 뿐만 아니라 친척이나 연분이 있는 사람들의 돈까지 끌어모아 오게끔 부추긴다. 감언이설로 단번에 큰 벼락부자를 만들어 줄 것처럼 연막을 친다. 그리고 어느 정도 돈을 모았다 싶으면 감쪽같이 자취를 감추어 버린다. 종적을 감춰버린 사기꾼은 머리털도 남기지 않은 채 사라지고 마는 〈금선탈각〉이다.

병법가 손자孫子는 승산 없는 싸움은 처음부터 하지 말 것이며, 불리한 전황 속에서는 퇴각하는 것이 지장智將의 전법이라고 했다.

전쟁터에서는 전진이나 공격만이 능사가 아니다. 전진한다면 분명 전멸이나 막대한 손해가 예견되는데도 무리하게 공격을 감행하는 것은 어리석은 지휘관이며 만용에 지나지 않는다. 이러한 경우에는 퇴각하는 것이 작전의 기본이다. 문제는 어떻게 퇴각하느냐다. 퇴각이 공격보다 어려운 문제여서 섣부른 퇴각은 적의 공격을 더욱 심하게 받아 전멸하거나 큰 희생을 내기가 쉽다. 퇴각의 순간 어떤 계책을 어떻게 적절하게 취하느냐를 보면 지휘관의 역량을 알 수 있다. 〈금선탈각〉은 이러한 퇴각작전의 계책이기도 하다.

예컨대 퇴각에 앞서 진지를 더욱 공고히 구축해 그 진지를 사수할 것처럼 적에게 위장하고 그 틈에 감쪽같이 주력부대를 퇴각시키는 것이다.

〈금선탈각〉의 계책을 논하면서 '병법이란 속이는 것이다'는 것을 다시 한번 절감하게 된다. 손자孫子 역시 병자궤야兵者詭也라고 하면서 병법은 '속임으로써 성립한다(병이사립兵以詐立)'라고 했다. 병법은 속임수가 그 핵심이다. 의학용어에 플라세보 효과placebo效果라는 것이 있다. 약효가 전혀 없는 거짓 약을 진짜 약으로 속이고 환자에게 복용했는데도 환자의 병세가 호전되는 것을 말한다. 라틴어 플라세보는 '마음에 들도록 한다'는 뜻이다. 만성질환이나 심리상태에 따라 영향 받기 쉬운 환자에게서 임상실험 효과가 크다. 그런데 평소 생활 속에서 마음에 없는 거짓말을 하는 경우도 더러 있다. 예를 들면 백발의 노인이 "빨리 죽어야 할 텐데." 하는 말과, 처녀가 시집을 안 가겠다고 하는 말과, 장사꾼이 밑지고 판다는 말이 그것이다.

그런가 하면 생사를 넘나드는 전쟁터에서 진지를 구축하여 요새인 것처럼 초병을 세워 지키도록 해 놓고 주력부대를 다른 곳으로 빼돌려 승리를 쟁취하는 것도 상대방을 속이는 기만술책이다.

전쟁에 대한 동양의 바이블과 같은 무경칠서武經七書인《육도六韜》,《손자병법》,《오자》,《사마법司馬法》,《삼략三略》,《울요자尉繚子》,《이위공문대李衛公問對》도 또한《36세 병법》도 적을 속이는 법을 담은 병법서다.

존망과 생존을 위해서 포탄 없는 전쟁과 다름없는 기업경영이나 정부기관 운용에 있어서도 이 병법서는 고추가루 양념처럼 활용되고 있다.

첨예하게 대립하는 기업현장의 사투를 보면 총성만 없을 뿐 존망을 놓고 대결하는 전투와 다름없다.

제22계

약한 적을
포위 공격하라

| **관문착적**
關門捉賊

문을 잠그고 도둑을
잡는다 | 문을 걸어 잠그고 도둑을 잡는다. 퇴로를 봉쇄하고 포위하여 적을 사로
잡는다. 그러나 궁지에 몰린 쥐는 고양이를 물 수 있으므로 조심스럽게
처리한다. 끝까지 추격하여 섬멸하는 괴멸 작전이다. |

'관문關門'은 문에 빗장을 친다는 말이고 '착적捉賊'은 도둑을 잡는다는
뜻이다. 이는 문을 걸어 잠그고 도둑을 잡는다는 의미로 도둑이 못 나가게
빗장을 지르고 포위망을 씌워 섬멸한다는 계략이다. 또 집에 약한 상대가
들어왔을 때는 대문을 걸어 잠그고 잡아 후환을 없애라는 말이기도 하다.

이 계책을 공산주의의 종주국인 소련의 빨치산Partisan 전술과 북한의
게릴라 전을 상기해 볼 필요가 있다. 북한은 맥아더 장군의 인천상륙작전
으로 독 안에 든 쥐처럼 남한에 남게 된 패잔병들을 편성해 제2 전선을 형
성하여 후방을 교란할 것을 획책하였다.

그것은 중공의 유격전술과 소련의 빨치산 전술이 이데올로기와 결합하
여 '인민해방전쟁'으로 표방하고 게릴라Gaerrilla전을 구사한 것이다. 그래
서 김일성은 한국전쟁을 일으키면서 박헌영 중심의 20만 명의 남로당원들

이 봉기할 것이라 믿었다.

그렇게 인민유격대를 훈련시켜 게릴라전을 준비한 상태에서 1950년 6월 25일 혁명전쟁을 완수하고자 38선을 넘어 야음을 틈타 남침을 감행하였던 것이다.

북한은 소련의 유격전 교리와 중공의 마오쩌둥의 유격전을 거울삼아 야간전이나 매복작전으로 치밀하게 계획하였다. 또 19세기 초 나폴레옹이 스페인을 침공했을 때 소수의 병력으로 점령군에게 도전하여 싸웠던 게릴라Guerrilla전까지 그들의 교재로 삼았던 것이다.

〈관문착적〉의 계는 제16계 〈욕금고종〉계와는 반대의 의미를 가진 계책이다. 〈욕금고종〉은 적의 퇴로를 완전히 봉쇄하면 오히려 궁서설묘窮鼠囓猫로 쥐가 최후의 힘을 발휘하여 고양이를 물 수도 있으니 퇴로를 남겨 두는 〈금선탈각〉계책의 여지가 있는데 반하여 이 22계는 섬멸하여 후환을 남겨 두지 말라는 계략이다.

이 계에서 문을 걸어 잠그고 도둑을 잡으라는 것은 놓칠 것을 두려워해서가 아니라, 놓쳤을 적이 얻게 될 이득을 두려워해서이다.

한편 이 계책에서 명심할 일은 놓쳤으면 쫓아가지 말라는 당부의 말이다. 이는 도둑이 미리 쳐놓은 계략을 피하기 위해서다.

이미 도망친 도둑을 무리하게 쫓으면 복병이 있을 때 큰 타격을 입을 수 있고 그로 인해 일이 뒤틀릴 수 있기 때문이다.

여기서 도둑이란 적이다. 그러니까 도둑을 쫓지 말라는 말은 적이 거짓으로 도망치는 척하다가 복명의 음모에 걸려들어 일을 그르칠 수 있기 때문에 경계한 말이다. 〈관문착적〉의 계는 필요에 의해 특수한 경우에만 쓰이는 계책이다.

예를 들어 적이 넓은 광야에 숨어 있다면 천 명이 쫓아간다 할지라도 찾을 수 없다. 또 그들의 음모에 걸려 큰 피해를 입을 수도 있다. 그래서 첩보병 한 사람은 천 명의 목숨을 건질 수 있는 것이다.

계책의 첫째는 적의 숫자가 적어 포위하여 완전히 섬멸할 수 있을 경우와, 둘째는 적은 숫자이지만 놓치면 장래에 큰 화근을 남길 우려가 있을 경우다. 아무리 적의 주력 부대를 무력화했다 할지라도 그중에서 몇 명을 놓치면 이쪽의 정보가 유출됨과 동시에 그들이 다시 세력을 규합하여 공격해 올 경우 힘이 배가될 수 있기 때문이다. 전쟁터에서는 도주한 몇 명이 화근이 되어 막대한 손실을 입는 사례가 적지 않다.

그래서 소련 공산당 스탈린은 정권을 잡자 국외로 망명한 반대파 트로츠키를 끝까지 추적하여 멕시코에서 암살했다. 또 마오쩌둥이 정권을 잡자 '백가쟁명百家爭鳴'이라는 계략을 써서 자신의 정적을 모조리 숙청한 것 등도 알고 보면 이 계의 한 예라 할 수 있다.

이 계가 지향하는 목적은 힘이 약한 적은 가차 없이 섬멸하되 강약을 조절하여 강한 적에게는 계략으로 섬멸하라는 암시이다.

당唐나라 황소黃巢가 서기 880년, 난을 일으켜 당나라 수도 장안을 점령하였다. 당나라 희종僖宗은 황급히 사천의 성도로 몽진(임금이 피난함)하고 잔여 부대와 함께 사타족인 이극용李克用에게 구원을 요청했다. 다음 해 당군의 부서가 정비되고 안정을 찾자 장안을 수복하고자 작전을 시작했다. 반란군도 이에 대비하여 매복작전을 폈으나, 오히려 당군에게 패하고 말았다. 당군은 그 여세를 몰아 장안을 공격하려고 서둘렀지만 아직 군비를 정비하지 못한 상태였다.

한편 황소는 사태가 심각해지자 부장들을 불러모아 회의를 열었다. 여러 부하들은 수적으로 당군보다 열세인지라 맞서서 싸우는 것은 여러 가지로 불리하다고 간언했다. 이에 황소는 즉시 전 군대를 장안성에서 철수하고 동쪽으로 감쪽같이 빠져나갔다. 이른바 성을 비워 놓는 32계인 〈공성계空城計〉와 앞의 〈금선탈각〉의 계책을 실행에 옮긴 것이다.

당군이 장안에 들어와 보니 황소의 반란군이 보이질 않았다. 선봉장 정종초程宗楚는 부하들에게 성안 구석구석을 수색하게 하였으나 한 명도 찾아내지 못했다. 당군은 힘 하나 안 들이고 손쉽게 장안을 점령하여 기세가 등등했다. 너무나 쉽게 장안을 차지하자 병사들은 승리에 도취하여 제멋대로 행동하였다. 따라서 장안의 질서는 반란군이 있을 때보다 오히려 더 혼란스러웠으며 축하의 주연이 끊이지 않았다.

이때 반군의 황소는 부장들에게 말했다.

"적은 독 안에 든 쥐다."

그날 밤, 황소는 군대를 집결하고 편대를 형성하여 장안성을 맹렬히 공격했다. 당군은 승리에 도취하여 술에 취하고 깊은 잠에 빠져 있었다. 여기에 반란군이 갑자기 들이닥치니 당군은 혼란에 빠졌다. 정종초도 군대를 지휘할 수가 없어 방황하다가 반란군에게 살해되고 말았다. 결국 황소는 32계인 〈공성계〉, 21계인 〈금선탈각〉, 22계인 〈관문착적〉의 계략으로 장안성을 다시 점령하여 원상회복했다.

이 계는 적의 머리 꼭대기에 앉아 이렇게 저렇게 작선을 짜는 고도의 두뇌 싸움이다. 계책에 따라서는 유병遊兵을 투입하여 적을 혼란에 빠트려 〈혼수모어〉로 한 다음 빗장으로 걸어잠그고 쳐들어가면 힘들이지 않고 승리를 거둘 수 있다. 유병遊兵이란 행동이 기민한 유격대를 말한다. 흔히 유격대 한 명은 일반 병졸 10명을 감당할 수 있다고 한다. 이런 유격대를 1,000명쯤 적군 깊숙한 곳에 풀어 놓는다면 어떻겠는가? 기민한 유격대는 산지사방을 휘젓고 다니면서 적을 극도의 혼란에 빠뜨릴 수 있다. 위에서 말한 빨치산, 노는 게릴라전, 유격전을 군사이론으로 체계화시킨 사람은 클라우제비츠Karl von Clausevitz다. 그는 게릴라전을 소규모 전쟁으로 규정하고 20명에서 200명까지의 교전交戰 작전을 말했다.

유격대는 강한 정치적 성향을 지니고 전쟁을 수행하기 때문에 행동이 기민하고 사기가 충천하다. 그래서 기마騎馬가 민첩하며 장수는 용감하고 상황의 변화에 즉각 대응하는 기동성을 보인다. 때로 동에, 또 때로는 서에, 때로는 나오고 때로는 들어간다. 적이 강하게 나오면 물러서고, 적이 게으름을 피우면 가서 공격하고 교란한다. 그 좌左를 치고, 그 우右를 치고, 그 앞을 치고 또 그 뒤를 친다. 적의 대비가 없는 곳을 치면 적은 정신을 차리지 못한다. 또 곡식을 약탈하고, 불태우고, 가는 길을 끊는다. 혹은 아침에, 혹은 저녁에 적의 틈을 엿보아 공격한다.

바람처럼 빨라서 그 뒤를 쫓을 수도 없고 아군에게는 군의 성원聲援이 되고, 적에게는 큰 타격을 주어 혼란에 빠뜨린다. 이렇게 적이라는 도둑이 배와 등에 깊은 상처를 입고 진퇴유곡에 빠지면 처리하기가 쉬워진다. 잘 익은 과일을 따 내리듯 이런 때 일제히 적을 공격하여 승리를 거둔다. 바로 마오쩌둥毛澤東의 유격 전술도 위와 같은 목적을 두고 조직되었으며, 그 근간은 다음의 네 가지 강령으로 집약된다.

적진敵進, 아퇴我退: 적이 오면 아군은 물러선다.

적거敵據, 아우我優: 적이 멈추면 나가 교란한다.

적피敵披, 아타我打: 적이 지치면 나아가서 친다.

적퇴敵退, 아박我迫: 적이 도망하면 쫓아가서 압박한다.

마오쩌둥보다 훨씬 오래전 오자吳子는 〈여사편勵士篇〉에서 '한 사람이 죽음을 각오하면 열 사람이 당해낼 수 없고, 열 사람이 죽음을 각오하면 백 사람이 당해낼 수 없고, 백 사람이 죽음을 각오하면 천 사람이 당해낼 수 없고, 천 사람이 죽음을 각오하면 만 사람이 당해낼 수 없고, 만 사람이 죽음을 각오하면 천하를 주름잡는다…….'

이것이 바로 〈관문착척〉의 계에서 파생한 작전계획이다. 한신은 그러한 각오를 하게끔 강을 뒤에 두고 군사를 배치시켜 사생결단을 하게 만든 '배수진背水陣'을 쓴 바 있다.

한고조 공신들, 여씨 일족을 철저히 제거하다

한漢 왕조의 창건자 유방劉邦이 죽자 그의 비妃 여후呂后가 태후가 되었다. 2세 황제 혜제惠帝(기원전 195~188)가 유약하여 여태후가 실권을 장악하고 여씨만을 요직에 등용하여 유방의 유씨 세력을 밀어냈다.

유방의 '유씨가 아닌 자는 왕이 될 수 없다.'는 유언을 배반하고 조趙, 위魏 등을 요직에 등용하고 여씨 일족을 왕으로 봉하는 등, 한왕조가 여씨의 나라로 바뀌는 사태에 이르렀다.

고조高祖 유방과 피를 흘리며 한나라를 세운 공신들은 여태후와 그의 일족에게 나라를 빼앗겼다며 분통을 터뜨렸으나 어쩔 수가 없었다. 상대가 황태후이고 명령권과 병권을 틀어쥐고 있어서 속수무책이었다.

공신들은 기회가 오기를 기다렸다. 공신들의 중진인 소하蕭何, 장량張良, 번쾌樊噲 등 일등 공신들은 이미 세상을 떠났고, 살아 있는 진평陳平, 관영灌嬰, 주발周勃 등은 술만 마시며 세월을 보냈다. 그러나 그것은 정치에는 관심이 없다는 일종의 〈가치부전〉 즉 미친 척하며 때를 기다리는 〈진화타겁〉의 가장이었다.

혜제가 죽은 지 8년, 여태후 역시 중병을 앓다가 죽었다. 이 소식을 전해 들은 제齊 나라 왕 유양劉襄이 한나라의 여씨 토벌이라는 대의명분을 내

걸고 군사를 일으키자 재상인 여산呂産이 관영에게 군사를 주어 유양을 토벌토록 명령했다. 관영은 진평과 상의하여 진군 도중에 유양에게 사신을 보내 함께 여씨를 토벌할 것을 제의하여 합류했다. 한편 도성에 있는 진평과 주발은 이 기회를 놓쳐서는 안 된다는 생각으로 전군의 지휘권을 장악할 계책을 꾸몄다. 전군의 지휘권을 잡고 있는 자는 대장 여록呂祿이었다. 이 자로부터 군 지휘권을 인수印綬해야 일이 풀리는 막중한 과제였다. 그러나 이런 판국에 군사의 지휘권을 받아내기란 쉬운 일이 아니었다.

진평과 주발은 계략을 꾸며서 여록의 친구를 꼬여내어 짐짓 여씨 일족을 위하는 체하면서 말했다.

"반란을 일으키고 있는 자는 비단 제齊왕 유양뿐만이 아닙니다. 전국 각지에서 그러한 기미를 보이고 있습니다. 그 이유는 군의 지휘권을 잡고 있는 사람이 유씨를 토벌하고자 군사를 일으킬지도 모른다고 의심하기 때문입니다. 그러니까 여록 대장군이 병권을 대장군 주발周勃에게 돌려주고 여록 대장군이 자신의 영토인 조趙나라로 가신다면 의심이 풀려 반란을 일으키려는 생각을 하지 않을 것입니다. 지금은 평화가 중요한 때입니다."

친구로부터 이러한 이야기를 들은 여록은 그럴 법하다 생각하고 주발에게 병권을 넘겨주었다. 이렇게 하여 주발은 군사지휘권을 넘겨받고 곧 모든 장병들에게 긴급명령을 내렸다.

"선제先帝는 천하를 평정한 후 유씨 이외의 누구라도 제위帝位를 탐내는 자가 있을 때는 뭉쳐서 토벌하라고 하였다. 지금 여씨 일족이 유씨를 누르려는 것은 선제의 뜻에 반한다. 모두 나와 함께 여씨를 징벌하자!"

이리하여 여씨 일족을 모두 체포하여 단두대에 올려 처형해 버렸다.

이때의 숙청작업은 그 후 문제文帝(기원전 180~157)때까지 계속되었다. 중앙정부의 주변에서부터 여씨 일족이라면 아무리 미관말직이라도 샅샅이 찾아서 제거했다. 숙청은 일단 시작하면 철저해야 의의가 있다는 것을 보여준 것이다. 〈관문착적〉의 오롯한 예라 할 수 있다. 이리하여 유씨의 전한前漢은 기원전 206년 고조에서 15대 유자孺子에 이르렀고 서기 8년에 왕망이 신新나라를 세우고 전前한이 망하기 전까지 200년 넘게 이어졌다.

20계의 〈혼수모어〉에서 보듯이 혼란이 야기되면 법으로도 제재할 수 없는 결과를 낳을 수 있다. 따라서 지도자는 반드시 선과 악을 정확하게 분별하여 나쁜 일이 더 커지기 전에 미연에 방지해야 한다. 그래야 모든 민생이 안정되어 혼란을 일으키지 않는다.

전쟁에서나 기업에서나 지고 쓰러지는 것은 그 말로가 비참하다. 여기 그 비극의 예가 있다.

백기군, 조괄의 조군을 생매장하다

기원전 262년, 중원中原의 망망한 대지에서 진秦나라 대장 왕흘王齕이 군사를 이끌고 한韓나라의 야왕성野王城을 공격하여 점령했다. 그는 여세를 몰아 상당上黨 지역을 평정하고 보급로를 차단해 버렸다. 그러나 상당의 백성들은 진나라에 귀순하기를 원치 않아 야음을 틈타 조趙나라의 장평長平 일대로 도망갔다. 조나라 효성孝成왕은 한나라를 치고 조나라로 향해오는 진秦나라 군대를 급히 노장 염파廉頗에게 명하여 인마人馬 이십만을 이끌고 장평으로 달려가 왕흘을 막게 했다.

앞서 조괄이 진나라에 패한 이야기를 한 바 있지만 중국 역사에서 너무나 엄청난 사실이라 그 참상을 다시 짚어보고자 하는 것이다.

염파와 왕흘은 장평 일대의 망망한 고원에서 백 리에 걸쳐 대치하고 있었다. 그야말로 자연과 싸우고 적군과 싸우는 악전고투였다.

염파는 백전노장으로 경험이 풍부했다. 그는 진나라 군대가 연속 승리를 거두어 기세가 드높으니, 이런 상태에서 교전한다는 것은 불리하다는 것을 잘 알고 있었다. 그래서 병사들을 독촉하여 영루를 높이 세우고 참호를 깊이 파게 하여 장기전으로 맞섰다. 그러면서 진나라 군대가 피로해지고 군량이 다 떨어질 때까지 기다리기로 했다.

조나라 효성왕은 이런 속마음을 알 리 없었다. 진나라 소양昭襄왕은 범수范雎에게 이번 전략을 어떻게 세우는 것이 좋겠느냐고 물었다. 〈원교근공遠交近攻〉계를 제안하여 소양왕의 두터운 신임을 받는 범수는 어떻게든 염파를 조괄趙括로 갈아 치워야 한다고 진언했다. 그리고 그 계책으로 조나라 군신들에게 뇌물을 뿌리고 또 염파를 조괄로 갈아야 한다는 소문을 내게 했다. 효성왕 역시 3개월 동안이나 꿈쩍도 않고 대치만 하고 있는 염파에 대해 조금은 화가 나 있었다. 그러던 차 여기저기서 조괄을 추천하자 결국 인사를 단행했다.

조괄의 어머니는 그 소식을 듣고 급히 붓과 먹을 꺼내 상소문을 써서 왕에게 올렸다.

"대왕마마께서 조괄로 하여금 진나라 군대와 싸우도록 하셨는데, 이것은 천부당만부당한 일이옵니다. 그 애의 아버지가 살아 있을 때 전쟁은 국가 존망과 관계되는 대사라고 저에게 말했습니다. 그런데 조괄은 아직 아무것도 모르는 철부지 어린애입니다. 그가 몇 권의 병서를 읽어 이론은 다소 알고 있다지만 그가 아는 것은 단지 책 속에 있는 병법일 뿐 격전지에서는 쓸모없는 지식에 지나지 않습니다. 국가 대사를 좌우하는 큰일을 맡기기에는 부족하오니 통촉하여 주시기를 간절히 청하옵니다. 만약 대왕께서 조괄을 대장으로 파견하신다면, 조나라는 앞날을 예측할 수 없습니다."

그러나 효성왕은 그녀의 충언을 대수롭지 않게 받아넘겼다. 이튿날 새벽, 조괄은 인마 이십만을 이끌고 기세도 당당하게 장평으로 나아갔다. 벌써 척후병들은 진의 소양왕에게 정보를 알렸다. 소양왕은 크게 웃으며 즉시 백기白起 장군을 장평 전선으로 파견했다. 장평전은 외면상으로는 왕흘이 대장이나, 실제로는 백기가 지휘를 맡았다. 소양왕은 명령을 내리고 다음과 같이 선포했다.

"어느 병사라도 백기가 대장이라는 기밀을 누설할 시에는 즉시 참수할 것이다."

백기는 진나라에서 가장 유명한 장수의 한 사람으로 수십 년간 전쟁을 치르면서 패한 적이 없었다. 진나라가 영토를 확장하고 날로 강해지는데 혁혁한 전공을 세운 장군이 백기였다. 조괄은 대군을 이끌고 장평에 도착한 뒤 한 달여 동안 살피다가 주둔하고 있던 군대 이십만과 합세하여 즉각 진나라 포위망을 향해 진격해 들어갔다.

백기는 왕흘에게 일개 군단만을 이끌고 나가 맞이해 싸우라고 명령했다. 그리고 나머지 사십만의 병사들을 두 갈래로 나누어, 요새지에 잠복시켜 두었다.

양군이 처음 교전했을 때 진나라 군대는 슬그머니 패한 체하며 도주했다. 조괄은 진나라 군대가 정말로 궤멸됐다고 여기고, 득의양양하게 병사들에게 명령했다.

"끝까지 쫓아가라"

기선을 잡고 돌격하는데 이때 갑자기 양쪽에 숨어 있던 진나라 병사들이 일제히 함성을 지르며 포위 공격하여 조나라 군대의 귀로를 차단했다. 크게 당황한 조괄이 사방의 지형을 살펴보니 좌측만 트인 골짜기였다. 그래서 그곳으로 탈출하려 할 때였다. 갑자기 인마들이 새까맣게 땅밑으로부터 기어 나와 조괄의 앞을 가로막고 섰다. 선두에 선 사람은 바로 그 위풍당당한 백기 대장군이었다. 조괄은 자신도 모르게 대경실색했다. 이 기회를 틈타 거짓으로 패배한 척 도망가던 왕흘의 인마도 방향을 돌려 맹렬한 공세로 전환하자 단번에 조나라 군대는 빈틈없이 포위되고 말았다.

진 소양왕은 이 정보를 듣고 친히 전장으로 와서는 장군과 병사들을 격려했다. 그리고 진나라의 15세 이상 되는 남자를 전부 전선으로 불러들여

이 광경을 목격하게 했다.

　그야말로 '문을 잠그고 도적을 잡는다.'는
〈관문착적〉의 계책을 실전으로 펴
보인 것이다.

　이렇게 되자 조괄의 사십만 대
군은 안으로는 식량과 마초가 없
고 밖으로는 구원병이 없는 채
로, 진나라 군대에 46일 동안이
나 포위당해 있었다. 조군의 사병들은 먹을 밥
이 없어, 자기들끼리 서로 싸우며 죽였다. 조괄은 이러한 위급한 상황 하에
서 부득이 포위망을 뚫고 진격하라는 명령을 내렸다. 조괄은 먼저 결사대
를 4개 조로 편성하여 한 조 한 조씩 교대로 밖으로 돌진시켰다. 그러나 중
과부적이었다. 조나라 군대는 끝내 진나라 군대에 격퇴당하고 말았다. 최
후로 조괄이 친히 선두에 서서 밖으로 돌진하여 몸소 병사들 앞에 서서 용
감하게 적진을 향해 돌진했지만, 잠시 후에 진나라 군대가 쏜 화살에 맞아
그 역시 죽고 말았다. 조나라 군대는 장군을 잃고 더 싸울 힘도 없어 무기
를 놓고 진나라 군대에 항복하고 말았다.

　백기 장군은 전쟁에서 승리하고 막사에서 전후 처리에 대해 논의했다.

　"보고에 의하면 포로가 사십만 명이나 된다고 합니다. 만약 이렇게 많은
포로들이 반란을 일으킨다면 수습하기가 어렵습니다."

　"이를 어떻게 처리하는 것이 가장 타당하다고 생각하고들 있소?"

　그러자 일부에서는 예상 못 했던 의견을 내놓았다.

　"모두 죽여 버립시다."

　"병사들에게 칼로 포로를 죽이라고 명령하는 것은 너무 번거롭고 힘든
일이오. 그리고 무엇보다 이렇게 많은 사람을 공개적으로 죽일 순 없소. 그

렇게 죽인다면 포로들은 반드시 죽기 살기로 덤벼들 것이오. 그들이 비록 맨손으로 싸운다 해도 아군에게도 상당한 손실이 있을 것이니, 이런 방법은 좋지가 않소."

그러자 다른 생각을 가진 사람이 일어서서 말했다.

"저에게 좋은 생각이 있습니다. 방비 참호를 판다고 거짓말을 하고, 조나라군에게 스스로 구덩이를 파게 합시다. 그리고 그들이 구덩이 안에 있을 때, 산 채로 묻어 버리는 것이 상책인 줄로 압니다. 이와 같이 하면 아군의 병졸은 한 명도 잃지 않을 뿐만 아니라 일도 상당히 덜 수가 있습니다. 그들은 절대 의심하지 않을 것입니다."

다음날, 백기는 조나라 포로 사십만 명에게 참호를 파라고 명령했다. 이튿날 저녁까지 판 참호는 2미터 깊이까지 파졌다. 그리하여 지금까지 역사에 없던 전무후무한 역사적 비극이 그 막을 열었다. 조나라 포로들이 기진맥진하여 참호에서 기어 올라오려고 할 때, 양쪽에서 지키고 있던 진나라 병사들이 갑자기 함성을 내지르며 흙과 돌덩이를 쏟아 부었다.

한순간에 울부짖는 소리가 이곳저곳에서 울려 퍼져 그 참상은 차마 눈을 뜨고 볼 수 없었다.

거대한 참호는 삽시간에 평온해졌다. 가련한 조나라 포로 사십만 명은 모두 자기가 판 무덤에 갇혀 저승으로 가고 만 것이다.

약소국의 서러움이랄까, 강자의 가혹한 처사랄까. 역사는 패배자에게 이렇게 가혹했다.

백기 장군은 왜 〈관문착적〉이라는 악수를 두는 계를 사용했는가? 그것은 일기에 섬멸시키는 데 유리할 뿐만 아니라 후환을 자난하기 위해서였다. 이는 진나라가 그 이후로 정벌 전쟁을 하는 데 있어 가차 없이 처치한다는 암묵적인 교훈이 되기도 했다.

백기의 〈관문착적〉과는 배치되는 진 열공晋烈公의 전술도 있다. 참으로 가당찮은 이론으로 자기 무덤을 판 이야기다.

열공, <관문착적>하지 않아 제 무덤을 파다

춘추 말기 진晋나라(기원전 419~430)에서 있었던 일이다. 열공烈公 (420~393)은 성격이 우유부단하고 인仁이니, 덕德이니 하는 유학儒學에 대한 토막상식으로 걸핏하면 그에 대한 담론을 일삼았다.

열공은 여섯 사람의 대신을 측근에 두고 국정을 다스렸다. 이 6명의 대신들 간에는 서로 실권을 장악하기 위해 보이지 않는 암투가 치열했다. 이러다 보니 열공은 허수아비 군주가 되어갔다. 이때 비서관인 서동胥童과 장어교張語矯가 열공에게 고했다.

"대신의 권한이 군주에 버금가고 만사에 그들의 횡포가 극에 달해 있습니다. 그리하여 조그만 일에도 군주와 주도권을 다투고 사당私黨을 만들어 국정을 문란하게 하고 있습니다. 그뿐 아니라 군주의 권위를 위협하는 상태에서는 나라가 안정될 수 없으니 그들을 모두 중벌로 다스려 제거해야 할 것입니다."

그러나 열공은 그것은 덕치德治에 어긋난다며 주저했다. 서동과 장어교는 그래도 강력히 주청했다.

"그들의 권한이 지금보다 더 커지면 그때는 손을 쓸래야 쓸 수 없게 될 것이오니 이 시기를 놓치지 마시옵소서."

그러자 며칠 후 열공은 여섯 사람의 대신 중에서 세 사람을 간신히 처형했다. 서동과 장어교는 세 사람만 처형하는 것은 더욱 위험하다고 다시 간했다. 남은 세 사람이 신변이 불안을 느끼고 왕을 해칠 수 있기 때문이었다.

"남은 세 사람도 이미 처형된 세 사람과 같은 죄인입니다. 형평에 어긋나니 동일하게 다스려야 합니다. 세 사람을 살려둔다는 것은 불씨를 남겨두는 것과 같습니다. 후일 화근이 되어 왕권을 위협할 것입니다."

그러나 열공은 더 이상 살상을 하고 싶지 않다며 일을 끝냈다.

"나는 단번에 세 사람을 죽였다. 어찌 그들을 몰살할 수가 있겠는가. 나는 그처럼 잔인하고 덕이 없는 군주가 될 수는 없다."

이렇게 해서 살아남은 세 사람이 趙조씨, 위魏씨, 한韓씨였다.

이들 세 사람은 3개월 후에 모반하여 열공을 살해하고 진晉의 땅을 세 사람이 분할하여 각각 왕을 자처(조趙나라, 위魏나라, 한韓나라)하였는데 진晉나라가 세 나라로 분할된 것을 기점으로 중국 역사에서는 '춘추시대'에서 '전국시대'로 넘어가는 구분선으로 삼는다.

서동과 장어교가 나머지 세 사람도 같은 죄를 범했으니 죽여야 한다고 주장한 것이 〈관문착적〉의 계략이며 열공이 내세운 덕德이란 참으로 쓸모없는 '반풍수가 집안 망치는 격'이었다.

〈관문착적〉의 계는 잔인하다면 한없이 잔인한 싹쓸이 계략이다. 궁지에 몰린 쥐가 고양이를 물듯 깡그리 해치워야 후대를 편안하게 하기 위해서 쓸 수밖에 없는 계책이다. 열공은 〈관문착적〉의 계를 쓰지 않아 결국 자기가 희생의 길을 걸었는데 이는 기회가 왔을 때 철저히 분쇄하라는 〈관문착적〉의 계를 실천하지 못하여 온 보복이다.

병서 《오자吳子》에 따르면 적은 도망칠 때 퇴로가 없으면 목숨을 걸고 투쟁한다고 말했다. 그러나 그 퇴로를 봉쇄하고 적을 물리치는 것은 적의 사기를 꺾는 중요한 계책이라고 말했다.

처칠(churchill winston 1874~1965)은 1940년에 연립내각의 수상이 되었다. 제2차 대전 때 루스벨트Franklin D. Roosevelt는 스탈린Stalin과 함께 연합국을 승리로 이끌었으나 1945년 총선에서 낙선하고 1951년 선거에서 다시 수상이 된 오뚝이 같은 인물이다.

해가 지지 않았던 영국이 대전을 치르고 난 뒤에 재정이 바닥이 나 미국의 원조를 얻어 내기 위해 루스벨트 대통령을 만나러 미국으로 향했다. 처칠이 귀빈 숙소에 여장을 풀고 난 뒤에 목욕을 한 다음 수건 하나만 몸에 두른 채 소파에 앉아 쉬고 있었다.

그런데 그때 마침 예고도 없이 루스벨트 대통령이 들이닥쳤다.

처칠은 루스벨트를 보자 아무 생각 없이 얼른 일어나 루스벨트를 반갑게 맞이했다.

그러자 몸에 두르고 있던 수건이 방바닥에 떨어져 벌거숭이가 되고 말았다.

정장 차림의 루스벨트와 벌거숭이가 된 처칠이 손을 잡으면서 알몸이 된 처칠이 말했다.

"자, 보십시오. 영국 수상은 미국 대통령에게 숨길 것이라고는 아무것도 없습니다."

두 정상은 당면한 현안을 흉금을 털어놓고 논의한 끝에 미국으로부터 많은 원조를 얻어내게 되었다. 더 이상 숨길 것도 없고 보여줄 것이 없다는 대목이 또 다른 〈관문착적〉일 수 있다는 여지를 남긴다.

〈관문착적〉의 계는 적군의 힘이 약하고 유능한 지휘관이 없고 놓치면 문제가 되겠다고 판단될 때 퇴로를 차단하고 속전속결로 적을 물리치는 계략이다.

만약 적군이 아군보다 약하지 않고 유능한 지휘관이 통솔하고 있다면 적군은 쉽게 항복하지 않을 것이다. 그들과의 정면 교전은 참혹한 손실을 가져올 수 있으니 신중을 기해야 한다.

따라서 이 전략은 시간과 자원이 적보다 우위에 있지만 자원의 낭비와 손실을 입지 않기 위해 사용하는 것을 원칙으로 하고 있다. 따라서 《36계 병법》의 계책은 한 계 한 계를 사용할 때마다 신중을 기해서 써야 하고, 썼다 하면 승리로 이끌 확신이 설 때 실행해야 한다.

몇 시에 시작해서 몇 시에 끝낸다는 계획 자체가 막고 품는 일이다.

진번陳蕃이 15세 때 집에서 한가히 지내고 있었는데 풀이 무성하여도 그대로 두었다. 아버지의 벗 설근薛勤이 찾아왔다가 진번에게 물었다.

"그대는 어째서 뜰을 깨끗이 청소해 놓고 손님을 맞지 않는가?"

진번이 설근의 말을 듣고 생각할 겨를도 없이 대답했다.

"대장부가 세상을 살면서 마땅히 천하를 청소해야지 한 집의 청소에 마음을 써서야 되겠습니까?"

설근은 진번이 세상을 구하겠다는 큰 뜻을 품고 있는 것을 알고 놀라웠다. 훗날 진번은 자신의 말대로 천하의 더러움을 없애기 위해 예장陳章태수로 있으면서 혼신의 힘을 다 했다.

진번의 이러한 행위를 당나라의 서치(徐穉97~168년)는 높이 칭송했으며 당대의 시인 왕발王勃도 '진귀하고 아름다운 이로 하늘이 내린 보배이며, 빛이 견우성과 북두성을 비추네. 땅이 신령하니 인물도 걸출하다'고 노래했다.

계책을 통해서 진나라가 조나라의 사십만 대군을 생매장한다 해도 결국 방구석을 청소하는 것에 불과하나던 이 땅 위에 평화는 언제쯤일까?

가까운 적부터 상대하라

원교근공
遠交近攻

먼 나라와는 사귀고
이웃나라는 친다

먼 곳과는 사귀고 가까운 곳은 공격하여 무너뜨린다. 먼 적과는 친교를 맺어 발을 묶어 놓고, 가까운 적은 정복한다. 외교전략이면서 소기의 목적을 달성하는 국면전환이다.

〈원교근공〉의 계책은 범수范雎가 제齊나라에서 진秦나라로 들어가 소양왕昭襄王에게 진언하여 진제국秦帝國을 건설하는데 초석이 된 계책이다.

가까운 데는 치고(근공近攻) 먼 데는 친하라(원교遠交)고 한 계책은 전국시대 제齊, 초楚, 연燕, 한韓, 조趙, 위魏 등의 여섯 나라가 연합하여 날로 강성해지는 진秦나라에 대항했다. 진나라는 여섯 나라 중, 제나라와 초나라의 세력이 비교적 강했기 때문에 이 나라만 제압하면 기타 작은 나라들은 쉽게 정복할 수 있다고 여겼다. 그리하여 진나라는 한·위 두 나라를 넘어서 제나라를 치려고 여러 차례 출정에 나섰다. 한·위를 비롯한 여러 나라는 진이 제와 초를 이기면 장차 자국도 병합될 것을 걱정하여 제·초와 연합하여 진에 항전할 수밖에 없었다.

이렇게 되자 모사謀士인 범수가 진나라의 소양왕昭襄王에게 전략을 바꾸어 〈원교근공〉책을 써야 한다고 강력히 주장했다. 즉, 제·초 양국과는 교제하고, 인근의 한·위·조 세 나라를 공격하여 세력을 확장해 나가야 한다는 근공近攻책이었다.

제·초, 양국은 진의 공격에 늘 시달림을 받아 오다가 서로 외교 관계를 맺자는 제의에 흔쾌히 승낙하고 관계를 맺었다. 외교 관계를 맺고 보니 일단 지금까지의 위협에서는 벗어날 수 있게 되었다. 진은 기세를 몰아 한·위를 공격하여 쉽게 통합할 수 있었다.

소양왕은 이 전략이 마음에 들어 범수를 재상에 앉히고 군의 통수권까지 맡기게 되었는데 그후 〈원교근공〉계는 진나라 천하 통일의 기본 전략이 되었다. 멀리 있는 적과 손을 잡는 것은 가까이 있는 적을 포위하여 불안하게 하는 데 효과적이다. 멀리 있는 적은 공격해 봐야 힘만 들고 이득이 적을 수밖에 없다.

〈원교근공〉책을 주장하기 전 범수가 위나라에 있을 때의 이야기다. 21계 〈금선탈각〉에서 논한 대로 범수가 위나라에서 그의 재주를 인정받아 수가須賈를 따라 제나라에 사신으로 갔었다.

제나라 왕은 범수의 뛰어난 변설을 듣고 황금을 상으로 내렸다. 그러면서도 제나라 왕은 범수와 같은 위인이 위나라에 있어서는 위험하다고 여겨 제3계 〈차도살인〉을 유도했던 것이다. 한편 선비는 자기를 알아주는 사람을 위해 죽는다는 말처럼 미끼를 던져 제나라로 귀순을 제의 받기 위해 〈포전인옥〉했는지도 모른다. 어쨌든 수가는 범수가 제나라 왕에게서 상을 받는 것을 보고 이는 필시 나라의 비밀을 제나라 왕에게 알렸기 때문이라 생각하고 귀국하자마자 위나라 재상에게 이 사실을 고했다. 이 말을 듣고 난 위나라 재상은 화가 치밀어 범수를 잡아다 놓고 팔을 비틀고 이빨을 빼는 등 고문을 가했다. 범수는 우여곡절 끝에 정신을 차리고 일어나 간수를 죽이고 그 옷을 갈아입은 다음 호위병을 속이고 탈출하여 친구 정안평鄭安平집에 숨어 살면서 이름도 장록張祿으로 바꿨다. 그때 진나라의 사신으로 온 왕계王稽가 정안평의 도움으로 범수를 만나서 그를 데리고 몰래 진나라로 들어갔다.

진나라 소양왕昭襄王은 그를 객사客師로 정중히 모셨다. 범수는 소양왕을 배알하고 지금까지의 정책을 바꾸어 〈원교근공〉책을 취해야 한다고 아뢰었다.

〈원교근공〉은 외교와 군사를 한데 묶는 전략이지만 군사적으로는 유리한 점이 많은 계책이다. 우선 거리가 멀다는 것은 작전상 여러 가지가 불리하다. 원정이기 때문에 많은 병력이 필요하고 따라서 병사들의 피폐가 많아 멀리 떨어진 적을 공격하는 것은 득보다 실이 있다. 무엇보다 길이 멀기 때문에 보급이 어려울 수밖에 없다. 또 그 사이에 남의 나라 영토를 지나기 때문에 마찰이 일어날 개연성도 있다. 더구나 전국시대에는 많은 나라가 경쟁하고 있었기 때문에 먼 나라와는 손을 잡고 가까운 나라는 공격하는 것이 효과적인 전술이었다.

그래서 범수는 〈원교근공〉을 강력히 주청奏請했던 것이다.

"먼 곳에 군사를 보내는 것은 힘만 들 뿐 성과는 적습니다. 때문에 먼 나라와는 동맹하고 가까운 나라를 치는 것이 국력을 절약하면서 실리를 얻는 계략입니다."

진나라 소양왕은 장록 즉 범수의 말에 크게 감명을 받았다.

진나라가 천하 통일을 성취한 기간은 기원전 230년에서 221년, 약 10년 기간이다. 천하를 통일한 시황제始皇帝(기원전259~210), 즉 처음 황제라고 자칭한 이가 바로 정政이다. 그러니까 진시황제가 가까운 나라부터 공격하여 정복하기 시작한 〈원교근공〉책으로 큰 실리를 챙겨 중원대륙을 통일한 최초의 황제가 되었다.

진나라 통합의 순서를 보면 기원전 230년, 한韓나라를 승勝이라는 장군이 침공하여 멸망시켰다. 그리고 2년 뒤 기원전 228년 두 번째로 가까운 조趙나라를 왕전王翦 장군이 침공하여 멸망시켰다. 또 기원전 225년, 왕전의 아들 왕분王賁이 위魏나라를 침공하여 멸망시켰다. 다음 해인 기원전 223년 왕전이 네 번째로 초楚나라를 침공하여 멸망시켰다.

기원전 222년 왕분이 연燕나라를 멸망시켰으며, 마지막으로 기원전 221년에 왕분이 다시 가장 거리가 먼 제齊나라를 멸망시킴으로써 중원의 천하 통일을 이룩했다.

진나라가 천하를 통일할 수 있었던 데는 크게 두 가지 요인이 있었다.

첫째는 왕전王剪, 왕분王奔과 같은 뛰어난 군사지도자가 통솔하는 강한 군대가 있었기에 가능했다. 그들은 각국 전쟁에서 불패의 전과를 올렸다.

둘째 당대의 병법가 울요尉繚를 등용하여 그의 책략을 따른 데 있었다. 즉, 울요는 이미 진의 세력이 중원에서는 절대적이나 그래도 나머지 6국이 동맹체제로 뭉쳐서 진에 대항하면 감당하기 어려우리라 생각했다. 그래서 각국의 중신들을 돈으로 매수하여 서로가 손을 잡지 못하게 교란해야 한다고 주장했다. 진왕秦王 정政은 울요의 정책을 받아들여 재상인 이사李斯로 하여금 울요의 진언대로 교란전을 펴서 싸움도 하기 전에 각국의 내부 붕괴가 시작되게 만든 것이다.

어쨌든 진의 천하 통일 전략은 범수의 〈원교근공〉 계략에 그 뿌리를 두고 있으며 거기다 울요의 지략이 더해져 단기간에 이룩된 것이었다.

상식적인 도리道理를 따진다면 이웃 나라와는 형제처럼 지내면서 화친해야 할 것이나 옛날이나 지금이나 이웃 나라와는 늘 사이가 좋지 않은 것이 사실이다. 너무나 가깝게 있기 때문에 부질없는 일이 자극이 되어 마침내 감정이 대립하고, 감정이 치닫다 보니 불협화음을 낳았다. 그러다 또 다른 이웃과 짝짜꿍이 되어 가까운 이웃 나라를 돕기는커녕 공격하기도 했다.

멀리는 신라가 당나라를 끌어들여 고구려와 백제를 친 것이 그렇고, 가깝게는 '통일'을 명분으로 북한이 소련과 중공을 업고 남한을 침공했던 것도 그렇다. 그런가 하면 바다 건너 일본이 임진년과 한일합방을 내세워 병탄한 것도 이웃을 괴롭힌 근공近攻이다.

결국 UN군의 개입으로 전세가 불리해지자 한반도를 38선으로 가르고 쪼개 버린 것이다. 이 모두가 〈원교근공〉 책략의 뼈아픈 교훈이다. 참으로 부끄러운 민족상잔의 전쟁에서 왜 무고한 생명이 200만 이상이나 쓰러져야 했는가. 간신히 UN군의 개입으로 휴전선이 그어졌지만 아직도 불씨가 남아 언제 어떻게 될지 모를 불안한 대치상태가 지속되고 있다.

옛 어른들의 말씀에 '형제는 내부에서 싸우더라도 외부의 적에 대해서는 힘을 합쳐 방어한다.'고 입이 닳도록 말씀하셨다. 형제간에 티격태격 할 수도 있지만 외세의 적에 대해서는 협력해서 싸우는 것이 순리인데 우리 역사는 외세를 끌어들인 부끄러움으로 얼룩져 있다.

한편 외적이 가까이 있는데도 내부의 파쟁은 가라앉지 않고, 세력이 약한 쪽은 다른 방법도 있으련만 하필 외부의 적과 결탁하여 상대(형제)를 타도하려 했다. 외부의 적에게 이익을 주는 한이 있더라도 못 먹는 감 주물러 버린다는 식으로 나라의 이익을 희생하면서까지 서로 총부리를 형제의 가슴에 겨누고 있다.

이 얼마나 속이 쓰리고 가슴 아프고 부끄러운 일인가. 언제까지 이래야만 하는가. 성년이 되어 이 지경을 바라보고 있노라면 분연히 일어서 이 분쟁을 말리거나 최소한 제어라도 할 수 있어야 하는데 그럴 힘이 없는 처지가 안타까울 뿐이다.

우리 선조들은 이웃 섬나라 일본에게 군자의 도리로서 갖가지 문화와 삶의 방식을 형제애를 가지고 전달했다. 그런데 그 은혜를 입은 일본은 은혜를 원수로 갚아 임진왜란을 일으키고 한일합방으로 병탄했다. 꾀 많고 잔재주만 부리는 일본은 하는 일마다 철저히 계책으로 일관해 온 셈이다. 어찌 보면 당한 사람들이 잘못이지 않느냐고 따진다면 할 말은 없지만 자비와 사랑을 술수로 받아친다면 그 인과응보는 그들 스스로에게 돌아갈 것이다.

《역경易經》에 상화하택上火下澤이라고 했다. 불길은 위로 향하고, 물은 아래로 흐른다는 뜻으로 뜻이 서로 다르더라도 서로 위로하고 연합하면 그 위급을 면할 수 있다는 말이다.

임진왜란 때 가도공명假道攻明을 내세워 우리 국토를 분탕질 쳤던 일을 생각하면 치가 떨리지만 21세기 한반도 통일에는 그래도 기여해 줄 것을 기대해 본다.

국제 관계가 복잡한 오늘날에는 운해雲海같이 변화무쌍하여 베개 밑에서 속삭이는 소리까지 울리는 권총 소리처럼 들린다.

이웃 간에는 정책이 서로 다르더라도 어려운 사정에는 힘을 보태고, 그 어려운 사정을 서로 나누어야 하는데 비정하기 이를 데 없는 현실이 국제 관계인지도 모르겠다.

기업 경영에서도 회사가 병합될 처지에 놓일 경우 볼썽사나운 일이 비일비재하게 일어난다. '외국 자본가에게 넘기더라도 너에게는 못 준다.'고 오기를 부리는 덜떨어진 CEO가 더러 있다. 또 사장 후계자 쟁탈전이 일어났을 때도 조정이 되지 않아 위에서 강제로 밀어붙여 엉뚱한 사람에게 어부지리를 주는 경우도 쉽게 볼 수 있다.

이런 일은 정계에서도 선거 때만 되면 경쟁자가 서슬 퍼런 적군으로 둔갑하여 잔치 분위기여야 할 선거가 타협이나 협상의 상대가 아닌 타도의 대상이 되어 버린다. 또 같은 현상은 당내에서도 파벌이나 계파 싸움으로 이리 갈라지고 저리 찢겨져 반대당의 후보자에게 표를 진상해주고 자기는 역전패하는 사례가 적지 않다.

이 계에서 말하는 〈원교근공〉책으로 성공하려면 가까운 당내 파쟁을 정리하고 서로 물고 늘어지는 일이 없도록 해야 한다. 국가에서도 자국의 전력을 증강함과 동시에 가까운 이웃 나라와는 긴밀히 협력하여 그 협조관계를 공고히 해야 안심할 수 있다. 그러나 대부분 가까운 나라끼리 으르렁거리다가 함께 쓰러져 먼 나라에 어부지리漁父之利하게 하는 경우가 있다면 한심한 일이다.

개인적으로 훌륭한 계략과 지혜로운 머리가 있다 하여도 이를 받아들여 채용해 주는 사람이 없다면 무용지물이다. 이 계를 주창한 장록(범수)의 경우도 소양왕이 인물됨을 알아줬기에 가능했다.

제나라에서 고문으로 이빨이 빠지고 사지에서 간신히 살아나 진나라에 망명한 신세다. 알고 보면 거지꼴이나 다름없는 범수를 인재로 채용한 소양왕의 지혜가 부러울 따름이다. 그러니까 보석의 가치를 알아보듯 그 책략과 계책이 쓸만한 것이라고 여겼던 소양왕이 마치 명의에게 칼을 쥐여준 격이다. 진나라 소양왕은 그런 면에서 인재를 알아본 큰 그릇이었으며 바로 그런 도량이 천하를 통일할 수 있는 밑거름으로 빛난 것이다.

〈원교근공〉을 헌책한 장록과 수용한 소양왕의 만남

진나라 소양왕 때에 재상 장록張祿은 위나라에서 태어난 종횡가從橫家의 한 사람일 뿐이었다. 장록이 아직 재상으로 발탁하기 직전 소양왕은 며칠을 두고 고민하다가 장록을 만나야겠다고 생각했다.

소양왕이 장록의 역량을 확인하기로 작정하고 그를 시험했다. 장록도 소양왕의 소식을 듣고 약속한 시간에 맞춰 궁궐로 향하여 가고 있는데 길에서 소양왕이 탄 마차 행렬과 마주쳤다. 그러나 장록은 소양왕이 탄 마차를 보고도 맞이하거나 피하지도 않고 여전히 그의 길을 가고 있었다.

호위병들이 그에게 소양왕의 행차임을 알리고 비키라고 했지만 장록은 피할 생각도 않고 오히려 당당하게 말했다.

"뭐라고? 아직도 진나라에 왕이 있단 말이냐?"

장록이 호위병들과 언쟁을 하고 있을 때 소양왕의 행렬이 도착했다. 그러나 장록은 여전히 큰 소리로 떠들어 댔다.

"진나라에는 오직 태후와 양후만 있을 뿐인데 이 나라에 왕이 어디 있단 말이냐?"

이 말에 소양왕은 크게 깨우친 바가 있어 공손히 장록을 궁궐로 영접했다. 소양왕은 주위의 시종들을 물리치고 장록을 향해 두 손을 모으며 정중히 말했다.

"설마 상국께서는 저를 가르칠 만한 사람이 못 된다고 생각하시는 것은 아니겠지요?"

소양왕의 말에 장록이 누그러진 얼굴을 펴며 말했다.

"옛날에 강태공이 문왕에게 의견을 내놓으면 문왕은 그의 의견을 받아들여 마침내 상商나라를 멸망시키고 천하를 얻었습니다. 또 비간比干은 주紂왕에게 의견을 냈지만 그의 말을 듣지 않고 도리어 잡아 죽였습니다. 그것은 무슨 까닭이겠습니까? 한 사람은 다른 사람의 믿음과 복종을 받아들이고, 다른 한 사람은 그것을 받아들이지 않아서가 아닙니까? 지금 저와 대왕은 아직 깊은 정분은 없지만, 제가 이야기하고자 하는 내용은 아주 깊습니다. 제가 두려운 것은 '사귐은 엷고 말은 깊은 것(교천인심交淺言深)'이니 비간과 같이 스스로 몸을 망치는 화를 부르게 될까 염려합니다. 그래서 폐하께서 세 번이나 물어도 감히 입을 열지 못했습니다."

그의 말에 소양왕이 그 깊이를 심작이라도 하듯 은근하게 말했다.

"나는 상국相國의 재능을 존중하기 때문에 좌우 사람들을 물리치고 진심으로 상국의 가르침을 청하는 것입니다. 위로는 태후로부터 아래로는 대신들의 일에 이르기까지 어떤 일도 상관하지 않고 모두 듣기를 원합니다."

소양왕의 진정어린 말을 듣자 그제야 장록이 말을 꺼내기 시작했다.

"오늘날 진나라의 지리적 위치를 보면 어느 나라가 이렇게 천혜의 보호벽이 둘러 있어 요새화되어있습니까?

진나라의 병력으로 따지자 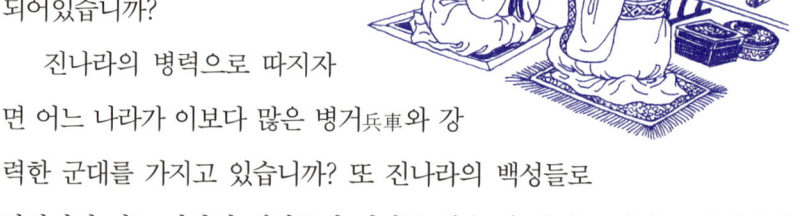 면 어느 나라가 이보다 많은 병거兵車와 강

력한 군대를 가지고 있습니까? 또 진나라의 백성들로 말하자면 어느 나라의 백성들이 이만큼 법을 잘 지키고 나라를 사랑하겠습니까? 그렇다면 진나라를 제외하고 어느 나라가 제후들을 호령해서 천하를 통일할 수 있겠습니까? 폐하께서는 줄곧 천하를 통일하고자 노심초사하지만 몇십 년이 지나도 아무 성과가 없으니 이것은 폐하의 정책이 근본적으로 일관성이 없어서입니다. 최근 소식을 들으니 폐하는 또 장군들의 진언에 따라 군대를 먼 곳까지 파견해 제나라를 공격한다고 들었습니다."

이 말을 듣고 소양왕이 깜짝 놀라 장록에게 물었다.

"그게 뭐가 잘못됐습니까?"

"제나라와 진나라의 거리는 아주 멀고 또 중간에 한韓나라와 위魏나라가 있습니다. 만약 병마를 적게 보내 제나라와 싸워 패한다면 각국 제후들의 비웃음거리가 될 것이고, 병마를 많이 보내면 재정이 바닥나서 나라가 위태로워질 수 있습니다. 또한 아주 순조롭게 제나라를 제압하더라도 중간에 한나라와 위나라가 있으니 폐하께서는 제나라와 진나라를 병합할 수 없을 것입니다. 예전에 위나라는 조나라를 넘어 중산中山(오늘날의 하북

성 정현)을 정벌했지만 생각지도 않게 조나라가 중산을 가로챘습니다. 그것은 위나라는 중산에서 멀고 조나라는 가깝기 때문이었습니다. 폐하께서는 우선 제나라와 초나라와는 우호 관계를 맺고, 한나라와 위나라를 공격해야 할 줄로 아옵니다. 먼 나라는 우호 관계에 있으니 가까운 나라를 침공할 때 간섭하지 않을 것이고, 가까운 나라를 쳐서 승리를 거두면 그만큼 영토를 확장할 수 있습니다. 진나라가 두 나라를 공격한 다음에는 제나라와 위나라인들 어찌 무사할 수 있겠습니까? 이것을 일러 〈원교근공〉이라 합니다."

"바로 그겁니다. 상국의 그 충언으로 내 머리가 환하게 밝아지는 듯합니다."

장록의 말을 들은 소양왕은 무릎을 치며 상국의 말에 감동하여 어린애처럼 좋아했다.

"우리 진나라가 한, 위, 조 3국을 병합하여 영토를 확장한 후라면 초, 연, 제인들 온전하겠습니까? 중원을 통일하려면 상국께서 말씀하신 〈원교근공〉의 병법을 써야겠습니다."

그 뒤 소양왕은 그의 의견을 받아들여 제나라에 대한 공격 계획을 철회하고 한나라와 위나라를 공격 목표로 삼았다.

'난세에 영웅이 난다'는 말처럼 천하가 어지러운 판국에 장록(범수)의 〈원교근공〉책은 소양왕에게는 한 줄기 빛이었다. 긴절히 찾고 있는 물건이라도 얻은 듯 좋아하면서 이 계책으로 결국 천하를 통일했다. 이 계책은 그대로 《36세 병법》 중의 하나인 23계가 되어 원용하게 된 것이며 〈원교근공〉계의 고사로 굳어졌다.

중국, 〈원교근공〉으로 한국경제를 위협하다

먼 나라와는 외교를 맺고, 이웃 나라는 공격하여 합병한다는 〈원교근공〉은 전쟁 상황의 논리에 맞게 계책으로 정착했지만 비즈니스 즉 경제나 경영에도 신축성 있게 적용할 수 있다.

현재 중국은 세계의 주목을 받으면서 동북아의 허브Hub로 발돋움하고 있다. 〈원교근공〉의 발생지인 중국답게 그들은 가장 가까운 한반도를 공략의 대상으로 삼고 있다. 그들은 '중국의 경제 성장은 뛰어난 기술력을 보유한 한국에도 기회입니다.'라고 달콤한 말을 던지면서 회유하고 있다. 그러나 중국에 들어간 기업만 3만 개가 넘을 정도인데 이들 기업들이 십 년도 못 되어 문을 닫고 쫓겨나오고 있다. 줄 도산한 기업을 생각하면 그 말이 얼마나 가증스러운가. 불러들여 알맹이인 기술만 빼먹고 바나나 껍질 버리듯 차버린 기업이 벌써 수만 개이다.

그러면서 '곧 중국에 추월당할 것이라는 한국의 걱정은 기우杞憂입니다.'라는 말과 더불어 그들은 은근히 자극적인 말도 서슴지 않는다. 베이징대 교수인 장윈링張蘊嶺 중국사회과학원 아·태연구소장은 이런 말을 주저하지 않았다.

"한국과 중국의 격차가 점점 좁아지겠지만 한국은 여전히 첨단 기술 분야에서 경쟁력을 갖추고 있습니다. 한국은 대중국 FDI(외국인 직접 투자)로 수출선을 확보하고 중국은 우수 기술을 수입할 수 있어 양국의 협력은 무척 중요합니다."

이렇게 말한 장윈링은 정부의 정책자문위 최고 위원답게 한국 무역협회에서 기업유치에 온갖 정성을 다 기울였다. 망하더라도 기술과 공장껍데기는 남겨놓고 갈 수밖에 없고 또 노하우도 중국에 놓고 가기 때문에 그 기업의 생사와는 상관없다는 이야기다.

아니 어떤 면에서는 잔뜩 투자해 놓고 손들고 나가기를 바라는 측면도 없지 않다. 지금도 계속 투자와 설비는 이루어지고 있고 한쪽에서는 손들고 나오는 사람이 속출하고 있다.

우렁이 껍질처럼 속 알맹이는 중국 본토에 내놓고 나오니 중국으로서는 손해 볼 일이 없다. 그들은 조심스럽게 그 속내를 감추면서 이렇게 말하고 있다.

중국 경제의 부상으로 동북아 지역의 패러다임이 새롭게 짜여 이 지역 국가들은 수평적 네트워크를 구축할 것이며 따라서 지역 국가들과의 협력을 공고히 할 것이라고 밝혔다.

그리고 70년대 일본, 80년대 네 마리 용(한국, 대만, 싱가포르, 홍콩), 90년대 아세안(동남아시아 국가연합)이 계승했던 성장모델과 현 중국의 비상은 다른 패턴이라고 주장하면서 은근히 자신만만함을 노골적으로 드러내 보였다. 중국은 거대한 내수시장을 바탕으로 지역 국가들에 교역 흑자를 분배해 주며 동북아 시장의 전체적인 성장을 주도적으로 이끌어가고 있다.

97년을 전후해 아시아 지역에 경제위기가 불어 닥친 것도 당시 시장을 안정적으로 끌고 갈 만한 거점이 없었기 때문이라는 것이 장 소장의 분석이다. 이는 일면 긍정적인 면이 없지 않다. 그러면서 장 소장은 자기가 보는 경제관을 피력했다.

"미국이라는 단일시장에 의존했던 과거와 달리 동북아 시장은 중국을 허브로 삼아 병렬적이고 개방적인 협력관계를 마련하고 있습니다. 이런 추세를 지속해 동아시아가 배타적 블록이 아니라 '개방적 지역주의'를 모토로 하는 단일한 FTA(자유무역지대)를 형성해야 할 때입니다."

중국 내 대표적인 동아시아통으로 통하는 장원링 소장은 이렇게 거침없이 말을 쏟아냈다. 사실 기분이 썩 내키지 않고 속이 껄끄러운 것만은 사실이지만 그래도 어쩔 수 없는 일이다.

중국 칭다오靑島시 청양城陽구는 중국에서도 한국 기업 밀집도가 가장 높은 곳이다. 한 개 구에 무려 1,400개의 한국 기업이 밀집해 있는 곳이다. 우리 중소기업들이 칭다오로 너도나도 옮겨간 것은 그 지역이 우리나라와 가깝고 또 자연조건도 비슷한 데 기인했다.

이렇게 많은 기업들이 중국으로 이동하면서 한국 내에서는 공동화현상 空洞化現象을 우려하기도 한다.

그중에 세정악기는 피아노를 만들어 세계 시장에 내놓았는데 과거의 영창이나 삼익의 노하우를 받아들여 중국 수출 1위 기업으로 성장하였다. 그럴 수 있었던 것은 순전히 한국 기술이전 덕택으로 가능했다.

한국 악기업체의 경험을 그곳 현지인들이 적극적으로 참여해 단번에 기술 격차를 줄여서 성공의 열쇠를 쥘 수 있었던 것이다. 그러나 그럴 수밖에 없는 또 하나의 이유가 있다. 뒤에서 보이지 않게 공장 내 화단까지 조성해주고 근무환경을 만들어주는 시 공무원들의 열정도 빼놓을 수 없다. 그 외에도 일자리가 있다는 것 자체에 만족하며 작업에 집중하는 직원들의 우수한 노동력이 중요한 성공 요인으로도 꼽힌다.

꿩 잡는 게 매라는 말처럼 돈 벌기가 좋은 중국으로 눈길을 돌리는 것을 말릴 사람은 없다. 그러나 베이징 상품 진열장에서 날이 갈수록 한국 상품이 내려지고 그 대신 중국제품이 그 자리를 대신 차지하고 있으니 바로 이것이 문제다.

이렇게 가다가는 10년 내에 한국의 모든 핵심기술까지 이전 및 도급 당하고 결국 한국기업들은 손들고 나오는 것 아닌가 하는 우려의 소리가 높다. 사실 이같은 〈원교근공〉전략을 중국 사람들이 능수능란하게 써왔는데 속도 모르고 우리가 그 계책에 휘말려 있는 게 아닌가 싶다.

중국 산둥 성山東省은 한국 기업 유입요소를 무기로 삼아 지난해 6월 인민대표 대회에서 새로운 발전전략을 수립했다. 위충于衝 칭다오시 대외무역 및 경제담당 부시장은 칭다오와 옌타이煙臺·웨이하이威海를 잇는 자오퉁昭通 반도 경제권을 동북아제조업 중심기지로 만들겠다는 내용을 소개했다.

자오퉁昭通 반도의 〈제조업 중심기지〉 전략은 지금까지는 순풍을 타고 있다. 2005년 산둥 성으로부터 투자허가를 받은 한국 기업은 2,431개로 전년 대비 35.7% 증가했다. 투자 유입액은 28억 4,000만 달러로 지난해보다 무려 82.1% 급증했다. 산둥 성이 한국 기업들을 아예 흡수할 듯한 기세다.

이곳으로 들어간 기업도 노동집약형 중소기업에서 이제는 점차 기간산업 분야, 그리고 대기업으로 확대하는 추세다.

〈원교근공〉은 진시황제가 여섯 나라의 제후諸侯를 평정하고 천하를 통일한 계책으로 유명하다. 그는 멀리 있는 제후국과는 동맹을 맺고 가까운 나라는 있는 힘을 다해 공격했다. 그렇게 하여 중국 대륙을 통일하는 최초의 황제가 되었다.

이 계책은 후세 정치가나 군사 전문가들이 앞다투어 배우는 전범典範이 되었으며 치열하고 변화무쌍한 시장경쟁에서도 늘 재현되고 있다.

〈원교근공〉은 쉽게 말하면 곧 우방과 상대해야 하는 대상을 선택하는 작전이다. 시장경쟁에서 누가 우방이고 누가 적인가를 명확히 하는 것은 생사존망과 관련된 중요한 문제이다. 적을 우방으로 착각하면 멸망하는 길을 걸을 것이고, 우방을 적으로 착각하면 고립무원에 빠져 사면초가로 들어가게 될 것이다.

시장경제에서 〈원교근공〉의 계략은 따로 떼어놓고 생각할 수 없는 현란한 계책이다. 이는 가까이 있는 상대나 멀리 있는 상대나 모두 기업경영의 생존과 발전에 영향을 주는 적이고 협력자일 수 있기 때문이다. 그것은 이해관계가 첨예한 경영환경에 처해있기 때문이다.

따라서 원교와 근공을 따로 떼어놓고 생각하지 않는 것이 지혜로운 경영자의 자세다.

GS칼텍스는 지금까지 칭다오의 외자 사업으로는 최대 규모인 3억

9,000만 달러를 들여 화학 섬유재료인 방향족 공장을 짓기로 했다. GS칼텍스는 2005년 하반기부터 GSM 휴대폰을 칭다오 공장에서 생산한다. 여기에다 포스코·SK·코오롱 등 대기업들이 칭다오의 투자기업 명단에 이름을 올려놓고 있다.

쑨헝친孫恒勤 칭다오시 대외무역 경제합작국 부국장은 '이제는 투자규모가 50만 달러 미만인 외국 기업에는 200평 이상 공장부지 허가를 내주기 힘들다'고 말할 정도로 칭다오에 외국 기업이 줄을 서서 몰려들고 있다. 그렇다. 장윈링 소장의 말대로 이제 한국과 중국의 격차가 점점 좁아지겠지만 한국은 여전히 첨단 기술 분야에서 경쟁력을 갖추고 있다. 그는 '한국은 대중국 FDI(외국인 직접투자)로 수출선을 확보하고 중국은 우수 기술을 수입할 수 있어 양국의 협력은 무척 중요하다. 경제관계는 어느 분야보다 협력이 중요하다. 그러나 그 내부를 들여다보면 곰곰이 생각해야 할 구석이 한두 가지가 아니다.

벌써 많은 사람들이 이미 제조업 분야에서는 중국이 우리를 추월하여 기술 발전 없이는 경쟁력을 잃은 지 오래라고 말한다. 그나마도 첨단기술까지 내주고 나면 어떻게 할 것인가. 사라진 15만 개 이상의 일자리를 보면서 또 '살기 위해 어쩔 수 없다.'는 기업들의 하소연을 들으면서 〈원교근공〉 계략대로 먼 미국이나 유럽과는 친교를 맺으면서 가까운 한국이라는 나라에 공세를 늦추지 않은 중국 정책당국의 속을 알 수 없어 참으로 많은 생각을 하게 된다.

약한 상대는 명분만으로 취할 수 있다

가도벌괵 假途伐虢 길을 빌려 괵나라를 치다	길을 빌려 괵나라를 정벌한다. 즉 강대국 사이에 있는 약소국을 위협할 때 약소국을 도와주는 척하면서 공략한다. 강대국 사이에 있는 소국이 위협을 받을 때는 지원군을 보내 영향력을 확보한다.

괵虢나라는 주周문왕의 아우 괵중虢仲이 세운 나라로 〈가도벌괵〉은 진晉나라 헌공獻公(677~651)에 의해 괵虢나라를 멸망시킨 데서 나온 말이다.

《백전기략白戰奇略》에는 전쟁의 양상을 100가지로 요약하고 전쟁의 성질, 전략과 전술, 작전지도, 노략, 국방정비, 후방보급, 장수 수양 등 전쟁과 관련한 사항을 《무경칠서》를 비롯 각 병서에서 핵심을 찾아 묶은 명나라 초 유기劉基(1311~1375)의 작품이다.

여기서 가도假途란 길을 빌린다는 말이고, 벌괵伐虢은 괵나라를 정복한다는 의미다. 이는 우虞나라의 길을 빌려 괵나라를 침범한 데서 유래되었다. 이처럼 《36계 병법》과 《백전기략百戰奇略》은 싸워서 이기는 전쟁방법을 축조해 놓은 병법서이다.

본 계는 감언이설과 상대방을 꾀는 기만전술의 재능이 뱀처럼 도사린다. 특히 길을 빌려 무력화시키는 일은 그냥 앉아서 되는 일이 아니다. 따라서 그만한 미끼와 호기심을 자극해야 가능한 일이다.

진晉, 우나라 길을 빌려 괵나라를 치다

춘추시대는 여러 나라의 세력이 한 구덩이에 엉킨 뱀처럼 꼬여 중원의 영토 안에서 그 가닥을 가늠할 수가 없는 좌충우돌의 시대였다. 이런 때에 진晉나라(기원전 658년)가 이웃에 있는 약소국 우虞나라와 지금의 산시 성山西省에 위치한 괵虢나라를 치려는 야심을 가지고 있었다. 그런데 괵나라는 이웃 나라와 관계가 매우 좋았다. 그래서 진나라가 만약 우나라를 습격하면 괵나라에서 구원병을 파견하여 우나라를 도왔고 또 괵나라를 치면 우나라가 반드시 괵나라를 지원하는, 마치 이와 입술 같은 관계였다. 때문에 진나라의 헌공獻公이 망설이자 대신인 순식荀息이 두 나라를 정벌할 수 있는 한 가지 계책을 전언했다.

"만약 이 두 나라를 공격하려면 먼저 이 두 나라의 관계를 소원하게 만들어 서로가 돕지 못하게 해야 합니다. 우나라 왕은 욕심이 많으니, 그가 좋아하는 귀중한 보물로 유혹하면 될 것입니다."

순식은 진나라 헌공이 아주 귀하게 여기는 말과 보옥寶玉을 우나라에 보내 환심을 사는 것이 좋을 것이라 건의했다.

이 말에 헌공이 '내가 좋아하는 말과 아까운 보옥을 보내다니' 하면서 언짢아하자 순식이 조용히 말했다.

"대왕은 마음을 놓으십시오. 이것은 잠시 우나라에 보관하는 것에 불과합니다. 괵나라를 치고 난 다음 우나라를 멸망시키면 모든 것이 우리 손으로 돌아오지 않겠습니까?"

헌공은 순식의 말을 듣고 비로소 마음을 놓았으며 그 계략에 따라 행했다.

우공虞公은 좋은 말과 뜻하지 않은 아름다운 보옥을 얻어, 입도 다물지 못할 정도로 흐뭇해했다.

그 사이에 헌공은 괵나라를 침략하겠다는 구실을 만들어 우나라에 괵나라를 정벌할 수 있게 길을 빌려 달라고 부탁했다. 우나라 제후는 이미 헌공에게서 많은 보물을 받았기 때문에 진나라의 청을 들어줄 수밖에 없었다. 그러자 우나라의 대신인 백리해百里奚가 우나라 왕과 신하들을 설득하며 말했다.

"괵나라는 우나라의 병풍과 같이 우리를 보호해주고 있는 나라입니다. 괵나라가 망하면 우리 우나라도 온전할 수가 없습니다. 그러니 진나라에 길을 빌려주면 안 됩니다."

이렇게 간절히 간언했으나 우나라 왕과 중신들은 도리어 백리해를 꾸짖었다.

"약한 친구를 사귀려고 강한 친구에게 원한을 사는 것은 바보 같은 짓입니다."

그렇게 해서 진나라 군사는 우나라의 길을 빌려서 괵나라를 정벌했다. 그리고 돌아오는 길에 괵나라에서 빼앗은 많은 보물들을 우나라 제후에게 선물로 나누어 주었다.

우나라 대신들은 선물을 받고 매우 기뻐했다. 이때 진나라 장수 이극里克이 괵나라를 치고 돌아오는 길에 병이 났다고 핑계를 대면서 우나라에 머물렀다. 그러자 진나라 헌공이 나의 신하 이극이 병중이라면서 문병을 핑계로 친히 우나라로 들어왔다. 우나라 왕과 대신들은 진나라 헌공을 정중히 맞이했다. 헌공과 우나라 왕은 우호를 다지기 위해 잔치를 베푼 다음 함께 사냥을 나가기로 약속했다. 사냥을 한창 하고 있는데 우나라 수도에서 불꽃이 피어오르는 것을 보고 급히 성으로 돌아왔는데 성은 이미 진나라 군사가 점령해 버렸다.

〈가도벌괵〉은 계의 이름에서 알 수 있듯 괵나라를 치고 돌아오는 길에 길을 빌려 준 우나라를 점령했다는 《좌전左傳》에서 유래한 고사다.

〈가도벌괵〉의 계책에서 되새길만한 대목은 갈 때는 남의 나라의 길을 빌려 가지만 올 때는 나의 길이라는데 있다.

백리해는 우나라가 멸망하자 탈출하여 진秦나라 목공穆公(기원전 659~621)에게 발탁되어 대부大夫에까지 올라 이름을 떨친 정치가였다.

〈가도벌괵〉 즉 강자가 약자를 집어삼키는 것은 마음만 먹으면 그리 어려운 일이 아니다. 문제는 어떻게 효과적으로 그러면서도 대의명분을 갖추어서 '아얏!' 소리도 못 나오게 하면서 삼키는가에 달려 있다.

말하자면 그럴싸한 구실을 만들어서 자기 것으로 만드는 고도의 수법이다. 그런데 대개는 약자를 궁지로 몰아넣어서 그쪽에서 구원을 요청해 오도록 유도하고, 구원을 요청해 오면 그것을 기회 삼아 부추기는 척하면서 자기 것으로 만드는 계략이다. 즉 도와주는 척하면서 영향력을 확대하고 기회를 보아 완전히 점령해 버리는 지능적인 수법이다.

우왕은 백리해의 말을 듣지 않고 진왕의 말을 믿었다. 그러나 진나라는 괵나라를 정벌하고 회군하는 길에 우나라까지 정복하여 우왕에게 보낸 보물을 다시 차지했다.

안타까운 일이지만 우리나라도 이 계의 덫에 걸릴 뻔했었다. 즉, 한반도라는 국토를 놓고 일본과 명나라가 줄다리기를 하다가 일본이 명나라를 쳐들어가는데 길을 빌려 달라고 회유한 적이 있다. 길을 빌려주지 않자 일으킨 전쟁이 임진왜란이었다. 왜정 때에 부산에서 신의주까지 철도를 놓게 된 것도, 그에 앞서 노량진에서 인천까지 철로를 깐 것도 한일 합방이라는 굴레를 씌운 것도, 알고 보면 이 계를 이용하여 한반도의 물자를 실어가기 위한 것이었다.

도요토미, <가도정명>을 내세워 왜란을 일으키다

임진왜란 당시에도 일본을 통일한 도요토미 히데요시豊臣秀吉는 대륙침략의 야욕野慾을 품고, 대마도주對馬島主 현소玄蘇를 앞세워 일본이 명나라를 정복하는데 조선朝鮮이 협력해 줄 것을 교섭해 왔었다. 이름 하여 명나라로 가는 길을 빌려 달라는 요청이었다. 〈가도벌괵〉의 의미를 익히 아는 조선 조정은 이 요청이 얼마나 가증스럽고 기만적이면서 자만심으로 가득 찬 속내를 보인 요구인지 알기에 당황스러웠다. 이는 조선에 대한 선전포고와 같은 것이었다. 조선은 당연히 거절했다. 그러자 도요토미는 정조령征朝令, 즉 조선을 정복하라는 명령을 내려 임진년 4월에 가토 기요마사加藤清正, 고니시 유키나가小西行長 등의 무장武將을 중심으로 20여만 명의 군사를 대동하여 침공해 왔다.

부산에 상륙한 왜군은 북상하는 데 파죽지세였다. 우리 관군은 패전敗戰을 거듭하여 한때는 선조宣祖가 의주까지 몽진하는 사태에 이르렀다. 이 싸움에서 수군 이순신李舜臣과 육군 조헌趙憲·고경명高敬命·곽재우郭再祐 등 나라를 사랑하는 우국지사들이 우후죽순雨後竹筍처럼 일어나 목숨을 걸고 싸웠다.

왜국이 〈가도정명假途征明〉의 구실로 일으킨 전후前後 7년간의 왜란倭亂으로 입은 피해는 말로 다 표현할 수 없었다. 온 나라가 초토화되고 수많은 인명과 재산 손실은 물론 나라의 기반 전체가 엄청나게 피폐해졌다. 어찌 이 가증스러운 왜국 침략을 우리 역사에서 잊을 수 있겠는가. 이로 인하여 국력의 소중함을 우리에게 다시 한 번 일깨워 주고 나라를 사랑하는 깨달음의 계기가 되었다.

그 후부터 나라의 위태로운 조짐이나, 국력의 필요성을 논할 때 이

〈가도공명假途攻明〉을 교훈으로 내세웠으며 우리 가슴속에 아로새기게 되었다.

꿈에서도 〈가도공명〉 소리만 들어도 벌떡 일어나는 그야말로 일본인들의 간악한 속내를 들여다보면 가소롭기 그지없지만 끝내는 그 술책에 휘말려 임진왜란壬辰倭亂을 맞이하고 금수강산을 피로 물들였으니 어찌 과거의 일로만 치부할 수 있겠는가!

국력이 약한 나라가 강대국끼리 싸움이 붙었을 때 전란을 유리하게 이용해 자구책을 강구하는 것은 어쩌면 당연한 일이다. 이런 경우 소국은 긴장한 상태에서 눈을 크게 뜨고 힘의 논리에 밀리지 않도록 만반의 준비를 갖추고 있어야 한다. 바로 〈가도정명〉이라는 또 다른 계책에 빌미를 제공하지 않기 위해서 말이다.

과거에 일본인들은 우리나라에 대해서 은혜를 원수로 갚은 〈원교근공〉책을 썼다. 시간을 뛰어넘어 나중에 영친왕英親王을 자기 나라로 끌고 가는 〈투량환주〉의 계책도 폈다. 그 밖에 우나라의 대신들에게도 뇌물을 제공하는 등 온갖 기만전술을 다 펴면서 우리나라 대신들에게 떡 떼어주듯 땅과 재물로 회유하고 그도 여의치 않으면 이간질을 일삼았다.

바로 이런 전력을 앞세워 한일병탄을 자행한 일본은 임진 때보다 더 용의주도하게 우리 옆구리를 치고 들어왔다.

역사 속에서 유비劉備가 촉蜀지방을 공략할 때에도 촉의 주인 유장劉璋이 한중의 위협에 대처하기 위해 군사적 도움을 요청하자 군대를 보내 돕는 척하다가 유장을 해치워버리고 촉 지방을 손아귀에 넣은 것도 결국 〈가도벌괵〉 또 다른 계책 중의 하나이다.

우나라 왕이 헌공의 속임수에 넘어가 나라를 잃은 것은 〈소탐대실〉로 작은 이익을 탐한 데에 있으며, 충성스런 신하 백리해의 간절한 충언을 듣지 않았기 때문이다.

역사에는 이렇게 소탐대실의 예가 끊임없이 반복되고 있다.

촉왕, 작은 것을 탐하여 길을 닦아주고 항복하다

진秦나라 혜문왕惠文王(기원전 338~311)이 촉蜀나라를 치려다가 험준한 산에 가로막혀 중도에서 회군하고 말았다. 이를 안타깝게 여긴 혜문왕은 백성들을 동원하여 길을 닦으려 하자 참모들이 하나의 계책을 내놓았다. 욕심 많은 촉왕을 이용하자는 계략이었다.

진나라 참모들은 커다란 석우石牛(돌로 만든 소)를 만든 다음 그 뱃속에 많은 보물을 넣어 도시 한가운데 세워 놓고 다음과 같은 방을 붙였다.

"이 석우의 뱃속에는 천하의 진기한 보물들이 가득 들어 있다. 이 소는 진나라 왕이 촉나라와 친교를 맺고자 촉나라 왕에게 선물하려는 것이다."

이 소문이 촉나라에 알려지자 촉나라 왕은 기뻐하면서 보물 돌소가 오기를 기다렸다. 진나라 사신들은 돌소를 마차에 싣고 촉나라로 떠났으나 얼마 후 길이 막혀 갈 수 없다는 이유로 다시 돌아오고 말았다. 이 소문이 촉나라에 전해지자 촉왕은 수십만의 백성을 동원하여 석우를 실은 마차와 사신들이 통과할 수 있도록 길을 닦아서 마침내 마차가 지나갈 수 있었다. 촉왕은 하루빨리 그 진기한 보

물들을 갖고 싶어서 자기 나라 백성들을 동원하여 길을 만드는 데 온갖 힘을 쏟은 것이다.

진나라는 이를 기회로 정식으로 촉나라에 사신을 보냈다. 이 사신은 정사正使에 앞서 보내는 일종의 통보사通報使였다. 그러나 그것은 구실이고 사실은 촉이 닦은 길을 답사하고 촉나라의 내정을 탐지하는 첩자의 사명

을 띠고 들어갔다.

진나라는 석우를 실은 수레를 앞세우고 이를 호위한다는 명목으로 군대를 뒤따르게 하고 그 뒤에 또 2군, 3군도 몰래 뒤따랐다. 한편 촉나라는 사신이 온다는 소식에 축제 분위기로 온 나라가 들떠있었다.

진나라 사신 일행은 촉나라 도성에 입성하자 바로 뒤따른 호위군대가 도성을 포위하였고 뒤를 이어 제2군, 제3군이 물밀듯 들이닥쳐 축제 분위기에 들떠있는 촉나라를 단숨에 점령하고 말았다. 그리고 왕을 사로잡아 항복을 받아냈다.

이 고사에서 '소탐대실小貪大失'이라는 성어가 생기게 되었다. 그 후《기도십훈基道十訓》에도 이 경구警句가 들어가게 되었다. 이 고사 역시 적으로 하여금 길을 닦도록 유도하고 그 길을 이용하여 촉을 공략하였으니 역시 〈가도벌괵〉이요, 남의 손을 빌려 길을 닦았으니 〈차도살인〉의 책략이다.

기업을 경영하든 나라를 경영하든 곤경에 빠져있을 때일수록 남의 말에 휘둘려서는 안 된다. 상처 입은 짐승은 곧바로 승냥이나 이리의 표적이 되기 십상이듯이 스스로 약점을 드러내서는 안 된다.

유비, 〈가도벌괵〉하여 익주를 점유하다

삼국시대에 유비劉備는 바로〈가도벌괵〉의 방법을 이용하여 촉蜀나라 땅 익주益州를 점유하였다는 사실을 앞에서 밝힌 바 있다.

적벽대전赤壁大戰이 끝난 후 손권孫權은 유비가 오吳나라와 연합하여 조조曹操를 물리치는 데 공이 있어 형주荊州를 유비에게 빌려 주었다. 유비는 오랜 세월을 유랑한 끝에 임시지만 마침내 땅을 얻게 되었다. 유비에게 패한 조조는 2년 동안 이를 갈면서 군대를 기르고 군비를 완벽하게 정비했다. 그리고 곧바로 서량西涼을 정벌하여 마초馬超를 격퇴했다. 조조는 득의 양양하여 그 여세를 몰아 한중漢中을 얻으려는 야심을 드러냈다.

한중의 장노張魯는 이런 소식을 듣고 안절부절못하고 중신들을 불러 대책을 논의했다. 중신들은 한중이 얼마 안 되는 작은 땅이므로 대군을 가진 조조군에 대항하는 것은 계란으로 바위를 치는 것과 같다고 진언했다. 그리고 조조에게 대항하기 위해서는 천연자원이 풍부한 촉 지방을 이용하는 것이 좋을 거라고 입을 모았다.

"촉 지방은 땅이 크고 토산물이 다양하고 인구도 많아 경제 활동이 활발할 뿐 아니라 천연의 요새로서 적을 막아내는 데도 제격입니다. 더군다나 익주의 유장劉璋은 천성이 나약하니 그냥 놓아두면 다른 이가 취해 한중에는 더욱 불리해질 것입니다."

이 말을 듣고 장노는 크게 기뻐하여 촉 지방을 공략하기로 했다.

촉의 염탐꾼이 장노가 쳐들어온다는 사실을 유장에게 보고했다. 유장은 기절할 듯 놀라며, 급히 여러 신하를 모아 대책을 상의했다. 유장이 신하들에게 다급하게 말했다.

"지금 장노가 우리 촉을 공격하려고 하는데 우리는 어떻게 해야 하겠는가?"

"주공은 걱정하실 필요가 없습니다. 조조는 한중에 진군하려 하지 않을 것입니다. 원컨대 신이 선물을 가지고 조조를 만나러 가게 해 주시면, 세치 혀로 그가 한중에 진군하시 않도록 권하겠습니다. 그때 장노는 스스로를 돌보기에 여념이 없을 것인데 어떻게 우리 촉나라를 침략할 수 있겠습니까?"

용모가 보잘것없는 장송張松이 자신 있게 말하는 것이었다. 유장은 곧바로 장송을 낙양으로 보냈다. 낙양에 도착한 장송은 조조를 찾아갔다. 조조는 뜻밖에 장송의 인물됨이 초췌하고 용모가 보잘것없는 것을 보고 아예 만나기조차 거부해서 온 이유를 설명하기도 전에 매질을 당하고 쫓겨났다. 그때 장송이 이끌고 온 열여섯 명의 심복 수행원도 성과 없이 돌아오는 판국이라 매우 지쳐 있었다. 장송은 걸으면서 곰곰이 생각해 보았다.

'이미 큰소리를 쳤으니, 지금 무슨 면목으로 촉으로 돌아간단 말인가! 듣건대 형주의 유비가 인의와 도덕이 있고 어진 이를 예의와 겸손으로 대한다고 하니 형주로 가서 그 사람의 됨됨이를 시험해 보자.'

이렇게 마음을 정하고 하인들에게 형주로 향하도록 명했다.

장송은 형주에서 유비의 환대를 받았다. 이틀 동안이나 잔치를 벌이면서 서로 이제야 만났음을 원통해하며 우정을 나눌 뿐, 국사를 논하지는 않았다.

"황숙皇叔은 인의와 도덕이 있고 어진 이를 겸손으로 대한다 하였는데 과연 헛소문이 아니었습니다. 지금 한중의 장노는 촉을 치려 하므로, 나의 주군 유장께서는 저를 황숙에게 보내 도움을 청한 것입니다."

유비는 잔을 들고 웃으며 말했다.

"유장과 나는 일족이오. 지금 종형宗兄이 어려움에 처해 있으니 내가 어찌 살펴보지 않을 수 있겠습니까?"

잔치가 끝나고 그날 저녁 장송은 창에 기대어 달을 보니, 여러 가지로 심사가 어지러웠다. 유장의 천성이 유약하니 촉은 조만간 다른 사람의 수중에 돌아갈 것이라는 생각이 들었다.

'유비는 인의와 도덕이 있어 어진 이를 예의와 겸손으로 대하고 나도 이와 같은 후덕을 입었으니 몸에 지닌 촉 지방의 지도를 유비에게 주고 그에게 기회를 봐서 익주를 취하라고 권하면 어떨까?'

생각이 여기에 미치자 장송은 미소를 머금고 되뇌이다가 곧 잠이 들었다. 다음 날 장송은 유비와 작별 인사를 했다.

장송은 뜻을 이루어 득의만만하게 익주로 돌아가 유장에게 '유비가 종형을 도와 적을 제지하기로 했다.'고 보고를 했다. 유장은 크게 기뻐하고 마음속으로 '역시 종실의 형제들이 의지할 만하지' 생각했다. 그때 적지 않은 대신들은 유장에게 유비는 겉으로는 인의를 드러내지만 속은 간사하니, 그를 촉 지방에 들이는 것은 마치 승냥이를 쫓기 위해 호랑이를 집안에 들이는 것과 같은 것이라고 진언했다. 그렇지만 유장은 조금도 개의치 않았고 오히려 충신을 꾸짖었다.

그런데 오래지 않아 유비가 촉으로 들어온다고 하자, 유장은 각급 관청에 소식을 띄워 유비의 군대를 열렬히 환영토록 했다. 유비의 거동은 촉 사람들의 민심을 얻기에 충분했다. 백성들은 춤을 추고 북을 치며 즐거워하지 않는 이가 없었고 유황숙이 보기 드문 현덕을 지닌 명군주라고 칭찬했다.

유장은 군대를 사열하여 유비를 융숭히 환영했다. 두 사람은 형제간의 정리를 흉금 없이 털어놓고 사흘 동안 잔치를 벌였다.

사흘째 되는 날, 유장은 유비에게 군량과 마초 및 많은 군수물자를 공급했다.

두 사람은 오랜 지기처럼 눈물을 흘리며 이별했다. 그러나 두 사람의 눈물의 의미는 달랐다. 유비는 대군을 이끌고 곧장 촉 지방과 한중이 맞닿아 있는 지역으로 나아갔다. 유비는 유장과의 인간적인 징 때문에 고민에 빠졌지만 내의를 위해 행동을 난행할 수밖에 없었다.

서기 212년 12월, 변경에 주둔했던 유비는 갑자기 기수를 돌려 부성浮城을 점령하고 말았다. 나아가 악성岳城을 공격하여 점령하고 익주로 군대를 파견하려고 준비했다. 이때에 이르러서야 꾐에 빠진 것을 안 유장은 유비를 알선한 장송을 처형했다. 하지만 근본적으로 전세를 만회할 수 있는 대세는 이미 기울어 있었다.

214년 5월, 유비의 대군이 익주를 공격하여 점령하자 유장은 어쩔 수 없이 투항했다. 유비는 마침내 꿈에도 그리던 익주의 땅을 얻게 되었다. 이 때부터 유비는 촉 지방을 얻어 천하를 넘볼 수 있는 발판을 닦아 발전을 도모하기 시작했는데 장송의 힘을 빌린 〈가도벌괵〉의 일환이었다.

유비는 221년 성도成都에서 황제라 칭하고 나라를 한漢이라 하였으니, 역사에서는 촉한蜀漢이라고 적고 있다. 익주는 천혜의 요새지로 병법가들은 천시와 지리를 알고 있으면 언제나 승리할 수 있는 곳이라고 했다.

지형에는 흔히 통형通形, 괘형挂形, 지형地形, 애형隘形, 험형險形, 원형遠形의 여섯가지가 있다. '통형'이란 평탄하고 넓은 지형으로서 적군과 아군이 서로 왕래하기 편리한 곳이다.

'괘형'이란 가기는 쉬우나 돌아오기는 어려운, 짧고 작은 산 사이의 좁은 통로를 말한다.

'지형'이란 적군과 아군 모두가 나아가기 불편한 곳으로서 피아간에 경솔히 들어가서는 안 되며 반드시 적을 유인하여 중도에서 격멸하기 쉬운 지역을 말한다.

'애형'이란 산과 강 사이의 중요한 협로가 있는 곳으로 먼저 첩보병을 통해 점거해야 하며, 만약 적들이 먼저 점거했다면 공격하지 말아야 한다.

'험형'은 험한 관문과 요충지로서 높은 거점을 먼저 점거하여 살펴야 하는 지역으로 적들이 먼저 점령했다면 그들을 다른 곳으로 유인하고 경솔하게 공격하지 말아야 한다.

'원형'이란 적군과 아군 사이가 서로 멀리 떨어져 있는 곳을 가리키는데, 양군의 군사력이 비슷할 때는 서로가 도전하기 어려우므로 마지못해 싸워도 이익이 없다.

익주는 이런 지형지물을 이용할 수 있는 천혜의 요지였다. 역사는 물건 빼앗기 싸움에서 땅빼앗기 싸움으로 지금은 사람 빼앗기 싸움으로써 노정되고 있다. '가도'는 길을 빌어 '벌괵'은 괵나라를 친다는 계책대로 땅과 사람을 빼앗는 것을 실천에 옮긴 계이다. 그중에 유비는 편안하게 익주의 땅을 얻은 예라 하겠다. 생각하기에 따라서는 어떻게 남의 나라를 치러 가는데 길을 빌려줄 수 있겠느냐고 말하겠지만 21세기에도 이런 일은 크게 달라진 게 없다.

이라크가 쿠웨이트를 침공하자 미국이 쿠웨이트를 돕고 나서게 되었다. 이는 석유라는 검은 진주 때문이었지만 세계 경찰국가로서 역할을 다 한다는 명분을 앞세웠다.

우리나라가 휴전선으로 갈라져 있는 상황도 그 틀에서 바라볼 수 있다. 〈가도벌괵〉은 강자가 그럴싸한 명분을 만들어 약자를 돕고 치는 고도의 계략이다. 그러나 나랏일을 하는데 걸리적거리는 인물을 처치하는 것도 〈가도벌괵〉이라하면 믿을 수 있을까?

후삼국을 통일한 진晉나라 신하인 가충賈忠의 딸 가남풍賈南風은 열다섯 살 때 백치 태자인 사마충司馬衷에게 시집을 가 태자비가 되었다. 그녀는 질투가 많고 머리가 비상해 권모술수를 잘 썼다.

진무제晉武帝 사마염司馬炎은 임종 전에 여남왕汝南王 사마량司馬亮과 황후의 부친인 양준楊駿에게 후사를 부탁했다. 양준은 음흉하고 야심이 많아 정사를 맡자마자 바로 권력장악에 나섰다. 무제가 죽은 뒤 백치 태자가 왕위를 계승하자, 가남풍은 황후의 자리에 올랐고 황후는 태후로 추대되었다.

권력을 잡은 양준의 오만함에 권모술수가 능한 새 황후 역시 하루도 마음 편할 날이 없었다. 새 황후 가남풍은 심복들을 널리 배치하고 시사侍史들을 매수하여 양씨 부녀를 살해할 음모를 꾸미기 시작했다.

제일 먼저 '가도'의 대상이 된 사람은 진무제의 다른 아들 초왕 사마위司馬瑋였다. 당시 사마위는 형주 병권을 쥐고 있었기에 황제를 알현하고자 상소를 올려도 양준은 감히 거절할 수가 없었다.

그가 닉양으로 와 가남풍 황후와 밀담을 나눈 후, 백치 황제의 어명을 위조하여 양준이 반역을 꾸미고 있다는 누명을 씌워 처형했다.

새 황후는 조정의 대신이었던 사마량을 재상의 자리에 앉히고 개국공신인 형관에게 정사를 모두 일임하였다. 사마량이 국정을 맡자 그 역시 야심을 드러내 전권을 휘두를 요량으로 백치 황제를 안중에 두지도 않았다. 또한 가남풍 황후를 눈엣가시처럼 여기고 폐위를 결심하였다.

이 사실을 알게 된 가황후는 남편에게 어명을 내리도록 하여 사마량의 직책을 박탈하고 사마위에게 군대를 일으키게 하여 사마량과 형관을 체포하여 전 가족을 몰살해 버렸다.

초왕 사마위는 두 번씩이나 황후를 위해 공을 세우자 기세등등하여 양준과 사마량보다 더한 전횡을 일삼았다. 가황후는 더는 참지 못하고 마찬가지 수법으로 금군(황궁의 보위군)을 동원하여 사마위 일당을 소탕해 버렸다.

이렇게 세 번씩이나 〈가도벌괵〉을 펼친 가황후는 마침내 대권을 손에 쥐고 심복을 요소요소에 배치하여 비로소 안정국면을 맞이했다.

기업의 중심 요체는 사람이다. 그래서 유능한 사람이 직원 천명을 먹여 살린다. 기업의 성패는 사람에게 달렸다. 인사가 만사고 업무의 90%는 인사에 있다는 말은 과장이 아니다.

그런데 인재를 중요시 하면서도 감정하는데 소홀할 때가 있다. 그것은 사람이 기업을 만들어 낸다는 등식을 모르는 사람이다. CEO는 하늘의 시時와 땅의 이利와 사람의 화和를 성공의 요인으로 꼽아야 한다. 그때그때 타이밍을 맞춰 제품을 출시하고, 그 제품을 팔아 이익을 창출해내고, 서로 유기적으로 돕고 기업도 성장시키는 모두가 사람들이 하는 일이다.

회사 직원들은 나름대로 노력해 보다가 이래 가지고는 안 되겠다고 판단하면 떠나는 수밖에 없다. 유능한 사람이 떠나가는 것은 경영자에게 메시지를 주는 것이라고 보아야 한다. 친인척 때문에 인사의 공정성을 훼손하지는 않았는지 재검해보아야 한다. 더 체크 해 봐야 할 점은 경영의 투명성이 결여되어 실망이 큰 것은 아닌지 짚어봐야 한다. 요즘 같은 대명천지에 비밀이 어디 있겠는가. 설사 경쟁사로 직원이 이직한다 하더라도 배신감에 분노하기 전에 자기 회사를 점검하는 계기로 삼아 문제를 고치는 것이 현명한 일이다. 그러면 유능한 사람은 제발 떠나라고 해도 떠나지 않는다.

〈가도벌괵〉은 남의 영토의 길을 빌려서 목적한 나라를 점령하고 나중에는 영토를 빌려준 나라도 삼키는 악랄한 계책이다. 이와 같은 맥락으로 발전이라는 길이 보이지 않으면 유능한 인재들이 떠나는 특성이 있다. 이에 최고경영자는 미래에 대한 비전을 제시하고 그들과 더불어 도모함으로써 경쟁력을 갖춘 기업을 만들어 나가야 한다.

역사는 우리에게 많은 것을 시사하고 있다. 먼 옛날 인간은 물물교환을 중심으로 주고받는 거래를 했다. 그러다가 거래가 다양해지고 종류가 늘어나자 저울도 생기고 자도 생기고 말과 되도 생겨 공평한 거래를 도왔다. 그런데 문제는 여기서부터 싹텄다. 조금 더 가지려고 눈금을 속이고 무게를 속이고 도량기를 속이다가 분쟁이 생기고 다툼이 일어 사건이 끊이지 않았다.

그러자 저울이나 자를 분질러 버리고 되박을 쪼개 없애 버리면 분쟁이 가실 거라고 생각했다. 역사는 한 번 생긴 분쟁은 재연되는 특성이 있으며 불길이 옮겨붙듯 물물교환에서 땅 빼앗기 싸움으로 옮겨 확대되었다.

이 계략은 제3계 〈차도살인〉계나 14계 〈차시환혼〉계와 유사하면서도 약간의 차이를 보이고 있다. 〈차도살인〉은 적극적으로 다른 사람을 이용해 목적을 이룬다.

〈차시환혼〉은 생사를 결정해야 할 만큼 위급한 상황에서 생환의 기회를 잡기 위해 활용된다. 이 전략은 〈차도살인〉과같이 다른 사람을 이용하는 것 같지만 어떤 면에서는 빌리는 것조차도 속여서 자신의 뜻을 이루는 것을 말한다. 유가儒家의 공자孔子는 '원수를 은혜로 갚는 것은 어떻습니까?'

고 묻자 '그럼 은혜는 무엇으로 갚겠는가?'고 되물으면서 '원수는 시비곡직을 가려서 갚으면 되고, 은혜는 은혜로 갚으면 된다'고 말했다.

공자의 시비곡직을 가려서 갚으라는 말은 옳고 그른 것을 가려서 갚을 것은 갚고 갚을 것이 아니면 안 갚는다는 의미다.

그런데 병가兵家에서는 은혜를 배신으로 갚고 원수가 된다.

그러니까 결국에는 자신을 도운 사람도 해치우고 배신을 밥 먹듯 해야 하는데 선뜻 마음이 내키지 않는다. 이 상황은 어디까지나 융통성 있게 또 상황에 맞게 적절히 구사해야 돈을 벌고 기업을 확장해 나가는 데 유용하다는 암시다.

제5부

병전계

竝戰計

연합전선을 형성하고 있을 때
상황의 추이에 따라
적이 될 수도 있는 우군을
배반, 이용하는 전략이다

고의로 패하게 하여
자신의 세력으로 흡수한다

투량환주
偸梁換柱

대들보를 훔치고
기둥을 바꾼다

대들보를 훔쳐내고 기둥을 바꾼다. 진짜를 거짓으로 바꾸듯 주력부대를 빼내 작전 계획을 세운다. 공격 대상을 내 편으로 만들거나 쓰러뜨린다. 남의 나라를 빼앗은 뒤 겉모양은 과거와 다름없이 유지하되 은밀히 본질을 바꾼다.

'투량偸梁'은 대들보를 훔쳐내는 것을 말하고 '환주換柱'는 기둥을 빼내는 것을 일컫는다.

대들보와 기둥은 집을 받쳐주는 뼈대이다. 들보와 기둥을 빼내 바꾸면 아무리 견고한 집이라도 무너지고 만다. 《36계 병법》의 모든 계책은 사람을 상대로 하는 전술전략이다. 표현상 사물의 실체를 빌려와 〈투량환주〉니 〈타초경사〉니 하지만 이는 군대나 국가, 또는 기업체 등에 비유하면 대들보나 기둥은 무엇을 의미하겠는가? 군대에서는 보좌관이나 고급장교, 국가에서는 총리나 상관, 조직체에서는 부회장이나 총무, 기업에서는 사장이나 전무나 상무같은 핵심인사를 지칭한다. 이런 자리에 있는 사람이 다른 회사로 빠져나갔을 때 그 조직체는 어떻게 되겠는가? 자연히 무너질 정도의 타격을 받을 수밖에 없다.

《역경易經》에 수레 바퀴를 제어하면 차가 움직일 수 없고 군주에게서 유능한 심복을 빼내면 빈껍데기만 남는다고 했다. 옴짝달싹하지 못하게 손발을 묶은 다음 전략을 펴는 것이 이 계책의 전략이다.

이 계략은 《36계 병법》 중에서도 가장 고등 수법이며 무서운 책략이다. 〈투량환주〉는 오늘날 경영일선에서 곧잘 응용되는 책략으로 한 때 성행했던 문어발식 기업확장에 동원되기도 했다. 이 〈투량환주〉의 계는 라이벌 기업을 무너뜨릴 때, 아니면 경쟁 회사의 숨통을 조일 때 흔히 쓰는 전략전술이다.

경영에서 어떻게 이 같은 수법이 용납되느냐 하는 문제는 별개이고 우선은 조직체의 최고 CEO는 이 같은 계략에 휘말려 붕괴하지 않도록 관리면에서 철저히 해야 한다.

진나라 시황제가 23계 〈원교근공〉을 구사하여 천하 통일을 이룩한 이야기는 앞서 설명한 바 있다. 그런데 시황제는 마지막으로 남은 제나라를 정복하는 데 이 〈투량환주〉의 계략을 써 스스로 무너지게 했다.

중국인들의 기본 정신은 전쟁을 일으켜 힘으로 이기는 것을 자랑으로 여기지 않고, 가능한 한 싸우지 않고 이기는 부전승을 최상의 전법으로 삼는다. 〈투량환주〉도 부전승 전법으로 고단수 계책 중 하나이다.

시황제는 군대를 이끌고 제나라로 쳐들어가기 전 〈투량환주〉의 계략으로 제나라의 뼈대를 모두 뽑아버리는 내부 붕괴를 획책했다. 시황제는 당시 중국 대륙에서 가장 강성한 군단을 자랑하고 있었다. 진秦은 군을 동원한다면 군사력만으로도 능히 제나라를 정복할 수 있었다. 그러나 결코 군사력에만 의존하지 않았다. 그는 군사력으로 정복이 가능하다 하더라도 피차간에 많은 희생자를 내게 될 것이 뻔하기에 자랑스러운 승리가 되지 못한다고 생각했다. 또 그렇게 해서 이긴다 하더라도 그 나라의 사람들을 수용할 때 그만큼 치러야 할 고통분담도 크기 때문이다.

당시 제나라에는 후승后勝이라는 사람이 재상으로 있으면서 국정을 사실상 좌지우지하고 있었다. 시황제는 이 후승에게 엄청난 금품을 제공해 매수했다. 남의 나라의 재상을 매수한다는 것은 거의 상상할 수도 없는 일이나 그 당시 중국은 왕을 제외하고는 국적에 구애 없이 어느 나라에서나 실력을 인정받으면 그 나라의 요직에 앉을 수 있었다.

제나라 재상 후승은 시황제의 뇌물을 받아들이고 자기의 부하와 제나라 유명 인물들을 진나라로 보냈다. 진나라는 이들 제나라 사람들을 모두 매수하여 간자間者(간첩, 정보원)로 양성하고 제나라로 돌려보냈는데 이들에게 거액을 쥐어 주어 진나라 요구를 거절하지 못하도록 했다.

제나라 본국으로 돌아간 이들은 입만 열면 진나라가 강국임을 선전했다. 또 틀린 말도 아니었다. 이렇게 제나라 사람들은 싸우기도 전에 이미 진나라의 국력 앞에는 안 된다는 패배의식에 빠져 있었다. 따라서 제나라는 진나라와 싸워서 이길 수 없다는 생각을 가지게 되었다. 그 증거로 진나라 군대가 제나라 수도까지 진군했음에도 제나라 국민은 아무도 맞서 싸우고자 하는 사람이 없었다. 왜냐하면, 시황제는 제나라에 〈투량환주〉의 세를 써서 제나라를 떠받치고 있는 대들보와 기둥을 모두 뽑아버렸기 때문이었다. 제나라의 기둥과 대들보란 물론 제나라의 재상을 비롯한 중신들을 말한다.

기업을 하는 사람들이 역시 타 회사를 인수합병 한 뒤에 기존 종업원들의 반발을 무마하기 위한 유인책의 하나로 단번에 인수회사의 요직을 바꾸지 않고 기회를 보아가며 서서히 자기 편의 인물을 투입하여 잠식해 들어간다. 그것은 상대의 저항을 최소화하여 그로 인해 파생되는 손실을 줄이기 위해서다. 이같은 전법이 바로 〈투량환주〉의 계책이다.

제25계 〈투량환주〉에서 또 하나 알아야 할 것은 힘의 우위에 대한 인식으로 작은 힘이 큰 힘을 이길 수 없다는 사실이다. 즉, 정신적으로 똘똘 뭉쳐 있지 않으면 그 빈틈을 이용해 이간하고 그런 다음 쳐들어가면 결국 당하고 만다는 평범한 논리다.

힘의 대결에서 절대적인 우위란 없다. 아무리 우세한 위치에 있는 것 같아도 거기에는 반드시 약점도 있으며, 또 한때 우위의 입장에 있다 하더라도 조건이 바뀌면 열세로 바뀔 수 있는 것이 세상 이치다. 결국, 싸움이란 최소의 힘으로 최대의 효과를 가져오는 자가 승리하는 것이다. 이는 경제 원리에서도 그 맥락을 같이 한다.

우리 속담에 '호랑이도 잠자는 때가 있다'는 말이 있다. 호랑이는 우리나라뿐만 아니라 중국, 그 밖의 민족들도 사나운 동물로 여기고 있다. 이 호랑이에게 사람이 정면으로 맞서 싸워서 이길 수는 없다. 그러나 아무리 사나운 호랑이라도 허점이 있다. 그가 졸고 있을 때를 잘 이용하면 쉽게 잡을 수 있다. 강한 상대는 매우 당당하고 위압적으로 보여서 밀어도 당겨도 바위처럼 움직이지 않을 것으로 생각한다. 그러나 그러한 상대에게도 대들보나 기둥과 같이 중요한 부분을 빼앗아 버리면 힘을 쓰지 못하는 '종이호랑이'가 되고 만다. 이것이 제25계 〈투량환주〉의 계략이며, 가장 좋은 예가 바로 시황제가 제나라 정복에서 보여준 대외對外 전략이라 하겠다.

〈투량환주〉는 본심을 감추고 아무 일도 없었던 것처럼 행동하는 모략의 수완가라야 실현할 수 있다. 그래서 없는 일도 있는 것처럼 꾸며 뒤집어씌우는가 하면, 있었던 일도 감쪽같이 속여 없는 것처럼 바꿔치기하는 수법이 〈투량환주〉의 계책이다.

조선 인조 때, 이괄李适이 반란을 일으키자 송림宋玉은 이괄에게 거짓으로 투항했다. 이괄에게 신임을 얻은 송립은 3,000명을 거느린 선봉장이 되어 토산에서 관군에 투항했다. 송립의 이 작전으로 이괄은 치명적인 타격을 입고 평정되었다. 송립의 이 작전은 '추졸도수抽卒倒首'로 부하를 빼내 장수를 쓰러지게 하는 도다른 〈투량환주〉라 할 수 있다. '대들보를 빼내고 기둥을 훔친다'는 이 계는 엉뚱하게도 하늘을 훔치고 태양으로 바꿔 놓는다고 말할 수 있는데 이는 정권을 도둑질하고 훔친다는 속임수다. 말하자면 비단을 무명으로 바꾸고 용을 훔치고 봉황으로 바꾸는 등 기묘한 계책이다. 사용하려는 대상이 무궁무진하고 어디에나 적용되는 계책이다.

조조, 〈투량환주〉로 백마의 포위를 풀다

200년경, 후한 말기에 원소袁紹와 조조曹操가 관도官渡에서 대치하고 있었을 때의 일이다. 원소가 대장군 곽도郭圖에게 조조의 동군東君을 공격하게 했다. 그래서 조조군의 수비장인 유연劉延을 백마白馬에서 포위했다. 그리고 원소는 직접 대군을 이끌고 여양黎陽으로 들어가 황하를 건너려고 준비를 했다. 이러한 상황에서 조조는 군대를 이끌고 북쪽으로 가 포위당한 유연을 도와주려 했다. 조조의 모사인 순유荀攸는 이렇게 건의했다.

"원소袁紹의 군대가 전력으로 보아 우리보다 우위에 있습니다. 그러므로 먼저 그들의 힘을 분산히는 방법을 강구해야 승리할 수 있습니다. 연진延津에 도착하면 장군은 황하를 건넌 원소군의 후방을 공격하는 것처럼 하십시오. 그러면 원소는 반드시 부대를 나누어 서쪽으로 보낼 것입니다. 이처럼 원소의 군대가 나누어지면 장군은 군사들이 백마를 포위하고 있는 곽도의 군대를 재빨리 공격하게 하십시오. 그러면 원소도 어찌할 수 없을 것입니다."

조조는 순유의 건의를 받아들여 황하를 건너온 원소군의 후방을 공격하는 칙했다. 과연 원소는 군대를 나누어 서쪽으로 보냈다. 조조는 이 기회를 이용하여 즉시 군대를 이끌고 백마를 포위한 곽도를 공격했다. 그 결과 안량顔良을 사로잡아 참형에 처하고, 백마의 포위도 풀었다.

이는 제6계인 〈성동격서〉이면서 상대방의 의중을 읽고 이쪽의 속내는 감춘 것이 제7계 〈무중생유〉의 계책이며 제24계 〈투량환주〉의 계책으로 주력군을 바꾼 치밀하게 계획된 절묘한 전략이라 할 수 있다.

조조는 이를 계기로 관도 싸움에서 대승하여 마침내 화북지방을 통일하고 천하 통일의 야심을 품게 되었다.

범수, 진의 재상이 되다

전국시대 범수范雎가 장록으로 이름을 바꾸고 은거 중이었을 때이다. 때마침 진秦에서 사자로 왕계王稽가 왔다는 소식을 듣고 사람 눈을 피해 왕계를 면회했다. 왕계는 잠시 이야기를 나눈 것만으로 범수가 유능함을 간파하고 은밀히 범수를 동반해 진으로 돌아가기로 했다. 왕계는 범수를 수레에 태워 진나라로 떠났다. 진에 접어들어 호(함양의 동쪽)까지 오자 멀리 서쪽에서 한 대열의 마차가 다가오는 것이 보였다. 범수가 왕계王稽에게 물었다.

"저들은 누구인가요?"

"진의 재상 양후穰候가 동방의 여러 현을 순행하는 모양입니다. 지금 진의 국정은 양후가 주관하고 있고, 더구나 그는 제나라에서 사관史官이 진에 들어오는 것을 싫어하고 있습니다. 만일 발견되면 시끄러워질 수 있습니다. 잠시 숨어 있는 것이 좋겠습니다."

그렇게 말하고 범수를 수레 속에 숨겼다. 얼마 후 또 양후 일행과 마주쳤다. 양후는 왕계의 노고를 치하하고 물었다.

"동방의 제국에 무언가 바뀐 것은 없소?"

"특별한 것은 없습니다."

"설마 사관을 데리고 있지는 않겠지요?"

"천만의 말씀입니다."

그리고는 말고삐를 돌려 그대로 헤어졌다. 그런데 얼마 뒤 이번에는 범수가 왕계에게 말했다.

"양후는 지모가 남다르다고 들었습니다. 수레 속에 사람이 숨어 있는 것이 아닌가 하고 의심해 이를 확인하기 위해 틀림없이 되돌아올 것입니다."

그렇게 말하고 범수는 수레에서 내려 몸을 숨겼다. 아니나 다를까 얼마 뒤 예상대로 기마 부대가 되돌아왔다. 범수의 예상대로 수레를 멈추고 이리저리 살펴보았는데 아무것도 없었기 때문에 탈 없이 끝났다.

범수는 왕계와 함께 수도 함양으로 들어가 출중한 지략을 인정받아 기원전 266년, 진의 재상으로 임명되었다. 〈투량환주〉란 권력 싸움에서 흔히 사용되는 계책인데 반하는 세력을 꺾고 자기와 마음에 맞는 세력을 심어 정치를 이끌어가려는 계책이 본 계의 기본이다. 선비는 자기를 알아주는 사람을 위해서 죽는다는 말처럼 범수는 자기의 지혜를 짜내 진나라를 성신으로 도왔다.

미양궁未央宮이 한신을 참하다

한나라의 유방도 이 계를 정치적으로 이용한 인물 중의 한 사람이다.

초한전楚漢戰에서 유방劉邦이 승리하여 한漢 왕조를 열었으나 유씨 성이 아닌 제후들이 각각 막강한 군대를 보유하고 있어서 유씨 천하에 큰 위협이 되었다. 유씨들은 이들의 세력 때문에 하루도 마음을 놓을 수가 없었다. 이들 이싱異姓 세후 가운데 가장 큰 세력을 갖고 있던 사람이 한신韓信이었다. 한 고조高祖 유방은 마땅히 제거해야 할 장수(종리매鍾離昧)를 보호해 주었다는 이유로, 한신을 초왕楚王에서 회음후淮陰侯로 강등했다.

전에 한신의 모사 괴통蒯通이 유방과 손을 끊고 항우와 유방과 한신 당신과 천하를 셋으로 나누어 제왕이 되라고 간절히 청했었다. 한신은 그의 말을 듣지 않고 유방에 대하여 일편단심 충성을 다했다. 그런데도 이렇게 강등이 되고 보니 한신의 마음도 달라졌다. 기원전 200년, 유방은 진희陳豨를 대군代郡의 재상으로 삼아, 남쪽으로 세력을 확장하는 흉노를 방어하도록 했다. 이때 한신은 비밀리에 진희를 불러 자기가 유방에게 당한 이야기를 들어 경고했다.

"당신은 비록 튼튼한 군대를 갖고 있으나 결코 안전하지 못할 것이오. 유방은 당신을 완전히 신임하지 않소. 그러니 기회를 보아 유방에게 반기를 드시오. 그러면 수도에서 내가 호응하겠소."

두 사람은 비밀리에 의논하고 기회를 엿보기로 했다.

기원전 197년에 진희가 반란을 일으켜 스스로 대왕代王이라 칭하였다. 이에 한 고조 유방은 난을 평정하기 위하여 팽월彭越을 내려보냈으나 머뭇거리다가 반란의 혐으로 여후呂后에게 죽임을 당하였다. 이에 유방은 친히 군대를 이끌고 진희를 평정하러 떠나게 되었다. 한신은 진희와 한 약속에 따라 장안에서 거짓으로 유방을 받드는 척하며 여후와 태자를 습격하고 또한 유방을 공격하고자 했다. 그런데 한신의 계획은 이미 여후에게 탐지되고 말았다.

여후는 재상 진평陳平과 함께 한신에게 대응했다. 여후는 사람을 시켜 진희는 이미 죽고 유방 황제가 대승을 거두었다고 소문을 퍼뜨렸다. 한신은 진희가 사람도 보내오지 않는데다가 이 소문까지 들으니 마음속으로 불안했다. 하루는 승상인 진평이 직접 한신의 집으로 와 진희의 반란은 이미 평정되었고 황제 폐하가 개선하였으니 문무백관들이 모두 입궐하여 경하드려야 한다면서 한신에게 동행할 것을 청했다.

한신은 그 말에 꾀여 함께 입궐했다. 여후는 입궐하는 한신을 체포하여 장락궁長樂宮에 감금하였다가 하루도 지나지 않아 처형해 버렸다. 이를 역사적으로 '미앙궁未央宮(여후가 묵고 있던 궁)이 한신을 참하다.'라고 말했다. 그런데 그렇게 용맹스럽던 한신도 죽을 때까지 진희가 어떻게 되었는지를 알지 못했다. 진희의 반란은 한신이 죽은 지 2년 후에야 비로소 평정되었다.

여후가 한신을 추포한 것은 교묘히 미끼를 던진 〈욕금고종〉과 같은 계이며 대들보를 훔치고 기둥을 빼낸 〈투량환주〉의 계다.

사람을 속이고 권력의 실권을 틀어쥐기 위해 온갖 못된 짓을 저지르는 행동은 비난을 받아 마땅하다.

그런데 전쟁 중에는 다반사로 이런 일이 벌어지고 상식을 넘는 비상식이 판을 친다. 따라서 〈투량환주〉의 계는 싸움터에서만 펼쳐지는 계가 아니다. 기업이나 국가경영에서도 양날의 칼처럼 활용된다.

자기가 다니는 회사가 폐업상태가 된다면 그 회사에 목매고 있던 사람들은 어떻셌는가? 하늘이 무너지고 땅이 꺼지는 쓰라림을 맛보게 된다.

존슨앤존슨J&J사의 신조는 이런 지경에 이르렀을 때 직원들이 어떻게 행동해야 되는지에 대해 적시하고 있다. '우리는 전 세계 자회사 직원들에 대해 책임이 있다. 또한 모든 사원들을 하나의 인격체로 인정해야 한다. 회사는 직원들의 존엄성을 존중하며 장점을 인식하여 존중한다. 직원들은 자신들의 일자리가 보장된다는 확신을 가지며 또한 보상은 적절해야 하며, 작업환경은 청결하고, 정돈되어 있고 안전해야 한다. 회사는 직원들이 가족에 대한 책임을 충족시킬 수 있도록 돕는 방법에 힘을 기울인다. 직원들은 마음대로 의견과 불만을 제시할 수 있고 자격이 갖춰진 경우, 고용, 개발, 승진에 있어 동등한 기회를 가진다. 회사는 유능한 경영을 펼쳐나가야 하며, 그 실행은 정당하고 윤리적이어야 한다.'

꽤나 장황한 나열이지만 직장인들은 여기서 신뢰와 더불어 자기의 열정을 쏟아 부을 수 있는 일자리가 있다는데 안심하게 된다. 그래서 직원 한 사람 한 사람이 모두가 기둥이고, 대들보라는 인식을 가지게 된다.

캘리포니아주 애너하임에 있는 AFS창호사 Window and door의 마크 테일러 사장은 두 달에 한 번씩 직원들과 특별 회의를 개최함으로써 직원들이 업무 관행 개선의 필요성을 느낄 수 있도록 긍정적 자극을 주었다. 그는 직원들에게 실제 고객이 나오는 건설현장 비디오를 보여 주고, 이들 고객들이 회사의 제품에 대해 어떤 문제점들을 지적하는지 피자를 제공해 주면서 분위기를 띄웠다. 이러한 회의를 제도화한 이후부터 고객들의 불만은 60% 감소하였고 서투른 운반과 부주의한 취급으로 인해 발생했던 제품의 반품도 사라졌다.

자기가 직접 보고 듣고 현장의 내용을 확인하여 문제점을 살펴보는 일은 보고에 의하여 건너 듣는 것과는 판이하게 다르다.

사람은 자기가 보고 들은 것에 대해서는 믿으려고 한다. 그러나 건너 들은 것에 대해서는 확인하기 전에는 믿으려 하지 않는다. 그런데 우리가 보고 듣는 것에 대해서도 얼마간 생각해야 될 여지가 있다.

어느 스님이 산골짜기에서 아가씨를 껴안고 입을 맞추고 있었다. 지나가던 스님이 그 광경을 보고 얼굴을 돌리면서 못 볼 것을 봤다는 듯이 말했다.

"도를 닦는 사람이 사음계邪淫戒에 빠졌군."

그리고는 절로 돌아가 주지住持에게는 물론 사람들에게 말했다.

"아무개 스님은 사음계에 빠졌어. 평소 착실하게 도를 닦는 줄만 알았는데 얌전한 강아지 부뚜막에 먼저 올라간다더니 그 스님이 그런 짓을 하는 것을 내 눈으로 똑똑히 봤어."

이렇게 야유하는 말이 꼬리에 꼬리를 물었다. 그리고 드디어 이 스님의 귀에까지 입소문이 들려왔다. 그러나 그 스님은 크게 개의치 않고 날마다 정진에만 전심전력을 쏟았다. 그러나 소문이 무성하여 방장스님도 가만있을 수만은 없었다. 그래서 그 스님을 불러놓고 물었다.

"여느 때 나무 밑에서 여자를 껴안고 입을 맞춘 적이 있느냐?"

"예."

"어찌해서 도를 닦는 사람이 그런 짓을 했느냐?"

"물에 빠져있는 아가씨를 건져내 그 아가씨의 입에 인공호흡을 시킨 적이 있습니다."

"어찌하여 스님이 되어 가지고 그런 짓을 했느냐?"

"예 저는 도를 닦는 사람으로 물에 빠져 죽어가는 아가씨를 보고 그냥 지나칠 수가 없었습니다. 그래서 얼른 끌어내 숨이 넘어가는 것을 인공호흡으로 살리느라 그랬습니다."

방장스님은 그 말을 듣고 오히려 부끄럽다는 듯이 자리를 뜨고 말았다.

그러나 많은 스님들이 이 말을 곧이듣지 않고 곳곳에서 수군거렸다.

스님은 할 수 없이 절을 떠날 수 밖에 없었다.

소소마한 미물노 밟아 죽일까 봐 하안거夏安居와 동안거冬安居에 드는 스님들이 하물며 만물의 영장이라는 사람의 생명이 경각에 달린 긴박한 상황에서 입에 대고 인공호흡을 한 것을 가지고 이렇게 사음계에 빠졌다고 매도해서야 되겠는가. 바로 이런 것처럼 눈으로 직접 보고 사실을 확인했지만 결국 눈으로 본 것도 잘못 본 예가 될 수 있다는 것이다.

<투랑환주>의 계책을 밟아가야 한다

후기 산업사회는 물건의 기능보다는 그 느낌이나 심미적 감성 차이를 중시하는 사회다. 산업사회의 규격화되고 획일화된 생산품보다는 다품종 소량생산에서 오는 다양성에 초점이 맞춰짐과 동시에 편리성을 위한 다기능적인 성향을 가진 신상품을 요청한다. 따라서 인공적인 색채보다 자연의 냄새가 풍기는 상품, 보다 인간적인 체취가 풍기는 상품을 요구한다. 뿐만 아니라 정성과 감성이 담긴, 마음을 움직이는 섬세한 상품이 사람들의 시선을 끈다. 소비자의 다양한 취미와 개성에 맞는 정감이 감돌고 부드러움과 호감으로 마음을 휘어잡는 상품이 요구된다는 말이다.

이처럼 후기 산업사회가 등장하면서 이제까지 침체해 있던 동아시아 국가들의 활력에 주목할 필요가 있다. 지금까지 미국과 서유럽이 장악하고 있던 경제력에 대해 강력한 도전을 전개하고 있는 것이 동남아시아의 등장이다. 그것은 동양의 섬세함이 서양의 강하고 고딕적인 힘의 문화를 뒤로 하고 동아시아의 역동적인 분위기를 말해주고 있다. 이에 대해 많은 경제학자들은 아시아 지역의 아기자기한 문화와 심리적, 구조적인 요인들을 통해 볼 때 충분히 가능하다고 입을 모은다.

역사가 들은 이같은 특징이 지금까지 아시아의 정체 요인으로 작용했다고 보는 이도 있다. 가령 동아시아의 공업 생산력의 침체를 도작稻作(벼농사) 문화와 연관해 그렇게 불러왔던 것이다.

칼 마르크스는《자본론》에서 모든 기계의 기본 형태는 로마제국의 수동식 맷돌 제분공장에서 비롯된 것이라 말했다. 그렇기에 기계의 발달사는 소맥 제분공장의 역사와 궤를 같이한다고 역설했다. 그래서 영국에서는 공장을 지금도 밀mill이라고 부르고 있다.

이 말을 뒤집어 보면 '동아시아가 근대화하지 못한 여러 가지 이유 중의 하나는 쌀을 주식으로 하기 때문으로 맷돌 같은 분재기계를 채용할 필요가 없었다는 이야기다. 빵을 주식으로 하는 서양인들은 밀을 빻아 밀가루를 만들어야 하므로 자연히 기계화가 필요에 의해 이루어져 근대화가 빨랐다는 것이다. 반면에 껍질만 벗겨 먹는 쌀을 주식으로 하고 있는 동아시아인 들에게는 기계화가 절실히 요구되지 않았으므로 산업화가 늦어진 것으로 분석한다. 그러나 칼도어 교수는 동양의 농경문화와 그 전통의 계승에 대 해 마치 품평회 출품용으로 가꾸어진 원예술 같다고 높이 평가했다.

밀은 씨를 뿌린 후 돌보지 않고 추수 때 거두기만 하면 되는 거친 농업 으로 김을 매준다거나 깜부기를 뽑아주는 작업과정이 필요치 않다. 끝도 없이 펼쳐진 광활한 땅에서 밀, 보리, 잡초가 함께 자라고 있는 것을 흔히 볼 수 있다. 이들은 생산량을 두 배로 늘리기 위해 정성을 두 배로 늘리기 보다는 농토를 두 배로 늘리면 된다는 기계적인 사고방식을 가지고 있다.

그러나 한국을 포함한 아시아의 국가들은 곡식의 생산량을 두 배로 늘 리기 위해서는 두 배 이상의 정성을 기울여야 한다는 생각이 근본에 깔려 있다. 정성을 들인 손길이 닿아야 그만큼 생산성이 늘어난다는 생각은 너 무나 자연스러운 것이다. 말하자면 벼가 땀을 훔쳐간 만큼 생산량이 늘고 한해 먹고 살 쌀이 든든한 기둥이 된다는 것이다. 이와 같이 농사를 지을 때 들인 정성이 정신문화의 밑거름이 되어 후기 산업의 싹을 틔우는데 원 동력이 되었다는 것이다. 그러니까 정성이 후기 산업사회에 들어서 섬세한 손공〔手功〕이 들어가야 하는 소프트웨어시대에 승자로 나타날 수 있다는 이야기다. 이는 곧 책을 읽어도 그 뜻을 알아야 책을 읽을 줄 아는 것이라 는 평범한 말속에 심정문화心情文化가 깃들어 있는 것이다.

마음과 마음으로 통하는 것이 심정이고 다른 말로 이심전심以心傳心이다.

이 이심전심은 꼭 사람과 사람 사이만 있는 것이 아니고 동물과 사물에 도 통한다고 생각하는 것이 동양적인 사고방식이다. 앞에서 도정문화搗精文 化와 제분문화製粉文化를 들어 동서양의 문화를 대비해 보았지만 대들보를 훔치고 기둥을 바꾸는 〈투량환주〉의 계책에 앞서 주인 행세를 해 세계를 이 끈 기계 문화가 도정문화와의 자리바꿈이라는 여운을 지워 버릴 수 없다.

〈투량환주〉라는 계책에서 미국 제32대 대통령인 프랭클린 루스벨트와 그 부인 엘레나 루스벨트 여사의 이야기를 들어 보기로 한다.

엘레나는 20세에 루스벨트와 결혼하여 11년 동안 살면서 여섯 명의 자녀를 두었다. 그런데 그중 한 아이가 도중에 병으로 죽고 말았다. 그때 친구가 찾아와 진심으로 위로했다.

"나는 괜찮네. 내게는 사랑할 수 있으며 내 사랑을 필요로 하는 다섯 아이들이 남아 있으니까."

그런데 뜻하지 않게도 남편 루스벨트가 관절염으로 다리를 절단해야 하는 불행한 일이 생겼다. 나중에 의족을 달고 할 수 없이 휠체어를 타고 다녔다.

그러던 어느 날 루스벨트가 아내 엘레나에게 물었다.

"불구자가 되어 당신을 귀찮게 하는 나를 사랑하오?"

이 물음에 엘레나가 대답했다.

"무슨 말씀인가요? 그럼 난 그동안 당신의 성한 다리만 사랑했단 말인가요?"

루스벨트는 아내의 그 한마디에 열등의식과 패배의식에서 벗어나 1933년 불편한 몸으로도 미국 대통령에 당선되었고, 그 후 연속 3번이나 재선에 당선되었다. 4선 대통령은 미국 역사상 처음이었으며 가정은 진실로 모든 사람들에게 기둥이 되고 대들보가 되는 보금자리임을 말해주고 있다.

우회적인 방법으로
겁을 주어라

지상매괴
指桑罵槐

뽕나무를 가리키며
홰나무를 욕한다

뽕나무를 가리키며 홰나무를 욕한다는 제삼자를 통하여 간접적으로 경고를 하여 깨닫게 한다는 계책이다. 뽕나무에 빗대어 홰나무를 나무라는 경고를 뜻하며 작은 것을 가리키나 큰 것을 취한다는 의미이다.

'지상指桑'은 뽕나무를 가리키는 것이고, '매괴罵槐'는 홰나무를 욕한다는 의미다.

뽕나무를 가리키면서 엉뚱한 홰나무를 욕하는 우회전법이다. 어린아이가 돌부리에 걸려 넘어지면 아이는 나무라지 않고 '요 놈이 우리 아이를 넘어뜨렸구나. 어이, 고얀지고!' 하면서 돌을 나무라는 것과 같은 것이 〈지상매괴〉다. 마찬가지로 '뽕나무를 가리키며 홰나무를 나무라서 그 뜻을 알 수 있게 한다.'는 뜻이다. 이때 표면상으로 욕하는 대상은 사물이지만, 사실상은 상대편의 잘못을 은근히 꾸짖는 것이다.

우리 속담에 때리는 남편보다 말리는 시어머니가 더 밉다는 말이 있다. 위해 주는 척하지만 속으로는 그렇지 않은 상황을 두고 한 말이다.

이렇게 무엇에 빗대어 사람을 욕하고 질책하는 것도 기술이다. 그중에 사람을 빗대어 욕하는 데에는 말로 하는 것과 폭력적인 수단을 써서 하는 것이 있다. 대체로 붓끝의 변화무쌍한 변론과 격렬한 입씨름이 바로 말로 하는 욕설 가운데 하나다. 그것은 정면충돌을 피하고 빙빙 돌려서 말하는 하나의 기법이기도 하다. 비난과 조소의 중간쯤에 해당하는 태도는 비난처럼 냉정하지도 조소처럼 신랄하지도 않다. 욕을 해도 교묘하게 하지, 직접적으로 지명하여 가혹하고 야박스럽게 하지 않는다. 때문에 상대방이 그 말을 듣고 이를 간다 할지라도 반항할 꼬투리를 잡을 수 없고 '시비꾼'이란 죄명을 뒤집어씌울 수도 없다.

이런 형태가 발전한 장르가 풍자諷刺 문학이다. 여기에 우화적寓話的인 내용을 가미하면 더욱 사람의 폐부를 찌른다. 어설프게 욕하는 것이 아니라 마구 퍼붓듯 욕을 하는데 뽕나무를 빗대어 홰나무를 욕하는 수법으로 하기 때문에 통쾌하게 심장을 후벼 판다. 그런데도 당사자는 간이 썩어들어가도 모르듯이 눈치채지 못한다.

공자는 이러한 구변술을 택하여 '나는 풍諷자를 따르겠다.'라고 했다. 여기서 '풍' 자는 빗대어 욕하는 최고의 기교이자 수단이다. 그것은 상대방으로 하여금 곤란한 것을 알고 물러나게 할 수도 있고, 사고를 미연에 방지할 수 있다. 또 완고하고 탐욕스런 사람도 청렴하게 할 수 있고, 나약한 사람도 강하게 할 수 있다. 이렇게 숨은 잠재력을 불러일으키는 것이 풍자의 기법인 〈지상매괴〉의 계책이다.

이 계는 암시적인 수단으로 부하를 통솔함과 동시에 위엄도 확립하여 목적한 바를 달성하는 계략이다. 말하자면 상대를 탓하지 않고 제삼자를 탓해 은연중에 상대를 깨닫게 하는 계책이다. 또 상대의 잘못을 직접 나무라지 않고 제삼자를 나무람으로써 상대가 잘못을 깨닫고 혹 잘못을 저지를 경우 용서치 않겠다는 경고이기도 하다.

난쟁이 우전, <지상매괴>로 시황제를 깨우치다

천하를 통일하여 권력이 한 곳으로 집중되어 감히 하찮은 일을 진언하기조차 힘든 때가 진시황제 때였다. 바로 그런 상황에서 재치있게 황제를 깨우친 한 예가 있다.

진시황제를 깨우친 난쟁이 광대의 행동도 <지상매괴>의 계산된 계책이다.

궁중 관료들이 모인 자리에서 축하연이 벌어졌다. 밖에는 추운 날씨임에도 비가 주룩주룩 내렸다. 계단 아래에 친위대 병사들이 몸에 비를 흠뻑 맞으면서 서 있었다. 추위에 떨고 있는 모습을 본 난쟁이 우전虞田이 안타까운 마음이 들어 친위대들에게 물었다.

"어이, 그대들 쉬고 싶은가?"

그러자 쉴 수만 있으면 좋겠다고 대답했다.

"좋아, 그럼 내가 부르면 '네' 하고 크게 대답하도록 하게."

얼마 뒤, 어전에서 시황제를 축하하는 만세 소리가 울려 퍼졌다. 그리고 우전이 단상으로 올라가 난간으로 몸을 내밀고는 큰소리로 외쳤다.

"친위대들이여!"

"네!"

병사들이 일제히 대답하자 우전은 다시 큰 소리로 말했다.

"그대들은 몸집만 크면 무슨 소용이 있는가? 빗속에 서 있으니 덩치가 큰 만큼 비만 더 많이 맞게 되지 않는가? 나를 봐라. 몸은 아주 작지만 이렇게 안에서 쉬고 있지 않은가?"

그러자 친위병들이 말을 못하고 두리번거렸다. 이런 상황을 지켜보고 있던 시황제가 그제야 친위대의 추운 날

씨에 비를 맞으며 고생하고 있다는 것을 깨닫고 교대로 쉬도록 명했다. 이 야말로 최고 통수권자를 말 한마디로 깨닫게 한 〈지상매괴〉의 계략이 아닐 수 없다.

또 다른 일화를 들어보자. 춘추시대 난쟁이 광대인 맹주유孟侏儒는 키가 다섯 자도 안 되었다. 그는 평소 익살과 재치로 좌중을 즐겁게 했는데, 특히 초楚나라 장왕莊王의 총애와 신임을 받았다. 당시 현명한 재상인 손숙오孫叔敖가 죽자 왕은 그가 죽고 없음을 무척 슬퍼했다. 그러던 어느 날 맹주유는 교외로 나갔다가 돌아오는 길에 손숙오의 아들 손안孫安이 산에서 땔감을 짊어지고 오는 것을 보고 그 사연을 물었다. 이야기의 내용을 들은 맹주유는 깜짝 놀랐다. 일국의 재상 집안인데 재상이 죽은 후 생활이 어려워 아들이 땔감을 팔아 연명해야만 한다는 것을 알게 되었다. 왕궁으로 돌아온 맹주유는 곧 손숙오가 즐겨 입던 옷을 만들고 손숙오의 일거수일투족을 몸에 익혔다.

그러던 어느 날 초나라 왕이 연회를 베풀었는데 마침 맹주유가 출연했다. 이때 맹주유는 손숙오처럼 분장을 하고 무대로 나갔다. 왕은 멀리서 오는 그를 보고 손숙오가 다시 살아 돌아온 줄 알고 몸을 일으켜 맞이하려 했다. 그러다가 가까이 다가오는 모습을 보고 맹주유가 분장한 것을 알았다. 왕은 현명한 재상을 그리워하는 마음이 간절하여 가짜라도 좋으니 맹주유를 재상으로 등용하고 싶다고 했다. 그러자 맹주유가 왕에게 허리를 굽히며 말했다.

"집에 아내가 있으니 돌아가 한 번 상의했으면 합니다."

하고 밖으로 나간 맹주유가 다시 나와서는 왕에게 말했다.

"아내는 제가 재상이 되는 것을 한사코 말렸습니다. 이유는 '손숙오는 10년 간 재상으로 있었지만, 재산을 축적하지도 못하고 죽어 그 아들은 산에서 땔감을 해다가 겨우 연명하고 있는데, 당신이 재상이 되려 한다니 어찌 마누라를 굶겨 죽일 작정이냐'는 것이었습니다."

왕은 이 말을 듣고 깨달은 바가 있어 즉시 손숙오의 아들 손안을 입궐하라고 명령했다. 그리고 그에게 토지를 하사하여 더 이상 힘든 생활을 하지 않도록 베풀었다.

〈지상매괴〉의 계는 상대를 깨우쳐 아군을 이롭게 하고 자신은 다치지 않게 하기 위하여 쓰는 고단수의 계다.

소대, <지상매괴>로 조 혜문왕을 설득하다

전국시대 후반에 들어 진秦나라가 강대해지면서 그 세력이 이웃 나라로 뻗어 나가고 있을 즈음에 연燕나라와 조趙나라 사이에 마찰이 생겼다. 조趙나라는 이웃 제齊나라와 손을 잡고 연나라를 칠 계획을 세우고 있었다. 조나라 혜문왕惠文王(기원전 298~266)은 제나라에 특사를 보내 즉시 연나라를 치려고 서둘렀다. 이때 연나라는 불리한 입장에 놓여 있었는데다 진秦이라는 강대국이 중원 천지의 다른 나라들을 호시탐탐 노리고 있었다. 이때 약소국들이 서로 싸우면 그 틈을 이용해서 진군秦軍이 치고 들어 올 가능성이 컸다. 거기다가 연나라 소왕昭王(기원전 311~279)은 많은 군사를 흉노가 준동하는 북부지역에 주둔시키고 있었고 엎친 데 덮친 격으로 흉년이 들어 어려운 때인지라 조나라의 행동을 어떻게든 무마해야만 했다. 그래서 소왕은 소대蘇代라는 책사를 조나라로 급파했다.

소대는 조나라 혜문왕을 찾아가 왕을 직접적으로 설득하기보다는 그럴듯한 비유를 들어 간접적으로 설득했다.

"신이 조나라에 오는 도중에 역수易水(황하 지류)의 강변에서 매우 재미있는 광경을 보았습니다. 조개와 황새가 서로 싸우고 있기에 숨어서 보았더니, 황새는 조개껍데기 속에 긴 주둥이를 틀어박았고, 조개는 황새 주둥이를 꼭 문 채 놓아주지를 않고 있었습니다. 그런데 황새가 '나는 지금 너의 어깨를 물고 있다. 내가 이대로 물고 있는 동안에 비가 오지 않으면 이틀 후에 너는 말라서 죽고 말 것이다.'하고 위협하자, 조개가 하는 말이 '나는 지금 너의 주둥이를 물고 있다. 내가 이대로 물고 있으면 너는 이틀 후에는 굶어서 죽게 된다.'고 으름장을 놓고 있었습니다."

듣고 있던 혜문왕이 너털웃음을 웃으면서 재미있다는 듯이 반문했다.

"그것참 재미있는 싸움이다. 그래서 어떻게 결판이 났는가?"

"이때 마침 늙은 고기잡이 한 사람이 지나가다가 서로 엉켜 있는 황새와 조개를 힘들이지 않고 쉽게 잡아서 망태에 집어넣고는 싱글벙글 웃으며 어디론가 가더군요."

혜문왕이 싱겁다는 듯이 다시 물었다.

"늙은 고기잡이가 횡재했구나! 그런데 황새와 조개를 어떻게 했을까?"

"바로, 그 뒷얘기를 말씀드리지요."

하고 소대는 말을 이었다.

"연나라도 조개만큼의 힘은 가지고 있으며 조나라도 황새 이상은 아닙니다. 만일 조나라가 연나라로 쳐들어온다면 연나라는 조나라를 물고 놓아 주지 않을 겁니다. 양국은 서로 물고 서로가 상대의 항복을 요구하겠지요. 그런데 이 싸움은 조나라가 먼저 연나라에 쳐들어왔기 때문에, 조나라 군사는 연나라에 몰려 조나라는 텅 비어 있을 것입니다. 그러면 기회를 노리고 있던 진나라는 먼저 가깝고 비어 있는 조나라를 힘들이지 않고 쉽게 집어삼키고 기진맥진해 있는 연나라도 피 흘리지 않고 쉽게 점령할 것입니다. 그래서 연과 조, 이 싸움은 두 나라를 묶어서 진나라에 바치는 꼴이 될 것입니다."

혜문왕은 잠자코 듣고만 있었다. 소대의 말은 다시 이어졌다.

"진나라는 연·조의 싸움을 〈격안관화〉책으로 강 건너 불 보듯 구경하다가 쳐들어올 것입니다. 진나라는 '방휼지쟁蚌鷸之爭'(도요새와 조개와의 다툼)을 구경하다가 '어부지리漁父之利'할 것입니다. 출병을 거두옵소서."

소대의 이 논리정연한 설득에 혜문왕은 깨달은 바 있어 즉시 군사행동을 중지했다. 세치〔三寸〕의 혀로 조나라 군대를 묶어버린 소대의 웅변은 역사에 길이 남을 〈지상매괴〉였다.

이 '어부지리'의 고사에서 자칫, "당신은 크게 잘못하고 있습니다. 그러면 안 됩니다." 라는 식으로 정면으로 왕의 잘못을 비판했다가는 살아남지 못할 수도 있다. 따라서 왕의 기분을 상하지 않게 하면서 깨우침을 주어야 한다. 그렇지 않으면 오히려 역효과를 가져올 수도 있다. 소대가 내세운 '어부지리'가 사람은 아니더라도 사물을 통해 왕을 간접적으로 설득한 점은 〈지상매괴〉의 한 축으로 통쾌한 면이 있다.

또 윗사람을 깨우치게 하려면 은근하게, 그것도 아주 우회적으로, 그러면서도 기분 나쁘지 않게 슬쩍 건드리고 넘어가야 한다. 그러니까 은근슬쩍, 그렇지만 확실한 메시지를 전달하는 기법이 필요하다. 소대의 방법도 그런 것이었으며 맹주유와 소대 그리고 순우곤 이야기도 그런 것이다.

순우곤, 〈지상매괴〉로 제왕을 깨우치다

제齊나라가 초楚나라의 공격을 받고 위기에 몰리자 제나라의 왕은 순우곤淳于髡을 조나라에 보내 구원을 요청했다. 조나라에 줄 선물로는 황금 100근과 4두 마차 10량이었다.

이를 본 순우곤이 '하하하' 하고 크게 웃었다. 그러자 왕이 물었다.

"대감, 아니 왜 그러시오? 너무 약소해서 그러는 거요?"

"아닙니다. 그게 아니라 제가 오늘 여기 오는 도중에 길바닥에 주저앉아

풍년을 빌고 있는 한 농부를 보았습니다."

그러면서 왕에게 다음과 같은 이야기를 아뢰었다.

"제가 골짜기를 지나오는데 돼지 발톱 하나와 술 한 잔을 차려 놓고 농부가 토신土神에게 빌고 있었습니다. 손바닥만한 논에서 잘 익은 오곡으로 저의 집 곳간을 가득 채워 달라고 말입니다. 그가 차려놓은 제물은 별것이 아닌데 바라는 것이 너무 많았습니다. 지금 그것을 생각하고 웃었습니다."

이 말에 왕은 뜨끔했는지 황금을 천 근으로, 마차를 100량으로 대폭 늘렸다. 순우곤이 그것을 가지고 조나라로 가자 조나라 왕은 즉석에서 10만 군사와 중무장한 전차 천 대를 흔쾌히 내주었다.

이 소식을 들은 초나라는 부랴부랴 군대를 철수하고 말았다.

〈지상매괴〉란 뽕나무를 꾸짖어 홰나무를 가르치는 계획적인 전술이다. 그런데 꾸짖음이 논리 정연하면서도 해학적이어야 효과가 크다. 외교관의 말 한마디는 그래서 국운이 걸린 막중한 책임일 수 있다. 순우곤은 국가의 존망을 책임지고 조나라를 방문하였다. 출발에 앞서 왕과의 대화에서 선물을 받으면서 농부의 예를 든 것은 왕이 듣기에 기분 나쁘지 않게 하면서 행동을 고치도록 하는 데 충분했다. 역사 속에는 수많은 사례가 있지만 말 사육사를 살려낸 안영晏嬰의 간언諫言도 꼭 귀담아들어 둘 〈지상매괴〉의 한 대목이다.

제나라의 경공頃公이 특별히 아끼는 말을 사육사가 잘못하여 죽이고 말았다. 그러자 경공이 화가 머리끝까지 치솟아 사육사를 죽이려고 칼을 빼 들었다. 이때 재상 안영이 황급히 왕에게 아뢰었다.

"저 사육사는 자신의 죄가 무엇인지도 모르고 죽게 되었습니다. 하오니, 신이 그 죄를 낱낱이 고하고 나서 처형하도록 하심이 어떻겠습니까?"

"그렇게 하시오."

왕이 허락하자 안영이 사육사를 노려보며 엄숙히 말했다.

"이놈, 듣거라. 너는 비록 실수라고는 하지만 폐하가 아끼시는 말을 죽게 했다. 그 죄, 죽어 마땅하다. 너는 또 그 소중한 말을 죽임으로써 우리 폐하께서 사람을 죽이는 악행을 하게 했다. 그 죄 또한 죽어 마땅하다. 또 너는 많은 제후들에게 우리 왕을 말 때문에 사람을 죽이는 웃음거리로 만들었다. 이만하면 너의 죄는 백번 죽어도 마땅하다. 이제 너의 죄를 알겠느냐?"

그리고 나서 안영이 검을 뽑아 그를 치려고 했다. 그러자 경공이 당황하여 안영을 말렸다.

이렇게 해서 경공은 자기의 잘못을 뉘우치고 사육사를 사면했다.

안영이 왕을 깨우친 방법은 참으로 교묘하다. 겉으로는 조련사의 죄를 추궁하는듯하면서 사실은 말은 소중히 여기고 사람은 아끼지 않는 경공을 꾸짖고 그 잘못을 지적한 것이다.

이렇게 하여 충고의 효과도 얻고 또 간접으로 간함으로써 군주를 난처하게 하는 일도 막았으니 〈성동격서〉요, 〈지상매괴〉라 할 수 있다.

비판의 포문을 열 때는 관점이 정확해야 하며 방법이나 형식에도 용의주도해야 한다. 그래서 직접적인 것보다 간접적인 비판이 몇 배 더 효과적일 때가 있다.

《한비자》는 군주가 자기가 세운 계책을 자화자찬할 때는 슬그머니 지혜를 제공하고 물러서라고 했다. 또 군주의 행위를 칭찬할 때는 다른 사람의 행위를 예로 들고 말릴 때는 공통점이 있는 다른 예를 들어 말리라고 했다.

부도덕한 행위를 하고 번민하는 군주에게는 예를 들어 대단한 일이 아니라고 마음을 누그러뜨리고 실패로 시무룩해 있는 군주에게는 예를 들어 실패가 아님을 증명해 마음을 고쳐먹도록 해야 한다는 말이다. 이처럼 군주를 바른길로 이끄는 데는 〈지상매괴〉와 같은 계책의 지혜가 필요하다.

상앙, 〈지상매괴〉로 태자를 벌하다

기원전 350년경, 진秦나라 효공孝公(기원전 361-338)때, 위앙衛鞅이라는 사람이 효공에게 발탁되어 법무장관이 되었다. 이 위앙이 바로 상앙商鞅(공손앙公孫鞅)이라는 유명한 법치주의자이다. 이 사람은 진나라가 훗날 천하통일 사업을 이루게끔 법적 기초를 닦아 국력을 신장시킨 정치가다.

상앙은 이른바 법을 고치는 변법變法을 단행하여 엄격한 법으로 나라를 다스리고 부국강병을 기치로 내세워 실행했다. 상앙은 법으로 나라를 다스려 부국을 이루려 했으나 당시 왕족과 귀족은 물론, 일반민들에 이르기까지 준법정신이 너무도 약했다. 특히 상류층이나 왕족들은 법을 법대로 지키지 않는 풍토가 만연했다. 그런데 상앙이 법무장관으로 취임하자 진나라에 사는 사람이면 누구나 신분과 계급을 불문하고 법을 지키지 않는 자는 엄단하기로 공포하고, 법을 엄정하게 시행했다.

그러던 어느 날, 태자가 법을 어기는 일이 발생했다. 상앙은 그의 소신대로 법 앞에는 귀천이 없으니 태자라 할지라도 법을 어긴 이상 처벌되어야 한다고 진언했다. 백성들은 상앙이 태자의 죄를 어떻게 다스리는지 지켜보고 있었다. 아무리 법을 법대로 시행한다 하더라도 상대가 장차 나라의 왕위를 이어받을 태자이기 때문에 태자를 벌할 수는 없는 노릇이었다. 그렇다고 불문에 부쳐서는 법의 권위가 서지 않게 되어, 법은 힘이 없는 백성들만 지켜야 하느냐는 불평이 일어 백성들도 장차는 법을 소홀히 할 것이기 때문에 난감했다.

상앙은 생각 끝에 부육장傳育長 이하 부육관들을 엄벌에 처했다. 부육관이라 함은 태자의 교육을 맡고 있는 벼슬이며 부육장은 부육관의 장이다. 상앙은 태자를 그와 같이 잘못 교육한 책임을 물어 부육장인 공손하公孫賀에게는 얼굴에 먹물을 집어넣는 경형黥刑에 처했다.

상앙의 이 같은 부육장 처형은 태자를 간접적으로 벌하는 효과가 있음과 동시에 태자도 이처럼 법으로 다스린다는 선례를 보임으로써 여타 왕족과 고관들의 준법정신을 앙양했다. 여기서 부육관 및 부육장을 처벌한 것이 다름 아닌 〈성동격서〉요, 〈이대도강〉이요, 〈지상매괴〉의 수법인 것이다.

사마천司馬遷이 쓴 《사기》의 〈골계열전滑稽列傳〉에서 순우곤淳于髡의 욕설과 풍자와 그 처단 솜씨가 실로 감탄할 만하게 잘 그려져 있다. 그는 비록 '뽕나무를 가리키며 홰나무를 욕하는' 식으로 빗대어 말했지만 간단하고 평이한 말로 복잡하고 어려운 분쟁을 해결했다. 만약 이 계책을 사용하고자 한다면, 반드시 고도의 수완과 수양을 갖추고 있어야 한다.

글을 써서 종이 위에서 욕하는 것은 입에서 나오는 욕설만큼 사람을 흥분시키지는 않지만, 후세에 확실한 자료로 남긴다는 점에서 효과적이다.

《36계 병법》은 그런 면에서 먼 옛날에 시행했던 고전이 아니라 지금도 국제간이나 대인관계 또는 부하를 다루는 책략서로 이용되고 있다. 우방국이나 우호국에 대해서 정면으로 비판하다가는 배반당할 염려가 있고, 또 조직에서는 부하에 대해 면전에서 야단을 쳐봤자 오히려 역효과가 날 수가 있다. 그러한 때는 차라리 상대가 알아차릴 만하게 간접적으로 비판하거나 꾸짖는 쪽이 훨씬 효과적이다.

지휘관들 중 지휘 통솔기법이 능란한 지휘관은 한 사람이 잘못했을 때 부대원 전원에게 책임을 물음으로써 자신의 잘못으로 부대원 전체에게 피해를 주었음을 자각, 반성하도록 하는 방법을 쓰기도 한다. 그런가 하면 지휘관 자신이 지휘통솔을 잘못한 결과라며 잘못한 부대원 대신 스스로 완전 군장을 꾸려 짊어지고 연병장을 구보함으로써 부대원들이 잘못을 뉘우치도록 하는 경우가 있는데 이 또한 〈지상매괴〉계책이다.

전국시대는 나라와 나라가 미묘한 관계로 상충하여 어느 한 나라를 공격하면 다른 나라가 나서서 대응하는 처지였다. 이는 옷의 안감과 겉감같이 자연스러운 처사였다.

사보타주sabotage라는 말이 있는데 일종의 태업怠業을 말한다. 이는 직장을 이탈하지 않은 채 사용자를 괴롭히는 노동쟁의勞動爭議이다. 이 쟁의중에는 불량제품을 만들어 회사의 신용을 떨어뜨린다든가 재료를 필요 이상으로 사용하여 사용주를 골탕먹인다든가, 노동시간에 빈둥댄다든가, 이렇게 사용자에게 손해를 주어 자기들의 요구를 관철시키는 쟁의수단이 사보타주이다. 이기적이고 야비하면서 졸렬하기 짝이 없는 쟁의이지만 계책으로 본다면 이 또한 〈지상매괴〉의 한 축이다.

계량, 〈지상매괴〉로 초나라 공격을 중지시키다

위魏나라의 안리왕安釐王이 이웃에 있는 조趙나라의 수도 한단邯鄲 지방을 공격하려던 차에 있었던 일이다.

위나라의 계량季亮이라는 사람은 가끔 외국으로 여행을 다녀 본국에 있지 않을 때가 많았는데, 위나라가 초나라를 공격할 것이라는 소문을 듣고 서둘러 귀국하여 안리왕에게 면회를 청했다. 계량은 어떻게 해서든지 이 전쟁을 막아야 한다고 생각했다. 그는 위나라 안리왕을 만나자마자 먼저 이런 비유를 들어 이야기했다.

"지금 돌아오는 길에 한 사내를 만났는데, 마차를 북쪽으로 몰고 가면서 초나라에 간다고 하지 않겠습니까? 초나라는 남쪽에 있는데 어째서 반대쪽으로 가느냐고 물었더니, 하는 말이 천하의 명마라서 그렇다고 대답했습니다. 그래서 제가 좋은 말인지는 몰라도 길을 잘못 들었다고 하자 여비도 잔뜩 가지고 있다고 하면서 그냥 그대로 가는 것이 아니겠습니까? 그렇더라도 길을 잘못 들었다고 거듭 충고하자 이번에는 좋은 마부가 딸려 있으니까 걱정 없다는 것이었습니다. 이렇게 조건이 갖추어져 있으면 있을수록 그는 점점 초나라에서 멀어져갈 뿐이었습니다."

안리왕이 이야기에 호기심을 느껴 앞으로 다가앉자, 계량은 천천히 말의 핵심을 쫓아 들어갔다.

"지금 대왕께서는 천하의 신뢰를 얻고 패왕이 되어 천하를 호령하려고 생각하십니다. 그래서 나라가 크다는 것과 군대가 강하다는 것을 믿고 조나라를 공격하려 하십니다. 그러나 전쟁 횟수가 많으면 많을수록 천하의 신망을 잃게 될 것입니다. 이는 마치 초나라에 가려고 하면서 반대 방향인 북쪽으로 마차를 몰고 가는 사내와 같습니다."

안리왕은 이 말을 듣고 초나라를 치려던 생각을 단념했다.

계량의 이야기는 기본방침이 잘못되어 있으면 아무리 노력해도 목적지에서 멀어지고 만다는 말이다. 계량은 대왕의 뜻과는 정면으로 배치되는 의사를 초나라로 가겠다는 사람의 예를 들어 차분히 말했다. 그렇지 않고 왕의 뜻을 면전에서 직설적으로 반대했다면 제 명에 살 수도 없었을 것이다. 이 이야기는 제1계〈만천과해〉에서도 우회적 화법으로 군주의 노여움을 막으면서 소기의 목적을 이루는 방법으로 언급된 바 있다.

이처럼 사건의 예를 들어 설득하는 방법이 〈지상매괴〉이다.

경영자도 자칫하면 이 같은 실수를 범하기 쉽다. 기업경영에서도 기본방침을 세워놓고서 확인을 게을리해 도산하는 사례가 있다. 이런 때는 제삼자인 전문 컨설턴트를 통해 환자가 의사에게 진단을 받듯 경영 전반에 걸쳐 점검을 받을 필요가 있다.

이처럼 교묘한 비유로 상대의 관심을 끈 계량의 이야기는 상대방의 의표를 찌른 설득력의 전형이라 할 수 있다. 이는 상대의 마음을 읽는 관심법이나 독심술의 경지에 이르리야 가능한 일이다. 실세로는 이렇게 순조롭게 되는 경우란 많지 않다.

뽕나무를 가리키며 회나무를 욕한다는 〈지상매괴〉는 표면상으로 욕하는 대상을 보지 말고 그 이면을 주시하라는 계이다.

이유있는 IT 생태계, 실리콘 밸리

미국은 포도주의 산지로 알려진 캘리포니아 계곡에 실리콘 밸리라는 첨단 반도체를 비롯한 산업단지를 조성했다.

인텔과 휼렛 패커드 등 세계 굴지의 반도체 업체가 이곳에서 탄생했다. 실리콘 밸리의 등장은 미국 산업계의 높은 기술력을 상징하는 것으로 세계의 주목을 받고 있다.

그 후 기술 개발과 생산 비용 등 때문에 침체한 적도 있었지만, 세계적으로 센세이션을 일으킨 PC붐과 인터넷 보급에 힘입어 급 팽창했다. 그리고 뒤이어 최첨단 소프트웨어 개발 지역으로 명성을 떨쳤다. 그래서 이곳은 미국의 거대자본이 독수리가 날개를 펴고 먹을 것을 찾듯 투자할 곳을 찾아 헤매는 곳으로 지목되었다. 그러다 보니 공장이 너무 과밀하여 지가가 높고 사람이 몰리다 보니 임금이 상승하여 더러는 텍사스 주와 오리건 주로 분산되기도 한다. 그러나 실리콘 밸리는 여전히 연구개발의 중심지로 그 역할을 다하고 있다.

뽕나무를 가리키며 회나무를 욕한다는 〈지상매괴〉는 세계라는 시장을 상대로 어떻게 하면 경쟁국을 따돌리고 기술력을 확보하여 경제적으로 우위를 점하고 승승장구할 수 있느냐가 문제다. 실리콘 밸리의 저력은 대학과 대기업이 밀접하게 관계하여 사회에 이바지하는 '산학産學공동체'를 형성하였다는 데 있었다. '지상指桑'이 뽕나무를 가르치듯 교육하는 학교고 바로 그런 기대치의 효과가 회나무를 욕하는 '매괴罵愧'인 열매로 나타나 최근 들어 엄청난 자금이 그곳으로 밀려들어 자금의 블랙홀이라고까지 말하고 있다.

미국의 투자자금은 80년대에는 주로 대기업끼리의 M&A(기업인수·합병)에 몰려들었지만 90년대 중반부터는 실리콘 밸리와 같은 급성장이 예상되는 벤처기업에 집중하여 성장을 뒷받침하고 있다. '미국에서 1년 동안 주고받는 전자 우편 수가 일반 우편물 수를 능가하는' 정보 혁명이 이를 말해주고 있다.

또 하나의 특징으로는 많은 사람이 몰려 있다 보니 치열한 경쟁을 꼽을 수 있다. 인텔의 앤드루 글러브 사장은 실리콘 밸리를 가리켜 '편집광(monomania)만이 살아남을 수 있는 곳'이라고 했다. 아이디어 하나로 거액의 자금을 손에 넣을 수 있고, 잘만 들어맞으면 거부가 될 수 있는 풍토가 이곳 실리콘 밸리의 특징이다.

실리콘 밸리의 투자 건수가 급속하게 늘어나는 이유는 벤처기업의 기술을 평가하는 컨설턴트와 헤드헌터 등 지원 비즈니스가 활기를 띠고 있기 때문이다. 대형 회계법인의 통계에 따르면 미국의 벤처 캐피털이 96년에 투자한 수는 2,057개사를 넘어 95년보다 30%가 늘어났다고 한다. 벤처가 주목받자 일본에서도 우수한 벤처 캐피털 리스트가 필요하다는 논의가 계속되고 있다. 실리콘 밸리에서는 이미 한 단계 앞서 벤처 캐피털의 지원비즈니스가 새로운 산업으로 육성된 지 오래다.

벌써 지난 이야기 되어버렸지만 〈윈도〉로 세계를 석권하여 순식간에 컴퓨터 비즈니스의 황제가 된 마이크로소프트가 미디어업계로 활발하게 진출하고 있다. 97년 눈 깜짝할 사이에 관련 기업을 인수 또는 자본 참여, 그리고 신상품 공동개발 등을 앞세워 질주하고 있다.

마이크로소프트가 이렇게 사업을 확장하는 까닭은 인터넷의 보급으로 PC가 〈계산기〉에서 정보를 전달하는 통신·방송기기로 진화했기 때문이다. 'PC 위에서 작동하는 소프트웨어는 모두 다룬다.'는 것을 기본 전략으로 삼고 PC의 진화와 함께 〈콘텐츠 정보의 내용=미디어웨어〉 제작에 나서는 것은 자연스러운 흐름이라고 할 수 있다.

이는 미국 정부의 방침 전환으로 미디어 산업은 통신과 방송의 울타리가 철폐되고 프로그램 제작과 송신의 제한 완화 등 자유화가 급진전되고 있다. 인프라 구축에 비용이 많이 드는 기존형 방송사업에 비해 인터넷이라는 새로운 미디어는 진입 비용이 실질적으로 한 푼도 들지 않으므로 마이크로소프트도 여기에 주목한 것이다. PC의 특성을 살린 지상파 디지털 방송이 98년 후반부터 시작된 만큼, 'PC와 텔레비전의 결합'은 빌 게이츠 회장의 눈에 거대한 사업 기회로 비쳤던 것이다.

사회가 급속도로 발전하면서 어리석어지는 느낌과 동시에 미치지 못하는 데가 생긴다. 그런 것 중에 하나가 지적재산권(Intellectual Property Right)문제다. 문학, 예술, 연출, 공연, 음반, 방송, 발명 등 지식활동에서 발생하는 모든 권리를 일컫는다. 이는 산업발전을 목적으로 하는 산업재산권과 문화창달을 목적으로 하는 저작권으로 분류할 수 있는데 이 두 권리는 지식창작물을 보호하는 무체無體재산권으로 일정 기간 보호된다. 다만 산업재산권은 특허청의 심사를 거쳐야 보호되는 반면 저작권은 출판과 동시에 보호된다는 점이 다르다.

이처럼 세계가 개인의 기술이나 창작물을 보호해 주는 것은 인류의 발전을 도모하는 데 기여하기 위해서다.

〈지상매괴〉는 뽕나무를 가리키면서 홰나무를 나무란다는 말이다. 남이 개발한 상품이나 기술을 바라보면서 부러워만 할 것이 아니라 사람은 누구나 개성을 가진 인격체인 만큼 누구도 따를 수 없는 자기만의 창조적 아이디어가 계기를 맞아 개발만 될 수 있다면 일약 거금을 거머쥘 수도 있다.

전국시대 대스승 귀곡자鬼谷子

전국시대 귀곡자鬼谷子는 초楚나라 사람으로 이름은 왕허王許이다.

병가兵家의 책사策士로 이름난 손빈孫殯과 방연龐涓이 제자이며 합종책合縱策을 주장한 소진蘇秦과 연횡책連衡策을 내놓은 장의張儀도 귀곡자의 제자다.

합종책은 남북으로 조趙, 한韓,위魏, 초楚, 연燕,제齊 여섯 나라가 합종하여 진나라에 대항하는 것을 말하고, 그 여섯 나라가 합종하더라도 강한 진秦나라가 그들 중 어느 한 나라와 동맹을 체결하여 합종을 깨뜨려 각각 고립시킨다는 것이 연횡책이다.

진나라는 장의가 말한 대로 끝내 합종을 붕괴시키고 연횡책으로 진秦으로 통일시켜 끝내 전국시대를 마감하는 데 기여했다.

역사적으로 합종은 약한 나라가 서로 협력하여 강한 나라에 대항하는 것을 일컫고 연횡은 강한 나라가 약한 나라와 결탁하는 것을 말한다.

제26계 〈지상매괴〉는 뽕나무를 가리키며 홰나무를 욕하듯 소진이 합종책을 주창한 데 대하여 장의는 소진을 향해 도저히 따를 수 없는 종횡가라고 말하면서 그와는 충돌을 피하겠다고 말했다.

귀곡자는 하난성 기현淇縣에 있으면서 한韓, 위魏, 조趙, 진秦, 초楚, 연燕, 세齊 질 국이 천하의 패권을 나투던 때 패합술捭闔術, 반응술反應術, 내건술內楗術, 비겸술飛鉗術, 췌마술揣摩術, 전환술轉丸術 등 여러 가지 변론에 관한 논변을 편 사상가였다.

패합술捭闔術이란 여는 패捭와 닫는 합闔을 뜻하는데 열림과 닫힘, 드러냄과 감춤의 뜻을 패합술로 제어하는 방법을 말한다.

귀곡은 개방과 봉쇄야말로 사물의 발전과 변화의 규율 같은 것이라고 말하고 있다.

그래서 패합은 천지자연의 도라고 말하고 문을 닫는 것을 곤坤, 문을 여는 건乾이라고 하면서 천지자연의 도가 패합이라고 했다.

또 반응술反應術은 상대방의 말을 근거로 상대의 속뜻을 분석해 상대의 실정을 알아내고 상대의 감춰진 생각을 유도해 내 배는 것을 말한다. 그러니까 자석이 쇠 바늘을 끌어당기듯 상대의 감정을 끌어당겨 진짜와 가짜를 구별하고 그렇게 제거하는 것이 반응술이다.

내건술內揵術이란 내심內心을 가리키고, 건揵은 문지방의 빗장이다.

내건은 상대와 의기투합하는 것으로 내적인 관계의 결합이라고 말할 수 있다. 이는 신하와 군주가 사상적으로 결합하고, 자물통과 열쇠 관계로 문과 빗장 관계이다. 아랫사람과 윗사람이 결합하는 유대관계에 있어야 뜻을 펼칠 수 있다는 뜻이다.

비겸술은 구겸술鉤鉗術이라고도 하는데 상대방을 높이 띄워 묶고 얽어매 제어하는 것이다. 즉 이야기를 나눌 때 상대의 진심을 얻기 위해 찬동이나 반대의 뜻을 표하며 화법에 묶어두는 것을 말한다.

또 재물, 보물, 주옥, 봉읍, 여색 등을 써 청렴 여부를 판단하고, 때론 상대의 약점을 발견하여 벗어나지 못하게 붙잡아두는 것을 말한다.

따라서 비겸술을 능수능란하게 이용하면 상대로 하여금 자기를 따르게하고 상대를 옭아매 합종연횡할 수 있게 할 수 있다는 것이다.

췌마술揣摩術은 상대의 발언을 통해 그 속에 감춰진 정황을 이해하는 기술로 췌揣가 외부를 자극하여 정황을 탐색하는 것이고 마摩는 상대를 어루만져 화자의 마음과 뜻에 따르도록 해 일을 성사시키는 것이다. 어루만져 탐색하는 것은 진실을 헤아리는 것으로 상대의 생각과 상대의 마음을 헤아려 그에게 욕망이 있으면 대화를 잠시 보류하고 친하게 지내는 사람이 있으면 그를 통해 탐색하여 화자의 뜻을 따르도록 유도하는 것이다.

전환은 둥근 옥구슬을 굴리듯 원활하고 민첩하게 논지를 펼치고 옥구슬을 구리듯 논변을 펼치는 것을 말한다.

간교한 말은 충성으로 가장하고, 아부하는 말은 박식으로 가장하고, 평범한 말은 과감함을 드러내는 것으로 가장하고, 애절한 표현은 믿음을 가장하여야 효과가 배가된다. 그에 응대하는 다섯 가지는 병언病言, 원언怨言, 우언憂言, 노언怒言, 희언喜言등인데 병언은 기력이 모자라는 것이고, 원언은 속마음을 후벼 파 상심하게 만들며, 우언은 막히고 답답해 통하지 않는 말이며, 희언은 감정 표현이 산만한 것을 말한다.

귀곡자는 구슬을 굴리는 것과 같이 교묘한 화술을 유창하게 했으며 집게로 집어 나르듯이 정교한 화술을 전개해 모두가 탄복했다고 한다. 그래서 그의 혀는 백만 대군보다 강하고 그 앞에서는 군주라도 꽃밭에서 노는 아이들같이 온유하고 그의 헤아림으로 가르침을 청하면 거침없이 대세를 풀어 활도를 열어 주었다고 한다.

이 모든 사리에 대하여 가르치고 얽어매고 찌르고 빼고 하는 것이 알고 보면 〈지상매괴〉의 한 틀이 아니겠는가 생각하게 만든다.

어리석은 행동으로
상대를 안심시켜라

가치부전 假痴不癲 어리석은 척 하되 미치지는 않는다	정신 나간 척은 하되 미치지는 않는다. 경거망동하는 것보다 멍청한 것처럼 하는 것이 낫다. 어리석은 체하면서 상대를 안심시킨다. 적을 마비시키기 위해서는 작전 계획을 속에 품고 겉으로 나타내지 않는다. 큰 지혜는 어리석음과 같다.

'가치假痴'는 어리석고 모자란 척하는 것이고, '부전不癲'은 미치지 말라는 부정어이다. 즉 일부러 못나고 부족한 척은 하지만 실제로 미치지는 말라는 것이 이 계책의 원뜻이다.

이 계략은 귀머거리나 벙어리 시늉을 하는 등 알고도 모른 체하고 바보인 체한다는 뜻이다. 즉 멍청이 시늉을 하면서 상대가 방심하도록 유도하는 책략이다. 대개 뛰어난 지도자는 자기의 재능을 내비치지 않는다. 전癲이란 '미치다'는 말이다. 부전不癲이란 '미치지 않다'는 의미다. 그러니까 냉정과 평정을 유지하여 속내를 드러내지 않고 본심을 감춘다는 말이다. 멍청이로 가장하고 행동하지 않는 것이 총명한 척하면서 경거망동하는 것보다 낫다는 말이다. 노자老子는 지도자의 상을 다음과 같이 말했다.

"지도자는 지모를 깊숙이 감추고 있기 때문에 겉으로 보기에는 바보로

밖에 보이지 않는다. 그것이 이상적인 모습이다."

세상에서 가장 무서운 사람은 가슴 깊이 속심을 숨기고 겉으로는 멍청하게 보이면서 챙길 것은 다 챙기는 사람이다. 이러한 사람의 가슴 속에 무엇이 숨겨져 있는지 그의 표정으로는 알 길이 없다.

지장은 부대를 움직이면서 일부러 둔하고 융통성이 없는 것처럼 하지만 일단 행동에 나섰을 때는 뛰어난 기동력과 속전속결로 일을 결단낸다.

초나라 장왕, <가치부전>하여 아첨배들을 추방하다

목왕穆王(626~614)의 뒤를 이어 왕이 된 초나라의 장왕莊王(614~591)은 보위에 오르자마자 이런 포고를 내렸다.

"나에게 국정에 대하여 간언하는 자는 사형에 처하리라."

포고를 내린 장왕은 웬일인지 국정은 돌보지 않고 밤낮 연회를 베풀고 환락에만 빠졌다. 이러기를 1년도 아니고 2년도 아니고 3년이라는 세월이 흘렀다. 이를 보다 못한 오거伍擧라는 신하가 간하려고 했으나 그 포고 때문에 다치지 않을까 하여 망설이다가 직언은 피하고 하나의 수수께끼를 예로 들어 간했다.

"새 한 마리가 언덕 위에 앉아 있는데 3년 동안이나 날지도 않고 울지도 않았다고 합니다. 도대체 그 새는 어떤 새일까요?"

그러자 왕이 그 수수께끼를 듣고 그 자리에서 대답했다.

"3년 동안이나 날지도 않고 울지도 않았다? 음, 그렇다면 한 번 날았다 하면 남쪽 하늘과 북쪽 하늘에 이를 것이고, 한 번 울었다 하면 천하를 놀라게 하는 새겠지."

장왕은 그 말이 무엇을 뜻하는지 잘 알고 있다는 듯이 대답하자 오거는 그대로 물러 나왔다. 그런데 그로부터 몇 달이 지났으나 왕의 난행은 점점 더 심해지는 것이었다. 그러자 신하들이 각기 재미있는 놀이를 연구하여 왕에게 권하면서 왕의 비위를 맞추려고 애를 썼다. 자연히 국정은 엉망이 되고 재정은 바닥나고 말았다. 그런데 이와는 달리 왕의 방탕에 가담하지 않고 자기 임무에만 충실한 신하도 있었다. 보다 못해 대부 벼슬에 있는 소종疏從이 죽음을 무릅쓰고 왕 앞에 나아가 간곡히 간했다. 그러자 왕이 소종에게 말했다.

"그대는 내가 내린 포고를 알고 있으렷다?"

"예, 알고 있습니다. 그러나 폐하께서 마음만 고치신다면 신은 죽어도 한이 없습니다."

"오냐, 알았다."

그 일이 있고 난 뒤로부터 장왕은 일체 난행을 중지했다. 그리고 소종과 오거를 중용하였으며 왕의 방탕에 가담하지 않은 청렴결백한 신하를 골라 국정에 참여하게 하고 아첨배들은 모조리 추방해 버렸다.

장왕은 3년 동안의 방탕 생활에서 중용할 신하와 그렇지 않은 신하를 판별했던 것이다. 방탕은 왕의 계략이었으며 사람을 알아보는 〈가치부전〉의 기간이었던 것이다. 장왕이 춘추오패의 한 사람으로 떠오른 것은 그로부터 조금 뒤의 일이다.

장왕의 예처럼 〈가치부전〉의 그물에 걸려 상대를 진짜 바보로 알고 경거망동했다가는 그야말로 큰코다치고 만다.

참으로 똑똑한 사람은 자기의 재질을 함부로 남에게 보이지 않는다. 현명한 지도자는 자기의 속마음을 깊이 감추고 외부에 나타내지 않는다.

사마의, 〈가치부전〉하여 조상을 내치고 실권을 잡다

사마의司馬懿의 예로 때를 기다린다는 것이 어떤 것인가를 짚어보자.

삼국시대 때 위魏나라의 명제明帝 조예曹叡가 죽자 그 유언에 따라 어린 황제 조방曹芳이 계승하고 조정은 조상曹爽과 사마의 두 중신이 보좌했다.

그러나 이런 상황은 조씨와 사마씨라는 세력 간 분쟁의 시작이었다. 처음에 조상은 연상이기도 하고, 또 제갈량의 촉한군과 여러 차례 싸운 공신이기도 한 사마의에게 모든 것을 양보하는 것처럼 했다. 그러나 차츰 위나라 황실의 가문을 이용해 자신의 세력을 확장함과 동시에 음모를 꾸미며 사마의를 한직으로 내몰았다. 이렇게 조상의 세력이 커지자 사마의는 정면으로 맞서는 것을 피하고 병을 핑계로 집안에 틀어박혀 있었다. 하지만 조상에게 있어서 사마의는 자기 입지를 늘 불안하게 하는 존재였다. 그래서 조상은 사마의의 동정을 살피기 위해 사람을 보내 사마의의 상태를 확인하러 보냈다.

사마의는 그가 찾아온 의도를 꿰뚫고 있었다. 그래서 사마의는 자못 중환자인양 머리를 산발한 채 자리에 누워 손님이 나타나자 두 몸종의 부축으로 가까스로 몸을 일으켰다. 그리고 문병의 말도 알아들을 수 없을 만큼 위독한 척했다.

잠시 뒤 사마의는 손으로 자기 입을 가렸다. 그러자 몸종이 죽그릇을 들고 들어왔다. 사마의는 죽을 가슴에 줄줄 흘리며 받아먹고 있었다. 이것을 본 조상의 심복은 사마의의 병이 중병인 것으로 단정하고 조상에게 그같이 보고했다. 그 말을 들은 조상은 안심하고 사마의에 대해 방심하였다.

249년, 조상은 황제를 따라 낙양洛陽의 남쪽에 있는 고평릉高平陵을 참배하게 되었다. 조상은 아무런 경계 없이 일상의 업무를 진행하고 있었다. 사마의의 입장에서는 그야말로 기다리고 기다리던 기회가 온 것이다.

사마의는 거사하여 조상의 허를 찔러 수도 낙양을 장악하고, 나아가 전략 거점도 잽싸게 접수했다. 이렇게 해서 기선을 제압낭한 조상은 손을 써

볼 겨를도 없이 패주하고 말았다. 그 뒤 위나라의 실권은 사마 씨의 손으로 넘어갔다. 마치 곧 죽을 것처럼 가장한 사마의에게 조상은 꼼짝없이 속아서 당하고 만 것이다. 이처럼 〈가치부전〉은 상대를 안심시킨 다음 목적을 달성하는 계책이다. 이와는 반대로 〈가치부전〉으로 일신을 보존한 기자箕子의 이야기도 있다.

기자, <가치부전>으로 죽음을 면하다

기원전 1100년으로 추정되는 은殷나라의 주왕紂王은 폭군의 대명사로서 반면교사反面敎師로 유명하다. 전설상의 인물인지 실제의 인물인지는 알 수 없으나 《사기》에 의하면 주왕은 폭군인데도 머리 회전이 빠르고, 말주변이 뛰어났으며 게다가 힘이 장사라 맨손으로 맹수를 때려잡았다고 한다. 그는 지력도, 체력도 뛰어난 위인이었다.

그러나 그는 자기의 욕망을 절제 없이 채우는 데만 급급했다. '주지육림酒池肉林'의 고사는 주왕의 호화와 사치를 말해 주는 단적인 예화로 등장한다. 즉, 술은 못물을 이루고, 나뭇가지에 걸린 고기는 숲을 이루었다는 것이 주지육림이다.

그는 달기妲己라는 미녀를 끼고 주지육림 속에서 넉 달간이나 호화판 잔치를 벌였다. 그리고 이에 반대하는 신하나 백성은 포락지형炮烙之刑이라 하여 뜨거운 숯불 위 기름을 바른 구리 기둥 위를 걷게 하거나 펄펄 끓는 기름 가마솥에 튀겨서 죽이거나 하는 형벌을 가했다. 달기와 주왕은 그들이 죽는 모습을 함께 보면서 즐거워했다.

주왕에게는 두 숙부가 있었는데 '비간比干'이라는 숙부가 주왕에게 충고를 하자 주왕은 숙부를 비웃으며 가슴을 쪼개 죽였다.

"숙부는 성자聖者 같소이다. 성자는 심장에 일곱 개의 구멍이 있다는데 한번 확인해 봅시다."

그리고는 비간의 가슴을 절개하여 심장을 꺼냈다. 또 한 사람의 숙부인 기자箕子는 이러다가는 자기도 죽임을 당하리라고 전전긍긍하고 있는데 주왕의 부름을 받았다. 주왕은 기자를 부르면 또 충고를 할 것이고, 그리되면 비간처럼 가슴을 찢어 죽일 생각이었다. 그런데 나타난 기자의 꼴이 이상했다. 옷을 뒤집어 입었고, 그 옷에 말똥이 묻어 있었으며, 묻는 말에는 엉뚱한 대답을 했다. 그런가 하면 주왕에게 시종을 드는 하인에게도 절을 했다. 누가 보아도 머리가 돈 사람이었다. 주왕은 빙그레 웃으며 중얼거렸다.

　"이제야 충고하는 사람이 없게 됐구나!"

　시종을 따라 미친 사람처럼 궁을 나온 기자는 그 길로 몰래 성을 빠져나가 막노동꾼처럼 행세하며 숨어서 살았다. 기자는 바로 〈가치부전〉의 계략으로 죽음을 면할 수 있었던 것이다.

　〈가치부전〉이란 우둔愚鈍을 가장, 행동에 나서지 않는 것이며 총명함을 보여 경거망동하는 것과는 반대다. 침착하게 행동하며 조금도 기밀을 흘리지 않는다. 마치 겨울에 번개를 품은 구름이 힘을 저축했다가 시기를 기다려서 한꺼번에 토해 내듯 때를 기다린다.

　그러니까 멍청이로 가장하고 행동하지 않는 것이 총명한 체하며 경거망동하는 것보다 낫다는 의미를 내포한 계다. 은밀히 계획하고 말소리와 얼굴빛을 드러내지 않으며 역량을 눈 깜짝할 사이에 폭빌시키어 한다.

　훌륭한 장수는 힘이 세고 행동만 민첩하다고 되는 것이 아니다. 자기 목숨과 그 뒤에 따르는 수많은 병졸들의 목숨도 그 손에 달렸기 때문에 머리가 명석해야 한다. 때문에 깊이 생각하고 시기가 무르익기를 기다려야 한다. 움직이지 않는 모습으로 가장했으면 실제로도 행동해서는 안 되고, 혹 전투에 임했을 때에도 변화를 관찰하고 결정적인 때를 기다려 번개같이 움직여야 한다.

적청狄青, <가치부전>으로 사기를 올리다

송대宋代에 귀신을 존중하는 묘한 풍속이 있었다. 적청狄青이 드디어 일어서 농지고儂智高를 정벌하려고 나섰을 때의 일이다. 대군이 계림桂林의 남쪽 지방으로 진출하는 것이 처음이었으므로 남방의 풍속대로 그는 일부러 점을 쳐 출정일을 잡았다.

"이번 싸움에 이기느냐 지느냐 하는 판단이 서지 않는다."

그리고는 동전 백 개를 꺼내더니 이렇게 말했다.

"만약 우리가 승리할 것 같으면 이 동전을 땅바닥에 던졌을 때 표면(문자를 새기지 않고 숫자만 새긴 쪽)이 나타날 것이다."

곁에 있는 관리가 걱정스런 표정으로 적청에게 말했다.

"잘 되지 않으면 부대의 사기에 영향을 줍니다."

참모가 그렇게 충고했으나 듣지 않았다. 많은 병사가 지켜보는 가운데 그는 돌연히 손을 번쩍 들어 동전 전부를 하늘 향해 던지자 땅에 던졌다. 결과는 동전 백 개가 모두가 표면을 드러냈다. 전군은 손을 들어 기뻐하고 적청 자신도 기쁘다는 표현을 나타냈다.

"와! 이번 출정은 하늘의 뜻이다."

환성을 질렀고 그 소리는 산촌과 들판에 울려 퍼졌다. 적청도 흥분하여 주위의 병사들에게 못을 가져오게 하여 그 못으로 흩어져 있는 동전을 그 자리에서 움직이지 못하게 단단히 고정한 다음, 몸소 푸르고 엷은 천으로 동전을 덮어 봉하고는 이렇게 말했다.

"개선한다면 천신에게 감사하고 동전을 회수하리라."

드디어 옹주邕州(광서廣西) 남녕南寧을 평정하고 돌아오자 그는 전에 맹세한 대로 동전을 회수했다. 회수한 동전을 병사들이 보니 그 동전은 양면이 다 같이 똑같은 숫자 무늬로 새겨져 있었다.

이 얼마나 우스운 일인가. 그러나 그런 어리석음이 오히려 군대의 사기를 올려 연전연승하게 했던 것이다. 이런 방법이 작선상 계로 작용을 할 때는 〈가치부전〉이라 하는 것이다.

주식투자를 할 때 팔기 '매賣'와 사기 '매買'의 매매가 있다. 그리고 쉬는 휴식休息이라는 말이 있다. 주식으로 이익을 보려면 값이 올랐을 때 팔고, 내렸을 때 사면 되겠지만, 비정상적으로 오르거나 내리거나 하는 것은 농간이 개입한 것일 수 있으므로 이런 시세를 쫓아가면 크게 손해를 본다. 주식에는 '쉰다'는 텀이 필요하며 쉬는 것도 일종의 거래이다. 즉 기다릴 줄 아는 지혜야말로 지혜 중의 지혜다. 이 또한 멍청한 것 같지만 현명한 판단이다. 사람이 나이를 먹으면 더 신중해지고 자중해야 하는데 실제는 그렇지 못하다. 더 말이 많아지고 참을성이 없어져 나잇값을 못하는 경우가 많다. 참을 줄을 알아야 하는데 하면서도 참지 못하는 그런 사람은 아래 고사의 예를 귀담아 두었으면 한다.

중국 고전에 '이어泥魚'라는 불사신不死身의 물고기에 대한 이야기다. 이 물고기는 개천川에 살며 물이 풍부한 때는 활발하게 물속을 헤엄쳐 다니지만, 건기가 되어 냇물이 줄면 냇바닥의 진흙 속에 피고 들이가 꼼짝도 않는다. 딴 고기처럼 있지도 않은 물을 찾아 부질없이 돌아다니지 않으므로 지쳐서 죽는 일도 없다. 마냥 진흙 속에서 물이 차오르기만 기다리다가 다음 우기를 만나면 다시금 되살아나 활발하게 돌아다닌다. 이 고기의 생존 열쇠는 죽은 것처럼 가만히 '쉰다'는 〈가치부전〉에 있다.

이 계략은 기회가 올 때까지 우둔함을 가장해서 자신을 보존하고 미련한 소처럼 아니면 번개를 품은 겨울철의 구름처럼 기다린다.

이는 먹잇감이 사정거리 안으로 들어올 때까시 참고 기다리다가 번개처럼 덮치는 카멜레온 같은 계이다. 인생이란 대세大勢가 유리하고 상승 파고를 탔을 때는 하는 일이 뜻대로 성공하므로 용기를 내어 적극적으로 나아가는 것이 좋다. 그러나 반대로 대세가 내게 불리한 경우에는 하는 일마다 뒤틀려 실패만 거듭하게 된다. 이런 때는 소극책으로 나가고 가능하면 '이어泥魚'가 되어 아무 것도 하지 않는 것이 좋다. 이런 때 남의 유혹을 물리치려면 어리석은 사람 행세를 하는 것도 한 가지 방법이다.

그와는 반대로 가만히 있어 가지고는 도저히 자신을 들어낼 수가 없어서 꾀를 쓴 동방삭東方朔이라는 사람이 있었다. 그는 〈가치부전〉의 계를 역이용한 사례를 보여준다.

동방삭, 〈가치부전〉을 역이용해 왕의 측근이 되다

전한시대 무제武帝(기원전 141~87년)가 전국에서 수많은 인재를 모을 것을 선언했다. 이 호소에 호응해 수도 장안으로 상경해서 자신을 알리려는 자가 수천 명에 달해 경쟁률이 매우 높았다. 동방삭東方朔도 그중 한 사람으로 채용은 되었지만, 도저히 무제를 만날 길이 없었다.

동방삭은 무제의 시종인 난쟁이에게 속임수를 써서 말했다.

"그대들은 밭을 갈거나 힘든 일을 할 수도 없고, 또 관리가 되어 백성을 다스릴 수도 없으며, 병사로서 적과 싸울 수도 없다. 따라서 나라에는 아무런 도움도 되지 않을 뿐만 아니라, 입고 먹는 것만 낭비된다 여겨 폐하는 그대들을 모두 죽일 생각인 모양이다."

그 말을 들은 난쟁이들은 공포에 사로잡혀 울기 시작했다. 동방삭은 자못 동정이나 하듯이 조언을 해 주었다.

"너희들은 폐하가 지나갈 때 머리를 조아리며 목숨만은 살려 달라고 애원해 보는 것이 좋을 것이다."

얼마 뒤, 무제가 그들 앞을 지나가게 되었는데 시종 난쟁이들이 모두 울면서 땅에 엎드렸다. 놀란 무제가 물었다.

"도대체 어찌 된 일이냐?"

"폐하가 저희들을 모두 죽여버릴 생각이라고 동방삭이 말했습니다."

이 말을 듣자 무제는 즉시 동방삭을 불러 직접 심문을 했다.

"설사 저의 목숨이 위태로워도 말씀드리겠습니다. 난쟁이들은 키가 석자 남짓한데도 봉급은 한 자루의 쌀과 2백2십 전을 받고 있습니다. 저는 키가 아홉 자 남짓인데 봉급은 겨우 한 자루의 쌀과 2백2십 전입니다. 이러니 난쟁이는 배가 터져 죽을 것 같고, 저는 배를 곯아 죽을 것 같습니다. 저의 의견을 받아들이신다면 부디 대우를 바꿔주십시오. 쓸모없고 하찮은 인간으로 생각하신다면 제 목을 베어 장안의 쌀을 낭비하는 일이 없도록 해주십시오."

무제는 껄껄 웃었다. 그 뒤 동방삭은 차츰 무제의 신임을 얻어 측근으로 기용되었다. 동방삭은 계속 묻혀 있을 수만은 없다고 생각하여 난쟁이들을 이용, 무제를 배알하고 자기의 존재를 알렸다. 〈가치부전〉의 계를 교묘히 역이용한 예이다. 3,000번이나 굴러 3,000년을 살았다는 바로 그 동방삭이다. 그래서 삼천갑자 동방삭으로 잘 알려져 있으며 장수長壽의 대명사로도 유명하다. 동방삭은 제齊나라 사람으로 전설로 전하는 서왕모西王母의 복숭아를 훔쳐 먹어 삼천갑자(3000×60=18만 년)를 살았다고 한다. 그는 '대롱으로 하늘을 보고(용관규천用管窺天), 표주박으로 바닷물을 측정하며 송곳 끝으로 땅을 가리킨다(용추지지用錐指地)'고 했는데 무병장수의 표본적인 인물로 전해지고 있다.

유비, <가치부전>하여 조조의 경계를 물리치다

유비劉備의 〈가치부전〉의 계 또한 새겨 볼 만한 이야기다.

'어리석은 척하되 미치지는 말라.'는 계책은 지혜로운 자만이 쓸 수 있는 계략이다. 이 계책을 적절히 이용하면 자신을 불리한 상황에서 구할 수 있고 절체절명의 위기에서 벗어나 살아날 수도 있다.

유비는 조조曹操와 함께 여포呂布를 무찌른 공으로 좌장군 보직을 받았고 남들에게 유황숙이라 추앙을 받았다. 조조는 그런 유비를 은근히 경계했다. 유비는 시대를 관망할 줄 아는 영웅이었지만 조조가 조정을 좌지우지, 전횡하는 것을 참을 수 없었지만 막을만한 힘이 없었다. 그는 힘을 키울 터전을 마련할 때까지 자신의 웅지를 숨기고 조조에게 주목받지 않으려고 애썼다.

어느 날, 유비가 홀로 후원에서 채소에 물을 주고 있었다. 조조는 허저許楮와 장료張遼를 보내 유비를 자신의 집에 데려오도록 했다. 푸른 매실주를 함께 마시자는 구실이었지만 속셈은 술을 빌려 말을 많이 하게 하여 유비의 진심을 떠보고, 그가 천하를 제패할 야심이 있는가를 알아보기 위해서였다.

술이 거나해지자 조조는 짐짓 허드렛소리로 입에서 나오는 대로 유비에게 말을 건넸다.

"현덕, 당신은 오랫동안 여러 곳을 돌아다녔으니 본 것이 많고 식견도 넓을 것이오. 당신이 보기에 누가 이 시대의 영웅이라 할 만하겠소?"

유비는 긴장하고 있었으나 짐짓 조조의 진의를 간파하고 일부러 이렇게 말했다.

"제가 어떻게 영웅을 알아보겠습니까만 회남淮南의 원술遠術은 병사와 군량이 많으니 영웅이라 할 수 있겠지요?"

현덕의 말에 조조가 말했다.

"원술은 겉으로는 강해 보이지만 속은 텅 비어 있고 모사에 능하지만 과단성이 없소. 대사에는 두려워하고, 작은 이익을 취하는 것에는 목숨을 아끼지 않으니 영웅이 못 되오."

"강하팔준江河八駿의 한 명으로 구주九州를 호령하는 유표劉表는 영웅이라 할 만하겠지요?"

현덕이 일부러 유표에 대해 말했다.

"유표 역시 허황된 이름일 뿐이니, 영웅이 아니오."

그러자 현덕은 강동의 손책에 대한 말을 꺼냈다.

"강동江東의 영수 손책孫策은 혈기가 바야흐로 강해지고 있는데 그쯤이면 영웅이 아니겠습니까?"

그러자 조조가 손책에 대해 말했다.

"손책은 부친의 명성에 신세를 지고 있을 뿐, 영웅이라 할 수 없소."

"익주益州의 유장劉璋은 영웅이라 할 수 있지 않습니까?"

"유장은 비록 황제의 종실이지만 집 지키는 개에 불과하니 어떻게 영웅이라 할 수 있겠소."

유비는 조조가 자신이 말한 사람들은 모조리 영웅이 아니라고 하면서 하나하나 짚어 가는데 영문을 모르겠다는 듯이 물었다.

"장수張繡, 장노張魯, 한수韓遂는 어떻습니까? 이런 사람들을 제외하고는 정말로 누가 영웅이라 칭할 만한지 모르겠습니다."

유비 현덕이 줄줄이 그런 사람들의 이름을 대자 조조가 예를 들어 말했다.

"소위 영웅이란 응당 큰 뜻을 가슴에 품고, 마음속에는 좋은 계책을 가지고 있으며, 마땅히 하늘을 삼키고 땅을 토해낼 만한 우주의 커다란 기백을 품고 있어야 하지 않겠소."

"과연 그럴만한 사람이 있을까요?"

유비가 조조에게 물었다. 조조는 손으로 유비를 가리킨 다음 조조 자신을 가리키며 말했다.

"천하의 영웅은 당신과 나뿐이오."

유비는 이 말을 듣고 놀라서 얼굴이 새파랗게 질려 쥐고 있던 젓가락을 떨어뜨렸다. 마침 그때 폭우가 쏟아지려는 듯 하늘에서 천둥소리가 크게 울렸다. 유비는 태연한 척 몸을 굽혀 젓가락을 주우며 말했다.

"이런, 갑자기 웬 천둥소리지?"

"대장부가 어찌 천둥소리를 무서워하시오?"

"성인 공자孔子께서도 매번 폭우와 번개를 만나면 얼굴색이 변하여 하늘에 경외심을 표했다고 하는데 제가 어찌 감히 무서워하지 않을 수 있겠습니까?"

유비는 이렇게 조조가 자신을 영웅이라고 칭하는 것을 듣고 놀라 젓가락을 떨어뜨린 실수를 감추었다. 조조는 유비를 직접 떠보고 나서 이때부터 유비를 별 볼 일 없는 인물로 판단하고 유비에게 품었던 경계심을 풀었다. 유비가 집으로 돌아와서 이 일을 관우關羽와 장비張飛에게 알려 주었다. 유비는 품은 뜻을 그때야 드러내며 말했다.

"내가 채소를 가꾸며 소일해 왔던 것은 바로 조조로 하여금 내가 웅지를 품지 않았다고 믿게 하기 위해서였는데 그가 나를 영웅이라 지적할 줄은 꿈에도 생각하지 못했네. 내가 놀라서 젓가락을 떨어뜨렸을 때 조조가 잠시 의심을 품지 않았을까 염려했는데 마침 천둥소리를 빌려 숨길 수 있어 다행이었다네."

장비와 관우는 남몰래 유비의 지모를 존경했다. 유비는 이후로 조조의 경계심에서 해방되어 뜻을 도모할 길을 찾아 나설 수 있었다.

만일 유비가 속마음을 조조에게 들켰더라면 유비는 사사건건 조조에게 견제당하여 그만큼 그의 뜻을 세상에 드러내는 데 장애가 되었을 것이다. 유비가 〈가치부전〉의 계를 조조 앞에서 실천했기에 하루라도 빨리 뜻한 바를 실행에 옮길 수 있었던 것이다.

간혹 촉蜀나라를 세운 유비를 무능하다고 하지만 그에게는 뛰어난 지모가 있었기에 중국 천하를 삼분하여 자웅을 다툴 수 있었던 것이다.

우리 역사 속에서도 구한말舊韓末, 안동安東 김씨金氏들의 세도 앞에서 대원군이 얼간이 난봉꾼 짓을 하면서 다녔던 행동도 〈가치부전〉의 일례다. 유비가 웅지를 품은 뜻을 감추었던 것처럼 대원군도 지도자로서 마음속에 숨은 뜻을 감추는 지모를 숨겼던 것이다. 따라서 대원군은 〈가치부전〉의 전형적인 계략을 실천에 옮긴 인물이다. 한나라 통일의 주역이었던 한신도 얼치기 귀족행세로 떠돌며 시정잡배의 가랑이를 기어가는 수모를 참으며 진나라 관원들의 요시찰 명단에서 벗어나 훗날을 도모할 수 있었다. 이 계책은 때론 제6계 〈성동격서〉나 제10계 〈소리장도〉와 부챗살처럼 펼쳐져 심지를 뽑아 쓰는듯한 성격을 띠기도 한다. 제10계 〈소리장도〉는 상대방의 신임을 얻은 뒤 기회를 봐서 상대방을 쳐 치명상을 입히는 계다. 그러니까 누구를 어리석다고 생각한다면 그때부터 함정에 빠진 것이라고 생각해야 한다. 그리고 큰 지혜는 마치 어리석은 듯이 보일 수 있다는 생각도 잊어서는 안 된다. 〈가치부전〉의 계가 바로 그런 것이기 때문이다.

기업들의 〈가치부전〉

기업인은 언제나 냉엄한 생존의 세계에 살고 있다. 매년 수천, 수만 개의 기업이 탄생하고 또 수천, 수만 개의 기업이 승부의 무대에서 말없이 사라진다. 우리는 기업이란 으레 '오래도록 존속한다'고 생각하기 쉽다. 그러나 기업이 살아남고 더욱이 번창하기란 대단히 어려운 일이다.

국내에서 최근 조사한 자료를 보면 중소기업은 창업 후 2년 이내에 28%가, 5년 이내에는 78%가 도산한 것으로 조사했다(중소기업상담협의회, 1989). 다른 나라도 정도의 차이는 있지만 이와 유사한 형편이다.

미국의 경우 새로 생긴 기업 중에 57% 정도가 5년을 넘기지 못하고 도산한다고 밝히고 있다. 이웃 나라 일본에서도 창업 후 5년 이내의 도산 기업이 무려 71%에 이른다고 한다. 더욱 충격적인 사실은 첫 조사 시점에서 10위 안에 들었던 기업 가운데 9개 사가 설립 후 30년을 넘기지 못하고 흡수병합 되거나 회사 이름마저 소멸해 버렸다는 사실이다.

한국의 경우는 경제 개발이 시작된 이후 1965년에 10대 기업에 속했던 기업 중 지금도 그 지위를 유지하고 있는 기업은 삼성, LG 등 2개 사에 불과한 형편이다.

살아남는 기업, 우수한 기업은 특기할만한 전략을 가지고 있다. 기업에 따라서는 높은 기술력을 바탕으로 앞선 품질의 제품을 계속해서 내놓아 시장을 이끌어 가기도 한다. 반면에 기술력보다는 내부관리를 잘 구축해서 뒤지지 않는 품질의 상품을 경쟁사에 비해 아주 낮은 가격으로 내놓아 고객을 확보하기도 한다.

또 어떤 기업은 큰 욕심 안 부리고 시장의 한 귀퉁이를 겨냥해 그 시장에 있는 고객에 대해서는 누구보다도 잘 알고 그들의 욕구를 세심하게 충족시켜 나가기도 한다. 이상의 것이 모두 앞서 이야기한 나름대로 어리숙함을 가장하지만 살아남기 위한 〈가치부전〉의 전략을 실행하고 있는 기업들이다.

그러나 정말 우수한 기업, 번영하는 기업은 한때 좋은 전략을 가졌다는 것만으로 되지 않는다. 계속 좋은 전략이 나와야 하고 그 전략이 전체 조직기구를 통해서, 무엇보다 종업원 한 사람 한 사람의 노력에 의해 실천되지 않고서는 불가능한 일이다.

결국, 우수 기업은 치열한 경쟁 속에서 승자가 되기 위해서 구성원들 한 사람 한 사람의 문화의식 뿌리가 튼튼히 뻗어 내리고 있어야 한다.

〈가치부전〉이란 마음속으로 품은 뜻을 밖으로 드러내지 않고 늘 한결같이 앞을 보고 걷는 나그네와 같은 것이다.

기업도 소멸의 길을 걷는다. 연극 무대에서 소리 없이 퇴장하는 등장인물처럼 사라진다. 이런 소멸의 수레바퀴 속에 침몰한 기업은 더 이상 나타나지 않게 되어 있는지 없는지도 알 수 없다. 그러나 생존해서 왕성하게 움직이는 기업은 곧 눈에 띈다.

어쨌든 살아남아 저변에서 틈새시장을 파고들어 뿌리를 튼튼하게 내려 드러나진 않지만 무섭게 성장하고 있는 기업도 있다. 이렇게 전혀 드러나지 않게 조용히 물줄기처럼 소리 없는 기업을 〈가치부전〉 기업이라고 할 수 있다.

〈가치부전〉의 계에서 30년 근속으로 탁월한 능력을 발휘한 건축기사 김세민 씨에 대한 이야기는 시사하는 바가 크다.

하루는 사장님이 세민 씨를 사장실로 불렀다.

"세민 씨 기술 덕분에 우리 회사가 일류회사로 발전할 수 있었소. 그 노고를 늘 고맙게 생각하고 있소. 그런데 한 가지 일을 더 해주어야겠소. 내가 신세 진 어느 회사 중역에게 고급주택을 한 채 지어 주려고 하는데 세민 씨가 맡아서 해 주셨으면 합니다. 주택단지 중에 좋은 위치를 잡아 잘 좀 지어주시오."

"알겠습니다."

대답은 그렇게 하고 나왔지만 속으론 몹시 섭섭했다. '정년을 앞두고 위로 휴가라도 주려니 하고 들렀는데 또 일을 시키다니, 나를 끝까지 부려먹을 작정이구나.' 그리고 속으로 기술자 행티(곤조)를 보여줘야겠다고 마음먹었다. 그래서 별로 내키지 않은 위치에 볼품도 시원치 않게 뚝딱 두 달 만에 집을 두들겨 지었다.

"사장님 다 지었습니다. 이만하면 어느 회사 중역이라도 충분히 들어가 살 만할 것입니다."

사장이 대충 둘러보고 난 다음에 말했다.

"세민 씨가 충분하다면 됐소. 사실 이 집은 세민 씨에게 주려고 지은 집이요. 30년 고생한 자네에게 주는 선물일세."

그리고 사장의 호주머니에서 권리증을 꺼내 내밀었다.

권리증을 받아든 세민은 '아이고 하는 마음'이었으나 자기 입으로 충분하다고 하였으니 섭섭하다는 말도 못하고 벌레 씹은 얼굴로 돌아설 수 밖에 없었다.

향나무는 살아있을 땐 향기가 없지만 죽고 나면 500년을 넘게 향기를 낸다고 한다. 어리석은 척은 해도, 미치지는 말라는 〈가치부전〉의 말은 의미심장하다.

일본의 〈가치부전〉

그런 면에서 일본 상인들은 〈가치부전〉 하기로 유명하다. 그들은 표면적으로 매우 겸손하지만, 그 내부의 자존심은 강하기로 유명하다. 대부분의 사람들이 일본의 소비품이나 전자 제품이 성공했다는 것은 알지만 세계 103대 은행 중 9개가 일본 은행이라는 사실은 잘 모른다. 이렇게 비약적인 발전을 했는데도 그들의 행동은 늘 한결같다. 그들은 언제부턴가 주요 영역이 아니었던 패션업계나 의료 기계 방면에서도 눈부신 성장을 구가하고 있다.

성장 뒤에 떨어지는 자금을 끌어모아 경쟁력을 확실하게 확보하고 있으며 세계 103대 은행 중 9개를 가질 정도로 부를 축적하고 그 세를 과시하고 있다. 이렇게 머리를 숙이면서 굽실거리지만 그 세력을 키워가는 것도 〈가치부전〉의 일종이다.

일본이 1990년대 은행 위기나 경기 침체로 쇠약해졌다고 생각한다면 큰 오산이다. 1970년대에서 1980년대 일본은 몇 번의 심각한 경제 위기를 무난히 극복했을 뿐만 아니라 극복 후에는 한층 더 체질을 강화하고 재무장하여 경쟁력을 확보했다.

일본인은 위기 속에서도 겸손함을 보여 일본 회사나 경제를 희망이 없다고 하면서 어리석은 체했다. 그들은 자신의 성과나 발전을 절대 과대 포장하지 않고 겸손해한다. 어리석은 척함으로써 경계를 피해 의심을 늦춘다. 그래야만 여유롭게 대책을 마련할 수 있고 후에 이를 기회로 삼아 경쟁자가 손쓸 틈도 없이 공략해 쉽게 그를 제칠 수 있기 때문이다.

〈가치부전假痴不癲〉의 계는 어디까지나 계인만큼 일종의 속임수다. 전쟁터에서 전략을 사용해 교묘하게 위장하거나 허상을 만들어야 유리한 우위를 차지할 수 있다고 손자孫子는 말했다.

전쟁이란 적장의 마음속에 들어 있는 생각을 속이는 속임수다. 기업 CEO나 장수도 마찬가지로 능하면서도 무능한 듯이 보이고 가까이 있으면서도 멀리 있는 것처럼 보이고, 멀리 있으면서도 가까이 있는 것처럼 보여야 한다고 〈가치부전〉 계책은 말하고 있다.

제28계

비행기 태워놓고
미사일 쏘기

상옥추제 上屋抽梯 지붕에 오르게 한 뒤 사다리를 치운다	지붕으로 오르게 한 뒤 사다리를 없앤다. 상대에게 허술하게 보여 내 손아귀로 끌어들인다. 욕심이 많은 사람은 재물로, 교만한 사람은 약함을 보여서, 어리석은 사람은 속임수를 써서 유혹한다. 약점을 드러내어 유인한 다음 퇴로를 막는다.

'상옥上屋'은 옥상에 오른다는 말이다. '추제抽梯'는 사다리를 치운다는 의미다. 옥상에 오르게 한 뒤 사다리를 치워버린다는 말로 이 계는 범위가 넓고 교묘하여 당하고 난 뒤에야 깨닫게 된다.

이는 의도적으로 약점을 드러내 적을 꾀어낸 다음 섬멸하는 책략으로 지붕에 올라간 사람이 내려오지 못하도록 사다리를 치워버리는 계이다. 병법에서는 일부러 이편의 허점을 만들어 놓고 적을 유인하여 끌어들인 다음 후속 부대를 단절시키고 포위하여 섬멸하는 위계책僞計策이다.

《백전기략百戰機略》에 적의 장수가 어리석으면 이익을 줘서 꾀어내고 그 이익을 탐하면 복병을 두어 친다. 따라서 이익을 더 보태 그 이익으로 꾀어내 섬멸한다고 했다.

우리 속담에 물은 건너보아야 알고 사람은 지내보아야 안다는 말처럼 경험이 중요하다는 말이다.

물에 빠진 마차꾼 차부車夫를 구해주었더니 도리어 중형을 받더라는 이야기가 있다. 상대를 지붕에 오르게 하자면 그 지붕에 그럴듯한 먹이가 있어야 하고, 또 사다리를 치워버린 뒤의 세심한 작전도 세워 놓아야 한다. 입장을 바꾸어 생각해 보면 그럴듯한 감언이설에 넘어가 사다리를 빼앗기는 일이 없도록 평소 경계를 게을리하지 말라는 뜻도 된다. 이利에만 너무 치우치다 보면 이러한 함정에 빠지기 쉽다. 강태공은 녹봉을 미끼에 비유하여 다음과 같이 말했다.

녹봉으로 못 부릴 사람이 없다

"낚싯줄이 가늘고 미끼가 분명하면 작은 고기가 걸린다. 낚싯줄이 약간 굵고 미끼가 향기로우면 중간 정도의 고기가 걸린다. 낚싯줄이 굵고 미끼가 크면 큰 고기가 걸린다. 무릇 고기는 그 미끼를 먹으려다가 바늘에 걸려 물 밖으로 올라온다. 마찬가지로 사람은 녹봉祿俸을 빌아먹으려고 그 군주에게 복종하는 것이다. 그러므로 그 미끼에 따라 어떠한 고기라도 잡을 수 있듯이 녹봉 여하에 따라 어떠한 인물이든지 부릴 수 있다.

녹봉에 의해 사람 부리는 이치를 발전시키면 대부大夫의 몸으로 제후諸侯가 되어 나라를 발전시킬 수도 있고, 제후로서 천하를 다스릴 수도 있다고 했다.

이 계의 원형은 산짐승을 잡는 데에서 유래하였다. 산이나 들판 등, 짐승이 많이 다니는 길목에 구덩이를 파놓고, 나뭇가지나 풀잎을 덮어서 위장해 두면 짐승이 지나다가 빠지게 된다. 이것을 병법에 활용하여 병사들이 모르고 지나가다 빠져 죽거나 다치는 일이 생겼다. 이 함정이 발전을 거듭하여 작전 형태로 전용되고 오늘날의 〈상옥추제〉의 계로 굳어진 것이다.

한신, 〈상옥추제〉로 조군을 격파하다

기원전 204년, 한漢나라 왕 유방劉邦은 한신韓信에게 명하여 제齊와 조趙나라를 치게 했다. 조나라를 공격하려면 정경井徑이라는 좁은 길을 빠져나가야만 했다.

조趙나라는 20만의 병력을 정경에 집결시켰으나 한신의 지략과 용병술을 두려워할 수밖에 없었다. 그래서 이론이 분분했다.

"한신의 군대는 승세를 타 그 세력이 만만치 않습니다. 그러나 군대의 식량을 천 리나 되는 본국에서 실어와야 하므로 여기에 약점이 있습니다. 더욱이 정경의 길은 좁아 수레나 말도 나란히 늘어서서 지나갈 수밖에 없기 때문에 대열은 길게 뻗어 식량을 운반하는 치중부대輜重部隊는 저 뒤쪽에 남게 됩니다. 여기에 기습부대 3만을 이끌고 사잇길에서 한신부대와 치중부대를 끊어 보급이 달린다면 한신도 어쩔 수 없을 것입니다. 그렇게 되면 한신은 진격해도 싸울 수가 없고 후퇴하려 해도 길이 끊겨 오도 가도 못하는 상태에서 공격을 받아 자멸할 것입니다. 잘하면 열흘 안에 한신의 목을 딸 수도 있을 것입니다."

조나라 장수들은 지루한 상의 끝에 결판을 내겠다는 듯이 강한 의지를 보이면서 이야기했다.

"한신의 부대는 수만이라고 하지만 실제의 수는 천 명 정도에 불과합니다. 그 부대는 천 리의 먼 길을 왔기 때문에 이미 지쳐있습니다. 그와 같은 적을 피하기만 하고 싸우지 않는다면, 뒤에 대군이 공격해 들어 왔을 때에는 어떻게 해야 하겠습니까?"

한신은 막사에게서 이 소식을 전해 듣고 크게 기뻐하며 군대를 이끌고 정경의 좁은 길을 내려갔다. 그리고 정경에서 30리 떨어진 곳에서 야영을 했다. 그날 밤, 전 병사들에게 작전계획을 지시했다. 우선 기병 2천을 골라 그 한 사람마다 빨간 기를 들고 산에 숨어 조나라 성안을 엿보고 있다가 기습하도록 했다.

"우리 본부대는 싸우는척하다가 후퇴를 한다. 그것을 보면 적군은 성을 비워 놓고 추격해 올 것이다. 그러면 제군들은 재빨리 조나라 성으로 들어가 조나라의 기를 뽑고 한나라의 빨간 기를 꽂아야 한다."

한신은 강물을 등지고 조군의 본진을 향해 포진했다. 이 포진은 물러날 길이 없기 때문에 만약 도망을 친다면 병사가 모두 강물에 뛰어들어 익사하는 수밖에 없었다. 이러한 포진법은 병법에도 없다 하여 조군의 지휘관들은 한신을 병법도 모르는 무식한 장군이라며 비웃었다. 그런데 해가 지고 어두워지자 한신은 조군의 진지를 공격하기 시작했다. 한신을 깔본 조군의 이좌거本左車 장군은 성문을 열고 공격해왔다. 걸진이 전개되자 한신은 조금씩 밀려서 강변으로 후퇴했으나 더 이상은 물러설 수가 없었다. 그렇게 되자 어차피 죽을 바에야 싸워서 죽겠다는 각오로 사력을 다해 싸웠기 때문에 전력이 배가되어 조군은 우세한 병력으로도 고전을 면치 못했다. 그러자 조군은 성안의 본진이 성을 비우고 공격에 가담했다.

그 사이에 한신이 산간에 매복시켜 놓았던 2천의 경기병들이 조나라의 성으로 들어가 조나라의 기를 뽑고 한나라의 깃발을 꽂아 세웠다. 조나라 군대는 한신의 군내를 격파하지 못하여 성으로 돌아가려 했으나 이미 성

안에는 한나라의 빨간 기들이 줄지어 늘어 서 있었다. 갈 길을 잃고 당황하고 있을 때 한나라의 군대가 반격을 가해 왔기 때문에 함안군咸安君 잔여는 목이 잘리어 죽고, 조나라 왕 헐歇은 포로가 되었다. 한신은 이좌거를 죽이지 않고 생포하는 사람에게는 천금의 상을 주겠다고 포고했다. 이윽고 이좌거가 포로로 잡혀 왔다.

전장에 참여한 장군들이 승전을 축하하며 한신에게 물었다.

"병법에는 '산의 언덕을 오른쪽으로 등지고, 강물을 왼쪽으로 한다'고 하였습니다. 장군께서는 우리들에게 '강물을 등지고 진을 쳐 조나라를 격파하라'고 하셨는데 이것은 무슨 병법입니까? 우리들로서는 수긍이 가지 않았지만 결국 싸움에서는 이겼습니다. 이것은 무슨 계입니까?"

한신이 웃으면서 대답했다.

"이건 병법에 있는 것인데 여러 장군들이 미처 깨닫지 못하였을 뿐이다. 병법에 '군대를 죽음의 땅에 빠뜨려야 사는 길이 있다 하였다. 즉, 군대를 반드시 패망할 땅에 빠뜨림으로써 살아날 길이 있다는 것이다'라고 하지 않았는가? 더구나 나는 아직 장군의 자격이 충분하지 못하다. 오합지중烏合之衆을 이끌고 싸워야 했기에 군대를 사지에 몰아넣어 필사의 각오로 싸우게 할 수밖에 없었다."

여러 장군들은 모두 탄복했다. 이것이 바로 한신의 '배수지진背水之陣'의 전법이며 고사로 전해지게 되었다.

이는 적으로 하여금 계략에 빠지게 한 함정이며, 성을 비워 공성을 만들자 복병들이 성을 점령함으로써, 지붕에 오른 조군을 내려오는 사다리를 없애버린 〈상옥추제〉의 계인 셈이다.

이 〈상옥추제〉에는 세 가지 의미가 있다.

첫째, 적군을 유인, 거침없이 진격하게 한 다음 그 퇴로를 차단함으로써 격멸시킨다는 전략이다.

둘째, 스스로 퇴로를 끊어 배수진背水陣을 치고(아군을 사지에 몰아넣고) 필사의 각오로 분전하게 한다는 계책이다.

셋째, 자기만 좋은 곳으로 가고 뒷사람을 오지 못하게 한다는 계책이다.

여기서 셋째의 경우를 예로 든다면 이는 일반적으로 전황이 불리하여 퇴각하는 경우, 하천의 대안對岸으로 도망하여 다리를 파괴하거나 성안으로 피난하여 성문을 닫고 적의 추격에서 벗어나는 전법이라야 들어맞는 전략이다.

기원전 201년, 유방劉邦이 황제皇帝로 즉위하고 한제국漢帝國을 확립하였다. 이때 한나라 건국의 일등공신 한신韓信은 초楚나라 왕으로 있으면서 그전부터 생각하고 있었던 모반謀反(쿠데타)을 망설이고 있었다. 이 정보가 황제 유방에게 전해졌다. 유방도 이미 한신의 태도가 이상함을 느끼고 있었다.

그러나 당장은 어떻게 쓸만한 방책이 없었다. 왜냐하면 한신은 천하에 이름난 명장인데다 유방 자신의 병력에 버금가는 군사력을 가지고 있어서 정벌할 수가 없었던 것이다.

그러자 참모인 진평陳平이 계책을 내놓았다. 유방 황제가 남쪽 지방을 초도 순행巡行巡視을 하니 모든 왕후王侯는 진읍陳邑으로 모이라 하고, 특히 이 회동에서 공신들에 대한 포상이 내려진다고 덧붙였다. 한신은 천하가 아는 일등공신이니 의당 큰 상이 내려질 것으로 알고 나타날 것이니 그때 체포하자는 계략이었다.

통지를 받은 한신은 모반할 생각도 있었으나 여러 왕후들의 동정도 살피고 자신의 위세도 보여, 자신이 왕후 중에서 가장 실력자임을 과시하고 싶은 생각도 있었다.

그러나 한신을 보좌하며 일을 도모하던 종리매鍾離昧라는 장군은 한신이 신읍에 가는 것을 반대했다. 그곳에 함정이 있다는 이유에서였다. 종리매는 본래 항우項羽 휘하에 있었기 때문에 황제 유방이 그를 미워하여 한신에게 숙청하라고 시달했으나 한신은 이를 묵살하고 휘하에 몰래 두어 온 인물이었다. 한신은 황제 유방을 안심하게 하려고 종리매의 목을 잘라 황제에게 바치기 위해 진읍으로 가져갔다.

한신이 도착하자 황제 유방이 친히 마중 나와서 그간의 노고를 치하했다. 그러나 황제가 물러가자 진평이 군을 지휘하여 한신 일당을 체포해 버렸다.

왕후들을 한곳에 모아 논공행상論功行賞을 실시한다는 것이 한신을 지붕 꼭대기에 올려놓고 군대를 동원하여 체포했으니 퇴로를 차단당한 〈상옥추제〉의 계략인 것이다.

상대를 유인하려면 꽤나 깊은 지혜와 달콤한 미끼가 있어야 한다. 이는 주도면밀한 계획이 없이는 성공하지 못한다. 입장을 바꾸어 말하면 상대의 달콤한 꾀임에 빠지는 일이 없도록 평소부터 세심한 주의가 필요하다. 지나간 뒤에 후회해 봤자 때는 이미 늦은 것이다.

한신이 종리매의 말을 듣고 진나라 읍에 가지 않았더라면 종리매도 살고 한신도 살았을 것이다. 살아 있어야 다음 일을 도모하고 새로운 모반도 계획할 수 있다.

《손자병법》에서 적을 유인해 퇴로를 차단하고 섬멸한다면 〈상옥추제〉의 계책과 같다고 했다. 한나라 유방이 한신을 써먹을 대로 써먹고 필요 없을 즈음 토사구팽兎死狗烹으로 유인해 없앤 것도 〈상옥추제〉의 계책이다.

제갈량, <상옥추제>로 조조군을 따돌리다

한漢나라 말기, 산동성 연주 일대에서 여포呂布를 격파한 조조曹操는 가까운 군사 요충지이자 산물이 풍부한 서주 일대를 손에 넣기 위해 노심초사했다. 하지만 민심이 서주자사 도겸陶謙을 따르고 있는 터라 뜻대로 할 수가 없었다. 그런데 얼마 후 도겸의 사망 소식이 들려오자 조조는 곧바로 군사를 몰아 서주를 치려 했다. 이때 책사 순욱荀彧이 반대하고 나섰다.

"연주 땅은 우리가 아직 기반을 잡지 못했고, 여포도 아직 우리의 배후를 노리고 있습니다. 만일 지금 서주 공략에 나섰다가 실패한다면 갈 곳이 없게 됩니다."

그 말에 조조는 씁쓸한 기분을 감출 수가 없었다. 이런 조조의 내심을 알아차린 순욱이 계속해서 그를 설득했다.

"아마 서주에서도 우리의 공격을 대비하고 있을 것입니다. 제가 저들이라면 반드시 들판의 곡식을 깨끗이 거둬들인 다음 수비에만 몰두할 것입니다. 그렇게 되면 우리는 닭 쫓던 개 지붕 쳐다보는 꼴이 되지 않겠습니까?"

그 말을 들은 조조는 순욱의 말에 승복하고 군사를 거두어들였다.

'닭 쫓던 개 지붕 쳐다본다'는 말은 <상옥추제>의 계에 걸려들 수 있다는 순욱의 말이었다.

훗날, 배후를 정리하고 나서야 서주를 평정할 수 있었다. 여세를 몰아 원소와의 관도대전에서 승리하여 화북을 통일한 조조曹操는 직제職制를 개편하고 내정을 쇄신했다. 어느 정도 힘을 기른 소소는 남방을 공략하고자 유비劉備가 머물고 있던 신야新野를 먼저 공격했다. 그러나 유비군의 세력을 얕본 조조의 선봉 부대는 제갈량諸葛亮의 화공법에 당해 패주하였다. 조조는 이 패배를 설욕하고자 50만 대군을 이끌고 출정 길에 올랐다. 병력이 열세에 있던 유비는 공명과 함께 계책을 논의했다.

공명은 유비를 위로하며 말했다.

"제가 살아 있는 한 조조도 그다지 두려울 것이 없으니 안심하십시오."

그리고 작전의 기본 원칙을 설명했다.

"첫째, 신야는 너무 협소하고 좁으니 먼저 근거지를 번성으로 옮겨야 합니다. 둘째, 신야를 떠나기 전에 성문에 방을 붙여 성안의 백성들을 책임지고 번성으로 피난시켜 주어야 합니다."

공명은 이를 실행하기 위하여 구체적인 군령을 내렸다.

"손건孫乾은 서쪽 강안江岸에 배를 준비해 두었다가 피난민을 사고 없이 나르도록 하고, 미방麋芳은 그 피난민들을 번성으로 인도해 주도록 한다는 계획을 수립했다. 그리고 관운장關運長은 군사 천 명을 백하白河 상류에 매복하되, 제각기 포대에 모래와 흙을 넣어 강물을 막도록 하시오. 그러다가 내일 밤 삼경에 하류에서 인마가 들끓을 때를 맞춰 지체없이 막았던 강물을 터뜨려 놓고 하류로 내려와 물속에서 우왕좌왕하는 적군에게 공격을 가하시오."

다음에는 장비張飛와 조운趙雲에게 명했다.

"장비는 군사 천명을 거느리고 하류에 매복해 있다가 관운장이 공격하거든 조조의 중군을 뚫고 들어가 함께 무찌르시오. 조운은 조조의 군사가 성안에 들어와 잘 때 일제히 불화살을 쏘아 불을 지르도록 하시오."

공명의 계책에 따라 장비는 관우가 상류의 둑을 터뜨리자, 군대를 이끌고 하류에 있는 조조군의 장군 조인曹仁을 막았다. 다시 장비가 상류로 올라오자 연이어 현덕, 공명도 강을 따라 상류로 올라갔다. 유봉劉封과 미방麋芳은 미리 배를 대기시켰다가 강을 건너 번성으로 갔다. 공명은 강을 건너 온 다음 배에 불을 질러 모두 태워 버렸다.

한편, 패장 조인曹仁은 나머지 군사를 수습하여 신야에 주둔하고, 조홍曹洪을 시켜 조조를 만나 불리하게 된 사정을 고하게 했다. 조조는 크게 노하여 대군을 일으켜 형주를 공격함으로써 제갈량이 신야를 불태운 원수를 갚으려 했다.

때마침 형주의 자사인 유표劉表가 병사하고 둘째 아들 유종劉琮이 자리를 차지하고 있었는데, 어린 나이에 겁이 많고 유약하여 계모 채씨蔡氏의 남동생인 채모蔡瑁 등에 둘러싸여 정사를 돌보고 있었다. 그는 조조의 병사가 국경을 압박하는 것을 알고는 조조에게 투항하려 했다. 유종은 내심 조조가 자신을 계속 형주 자사로 남아 있도록 허락할 것이라 생각했다.

그러나 조조는 칼날에 피 한 방울 묻히지 않고 형주의 여덟 개 군을 얻은 후, 범을 산으로부터 유인해 내는 〈조호이산〉의 계책을 사용하여 유종을 청주 자사로 이동시키려 했다. 그러자 유종이 놀라서 말했다.

"저는 관직을 맡지 않고 여기 남아 부모님의 땅을 지키고자 합니다."

조조가 자비로운 음성과 슬픔을 가장하며 말했다.

"청주는 수도와 가까운 도시이니 당신이 조정을 위하여 관리를 맡아준다면 형주가 다른 사람에게 함락되는 것을 피할 수 있을 것이오."

유종이 재삼 사양하였으나 허락을 받지 못하여 하는 수 없이 어머니와 함께 임지로 향했다. 그러나 그들이 이동하는 도중에 조조는 우금于禁을 파견하여 유종 모자를 살해해버렸다.

조조는 항복하도록 유종을 유인하여 함정에 빠뜨리고, 자신의 목적을 달성한 다음에는 다시 돌을 던져 전 가족을 몰살함으로써 후환을 끊어버린 〈상옥추제〉의 계를 쓴 것이다.

우리 속담에 사람을 나무에 오르게 하고 그 나무를 흔든다는 말이 있는데 그와 같은 계책이다.

〈상옥추제〉란 어디까지나 계략인 만큼 남을 꾀어내 사지에 몰아넣고 상대를 때려잡는 계책이다.

전쟁터에서는 계략이겠지만 경영 전선에서는 더 매끄러운 경영전술로 포장되어 자신의 간이 썩어들어가도 모르듯 감언이설로 반지르르하게 다가오지 않겠는가?

　조직 속에서는 계책도 필요하겠지만 일단 개인과 개인이 만나는 연정과 따스한 마음이 흐를 때 인정이 쌓이고 하고자 하는 의욕이 불타 플러스알파의 힘을 기대할 수 있다.

　〈상옥추제〉의 계는 어리석은 사람들에게는 속임수를 쓰고, 물욕이 있는 사람은 재물로 유착하여 궁지에 몰아넣는 계략이다. 그런데 자칫 자기가 맘속에 가진 생각을 함부로 발설하여 경계 당하는 수도 있다. 그래서 자신만이 가진 비책은 섣불리 꺼내지 않는 것이 좋다. 특히 자신의 포부를 실현하기 위한 상황에서는 더욱 그렇다. 재능이 뛰어나고 야심이 있어 사장이나 회장이 되고 싶은 관리자라면 경쟁자들이 그 야망을 알게 해서는 안 된다. 그렇지 않으면 속이 좁은 사장이나 동료로 인해 직장에서 쫓겨나거나 기업 내부의 희생양이 될 수 있기 때문이다.

　포커 게임에서처럼 히든카드는 숨겨둬야 한다. 상대방이 경계심을 갖지 않도록 겸손하고 심지어 어수룩하게 보이도록 〈가치부전〉하는 것이 자신에게 유리하다. 그래야 옥상에 올려놓고 사다리를 치워 버리는 기습을 피할 수 있기 때문이다.

　〈상옥추제〉라는 계에서 푸른 별이라는 지구 위에서 벌어지는 작금의 사건을 눈여겨 보지 않을 수 없다. 세계는 지금 국가를 유지하기 위한 자위수단으로 핵과 재래식 무기와 수를 헤아리기 힘든 군대를 양성하여 일촉즉발의 험한 분위기를 유지해가고 있다.

　이처럼 철저한 방비로 물샐틈없이 방비하고 있는데도 각 곳에서 테러는 끊임없이 벌어지고 있다. 최첨단장비와 정보망을 갖추고 우주방어까지 공언한 미국의 심장부 뉴욕에 테러를 자행해 세계를 경악게 했다.

　지구라는 땅 위가 상옥上屋처럼 위험천만한 곳이라는 것을 알게 되었고 추제抽梯처럼 빠져나갈 구멍도 없이 있는 자리에서 그대로 당할 수밖에 없는 28계 〈상옥추제〉의 엄연한 현실을 묵도했다.

돌이켜 보건대 2차 세계대전 후 몇 차례의 전쟁이 있었느냐고 물으면 어렵지 않게 한국전쟁(1950년), 월남전쟁(1957년), 중동전쟁(48.56. 73년), 걸프전(1990년) 등을 열거할 수 있다.

그러나 1945년 이후 테러는 200여 차례에 800여 만의 군인들이 살육당했다면 어떻게 생각할까? 이 숫자에 민간인의 피해 숫자는 포함되지 않고 그동안 전쟁으로 인하여 아사된 사람은 포함되지 않은 것이라면 믿겠는가?

공교롭게도 1차 세계대전 때 전체 전사사 수가 840만 명인데 2차 대전 후 전쟁 아닌 테러에서만 이 정도라면 지구는 늘 살육장이 되어 있다는 사실에 놀라지 않을 수 없다. 각국은 세계대전이 아닌 상태에서 또 하나의 보이지 않는 1차 세계 대전과 같은 살육의 현장을 나날이 겪고 있는 셈이다.

지금 유엔 가입국이 180여 개국인데 이리저리 따져 80여 회원국이 전쟁을 치렀다. 1945년 9월부터 2001년 이후를 전후戰後라는 말을 사실상 틀린 말이나 다름없다고 말할 수 있다.

2차 세계대전이 종식되면서 미국과 소련의 냉전冷戰(Cold War) 관계에 의해 국제 질서가 재편되었다. 그리고 21세기를 맞으며 탈냉전이라고 하지만 핵무기와 막후의 재래식 정규군은 그대로 누고 검지손가락을 방아쇠에 걸고 입으로만 평화를 논하고 있는 것이다.

따라서 지구는 지금도 지붕에 올라간 듯 전쟁의 위협을 끊임없이 받고 있으며 전쟁 마당에서 내려올 수 없는 사다리를 치워버린 〈상옥추제〉의 자리에서 서로의 눈치만 보고 있다.

제29계

허풍도 때에 따라서는
큰 힘이 된다

수상개화 樹上開花 나무 위에 꽃이 피게 한다	나무 위에 꽃이 피어있게 보인다. 위세 있게 보여 믿게 하는 허장성세를 뜻한다. 꽃이 피지 않는 나무에 비단 꽃봉오리를 만들어 꽃이 핀 것처럼 보이게 한다. 호가호위狐假虎威, 즉 상대방을 현혹시켜 혼란스럽게 만든다.

'수상樹上'은 나무 위를 말하고, '개화開花'는 꽃이 핀 것을 의미한다. 수상개화樹上開花를 철수개화鐵樹開花라고도 하는데 이는 꽃이 없는 나무에 비단으로 꽃을 만들어 붙여 꽃이 핀 것처럼 보이게 하는 것을 말한다. 이는 작전상 정예부대를 전면에 포진시켜 세력이 큰 것처럼 형세를 완벽하게 보이게 하거나 깃발이나 칼·창·북·꽹과리 등으로 이쪽을 대병력으로 보이게 하여 속이는 책략이다. 즉, 깃발을 요란하게 흔들거나 큰소리를 치거나 사물놀이로 요란을 떨며 '허장성세'로 위장하여 상대에게 겁을 주거나 주력부대를 다른 곳으로 이동하여 적을 묶어놓는 작전을 말한다.

소수인 병력을 대부대로 속이기 위해 이편의 열세를 강세인 양 위장하는 전법, 또는 그러한 위장으로 동지의 사기를 높이고자 하는 술책도 병행하여 사용한다.

'허장성세虛張聲勢'는 고무 주머니에 바람을 넣는 것처럼 '일부러 자신의 얼굴을 살찐 사람처럼 보이게 한다.'는 의미이지만 '거드름을 피우며 영웅인 체한다.'는 뜻도 있다. 그러나 전투 시 이 계는 간단치 않다. 그것은 상대방을 현혹시켜 전투 의지를 약하게 하거나 갑자기 허점을 파고들어 어릿어릿하게 만드는 수법이 이에 해당하기 때문에 치밀한 계획이 필요하다.

군웅이 할거하던 전국시대에는 때때로 나라들끼리 연합전선을 형성하는 경우가 많았다. 이름 하여 합종연횡合從連衡인데 소진蘇秦의 합종설과 장의張儀의 연횡설을 말한다. 합종연횡을 할 때는 다른 우방을 끌어들이기 위해서 이편의 군세軍勢를 크게 보여야 하기 때문에 위장으로 허세를 부리는 경우가 많았다.

최고의 병법은 싸우지 않고 이기는 전법이므로 이 계에서는 적군의 힘을 빌고 아군의 위세를 한껏 끌어올려 적을 굴복시키는 전략이다.

태공太公(여상)은 무력을 쓰지 않고 문덕文德에 의해 적을 괴멸하는 방법을 12가지로 나누어 설명하고 있다.

첫째, 적의 군주가 좋아하고 바라는 대로 순응하면 그는 반드시 교만해져 이쪽에 이로운 일이 있을 것이라고 했다. 이때 계략을 꾸며 적을 치면 일거에 제거할 수 있다.

둘째, 적의 군주가 총애하는 신하와 군주 사이를 양분해 총애받는 신하가 두 마음을 품게 하면 조정에는 충신이 없게 되어 그 나라는 반드시 위태로워질 수밖에 없다는 계책이다.

셋째, 비밀리에 적 군주의 측근 신하에게 뇌물을 주어 그의 마음을 매수해 두면, 그의 몸은 적국 안에 있으나 마음은 이편으로 기우므로 그 나라에는 반드시 좋지 않은 일이 생겨 패망한다는 계책이다.

넷째, 적국의 군주가 음란한 짓을 좋아하도록 조장, 미인을 바쳐 정치를 잊도록 한다. 그리고 말씨를 정중하게 하여 비위를 맞추고 하라는 대로 따라 해주면 그는 스스로 멸滅의 길로 가게 될 것이다.

다섯째, 사자로 온 적국의 충신을 후하게 대접하고 그 군주에게 보낼 예물은 도리어 적게 함으로써 군주로 하여금 충신이 예물을 빼돌리지 않았나 의심을 품게 한다. 그리고 그 사자를 되도록 오래 머물러 있게 하여 돌려보내지 않으며. 짐짓 그의 제의를 들어주지 않아 적국의 군주로 하여금 사자를 무능하다 여기게 한다. 그리하여 다른 사자를 다시 파견하도록 하며, 새 사자에게는 이쪽의 성의를 전하여 친밀하고도 신의가 있는 듯이 보이면 적국의 군주는 더욱 먼저 보낸 사자를 의심하고 새로운 사자를 신임하게 만드는 술책이다.

여섯째, 적국의 대신을 회유하여 매수하고, 밖에 있는 신하와 이간한다. 재능과 지혜가 있는 관리가 밖으로 겉돌면서 비밀리에 이편을 돕게 하여 적국을 내부로부터 붕괴하도록 꾸민다.

일곱째, 적국 군주의 마음을 사로잡아 움직이지 못하게 하자면 후한 뇌물을 충군애국忠君愛國 하는 측근 신하에게 보내 비밀리에 매수하여 그들이 각자 그 본분을 가벼이 여기게 하고, 나아가 그들의 업적業績 마저도 다 없앤 다음 이쪽으로 마음을 돌리는 계책이다.

여덟째, 적에게 국가의 중요한 보물을 예물로 보내 그에게 이익을 주는 듯이 하여 이쪽을 믿게 한다. 이러한 친분이 쌓이고 거듭되면 그는 반드시 이편을 위하여 움직인다는 계책이다.

아홉째, 적국의 군주를 허명虛名으로 치켜세워 안심시키고, 그 위세의 광대廣大함을 들려주면서 그의 마음에 들도록 순종한다면, 그는 반드시 이

편을 믿을 것이다. 그의 허명을 치켜세워 교만한 마음을 일으키고, 자기를 성인인 듯이 생각하도록 하면, 그는 나라의 정사를 게을리하여 점차로 쇠망의 길을 걷게 될 것이라는 계책이다.

열 번째, 그 앞에서는 몸을 낮추고 겸손함으로 신용을 얻어 생사를 함께 하려는 사람으로 믿게 한다. 그리고 나서 그가 깨닫지 못하도록 비밀리에 적국을 빼앗을 계략을 짜놓고 기다리다가 때가 오면 하늘이 그를 멸망시킨 것처럼 적을 쓰러뜨리는 전략전술이다.

열한 번째, 적국의 군주를 속박하여 적을 친다. 남의 신하가 된 자는 누구나 부귀를 중히 여기고 죽음과 재난을 두려워하지 않는 자가 없다. 이 같은 약점을 이용하여 비밀리에 그와 같은 신하를 매수하여 친교를 맺어 둔다. 그리고 국내의 재정이 충분하더라도 외국에게는 무척 궁핍한 것처럼 보여 적을 안심시키고, 그동안에 슬그머니 지모智謀 있는 사람을 보내 계략을 꾸민다.

열두 번째, 적국의 난신亂臣을 양성하여 그 군주의 마음을 미혹하고, 미인이나 음란한 음악을 진헌進獻하여 그 군주의 마음을 어지럽게 하거나 좋은 개와 말을 보내 사냥에 빠져 몸을 지치게 하고, 권세와 위력을 갖도록 하여 적이 방심하도록 유도하였다가, 위로는 천시天時의 도래到來를 살피고 아래로는 모든 사람과 한뜻이 되어 적의 토벌을 도모하는 전술을 편다.

이상의 열두 가지 방법이 충분히 갖추어진 뒤에야 비로소 무력을 사용하라고 말하고 있다. 그리고 나서 위로 천시天時와 지리地理를 살펴 일을 도모하도록 태공은 말하고 있다.

태공의 열두 가지 전법에는 〈수상개화〉의 전략이 행간 속에 녹아 있다.

〈수상개화〉의 단면은 사업장에서도 얼마든지 볼 수 있다. 자기 자본이 모자라 다른 사람의 자본을 끌어들이기 위하여 자못 대자본을 가진 것처럼 남의 빌딩을 자기 회사건물처럼 위장하거나 사장실을 호화찬란하게 꾸미고 값비싼 옷차림을 하는 위장전술도 〈수상개화〉의 일환이다. 가령 돈 많은 부잣집 처녀와 결혼하기 위해 가짜 박사를 호칭하거나 아버지가 고위층 인사라 속이고 남의 고급 승용차를 빌려 타고 데이트 장소에 나타나는 것도 일종의 〈수상개화〉의 수법이다.

이 계책의 운용은 사람을 '놀라게 하다, 쥐어짜다, 뜯다.'의 세 단계로 요약할 수 있다. 제일 첫 단계는 놀라게 하는 것이다. 위세 등등하여 단번에 상대방이 겁을 먹게 할 수 있다면 〈수상개화〉이며, 소리를 질러 사람의 정신을 잃게 하여 적을 굴복시키는 것 또한 〈수상개화〉다. 마음으로 '쥐어짜는' 전술은 반강제로 강탈하는 수법이다.

기업가들에게 은근히 겁을 주어 정치자금을 모으게 하거나 국제간에 핵공포감을 조장하여 유리한 국면으로 이끄는 것도 '쥐어짜는' 〈수상개화〉의 전술이다.

'겁나게 하고, 쥐어짜고, 뜯는' 삼부곡은 부인들이 남편을 다룰 때 처음엔 울고, 그다음에 굶고 마지막엔 목매는 것과 같이, 표현은 다르나 효과는 확실한 기법이다.

이러한 속임수를 전쟁에서는 '계략'으로 또는 '전술'로 받아들이고 있다. 흔히 전략은 전쟁을 전반적으로 이끌어가는 방법이고 전술은 전쟁을 이기기 위한 기술이나 방책을 말한다.

《삼국지》에서 제갈량이 텅 비어 있는 성루에서 혼자 거문고를 타고 있는데 사마의가 많은 군대를 이끌고도 공격을 포기하고 일단 물러갔다.(32계 〈공성계〉에서 자세히 다룬다) 이는 제갈량 같은 사람이 혼자서 천연덕스럽게 버티고 있으니 필경 모종의 함정이 있는 것으로 생각한 것이다. 사실상 성안은 텅 비어 있었는데도 허장성세의 위장술에 사마의와 같은 지장도 감히 쳐들어가지 못했다. 제갈량은 〈수상개화〉 연출의 극치를 보여준 좋은 예라 해야 할 것이다.

〈수상개화〉란 가짜로 만든 꽃을 꽂아 꽃이 핀 것처럼 사람들의 눈을 속이는 방법이다. 꽃이 필 때까지 기다린다는 이야기는 계책을 펴놓고 그 계책이 성숙하기를 기다리거나 이제 막 시작한 계책이 먹히기를 기다리는 인忍이다.

춘추시대 초楚나라의 어느 보석상이 보석을 비싼 값으로 팔기 위해 값비싼 상자를 만들어 그 안에 보석을 넣어 정鄭나라로 가지고 갔다. 한 사람이 와서 그 상자에 현혹되어 상자만 사갔다. 알맹이를 빼놓고 껍데기만 가져간 것이다. 상자값에는 보석값도 포함되어 있었는데 껍데기만 취한 어리석은 사람이었다. 포장을 그럴듯하게 한 껍데기에 현혹된 어리석은 사람의 예이다. 이처럼 〈수상개화〉는 겉으로는 그럴듯하나 속이 비어 있는 상태를 말한다.

전국시대 말에 상인 여불위呂不韋가 가짜 보석을 호화찬란한 상자에 넣어 연燕나라 왕실에 비싼 값으로 팔아 톡톡히 한밑천 잡았다는 이야기도 〈수상개화〉에 해당된다. 이 포장술包裝術이 바로 이 계책의 진면목이라 할 수 있는데 이러한 상술商術도 계책인 것이다.

천하 통일을 이루었던 한漢나라가 기울대로 기울어 유명무실해지자 각지의 군웅들은 중원 지역을 차지하기 위하여 피비린내 나는 싸움을 계속했다. 전략의 하나인 모명정체冒名頂替란 적으로 가장해서 적을 속이는 계략을 말한다. 그러니까 가짜로 진짜를 감추고 진짜를 가짜로 혼란시키는 기만전술로《병경백자兵經百字》는 말하고 있다. 이는 또 이가난진以假亂眞이라고도 하는데 가짜가 진짜를 혼란하게 하는 것으로 물을 휘저어 고기를 잡는 〈혼수모어〉와 같은 목적으로 혼란을 꾀하는 계책이다.

후진, 〈수상개화〉로 유유군에 멸망하다

동진東晉의 무장 유유劉裕(뒤에 농진을 멸망시키고 남북조 시대南北朝時代의 송

宋을 건국함)가 직접 병력을 이끌고 남연南燕을 치고 들어갈 때였다.

유유의 대군에 포위되어 함락이 목전에 다다른 남연은 이웃 나라 후진後晉에 원군을 요청했다. 그 무렵 후진은 강국이었다. 후진은 유유에게 사자를 보내 이같이 전했다.

"남연은 우리 후진의 이웃 나라인데 남연의 위기를 그대로 보아 넘길 수는 없다. 이미 기병 10만이 출발할 준비를 하고 있다. 만일 지금 곧 철수하지 않으면 귀국은 우리와 싸우게 될 것이다."

그 말을 들은 유유는 화가 머리끝까지 올라, 사자에게 호통을 쳤다.

"돌아가서 후진 황제에게 전하라. 나는 남연을 멸망시킨 다음에는 곧바로 후진을 멸망시킬 작정이라고. 후진이 빨리 멸망하고 싶다면 그래도 좋을 것이다."

그같이 호통을 쳐 사자를 쫓아 보냈다. 이 말을 듣고 있던 부하 한 사람이 만일 후진과 남연이 연합해서 쳐들어오는 사태가 벌어지게 되면 도저히 상대할 수 없게 된다고 걱정했다. 그러나 유유는 그 말에 자신만만하게 받아쳤다.

"싸움은 속도전이다. 이것은 병법의 상식이다. 만일 후진이 정말로 남연을 도울 생각이 있었다면 이미 병력을 차출했을 것이다. 인제 와서 일부러 사자를 보내 내게 소식을 전할 리가 없다. 후진은 허세인 〈수상개화〉를 부리고 있을 뿐이다."

유유의 통찰은 정확했다. 후진이 출병을 계속 주저하고 있을 때 남연은 결국 410년 유유군에 의해서 멸망하고 말았다. 또 남연을 구원하지 않았던 후진도 417년 유유에 의해 그의 예언대로 멸망하고 말았다.

지리가 천시만 같지 못하다는 말처럼 유유가 남연을 정복했을 때 후진이 도왔더라면 두 나라가 다 무사하고 새로운 역사의 장을 열었을지도 모를 일이다. 그러나 〈수상개화〉로 허세만 부린 후진은 유유의 말대로 그에

게 정복당하는 신세가 되고 말았다. 그런 예는 근세 역사 속에서도 찾아 볼
수 있다.

중국군, <수상개화>로 일본군을 속여 무사히 후퇴하다

일본군이 중국 대륙을 침략했을 때의 일이다. 일본군은 산시 성山西省으
로 물밀 듯이 쳐들어갔다. 일본군은 큰 저항 없이 염석산閻錫山 지역으로
진격, 운성運城이라는 곳에서 머물렀다. 그 이유인즉 성안 중국군 사령부에
소장이 지휘하고 있다는 정보를 입수했기 때문이다. 일본군의 선발대는 연
대병력이었으나 그간에 많은 손실로 실제 병력은 절반으로 줄어 있었다.
그런데 중국군 지휘관이 소장이라면 사단급이니 함부로 공격했다가는 전
멸할 수도 있었던 상황이다. 그래서 적의 동태를 상세히 살피기 위해 공격
을 멈추고 전황을 살펴보고 있었던 것이다.

그렇게 며칠이 지나자 중국군은 스스로 성을 비우고 물러나고 말았다.
뒤에 알게 된 사실이지만 소장은 진짜가 아니고 가짜였다. 그들은 성안에
주둔하고 있는 부대가 대부대인양 위장한 것이었다. 앞서 말한 <금선탈각>
이라는 계처럼 허물을 벗고 달아난 것이기도 하고, 계급이 높은 소장이 있
는 척 위장한 <수상개화>의 계책이기도 하다. 이 작전에서 일본군의 진격
이 너무 빨라 중국군은 미처 후퇴하기가 여의치 않았다. 그래서 안전한 후
퇴를 도모하기 위해 진격해 오는 일본군을 저지해야 했는데 후퇴하는 군대
로서는 그러한 양동 작전이 어려웠고, 그럴만한 여유도 없었다. 그래서 운
성 안에 대부대가 숨어있는 것으로 위장하여 일본군의 공격을 멈추고, 시간
을 벌어서 안전하게 후퇴한 것이다. 그때 성안 중국군은 1개 중대에 불과했
다. 중국군의 <수상개화> 계략에 일본군이 완전하게 걸려들었던 것이다.

후퇴하는 중국군의 선봉先鋒에는 잘 훈련된 특별한 정예부대가 있었다.
이는 인재를 신빌, 특별 훈련을 하고 우수한 장비로 무장한 특수부대였다.

특수부대는 주요 전투에서 결정적인 전기轉機를 노려 전장에 투입되며 적진영의 구멍을 뚫는 뇌관과 같은 역할을 하도록 훈련받았다.

이것은 마치 대포알이 목표 지점에 떨어져 땅에 부딪히면 뇌관이 터지면서 파편이 튀어 적진을 파괴시키는 것과 같은 효과를 지니고 있었다.

이세민, <수중개화>로 돌궐로부터 수양제를 구하다

수隋나라의 양제楊帝가 쓸데없는 허풍으로 하마터면 국권을 상실할 뻔했던 이야기이다.

수양제 양광楊廣은 방탕 무도하고 허풍이 심해 자기 능력을 과시하기를 좋아하는 폭군으로 이름이 나 있었다. 그는 자리를 찬탈한 지 얼마 안 되어 무력으로 백성들의 원성을 가라앉히고자 북방 변경으로 순행을 단행했다. 순행 길에 북방 백성들이 남쪽으로 내려와 소란 피우지 못하게 그들이 보는 데서 무력을 과시해 위세를 떨쳐 보이도록 하기 위해서였다.

통치자는 매사를 침착하면서 유비무환의 자세로 임해야 하는데 자기 생각과 기분으로 행하다가 돌궐국突厥國의 국왕 시필가칸始畢可汗에게 위기에 처했던 일이 있었다.

시필가칸은 평소에 한족漢族 때문에 갖은 고생을 해 뼛속 깊이 복수의 일념을 품고 있었다. 수양제의 이번 행차에 호위병이 별로 없다는 소식을 듣고 천재일우의 기회라고 생각하고 비밀리에 몇십만 대군을 일으켜 급습하고자 계획을 세웠다. 그리고 수양제가 순방길에 올라 그곳에 도착하자 계획대로 행동에 옮겼다.

그는 스스로 군대를 통솔하여 수양제를 겹겹이 포위해서 안문관雁門關에 가두고 봉쇄하여 수나라 군신君臣을 모두 굶겨 죽이려고 했다.

수양제는 뜻밖의 상황에 왕실을 구하려고 했지만 역부족이었다. 이미 물샐틈없이 포위되어 겹겹이 둘러싼 시필가칸의 병사들이 지키는데다 안으로는 군량과 마초조차 떨어져 이미 군마까지 잡아먹는 지경이었다. 할 수 없이 구조를 명하는 칙서를 나무판에 새겨서 흐르는 분하汾河로 던졌다. 떠다니다가 한족의 수중에 흘러들어 가길 바란 것이었다. 확실성도 없고 허황된 희망일 수도 있지만 어쩔 수 없는 처지에서 그나마 실낱같은 희망이었다.

당시 산서山西의 태원유수太原留守는 이연李淵이었는데, 그의 아들 이세민은 막 16세가 된 기지 있고 용감한 청년이었다. 그는 우연히 강에 나갔다가 수양제의 칙서를 건져 들고 보니 황제가 포위됐다는 내용이었다. 그는 대병관帶兵官 운정흥云定興에게 이 사실을 알렸다.

"돌궐이 방자하게 황제를 포위한 것은 틀림없이 구원군이 오지 않을 것이라고 생각했기 때문입니다. 그러하니 지금 우리의 이 빈약한 병력으로 그 포위망을 뚫으려면 허장성세의 계책을 써서 부대의 행렬을 앞뒤로 몇십 리로 늘여 구원병이 많은 것처럼 보이게 하는 것이 좋겠습니다. 그리하면 그는 물러갈 것입니다."

유정흥은 그의 건의대로 대오를 몇십 리로 늘리고, 깃발이 끊이지 않게 했다. 과연 돌궐의 첩보원이 멀리서 보고는 몇십만의 군대가 몰려오고 있는 것으로 생각하고, 시필가칸에게 알렸다. 시필가칸은 크게 놀라 바로 철수를 명했다.

실제 병력은 얼마 안 되는데 많게 보이게 꾸민 계가 〈수상개화〉의 계책이다.

이 〈수상개화〉의 계책은 동물 세계에서 더한층 생생한 모습으로 보여주고 있다.

사자가 짝을 차지하려고 목덜미의 털을 치세우는 것이나, 공작이나 칠면조 같은 조류의 수컷이 암컷에게 잘 보이기 위해서 털을 세우고 기세등등하게 어우르는 모습에서 〈수상개화〉의 책략을 볼 수 있다.

운동경기에 앞서 선수를 소개할 때 상대를 노려보며 눈싸움을 하는 것도 알고 보면 〈수상개화〉의 한 단면이라 할 것이다.

아무리 날고 기는 장수라 하더라도 어딘가 허점은 있게 마련이다. 〈수상계화〉는 이 허점을 찾아 공략하는 계책 중의 계책이다.

단도제, 〈수상개화〉로 북위군으로부터 안전하게 회군하다

남조南朝 송宋 원가元嘉시절 문제文帝에 의해 발탁된 단도제檀道濟가 북벌을 할 때 생긴 사건이다.

"단도제야, 단도제야, 네가 항상 이기는 장수는 아닐 것이다. 이번에는 내가 너의 몇십만 오랑캐를 굶겨 죽일 것인바, 네가 굶주린 배로 어떻게 싸우는지 보고 싶구나!"

북위北魏군 수천 기마는 나는 듯이 전선으로 달려갔다. 바로 그때 단도제가 역시 병사를 이끌고 서둘러 도착했지만 수만 석의 군량미는 북위군에 의해 이미 재로 변해 있었다. 단도제는 자신이 한순간 실수로 군량미와 마초를 지키지 못한 것을 뼈저리게 후회했다.

송군은 용맹했지만 군량미가 불타 부족하였고, 또한 후방의 원조가 없이는 도저히 싸울 방법이 없었다. 단도제는 역성에서 철군을 준비할 수밖에 없었다.

굶주린 송군은 이미 마음이 불안해지고 사기가 떨어져 전의를 상실하고 있었다. 이때 송군의 한 병사가 위군에 투항하여 송군의 부족한 군량미의 상황을 북위 장수에게 상세하게 보고하는 사건이 일어났다.

북위는 곧 대군을 파견, 단도제를 추격하여 겹겹이 포위했다. 북위군이 기세등등하게 포위해 오는 것을 보고, 송군의 병사들은 모두 공포에 떨며 대오에서 이탈하여 도망치는 병사가 생기기 시작했다.

그렇지만 단도제는 태연자약하게 진두에 서서 휘하의 병사들에게 활쏘기를 그치고 영채를 세우라고 명령했다. 몇십만의 송군 영채는 십여 리에 달했다. 그 위세에 눌려 북위군도 함부로 진격할 수가 없었다.

황혼 무렵 단도제는 깊은 생각에 잠겼다. 그때 머리 위로 기러기 떼가 날아가고 있었다. 대오를 나란히 하여 날아가는 기러기를 보고 그는 화살을 당겼다. 그러나 화살은 기러기에 미치지 못하고 떨어졌다.

멀리 날아가 버리는 기러기를 보고 단도제는 어떤 묘안이 떠오른 듯 배급 관리에게 물었다.

"군중에 양식이 얼마나 남았는가?"

배급 관리는 얼굴에 난색을 띠며 대답했다.

겨우 오백 석으로 전군의 이틀 치 분량입니다."

"아, 그거면 충분하다."

단도제가 그에게 무어라고 귓속말을 하자, 배급 관리는 연신 고개를 끄덕였다. 그날 저녁, 송군의 군영은 등불로 휘황찬란했다. 단도제는 직접 배급 관리를 불러 말했다.

"본인은 네가 군량미를 도적질하여 팔아먹는다고 들었다. 히여 철저하게 검사하여라. 만약 그 말이 사실이면 적과 내통한 것으로 간주하여 즉시 참수하겠다."

배급 관리가 큰 소리로 말했다.

"억울합니다. 이것은 어떤 못된 놈이 무고를 한 것이니 장군께서 검사하시고 삼만 석의 군량이 못되면 처분하시는 대로 따르겠습니다."

단도제는 곧 직속 참모에게 하나하나 낟가마까지 세어보라고 지시했다. 높게 쌓여있는 곡식 포대를 여니 황금색 미알이 쏟아져 나왔다. 송군의 군량은 아직 충분한 듯했다.

이러한 송군영의 상황은 위군의 첩자에 의해 즉시 정탐되어 곧 북위 장군에게 보고되었다. 물론 단도제의 계략대로 군영의 군량은 아직 넉넉하니 만일 단도제와 결전을 치르면 북위군이 이길 가능성은 없다는 보고였다. 단도제의 〈수상개화〉의 계책이 첩자에게 전달된 것이다. 송군의 군량은 모두 타버렸는데 어떻게 삼만 석이나 되는 군량이 남아 있겠는가? 단도제 영내의 군량미는 모래포대 위에 한 겹의 곡식을 덮어씌운 것일 뿐이었다.

단도제는 〈수상개화〉의 계책을 활용하여 송군의 수십만을 안전하게 회군할 수 있었던 것이다.

나무에는 꽃이 없으나 꽃을 만들어 붙여 진짜인 것처럼 위장하면 사람들의 주목을 받을 수 있다. 따라서 없는 것을 있는 것처럼, 약한 것을 강한 것처럼 보이는 위장술도 훌륭한 전술의 하나요, 〈수상개화〉의 계략이다.

장비, <수상개화>로 조조군을 속이고 시간을 벌다

유비劉備가 조조曹操에게 여러 번 패하고 형주에 있을 때의 일이다. 유표劉表가 죽은 후 유비는 허탈하고 심란하여 쓴 입맛을 다시며 먼 산을 바라보고 있었다.

이때 조조가 군사를 거느리고 남쪽으로 내려가 직접 완성宛城에 이르렀다. 유비는 급하게 형주의 군사들과 백성들을 이끌고 강릉으로 후퇴했다. 함께 가는 백성들이 너무 많았기 때문에 후퇴하는 속도가 늦을 수밖에 없었다. 때문에 조조가 유비를 추격하여 패퇴할 지경에 이르렀다. 그런 와중에 유비의 처와 아이들도 모두 흩어지게 되었다. 유비는 장비張飛에게 뒷길을 끊어 추격병을 막도록 했다. 장비는 겨우 이삼십 명의 기병을 거느리고 수많은 군사를 거느린 조조를 맞아 싸워야 했다.

장비는 한 계략을 생각해냈다. 기병들에게 숲에 들어가 나뭇가지를 잘라서 말 꼬리에 묶은 뒤 이리저리 달리도록 했다. 그리고는 자신은 검은 말을 타고 손에 긴 창을 들고 언덕 위에 위풍당당하게 서 있었다.

조조의 병사들은 장비가 홀로 창을 들고 말등에 앉아 언덕에 있는 모습을 보고 기괴하게 생각했다. 또 숲 속에서는 흙먼지가 심하게 일어나는 것을 보는 순간 숲 속에 수많은 복병이 있을 것이라고 생각하여 진격을 멈추었다. 장비는 단지 이삼십 명의 기병을 거느리고 추격하는 수많은 군사를 막아내어 유비와 그의 형수 그리고 백성들을 안전하게 후퇴시켰다. 장비가 먼지를 일으키며 많은 군사가 있는 것처럼 꾸민 계략이 바로 〈수상개화〉다.

〈수상개화〉는 원래 꽃이 피지 않는 나무에 갑자기 꽃이 피게 한다는 의미로 '철수개화鐵樹開花'라고도 한다. '철수개화'는 병장기에서 불꽃이 일어 꽃이 핀 것처럼 보인다는 말이다.

병법에서는 적군의 허장성세를 보고 도리어 그 힘을 빌려 아군의 위세를 높이고 적을 떨게 하는 계략이다.

가짜 노베루 장군

2차 세계대전 때 연합군이 이탈리아에 상륙했을 때의 일이다. 노베루 장군이 이끄는 사단은 이탈리아 군부가 믿는 정예부대였다. 노베루 장군은 유능한 전략가인데다 훌륭한 인격의 소유자로 이탈리아 국민들의 신망이 두터웠다.

노베루 군대는 연합군의 상륙을 맞아 분전하여 연합군의 내륙진격을 차단하는 데 공이 컸다. 그런데 이 노베루 장군이 이탈리아의 반파쇼 지하조직에 의해 암살당하고 말았다. 연합군에 의해서 죽은 것이 아니고 같은 이탈리아인의 손에 죽은 것이다. 암살자는 현장에서 체포되어 총살되었는데 사령부는 이를 극비에 붙이고 가짜 노베루 장군을 내세우기로 했다.

그 사단 예하 부대에 노베루 장군을 꼭 닮은 하사관이 있었다. 그는 원래 깡패출신으로 무식한 껄렁패였지만 노베루 장군의 군복을 입히니 누가 보아도 노베루 장군 그대로였다.

사령부의 참모들이 가짜 노베루 장군을 내세운 것은 그의 사망이 알려지면 군의 사기가 떨어져 무단 이탈병이 속출할지도 모르고, 또 연합군에게 알려지면 연합군이 대공세를 취해올 것이 뻔했기 때문이었다.

노베루 장군의 암살을 감추었기 때문에 장병들은 분전을 계속할 수 있었다. 그런데 아이러니컬하게도 가짜 노베루는 장군복을 입고 장군 행세를 하는 동안 성격도 어느새 노베루 장군을 닮아 명실공히 진짜 노베루 장군이 되어갔다.

이 노베루 사단은 가짜 노베루를 중심으로 일 년을 싸우다가 끝내는 연합군의 이탈리아 점령에 의해 포로가 되고 말았는데 가짜 노베루 장군도 수용소로 끌려 들어왔다. 연합군은 그가 가짜 노베루임을 몰랐다.

이 가짜 노베루 장군은 포로수용소에서 포로들을 선동하여 연합군의 감시병을 죽이고 대탈출을 기도했으나 전원이 체포되어 실패하고 말았다. 연합군은 주모자들과 함께 노베루 장군도 총살형에 처했는데 이 가짜 노베루는 끝까지 진짜 노베루 장군행세를 하며 죽었다. 종전 후 이 사실이 비로소 알려지고 이 드라마틱한 스토리는 영화로 만들어져 화제가 되기도 했는데 이것이야말로 죽은 사람에게 혼을 불어 넣은 〈차시환혼〉이요, 죽은 나무에 꽃을 피운 〈수상개화〉였다.

우리나라의 이순신 장군도 이 계를 활용하여 일본군을 감쪽같이 속여 물리쳤다. 임진왜란 때 영산강 하류까지 일본 전함이 쳐들어왔었다. 이때 이순신 장군은 유달산 봉우리를 노적봉인양 짚으로 둘러싸 낟가리로 위장하고, 영산강 강물에 흰 석회가루와 밀가루를 풀어 쌀뜨물처럼 보이게 했다. 쌀뜨물이 쉬임없이 흘러내리는 것을 일본군이 보고 엄청난 병력이 있는 것으로 알고 뒤로 물러서서 전진하지 못했다. 이처럼 유능한 장군이나 지도자일수록 병법과 지략이 뛰어났다.

선사시대의 동굴벽화를 보면 짐승은 커다랗고 생생하게 그려져 있는데 막상 그 먹이를 쫓고 있는 사람들의 모습은 희미하게 그려져 있는 경우가 있다. 수렵시대와 마찬가지로 농경시대에도 인간은 자연에 대하여 많은 관심을 기울였고 산업화 시대에 이르러서도 그 관심의 대상은 인간이 아닌 기계와 같은 물질에 쏠려 있었다. 그러니까 인간보다는 자연이나 기계를 더 잘 알고 더 잘 다루어야만 살아갈 수 있었다는 이야기다.

인간을 뜻하는 페르손Person이라는 말은 라틴어 페르소나Persona로 가면극假面劇이나 소설의 등장인물을 뜻한다. 인간은 어떤 면에서 가면을 쓰고 사는 동물인지도 모른다. 옷을 갈아입고, 얼굴에 화장을 하고, 연기로 다른 사람의 역을 하고, 가발을 써서 모양을 꾸미고, 교언영색巧言令色 하는 말로 자기의 의사를 숨기고, 성형수술로 얼굴을 바꾸고, 그렇게 해서 자신의 심중을 깊이 감추고 자기 아닌 타인으로 살아가는 동물이다.

스톡홀름Stockholm에서 매년 12월 31일이면 송년 파티가 열리는데 신사 숙녀 모두가 가면을 쓰고 무도회를 가진다. 음악에 맞춰 신바람 나게 춤을 추다가 12시 자정을 알리는 시계 종소리가 울리면 조명등이 환하게 켜지면서 일제히 쓰고 있던 가면을 벗어던지고 본래의 모습을 보여주며 정중히 새해 인사를 주고받는다.

매년마다 벌어지는 이 무도회는 많은 교훈을 준다. 인간은 누구나 태어날 때 선하게 태어나지만 지내면서 무뎌진 심정을 새해에는 깨끗한 마음으로 맞이한다는 말이다.

그러나 일 년 열두 달을 사는 동안 세파에 시달리다 보면 하기 싫은 일도 하고 자기 마음속 생각과는 달리 자신의 진정한 모습을 잃고 살다가 일 년이 저물 무렵엔 나 아닌 나로 더러운 가면이 씌워져 있다는 것을 알게 된다.

　그래서 본연의 자신이 아닌 땟국물이 밴 모습이 되어 자신을 지배하고, 그로 인하여 짜증스럽고, 원망하고, 분기하고 갈등하는데 이런 찌들은 가면에서 탈피하여 새해는 밝고 정직하게 살아야겠다는 다짐으로 가면을 벗어던지고 새로운 마음으로 시작한다는 것이다.

　본래 자신으로 돌아오는 가면무도회에서 새삼 〈수상개화〉를 떠올리는 것은 가짜가 판치고, 회담(북·미)에 앉은 사람들이 무슨 가면 쓰고 어떤 교언영색을 하고 있는지 뻔히 들여다보듯 알고 있기 때문이다.

　이 계는 제1계 〈만천과해〉와 함께 제7계 〈무중생유〉계와도 잘 어우러지며 제14계 〈차시환혼〉과도 일맥 통할 수 있는 계이다.

　모든 계가 쇠사슬처럼 서로 얽히고설켜 있다는 사실에 주목해야 한다. 겉 포장을 그럴듯하게 보이게 하는 면에서는 제21계 〈금선탈각〉이나 제26계 〈지상매괴〉의 계와도 한 자락 쯤은 깔리는 듯 하다.

제30계

구르는 돌이
박힌 돌을 뽑아낸다

반객위주
反客爲主

손님이 되려 주인
노릇 한다

나그네가 주인 자리를 차지한다. 굴러들어온 돌이 박힌 돌 노릇 한다. 틈이 생기면 한 발을 집어넣고 나중에 슬그머니 두 발 다 들여놓는다. 들어온 손님이 도리어 주인 노릇 한다.

    손님이 주인을 대신 한다는 〈반객위주〉의 계는 '주객전도主客顚倒', '본말전도本末顚倒'라는 말과 비슷하나 의미는 조금 다르다. 주객전도나 본말전도는 주체와 객체, 본질과 속성屬性이 바뀐다는 뜻이며 〈반객위주〉의 '반객反客'은 손님을 말하고 '위주爲主'는 주인을 말한다. 말하자면 손님으로 온 사람이 주인을 쫓아내고 스스로 주인이 된다는 뜻이다. 그러니까 상대방의 수권을 탈취하거나 주도권을 빼앗아 그 주도권을 자신이 쥔다는 의미다.

    여기서 '객客'이란 손님이고, '주主'는 주인 또는 지배하는 사람을 일컫는다. '반反'은 '반대'라는 뜻이며, '그렇지 않다'는 부정의 의미다. 따라서 〈반객위주〉는 손님으로 온 사람이 주인이 된다는 의미다. 우리 속담에 '나그네가 큰방을 차지한다.' 또는 '곁방살이하던 사돈이 안방마님을 밀어내고 안방을 차지한다.'라는 말로도 뜻이 통한다.

《36계 병법》은 원래가 계략을 모은 것이고 중국대륙을 무대로 군웅이 할거하며 치열하게 생존을 꾀하던 시대의 유물이다. 그러니까 살아남기 위해 여러가지 방법을 모색하다가 후세에 전하게 된 계책인 것이다. 생존의 자구책으로 나라와 나라의 싸움 외 이웃 나라와 연합하여 싸우는 일이 고대에는 다반사였다. 예컨대 조趙나라와 진晉나라가 소국인 중산中山국을 지원한답시고 군병을 동원하여 돕다가 끝내는 중산국을 병합한 예도 있다. 툇마루를 빌려주고 안방을 빼앗긴 〈반객위주〉의 계는 고도의 심리전이면서 도리어 주객이 바뀌는 전술이다.

정鄭나라 현고弦高는 평민이었지만 지혜를 짜내 진秦나라 맹명시孟明視 장군의 발걸음을 돌렸다. 이는 마치 산에서 굴러내려 오는 큰 바위를 작은 돌로 받쳐 굴러 내려가지 못하게 한 지혜라고 봐야 할 것이다.

현고, 사신 행세를 하여 맹명시의 출격을 막다

춘추시대 진 문공晉文公이 진 목공秦穆公과 연합하여 정鄭나라를 습격하기 위하여 소리소문없이 진격해 오고 있었다. 이에 정나라는 위기에 처하게 되었다. 진 목공은 맹명시孟明視장군에게 대군을 이끌고 정나라를 습격하기 위하여 갑자기 출정해 별다른 준비도 못 한 채 속전속결만을 생각하면서 비밀리에 진군했다.

그런데 정나라의 현고弦高라는 사람은 이웃 나라로 들락거리면서 장사를 하는 사람이었다. 그가 몇백 두의 소를 몰고 주周나라 서울인 주경周京으로 가다가 여양진黎陽津에 이르렀을 때 건타蹇他라고 하는 친구를 만났다. 건타는 진秦나라에서 돌아오는 길이라고 했다. 현고가 지나가는 말로

'진나라에 무슨 소식이 없느냐.'고 물었다. 이에 건타가 현고에게 중요한 군사기밀을 알려주었다.

"진나라 군대가 정나라를 치러 12월 병술일丙戌日에 출발했다. 그래서 아마도 며칠 내로 이곳을 지날 것이다."

현고는 정나라가 망하면 자기가 고생하여 일궈 놓은 재산도 다 빼앗기고, 자기도 노비가 되지 않을까 걱정했다. 그래서 생각 끝에 사람을 놓아 정나라에 알려서 대비를 하라 시키고, 한편으로는 스스로 군대를 위문할 예물을 준비했다. 이십여 두의 비육우를 골라가지고 혼자 길을 가다가 진나라 군대의 선봉 부대와 맞닥뜨렸다. 현고는 길을 막고 소리높여 외쳤다.

"정나라 사신이 장군 보기를 청합니다."

진나라의 장군 맹명시는 속으로 '정나라가 어떻게 우리 군대의 행로를 알고 있는 거지?'라고 생각한 다음 놀라면서 현고를 맞아들였다.

현고는 맹명시에게 거짓으로 정나라 군주의 명이라며 전했다.

"우리나라 군주께서는 장군께서 군사를 거느리고 왕림하시는 걸 알고 특별히 저를 보내 정중히 맞이하여 위문하라고 하셨습니다."

그러자 맹명시가 물었다.

"그런데 어찌 친서가 없는가?"

현고가 매우 친차하게 말했다.

"장군께서 12월 병술일에 출발하셨기에 시간이 매우 촉박하여 서신을 쓸 시산노 없이 이렇게 달려 나와 구두로 뜻을 표하는 바입니다."

'아. 내가 출병한 날짜도 알고 있구나!'

맹명시는 더욱 당황했다. 그래서 잠시 생각하더니 슬쩍 말을 바꾸었다.

"우리 군대는 정나라가 아니라 다른 나라에 가려는 것이오. 번거롭지만 돌아가 정나라 군주에게 고맙다고 전하시오."

그래시 진나라는 군대를 돌려 활국滑國을 벌방시켰고 정나라는 대란을 면할 수 있었다.

손님이 주인 노릇 한다는 〈반객위주〉의 계는 이처럼 평민이지만 사신으로 둔갑하여 위기를 모면하게 하는 지혜를 발휘한 계이다.

우리 속담에 '나그네가 주인을 내쫓는다'는 말처럼 평민인 현고가 주인 군주가 보낸 것처럼 행세하는 〈반객위주〉의 계로 국란을 면한 것이다.

과부의 남편이 된 젊은이가 노인의 기지로 위기를 벗어나다

가난을 벗어나기 위해 아라비아 만에서 진주를 캐는 사나이가 있었다. 그 사나이는 진주를 캐는 족족 금화로 바꾸었다. 세월이 흘러 금화가 주머니에 가득 차자 꿈에도 그리던 고향길에 올랐다.

길을 가다가 어느 주막집에 투숙한 그는 너무나 흥분한 나머지 밤중에 불을 켜놓고 주머니 속에 든 금화를 꺼내 세어 보았다. 주막집 과부가 그 광경을 보자 그만 금화에 욕심이 생겼다. 이튿날 그가 길을 떠나려 하자 과부가 따라 나오며 옷깃을 잡았다.

"여보, 어딜 가려고 그래요! 집에 있는 재산을 다 털어 가지고 가면 어떡해요. 또 당신이 가면 나랑 애들은 어떻게 살아야 하나요?"

그는 깜짝 놀라 어찌할 바를 몰랐다. 여보라니……. 그는 어이가 없어 말문이 막혔다. 그때 지나던 길손들이 그와 과부가 옥신각신 실랑이를 벌이는 것을 보고 몰려들었다. 그 사나이는 과부를 모른다고 하고 과부는 그 사나이가 자기 남편이라고 우겼다. 할 수 없이 두 사람은 가까운 관아를 찾아가게 되었다.

법관은 두 아들을 불러왔다. 아들들도 그 사람을 보고 아버지라고 불렀다. 입이 열 개라도 할 말이 없었다. 그러자 법관은 금화를 그 여인에게 돌려주어야 한다고 판결했다. 그리고는 이렇게 덧붙였다.

"떠나려면 금화는 두고 가고 남아 있으려면 애들은 잘 돌봐야 한다."

그는 어이없는 판결에 절망했다. 고민하는 젊은이를 보고 한 노인이 다가와 금화를 찾을 수 있는 방법을 귀띔해 주었다.

그는 다시 법관을 찾아갔다. 그리고 아내와 함께 살 수 없으니 애들만 데리고 떠나게 해달라고 청했다. 법관은 그의 말이 일리가 있다고 생각하여 두 아이를 데리고 가도록 허락했다.

아무리 탐욕스러운 여자라도 모성은 어찌하지 못했다. 애들을 뺏기게 된 여인은 남편에게 애들은 자기가 돌보겠으니 제발 금화를 갖고 가라고 빌었다. 그리하여 그는 탐욕스런 여인의 손에서 벗어날 수 있었다.

아무리 포악하고 간사한 사람이라도 한두 가지의 약점을 가지고 있다. 위기에 빠졌을 때 상대의 약점을 틀어쥐고 그 약점만 공략한다면 필시 벗어날 수 있는 것이다.

과부는 〈반객위주〉의 계로 금화의 주인이 되는 듯싶었다. 그러나 젊은이는 노인의 지혜로 올가미에서 벗어남과 동시에 금화도 되찾게 된 것이다. 이 과부는 자기도 모르는 사이에 제10계 웃음 속에 칼을 품은 〈소리장도〉의 계를 폈으며 제11계 오얏나무가 복숭아나무를 대신 해 죽은 〈이대도강〉에 사나이를 빠뜨렸으며, 노인의 지혜로 결국 제19계 가마솥 밑에서 장작을 꺼내는 〈부저추신〉 계로 마무리 지은 것이다.

자연 속에서도 〈반객위주〉의 계는 얼마든지 찾아볼 수 있다.

두견새는 알을 낳기만 하고 부화하지는 못한다. 두견새는 아예 둥지를 만들지도 않고 꾀꼬리 둥지에 한두 개의 알을 낳아 보태고는 날아가 버린다. 꾀꼬리는 알의 크기가 다른데도 제 알과 구분을 못 하고 열심히 품어 부화한다. 두견새 알은 꾀꼬리 알보다 며칠 앞서 부화하고, 부화한 두견새 새끼는 2~3일이 지나면 둥지 안의 꾀꼬리 알이나 꾀꼬리 새끼를 둥지 밖으로 밀어내 떨어뜨리고 의붓어미 꾀꼬리의 사랑과 보살핌을 독차지하고 자란다.

문자 그대로 주객전도이며 〈반객위주〉로 살아가는 셈이다. 그런데 자연
생태계는 참으로 기묘하기도 하다. 아직 새끼는 눈도 뜨지 않은 상태에서
어떻게 꾀꼬리 알을 구분하여 밀어내는지 알 수 없지만 그 행위는 필사적
이다. 둥지 밖으로 꾀꼬리 알을 다 밀어내고 나서야 그 행위를 그친다.

참으로 눈물겨운 〈반객위주〉의 계를 새끼 두견새는 꾀꼬리 새끼들에게
똑 떨어지게 보여주고 있다. 손님으로 온 사람이 주인을 쫓아내고 스스로
주인이 된다는 이 계는 난세에 더욱 기승을 부린다.

춘추전국시대는 난세였으므로 무력, 쿠데타, 권모술수 등으로 신하 일족
이 군주를 몰아내고 자기가 군주의 자리에 앉는 일들이 비일비재했다. 두
가지 고사를 소개하면 다음과 같다.

전화, 〈반객위주〉로 제나라의 왕이 되다

전국시대 칠웅七雄 중의 하나인 제齊나라는 태공망太公望에 의해서 시작
하였다. 태공망은 여상呂尙이라는 사람이며 곧은 낚시를 물에 담그고 세월
을 낚았다던 강태공姜太公이라고 말한 바 있다. 이미 그의 병법을 논한 바
있지만 강태공이 주周나라 문왕文王에게 기용되고 주나라 건국에 공헌이
커서 그 공으로 제齊의 땅을 영지로 받아 다스리게 된 것이 제나라의 기원
이다. 바로 그 제나라가 춘추시대에는 대국으로 성장했다. 그런데 왕실 내
부에 권력 다툼이 일고 왕위 계승 싸움이 끊이질 않으면서 점차 국력이 쇠
퇴하였다.

이때 마침 두각을 나타내기 시작한 것이 전완田完의 후손들이었다. 전완
은 본래 진陳나라에서 낮은 벼슬자리에 있었는데 그 후손들이 점차 세력을
확장해 나갔다. 그렇게 수대를 이어 오다가 전화田和라는 후손이 쿠데타를
일으켜 제나라 왕 선공宣公(기원전 451~401)을 몰아내고 사실상 왕이 되었
다. 그러니까 태공太公(기원전 404~384)에서 혈통이 바뀌어 전화田和가 새

로운 제나라의 왕이 된 것이다. 따라서 제齊는 제로되 춘추시대의 제나라와 전국의 제나라는 별개이며 역사적으로 구분할 때 전자를 강제姜齊 후자를 전제田齊라고 부른다.

이렇게 손님이나 다름없이 변두리 벼슬자리를 하던 전화가 쿠데타를 일으켜 주인 자리에 올라앉은 〈반객위주〉다.

다음은 연燕나라에서 있었던 일인데 매우 교묘하고 수준 높은 술수術數에 의해 신하가 군주를 가만히 앉혀놓고 왕의 자리를 빼앗은 매우 흥미로운 〈반객위주〉의 사건이다.

전국시대에는 외교 전략을 창안, 그것을 여러 나라 군주에게 설득하여 채택되면 일약 재상으로 등용되는 등, 권력의 상부층에 앉았는데 당시 이 같은 전략가를 세객說客, 종횡가從衡家, 또는 책사策士라고 불렀다.

재상 자지, 피 한 방울 흘리지 않고 연의 주인이 되다

책사 중에 전국시대에 이름이 높았던 이로 소대蘇代라는 사람이 있었다. 그는 진秦나라의 사자로서 연燕나라를 방문하였는데 목적을 달성하면 진나라로부터 큰 상을 받기로 되어 있었다. 그런데 그 목적을 달성하기 위해서는 연의 재상 자지子之라는 사람을 설득해야만 했다. 연의 재상은 무엇인가 자기에게 득이 되는 일이 없이는 움직이지 않는 사람이었다. 그래서 소대는 그 재상에게 큰 선물을 안겨 주기 위한 공작을 폈다. 소대는 연나라 쾌왕噲王(기원전 320~312)이 정사政事의 특권을 자지에게 위임하는 큰 선물을 안겨주어 그의 환심을 사겠다는 생각을 했다. 그렇게만 되면 그야말로 연나라를 손아귀에 넣는 큰 선물이 아닐 수 없었다.

그래서 쾌왕을 만난 소대는 제나라 선왕宣王을 극구 칭찬했다. 듣고 있던 쾌왕이 조금은 불쾌하다는 듯이 말했다.

"그렇게 훌륭하다면 그는 왜 천하의 패왕이 되지 못하였소?"

"그렇지만 패왕이 될 자격은 없었습니다."

"어째서죠?"

"선왕은 총애하는 신하에게 정사를 맡겨놓고도 믿지를 못하고 항상 감시했습니다. 그래서는 천하를 호령하는 큰 그릇이 못 되었던 것입니다."

"그렇다면 맡긴다든가 믿는다는 것은 어떠한 것을 말하는 것이오?"

"옛날 패자가 된 제나라 환공桓公(기원전 685~643)은 관중管仲을 총애하여 중부仲父라 불러 아버지와 같이 대하였고, 내정內政 외교外交 등 모든 국사를 관중에게 맡기고도 일절 간섭하지 않았습니다. 그것은 환공의 그릇이 그만큼 컸기 때문입니다. 그런데 지금의 선왕은 총애하는 신하에게 입으로는 맡긴다 하면서도 사실은 그렇지를 못합니다. 믿지를 못하기 때문이지요."

소대는 이렇게 운을 떼우고는 재상을 별도로 만나 쾌왕과의 대화 내용을 말해주었다. 그 자리에는 반수潘壽라는 재상을 따르는 신하도 동석하였는데 이 반수는 오래전부터 자지 재상에게 기회를 보아 쿠데타를 일으켜 왕의 자리를 차지하도록 모의해 온 사람이었다.

이튿날 쾌왕은 신하를 모아 국사 전반을 자지 재상에게 맡긴다는 선언을 했다. 그러자 반수가 왕에게 머리를 조아리며 아뢰었다.

"대왕, 차제에 나라를 아주 자지에게 양위하는 것이 좋을까 합니다. 사람들이 요임금堯帝을 성왕聖王이라 칭송하는 것은 요임금이 천하를 허유許由에게 물려주려 했으나 허유가 그것을 받지 않았습니다. 그것은 결과적으로 천하를 허유에게 물려준 것이나 다름없습니다. 요임금의 그러한 마음이 성왕聖王이라는 이름을 얻게 했으며 실제로는 천하를 모두 요임금이 가지게 된 것입니다. 지금 대왕이 연을 재상 자지에게 준다 하여도 욕심이 없는 그는 결코 받지 않을 것입니다. 그러면 대왕은 성왕의 이름을 얻어 요임금과 어깨를 나란히 하는 성聖군이 될 것입니다."

그러자 고개를 끄떡이던 쾌왕은 그 자리에서 즉흥적으로 자못 성군답게 나라를 자지에게 물려준다고 선언했다.

그런데 자지子之는 그대로 연나라를 물려받아 나라를 빼앗았다. 어쩌면 쾌왕은 바보 같은 사람이었는지 모르나 어쨌든 자지는 피 한 방울 흘리지 않고 나라를 빼앗았으니 나그네가 주인을 쫓아내고 안방을 차지하게 된 〈반객위주〉가 된 것이다(그후 제나라가 연나라를 공격해 연나라 왕 쾌와 자지를 살해하고 연나라에서는 소왕昭王을 세우게 된다).

전쟁이란 어쨌든 자신을 보존하고 적을 괴멸시키는 것이 제일의 목적이다. 〈반객위주〉의 전략은 적이 강하든 약하든 취약점을 먼저 점령하여 전쟁을 우세 국면으로 이끄는 데 목적이 있다. 그런 면에서 〈반객위주〉의 계략은 그 수법이 마치 송충이가 솔잎을 갉아 먹듯 눈에 띄지 않게 진행된다. 그 때문에 오랜 시일에 걸쳐서 밥솥에 뜸들이듯 서서히 이루어지는 것이다.

고대 중국에 있어서의 왕권 찬탈의 경우를 보면 10년 20년, 때로는 몇 대에 걸쳐 이루어졌다. 어쨌든 주인이 눈치채지 못하게 진행함으로써 발견되지 않고 주인이 눈치를 챘을 때는 이미 돌이킬 수 없는 단계에 이르렀을 때가 대부분이다.

이러한 〈반객위주〉의 계는 기업경영 쪽에서도 다반사로 행해지고 있다. 오늘날에는 기업경영도 경영이념·경영과학·경영전략·경영전술·경영정책·경영혁신·경영다각화 등, 마치 《36계 병법》 글로벌 경영이라는 틀 속에서 더 심도 있게 다뤄지고 있다.

일본 제국이 조선의 주인노릇하다

36계의 〈반객위주〉에서 과거 일본제국이 방약무도하게 침략의 손을 뻗쳤던 부끄러운 〈한일 의정서韓日議政書〉와 〈제1차 한일협정서〉와 〈을사5조약〉과 〈경미7조약〉과 〈한일 합방조약〉의 책략을 살펴보기로 한다.

한일의정서는 일본이 한국을 보호국으로 삼으려 한다는 간악함에서 치를 떨게 함과 동시에 그들의 야욕을 간단없이 드러낸 대목이다.

한일 의정서

제1조 한일 양국은 항구 불역恒久不易한 친교를 도모하고 동양의 평화를 확립하기 위하여 대한제국은 대일본 제국 정부를 확신하고 시정施政 개선改善에 대하여 그 충고를 받을 것.

제2조 대일본 제국 정부는 한국 정부의 황실을 확실한 신의로써 안전 강령케 할 것.

제3조 대일본 제국 정부는 대한제국 정부의 독립과 영토 보존을 확실히 보증할 것.

제4조 제3국이 침해나 내란으로 인하여 대한제국이 안녕과 영토 보전의 위협이 있을 경우에 일본 제국 정부는 속히 임기응변의 필요한 조치를 행함이 가함. 그리고 대한제국 정부는 대일본 제국 정부의 행동을 용이하게 하기 위하여 십분 편의를 줄 것.

제5조 대한제국 정부와 대일본 제국 정부는 상호의 승인을 얻지 아니하고 뒤에 본 협정에 위배되는 협정을 제3국에 체결치 아니할 것.

제6조 본 협정에 관련하는 미비의 세조細條는 대한제국 외무대신과 대일본 제국 대표가 임시 협정할 것.　　　　　　　　광무 8년 2월 23일

이 조약에서 일본은 〈반객위주〉 계책을 유감없이 들어내고 있다.

그리고 다시 〈제1차 한일협정서〉를 맺게 되는데 차마 입을 열어 말하기 부끄러운 지경이다.

제1차 한일협정서

제1조 대한제국 정부는 일본 정부의 추천한 일본인 1명을 재정 고문으로 대한 제국 정부에 초빙하여 재무에 관한 사항은 모두 그 의견을 들어(聽取) 시행할 것.

제2조 대한제국 정부는 대일본 제국 정부의 추천한 외국인 1명을 외교 고문으로 외무부에 초빙하여 외교에 관한 요무要務는 모두 그 의견을 들어 시행할 것.

제3조 대한제국 정부는 외국과의 조약 체결과 기타 중요한 외교 안건, 즉 외국인에 대한 특권 양여 혹은 계약 등의 처리에 대하여는 미리 대일본 제국 정부의 상의를 거칠 것. 　　　　　　광무 8년 8월 22일

대낮에 칼을 들고 노략질하는 일본의 간악함에 치를 떨지 않을 수 없다.

그러나 〈을사조약〉에 나타난 사항을 보면 끔찍하다 못해 소름이 돋을 〈반객위주〉다.

을사5조약

제1조 일본 정부는 동경에 있는 일본 외무성에 의하여 금후今後 한국의 외국에 대한 관계 및 외무를 통리 지휘하겠고 일본국 외교 대표 및 영사는 외국에 있는 한국의 신민臣民 및 이해를 보호할 것.

제2조 일본 정부는 한국과 타국과의 사이에 현존한 조약의 실행을 완전히 하는 임무가 있으며, 한국 정부는 금후 일본 정부의 중개를 거치지 않고 국제적 성질을 가진 하등의 조약이나 약속을 아니할 것.

제3조 일본국 정부는 그 대표자로 하여금 한국 황제 폐하에 1명의 통감統監을 두되 통감은 전혀 외교에 대한 사항을 관리하기 위하여 경성에 주재하고 친히 한국 황제 폐하에 내알內謁하는 권리를 가짐. 일본 정부는 한국 각 개항장 및 기타 일본 정부의 필요로 인정하는 곳所에 이사관理事官을 두는 권리를 가지며, 이사관은 통감의 지휘하에서 재한국在韓國 일본 영사에게 속하였던 일체 직권을 집행하고 아

이 굴욕적인 조약이 체결되자 민영환閔泳煥, 이한응李漢應, 홍만식洪萬植,
조병세趙秉世, 이상철李相哲, 전봉학全奉學 등이 자결하였다. 이때부터 일본
의 이토 히로부미伊藤博文가 한국 황제 이상의 권리를 행사하기 시작했다.
제30계 〈반객위주〉의 계가 말해주듯이 객이 주인행사를 하는 주객이 바뀌
는 지경에 이르렀다. 그래도 모자라서 정미7조약을 체결했다.

이토 히로부미는 이 조약이 체결되자 한일합방을 추진하기 위하여 러시
아에 양해를 구하기 위해 하얼빈에 갔는데 안중근 의사의 거사로 죽음을

맞았다. 이때 망국대신 5적이 있었는데 이완용李完用, 박제순朴齊純, 고영희
高永喜, 민병석閔丙奭, 이병무李秉武이다.

일본은 평화를 영구히 달성하기 위하여 병합조약을 체결하기로 하고 내
각총리에 이완용을 전권위원으로 임명하여 조약을 협정했다. 한일 합방조
약내용은 다음과 같다.

한일합방

제1조 한국 황제 폐하는 한국 전부에 대한 일체의 통치권을 완전 또 영구
히 일본 황제 폐하에게 양여함.

제2조 일본국 황제 폐하는 전조에 게재한 양여를 수락하고 또 전연 한국을
일본국에 병합함을 수락함.

제3조 일본국 황제 폐하는 한국 황제 폐하, 태황제 폐하, 황태자 전하, 그
후后 비妃 및 후예后裔로 하여금 각기 지위에 응하여 상당한 존칭 위
엄 및 명예를 보유保有하게 하며 또 이를 보장하기에 충분한 세비歲
費를 공급함을 약約함.

제4조 일본국 황제 폐하는 전조 이외의 한국 귀족 및 그 후예에 각기 상당
한 명예 및 대우를 향유享有케 하며 또 이를 유지하기 위하여 필요한
자금을 공여할 것을 약約함.

제5조 일본국 황제 폐하는 공훈 있는 한인韓人으로서 특히 표창을 행함을 적
당하다고 정하는 지에 대하여 영작榮爵을 주고 또 은금恩金을 줄 것.

제6조 일본국 정부는 전기 병합의 결과로써 전연 한국의 시정을 담임하고
동 지地에 시행하는 법규를 준수하는 한인韓人의 신체 및 재산에 대
하여 충분한 보호를 주고 또 그 복리의 증강을 도圖할 것.

제7조 일본국 정부는 성의誠意 충실히 신 제도를 존중하는 한인으로서 상
당한 자격이 있는 자를 사정이 허하는 한에서 한국에 있는 제국 관
리로 등용할 것.

제8조 본 조약은 일본국 황제 폐하 및 한국 황제 폐하 및 한국 황제 폐하의
재가裁可를 경經한 것으로 공포일公布日부터 시행함.

융희隆熙 4년 8월 23일

동서고금을 막론하고 이보다 더한 〈반객위주〉는 세상에 없을 것이다. 나라를 강탈한 일본은 언론, 집회, 결사를 엄중히 단속하여 한국인의 애국심을 짓밟고 정신을 말살시켰다. 이렇게 되자 뜻있는 애국자들은 국권 회복을 위해 상해, 만주, 미국, 러시아, 연해주로 망명하였다. 조성환曹成煥, 김규식金奎植 등은 중국에서, 이상설李相卨과 이동휘李東輝는 시베리아에서, 이승만李承晩과 안창호安昌浩는 미국에서 각각 국권 회복을 위해 신명을 다해 일했다.

〈반객위주〉의 계책을 살피노라면 이렇게도 될 수 있는 것일까? 하는 의구심이 들 정도로 한심한 생각이 든다. 그러나 엄연히 역사의 뒷면은 이런 것이 아닐까?

대기업, 자본력을 이용하여 하청업체를 마음대로 주무르다

넓은 의미의 전략과 지엽적인 의미의 전술을 전쟁터가 아닌 일반기업 경영 쪽에서도 얼마나 많이 활용하는지 알아볼 필요가 있다.

기업이 〈반객위주〉의 계책을 가장 많이 동원하는 수법이 자본의 이용이다. 특히 21세기에는 국경 없이 자본이 활발하게 이동하고 있다. 글로벌 스탠더드 시대에는 자본과 기술이 국내에만 국한할 수는 없다. 따라서 보이지 않는 경쟁은 국내 기업 간에만 벌어지는 것이 아니라 국가의 경계선을 넘어 헤아릴 수 없을 정도로 빈번하게 일어난다. 특히 그동안 국내 중소기업은 대기업에 매달려 생존을 유지해왔다. 그러다 보니 자생 능력이 허약하여 대기업의 횡포에 시달려왔던 것이다. 이를테면 대기업이 중소기업에 자금을 공급해 주는 사실상 지배하는 위치에 서서 막후 조정을 해왔으며 그 자금을 지체없이 반제하지 못하는 경우 알지 못하는 사이에 〈반객위주〉가 되어 공장이 대기업에 흡수당하고 마는 처지가 되었다.

이는 마치 뱀이 먹이를 통째로 삼켜 소화해 버리는 것이나 진배없는 일이다. 〈반객위주〉의 계략을 성사시키려면 첫째 손님의 자리에 설 을乙이 있고, 둘째 기회를 보아 슬적 한 발을 들여 놓는 갑甲이 있고, 셋째 실질적인 권한을 장악한 다음, 넷째 주인으로 변해야 한다. 이렇게 차례를 따라 한 걸음 한 걸음 전진하는 계책이 〈반객위주〉다.

대기업의 이런 수법은 중소기업의 자금줄을 조여 자금 갈증에 시달릴 때 조금씩 물을 주듯 자금을 공급해 주다가 나중에는 떡 주무르듯 공작하는 것이다. 이런 계책은 눈 뜨고 밝은 대낮에 아무런 제제 없이 당하는 꼴이니 당하는 쪽의 속은 숯덩이보다 더 검게 탈뿐이다.

기술개발에는 성공했으나 표준화에 실패해 땅을 쳤던 사례가 있다. 세계 최초로 베타(β) 방식의 비디오를 개발한 소니사가 그 대표적 사례다. 소니사는 1년 늦게 시장에 뛰어든 JVC의 비디오의 VHS 방식에 맥없이 주저앉고 말았다.

소니는 기술을 공개하지 않고 기술의 배타적 소유를 통해 큰 이익을 확보하려고 한 데 반해 후발자인 JVC는 자신의 기술을 과감히 경쟁사에 공개해 기술의 표준화를 이루었다. 그 결과 JVC의 비디오가 소비자의 폭넓은 지지를 얻어 시장을 석권한 것이다.

결국 기술에 집착한 소니는 1986년 비디오 생산을 포기해야 했고 마침내 베타 방식의 비디오는 지구상에서 사라지고 말았다.

삼성전자도 세계적인 표준을 무시하고 4mm 캠코더를 개발했다가 8mm가 세계 표준으로 정착되는 바람에 막대한 개발비를 날려버린 쓰라린 경험이 있다.

앞으로 표준화 구축 여부가 경쟁에 가장 중요한 요소가 될 것이라는 전망이다. 일단 개발한 기술은 공개하고 결합된 기술이라 할지라도 기술의 라이프사이클은 점점 짧아지게 될 것이다. 자체 개발한 기술은 말할 것도 없고 남의 기술이라도 남보나 빨리 표순화해서 수익으로 연결해야만 살아남을 수 있다.

사실 제품 자체는 소니의 베타맥스가 뛰어났다. 테이프도 작고 아담할 뿐만 아니라 소니제품은 JVC에 비해 더 좋은 화질과 음질을 갖추고 있었다. 그러나 〈반객위주〉의 계에서 보는 것처럼 오히려 나중에 출시된 JVC의 VHS방식이 더 많은 세컨드파티Second Party와 서드파티third party를 수용함으로써 더 빠르게 대중화를 이뤄냈기에 경쟁에 밀려 사라지는 운명을 맞은 것이다. 생각을 바꾸지 않고 품질만 믿고 폐쇄적 경영을 고수한 소니는 표준화라는 연계에서 실패한 것이다.

이 계에서 손님 반객反客과 같은 객자가 들어간 고객顧客에 대하여 생각하지 않을 수 없다. 한마디로 손님이나 고객이나 인식의 차이는 크게 다를 게 없다. 그런데 상품을 만들어 파는 비즈니스 세계에서는 고객이 주인이다. 즉 물건을 만들었다고 주인이 아니라 사주는 손님이 주인이라는 이야기다. 따지고 보면 어떤 제품을 만들 때 자기가 쓰기 위해서 만드는 것이 아니라 바로 사줄 고객을 위해서 만드는 것이다. 그러니까 만든 제품을 사가는 사람이 주인이 되는 것이다. 여기서 자연스럽게 〈반객위주〉의 계가 성립되는 것이다.

생각해 보면 사가도록 물건을 만들어 놓고 필요한 사람이 샀을 때 제조사가 의도된 판매가 이루어진 셈이다. 고객이 필요에 의해 샀지만 부정적인 시각으로 보면 그물에 걸린 셈도 되고 정당한 대가를 지불하고 소유하였으니 바로 주인이 되는 경우이다. 여기서는 팔고 사는 제조사와 고객의 게임이 아니라 '상생'이라는 너도 좋고 나도 좋은 관계가 형성되는 것이다.

다만 이 계를 상대방을 쓰러뜨리기 위해 전략적으로 이용할 때만 차이가 있는 것이다.

제6부

패전계

敗戰計

패세에 몰린 싸움에서
기사회생하여
승리를 이끌어내는 전략이다

천하를 지배하는 남자를
요리하는 여자

미인계
美人計

아름다운 여인을
계책으로 쓴다

총칼이 어찌 침대를 당하겠는가. 치마끈의 마력이 활과 칼을 이긴다. 미소가 방패가 되고, 연지가 갑옷이 되며, 교태가 창과 칼이 된다. 자기를 보호하기 위하여 적의 약점을 이용한다. 폭탄이 육탄만 못하고 총이 베게만 못한 것. 아름다운 여인을 이용하는 책략이다.

아름다운 여인을 계책으로 쓰는 〈미인계〉의 목표는 상대의 마음을 빼앗는 데 있다. 온갖 교태가 창과 칼이 되고 미소가 방패가 되며 연지가 갑옷이 되는 여인의 육탄이야말로 당해낼 수 없는 무기다. 《손자병법》에 영웅은 미인을 탐한다고 했다. 흔히 남자는 세계를 지배하고 여자는 남자를 지배한다고 말했다. 〈미인계〉는 시간과 공간의 제한이 없고 잠자리가 전장터가 되고 찡그리고 웃는 것이 창과 칼이 된다. 〈미인계〉는 이데올로기의 투쟁 속에도 있고 강한 의지력도 단번에 무력하게 만들며 결박시키고 만다. 이 계를 위한 여성은 말할 것도 없이 절세미녀라야 효과가 크다.

〈미인계〉란 비록 칼과 창을 들어 적을 죽이지는 않는다 할지라도 애교스런 미소와 교태로 상대의 마음을 녹여 원하는 것을 손에 넣는 계략이다. 창검을 들고 철통같이 경계를 선다 해도 마음을 빼앗긴 병사는 허깨비에

불과하다. 미인은 남자의 지혜를 둔감하게 만들고
투지를 약화시킨다고 계책에서는 지적하고 있
다. 요새가 튼튼하여 어떤 공격에도 끄떡없더라
도 미인이 허리를 한번 흔들고 나면 그 교태에
성벽이 무너져 내리고 만다. 미소 한 번에 간장이
녹아드는 판에 철갑을 두르고 전쟁터에 나갈
생각이 있겠으며 나가 본들 눈에 그 미인
이 밟혀 제대로 싸워 보기나 하겠는가? 그래
서 옛말에 '폭탄이 육탄만 못하고 총이 침대의 베개를 당할 수 없다.'고 했
다. 성벽이 아무리 높고 튼튼하며 철벽보다 단단하다 하여도 여자의 치마
끈 풀리는 소리에 온몸이 녹아드는 것을 역사는 보여주고 있다.

제33계에 〈반간계反間計〉는 적의 첩자를 역이용한다는 계책이다. 그런
데 고금의 간첩조직에는 미인이 약방의 감초처럼 끼어 있다. 미인을 간첩
으로 세우면 상대의 의지를 약화시켜 그만큼 효과가 크기 때문이다. 여자
의 교태로운 눈짓에 삼군이 공격하려다가도 무장을 해제하고 이불 밑으로
들어가는 투항을 어렵지 않게 보기 때문이다. 그래서 치마끈의 마력이 철
벽을 무너뜨리고 무력을 능가하는 것이다.

'계計'란 이리저리 머리를 굴리면서 계산하는 것을 말한다. 〈미인계〉란
미인을 써서 마음먹은 바 목적을 달성하기 위한 흉계를 꾸미는 것이다.

중국 역사 속에는 희한한 〈미인계〉가 있다. 이름 하여 생계형 미인계인
데 얼굴이 반반한 고녀瞽女와 의치녀義齒女가 그것이다. '고녀'란 눈먼 여자
를 말하는데, 예사 눈먼 여자가 아니다. 중국에서는 얼마전까지만 해도 어
린 여아를 사고파는 소녀매매가 있었다. 이 인신매매꾼들은 가난한 집의
어린 딸 아이를 사다가 매춘부로 만들기 위해 꼬챙이로 눈동자를 찔러 일
부러 실명시킨다. 건장한 남자가 붙들고 멀쩡한 눈을 찔러 경악하게 만든

다. 소경이 된 소녀는 눈먼 고녀가 되어 철저히 성의 노리갯감으로 교육을 받는다. 노래를 익히고 사내를 기쁘게 하는 온갖 성기교를 가르친다. 잔혹하게도 멀쩡한 소녀를 장님으로 만든 까닭은 앞을 못 보게 하여 상대방을 가리지 못하도록 하기 위해서다. 성을 파는 창녀도 인간인지라 손님(남자)의 외모에 따라 감정이 다르게 나타날 수 있기 때문이라는 것이다.

"저 사내는 세상에 저렇게 못생겼어, 손길만 닿아도 소름이 끼칠 것 같아……."

이처럼 자기 의사를 반영하지 못하도록 무자비하게 앞을 못 보게 만든 것이 고녀이다. 인간의 감정은 대부분 눈으로 보고 느끼기 때문이다. 차라리 보지 못한다면 좋고 나쁘다는 기호가 생길 까닭이 없기 때문에 그렇게 만든 것이다.

또 '의치녀'란 이빨이 없는 여자라는 말로 '틀니 여인'이다. 이 의치녀들도 고녀와 마찬가지로 아직 어린 나이에 인신매매로 팔려와 무지막지한 방법으로 생니를 뽑고 틀니를 채워준다. 그 이유는 구음口淫을 잘하게 하기 위해서다.

포주는 이빨을 뺄 때 소녀를 옴짝달싹 못 하게 꽁꽁 묶어놓고 펜치로 생니를 뽑아낸다. 그 고통은 너무도 무시무시하여 차마 이야기할 수조차 없다. 소녀가 울며불며 비명을 질러대도 소용이 없다. 이때 포주는 이빨을 뽑는 사내 곁에서 이렇게 말한다.

"너는 지금은 아프다고 나를 한없이 원망을 할 것이다. 그러나 이담에 네가 늙게 되면 나를 고맙게 생각하게 될 것이다."

이렇게 앞을 못 보게 하고 생니를 빼 성의 노리갯감으로 만드는 것은 철저히 성을 상품화하기 위해서다.

〈미인계〉라는 계책을 생계의 수단으로 성을 상품화시켜 온 중국인들은 전쟁터에서나 생활 전선에서나 얼굴이 반반한 여인을 내세워 남성들을 유혹했다.

　날만 새면 전쟁터로 나가고 눈만 뜨면 싸움터에서 생사를 겨루면서 몇 년씩 금욕생활을 하다 보면 미인이 아니어도 미녀로 보일 텐데 하물며 천하일색의 경우는 어떻겠는가?

　이 〈미인계〉는 시간과 공간의 제한이 없어서 이른바 잠자리가 전쟁터가 되고, 연지로 갑옷을 삼고, 눈짓이 창과 방패가 되고, 찡긋 웃는 웃음이 활과 칼을 분질러 버린다. 이 계책은 제12계 〈순수견양〉처럼 유인할 수 있을 뿐 아니라 도저히 오를 수 없는 철통 같은 방벽도 뚫고 올라가는 계단이 될 수 있다.

　역사적으로 제왕과 현군이 이들 미녀 앞에서 오금 한 번 제대로 못 펴고 왕도를 외면한 일이 어디 하나둘이던가?

말희, <미인계>로 하나라를 멸망하게 하다

　하夏나라의 걸桀왕은 폭군暴君으로서 황음무도에 치우쳐 무고한 백성들을 마구 죽이고 학대하기를 주저하지 않았다. 그는 남다른 힘과 지략과 용기를 지니고 있었다. 그런데 그런 왕을 한 손에 쥐고 마침내 하나라를 망치게 한 여인이 있었으니 그녀가 바로 말희妺喜라는 여인이다.

　걸왕이 한창 용맹을 뽐낼 때 막강한 병력으로 유시씨有施氏의 소국小國을 공격하자 유시씨는 도저히 대항할 힘이 없어 많은 진상품을 걸왕에게 바치고 항복하였다. 그때 진상품 가운데 말희라는 여인이 끼어 있었다. 평소 용감하고 지략이 뛰어났던 걸왕은 말희를 보자 이성을 잃었다. 그때부터 말희의 말이라면 무조건 들어주는 얼빠진 인간이 되고 만 것이다.

　말희는 걸에게 끌려와 부귀와 영화를 누리면서도 걸왕에 대한 원한과 복수심이 가득했다. 그래서 어떻게든 하나라 재정을 탕진하는 일을 서슴지 않았다.

말희는 우선 궁궐을 다시 지어야 한다고 했다. 그러자 궁궐을 다시 짓고, 그 궁궐이 완성되자 산해진미를 차려놓고 눈부시게 화려한 옷을 입은 3천 궁녀들로 하여금 춤을 추게 했으며 먹고 마시는 잔치를 계속했다. 이런 일도 곧 싫증이 난 말희가 엉뚱한 제안을 했다.

"저렇게 3천 명의 여인들에게 일일이 음식을 나누어 주거나 술을 따르다 보면 너무 지루하여 답답하오니 술로 연못을 만들고, 고기를 나뭇가지에 걸어 숲을 만든 다음, 춤추며 돌아다니다가 못의 술을 마시고 나뭇가지에 걸어 놓은 고기를 잘라 안주로 먹도록 하면 좋겠습니다(주지육림酒池肉林)."

이와 같은 제안에 걸왕은 무슨 묘안이나 되는 양 즉시 시행하도록 했다.

"거, 기막힌 생각이로다. 이렇게 멋진 춤 놀이를 즐긴 제왕은 일찍이 없었을 것이야!"

걸은 입을 크게 벌리고 웃으며 기뻐했다.

이 모양을 본 말희는 속으로 회심의 미소를 짓고 있었다.

'내 사랑하는 조국이 이 자의 칼 아래 유린당하고, 나는 사랑하고 그리던 모든 사람들과 헤어져 이 자의 한낱 노리갯감으로 이곳에 붙잡혀 왔다. 나를 이곳에 공물로 바친 고향의 부모도 원망스럽고, 나를 이렇게 만든 걸왕도 싫다. 지금 내가 호화판으로 먹고 즐긴다 할지라도 나는 즐겁지 않고 이 세상 온갖 것이 다 밉기만 하다.'

그녀의 마음은 비뚤어져 굴욕과 증오에 떨었다. 그녀는 오로지 복수를 하겠다는 일념뿐이었다. 〈미인계〉란 상대방을 의도한 대로 꾀어내고, 그렇게 꾸미고, 일을 성사시켜 뜻을 이루는 것을 말한다. 걸왕과 말희 관계는 계책으로서는 똑 떨어지지 않지만 그녀의 미모와 의도된 내용이 〈미인계〉로도 충분히 통용될 수 있다.

《죽서기년竹書紀年》의 청나라 때 기록을 보면 폭군으로 이름난 걸은 무척 여색女色을 남겼던 자로서 민산국岷山國을 공격했을 때 민산국에서 또

두 미녀를 얻었다. 그 두 여인 중에는 말희보다 나이도 어리고 훨씬 매력적인 여인이 있었다. 이에 말희를 제쳐 놓고 이 두 미녀를 총애하였는데 이제까지 걸의 사랑을 독차지했던 말희가 질투의 불길을 피우기 시작했다. 처음에는 같이 온 미녀를 무작정 미워했으나 후에는 걸왕을 증오하기에 이르렀다. 그래서 마침내 은殷나라의 중신 이윤伊尹과 내통하여 국가의 기밀에 속하는 군대의 배치도나 그 밖의 중대 정보를 은나라에 몰래 제공하여 하나라가 망하는데 결정적인 역할을 했다고 전하고 있다.

말희는 계획적으로 한 가지 일이 끝나면 또 다른 일을 꾸며 하왕조의 국력을 좀 먹어 들어가게 했다. 말희의 말에 놀아난 걸왕의 행동은 점입가경이었다. 그런 왕에게 현신 관용봉關龍逢이 눈물을 흘리면서 간하다가 오히려 참수되고 말았다.

또 선관膳官(궁궐 안의 주방을 맡은 관리) 이윤伊尹이 간했으나 '선관 주제에 무슨 참견이냐'며 들은 척도 아니했다. 이후 이윤은 하나라를 버리고 은나라의 수도인 박亳으로 도망쳐 탕왕湯王을 섬기고 은나라 창업의 일등공신이 되었다.

당시 탕왕은 덕이 많은 군왕으로 그를 끝까지 후원했던 위韋·고顧·곤오昆吾 등 세 나라 제후들의 협력을 얻어 차근차근 국력을 확장해 나가고 있었다.

걸왕의 횡포가 나날이 심해지자 백성들의 마음이 그를 떠나는 기미를 알아차린 탕왕이 걸왕 타도의 깃발을 높이 들자 하나라 백성들은 오히려 이를 환영했다. 이때 재상宰相 이윤伊尹이 탕왕을 도왔다.

하의 걸왕은 명조鳴條의 싸움에서 대패하여 달아나다가 삼종三稷에서 사로잡히는 처량한 신세가 되었다. 그는 남소南巢(안휘성 수현 동남쪽)에서 최후를 맞았는데 그때서야 후회하며 길게 탄식했다.

"내가 탕을 하대夏臺에 두었을 때 죽이지 못한 것이 못내 후회스럽다. 그

때 그를 죽였더라면 이 지경에 이르지 않았을 것을……."

이로써 사백 년 넘게 지속한 최초의 왕조 하나라는 종말을 고하였다.

36계 중에서 〈달아나는 게 상책走爲上策〉이라는 말과 〈미인계美人計〉라는 말은 우리 일상생활 속에서 많이 입에 오르내리는 스스럼 없는 계다.

원래 《36계 병법》이 생겨난 역사적 배경은 춘추전국시대로 군웅이 할거하여 먹느냐 먹히느냐를 놓고 밤낮으로 싸움을 되풀이하던 시대에 탄생하였다.

그때의 〈미인계〉는 정치, 군사, 외교 무대에 단골 메뉴로 등장했으나 그후 모든 일에 확대되어 사업상 또는 일반 사회활동 등에도 폭넓게 이용하고 있다.

걸왕은 유시씨에서 진상품으로 받은 말희라는 여인으로 인하여 멸망의 길을 걸었다. 다시 말해서 낚싯바늘에 고기가 걸리듯 미인에게 취해 멸망의 고배를 마신 것이다. 말희와 걸왕의 관계처럼 미인 때문에 나라가 기운예는 고대 역사 속에 줄줄이 이어져 있다.

달기, <미인계>로 은왕조의 막을 내리다

은殷나라 왕 주왕紂王은 달기妲己라는 요부妖婦에 빠져 온갖 포악한 짓을 다 저질렀다. 하나라가 말희末喜에 의해 폭정을 했듯이 은나라의 주왕은 날기에 의해 폭정을 해 '하걸은주夏桀殷紂'라는 폭군의 대명사가 되었다.

주왕은 지력智力과 기력, 담력과 완력이 유달리 뛰어났다. 그래서 한껏 오만해진 그는 자신을 능가하는 사람이 이 세상에 아무도 없다고 생각했다.

훗날 서백西伯은 주왕에 의해 유리羑里옥에 갇히기도 했다. 제발 포락형만은 중지해 달라고 사정하다가 목숨의 위협을 느껴 낙서洛西의 땅을 주고풀려나 고국으로 돌아갔다. 그는 제후들을 모아 스스로 왕이라 칭했다. 뒤에 무武왕이 서백을 문文왕이라 칭하고 주周는 명실공히 나라로서 기틀을 잡게 되었다.

문왕의 아들 주공 단旦이 계획적으로 주왕을 타도하기 위해 달기를 철저하게 교육했다.

여기서 달기의 기己는 아버지의 성이고, 달妲은 그녀의 자字인데 그녀의 자태가 워낙 빼어났기 때문에 주공 단旦이 자신의 이름 옆의 '女'자를 붙여 요염하고 아름답다는 '달妲'이라 명명하여 '달기'가 되었다.

달기는 어려서부터 한 남자를 표적으로 삼고 그 남자를 홀려내는 비술을 철저하게 교육받았다. 그녀가 표적으로 삼은 남자는 상왕조商王朝 제30대 주왕紂王이었다.

이런 교육으로 달기는 주왕의 모든 것을 속속들이 꿰뚫고 있었다. 주왕이 좋아하고 싫어하는 것은 물론이거니와 침대에서 서로 몸을 섞는 취향까지도 세세히 알고 있었다.

달기가 주왕을 사로잡을 완벽한 여자로 성장하자 주공 단은 때가 왔음을 알았다. 그는 소부락蘇剖落 추장을 회유하여 일부러 주왕의 심기를 건드려 쳐들어 오게 만들어 놓고 그로 하여금 화해를 구하는 명목으로 천하절색 달기를 바치게 했다. 달기는 유소씨有巢氏 제후의 딸인데 그는 그녀를 전략적으로 전리품 속에 넣어 보냈던 것이다. 그녀의 모습을 본 주왕은 일순간에 넋을 잃을 정도로 정신이 혼미해져 그녀에게 완전히 녹아 떨어지고 말았다.

주왕은 달기의 청이라면 무엇이든지 들어주었다.

그녀의 요청에 따라 궁중에서 북리北里의 무舞와 악樂을 연주하게 되었다. 주왕은 지금까지 궁중음악을 치우고 관능적이고 분방한 음악을 밤낮으로 연주하게 했다. 그리고 그 음악에 맞춰 마시고 즐기니 백성들의 등골이 휘청거렸다. 주왕은 천하의 재물을 모으기 위해 세금을 무겁게 먹여 녹대鹿臺의 금고와 거교鉅橋의 곡창을 채우고 사고沙丘의 이궁離宮을 지어 놓고는 그 안에 길짐승과 날짐승 등을 길렀다.

"대왕마마, 환락의 극치란 어떤 것이온지 한번 끝까지 가 보고 싶습니다. 지금 이 순간을 마음껏 즐기시어 제왕으로서 후회 없는 삶을 누리시옵소서."

달기의 미소 젖은 말에 마침내 주지육림酒池肉林의 공사가 시작되고 전무후무한 작태가 벌어졌다.

"이 잔치에 참석하는 자는 옷을 입어서는 안 된다. 남자는 반드시 여자 한 사람을 둘러 업고 짐이 있는 곳까지 와야 한다."

주왕의 명이 떨어지자 참가자들은 좋든 싫든 그 명령에 따르지 않을 수 없었다. 주왕의 명령이 떨어지자 천여 명이나 되는 벌거숭이 여자들이 비명을 지르며 어찌할 바를 모르고 있었다. 차마 눈을 뜨고는 볼 수 없는 광경이었다.

이렇게 날마다 흥청거리며 색태에 빠지자 백성들의 원성이 높아지고 주왕에 대한 불만도 높아갔다. 주왕은 그들을 잡아 형벌을 주는 포락지형炮烙之刑을 제정하였다.

포락지형이란 구리 기둥에 기름을 바르고 그 아래 숯불을 피워 놓고 구리 기둥 위로 죄인들을 걸어가게 하는 형벌이다.

천하의 모범이 되어야 할 천자天子 가 하는 짓이 포악하기 그지없고 백성의 재물을 세금으로 걷어다가 사치와 환락으로 탕진하니 백성들의 고통은 이루 말할 수 없었고 불평불만이 하늘을 찌를 듯이 높아갔다. 포락지형은 이런 불평·불만을 억누르기 위한 공포 정치의 한 수단이었다.

"무사히 그 기둥을 끝까지 걸어가는 자에게는 그 상으로서 죄를 면해

주리라."

불바다 위에 한 개의 구리 기둥이 걸쳐졌다. 미끄러지기 쉽게 기름을 칠해 놓았다. 이글이글 끓는 불 속에 떨어져 죽느냐? 기름 기둥을 무사히 건너서 사느냐 하는 절박한 갈림길에서 한 가닥 희망을 안고 엉금엉금 구리 기둥 위를 걸어가는 죄수들의 모습은 인간으로서는 차마 볼 수 없는 잔인무도殘忍無道함의 극치였다.

당시 은왕조에는 천자의 정치를 보좌하는 삼공三公이 있었는데 서백창西伯昌(후의 주문왕), 구후九侯, 악후鄂侯의 세 사람이었다. 모두 당대의 고결한 인격자로서 구후에게는 아름다운 딸이 있어 주왕의 부인이 되었는데 주왕의 말을 듣지 않아 죽임을 당했으며, 아버지인 구후도 죽임을 당하여 그 시체는 젓으로 담가졌다.

악후는 이 사실을 간하다가 그도 역시 죽임을 당하여 그의 시체는 포脯로 떠졌다. 이처럼 삼공을 죽이거나 떠나게 한 것은 모두 달기의 계략이었다. 삼공이 있어 자꾸 자신이 하고자 하는 일을 간하였기 때문에 이들 삼공의 존재가 달기에게는 눈엣가시처럼 여겨졌던 것이다.

삼공이 없어지자 주왕은 아첨에 뛰어나고 사리사욕밖에 모르는 비중費中과 악래惡來를 등용하여 가혹한 정치를 펴고 더욱 음란에 빠졌다.

은왕조의 여러 충신들은 멸망해 가는 은왕조를 구하기 위하여 죽음을 무릅쓰고 주왕에게 간했다. 서형인 미자계微子啓, 충신 조이祖伊 등이 간했으나 그들의 간언을 들은 척도 하지 않자 모두 자취를 감추어 버렸고 삼촌 비간比干은 전에도 기회 있을 때마다 간했으나 듣기는커녕 더욱 심해져 가는지라 이에 목숨을 걸고 사흘에 걸쳐서 주왕에게 간하였다. 그러자 주왕은 삼촌에게도 잔인한 형벌을 내렸다.

"나는 성인의 심장에는 일곱 개의 구멍이 있다고 들었소. 과연 비간의 심장에 일곱 개의 구멍이 있는지 조사해 봅시다."

마침내 비간을 죽여 그의 심장을 갈기갈기 찢어버렸다. 이 밖에도 임신한 여자의 자궁을 갈라 그 속에 무엇이 있나 보려고 한 일, 기수淇水라고 하는 강에서 어떤 노인이 강을 건너지 못해 안절부절못하자 주왕이 그 까닭을 물으니 그 측근이 대답했다.

"노인은 뼛속에 골이 비어 다리가 시려서 못 건너는 것이옵니다."

이렇게 고하자 참으로 뼛속에 골이 없는지를 확인하기 위해 즉석에서 즉결처분하는 무도함도 보였다.

그렇게 노인의 종아리를 잘라 버린 천인공노한 일을 밥 먹듯 했다.

이러한 주왕의 포학무도한 정치로 은나라는 공포에 뒤덮여 머지않아 붕괴하는 운명을 맞았다.

그런데도 주왕이 정치에는 통 관심을 보이지 않고 허구한 날 방탕한 생활을 하자 자연히 백성들은 도탄에 빠질 수밖에 없었다. 기력과 담력이 빼어났던 주왕은 끝내 정신을 못 차리고 주周나라 무왕武王의 내침을 받아 무참히 살해당하고 말았다. 포악한 정치의 말로는 비참하게 끝이 내려졌다. 달기도 병사들에게 이끌려 무왕의 단하에 무릎을 꿇었다.

'형님, 저 여자는 꼭 살려 주어야 합니다.'

주공 단은 자기가 교육해 〈미인계〉로 밀어 넣던 달기를 살려준 것을 간절히 바랐다. 천하 통일의 공을 따진다면 누구보다도 달기가 가장 큰 공을 세운 일등공신이었다. 그런 달기에게 상은 못 줄망정 죽인다는 것은 주공 단의 양심으론 도저히 할 수 없는 일이었다.

그러나 무왕의 생각은 달랐다. 요사스러운 달기가 입을 잘못 놀리는 날이면 자신의 도덕성에 큰 타격을 입을 것이라고 냉정하게 생각했다.

"여봐라, 당장 저 여자의 목을 베어라."

이렇게 하여 주왕의 폭정과 달기의 일생은 종말을 고했다.

제31계 〈미인계〉의 본뜻은 상대가 원하는 것이 무엇인가를 찾아서 그것을 제공하는 것이다. 다시 말하면 세력이 커 어찌할 수 없는 큰 적의 지휘관을 교묘히 구슬려 넘어뜨리는 계책이다. 그렇게 넘어뜨리면 대국이라 할지라도 힘없이 무너지고 만다. 그런 예는 역사적으로 수없이 많다. 그래서 〈미인계〉로 왕실의 정략결혼도 큰 세력과 결탁하고 안전을 꾀하는 그 일환으로 행해졌다.

한나라 무제, 정략결혼으로 안전을 꾀하다

한漢나라 무제武帝(기원전 141~87) 때 우손국鶴孫國(신륵성북부) 왕이 한漢나라 공주를 왕비로 맞겠다며 청혼을 해왔다. 당시 한나라는 북방 흉노족들의 침공으로 골치를 앓고 있는 때라 정략결혼으로 우손국을 앞세워 흉노의 준동을 막자는 의도를 가지고 있었다. 그러나 권위의 상징인 황제의 공주를 흉노에게 줄 수는 없었다. 무제는 생질인 세군細君이 절세미인이었으므로 그녀를 황녀라 속여서 우손국으로 보냈다. 즉, 《36계 병법》 중의 제11계 〈이대도강〉의 오얏나무가 복숭아나무를 대신하듯, 혹은 손님이 주인 노릇 하는 〈반객위주〉의 계를 쓰듯 슬쩍 바꿔치기를 한 것이다.

이렇게 나라와 나라 사이에 정략결혼을 맺음으로써 서로의 우호를 확인하고 때로는 사돈의 나라가 되어 외세의 침략을 막기도 했다. 이는 보이지 않는 결탁이면서 묵계다. 그렇지만 맞이하는 공주는 일단 미인이라야 효과가 배가된다. 또 꼭 공주가 아니라 태자 중에서 볼모로 보내는 경우도 있다.

오자서, 비무기의 모략으로 도망자가 되다

춘추시대 초楚나라의 평왕平王(기원전 528~516)에게는 건建이라는 태자가 있었다. 태자의 나이가 차자 평왕은 신하 비무기費無忌로 하여금 진秦나라에서 태자의 아내를 맞아오도록 했다. 진나라와 유대를 맺어야만 안전하겠다는 생각에서 적극적으로 서둘렀다. 비무기가 태자의 아내 될 여인을 만나보니 보기 드문 절세미인이었다. 비무기는 이 기회를 통해서 평왕의 신임을 얻을 양으로 슬그머니 딴생각을 갖고 평왕에게 달려와 보고했다.

"진나라 여인은 절세미인입니다. 하오니 대왕께서 부인으로 삼으시고 태자의 아내는 다시 구해 보시는 것이 어떻겠습니까?"

평왕이 비무기의 말을 듣고 그 여인을 만나보니 과연 절세미인인지라 이성을 잃고 그 여인을 차지하여 애틋하게 사랑하게 되었으며 나중에 아들 진軫을 얻었다. 결국 며느리로 들이려다가 자기가 차지한 것이다. 물론 태자의 아내는 다른 곳에서 맞아들였다.

비무기는 이 일로 평왕의 최 측근이 되었고, 지금까지 태자를 가르치며 섬겨 오다가 그 일을 그만두고 평왕을 섬기게 되었다. 시간이 흐르자 비무기는 자기의 입장을 곰곰이 생각했다. 만일 하루아침에 평왕이 죽고, 태자 건이 왕이 된다면 자신을 그대로 두지 않을 것이라는 생각이 들었다. 그렇다면 차라리 이참에 태자를 아예 없애 버려야 심사가 편하지 않겠는가. 생각이 여기에 미치자 비무기는 평왕에게 태자 건을 무고誣告하는 상소上疏를 올렸다. 그래서 평왕은 차츰 태자를 미워하였고 마침내 변방의 군대를 정비하라는 명령을 내려 궁중에서 쫓아내 버렸다. 일은 비무기의 뜻대로 되어가고 있었다. 비무기는 이제부터는 마음 놓고 태자를 모함해도 거리낄 것이 없었다.

"태자는 아무래도 진나라 여인의 일로 원망이 없을 수 없습니다. 태자가 변방에 나가 군대의 책임자로 있으면서 밖으로 여러 제후들과 교섭하여 사귀고 있으니 장차 반란을 일으킬지도 모릅니다."

평왕은 덜컥 겁이 나 아들 건을 의심하기 시작했다. 그러자 우선 태자의 태부, 오사伍奢를 불러 고문을 가하도록 했다.

오사는 비무기가 태자를 모함하여 상소한 사실을 훤히 알고 있었지만 어찌할 노리가 없었다.

"왕은 어찌하여 간신의 말만 믿고 부자간의 정을 그다지 소홀히 하십니까?"

옆에서 이 소리를 듣고 있던 비무기가 가만히 있지 않았다.

"왕께서 지금 당장 그를 제압하지 않으시면 장차 그 일이 잘못되었을 때는 후회해도 소용이 없습니다. 지금 엄히 다스리옵소서."

평왕은 비무기의 말대로 오사를 하옥시키고, 분양奮揚에게 태자를 죽이라는 명을 내렸다. 그러자 분양은 먼저 사람을 태자에게 보내 얼른 몸을 피하도록 선결조치 했다.

"태자께서는 급히 몸을 피하십시오. 그렇지 않으면 곧 죽임을 당할 것입니다."

이 말을 전해 들은 태자 건은 황급히 송나라로 도망쳤다. 일이 간단하게 끝날 줄 알았던 비무기는 마음이 초조해지기 시작했다. 그는 다시 평왕에게 아뢰었다.

"오사에게는 두 아들이 있는데 모두가 현명합니다. 그들을 죽이지 않으면 장차 초나라의 근심거리가 될 것이 분명합니다. 오사를 인질로 삼아 두 아들을 부르는 것이 좋겠습니다."

그러자 왕은 오사에게 명했다.

"당장 너의 두 아들을 데려오도록 하라. 그렇지 않으면 그대를 죽일 것이다."

이 말을 전해 들은 오사가 평왕에게 말했다.

"큰 아이 상尙은 사람됨이 어질어서 내가 부르면 반드시 올 것이나, 둘째 자서(子胥, 본명:원員)는 영악하고 담대하여 능히 큰일을 할 아이입니다. 그는 자신이 온다면 사로잡힐 것을 뻔히 알기에 오지 않을 것입니다."

오사의 말을 들은 평왕은 사람을 보내 그의 두 아들에게 명에 의하여 입궐하도록 전했다.

"내 명령대로 너희가 오면 네 아비를 살려줄 것이로되 그렇지 않으면 죽일 것이다."

그 말을 들은 형 오상이 동생을 설득하였으나 동생 자서가 그럴필요 없다며 만류하며 나섰다.

"초나라 왕이 우리 형제를 부르는 것은 우리 아버지를 살리기 위한 것이 아니고 뒷날의 근심을 없애기 위함입니다. 만약 우리 둘이 가면 세 부자가 모두 죽을 것입니다. 차라리 다른 나라로 달아나서 힘을 빌려 아버지의 원수를 갚는 것이 자식의 도리라 생각합니다. 모두 함께 죽으면 원수는 누가 갚을 수 있겠습니까?"

그러자 형 오상이 말했다.

"물론 내가 가더라도 아버지의 목숨을 구할 수 없다는 것을 안다. 그러나 아버지가 나를 불러서 살기를 구하는데 가지 않는다면 자식의 도리가 아니다."

그리고 오자서에게 간곡히 말했다.

"나는 가는 것이 좋겠다. 너는 여기서 살아나 능히 아버지의 원수를 갚을 수 있을 것이다."

그리고 나서 오상이 나아가니 밖에서 대기하고 있던 사자들이 달려들이 오상을 붙들고, 오자서도 체포하려 했다. 그러나 오자서는 잽싸게 활시위에 오늬를 메워 사자를 겨누니 사자가 감히 달려들지 못했다. 그 길로 오자서는 초나라에서 도망쳐 태자 건이 있는 송나라로 들어갔다. 오사는 오자서가 도망쳤다는 말을 듣고 눈을 감으며 말했다.

"장차 초나라의 임금과 신하들이 전쟁에 시달림을 받겠구나."

오상이 궁궐로 들어오자 오자서의 예언대로 그의 아버지 오사와 함께 죽임을 당했다. 훗날, 도망간 오자서 원은 태자 건의 아들 승을 데리고 오나라로 탈출하여 절치부심 우여곡절 끝에 초나라를 멸망 직전까지 몰아붙혀 마침내 아버지와 형의 원수를 갚았다.

초나라의 평왕은 비무기의 말을 듣고 며느리 감을 고르게 해놓고 며느릿감이 예쁘자 자신이 취했다.

이렇게 미인으로 인하여 벌어지는 비극은 결국 나라를 어지럽게 하고 개인적으로 목숨을 잃는 사태에 이르게 한다. 위에서 이야기한 경우는 누가 계획적으로 〈미인계〉를 쓴 것이 아니라 미인으로 인하여 국가가 기운 예이다. 그래서 '경국지색傾國之色'이라 하여 임금이 혹하여 나라가 기울어져도 모를 정도의 미인을 일컬었는데 이 또한 넓은 범주에서 본다면 〈미인계〉라 할 수 있을 것이다. 동서고금을 막론하고 〈미인계〉는 약자 쪽에서는 물론 강자 쪽에서도 적극적으로 활용한 계책이다.

서시, <미인계>로 오왕 부차를 유혹하여 나라를 멸망하게 하다

춘추시대 말기, 와신상담臥薪嘗膽의 고사로 유명한 월越나라 구천왕句踐王(기원전 496~465)이 오왕吳王 부차夫差에게 패하여 회계산會稽山에서 그 치욕을 견디다 못해 자진하려 했다. 그때 명신 범려范蠡가 '죽기는 쉬우나 굴욕을 참으며 재기를 꾀하는 것이 참된 용기'라고 하며 그의 의욕을 되살렸다. 그리고 그의 말대로 항복하여 오왕 부차의 신하가 되어 7년간의 노예와 같은 생활을 하다가 석방되어 월나라로 돌아왔다.

월나라로 돌아온 구천왕은 범려와 힘을 합쳐 '회계산의 치욕'에 대한 복수를 준비했다. 그는 부차왕이 시키는 대로 고소대姑蘇臺 건립에 필요한 목재를 고분고분 조달했다. 그러니까 부차의 신하 노릇을 하는 양 〈가치부전〉으로 그를 안심시킨 뒤, 오나라로 쳐들어갈 계책을 차근차근 준비하면서 때를 기다렸다.

바로 그때 범려는 고소대의 기둥으로 쓰일 나무를 찾기 위해 기산箕山으로 들어갔다가 돌아오는 길에 우연히 어느 농촌에서 밭갈이 하는 일을 돕는 아낙네〔農女〕를 만났다. 그 자태가 절세미인인지라 그녀를 다시 한 번 더 보기 위해 냉수 한 그릇을 그 여자에게 청했다. 냉수를 마시면서 보니 역시 미색이 뛰어나 그 길로 데리고 와 첩으로 삼았다. 이 여자가 바로 중국 역사상 3대 미녀 중의 한 사람인 서시西施이다. 얼마 후 오왕 부차의 고소대가 만들어지자 범려는 미녀 50명을 시녀로 보내기 위해 전국에서 선발하였는데 그중에 서시도 포함시켰다.

서시는 사랑하는 범려를 두고 시녀로 가기를 거부했다. 범려도 서시를 마음에 두었기 때문에 보내고 싶지 않았다. 그러나 범려는 자기의 깊은 계략을 슬기롭게 도와줄 만한 여자는 서시밖에 없다고 생각했다. 그래서 눈물을 머금고 월나라의 재기를 위해 서시 한 몸의 희생을 끈질기게 설득했다. 그래서 결국 서시는 시녀로 오나라로 가게 되었다.

〈미인계〉의 첫째 조건이 절세 미색이어야 한다는 점에서 서시는 두 말 할 나위 없이 조건에 맞았다. 거기에다 머리도 명석하여 바로 〈미인계〉에는 안성맞춤이었다. 서시의 임무는 오왕 부차를 현혹하여 오나라의 정치를 혼란에 빠뜨리고 오나라 내정에 걸친 중요한 기밀을 범려에게 알리는 첩자 활동이었다. 서시가 얼마나 미색이 매혹적이었던가는 다음 이야기에서 충분히 짐작이 가고도 남음이 있다.

서시가 50명의 미녀들 중에 맨 앞줄에 서서 오나라에 도착하자 오왕 부차의 시궁侍宮이 마중을 나왔다가 성문에 들어서는 서시의 아름다움에 눈을 떼지 못했다. 이 소식을 전해 들은 부차왕은 희색이 만연하여 손수 고소대에 머물던 그녀의 방으로 들어가 불을 밝혔다.

그 후 서시는 부차왕의 사랑을 독점하였고 여러 가지 기밀을 탐지하여 월나라로 보내기 위해 고심했다. 그러나 그것을 범려에게 전하는 길을 얻지 못하자 궁궐의 의원을 매수하여 꾀병을 만들어 고소대를 빠져나와 월나라로 가서 범려를 만나고, 다시 고소대로 돌아오곤 했다. 그녀의 머리가 비상했음을 말해주고 있는 대목이다. 여기서 서시가 특히 찡그릴 때 더 아름답다 하여 '서시가 찡그리다'는 유명한 '서시빈목西施嚬目'이라는 고사가 생겨나기도 했다. 이는 서시의 찡그린 얼굴이 어찌나 아름다웠던지 얼굴을 찡그리는 것까지 여인들 사이에 유행했다는 비사(서시효빈西施效顰)다. 이처럼 오나라 부차 왕은 서시에 빠져 밤낮을 모르고 지냈다. 자연히 정사는 멀어지고 나라의 기반은 무너져 내렸다.

월나라 구천은 이 복수전에서 오왕 부차 스스로가 오나라를 멸망시키는 길을 걷게 했다. 여기에 서시가 결정적인 역할을 함으로써 중국 역사상 유명한 〈미인계〉로 손꼽히고 있다.

흔히 하는 말 중에 장수가 〈미인계〉에 빠지면 몸이 쇠약해지고 예지력이 떨어지며, 격렬한 전쟁을 기피한다. 따라서 마침내 그 허점을 드러낸다. 그렇게 되면 아무리 강군이라도 그 기세가 수그러들어 구멍이 뚫린다고 했다.

측천무후, 〈미인계〉로 스스로 황제가 되다

중국 역사 속에서 여자로 인하여 국정이 파탄한 일은 한둘이 아니다. 그중에 미모를 앞세워 전횡한 측천무후測天武后(690~705)도 빼놓을 수 없는 인물이다.

측천무후는 15세 때 당 태종太宗(이세민 626~649)의 후궁이 되었다.

어느 날 태종이 병석에 누워 있을 때 황태자 이치李治(후에 고종)가 아버지 태종에게 탕약을 들고 갔다. 이때 그녀가 황제께서 탕약을 마시기 쉽도록 등을 받쳐 주는 역할을 하고 있었다. 황제의 수발을 들다가 두 사람의 몸이 맞닿자 그녀에게 매료된 황태자는 그녀와 동쪽 별실에서 은밀히 만나

통간을 했다. 아버지 첩과 아들이 근친상간의 죄를 범한 것이다. 그러나 그녀는 전혀 개의치 않았다. 그녀는 이 기회를 이용해 훗날 황제가 될 황태자 이치의 마음을 휘어잡고 싶었기 때문이었다. 황태자비 왕씨는 이 사실을 알았으나 눈감아 주었다.

649년 태종이 죽자 측천무후는 장안의 감업사感業寺로 들어가 비구니가 되었다. 그로부터 3년 후 그녀는 고종高宗(649~683)의 눈에 들어 다시 후궁으로 궁궐에 돌아왔다.

빼어난 미모로 전례 없이 두 번에 걸쳐 후궁이 된 영예와 황제의 총애를 한몸에 받은 무씨武氏는 황후 왕씨王氏와 귀빈 소씨蕭氏의 반목을 교묘히 이용해 차츰 세력을 확장해 나갔다. 그러다가 황후가 요술을 부려 황제의 생명을 끊기 위해 황제의 침대 밑에 목조 인형을 숨겨 놓았다는 누명을 씌워 황제에게 황후 왕씨를 폐위시키게 했으며, 655년에는 그녀가 대신 황후의 자리에 올랐다.

황후가 된 그녀는 그 후 황제가 마음에 들어 하는 후궁들이나 여자들은 가차 없이 처치해 버렸다. 그 희생자들 중에는 그녀의 친언니 한국韓國 부인의 딸이자 그녀의 조카인 위국魏國 부인도 끼어 있었다. 그들이 황제의 마음에 들었다는 것이 살해 이유였다. 이후 그녀는 황태자 이충李忠을 폐하고 자기 소생인 이홍李弘을 대신 황태자로 세웠나. 뿐만 아니라 그녀는 장손무기長孫無忌 등의 귀족 관료들을 주멸했으며, 황후 왕씨와 귀비 소씨의 손발을 자른 다음 몸을 묶어 커다란 술독에 처박아 숨을 끊어 버렸다.

그런가 하면 그녀는 병중(간질병)에 있는 고종을 대신해 조정의 실권을 장악한 후 660년에 고종을 천황天皇이라 하고 자신을 천후天后라 일컬었으며, 고종이 죽은 뒤에 즉위한 친아들 중종中宗(이현李顯)이 즉위하자 무후는 황태후가 되었다. 위씨韋氏가 왕후의 자리에 오르자 시어머니 무후의 전횡을 막으려고 진정 아버지를 시중 자리에 기용하려 했으나 무후의 제지로 뜻을 이루지 못했으며, 마침내 무후는 중종을 밀어내고 예종睿宗(이단李旦)을 즉위시켰다. 이단도 유폐나 다름없는 생활을 했으며 정치는 황태후 측천무후가 스스로 자신전紫宸殿에 나가 국정을 주관했다.

그녀는 친아들 4명을 살해했으며, 남은 두 아들도 12년 이상 감옥 안에다 감금해 두었다. 뿐만 아니라 태종과 고종의 일족 70여 명과 고위관료 40여 명도 그녀에 의해 목숨을 잃었다. 그래서 측천무후 하면 온갖 악독한 일을 눈 하나 깜짝 않고 저질러 악행의 대명사로 알려졌지만, 한편으론 뛰어난 정치가이기도 했다.

그녀가 치세하는 동안 이경업, 월왕정 등의 반란을 진압한 후 690년에는 혁명을 단행해 주周 왕조를 세우고 연호를 천수天授로 바꾸었으며 67세 때는 자신을 측천무후, 또는 성신황제聖神皇帝라 칭했다. 더불어 무씨武氏의 묘를 짓고 관직명을 주 시대의 것으로 고쳤으며, 측천 문자 10여 개를 새로 만들어 사용했다. 그뿐 아니라 당시 널리 퍼져 있던 미륵 신앙을 이용해 자신을 현신미륵現身彌勒이라 자처했다. 그녀는 총명한 신하 적인걸狄仁傑을 두고 반대파에게는 밀고, 고문, 학살 등 온갖 수단을 이용해 가차없는 탄압과 횡포를 일삼았다. 반면에 충성파에게는 매우 호의적인 대접을 해주었다.

그녀는 승려 설회의薛懷義를 특별히 총애했다. 본래 그는 낙양 거리에서 약을 팔며 돌아다녔던 약장수에 불과했다. 그녀는 그를 등용해 낮에는 국정을 그와 상의해 처리했으며, 밤에는 그를 성적 노리갯감으로 가지고 놀았다. 그녀와 잠자리를 같이 해 더욱 기세가 오른 그는 화려한 승정복 차림으로 궁궐을 휩쓸고 다니며 막대한 영향력을 행사했다. 그러다가 밤이 되면 그녀의 침실로 기어들어가 색욕을 은밀히 불사르곤 했다.

그녀의 침실에는 설회의에 외에 장역지張易之 형제도 문턱이 닳게 드나들었다. 그들은 20대, 그녀는 70대였다. 두 형제는 유달리 흰 피부와 수려

한 미모를 소유한 미청년들이었다.

역지易之는 그녀에게 성욕을 촉진하고 성적 만족을 극대화하는 일에 최선을 다해 그녀의 환심을 샀으며, 동생 창종昌宗은 신선 같은 깃털로 그녀의 몸을 휘감고서 연못, 목재, 학 등에 걸터앉아 피리를 불어주어 그녀의 스트레스를 풀어주는 일을 담당했다. 그들은 요광전瑤光殿 안에다 공학부控鶴府를 만들어 놓고, 두 형제를 그곳의 관리로 임명했다. 공학부는 겉으로는 종교 문학 연구소와 같은 곳이었지만 실제로는 남자들로 이루어진 후궁이나 다름없는 곳이었다.

704년에 그녀는 병상에 눕게 되었다. 장역지 형제는 그녀 곁에서 병시중을 들며 그녀를 위로하는 데 정성을 다했다. 705년 1월에 장간지張柬之, 환언범桓彦範 등이 장역지 일파를 주살하고 중종中宗이 다시 복위되었다. 이때 그녀는 서쪽의 별궁으로 옮겨져 감금되었으며, 그 해 11월에 83세의 나이로 쓸쓸하게 파란만장한 생을 마감했다.

빼어난 미모로 중원 천지의 최고의 황후 자리도 모자라 성신 황제의 자리에까지 오른 현신 미륵 측천무후는 미모로 해낼 수 있는 일이 어디까지인가를 잘 보여 주고 있다. 알고 보면 한 시대가 미인의 치마폭에 휩싸여 돌아갔다.

〈미인계〉는 어디까지나 비녀를 세락적으로 이용하는 것을 말한다. 측천무후나 양귀비는 어떤 의미에서는 여걸 쪽에 맞는 이미지다. 고전 속에 전하는 말희나 달기도 알록달록한 측면이 있다. 다만 〈미인계〉는 아니라 하더라도 미인이었기 때문에 벌어진 일인 것은 틀림없다.

조물주가 남자를 창조한 것은 세상을 지배하라는 것이었다. 그런데 여자를 만드신 것은 세상을 지배하는 남자를 지배하라는 것이었다.

막강한 군대를 가진 장수가 지혜를 겸비하고 있지만 미모의 여인과 싸우면 승산이 없을 뿐만 아니라 생사의 존망도 위태로워진다.

이럴 때는 무모하게 싸우는 것보다는 형세에 순응하여 일시적이라도 적을 섬길 수밖에 없다. 섬기는 방법에도 여러 가지가 있다. 영토를 떼어주고 화친의 방법을 택하거나 금은보화로 전쟁배상금을 주는 것 등이다. 그러나 이보다 더 좋은 방법은 아름다운 여자를 보내 섬기게 하는 것이다. 이름 하여 제31계 〈미인계〉를 쓰라는 말이다.

양귀비, 〈미인계〉로 현종을 홀리다

중국 역사 속에서 미인하면 양귀비楊貴妃를 빼놓을 수 없다. 양귀비는 서기 719년 촉주觸籌(지금의 사천성 숭경현)에서 출생했다. 일찍이 아버지를 여의고 숙부 양현교揚玄撽의 양녀가 되었는데, 아명은 옥환玉環이었다. 그녀는 과연 얼마만큼 미녀였을까? 동양 미녀의 대명사로 알려진 양귀비가 얼마나 미인이었는지에 대해서는 확실한 증거가 없다.

백설 같은 살결에 다소 살찐 몸매를 지닌 놀랄 만큼 아름다운 여인으로 묘사하고 있다. 일설에 의하면 양귀비의 음모陰毛가 무릎에 닿을 정도로 길었고, 땀을 많이 흘려, 그것이 사향과 섞이면 독특한 체취를 풍겼다고 한다. 그녀는 운우지정雲雨之情을 나눌 때면 애액이 넘칠 정도로 흘렀고, 거침없이 기성을 질러댔다고 한다. 이런 것으로 미루어 볼 때 양귀비는 분명 육감적이고 성감이 매우 뛰어난 여성이었을 것으로 추정된다.

그녀는 16세 때 현종玄宗의 열여덟 번째 왕자 수왕壽王 이매李昧의 비妃로 책봉되었다. 그런데 양귀비의 빼어난 미색에 반한 시아버지 현종이 그녀를 수왕저壽王邸에서 빼내 여관女冠(여도사)으로 삼았다가 나중에 궁중으로 불러들였다. 말하자면 시아버지가 아들의 처를 빼앗아 후궁으로 삼은 것이다. 오吳나라 평왕平王이 며느릿감을 고르다가 그 며느리가 예쁘자 자기 첩으로 삼은 것과 같은 사건인 셈이다. 황제의 총애를 받은 양귀비는 27세 때 정식으로 귀비로 책립冊立 되었고, 정무에 싫증을 느낀 현종의 마음을 완전히 사로잡아 황후와 동등한 대우를 받기에 이르렀다.

그 예로 어느 화창한 봄날 황제는 양귀비와 궁녀를 거느리고 태액지太液 地라는 연못가를 산책했다. 연못에는 연꽃이 흐드러지게 피어 있었다. 못의 수면을 가득히 덮은 연잎의 선명한 녹색, 게다가 아침 이슬을 머금은 분홍 빛과 흰빛의 연꽃은 마치 꿈속에서 보는 듯 아름답기 그지없었다. 황제는 좌우에 늘어선 궁녀들에게 말을 걸었다.

"저 연꽃의 아름다움도 여기에 있는 '말을 하는 꽃'의 아름다움에는 미 치지 못하겠지?"

현종은 그 말을 하면서 옆에 있는 양귀비를 바라보았다.

"지당하신 말씀이옵니다."

궁녀들은 이구동성으로 양귀비의 아름다움을 칭찬했다. 이때부터 빼어 난 미인을 '말을 하는 꽃' 즉, 해어화解語花 라고 부르기 시작했다.

황제는 양귀비가 원하는 것은 모두 들어주었다. 양귀비의 청에 의하여 한 명도 들기 어려운 황제의 곁에 세 명의 자매가 후궁으로 들어갔다. 이 는 양귀비의 전략으로 황제를 완전히 손아귀에 집어넣기 위한 계산이었다. 사촌 오빠인 양소揚少는 재상의 자리에 올랐으며 일족이 모두 고관이 되어 황족과 결혼함으로써 관계를 돈독히 했다. 관료들도 대부분 그들에게 환심 을 사려고 은근히 경쟁했다. 안녹산安祿山, 고력사高力士 등노 서로 총애를 받으려고 경쟁을 하였으며, 이백李伯 등, 궁정시인들까지도 덕분에 호사스 런 생활을 했다.

황제는 그녀가 목욕을 할 때 그녀의 벌거벗은 몸을 감상하기를 유난히 좋아했다. 그래서 산시 성의 온천지에 화청궁華淸宮을 지어 놓고 해마다 겨 울이면 그곳에서 지냈다. 황제가 양귀비에게 홀려 국정을 돌보지 않자 자 연히 신하들 간의 권력 다툼이 치열해졌다.

그 와중에 안녹산이 난을 일으키자 궁을 떠나 피신한 양귀비는 반란군이 마외역으로 쳐들어오자 목매어 자살했다.

9년에 걸친 반란이 끝난 후, 수도로 돌아온 현종은 죽는 날까지 양귀비를 잊지 못하고 눈물로 세월을 보냈다고 한다. 현종은 양귀비와 정다울 때 이런 맹세를 했다.

"하늘에서 원컨대 비익조比翼鳥가 되고, 땅에서는 원컨대 연리지連理枝가 되리라."

비익조比翼鳥는 '짝을 짓지 않으면 날지 못하는 새'이고 연리지連理枝는 '한 나무의 가지와 다른 나무의 가지가 맞닿아 하나로 결이 통하게 된 가지'를 말한다. 즉, 살아서나 죽어서나 영원히 변치 말자고 맹세했는데, 두 사람이 생사로 갈라져 결국 맹세가 깨진 것이다. 어쨌든 양귀비는 그 미모로 나라를 흔들고 짧은 생을 마쳤지만, 사랑만큼은 누구보다 성공한 여자라 할 수 있다. 〈미인계〉는 일을 꾸며 뜻을 이루는 것을 말하지만 여기서는 미인들이 얼마나 국정을 어지럽혔는지를 헤아리고 경계하자는데서 그 예를 들은 것이다.

이 밖에도 중국 역사의 굽이굽이마다 빼어난 미녀가 등장하여 나라를 위태롭게 하고, 분쟁과 갈등과 살인을 야기한 예가 허다하다. 그녀들은 능히 수백만의 군대보다 강한 힘을 발휘하여 나라의 흥망을 좌지우지했다.

초선, 〈미인계〉로 동탁과 여포를 이간하다

여자가 남자를 지배하고 남자는 세계를 지배한다는 말처럼 여자에 의해 부자父子간에 목숨을 건 처절한 장면이 있다.

중국 후한 말기 이 〈미인계〉를 써서 완벽하게 성공한 예가 바로 이 이야기의 중심테마다.

동탁董卓과 그의 양아들인 천하 맹장 여포呂布 그리고 초선貂蟬이라는 절세미인의 관계를 들어본다.

후한 말 천하가 어지러워지고 조정의 힘이 약해진 틈을 타 서량태수 동탁은 한漢나라의 도읍을 점령한 다음 어린 황제 소제少帝를 폐하고 헌제獻帝를 왕위에 앉혔다. 더불어 일인지하一人之下 만인지상萬人之上의 막후 권력을 틀어쥐고 마음대로 휘둘렀다. 이를 보다 못한 사도司徒 왕윤王允이 동탁을 제거할 계획을 세웠다.

동탁을 제거하려면 부자지간의 정을 맺은 여포와의 사이를 이간해야 했다. 왕윤은 여포에게 자기의 수양딸 초선을 시집보내겠노라고 약정해 놓고는 계획적으로 그의 양아버지 동탁에게 주었다. 이를 알게 된 동탁의 양아들 여포가 왕윤을 만나자 심하게 화를 냈다. 그러자 왕윤은 되려 이렇게 말하는 것이었다.

"제가 수양딸 초선을 장군에게 주기 위해 준비를 하고 있는데 동태사가 데리고 가서 혼인을 시키겠다고 하여 어쩔 수 없이 보냈습니다."

그 말을 듣고 여포가 동탁의 거처에 가보니 초선은 이미 동탁의 첩이 된지라 그때부터 양아버지 동탁에게 앙심을 품게 되었다. 그 후 초선은 여포만 만나면 일부러 수심에 찬 모습을 보이며 여포를 유혹했고, 어느 날 여포를 만난 그녀는 자신의 생활이 동탁에 의해 갇혀 있는 비참한 하루하루라고 호소했다.

"소첩이 듣자오니 장군은 천하무적의 용맹을 가졌다는데 어찌 동태사가 무서워 소첩까지 고생시키십니까?"

그 소리를 들은 여포는 양아버지 동탁에게 더욱 분하기 그지없었다. 그러자 이를 눈치챈 동탁이 양아들 여포에게 초선을 넘겨주려는 뜻을 비치자, 초선은 칼로 자결하겠다며 자기는 동탁 한 사람에게만 속한다고 말했다. 동탁은 초선의 그 말에 그녀를 더욱 사랑할 수밖에 없었다.

초선은 그의 손안에서 천하제일의 권력자와 천하제일의 장수가 서로 반목하도록 〈미인계〉를 편 것이다. 그 후 결국 동탁은 양아늘 여포의 창에 찔려 죽고, 여포는 초선을 얻었으나 권력에서 소외되어 각지를 떠도는 초라한 신세가 되고 말았다.

이처럼 미인 한 사람으로 말미암아 양아버지까지 살해한 처참한 일이 벌어지고 만 것이다.

왕윤은 자기의 수양딸 초선을 〈미인계〉로 써 교묘하게 두 사람의 사이를 벌어지게 하여 한 개의 화살로 두 명의 적을 잡은 것이다.

이런 폐단으로 말미암아 '남녀유별男女有別'이라는 유교 윤리가 차츰 힘을 얻어 여성과 성을 억압하기에 이르렀다. 참으로 알다가도 모를 것이 사람의 마음이다.

미모美貌는 흔히 타고난다고 하지만 때에 따라선 노력에 의하여 만들어지기도 한다. 탤런트들이 날씬한 몸매를 유지하기 위해 각고의 노력으로 빼어난 미모를 지니는 것도 그렇다.

한편 타고난 미모도 가꾸지 않으면 별 볼 일이 없을 수 있다. 이는 회사의 직원들이 훈련을 통하여 유능한 직원으로 변모하는 일이나 마찬가지다. 은행이나 호텔, 여행사나 회사의 비서들은 고객의 서비스를 위해서 가꾸고 매만지고 아름다움을 유지하기 위해 최선을 다한다.

아름다운 외모는 서비스에 매력을 한층 더해 감성을 자극하기 때문이다. 따라서 고객에게 좋은 서비스를 제공하는 것은 회사에 크게 도움이 된다. 그만큼 아름다움을 가꾸는데 투자할 가치가 있다는 이야기다.

현명한 기업인이라면 단순히 외모만 보고 사람을 뽑지 않는다. 따라서 회사는 직원들의 내재미內在美를 위한 교육과 훈련을 게을리해서는 안 된다. 그래야 직원들 전체가 품격 있는 미를 갖추고 더불어 고객에게 그만큼 만족할 수 있는 서비스를 제공하기 때문이다. 직원들이 최선을 다하고 고객이 서비스에 만족하면 회사의 이미지가 좋아지고 그것이 바로 회사의 광고 효과로 나타나 보이지 않는 값진 성장으로 보답한다. 이것이 보이지 않는 현대의 〈미인계〉라고 말할 수 있다.

많은 회사들이 이미지 광고를 위해 적지 않은 광고비를 지출하고 또 얼굴이 알려진 광고 모델을 출연시키는 것도 〈미인계〉의 전략에 해당된다. 사실 미인은 많은 사람들의 시선을 모으는데 상당한 역할을 한다. 또 그만큼 고객의 시선을 오래 붙잡아 둘 수 있는 장치의 하나이기도 하다. 〈미인계〉의 전략적 측면은 다양하다. 많은 돈을 들여서라도 스타를 채용하고 광고를 찍고 마케팅을 벌이고 하는 이유가 다 여기에 있다.

또 화장품 업계는 미녀들을 판매 사원으로 고용하기로 유명하다. 그들이 고용한 미녀들은 대개 피부가 고와 화장품을 바르지 않아도 좋을 정도로 예쁜 사원을 뽑는다. 그다음 원래 예쁜 얼굴에 화장을 하여 더욱 아름답게 꾸민다. 그것은 화장품 회사의 상품을 인증해 주는 바로미터이기에 그러하다. 즉 자사의 화장품이 고객을 아름답게 바꿔 준다는 방증으로 보이는 첩경이기 때문이다.

〈미인계〉는 꼭 여인에게만 국한하는 것은 아니다. 유명 인사나 스타급 남자 연예인들도 상품 판매를 촉진하는데 매력 포인트가 될 수 있다.

마라톤 선수 황영조가 올림픽에서 금메달을 따자 TV에 광고 모델로 나오는 것이나, 안정환 선수가 화장품 회사의 모델로 떠오르는 것도 이에 해당한다. 그런가 하면 김연아 선수가 각종 광고 모델로 등장하는 것도 같은 맥락이다. 일반적으로 아름다움을 나타내고자 할 때에는 미인을 캐스팅하는 경우가 대부분이지만 힘과 파워를 나타내는 경우는 남성을 내세워 효과를 거두는 전략적인 측면이 있다.

또 비즈니스에서는 마냥 〈미인계〉에만 의존할 수 없다. 회사는 고객의 사랑을 받을 만한 상품이나 서비스를 가지고 있어야지 광고에만 기댈 수는 없기 때문이다. 득히 고객의 취향이 다양한 오늘날에는 더욱 그렇다. 물건이나 상품의 디자인 그리고 색상 등에서 다른 제품보다 차별되고 품질이 우수해야 하며, 그런 다음 미인을 세워 광고한다면 효과가 배가될 수 있다.

동양의 양귀비나 서양의 클레오파트라는 위에서 언급한 바 있지만 미인이라는 데는 동의하지만 세기적인 여걸이지 결코 〈미인계〉에 속한다고 말할 수는 없다.

이 외에도 주周나라 유왕幽王의 포사褒姒, 진晉나라 헌공獻公의 이희驪姬, 위衛나라 선공宣公의 선강宣姜, 노魯나라 환공桓公의 문강文姜, 제齊나라 영공靈公의 성희聲姬, 초楚나라 고열왕考烈王의 이후李后, 조趙나라 도양왕悼襄王의 창후倡后 등 기라성 같은 여인들이 있다. 이들은 모두가 미모를 갖춘 여인들로서 나라를 어지럽힌 한 시대의 여걸들이라고 말할 수 있다.

이들은 여성의 매력인 부드러움이나 미모로 남성을 회유하고 끌어들인다. 그리고 여성 특유의 예리한 판단력과 총명한 분별력으로 사리를 분별하고 모성의 섬세함으로 위로해준다.

남성의 매력이 힘이라면 여성의 또 하나의 매력은 끈질긴 적응력이다. 온갖 어려움을 감수하면서 사랑하고 적응해간다.

때문에 세상은 강인한 여성의 모성애로 이어져 인류의 문명을 이루는데 기여했다. 여자는 약하지만 어머니는 강하다는 말이 인류의 보편적 가치를 낳게 한 것이다.

철저히 비워둠으로써
적을 두렵게 하라

공성계
空城計

성을 비워 계책에
빠뜨린다

위급한 상황에서 빈 성으로 유인해 미궁에 빠뜨린다. 성을 비워 무방비 상태임을 보여주어 상대를 유인한 후 격멸하는 위장전술. 가짜 진형을 포진해 적을 곤욕스럽게 만든다. 계획적으로 철수하여 상대를 덫으로 끌어들인다.

　‘공성空城’은 성을 비운다는 말이고 ‘계計’는 계획하고 꾀한다는 말로 계교로 빈성을 만들거나 끌어들여 쳐부순다는 의미다.

　병법에는 허장성세虛張聲勢도 허허실실虛虛實實도 있다. 따라서 자신의 단점을 강점으로 보이게 한다면 주도권을 잡아 나아갈 수 있다. 또 의지를 과시하는 것만으로도 성공의 확률이 배가된다. 〈공성계〉는《삼국지三國志·촉서蜀書》의 〈제갈량전〉에서 소개되었듯이 일종의 심리전술이다. 실력으로 적을 제압하는 것이 아니라 상대방의 심리상태를 이용해 자가당착에 빠지게 하는 것이다. 따라서 허점을 드러내면 의심 속에 의심이 생겨 강함과 부드러움, 기묘함과 오묘함이 함께한다는《손자병법》과 같은 의미다.

제갈량, <공성계>로 사마의를 물리치다

빈 성으로 유인한다는 <공성계空城計>는 앞에서 예를 든 대로 제갈량諸葛亮이 사마의司馬懿의 대군을 퇴각시킨 사건이 대표적인 예화이다.

적이 쳐들어오면 성문을 굳게 닫고 전투에 임하는 것이 당연한 순서다. 그런데 성문을 활짝 열어놓고 성 누각(망대)에 앉아 태연하게 거문고를 타고 있는 적장을 보고는 여러 가지 생각을 하지 않을 수 없다. 이것은 누가 봐도 정상이 아니다. 분명 뒤에 숨겨진 계략이 있기에 그렇지 대비책이 없고서야 저렇게 태연할 수 있겠는가. 더구나 적의 장수가 천하에 이름을 떨치고 있는 명장이라면 더욱 쳐들어갈 생각은 못 할 것이다. 특히 그 상대가 공전空前의 전략가 제갈량이었으니 그에 버금가는 위魏나라의 사마의司馬懿라 할지라도 일단 진군을 멈추지 않을 수 없었다. 이것이 <공성계>로 전해지는 고사故事다.

높은 성루에서 한가로이 앉아 거문고를 타고 있는 제갈량을 본 사마의는 고개를 갸우뚱거리면서 중얼거렸다.

"저 꾀 많은 공명이 어딘가에 복병을 숨겨 놓았음이 틀림없다."

그래서 그는 서둘러 군사를 철수했다.

이처럼 일부러 무방비 상태인 것처럼 보여 적의 판단을 흐리게 현혹하는 작전이 <공성계>로 <수상개화>와는 정반대로 인간의 심리의 폐부를 찌르는 계이다. 물론 적에게 간파당하면 끝장나는 일이지만 그야말로 죽음 속에서 삶을 구하는 묘책 중의 묘책이다. 목숨을 건 일이기에 진실성이 있으며, 상대도 얼떨결에 그런 술책에 속아 넘어가지 않을 수 없다.《삼국지三國志·촉서蜀書》의 <제갈량전>을 보면 다음과 같은 기록이 그림처럼 생생하게 그려지고 있다.

유성柳城(기원전 230년)에 제갈량이 머물러 있을 때였다. 위魏나라 사마의가 20만 대군을 이끌고 쳐들어온다는 급보였다. 제갈량은 겨우 2~3만의 군사로 이에 대처할만한 군사를 거느리지 못해 당황했다. 아찔한 순간이었다. 이때 제갈량은 한 계책을 생각해 내고 성문을 활짝 열게 하였다. 그리고 성 안팎을 깨끗하게 쓸고 물을 뿌리게 했다. 그런 다음 성내에는 개미 새끼 한 마리 얼씬 못하게 하고 자기는 하얀 도포 차림으로 망루에 올라 거문고를 타고 있었다.

대군을 이끌고 성 앞에 이른 사마의는 눈이 휘둥그레졌다. 공명이 망루에서 이쪽을 바라보며 태연하게 거문고를 타고 있는데 그 소리가 그렇게 청명할 수가 없었다.

"저 이름 높은 공명이 성문을 열어 놓고 있을 리가 없다. 거문고 소리가 저렇게 청명한 것은 그가 숨겨둔 계략에 자신이 있기 때문이다. 분명 어딘가에 복병이 숨어있을 것이다."

사마의는 이미 여러 번 제갈량의 전술에 속았던 일이 있어 신중을 기했던 것이다. 그래서 사마의는 '나는 속지 않는다.'며 그대로 물러나고 말았다.

그러나 실상은 속 빈 껍데기나 다름없었다. 때문에 그런 위장이 폭로되는 날에는 마지막이요, 끝장이기 때문에 자신도 모르게 무아지경이 되어 거문고에서 청명한 소리를 낼 수 있었던 것이다.

〈공성계〉는 제29계 〈수상개화〉의 전략을 역으로 이용한 전략·전술이다. 이 계는 위험도가 높은 만큼 고도의 기술이 필요하다. 위장 전술은 어떠한 경우이건 적의 판단을 흐리게 하고 그르치게 하는 데 목적이 있다.

〈공성계〉는 장수들이 완전한 승리가 아니라 궁여지책으로 쓸 수밖에 없는 전술이다. 그 자체가 모험이다. 위기를 무릅쓰고 대응하는 작전이기 때문에 보통 사람이 흉내 내기 어렵다.

유탄, <공성계>로 반란을 진압하다

유탄劉坦이 태수太守로 있을 때 성 밖에서 왕승찬王僧粲이 반란을 일으키고, 안에서는 종현소鍾玄紹가 그 반란에 호응하기로 했다는 정보를 입수했다. 유탄은 그들의 음모를 꿰뚫어보고 겉으로는 짐짓 모르는 체하며 업무를 보고 있었다. 이윽고 그들이 반란을 약속한 시간이 돌아오자 유탄이 먼저 성문을 활짝 열어 어리둥절하게 했다. 종현소는 유탄의 마음을 도저히 이해할 수 없어 아무런 조치도 취하지 못하고 눈치만 보고 있었다. 다음날 일찍 종현소가 유탄을 찾아가 밤중에 성문을 열어 놓은 일에 대해 슬쩍 물어보았다. 유탄은 일부러 그와 이 얘기 저 얘기를 나누면서 그를 붙잡아 놓고 뒤로는 부하를 시켜 종현소의 집을 덮쳐 그 음모 서찰을 압수해 오도록 했다. 그들이 한창 이야기꽃을 피우고 있는데 갑자기 종현소의 음모 서찰을 들고 병졸들이 뛰어들어 왔고, 종현소와 왕승찬의 반란음모가 백일하에 드러났다. 유탄이 그 서찰을 받아들고 종현소에게 질문하자 종현소는 고스란히 인정할 수밖에 없었다. 유탄은 종현소를 처형하고 그 서찰을 태워버려 반란의 불씨를 제거했다.

유탄은 <공성계>를 활용하여 종현소를 어리둥절하게 했으며 끝내 유탄의 속마음을 전혀 눈치채지 못하고 힘 한번 제대로 써보지도 못한 채 붙잡히게 되었다.

경쟁자는 당신을 세심하게 연구하고 있다. 따라서 상대는 많은 정보를 손에 쥐고 어떤 계책을 쓸까 재보고 있다. <공성계>는 적을 유인해 자신의 장점을 살려 섬멸시키는 계책이다.

장수규, <공성계>로 토번인(티베트인)을 물리다

당唐 현종玄宗 때(727년) 토번인吐蕃人이 과주瓜州(안서현)를 수시로 쳐들어왔다. 그때 수비 대장인 왕군환王君煥이 그 싸움에서 전사해 하서河西의 국민들은 불안에 떨고 있었다. 그때 그곳에 과주자사瓜州刺使로 파견되어 온 사람이 장수규張守珪였다. 그는 부임한 후 직접 주민들을 지휘하여 성벽을 복구하는데 전력을 다하였다. 그런데 성벽 복구에 쓸 말뚝과 널판의 준비를 마쳤을 때에 또다시 토번인들이 쳐들어왔다. 성 안에는 방비할 설비가 전혀 없어 사람들은 허둥지둥 헤맬 뿐 싸움에 임할 수가 없었다. 장수규는 덤벙대는 사람들에게 손을 들어 나지막하면서 근엄하게 말했다.

"강세強勢에 약세弱勢일 뿐 더러 이쪽은 전쟁의 상처가 아직 아물지 않았다. 활이나 돌로 대항하기는 어렵다. 지략을 써서 적을 이기지 않으면 안 된다."

이렇게 장병들을 안심시킨 다음 성벽 위에 주연 준비를 명하고 악사를 불러 연주하게 했다. 그리고 장사將士들과 둘러앉아 마시고 노래하면서 소란을 피웠다. 토번인들은 이는 틀림없이 성안에 복병을 두고 있음이라 의심하여 공격하지 못하고 포위를 풀고 떠났다. 이 또한 제갈량의 〈공성계〉를 그대로 활용한 예이다.

《손자병법》의 말대로 허점을 드러내면 의심 속에 또 의심이 생긴다는 오묘함이 있다. 그러나 〈공성계〉는 특수한 상황에서 아주 위급할 때 적의 공격을 늦추고 숨돌릴 시간을 버는 임시방편일 뿐이다.

조정, 〈공성계〉로 남진의 침공을 막다

서기 573년, 북제北齊의 조정趙斑은 북서 주자사北西主刺使로 부임하자마자 남진南陳의 대침공을 받았다. 이를 기회로 현지 주민들도 번번이 폭동을 일으켜 그는 온 신경을 그 일에 기울였다. 주자사 조정은 이런 어지러운 정국인데도 성문을 닫지 말라고 명령하고 수비병을 철수해 큰길과 골목에 대기하게 하고 통행을 금지시켰다. 성안은 갑자기 조용해졌다.

남진군으로서는 아무것도 보이지 않고 아무 소리도 들리지 않으므로 상황을 알 수가 없었다. 그들은 성 안에 사람이 없는 것으로 생각했다. 그때 조정은 즉시 명하여 사방에서 하늘을 진동할 만하게 큰소리를 지르게 했다. 깜짝 놀란 남진군은 '걸음아 날 살려라.' 하고 도망치고 말았다. 소리 지르는 것만으로도 상대를 도망치게 만든 것이다. 긴박하고 숨죽이는 막다른 고비에서 돌출적으로 연출하는 비상수단인 만큼 박진감과 비장감이 극도에 달할 수밖에 없다. 성을 비워 놓은 것처럼 조용하게 해놓고 갑자기 소리 지르는 것은 적을 유인해 미궁에 빠뜨리는 〈공성계〉의 기본 전략이다. 단점을 노출하여 적에게 보이면 적은 더욱 추측하기 어려울 때가 있다. 보통 사람들은 단점을 감추고 장점을 드러내는데 일부러 단점을 보이면 미혹하는 것으로 생각하여 감히 침범하지 못하는 것이다.

장량, 적군의 허를 찔러 목숨을 구하다

진시황제秦始皇帝 말기, 장량張良이 조상들의 원수를 갚기 위해 시황제를 암살하려다 발각되어 도망치면서 벌인 비상수단도 제갈량의 〈공성계〉를 방불케 한다. 이 사건은 〈장량소식 문장량張良消息問張良〉이라는 유명한 고사를 낳은 계략이다.

장량의 조상은 시황제가 천하를 통일하던 때 한韓나라의 지사志士였다. 시황제에 의하여 한나라가 멸망하자 진나라를 무너뜨릴 궁리를 하다가 장사壯士 한 사람을 고용하여 무게 120근짜리 철퇴를 만들어 시황제 암살기회를 노리고 있었다. 마침 시황제가 천하 통일을 이루고 자신의 업적을 둘러보기 위해 전국을 순시하고 있을 때였다.

시황제의 행렬이 태산泰山(산동성) 가까운 박랑사搏浪砂라는 곳을 지나는 것을 알고 그곳에 미리 숨어 있다가 장사가 시황제의 가마에 철퇴를 던졌으나 실패하고 말았다. 시황제는 모양이 똑같은 가마 3개 중 하나에 타고 있었는데 중간 것을 겨냥하여 던졌으나 시황제는 세 번째에 타고 있었던 것이다. 장사는 그 자리에서 체포되고 근처에 숨어 이를 지켜보던 장량은 실패하는 것을 보고 도주했다. 그러나 그것이 모두 장량의 소행임을 안 중신들은 병졸들을 풀어 장량을 추격했다. 이대로 달아나다가는 잡힐 것이 분명하다고 생각한 장량은 외진 곳에 들어서서 갑자기 조금 전의 현장으로 천천히 걸어갔다. 그러다가 곧 추격해오는 호위병들과 마주쳤다. 우르르 달려온 병졸들이 장량에게 물었다.

"여보시오. 방금 여기로 장량이 도망쳤는데 못 봤소?"

"장량이 누구인지 모르나 좀 전에 한 사람이 저쪽으로 뛰어가더이다."

천연덕스럽게 저쪽 모래언덕을 가리켰다. 병졸들은 그 모래언덕을 향해 뛰어가고 그 사이에 장량은 옆길로 빠져 도망쳤다.

공명이 적을 빈 성을 교묘하게 유인하여 혼란에 빠뜨렸던 것처럼 장량은 사건의 중심으로 들어가 상대의 허를 찌른 것이다.

어느 심리학자는 인간은 피할 수 없는 지경에 다다르면 심리적으로 더욱 침착해져 비장한 각오가 서리기 때문에 행동거지가 진실해 보인다고 했다. 장량의 심리상태도 이미 장량이 아니고 완전히 지나가는 사람이었을 것이라는 사실이다. 명배우가 무대에서 혼신의 힘을 다해 연기하다 보면 완전히 그 작중인물이 되는 것과 같다.

위장전술도 이쯤 되면 예술의 경지라고 봐야 할 것이다.

제갈량이 거문고 하나로 사마의의 20만 대군을 물리쳤는데 이 얼마나 통쾌한 일인가.

유방, <공성계>로 묵특의 함정에 빠지다

앞서 제21계 〈금선탈각〉에서 언급되었던 내용이지만 다시 한번 인용해 본다.

한漢나라 초기 한왕韓王 희신姬信은 흉노匈奴 왕인 묵특冒頓과 결탁하여 난을 일으켜 진양晉陽과 대주代州 등을 거점으로 삼고 변경을 침입해왔다.

한나라 고조인 유방劉邦은 친히 이들을 징벌하기 위해 나섰는데, 정예병 삼십만과 맹장 백 명을 이끌고 위풍당당하게 전선으로 향했다.

그러자 희신과 묵특은 진지를 굳게 지키면서 주변의 사람들이나 물자를 다른 곳으로 옮기는 한편, 부근의 건물과 수목 등을 적군이 이용하지 못하도록 제거해 버렸다. 그리고 정예의 부대 및 식량과 군수품을 감추고, 군영 외각에는 모두 늙은 병사와 마르고 병든 양과 소를 배치하였다. 한나라 군대의 정찰병이 이러한 상황을 본군의 군영에 보고해 왔다.

보고를 받은 한고조가 대군을 거느리고 진격하려고 하자 진평陳平이 막고 나서며 말했다.

"묵특은 흉악하기 그지없습니다. 거기에다 간사하고 지략이 뛰어난 희신이 가세했으니 이것은 적의 속임수에 말려드는 것이 아닐까 두렵습니다. 먼저 첩자를 파견하여 진실을 알아보고 나서 공격해야 할 것입니다."

그러나 이미 승리에 도취하여 교만에 빠진 한 고조는 단숨에 된맛을 보여 줘야 한다며 거만하게 말했다.

"묵특과 희신은 전장에서 항우項羽에 비하면 상대도 되지 않는다."

그러나 진평이 간곡하게 간언하여 유경劉敬을 보내 탐문토록 했다. 유경은 떠난 지 며칠이 지난 후에야 돌아와 보고했다.

"본래 두 나라가 서로 싸울 때는 모두 군영을 과장하여 그 위세로써 상대방을 누르려고 하는 법입니다. 그런데 지금 묵특은 고의로 노약함을 드러내고 있으니 이는 분명 '덫을 놓고 기다리는 계책'임이 분명합니다. 폐하께 간청하오니 가벼이 공격함은 마땅치 않습니다."

유경의 보고를 받은 한 고조 유방은 버럭 화를 냈다.

"네깟 놈이 뭘 안다고 감히 망언으로 군대의 사기를 어지럽히려 드느냐? 이놈은 필시 희신의 뇌물을 받고 그를 위해 일하는 놈이렷다!"

이렇게 말하고 유방은 유경을 감금해 버렸다. 이런 상황에서 누가 간한다 해도 소용이 없는 판국이었다.

유방은 군대를 이끌고 마침내 백등성白登城을 단숨에 점령했다. 파죽지세로 백등성을 접수하고 전열을 정비하고 나니 황혼녘이 되었다. 그때 홀연 성 밖에서 요란한 소리가 들리더니 묵특의 군대가 산과 들을 메우고 백

등성을 물샐틈없이 에워쌌다. 한 고조는  그때서야 비로소 유경의 말을 듣지 않은 것을 후회했다. 묵특은 〈공성계〉의 계략대로 성을 비우고 한 고조가 들어오기를 기다렸다가 성을 포위했던 것이다. 이는 제28계 〈상옥추제〉의 계와도 맞아 떨어지는 치밀한 책략이었다. 묵특은 한 고조의 침입에 성 밖으로 빠져나가 있다가 한 고조

가 성에 들어가 승리에 도취해 있을 때 일제히 백등성을 에워쌌던 것이다.

〈공성계〉는 성을 비우는 것이 비우기 위해서 비우는 것이 아니라 작전상 후퇴를 위한 것이다. 한 고조는 앞에서 이야기한 것처럼 진평의 지혜 (P.313 참조)로 〈미인계〉를 써 간신히 풀려나기는 했지만, 작전상 엄청난 대가를 치렀던 것이다.

여기서 한 가지 짚고 넘어가야 할 것은 장병들의 투철한 전투 정신이다. 《36계 병법》을 상황에 따라 잘 운용한다 하더라도 오합지졸을 가지고는 성공할 수 없다. 따라서 지휘관은 항상 휘하 병졸들을 잘 훈련해 만반의 준

비를 갖추고 있어야 한다.

손무, 궁녀를 병사로 조련시키다

오吳나라 왕, 합려闔閭가 손무孫武의 저술인 《병법 13편》을 다 읽고 난
뒤에 손무에게 물었다.

"공이 저술한 병법서 13편을 다 읽었는데, 한 가지 시험 삼아 연병練兵
을 보여 주지 않겠는가?"

"예, 그렇게 하겠습니다."

"여자도 연병을 할 수 있을까?"

"할 수 있고 말고요."

손무는 왕의 명에 의하여 궁녀 180명을 선발하고 궁녀들을 두 무리로
나눠 그중 왕이 총애하는 총희寵姬을 뽑아 대장으로 삼았다. 그리고 큰소리
로 훈련 내용을 설명한 뒤 앞으로 가, 우향우, 좌향좌, 뒤로 돌아 등의 훈련
에 들어갔다. 그런데 정작 북을 치면서 '우향우' 하고 구령을 하자 궁녀들
은 키득키득 웃기만 할 뿐 움직이려고 하지 않았다.

손무는 다시 구령에 대한 설명을 했다. 그리고 다시 북을 치면서 '좌향
좌' 하고 구령을 했으나 궁녀들은 여전히 웃기만 할 뿐, 훈련이 이루어지지
않았다. 그러자 손무가 말했다.

"아까는 병의 실수로 받아들였지만 이번에는 다르다. 내 설명으로 구령
을 잘 이해하고 있을 텐데도 움직이지 않는 것은 명령 불복이다. 이는 지휘
대장의 책임이다."

그러더니 칼을 뽑아 두 대장을 참斬하려고 했다. 이에 질겁을 한 왕이 손
무에게 말했다.

"공의 뛰어난 연병법은 이미 보았고, 그 두 궁녀는 내가 아끼는 아이들
이니 아무쪼록 목을 베는 것만은 삼가해 주시오."

그러나 손무는 왕의 부탁을 단호히 거절했다.

"신은 이미 명을 받아 이 부대의 장수가 되었습니다. 장군이 출전 중에 있을 때는 왕의 명이라도 받아들이지 못할 경우가 있습니다."

손무는 단호하게 두 대장을 즉석에서 목을 베어 버리고 그들 중 다음 가는 궁녀 둘을 후임 대장으로 세웠다. 그리고 나서 북을 울리고 구령을 하자 궁녀들이 일사불란하게 착착 잘 따랐다. 마음을 비운다는 말은 다른 것을 채우기 위해 비워놓는 것이다. 말하자면 〈공성계〉는 비우기 위한 비움이 아니라 계책을 쓰기위해 비우는 것이니 계획적인 비움이다.

손무가 왕에게 보고했다.

"이제 연병이 끝났습니다. 지금부터는 왕의 명이라면 물불을 가리지 않고 뛰어들 겁니다. 주상께서 직접 시험해 보소서."

"아니, 그만하면 되었네. 공은 그만 돌아가 쉬도록 하시오."

손무는 병법이 아무리 훌륭하다 해도 그를 운용하는 사람이 어떻게 하느냐에 따라 달라질 수 있다는 것을 궁녀들의 훈련에서 보여주었던 것이다. 손무가 용병에 뛰어난 기량을 가지고 있다는 것을 깨달은 합려는 장군으로 기용했다. 그 뒤 오나라는 서쪽으로는 강국 초楚나라를 쳐서 수도를 함락하고, 북으로는 진秦나라를 위협하여 제압하는 등, 제후 사이에 이름을 높였다.

고도의 심리전술이 요구되는 〈공성계〉

위기에 직면했을 때야말로 상대에게 여유를 보이는 것이 〈공성계〉계의 요지다. 위기에 당황해서 허둥대면 적의 뜻대로 되고 만다. 여유를 보여야 적은 함정이 준비된 것이 아닌가 의심하여 섣불리 덤비지 못한다.

없으면서도 있는 척하는 위장, 아무런 방비가 없으면서도 완벽하게 갖추고 있는 것처럼 행동하는 당당함이 〈공성계〉의 특징이다.

이 전략은 제7계에서 지혜로운 자는 무에서 유를 창조한다는 〈무중생유無中生有〉와 비슷하다. 그러나 없어도 있는 척하는 전략으로 적의 허점을 활용하는 전략인 반면, 〈공성계空城計〉는 적의 수가 많고 아군의 수는 적은 상황에서 마지막 카드로 쓰는 모험 전략이다.

적을 위장 전술로 미혹하여 그들이 상황을 의심하고 결정을 못 내리고 있을 때 기회를 틈타 도망치는 계이다. 즉, 〈공성계〉는 일종의 임시방편 전략이다. 제1계 〈만천과해〉가 아군이 유리한 상황에서 사용하는 전략인 반면 〈공성계〉는 아군이 불리할 때 쓰는 전략으로 다른 전략과 함께 병용해야 충분한 효과를 거둘 수 있다.

제갈량은 〈공성계〉를 사용해 적을 후퇴시켜 시간을 벌었고 지원군의 도움을 받을 수 있었다.

인간의 마음이란 참으로 야릇한 것이다. 마음먹기에 따라 행동을 달리하기 때문이다. 〈공성계〉의 책략도 이러한 인간의 심리를 이용한 고도의 전술이다.

목이 말라서 숭늉을 아주 달게 마시고 있는데 옆에서 누가 이렇게 말했을 때 어떻겠는가?

"그 물을 마시지 마세요."

"왜?"

"아까 어린애가 물그릇에 오줌을 쌌어요."

이 말을 듣고 나면 지금까지 달게 마신 그 물맛이 갑자기 메스꺼워 울컥 토해내고 싶을 것이다. 그리고 그 나머지 물은 더 마시지 못하고 버릴 것이다. 원효대사의 일체유심조一切唯心造라는 말처럼 모든 것은 오로지 마음이 지어내거나 사라지게 하는 것이다.

이제까지 달게 마시던 물이 맛이 변한 것도 아닌데 마음의 움직임 때문에 먹을 수가 없게 된 것이다. 오줌쌌다는 말 한마디로 달게 마신 물에 대한 마음이 달라졌을 뿐이다.

그래서 인간의 마음을 바람에 출렁이는 물이나 수시로 구름을 불러오는 하늘에 비유하기도 한다. 잔잔한 물엔 얼굴을 또렷하게 비춰볼 수 있는 것처럼 마음이 차분하면 자기 자신을 냉철히 들여다볼 수 있다. 그런데 화가 난 사람은 펄펄 끓는 물처럼 자기 자신의 마음이면서도 제대로 제어할 수가 없다.

아무리 힘이 센 장사라 하더라도 시합에 출전하는 순간 기분이 나쁘면 제힘을 충분히 발휘하지 못하고 주저앉고 만다. 이처럼 사람의 마음 상태가 승부 세계에서는 중요하게 작용하는 것이다.

〈공성계〉는 우선 계략을 펴는 사람이 강심장이어야 하고 준비도 허점 없이 철저해야 한다. 영화에서 연출은 실제처럼 느껴져야 관객이 몰입하듯이 말이다. 어설프게 연출했다가는 완패의 수모를 겪게 된다.

용인술用人術이란 말은 글자 그대로 사람을 부리는 기술이다. 거기에는 사람을 도구로 여기는 철학이 내재해 있다. 그래서 용인술은 제왕의 것이다. 그러나 독심술讀心術이나 관심법은 사람의 마음을 꿰뚫어 보는 심리철학이다. 《36계 병법》이 정립될 시기에는 독심술을 순수하게 인간의 마음이 아니라 전략적인 측면에서 다룬 것이다. 《36계 병법》은 바로 이런 시대적 배경을 가지고 작성된 것이기 때문에 수단적이거나 방법적인 사고를 가지고 접근할 필요가 있다. 그러므로 당연히 사람을 사람 대접하지 않고 주인의 목적 달성을 위한 도구로 여겼나. 몸을 부려서 하는 일이 주였던 농경사회나 전제국가 사회에서는 인간을 도구로 여기는 일이 그리 문제 되지 않았던 시절이다. 그러나 오늘날의 CEO는 다르다. 회사는 제도가 아니라 곧 사람이다는 생각을 가지고 적재적소에 어떤 사람을 배치할 것인가를 고민해야 한다. 그중 가장 난감한 일은 능력 있는 임직원이 퇴사하겠다고 할 때다. 퇴사했으면 하는 사람들은 나갈 생각을 안 하고 꼭 함께 일했으면 하는 사람들은 나가버리는 난감한 일을 만났을 때다. 그럴 때마다 심한 마음의 고통을 겪는다. 훌륭한 CEO는 이를 자기반성의 계기로 삼아야 한다.

최고 경영자는 그가 왜 퇴사하려고 하는지 정확하게 원인분석을 해야 한다. 그런데 대체로 자신의 입장에서 적당히 판단하고 쉽게 해결하는 경향이 있다. 이를테면 월급을 올려주거나 자리를 옮겨주는 조건으로 문제를 해결하려고 한다. 그러나 실제로 직원들이 이직하여 다른 곳을 찾거나 독립을 선언하는 경우는 대다수가 자신이 하는 일의 가치를 제대로 인정받지 못하고 있다는 이유가 핵심인 경우가 많다.

또 다른 이유로는 회사가 비전이 없다고 판단할 때 떠난다. 성장 비전이 없는 회사는 경쟁사가 성장하는 것에 비하면 상대적으로 침몰하는 배와 같다고 말할 수 있다. 그럴 때 직원들은 나름대로 노력해보다가 떠나는 수밖에 별도리가 없다고 결론을 내린다. 유능한 사람이 떠날 때는 경영자에게 메시지를 주고 있다고 보아야 한다.

〈공성계〉를 논하면서 회사의 직원들을 붙잡아 두는 방법을 말하는 것은 비어 있는 공장을 떠올리고 허수아비 격인 기업을 생각했기 때문이다. 바닷가의 소라 껍질이나, 우렁이 껍데기는 그냥 쓰레기일 뿐이다. 그러나 회사의 껍데기는 그곳에서 근무하는 사람들의 생존이 달린 중대한 사안이다. 그만두고 떠나는 문제를 넘어선다는 말이다. 세계화 시대에는 사회구조 자체가 연구의 대상이고 꼭 상대해야 할 파트너이자 정복해야 할 대상이다.

고객은 사회라는 울타리 안에 있지만 보이지 않는다. 〈공성계〉를 써서 보이지 않는 것이 아니라 고객에게 필요한 것을 보여주지 않을 때는 난공불락처럼 꿈쩍도 않는다. 그러나 그들에게 필요한 것을 제공할 때는 벌 떼처럼 모여든다.

토번을 퇴각시킨 장수규가 공명의 〈공성계〉를 활용했듯이 벤치마킹은 타사 제품과 자사 제품의 성능이나 품질을 철저하게 비교 분석하여 개량

하는 기법으로 삼아야한다. 돈이 되는 반도체, 액정패널, 휴대전화, 반도체 D램 등이 이미 상품화되고 난 뒤에 이은 제품들이다. 예를 들면 미국의 제조업체가 D램을 상품화하고, 뒤이어 일본의 제조업체가 반도체, 액정패널, 휴대전화를 만들었다. 뒤이어 우리나라 기업이 반도체, 액정, 휴대전화 그리고 스마트폰으로 세계 시장을 선도하고 있다. 이는 비교 분석하는 벤치마킹이 아니면 어림없는 일이며 기술을 앞세운 경영혁신이 아니면 꿈도 꿀 수 없는 일이다.

한때 휴대전화는 노키아나 모토로라였고, 액정 패널은 샤프였다. 그러나 경영 기술의 진화로 현재는 한국의 삼성이 애플을 따라잡고 선두자리에 우뚝 섰다.

고대에는 손에 든 물건을 빼앗는 싸움이었다. 한 시기가 지난 그다음엔 영토를 넓히려는 땅뺏기 싸움으로 제국의 문을 열었다. 오늘날에는 사람을 빼앗는 사상전으로 발전해 인간의 마음 빼앗는 싸움이다. 이제 그다음은 경영을 통한 마음 사로잡기 마케팅 경쟁이 오늘날의 경쟁터다.

그 궁극의 목표가 평화와 사랑으로 가득한 풍요로운 세상으로 천하를 아우르고 세계를 통일하여 이상 사회를 실현하는 것이듯, CEO도 〈공성계〉와 같이 마음을 비우고 큰 목표를 향해 큰 발걸음을 딛고 서있다는 자부심을 가져야 한다.

제33계

적의 스파이를
역으로 이용하라

반간계 反間計 적의 첩자를 역이용한다	적의 첩자를 역으로 이용하여 승리하는 계책이다. 적이 심어놓은 첩자를 역이용해 이간한다. 적의 내부를 이간질하여 분열시킨다. 서로 오해하고, 견해 차이를 확대하고, 한쪽만 밀어주는 등 분열을 조장하여 세력을 확대한다.

　'간間'은 첩자를 말하고 '반간反間'이란 적의 첩자를 역이용하는 것을 말한다. 이 계는 적을 이용해 이간하는 계책이다. 즉 첩자를 이용하여 정보를 얻어 내기도 하지만 반대로 상대편 첩자에게 허위정보를 흘려서 적을 혼란에 빠뜨리는 계략이다. 《손자병법》에 적을 정벌하려면 먼저 첩자를 이용해 적의 허와 실을 알아내고 동정을 엿본다고 했다. 당한 입장에는 눈뜨고 절명할 일로 기막힌 일이지만 그렇게 눈뜬장님으로 만드는 것이 반간계다. 적의 처지를 역이용하는 반간에는 두 가지가 있다. 첫째, 상대 첩자를 매수하는 방법과 둘째로 눈치채지 못한 체하고 고의로 거짓 정보를 흘리는 방법이다. 간자間者를 줄여서 '간間'이라고도 하는데 요즘 말로는 간첩間諜, 첩자諜者, 스파이로 지칭한다.

　간첩은 상대편의 정보를 수집하여 자기편에게 전달하고, 상대편에게는 거짓 정보를 유출시켜 혼란에 빠뜨리는 임무를 띤 자다.

《손자병법》에서도 간첩의 역할을 매우 중요시하는데 그것은 전쟁에서 결정적인 역할을 〈반간계〉가 담당하기 때문이다.

손자는 '첩자諜者'의 중요성에 대하여 다음과 같이 말하고 있다.

"적을 알고 자신을 알면, 백 번 싸워도 위태롭지 않다(지피지기 백전백태 知彼知己百戰百殆). 그러나 적을 모르고 자신만 알면 한 번은 이기고 한 번은 진다. 하지만 적도 모르고 자신도 모르면 싸울 때마다 위태롭다."

적을 안다는 것은 적의 규모와 능력, 현재 상황과 의도를 안다는 말이다. 그런데 이 모든 것을 알고자 한다면 반드시 첩자를 이용하여 탐문하지 않으면 안 된다. 왜냐하면 어떤 계획을 세우든지 싸우는 상대를 알아야 성공할 수 있기 때문이다.

반근착절盤根錯節이란 뿌리가 많이 내리고 이리저리 마디가 얽혀 있다는 말이다. 세력의 뿌리가 깊이 박혀 있고 당파가 잘 단결되어있어 이러한 곳에 반간계를 이용하여 이리저리 분산시키는 것이 반간계의 참뜻이다.

태공太公은 적을 꾀는 교묘한 모략을 군사적으로나 정치적으로 구사했다. 그것은 적이 좋아하는 대로 그의 뜻에 순종함으로써 그가 교만해져 사악한 짓을 하게 한 뒤 핵심인물을 매수하고, 미녀를 주어 환심을 사는 계책이다. 그렇게 해서 싸울 생각을 잊고 사익한 행위에만 선념하도록 공작하고 꾸몄다. 그런 다음 적절한 시기를 이용하여 쳐들어가 전복한다는 전략이다.

명군현장明君賢將은 모두 첩자를 활용하여 정보를 입수하고 그 정보를 십분 활용한 사람들이다.

주유, 〈반간계〉로 조조의 수군장을 제거하다

꾀가 많기로 유명한 조조曹操도 적이 첩자를 역이용하는 바람에 화용도

華容道의 입구에서 하마터면 목숨을 잃을 뻔한 일이 있었다.

조조가 친히 80만 대군을 이끌고 동오東吳를 평정하러 나섰을 때의 일이다. 그때 적장 주유周瑜가 염려한 것은 조조보다 수군을 이끄는 채모蔡瑁와 장윤張允 두 도독이었다. 주유는 이 두 사람을 제거하지 않으면 끝까지 부담이 될 것으로 생각했다.

그때 갑자기 어렸을 때 동문수학한 장간蔣干이 주유를 찾아왔다. 이것은 하늘이 주신 기회가 아니겠는가? 주유는 옛 친구를 위하여 큰 술자리를 베풀었다. 그 연회석에는 장군들과 동석하여 함께 회포를 풀었다. 장간이 온 목적은 주유를 설득해 조조에게 투항하라고 권하러 온 것이었다. 그런데 주유가 군사의 일을 논하는 자가 있으면 즉시 참수하겠다고 단호히 말하는 것이 아닌가? 그래서 장간은 아무 말도 못 하고 꾹 참을 수밖에 없었다. 잠시 후 주유는 곤드레만드레 취하여 침대 위에 쓰러져 잠이 들었다. 장간은 이미 희망이 없다고 생각하고 도망치려고 했다. 그러다가 언뜻 보니 탁자 위에 편지 한 통이 놓여 있는 것이 보였다. 그 편지는 채모蔡瑁와 장윤이 쓴 것이었다.

"우리들이 조조에게 투항한 것은 정세가 급박했기 때문입니다. 지금 이미 조조를 속이고, 그의 군대를 수렁 속으로 빠뜨리고 겹겹이 포위하였으니 기회만 닿으면 우리는 곧 그의 목을 장군에게 바치겠습니다."

장간은 편지를 품속에 감추고 밤을 틈타 조조의 군영으로 돌아갔다. 조조는 이 편지를 보고 채모와 장윤을 불러 즉석에서 처형해 버렸다.

주유는 장간이 오자 채모와 장윤이 조조에게 투항한 간첩인 것처럼 미리 편지를 써 두었던 것이다. 그렇게 해서 그 두 사람을 힘들이지 않고 조조의 손을 빌려 제거해 버렸다. 말하자면 제3계 〈차도살인〉계를 획책하여 제32계 〈반간계〉로 끝을 맺은 것이다.

적의 첩자를 역이용하는 계책의 관건은 '의심' 속에 있고, 의심이 의심을 낳아, 의심의 구름이 더욱 많아지고 더욱 깊어지게 하는 데 있다.

《삼국지》에 나오는 〈적벽전赤壁戰〉은 널리 알려져 있는 유명한 이야기다. 판소리 열두 마당 중 하나인 〈적벽가〉도 바로 여기서 연유된 것이다. 적벽전은 위魏나라 조조曹操와 오나라의 주유周瑜, 촉蜀의 유비劉備의 연합군이 벌인 수상水上전인데, 그 승패를 결정지은 것은 오나라의 노장 황개黃蓋의 계책이었다.

황개는 주유와 사이가 대단히 나쁜 것처럼 소문을 퍼뜨렸다. 그리고 나서 조조에게 밀서를 보내 귀순할 뜻을 전하고, 배로 위나라 조조의 선단에 접근해 불을 질렀다. 그 때문에 위나라 군사는 대혼란에 빠지고 조조도 겨우 목숨만 건져서 도망쳤다.

그때 황개가 조조를 감쪽같이 속이기 위해 자기 몸에 상처를 낸 책략이 바로 제34계인 〈고육계〉이다. 다음 장에서 자세한 내용을 다루겠지만 〈고육계〉와 〈반간계〉를 병용한 첩보전이야말로 적벽전의 전쟁을 승리로 이끄는 시발점이었던 것이다.

손자孫子는 전쟁에서 필수적인 정보전의 종류를 다음과 같이 분류했다. 첫째 향간鄕間, 둘째 내간內間, 셋째 반간反間, 넷째 생간生間, 다섯째 사간死間으로 분류했다. 이 다섯 가지 종류의 첩자에 대하여 구체적인 성격을 설명하고 있는데 내용은 다음과 같다.

첫째, 향간은 그 고장의 주민을 첩자로 이용하는 행위다. 즉, 그 나라, 그 고장의 사람을 이용하여 그 나라, 그 고장에서 간첩 활동을 하게 하는 것이다.

둘째, 내간은 적의 관리를 매수하여 공작원으로 삼는 행위다. 즉, 적국의 관리나 그 조직 안에다가 협력자를 심어 정보를 얻어내거나 우리 측을 위해 일하게 하는 일이다.

셋째, 반간은 적이 정탐하러 보낸 첩자를 굴복시켜 역이용하는 첩자 활동이다. 즉, 적국의 첩자가 우리 측을 위해 일하도록 교사教唆하는 일이다.

넷째, 생간은 적국을 자유자재로 왕래할 수 있는 특수 인물을 이용하여 정보를 얻어내는 활동이다. 적국에서 탐지한 정보를 보고하게 하여 아군에게 유리하게 활용한다.

다섯째, 사간은 허위 사실을 적에게 흘리는 이중첩자 활동이다. 일단 적에게만 정보를 제공해 주고 이쪽에는 허위정보만 제공해 주는 자로 발각시 잡혀 죽으므로 사간이라 한다.

손자는 〈반간계〉의 중요성을 강조하면서 다음과 같이 서술하고 있다.

첩자인 간첩은 특정한 곳에만 쓰는 것이 아니라 어느 곳에나 쓰이지 않은 곳이 없다. 다만 첩자를 파견할 때는 그와 인仁과 의義로 맺지 않고서는 파견할 수 없다. 그래서 첩자는 전쟁이 있는 곳에 기생하듯 존재하는 것이다. 그래서 어느 때 어느 일이든지 간첩들의 활동 범위에 들지 않는 곳이 없다는 말이다.

우리가 적의 동향을 미리 파악해야 전쟁을 승리로 이끌 수 있듯이 적들도 이쪽의 정보를 수집하여 우리 진영을 혼란에 빠뜨리기 위해 혈안이 되어 있다.

이렇게 치밀한 간첩 활동으로 적의 정보를 캐내야 전쟁을 승리로 이끌 수 있다. 그럼 이런 임무를 수행할 수 있는 간첩의 적임자는 어떤 자인가. 손자는 첩자로 쓸 수 있는 다음 다섯 가지 유형을 들었다.

첫째, 적군의 병졸이나 장교 중에서 아군의 지휘관이 가장 쉽게 가까이 접근할 수 있는 자가 적임자다.

둘째, 그 부대에서 기여도가 많은 자가 적임자다. 그러나 단 적국으로 보낼 때에는 배반자로 가장해서 보내야 한다.

셋째, 어떤 경우라도 비밀을 잘 지키고 끝까지 임무를 수행할 수 있는 자가 적임자다.

넷째, 겉으로는 아둔해 보이나 겉과는 달리 총명하고 생각이 깊으며 신의를 지킬 수 있는 자가 적임자다.

다섯째, 세심한 생각을 가지고 꼼꼼하게 뒤처리를 하고 흔적을 남기지 않으며 기민하고 치밀하게 행동하는 자가 적임자다.

위에서 열거한 다섯 가지 종류를 중심으로 중국 역사 속에서 간략하게 한 가지씩 예를 들어 소개하기로 한다.

조적, <향간계>로 음모자를 일망타진하다

첫째, 향간鄕間의 예는 시간을 두고 물이 낮은 데로 흐르는 것처럼 서서히 흐르게 하여 시간이 경과한 뒤 자연스럽게 혼탁을 가려내는 계책이다.

진晉나라는 옹구雍邱 지방을 진압하고 새 영토로 삼았는데 이곳에 장관으로 부임한 조적祖逖은 신분을 가리지 않고 이곳 사람들을 공손히 대우했다. 그래서 그 고장 사람들은 모두가 감격하고 조적을 따랐다. 그런데 하상보河上堡 마을 사람들 중에는 적의敵意를 품고 조적을 따르지 않는 자도 있었다. 조적은 이 사실을 눈치 챘으나 누구인지 딱 꼬집어 알아낼 길이 없었다.

조적은 생각 끝에 하나의 계책을 세웠다. 거짓으로 훈련을 한답시고 군대를 파견하여 주민을 이유 없이 괴롭혔다. 그러자 진晉나라를 따르는 사람들은 순순히 따랐으나 이에 반대하는 사람들은 은밀히 모여 대항하자는 음모를 꾸몄다. 조적의 간자가 이 음모를 알아내 조적은 그들을 쉽게 일망타진할 수 있었나. ㄱ 마을 사정은 그 마을 사람들이 잘 알기 때문에 그들을 통해 얻은 첩보가 그 어떤 정보보다 정확한 것이다.

사마의, 적을 이용하여 적을 소탕하다

둘째, 내간內間은 내부에 있는 사람을 이용하여 그 내부의 일을 처리하는 계략이다. 그래서 적국의 군신君臣에게 뇌물을 주어 그와 두터운 정을 맺는다. 그래서 그가 몸은 비록 그 나라 안에 있어도 마음은 나라 밖으로 향하니 필연적으로 재난이 일어나게 마련이다.

삼국시대 위魏나라는 사마의司馬懿와 조상曹爽이라는 두 중신이 세력다툼을 하고 있었는데 사마의가 쿠데타를 일으켜 실권이 사마의에게로 돌아갔다. 쿠데타가 성공한 뒤 사마의는 조상 일파를 축출하는 재판에 착수했다. 그 재판관에는 조상 일파인 하안河岸을 임명했다.

하안은 조상의 추종자였는데도 사마의는 짐짓 모른 체하고 그를 이용하여 일파를 제거할 속셈이었다. 하안은 같은 일파인 조상파를 엄하게 취조했다. 여기에서 유능함을 인정받는다면 그 공로로 자기만은 살아남을 수 있을지도 모른다고 내심 기대하고 있었던 것이다. 취조가 거의 끝나가고 마지막 무렵이었다.

사마의가 하안에게 물었다.

"처벌한 집은 몇 집인가?"

하안은 지난날의 동료를 가차 없이 처벌한 내역을 모두 보고했다.

"아직 모자라는구먼."

하안은 추궁을 당하자 어찌할 바를
몰랐다.

하안은 깊이 생각한 다음에야 겨
우 깨닫고 말했다.

"설마, 저를 말씀하시는 것입니까?"

사마의가 고개를 돌리면서 대답했다.

"그렇다."

이렇게 해서 하안은 뜻을 같이했던 동료를 배반하고 정보를 모두 제공한 뒤, 동료와 함께 처형대에 올라야 했다.

악비, 적의 첩자를 역이용하여 제나라를 폐하다

셋째, 반간反間은 적의 첩자를 역이용한다는 계책으로 악비岳飛의 지혜가 드러나는 계이다.

서기 1125년 금金나라에 의해서 멸망한 송宋은 남으로 옮겨 남송南宋을 수립하고 중국 북쪽을 지배하는 금과 대립했다. 금은 남송과의 사이에 완충지대를 두기 위해 1130년 송의 관료인 유자劉子에게 괴뢰정권 제齊를 세우게 했다.

그런데 남송의 무장 악비岳飛는 금의 무장 올출兀朮과 유자劉子와의 사이가 그다지 원만하지 않음을 알고 이것을 이용해 괴뢰정권 제나라를 무너뜨릴 계책을 세웠다.

때마침 올출의 첩자가 잡혀서 악비 앞에 끌려 나왔다. 악비는 일부러 뭔가 착각을 했다는 듯이 화를 내면서 말했다.

"어찌 된 일이냐? 너는 장빈이 아니냐? 보처럼 제도 파견했는데 네가 제때 연락을 하지 않아 올출을 협공하는 계획이 새어나갔지 않느냐?"

첩자는 악비의 착각을 이용했다. 그는 자기가 장빈인 것처럼 행세하고 한결같이 연락 못 한 것을 사과했다.

악비는 짐짓 그 사과를 받아주는 척했다.

"좋다. 다시 한 번 기회를 주지. 제의 유자에게 반드시 전해야 한다."

그리고 납으로 봉인한 밀서를 쥐어 보냈다.

제로 파견된 그는 그대로 금으로 달려가 밀서를 올출에게 전했다. 밀서에는 남송군과 제군이 올출군을 청하로 유인해 이를 협공한다는 내용이 기록되어 있었다.

이것을 본 올출은 격노하여 금의 황제에게 손을 써 제나라를 침공하였다.

싸움에는 음모가 뒤섞인다. 남송에 잡혀 처형될 뻔한 첩자가 살아남아 밀서까지 부탁받았다면 의심할 만도 할 텐데 이를 받아들인 올출이나 또 첩자를 역이용한 악비는 서로 밀고 당기는 계책을 연출했을 뿐이다.

반간은 앞서 주유가 장간을 이용해 적의 수군지휘자 두 명을 제거한 것이 좋은 예다. 또한, 충신을 가려 충신은 출세를 못 하게 하고 간신들에게는 이익을 얻게 하여 서로 어울리지 못 하게 부추기고, 유언비어를 퍼뜨려 서로를 못 믿게 간계를 꾸미는 것이 〈반간계〉다.

자반, 첩자를 이용하여 목적을 달성하다

넷째, 생간生間의 예는 초楚나라 장왕莊王(기원전 613~591) 때의 이야기에서 찾을 수 있다. 초의 자반子反 장군이 송군宋軍을 포위한 지 8개월이 되어도 송군은 항복하지 않았다. 장왕은 그만 지쳐서 포위망을 풀어주고 회군하려 하자 자반이 하나의 계책을 내놓았다.

"이렇게 물러서면 명분이 서지 않습니다. 그러니 송이 항복할 때까지는 회군을 하지 않겠다는 태세를 보이면서 그들의 항복을 유도하는 것입니다. 그러면 송군이 단념하여 항복하리라 믿습니다."

자반은 그러면서 병영을 새로 세우고 병사 10명을 1조로 짜서 5명은 밭을 갈아 농사를 짓게 하고, 5명은 포위망을 더욱 엄중하게 경계했다.

이것을 보자 송군은 어느 날 밤 맹장으로 알려진 화원華元을 보내 초군 진영에 잠입, 자반 장군의 침실에 숨어들어 자반을 깨웠다. 자반이 일어나자 화원은 자반의 가슴에 비수를 겨누며 말했다.

"나의 요구를 들어주지 않으면 장군은 오늘 밤 나와 함께 저세상으로 갑니다. 나의 요구는 장군이 포위군을 30리만 물려 달라는 것입니다. 그렇게 한다면 투항할 수는 없으나 귀국의 요구를 받아들이도록 주상에게 건의하겠습니다."

이때 자반은 생각했다. '반드시 투항까지는 필요하치 않다. 송나라가 제齊나라에 압력을 가하자는 것이 목적이다. 화원은 그것을 관철할 인물이다.'라고 생각했다

날이 밝자 자반은 군을 30리 물러나게 하여 화원에 대한 약속을 지켰다. 간첩이라도 돌려보내서 이편에 이익이 될 때는 살려 보내는 것이 생간이다. 이렇게 하여 송군의 명분도 찾고 초나라는 목적을 달성하였다.

역생, 목숨으로 임무를 완수하다

다섯째, 사간死間은 보낸 간첩을 죽일 수밖에 없는 경우를 말한다. 한漢나라 유방劉邦이 역생酈生(본명은 역이기酈食其)이라는 세객說客(책사)을 보내 제왕齊王을 설득하게 했다.

"천하가 어느 쪽으로 기울어질까, 그것을 모르면 왕은 제齊나라를 보전하기 어려울 것입니다."

그 말을 듣고 제왕이 세상이 어느 쪽으로 기울 것 같으냐고 역생에게 반문했다. 그러자 역생이 즉석에서 대답했다.

"한왕입니다. 지금 천하의 호걸 영웅이 한왕 유방을 따르고 있습니다. 유방은 결코 제후諸侯를 부력으로 강점하지 않고 제후를 그대로 존속하게 해 우의를 돈독히 할 것입니다."

역생의 이 같은 말을 믿은 제왕은 국경수비를 해제했는데 얼마 후 한신韓信 장군이 대군을 이끌고 제나라를 기습했다. 제왕은 역생에게 속았음을 알고 그를 불태워 죽이고 약간의 병력을 거느리고 도망쳤다. 이와 같이 거짓 정보를 전해 적을 속일 수는 있었으나 끝내는 그 일을 진행한 사람은 죽

는 것이 사간死間이다.

정나라, <사간계>로 사돈 나라를 정벌하다

이보다 더 교묘한 사간책이 있다. 전국시대 정鄭나라의 무공武公은 호국胡國을 빼앗을 계략을 꾸몄다. 자기가 침략하려고 맘먹고 있는 나라의 왕자에게 자기 딸을 시집보내면서 관사기關思期라는 신하에게 자기의 의중을 숨긴 채 은근하게 말했다.

"내가 어느 나라를 치는 것이 좋겠느냐고 묻거든 호국을 치는 것이 좋을 것이라 말하라. 그렇게 하면 내가 후일 그대의 공을 크게 후대하리라."

군신 간에 귓속말로 주고받은 말이라 아무도 들은 사람이 없었다.

그리고 난 뒤 무공은 여러 신하들을 모아놓고 내가 영토를 넓히고자 하는데 어느 나라를 치는 것이 좋겠는가 하고 물었다. 관사기는 약속대로 호국을 쳐 영토를 넓히는 것이 좋을 것 같다고 했다. 그러자 무공은 크게 노하며 말했다.

"호국은 내 딸이 출가한 형제의 나라인데 호국을 치라니 용서 못할 일이다."

무공은 자기가 그렇게 대답하라 해놓고 상은커녕 관사기의 목을 베어 버렸다. 눈먼 말 타고 벼랑 간다는 말처럼 이슬로 사라졌다. 이같은 무공의 소식을 전해 들은 호국은 정나라가 호국을 침공하지 않으리라 믿고 방비를 하지 않았다. 그런데 무공은 호국의 무방비 상태를 틈타 쳐들어가 힘들이지 않고 빼앗았다. 무공은 딸을 시집보낸 사돈의 나라를 안심하게 한 뒤 무자비하게 짓밟아 버린 것이다.

비정한 것이 나라와 나라 사이라지만 그런 흐름은 경제계에서도 마찬가지다. 더구나 세계화 시대에는 국경을 초월하여 약육강식의 논리가 더욱 노골적으로 그러면서도 교묘하게 파고들고 있다.

〈반간계〉는 첩자가 들어와 있는 것을 알고 오히려 그에게 거짓 정보를 흘려서 역이용하는 것을 말한다.

첩자의 임무는 정보를 수집하여 아군에게 전달하고 또 정보를 조작하여 내부혼란을 조장하는 역할이다.

《손자병법》에서는 전쟁의 목적은 승리하는 데 있다고 했다.

위에서 말한 첩자 활동도 궁극적으로는 전쟁을 승리로 이끌기 위해서 정보를 탐지해 그 정보를 바탕으로 작전계획을 세워 전세를 유리하게 이끌어 내자는 데 있다.

《손자병법》에서 강조하는 것은 명장은 승산이 확실할 때 임하고 패자는 덮어놓고 전쟁을 시작한 뒤에 승리를 바란다고 적고 있다.

병력에 있어서도 아군이 적군의 10배가 되면 포위하고 5배가 되면 공격하고 2배가 되면 적을 분산시켜 공격하라고 세세히 나열하고 있다.

전단, <반간계>로 제나라 영지를 수복하다

기원전 285년 전국시대, 연燕나라 소왕昭王(BC. 312~279)은 제齊나라 민왕湣王이 자신의 아버지를 죽이고 연나라를 빼앗은 원수라고 생각했다. 그래서 군대를 일으켜 보복하려고 아경亞卿인 악의樂毅와 상의했다. 그러자 악의가 소왕에게 말했다.

"연나라는 땅이 작고 사람이 적어 제나라를 이기는 것은 어렵지만 다른 나라와 연합하면 가능합니다."

연나라 소왕은 합당하다고 생각하여 악의를 내세워 다섯 나라에 사신을 파견하였고 다섯 제후를 끌어들이는 데 성공했다. 이리하여 진晉·조趙·위魏·한韓·연燕 다섯 나라가 연합하여 위풍당당하게 제나라를 쳐들어갔다.

제나라 민왕은 직접 정예병을 이끌고 제수濟水 이남에서 악의와 결전을 벌였다. 그러나 민왕은 다섯 연합군에게 대패했다. 악의는 승기를 타서 연나라 군을 이끌고 제나라 국경 깊숙이 쳐들어갔다. 그는 파죽지세로 6개월 동안 70여 개의 성을 연파했다. 제나라는 수도 임치臨淄까지도 연합군에게 점령당하는 수모를 겪었다. 그렇게 큰 제나라가 단지 영성營城과 즉묵卽墨 만 남겨 놓게 되었다.

악의는 곧 군사를 이끌고 즉묵을 포위했고, 즉묵의 장수 진망陣亡은 수비에 급급했다. 이때 제나라는 전단田單이 군사전략에 재능이 있다고 여겨 그를 장군으로 추대하고, 즉묵을 보위하여 성을 수비토록 했다. 전단은 즉묵의 수비 장수가 된 후, 부하들과 동고동락하였다. 밤낮을 가리지 않고 친히 성을 순찰하여 모든 이들의 신임과 사랑을 받았다. 전단은 제나라 왕족으로 재능이 뛰어난 사람이었다.

그는 성의 수비를 강화하면서 한편으로 사람을 연나라에 파견하여 적군의 상황을 정탐했다. 그 사이 연나라에서는 소왕이 죽고 그의 아들 혜왕惠王이 즉위했는데, 혜왕과 악의 사이가 원만치 못하다는 소식을 접하게 되었다. 그러자 전단은 간첩을 연에 파견하여 거짓말을 퍼뜨렸다.

"제왕은 이미 죽었고, 연이 점령하지 못한 제나라의 성은 단 두 개뿐이다. 악의는 지금 제를 친다는 명목으로 공격하고 있지만 제의 왕이 되려는 야심이 있다. 제나라 사람이 아직 그에게 복종하지 않아서 즉묵을 공격하는 것을 서두르지 않고 시기가 무르익기를 기다리는 것이다. 지금 제나라 사람들은 혹시 연나라가 다른 장수를 파견하여 성을 함락할까 봐 두려워하고 있다."

이 소문을 들은 혜왕은 눈에 기미 같은 악의를 기겁騎劫으로 교체했다. 악의는 파면 후 정세가 자기에게 불리하다고 판단하고 살 길을 찾아 조趙나라로 도망쳤다. 무능한 사령관 기겁이 걸출한 장수 악의를 대신하게 되니 연나라의 군사와 장수들은 이런 인사가 어디에 있느냐며 화가 나 기강이 해이해졌다. 전단은 〈반간계〉로 악의를 제거한 다음 장병의 사기를 고

무하는 일에 몰두했다.

그는 점괘를 사용하여 전세를 뒤집기 위해 군대 안에서 기지 있는 병사 하나를 뽑아 무당으로 가장했다. 그리고 무당이 명령을 내릴 때마다 전단은 매우 공손하게 하늘의 지도를 받는 듯이 가장했다. 제나라 군사는 하늘의 도움이 있다는 말을 듣고 매우 기뻐했고 연나라 군사는 이 소식을 듣고 매우 두려워했다. 그때만 해도 점치는 무당이 전횡하던 때라 이런 일은 충분히 가능했다. 이어 전단은 또 다른 소문을 퍼뜨렸다.

"우리가 가장 무서워하는 것은 연나라 사람이 제나라 포로의 코를 자르는 잔인무도한 일이다. 그렇게 한다면 즉묵성 안의 인심도 뿔뿔이 흩어져 더 이상 버티지 못할 것이다."

우둔한 기겁은 그 말을 곧이듣고 포로의 코를 모두 잘라버렸다. 이 일은 즉묵의 백성들을 분노케 했고, 적군에게 포로로 잡혀가는 것이 두려워 모두가 성을 철저히 지켰다.

전단은 자기 가솔들과 친척들도 모두 대오에 편성하여 병사와 동고동락하게 하여 병사들의 신임과 지지를 얻었다. 결전의 전날 그는 몸에 쇠갑옷을 입은 정예 병사를 매복하도록 명령하고 노약자와 쇠잔한 병사가 성 위에서 수비하게 했다. 그 후 사자를 연군에 파견하여 거짓으로 항복했다. 〈반간계〉를 철저하게 정석대로 실천에 옮긴 것이다.

연나라 군대는 성을 포위한 지 3년이나 되어 진저리가 나 있었는데 제군이 투항하겠다고 하니 일제히 환호성을 울리며 기뻐했다.

이어 전단은 즉묵의 재산가들이 연군의 장수에게 많은 금을 주게 했다. 그러면서 부자들은 연의 장수에게 사정했다.

"즉묵이 투항하려 하니 대군이 성에 들어온 이후 제발 저희들의 가족을 보호해 주십시오."

연나라 장수들은 많은 황금을 보고 가슴이 뛰었다. 연나라 군대는 즉묵이 투항한다고 깊이 믿고 포위와 감시를 더욱 느슨히 했다.

전단은 이렇게 적군을 마비시키는데 전력을 다하는 한편, 성안에서는 기회만 엿보고 있었다. 그는 천여 두의 소에 빨간색으로 비단 겉옷을 씌우고, 비단 위에는 여러 가지 색으로 용과 같은 무늬를 얼룩얼룩하게 그렸다. 또 소뿔에는 예리한 칼을 묶고, 꼬리에는 기름을 끼었어 갈대로 묶었다. 그런 다음 성벽에 수십 개의 구멍을 뚫고, 밤이 되자 소꼬리에다 갈대 묶음에 불을 붙여 한꺼번에 내몰았다. 해괴한 복장으로 분장한 오천 명의 건장한 병사들이 그 뒤를 따르게 한 뒤, 성내의 제군이 큰 북을 힘차게 치게 했다. 소들은 꼬리가 타들어 가는 바람에 아픔을 참지 못하고 광분하여 연군의 진영으로 돌격했다.

연군은 야밤에 아무런 방비도 없는 판에 북소리와 함께 안갯속에서 용과 같은 무늬가 있고 머리에는 날카로운 칼이 있으며 몸 뒤에는 큰 불꽃 덩어리를 단 '괴물'들이 맹렬히 돌진해오는 것을 보았다. 그때 그들은 괴물에 부딪혀 죽지 않으면 부상당하고 혼비백산하여 도망쳤다. 제나라 군사 오천 명은 그 틈에 기습하여 맹렬히 적군을 무찔렀다. 즉묵의 백성들도 큰소리로 함성을 지르며 뒤따랐다. 연군은 대패하여 돌아갔고, 기겁은 살해되고 말았다.

제군은 승기를 타 맹렬히 추격하니 파죽지세와 같았다. 오래지 않아 연군은 제나라에서 쫓겨났고 칠십여 성을 모두 다시 수복하였다.

우수한 군사 전략가인 전단은 인심을 단결하게 하고 〈반간계〉를 이용하여 전쟁에서 승리할 수 있었다.

적을 괴멸하기 위해서는 완벽한 적의 내부 정보가 필수적이다. 그리고 그 내부 정보를 얻기 위해서는 적 쪽에서 배반하는 자가 필요하다.

전쟁의 목적은 이기는 데 있다. 그래서 패장은 말이 없는 것이다.

《오자吳子》는 전쟁에서 이기는데 네 가지 조건이 있다고 했다. 그 네 가지에 대해서 위魏나라의 무후武候가 오기吳起에게 물었다.

"병사를 다루는 데 있어 가장 중요한 것은 무엇이오?"

"예, 사경四輕과 이중二重, 일신一信을 장악하는 일입니다."

"그것이 무슨 뜻이오?"

"예, 지거인마地車人馬, 이 네 가지 조건을 완벽하게 만들어 주는 일입니다. 즉, 지地는 말이 자기 몸을 가볍게 느끼게 하는 것이고, 차車는 말이 수레와 사람을 가볍게 느끼게 해주고, 또 사람(人)은 싸움을 가볍게 느끼도록 하는 것입니다. 이것을 사경이라고 합니다. 말하자면 지형의 굴곡을 잘 분간하여 말을 평지에서 달리는 것처럼 느끼게 하면 말은 가볍게 달릴 수 있고, 잘 먹이면 수레를 가볍게 끌 수 있습니다. 그리고 평소에 수레 손질을 잘해 두면 사람을 가볍게 태우고 다닐 수 있으며 또 사람에게 든든한 무기를 갖추도록 하면 전쟁에서도 어렵지 않게 행동할 수 있습니다."

무후는 사경에 대한 이야기를 듣고 고개를 끄덕이며 또 물었다."

"그러면 이중이란 무엇이오?"

"예, 그것은 진격하여 승리하게 뇌면 큰 상을 내리고, 후퇴하여 패하게 되면 엄한 벌을 내리는 일입니다."

"그렇겠군, 그러면 일신이란 무엇이오?"

"일신이란 한 번 믿으면 그 믿음을 바꾸지 않는 상하上下의 신뢰 관계를 말합니다."

그 말에 무후는 비로소 안도와 자신감을 갖게 되었다.

〈반간계〉는 정탐을 통해 얻은 정보로 적을 곤경에 빠뜨리고 나중에 쓰러뜨리는 계책이다. 적을 알고 자신을 알면 백전불태라는《손자병법》이 아니라도 무후의 말에 답한 오기의 말처럼 말과 수레, 수레와 사람, 사람과 싸움을 연구하면 승리한다는 말은 결국 훈련을 통해 단련한 정예병이었을 때 가능한 일이다.

기계가 인간을 지배하지 못하겠지만 그래도 경계해야

앨빈 토플러Alvin Toffler는《제3의 물결》에서 '제1의 물결'은 농경 중심의 농업시대, '제2의 물결'은 산업혁명 후의 공업시대, '제3의 물결'은 마이크로일렉트로닉스에 의한 새로운 산업시대로 구분하였다.

그리고 현재 우리가 살고 있는 세계는 '제3의 물결'이며 차츰 탈공업사회로 이행하는 선진 공업사회가 안고 있는 제반 문제를《미래의 충격》이라는 책에서 다루고 있다.

토플러는 '제2의 물결'시대에는 중앙집권형 시대로 인간의 목적이나 사상·행동이 서로 닮은 선형的線型的 사고가 지배적이었으며, 대형컴퓨터를 이용하는 정도라고 했다. 그러나 '제3의 물결' 시대에는 인간의 사고가 자율적이며 분권적이어서 생산과 소비가 개혁에 의하여 변화하는 환경이 만들어진다고 했다.

따라서 세계가 빠르게 정보화 시대로 바뀌면서 인간의 정보 욕구가 물질 욕구보다 강해지는 시대에 접어들었다고 말했다. 그러니까 가치기준이 물질에서 정보로 옮겨져 생산·저장·운반 등이 소비 중심으로 한 공업사회가 열리고 정보에 의하여 생산과 저장 그리고 전달이라는 시스템인 정보사회로의 이행이 불가피하다고 말했다.

〈반간계〉는 적의 첩자를 역이용하는 계책이다. 그런데 우리는 여기서 1920년대에 라디오와, 50년대에는 TV에 그 자리를 넘겨주고, 70년대에 들어서면서 뉴미디어 매체들에 배턴터치를 하면서 다매체와 기술을 융합하면서 새로운 실용성을 발휘했었다.

거기다 우리나라는 1996년 사이버코리아21을 시작으로, 2000년 e-Korea를 거쳐, 2004 U-Korea로 이어진 결과 명실공히 IT 강국으로 자리매김하고 바야흐로 스마트폰 시대로 접어들게 되었다.

60년대 농경 중심의 농업시대에서 눈부신 발전을 거쳐 세계 최고 수준의 네트워크와 인터넷·모바일 환경을 조성해 세계가 주목하는 국가로 발돋움한 것이다. 그야말로 반전에 반전을 거듭하여 C-Korea 비전을 준비함으로써 〈반간계〉가 말하는 첩자를 역이용하는 게 아니라 시대를 역이용해 세계의 주목을 받고 있다.

C-코리아란 첫째 크리에이티브Creative로 창조적인 것을 의미하고, 둘째 컨텐츠Content란 글자 그대로 총체적인 것을 의미하며, 커뮤니케이션 Communication으로 소통을 의미한다. 이런 C-코리아를 통해서 창조적인 다양한 콘텐츠를 인간의 감성과 결합하여 모든 세대 간을 통틀어 소통하는 디지털 시대를 열어간다면 21세기 새로운 창조적 문화를 우리 손으로 전개한다면 얼마나 좋겠는가?

디지털Digital이란 손가락이나 숫자를 뜻하는 디지트digit에서 파생된 말인데 일반적으로 아날로그Analogue에 대비하여 쓰여진 말이다.

디지털 TV는 잡음이나 다중영상이 없어지고 색상재현이 현저하게 향상되어 양질의 정보전달이 용이하나.

작금에는 스마트폰이 나옴으로 화상통화, MP3 재생, LTE망을 통해 인터넷에 연결하는 등 다양하게 활용되고 있다.

이처럼 스마트폰을 둘러싼 디지털 미디어 환경이 변하면서 인간과 컴퓨터 간의 쌍방 소통이 가능해졌으며 컴퓨터와 사람이 주고받는 시대에 접어들었다. 그래서 지금은 컴퓨터와 사람이 상호작용을 하되 음성, 감촉, 시점, 인간의 모션까지도 읽을 수 있게 되었다.

기계와 그 기계를 사용하는 인간의 자유로운 의사전달이 가능하며 앞으로 연구에 따라 어디까지 발전할지 예측의 불문가지로 남아있다.

경우에 따라서는 기계가 〈반간계〉 계책처럼 적의 첩자를 역이용하듯 공격하는 시대가 눈앞에 성큼 다가오고 있다. 이미 '사이버테러'라는 말이 생소한 말이 아니라 이미 진행되어 있다.

한편 스마트폰으로 인하여 부분적으로 인간성 상실을 말하지 않을 수 없다. 이름 하여 스마트폰의 부작용을 말하고자 하는 것이다. 《36계 병법》 중에 제30계가 〈반객위주反客爲主〉로 손님이 주인노릇한다는 말인데 인간이 만들어서 편리하게 쓰도록 만든 스마트폰 때문에 우려스러운 면이 없지 않다는 말이다.

인간이 만들어 낸 스마트폰과 인터넷을 잘 쓰면 우리에게 축복인데 그 속에 빠져 밤낮을 모르고 처박혀만 있다면 이는 저주일 수 있다는 말이다.

보도에 의하면 10시간 혹은 20시간 아니 며칠을 쉬지도 않고 모니터만 뚫어져라 쳐다보며 게임에 몰두하다가 쓰러지는 청소년이 늘어나고 있다. 중독의 정도가 심해져서 외톨이가 되고 아예 가출을 해서 PC방에 틀어박혀 있다면 그래서 신체적 건강은 물론 정신적으로 불안과 우울증에 빠져 현실 구분 장애를 일으켜 가상 공간과 현실을 구분하지 못한다면 어떻게 해야 하겠는가?

인간생활의 편리성을 위해 만들어낸 기계가 인간을 이렇게 피폐하게 만들었다면 이것을 어떤 이름으로 심판하고 그 치료대책은 어떻게 바로 세워야 한단 말인가?

전철 안의 풍경을 본 사람은 누구나 한 번쯤 느꼈을 것이다. 옆 사람은 아랑곳없이 스마트폰에 몰두하는 사람을 다반사로 볼 수 있기 때문이다. 열심히 손가락을 움직이다가 씩 웃는가 하면 입술을 깨물면서 히죽거리기까지 한다. 그런가 하면 고개를 갸우뚱하고 닭이 모이를 쪼듯이 톡톡 또 두들긴다.

어느 사회학자가 대체적으로 인간관계가 원만치 못한 사람일수록 자기가 마음대로 조절할 수 있는 스마트폰에 애착을 가진다고 말했듯이 그런 증상의 반증이 아닐런지 모르겠다.

이처럼 자기가 가진 물건에 빠져들게 만든 기업은 야심 찬 기획 프로그램을 기획하면서 이 정도면 놀아나지 않을 수 없을 거라고 쾌재를 부르면서 간계間計를 부렸을지도 모른다. 그러나 사람과 사람 사이의 교감이 아니라 기계와 사람 사이에 벌어지는 현상을 보면서 더 이상 침묵할 수만은 없는 노릇이다. 사람과 사람 사이에 앉아 있으면서도 옆 사람은 조금도 의식하지 않고 스마트폰에만 푹 빠져 있으니 참으로 꼴불견이라면 말하지 않을 수 없다.

이러다가는 인간관계가 대중 속의 고아가 되어가는 초기 증상이 나타나지 않을까 하는 생각이 기우이기만을 바랄 뿐이다.

〈반간계〉는 적의 첩자를 역이용하는 계책인데 여기서는 기업이 쳐놓은 그물을 되돌려 도리어 뒤집어씌우는 그래서 그 속에 빠져 헤어나오지 못하게 하는 현대인을 보면서 엉뚱한 생각을 해보게 된다.

제34계

죽는 것보다
팔 하나 없는 것이 낫다

고육계 苦肉計 자기 몸을 희생해서 적을 속인다	자기를 다치게 하여 적의 신임을 얻어내는 계책이다. 내 몸을 상傷하게 하여 적이 믿게 하고 적의 내부에 침투해 공작한다. 신임하는 사람을 희생하여 적을 믿게 한 다음 더 큰 이득을 얻는다는 책략이다.

〈고육계〉는 일반적으로 '고육지책苦肉之策'이라고도 하는데 계計나 책策은 같은 의미로 쓰인다.

자기 몸에 스스로 상처를 입혀 박해받은 것처럼 가장하여 적이 의심을 풀게 하여 믿도록 하는 계책이다.

'쓸 고苦' '몸 육肉'이니까 자기 몸을 해침인데 이런 일은 희귀한 일이다. 상처로 괴롭게 하여 진짜처럼 보여주고 그것을 믿게 한 다음 내부로 침투해 들어가 분열을 획책함으로써 이간지계離間之計를 성공시키는 계책으로 인간이 인간을 어디까지 속일 수 있는지를 보여주는 대목이다.

계략가는 인간 내면의 모순을 이용해 서로 모함하게 만들고 구렁텅이에 빠뜨리고 투망을 씌워 해치운다. 상대방의 심리를 훤히 꿰뚫어 보는 혜안으로 덫을 놓아 잡는 올가미나 마찬가지다.

〈고육계〉는 고도로 발달된 심리작전으로 자기를 상하게 하여 적의 신임을 얻어내는 일종의 모략이다.《삼국지》의 적벽전赤壁戰에서 연유된 계략으로 오吳나라 노장 황개黃蓋가 행한 계책이다.

이 계책은 상처를 가하는 것은 시작에 불과하고 그 사실이 상대방에게 간파당하면 생명을 보장할 수 없는 위험이 따른다.

한 가지를 던져 열 가지를 얻어내는 계책으로 이쪽 내부에 모순이 있는 듯 허점을 보여 적이 첩보 활동을 하도록 유도하여 적의 정보를 어지럽히는 〈혼수모어〉계책도 병용할 수 있다.

남북조 시대에 서위西魏의 우문태宇文泰장군과 동위東魏의 후경侯景 장군이 한판 싸움을 벌였다. 병사들의 함성이 울려 퍼지자 칼과 창이 햇빛에 번뜩이고 화살이 쌩쌩 오가는 혼란 속에서 갑자기 우문태의 말이 마구 날뛰는 것이었다. 우문태가 살펴보니 자신의 말이 엉덩이에 화살을 맞아 피를 줄줄 흘리고 있었다. 우문태가 더는 말 잔등에서 지탱하지 못하고 아래로 굴러떨어지자 그의 병졸들은 사방으로 허둥지둥 도망치기 시작했다. 이를 본 후경이 병졸들을 거느리고 함성을 지르면서 쏜살같이 추격해 왔다. 우문태는 꼼짝도 못 하고 그 자리에 쓰러져 있었다. 그는 영락없이 체포될 판이었다. 일단 적군에게 우문태라는 신분이 발각되는 날에는 당장 목이 날아간다는 것은 불 보듯 뻔한 일이었다. 이때 우문태의 부하 이목李穆이 얼른 채찍을 들고 쓰러져 있는 우문태를 후려치며 호통을 쳤다.

"이 벌레 같은 병졸 놈아, 빨리 말해. 너의 장군은 어디로 도망을 쳤느냐. 말하지 않으면 당장 죽여버릴 테다."

이목은 일부러 고래고래 고함을 지르며 사정없이 우문태를 내려쳤다. 추격하던 후경은 자기네 병졸들이 포로를 잡아 닦달하는 줄로 알고 그냥 앞으로 달려갔다. 적군이 멀찌감치 가자 이목은 급히 자기 말을 끌고 와 우문태를 태워 노방쳤다.

〈고육계〉는 자기편 사람을 고의로 해쳐 적을 안심시킨 다음, 적정을 염탐하여 함정에 빠뜨리는 수법이다.

가짜는 진짜로 보이게 하고 또 진짜는 가짜로 보이게 하는 이 계는 어린 아이의 천진함과 유치함을 이용해 아이를 놀리면서 달래는 것과 같은 것이라 하겠다.

《삼국지》에서 제갈량이 고육계를 쓰지 않고 어떻게 조조를 속일 수 있었겠는가.'라고 한 말에서 〈고육계〉라는 고사가 유래하였다.

《삼국지》의 적벽전(208년)에서 채모蔡瑁 사촌 채중蔡中·채화蔡和 두 사람이 조조曹操 진영에서 신변의 위협을 느낀다며 오군吳軍으로 거짓 투항해 왔다. 주장 주유周瑜는 거짓 투항임을 알고도 기꺼이 그들을 받아들여 조조군에게 상황을 전달하게 할 요량으로 이용했다.

수일 후 오군의 작전회의에서 모장謀將 황개黃蓋는 끈질기게 조조와의 화평론을 주장하며 양보하지 않았다. 너무나 고집스럽게 주장하자 마침내 주유의 노여움을 사서 사형을 선고받았다. '또다시 화평론을 입 밖에 내는 자는 참수斬首하라'고 오왕 손권孫權이 엄명을 내린 터였다

장수들은 모두 놀랐다. 황개는 심한 매질을 당하여 비틀비틀했고, 그런 황개를 본 감영甘寧이 몸으로 황개를 감싸 안았다. 일동이 한결같이 황개를 죽이면 안된다고 반대하고 나섰기 때문에 이를 참작, 백고형百叩刑으로 감형되었다.

백고형을 받는 동안 황개의 피육皮肉은 찢어지고 등은 피범벅이 되었다. 간신히 살아남아 군영의 감방으로 매쳐져 갔을 때는 의식을 잃은 상태였다. 지켜보고 있던 부장 노숙魯肅은 너무나 지나친 처사에 눈물을 흘리며 공명孔明에게 호소했다.

그러나 제갈량은 냉정하게 한 귀로 흘려버릴 뿐이었다.

수일 후, 참모 감택闞澤은 황개의 밀서를 가지고 조조의 진영으로 투항했다.

"부대를 이끌고 가서 손을 잡고 싶다."

물론 조조는 의심했으나 마침 그때 채중 등으로부터 황개의 밀서를 뒷받침 하는 보고서가 도착했으므로 이를 진실로 받아들였다. 감택은 조조의 대답을 가지고 진으로 돌아와 은밀히 황개와 의논했다.

"배 뒤끝에 청색기를 꽂고 접근하거든 우리 부대로 알라."

밀서가 조조 편으로 전달되고 드디어 결전이 벌어졌다. 오군은 수륙으로 호응하여 한구漢口 부근까지 진출, 돌격의 기회를 노리고 있었다. 화선대火船隊를 지휘하여 오군의 선두에 있던 황개는 일몰을 기다려 조조에게 다음과 같은 밀서를 보냈다.

"주유의 감시가 엄중해서 탈출할 기회가 없었으나 이번 후방으로부터 양말선糧秣船이 도착하여 내가 그 지휘를 명받았으니 이를 이용, 오늘 저녁 2경(오후 9~11시) 청룡기를 뱃머리에 달고 가서 한편이 될 것이다. 획득한 양말과 강동의 이름있는 부장의 머리를 전리품으로 지참할 것이니 기다려 달라."

초경(오후 7~9시) 주유의 군은 전진을 개시히고 손권의 본군이 뒤를 이었다. 달은 밝았으나 수면에 물안개가 피어오르고 바람은 동남풍이 불고 있었다.

조조는 수군의 본진에서 월하의 강을 바라보고 있다가 약속대로 황개의 선대가 모습을 나타내는 것을 보고 '됐다'고 좋아했다. 그러나 아무래도 수상했다. 황개의 배가 양말을 싣고 있기에는 홀수(배의 앞부분이 물에 잠기는 정도)가 얕고 배의 속력이 너무 빨랐다.

"정지하라."

명을 내렸으나 순풍을 타고 불을 뿜는 황개의 선단은 맹렬하게 수상 요새로 쏜살같이 불을 뿜으며 돌진했다. 불길이 삽시간에 선단에 옮겨붙었다. 조조의 대선단은 쇠고리로 묶여 있어 피할 수가 없었다. 화염이 번져 다른 배로 옮겨졌지만 막을 도리가 없었다. 대혼란이 벌어진 통에 주유의 수군이 돌격해왔다.

조조 선단은 순식간에 화염에 휩싸여 어떻게 해볼 요량도 도망칠 시간도 없었다. 조조군은 불타 죽거나, 물로 뛰어들어 익사했다. 이때를 놓치지 않고 오·촉 연합군이 활을 쏘아 집중 공격했기 때문에 전군이 거의 전멸되고, 조조는 간신히 목숨만 살아서 도망치는 대패를 당했다.

여기서 황개가 조조를 믿게 하기 위해 자신의 몸에 매질하여 상처를 입힌 계략이 〈고육계〉이다.

〈고육계〉는 희생양과는 다르다. 희생양은 다른 사람의 이익을 위해 자신의 것을 강제로 빼앗기는 것이다. 황개는 스스로 피눈물 나는 희생을 자처하여 더 큰 목적을 이루고자 계책을 쓴 것이다.

큰일을 이루기 위해서는 얼마간의 고통을 참고 견디어야 한다. 이 참고 견디는 기간이 〈고육계股肉計〉의 기간이다. 성공은 어려움을 딛고 일어선 양면 중 일면이다. 따라서 성공의 이름 뒤에는 고통을 이겨내며 자신을 희생시킨 결과물에 지나지 않는다.

《오월춘추吳越春秋》에 나오는 이야기도 〈고육계〉의 또 다른 면을 보여주고 있다.

오왕의 승리를 위해 가족을 해체하면서까지 충성해야 할 무슨 뜻이 있는가 하는 생각이 들지만 역사의 기록은 기록인 만큼 옮겨 보기로 한다.

자기 팔을 자르고 <고육계>를 실천한 요리

요리要離는 오자서伍子胥의 소개로 오왕 합려闔廬를 알현했다. 그리고 오왕 합려에게 눈물 어린 진언을 했다.

"대왕은 위衛나라의 경기慶忌를 두려워하고 계십니다. 제가 그를 죽여 머리를 가져오겠습니다. 모쪼록 제 처자를 엄벌에 처하시고, 제 오른손을 절단해 주시기 바랍니다. 그리하면 비록 영리하다는 경기이지만 저를 믿게 될 것입니다."

"좋다, 그렇게 하자."

이리하여 하루아침에 요리는 국사범國事犯으로 꾸며져 팔을 자르고 국외로 추방되었다. 그리고 그의 처자를 잡아 저잣거리에서 화형에 처했다.

위衛나라 제후諸侯에게 망명한 요리는 오나라에서 자기 가족을 처형한 사실을 퍼뜨리고 다녔으므로 그의 원죄冤罪는 천하가 널리 알게 되었다. 마침내 그는 위나라로 가서 경기를 만나게되었다. 경기는 벌써 소식을 듣고 기다렸다는 듯이 요리를 받아들이고 그를 완전히 믿었다.

석 달 뒤, 경기는 훈련한 군사를 거느리고 오의 정벌에 나섰다. 일행이 장강長江 중류에 이르렀다. 오른쪽 팔이 없는 요리는 바람에 몸을 맡기게 되었다. 바람에 밀려 손에 든 창이 경기의 후미를 겨냥하는가 싶더니 순간 경기의 옆구리를 찔렀다. 그리고 이어서 그의 가슴을 찔렀다. 요리의 창에 명중한 경기는 말에서 힘없이 떨어져 죽었다. 이렇게 해서 요리는 오왕 합려와의 약속을 지켰다.

요리는 자기 팔을 자르게 하고 처자를 화형시켜 가면서 〈고육계〉를 실행한 사람이다. 참으로 처참한 광경이지만 이런 일은 중국 고사에서 심심찮게 찾아볼 수 있다.

여기서 오왕 합려는 자기 동생 료僚를 죽이고, 오자서와 전제專諸의 힘을 빌려 합려로 이름을 고쳐 왕이 되었으며 그가 바로 희광姬光이다.

위나라의 경기는 아버지 료僚의 왕권을 탈취해 간 합려를 뒤엎기 위해 절치부심하고 있었다. 합려는 그런 경기가 늘 마음에 걸렸다. 그때 경기를 없애겠다고 요리가 나섰던 것이다. 그리고 마침내 경기를 참살하고 요리가 오나라로 돌아왔다. 조금은 뒷맛이 개운치 않은 이야기지만 나라와 나라 사이에서는 이보다 더한 일도 서슴지 않고 자행되어 왔다. 목적을 위해 수단과 방법을 가리지 않는《36계 병법》을 볼 때마다 몸서리칠 때도 있다. 그중에서도 출세를 위하여 아들과 처를 죽이고 군주의 신임을 얻은 뒤에 수장首長이 되었다 하더라도 무엇을 얻겠다는 건지 또 얻어서 무엇을 하자는 건지 가늠이 안 될 때가 있다. 그러니까 가장 사랑하는 가족을 이용하는 〈고육계〉는 그 살벌함이 치를 떨게 한다.

역사 속에서는 자기의 정치생명을 위하여 신하를 죽이는 예는 다반사였다. 이 모두가 교묘한 방법으로 자기를 믿게 하기 위하여 저지르는 악랄한 수법이다. 이러한 〈고육계〉는 인간이 경쟁사회에서 이기기 위한 처절함을 보여주는 부끄러운 예라 할 것이다.

다시 이야기를 역사의 뒤안길로 돌려 그 실상을 살펴보기로 한다.

자기 자식을 죽여 요리해 바친 역아

제齊나라 환공桓公(기원전 685~643)은 춘추전국시대 5패覇 가운데 최초로 패자가 되었다.

환공은 호남好男으로 여색과 식도락을 즐긴 군왕으로 이름이 높다. 어느 날, 그는 요리사인 역아易牙에게 지금까지 먹어보지 못한 진기한 요리를 먹고 싶다고 했다. 역아易牙는 아무리 생각해 보아도 세상에 안 바친 요리가 없는데 진귀한 요리가 뭔지 알 수가 없었다. 아무리 생각해봐도 사람 고기 외에는 모두 바쳤는데 도통 알 수가 없었다. 장고 끝에 그는 굳은 결심을 했다. 자기 아들을 죽여 그 머리를 삶아서 요리해 환공에게 바쳤다. 그렇게 함으로써 환공의 신임을 얻어 권력의 자리에 서려 했던 것이다.

동서고금을 통해 자식을 죽여 요리한 예는 역아 말고 또 누가 있겠는가. 이는 동물 세계에서도 볼 수 없는 끔찍한 살인이다.

〈고육계〉가 자기 몸을 상하게 하여 상대방이 믿게 하는 계라고는 하지만 자기의 혈육인 아들을 죽여 출세해 본들 무슨 소용이겠는가? 환공의 총애를 받은 관중管仲이 죽은 뒤 개방開方과 수조竪刁와 함께 권력을 잡게 되자 역아는 모시던 환공을 굶겨 죽이고 말았다. 이는 정녕 권력에 눈이 어두워 천륜을 위반한 아첨배의 모멸스러운 행위일 뿐이다.

이익을 위해서라면 자해도 마다치 않는 〈고육계〉

〈고육계〉는 먼저 자신에게 상처를 입히고 나서 그 상처를 싸맨 채 적에게 접근한 다음 적을 속이고 소기의 목적을 달성하는 계략이다.

초楚나라의 춘신군春申君에게는 갑甲이라는 부인과 여희余姬라고 하는 첩이 있었다. 그 두 사람은 사사건건 대립하여 마치 늙은 호랑이와 소같이 서로 버티기를 일삼았다. 첩인 여희는 춘신군의 총애를 믿고 교만하여 늘 남편 면전에서 정실의 흉을 물고 늘어졌다.

한 번은 그녀 스스로 몸에 여기저기 상처를 내고 울면서 남편에게 말했다.

"세가 당신을 모시는 것은 실로 삼생三生의 행운이라고 생각하고 있습니다. 그런데 부인께서는 저를 용납하지 않으시고 틈만 나면 저를 욕하고 마구 때립니다. 오늘은 더욱 심하여 저를 이처럼 처참하게 때렸습니다. 보시다시피 제 몸에 상처가 생겨 피가 나고 있습니다. 계속해서 이런 일을 당하다가는 저는 결국 부인에게 목숨을 빼앗기고 말 것입니다. 차라리 지금 당신 눈앞에서 죽는 게 낫겠습니다."

그녀는 말을 끝내고 벽에 머리를 부딪쳐 죽는시늉을 했다. 그러자 춘신군은 그녀를 끌어당기고 여러 말로 위로하며 너를 정실 부인으로 삼겠다고 약속했다.

그래도 여씨는 만족하지 못했다. 왜냐하면 갑이 여전히 상속자였기 때문이었다. 이렇게 철저하게 권리를 빼앗기 위해 더욱 교묘한 방법을 생각해냈다.

며칠 후, 그녀는 또 스스로 옷을 발기발기 찢은 후, 남편에게 쫓아가 울며 고했다.

"보셔요, 전 정말로 이곳에서 생활할 수가 없습니다. 방금 그 늙은이가 또 자기의 아들을 부추겨서 저를 욕보이려 했습니다. 전 간신히 이리로 피신해 오는 길입니다. 그녀는 지금도 저를 노리고 있습니다. 앞으로 저는 살 길이 막막합니다."

춘신군은 여씨의 말을 사실이라고 믿고 발끈 화를 내며 부인과 그 아들을 잡아 죽이도록 명령했다. 그리고 나서 여씨를 정실 부인으로 맞아들였다.

〈고육계〉의 예는 우리의 일상생활에서도 볼 수 있다. 여씨는 자기가 스스로 자해를 해서 남편을 설득했다. 그런데도 남편 춘신군은 확인도 해보지 않고 아내와 아들을 죽이도록 명령했다. 여씨는 간교하게도 〈고육계〉를 활용해 자기가 마음먹은 바를 달성한 것이다.

자기의 이익을 취하기 위해 스스로 몸을 희생해가며 덤비는 데에는 당해낼 재간이 없다.

병법가 손자 다음으로 유명한 오기吳起는 노魯나라에서 요직에 기용하려 했다. 그러나 그의 처가 제齊나라 여자여서 군신들이 주저하자 자기 처를 죽여 노왕魯王에게 충성심을 보여주었다. 출세에 눈이 멀지 않고서야 어찌 이럴 수가 있단 말인가.

또 오기는 위魏나라 문후文侯 밑에서 중산국을 쳐들어가는 싸움에서 자기가 총사령관이면서도 음식과 잠자리를 병졸들과 같이하기도 했다. 또 자기 식량은 자기가 메고 병졸과 함께 행군했으며, 병졸이 종기가 났을 때는 친히 자기 입으로 빨아 치료를 해 주었다. 오기의 이런 행동은 어쩌면 철저히 계산한 〈고육지책〉이 아니었겠느냐 하는 생각이다.

군대의 병사는 군대의 사기나 단결에 막중한 영향을 주며 그 지휘관의 통솔력 여하에 따라 심리적인 상태가 크게 달라진다.

전쟁에 임한 군사가 목숨을 걸고 싸우겠다는 사기가 충천해 있다면 싸움은 틀림없이 승리할 것이다. 치열한 전쟁 상황에서는 작전 계획이 무엇보다 중요하지만 싸우는 병졸들이 싸워 이기겠다는 투지가 더욱 중요하다.

오기는 이런 면에서 병사들과 동고동락하면서 협동심과 사기를 끌어냈던 명장이다. 그는 병법에도 능했지만 사람을 다루는 심리술에 능했다. 그렇기 때문에 그는 싸움에서 이길 수 있었으며 그런 그의 능력을 인정받아 장군이 되었던 것이다.

정鄭나라의 무공武公은 호국胡國을 빼앗기 위해 딸을 호국으로 출가시키고 그가 총애하는 신하 관사기關思期를 처형함으로써 호국을 안심시키고 그 틈을 타서 호국을 빼앗았다.

이 계는 국가의 막중대사에서 사사로운 일에 이르기까지 바람을 막을 수 없는 그물처럼 겹쳐져 있음을 알 수 있다. 따라서 세상 물정을 모르면 그만큼 어느 덫에 걸리고 당할지 모를 일이다.

이 〈고육계〉는 때로는 쓰시 않는 것보다 못할 때가 있다. 왜냐하면 스스로에게 상처를 가하는 것은 시작에 불과하고 성공 또한 꼭 장담할 수 없기 때문이다. 만에 하나 상대방에게 이 상황이 간파된다면 그 후유증은 치명적일 수 있다.

왕좌, <고육계>로 올술을 속이다

남송南宋 때 금金나라의 올술兀術이 군대를 이끌고 남침하여 악비岳飛와 주선진朱仙鎭에서 대치하였다. 그런데 올술에게는 육문룡陸文龍이라는 양아들이 있었는데 나이가 열여섯 살의 홍안인데도 용맹하고 창검술이 뛰어나 악비의 군대는 그를 강적으로 여겼다.

육문룡은 원래 송나라 장군 노안절도사 육등陸登의 아들이었다.

그런데 올술이 노주를 함락할 때 집안 식구를 모두 죽이고 육문룡만 강보에 싸인 채 유모와 함께 올술에게 끌려가 양아들로 길러졌다. 그는 의붓아버지가 아버지를 죽인 원수인 것을 모르고 있었다. 그러나 악비군의 부장部將인 왕좌王佐는 이러한 사실을 잘 알고 있었다. 그는 본래 양마楊麼의 부하였는데, 악비에게 투항하여 몸을 붙이고 있었다. 그런데 이 전투에서는 악비가 절대적으로 불리한 상황에 놓인 상태였다.

왕좌는 송나라 병사들이 절대적으로 불리한 것을 보고 매우 답답했다. 그래서 그는 군영에서 혼자 깊은 시름을 달래고 있었다. 그는 홀연히 '요리要離가 팔을 자르고 경기慶忌를 암살한' 고사가 떠올랐다. 이에 곧 탁자를 치며 즉시 칼집에서 검을 뽑아 자기의 오른팔을 잘랐다. 그리고 이를 악물고 금창약金瘡藥(금속성의 칼 화살 따위로 입은 상처에 바르는 약)을 뿌려 지혈한 후 악비를 찾아가 자신의 의도를 설명했다. 악비는 눈물을 흘리며 왕좌에게 말했다.

"내가 적을 물리칠 계책을 세울 텐데 너는 무엇 때문에 고달프게 스스로를 상하게 했단 말이냐?"

왕좌가 악비의 애절한 심정을 뒤로하고 금군金軍의 군영에 도착했을 때는 이미 날이 밝았다. 초췌한 모습으로 금나라의 병졸을 만나 자초지종을 말한 후, 맹주인 올술에게 데려다 줄 것을 부탁했다. 얼마 후, 왕좌는 장막 안으로 들어가 무릎을 꿇었다. 올술은 왕좌가 피범벅인 것을 보고, 그가 어떤 사람이며 왜 이곳에 왔는가를 물었다. 왕좌는 흐느끼며 아뢰었다.

"소신小臣은 본래 호광湖廣의 동정호洞庭湖 양마의 신하였으며 벼슬은 동성후東聖侯에 봉해져 부족한 것 없이 지내고 있었습니다. 그런데 간신들이 악비와 결탁하는 바람에 참담히 패배하고 국가와 집안이 망하는 지경에 이르러 소신은 어쩔 수 없이 굴욕을 참으며 송나라에 귀의할 수밖에 없었습니다. 지금 전하의 대군이 이곳에 이르렀고 전력상으로 그야말로 천하무적이니 여러 장수들이 겁을 먹고 악비도 무슨 대책이 없습니다. 지금 금나라의 이백만 병사는 마치 태산을 누를 듯하여 대적하기 어려우니 사신을 보내 '강화를 맺어야 강산만이라도 보전할 수 있을 것입니다.'라고 진언했습니다. 그러나 뜻밖에도 악비는 제 말을 듣지 않고 도리어 신이 두 마음을 품고서 나라를 팔아 영화를 구하려 한다며 신의 팔을 자르더니 금나라로 가라고 발길로 차 쫓아냈습니다. 그러면서 그는 수일 내로 맹주를 잡고 금나라를 평정하겠다고 하며, 만약 소신이 가지 않을 때엔 나머지 팔도 자르겠다고 했습니다."

올술은 이 말을 듣고 참지 못해 자리에서 벌떡 일어났고 좌우의 장군들도 고개를 내저으며 탄식했다.

"악비는 정말 잔인하구나! 그런 비겁자는 잡아서 죽여야 한다."

이구동성으로 왕좌를 동정하면서 한마디 했다.

"사람을 저렇게 못살게 만들어 놓고 그 사람을 통보하러 보내다니 사람도 아니다."

"나를 위해서 팔이 잘리는 고통을 당하였으니, 내 평생토록 보살펴 주겠노라. 그리고 각 군영에 명령하기를 '왕좌는 어디든지 자유롭게 다닐 수 있고, 어디에서든지 잘 수 있게 하라.' 만약 이 명령을 어기는 자는 참수를 당하리라."

올술의 명령이 떨어지자 이때부터 왕좌를 고인아(고용살이 불운아)라 불렀으며 아무 군영에나 자유롭게 드나들었다.

하루는 왕좌가 육문룡의 군영 앞에 와서 수비병에게 말했다.

"육장군의 군영을 구경하려고 하네."

마침 육문룡이 자리를 비운 틈이라 들어가 구경하도록 했다. 왕좌가 막사로 들어가자 한 늙은 부인이 앉아 있었다. 왕좌가 그 부인 앞으로 다가서자 노부인이 고인아에게 예를 올리려고 일어섰다.

"아 아니, 예를 거두십시오."

왕좌는 노부인의 말투가 중원 사람인 것을 얼른 알아듣고 그렇지 않으냐고 물었다.

"맞습니다. 저는 호광湖廣 사람입니다."

그 부인의 말에 왕좌가 얼른 받아서 말했다.

"저도 그곳서 살았습니다. 동향인이군요."

이렇게 해서 점점 가까워지게 되어 13년 동안 묻어두었던 이야기도 꺼내게 되었다.

"동향인 당신에게만 특별히 말씀드립니다. 육문룡 장군은 나의 젖을 먹고 자랐답니다. 그가 세 살 때 중원을 떠나왔지요. 본래 노안주의 육등 어르신의 아드님이었는데 맹주가 강탈해 이곳으로 와서 양아들로 삼은 것입니다. 말씀드리지만 이 비밀은 지켜야 합니다."

다음 날, 왕좌는 또 노부인을 만나러 가다가 우연히 육문룡과 군영 앞에서 만났다. 이에 육문룡은 자기 군영에 온 것을 알고 그를 들어오게 하여 식사를 같이 했다. 식사 후, 육문룡은 중원의 고사를 이야기해 달라고 청했다. 왕좌는 서생 출신이라 말이 청산유수였고 한담과 잡담을 해도 곧 문장이 되어 사람을 신명나게 했다.

이후로 육문룡은 틈만 나면 왕좌를 청하여 이야기를 들었다. 그러다 보니 피차 스스럼이 없게 되었다. 하루는 중요한 이야기라며 좌우를 물리게 했다. 육문룡은 즉시 사람들이 나가도록 분부하고 아무도 부르기 전까지는 들어오지 못하게 했다. 왕좌는 몸에서 한 장의 그림을 꺼내 문룡에게 보였다. 그림은 처참한 참화 장면이었는데 큰 당 위에는 한 장군과 부인이 죽어 있고 또 다른 부인은 작은 아이를 안고서 울고

있으며, 그 외에 많은 군사들이 쓰려져 있는 그림이었다. 육문룡이 물었다.

"고인아여, 이 그림이 무슨 그림입니까?"

왕좌가 앞으로 다가서며 대답했다.

"이곳은 중원의 노안주입니다. 이 돌아가신 어르신은 절도사로 성은 육陸, 이름은 등쯇입니다. 이 돌아가신 부인은 사씨謝氏 부인이고, 이 아이를 안고 있는 부인은 유모입니다. 한창 울고 있는 이 아이는 남자아이로 이름은 육문룡陸文龍이라고 합니다."

"아니 내가 왜 여기서 울고 있단 말이요? 그리고 당 위의 장군이 육등이라고?"

육문룡이 침통하게 눈살을 찌푸리자 왕좌가 말했다.

"공사님, 들으소서. 완전무장을 한 이 사람은 바로 평창왕平昌王인 올술입니다. 13년 전, 맹주는 군대를 이끌고 노안주를 함락했는데 육문룡의 부친인 육등께서는 충성을 다하여 스스로 목숨을 끊었습니다. 사씨 부인 또한 정절을 지켜 목을 매어 죽었습니다. 맹주는 공자인 육문룡이 아직 어린 것을 보고는 유모와 함께 번蕃지방으로 데려오도록 하여 양아들로 삼은 것입니다. 13년이 되었지만 그는 사기를 낳아 준 부모가 누군지도 모르고 도

리어 원수를 아버지라고 부르고 있습니다. 이렇게 애통한 일이 또 어디 있겠습니까?"

육문룡은 끓어오르는 분노를 참지 못하고 왕좌의 등을 치며 사실이냐고 몰아붙였다.

"네 말이 모두 사실이냐?"

"만약 제 말이 의심스럽다면 유모에게 물어보십시오."

그 말을 채 마치기도 전에 그의 유모가 울면서 들어왔다.

"왕 장군의 말은 모두 사실입니다. 그분들은 너무 비참하게 돌아가셨습니다."

말을 마치고는 대성통곡을 하는 것이었다.

육문룡은 한동안 몸을 가눌 수가 없었다. 그리고 하늘을 보고 통곡하지 않을 수 없었다.

"어찌 이런 일이 있을 수 있단 말입니까?"

육문룡은 머리를 조아리며 당장에라도 일어서 요절을 낼 듯이 이를 갈았다. 그러자 왕좌가 막아서며 냉정히 말했다.

"저는 공자를 위해 팔을 자른 사람입니다. 지금은 참으셔야 합니다. 서두르면 큰일을 이루지 못하고 오히려 해를 당할 것입니다. 일을 실행할 때는 앞뒤를 생각하며 차근차근해야 합니다. 지금은 분해도 참으셔야 합니다. 기회를 봐서 송나라로 돌아가서 계책을 짜도 늦지 않을 겁니다."

며칠이 지난 후, 육문룡은 유모와 함께 왕좌를 따라 송나라로 돌아갔다. 이 소식을 듣고 올술은 땅을 치고 발을 구르며 탄식했다.

"고인아(왕좌), 네놈에게 내가 속았구나. 그 원한의 싹을 자르지 못한 것이 한으로 남는구나!"

송나라로 돌아온 육문룡 역시 고인아에게 말했다.

"너는 나를 위해 〈고육계〉를 쓰고 왔지만 나 또한 너의 손바닥 위에 놓이게 되었다. 허나 나의 원수가 누군지를 깨우치게 해서 천륜을 저버리지 않게 했으니 이제야 마음이 밝아오는 것을 느끼겠구나!"

육문룡은 왕좌를 통해 그 내막을 알고 왕좌는 악비를 위해서 자기의 팔을 자르는 〈고육계〉를 썼던 것이다. 그것은 또한 육문룡을 위한 〈고육계〉이기도 했다.

중국의 긴 역사 속에는 이처럼 〈고육계〉를 써 일을 성사한 예가 하나둘이 아니다. 믿음이 약한 세상이니 자기를 믿게 하기 위해, 가족까지도 이용하는 비참한 상황이 처처에서 있었음을 보게 된다.

〈고육계〉란 꼭 위험에 처했을 때 쓰는 생존전략이라고만 말할 수 없을 정도로 다양하다.

백화점 바겐 세일도 〈고육계〉의 하나

요즈음 백화점에서는 한 달이 멀다 하고 바겐세일 행진을 벌이고 있다. 이는 창고에 쌓인 재고를 처분하고 고객을 백화점으로 불러들이기 위한 자구책이기도 하지만 불황 타계를 위한 〈고육계〉이다. 그런가 하면 남대문 시장이나 동대문 시장에 들어가면 버젓이 20% 세일이나 30%세일을 하는 의류가게를 심심치 않게 볼 수 있다.

이렇게 싸게 팔나가는 밑시는 셋이 아닌가? 또 같은 상인들끼리 제 살 깎아 먹기 하는 것이 아닌가 하고 곱지 않은 시선을 보내기도 한다. 그러나 이런 〈고육계〉는 대기업이 경영하는 건설업체나 내로라하는 업체에서도 서슴지 않는다.

오래전 이야기이지만 을지로 입구의 대형건물을 부수고 새로 지을 때 그 건물을 헐어내는데 입찰 가격이 1원이라고 해서 놀라지 않을 수 없었다. 무슨 수로 1원에 7~8층의 큰 건물을 쓸어낼 수가 있단 말인가. 뒤에 숨은 이야기를 여기서 다 논할 수는 없지만 공사를 따내기 위한 〈고육계〉

가 아닐 수 없다.

도마뱀은 위험에 처하면 꼬리를 잘라 내버리고 도망친다. 〈고육계〉라 할 수 있는 자해의 한 장면이다. 마찬가지로 기업도 CEO의 결단에 따라 도마뱀의 고육지책이 요구될 때가 있다.

필름의 대명사인 코닥은 80년대 말에 큰 위기를 맞은 적이 있었다. 이 때 코닥 회사는 그동안 확장해 온 제약사업, 소비재사업, 의료기기 사업 등을 모두 그만두는 결단을 내렸다. 그 대신 안정적인 수익원인 필름 시장을 확대하고 미래의 주력사업으로 정한 디지털 이미지 사업에만 총력을 기울였다. 그 결과 코닥은 미국이 자랑하는 초일류 기업의 대열에 우뚝 서게 되었다.

코닥은 눈물을 머금고 여러 기업들을 낙지 발을 자르듯 정리하고 일어서는 데 성공했다. 이렇게 결단을 내릴 수 있는 지혜가 CEO에게는 긴박하게 요구되는 때가 있다. 피를 말리는 결단의 한 가닥을 잡아내기 위해 몇 날 며칠을 뜬눈으로 새는 경우가 비일비재하다. 이렇게 피 말리는 결단이 〈고육계〉의 일환이다.

지금 코닥이라는 회사는 역사의 뒤안길로 사라졌다. 진즉 디지털카메라 기술을 확보해 놓고도 필름을 생산해내는 공장을 정리하지 못해 망설이다가 기회를 놓치고 만 것이다. 타사 디지털카메라가 시장을 선점하자 주저앉고 말았던 것이다. 신기술을 개발해 놓고도 시기를 저울질하다가 기회를 놓친 것이다. 이는 필름 생산에 대한 애착이 결국 상권을 뺏기는 치욕을 맛보게 한 것이다. 버리는 〈고육책〉을 제때에 쓰지 못해 벌어진 참패인 것이다.

버린다는 것은 아픔이다. 이 결단의 아픔은 CEO가 감내해야 하는 몫이다. 작은 것을 버리고 큰 것을 취하는 지혜로운 타카모리 켄터스의 이야기도 그래서 귀담아 둘 만하다.

긴박한 상태에서 작은 것을 버리는 것도 <고육계>다

어둠이 짙게 내려앉은 시골 길을 마차가 달리고 있었다. 가스등이 흔들리는 어두컴컴한 마차 안에는 사람들이 자리를 가득 메우고 좌우로 흔들리고 있었다.

마차가 나무가 빼곡한 산길로 접어든 순간 한 사람이 무시무시한 강도 이야기를 꺼냈다. 그런데 옆에서 이야기를 듣던 한 사람이 말했다.

"지금 우리가 가고 있는 이 길에는 강도가 자주 나타난다고 하더군. 주로 마차를 습격한다고 하던데 오늘은 괜찮을까?"

그리고 보니 강도들이 나타날 만한 음침하고 한적한 길이었다. 그 말을 듣고 한 청년이 바들바들 떨면서 옆자리에 있는 신사에게 의논했다.

"이 얘기가 사실인가요? 저는 지금 피땀 흘려 저축한 삼천 달러를 갖고 있습니다. 만약 이 돈을 뺏긴다면 저는 죽을 수밖에 없습니다. 어떻게 하면 좋을까요?"

신사는 고개를 끄덕이며 청년의 등을 어루만져 주며 친절히 대해주었다.

"내가 좋은 방법을 가르쳐주지. 그 돈을 양말 안에 감추게. 그곳까지는 조사하지 않을 테니까."

청년은 신사가 가르쳐준 대로 양말 안에 돈을 감췄다. 다음 순간, 어디선가 지척거리는 음산한 소리가 들리더니 마석늘이 습격했다. 마적들은 마차 안에 들어와 이 잡듯이 사람들의 금품을 약탈하기 시작했다. 그때 신사가 도적에게 소리쳤다.

"이 젊은이가 양말 속에 엄청난 거금을 숨겨 놓았소."

마적들은 생각지도 못한 성과에 희희낙락하며 젊은이의 돈을 빼앗은 뒤 바람처럼 사라져 버렸다. 마차는 아무 일도 없었던 것처럼 다시 달렸지만, 사람들은 이구동성으로 신사를 비난하기 시작했다. 더구나 돈을 빼앗긴 청년은 죽일 듯이 달려들며 신사에게 도적의 일당이라고 욕설을 퍼부었다.

그래도 신사는 아무 대꾸도 하지 않고 이 말만 반복했다.

"정말 미안하게 되었소. 잠시만 참아 주시게."

드디어 마차는 산림을 벗어나 마을에 도착했고 인내의 한계를 넘은 청년은 신사에게 거칠게 덤벼들었다. 그 순간 신사는 청년을 제지하며 생각지도 못한 말을 꺼냈다.

"실은 나는 십만 달러나 되는 거금을 갖고 있었다네. 물론 삼천 달러도 거금이긴 하지만 자네 덕분에 나는 십만 달러를 지킬 수 있었네. 사례라고 하면 뭣하지만 자네에게 10,000달러를 줄 테니까 나의 잘못을 용서해 주게."

사건의 진상을 알게 된 청년은 신사의 순간적인 기지에 감탄하며 진심으로 사죄했다.

신사의 지혜로운 〈고육계〉로 청년은 3,000달러를 잃었지만 도리어 전화위복이 되어 만 달러를 챙기게 된 것이다. 〈고육계〉의 이 계는 용도에 따라 다양하게 물감 통의 색감처럼 변용할 수 있다.

'젊어 고생은 사서라도 해라'는 속담이 있듯이 젊었을 때 많은 것을 보고 체험하고 지혜를 얻어야 뿌리가 튼튼한 나무처럼 미래를 창조할 수 있는 사람이 될 수 있다. 젊어서의 고생은 미래를 위한 〈고육계〉라는 말이다.

21세기는 미래를 정확하게 예측할 수 없는 불확실성 시대다. 무릇 경영이란 시행착오를 통해 올바른 방향을 잡아가는 과정일 수 있다. 보이지 않기 때문에 도전해 볼만한 미래가 되는 것이다. 만약 훤히 보이는 미래라면 그 길을 따라가기만 하면 될 테니까 군이 심혈을 기울일 필요가 없는 것이다.

우리는 가끔 모든 일을 자기 기준으로 판단하고 가치 기준을 내가 유리한 쪽으로 돌려 억지 해석을 정당한 이론처럼 펴는 사람들을 본다. 고위직에 있는 사람들이 평일 골프를 치고 사우나를 가면 업무용이고 창조적 휴식이지만 현장에서 일하는 하급자들이 골프를 치면 농땡이라고 매도하는 논리와 같다. 내가 하면 로맨스, 남이 하면 불륜이라는 편견이나 횡포가 사라져야 한다. 그런 후에라야 자율이라는 새싹이 돋을 수 있다.

흔히 아이디어 상품을 무수히 개발한 혁신적 기업으로 3M이 거론한다. 스카치테이프, 욕실 미끄럼 방지 테이프 등 수천 개의 아이디어 상품으로 빛나는 기업이다. 그것은 신제품을 출시하고 그 신제품이 실패해도 책임을 묻지 않는 풍토 때문에 가능했다고 한다.

노벨의 다이너마이트도 실패를 거듭하고 난 뒤에 얻어진 산물이다. 발명왕 에디슨은 2천 번의 시행착오 후 전등을 발명할 수 있었다.

'과정은 실패가 아니라 목표 달성을 위한 2천 계단일 뿐이다.' 바로 에디슨이 수없는 시행착오 후 자기가 이루어 낸 성과 뒤에 한 말이다. 그래서 실패는 성공의 어머니라고 할 수 있으며 실패는 동전의 양면처럼 성공의 또 다른 이름인 것이다. 그러나 그 과정은 쓸쓸하고 냉정해서 〈고육계〉의 피땀 어린 과정이라 할 수 있다.

결국 실패는 보이지 않는 고통의 자산이고 그 자산이 경험으로 축적되어 거둬들인 성과인 것이다.

미국의 대표적 기업 GE는 창업 이래 중요한 사고나 고장 등 실패한 정보를 기록하고 그 쓰라린 체험을 보물처럼 이용하는 기업으로 유명하다. 자동차왕 헨리 포드도 석유왕 록펠러도 실패의 쓰라린 아픔을 겪었다. 가슴 조이는 〈고육계〉를 통해 진주알 같은 값진 경험을 얻어 성공을 거둔 것이다. 또 스티브 잡스는 애플에서 쫓겨났다가 다시 복귀하여 재기에 성공했다. 그는 이미 떠나버린 회사에 다시 노크하기가 고통스런 일이었지만 더 잘할 수 있다는 확신을 가지고 돌아왔던 것이다. 성공하는 조직이나 기업 또는 경영자는 실패를 숨기거나 회피하지 않는다. 실패는 발전적인 미래를 향한 반성이요 앞으로 전진하기 위한 도약대다. 실패를 맛보면 그것은 쓸개를 씹은 듯 고통스럽다. 그래서 고육苦肉이라고 한 것이다.

그러나 회사에서 나를 믿고 밀어주고 있는데 그리고 나를 바라보는 많은 사람이 있는데 집안의 어린 자녀들과 사랑하는 아내가 초롱초롱 눈을 뜨고 바라보고 있는데 하는 심정을 가지면 물러설 수가 없다. 집으로 돌아오면 아무것도 모르는 자녀들에게도 미안하고 아내에게도 미안한 생각이 든다. 왜냐하면 인간이기 때문이다. 그러나 실패의 맛을 보면서 차곡차곡 기록으로 남기면 뒤에 따라오는 사람들은 똑같은 실수를 피할 수 있다. 그만큼 실패의 확률이 줄어드는 셈이다. 그래서 작업일지를 구체적으로 꼼꼼이 적어 놓을 필요가 있다. 그래야 그 축적된 노하우를 후계자에게 전달할 수 있는 것이다.

따라서 업무의 효율을 높이기 위해 내가 좀 힘이 들더라도, 고통을 받더라도 희생정신을 발휘해서 일 처리를 제대로 해낸다면 틀림없이 그 기업은 순풍 가도에 들어설 것이다. 이 또한 넓은 의미의 〈고육계〉가 아닐 수 없다.

성공하려면 깨어있는 마음을 가지고 근면해야 한다. 근면은 타고난다고 하지만 그건 절대 아니다. 마음을 다져 먹고 쉬고 싶은 마음을 억누르고 일어서는 〈고육계〉다. 큰 인물이 되려면 지혜로워야 하지만 지혜보다 더 중요한 근면이 가져다준 열매다.

근면과 성실이 없이 이룬 성공은 진실한 의미에서 성공이라기보다 우연히 얻어진 성과물에 불과하다.

그래서 성공한 사람들은 역경을 두려워하지 않고 그 역경을 디디고 올라선 사람들이다. 〈고육계〉의 긴 터널을 거쳐 이루어 낸 참된 승리자가 인생의 맛을 아는 진정한 승리자라 할 수 있다.

상대방에 족쇄를 채우고 공격하라

연환계 連環計 여러 계책을 연계 시킨다	두 가지 이상의 계책을 이용하여 강한 적을 약화시킨 다음 친다. 계책을 복합적으로 연결한다. 적이 여러 가지 계책으로 얽히게 해 놓고 공략한다. 연속적인 반응을 일어나게 하거나 여러 방면의 마찰을 일으켜 적을 약화시켜 도모한다.

　'연환連環'이란 여러 계를 연결해 하나의 꿰미처럼 연결하는 것을 말한다. 즉, 한 가지 계략을 쓰면서 또 다른 계략을 연속적으로 혼합한다는 말이다. 〈연환계〉는 장수와 병졸을 총동원하여 작전에 임하고, 그때그때 상황에 따라 적절히 맞는 계책을 구사하여 반응이 연속적으로 일어나게 하는 것을 말한다. 혹은 여러 방면으로 마찰을 일으켜 정신을 못 차리게 하거나 혼미한 상태로 이끌어 이쪽의 작전대로 이끄는 책략이다.

　연환계의 특징은 한 계책이 실패해도 또 다른 계책으로 이를 극복할 수 있으며 여러 계책을 병용하여 적의 힘을 약화시키고 이쪽의 힘을 배가하게 만든다는 술책이다.

　말하자면 머리로 안되면 꼬리로 치고 꼬리로 힘들면 허리와 옆구리로 만회하는 줄 사탕 같은 계략이다.

방통과 황개, <연환계>로 조조의 함선을 묶다

〈고육계〉에서 말한 적벽전赤壁戰에서 황개黃蓋가 조조에게 투항하는 척하며 조조의 함선을 쇠사슬로 모두 연결되도록 하였다. 그것은 배가 파도에 출렁이는 것을 최소화하려는 방책이었다. 조조는 나름대로 수전경험이 없는 군사들을 육지처럼 만들어 유리하게 상황을 이끌어 갈 심산이었다. 그런데 황개가 화공을 써오자 함선이 줄줄이 연결되어 있어 전 선단이 일시에 화염에 휩싸여 손을 쓸 수가 없었다. 이처럼 조조의 선단을 쇠사슬로 묶도록 미리 공작한 것이 방통龐統이었다.

〈연환계〉는 이 작전의 고사에서 유래한 것이다. 그 첫 번째는 적의 활동을 봉쇄한 다음 다시 제2, 제3의 계략을 구사하여 강대한 적을 쳐부수는 것을 말한다. 말하자면 단번에 밀고 들어가 승리를 노리는 것이 아니라 두 가지 이상의 계략을 혼합하여 적을 제압하는데 〈연환계〉의 묘미가 있다. 이 계략은 처음부터 철저히 준비하고 손에 든 빅카드가 거듭 제시되어야 효력이 배가된다.

삼국시대 조조의 캐릭터는 특출난 인물로 묘사되고 있다. 《삼국지연의》에서 조조는 악역으로 등장한다. 그렇기에 《삼국지연의》는 재미가 있다. 악역이 너무 강하기 때문이다. 조조는 지기도 하지만 자신의 능력으로 몇 번이고 재기하며 헤게모니를 쥐면 죽을 때까지 놓치지 않는다. 그는 뛰어난 두뇌와 특별히 하늘이 내린 천시라는 운을 가졌다. 천시를 이용하여 자수성가해 황제를 끼고 한나라의 승상이 되고, 위魏왕에 오르기까지 한다. 《손자병법》을 편집해 《맹덕신서》라는 병서를 쓰기도 하고 당대의 문장가이기도 했다. 둔전을 실시해 백성의 시름을 덜어주었고 구품중정제九品中正制를 실시하여 인재를 뽑는 공정한 시스템을 구축한 걸출한 인물이기도 하다.

그런 조조가 100만 가까운 군사를 대동하고 마지막 통일 전쟁이라 할 수 있는 남쪽 정벌을 시작한다. 그런 조조를 막기 위해 강남 최고의 두뇌들이 총동원되어 최고의 계략과 전술이 하나의 목표를 향해 차곡차곡 연결된다. 적벽대전은 그래서 스케일이 크고 많은 지면이 할애된다. 제갈량과 주유, 방통 그리고 서서徐庶까지 이 전투에 동원된다. 그들이 짜낸 〈고육계〉, 〈반간계〉, 〈연환계〉, 〈화계〉와 36계의 여러 계책들이 정교하게 연동되어서야 격퇴할 수 있었고 적벽대전은 조조의 천하통일의 야망을 물거품으로 만드는 결정적 전투가 되어 천하는 삼국시대로 만족해야 했다.

모든 책략은 이렇게 철저하게 계획한 가운데 이루어진다. 계책을 상황에 맞게 성사시키려면 한 가지 계책만으로는 되지 않으며, 또 다른 계책을 제비뽑듯 써 목적을 달성하는 것이 〈연환계〉다.

《삼국지》에서 방통과 황개가 같은 계의 주인공으로 나오는 것도 〈연환계〉의 병용 때문이다. 방통龐統의 경우 거짓으로 조조 쪽에 붙어 조조에게 모든 군선軍船의 선수船首와 선미船尾를 쇠고리로 이어 묶도록 교묘히 일을 만든 다음 불을 질러 토벌했기 때문에 조조의 군선은 도망칠 수가 없었다. 〈연환계連環計〉란 적이 서로 발을 잡아당기게끔 일을 만들어 행동력을 둔화시킨 다음 공격을 꾀하는 책략이기도 하다. 처음 계략으로 적을 신경질적으로 어지럽히고 다음 계략으로 적을 공격하는 이 두 개 이상의 계책을 결합 운용하는 계책이야말로 어떠한 강적도 때려 부술 수 있는 지략智略이다.

〈연환계〉의 본보기로는 《삼국지》의 왕윤王允이 교묘히 〈연환계〉를 쓴 예가 그 대표적 사례다. 이 고사의 명칭은 《원곡본元曲本》에 나오는 '금운당錦云堂이 교묘히 〈연환계〉를 확정하다'에서 근거한 것이다. 삼국시대에 왕윤과 채옹蔡邕이 〈미인계〉와 〈연환계〉를 써서 초선貂蟬을 여포呂布에게 주고 후에 또 동탁董卓에게 보내 여포를 격노하게 만든 다음, 의부義父와 의자義子가 서로를 죽이도록 자극했다는 대목이다.

이런 내용이 나중에 《삼국지》의 저자 나관중羅貫中이 문학적으로 표현하여 상당 부분 읽기 쉽게 윤색된 것이다. 《옥루몽》에서 '여인은 물과 같고 남자는 진흙과 같다'고 했다. 〈연환계〉는 적을 유인하는데 여자를 무기로 삼는 것은 아니지만 여인을 등장시키는 경우가 보편적이다. 〈미인계〉와 연계해야 확실한 효과를 거둘 수 있기 때문이다. 물론 상황에 따라 남녀를 가리지 않고 채용하여 계책의 효용을 높이는 것이 이 계의 궁극적인 목표다.

중국의 위대한 군사 전략가 손자孫子도 미녀의 매력으로 적을 유혹해 경계심을 늦추게 할 수 있다고 했다. 이처럼 〈미인계〉는 《36계 병법》 중 가장 효과가 좋고 다른 전략들과 쉽게 응용할 수 있는 계책 중 하나이다. 이 계략은 특히 호색가들에게 적절하다. 일단 〈미인계〉로 그들의 경계심이 느슨해지면, 그다음은 《36계 병법》 중에 적당한 계를 활용하여 계속 추진한다. 예를 든다면 오나라 부차는 서시의 미모에 반해 구천에게 반격의 기회를 주었다. 서시는 제10계 〈소리장도〉 미소 속에 칼을 품은 격이다. 그녀는 미소를 지어 부차夫差가 오나라 군사인 오자서伍子胥를 죽이게 만든 것이다. 부차의 측근 오자서를 죽인 것은 제19계 가마솥 밑에서 장작을 꺼내는 〈부저추신〉 전략에 해당한다. 오자서의 죽음은 부차의 사지를 잘라 내는 것과 마찬가지였기 때문에 대들보 밑에 기둥을 뽑아내는 격으로 〈투량환주〉이 기도하다. 부차가 병사를 거느리고 도성을 떠났을 때 구천은 그 기회를 이용해 제5계 〈진화타겁〉과 제20계 〈혼수모어〉 전략을 연속해서 사용해 성공했다. 이는 《36계 병법》의 한 계만 밀고 나가는 것이 아니라 그때그때 상황에 따라 적절히 때에 맞는 계를 활용한 것이다.

〈미인계〉만으로는 적을 물리치기 힘들다. 이 계략의 목적은 상대의 판단력을 흐트러뜨려 그 세력을 약화하는 데 목적이 있으므로 상대를 제압하려면 반드시 다른 책략들과 함께 사용해야 한다. 어쨌든 〈미인계〉는 보기 좋은 떡이 먹기도 좋다는 우리 속담처럼 어디에나 잘 연계되는 계라 할 수 있다.

사람에게는 측은지심惻隱之心이 있어 대부분 부드럽게 나오면 받아들이고 강하게 나오면 반발한다. 그래서 물과 진흙이 섞이면 하나의 덩어리가 되는데 특히 영웅호걸은 대다수가 이성異性에 대한 봉사를 하늘이 내린 큰 임무라고 생각하고 마다치 않는다. 따라서 한 번 미인과 접촉하면 철옹성 같던 남자도 봄바람에 눈 녹듯이 그 무릎 위에서 사르르 잠이 든다. 이는 밭에 씨를 뿌리는 농부의 기대보다 큰 것이고, 미끼를 던져 놓고 낚싯대를 드리운 강태공보다 더한 지략이다.

〈연환계〉는 매미와 사마귀의 관계처럼 서로 물고 물리는 형상이다. 그러니까 서로 보완하고 대체하면서 서로 연계하는 복잡다단한 계책을 말한다.

매미 뒤에 사마귀가 사마귀 뒤에 까치가

춘추시대 오왕吳王은 형刑나라를 칠 생각으로 대신들에게 속내를 감추고 그 뜻을 말했다.

"누구든지 국정에 대한 시비를 논하는 자가 있으면 고하를 막론하고 사형에 처할 것이다."

이렇게 신하들에게 단단히 일러 놓고 형나라를 칠 비책을 차근차근 갖추어 갔다. 소유자小儒子라는 신하가 오왕의 생각을 돌리게 하고 싶었으나, 감히 입 밖에 그 생각을 드러내 말을 할 수가 없었다. 그래서 그는 궁리 끝에 어느 날 아침, 새총을 들고 궁궐 뒤뜰로 들어갔다. 그리고는 아침 이슬에 아랫도리가 축축이 젖어드는 것도 모르고, 무엇인가를 열심히 들여다보고 있었다. 이러기를 사흘 동안이나 계속했다. 오왕은 소유자의 하는 짓이 괴이해서 그를 불러 물었다.

"너는 매일 아침 무엇을 하느라고 옷이 젖는 것도 모르고 무엇을 그리도 심각하게 들여다보고 있느냐?"

그때 소유자가 황망히 말했다.

"뜰 안에 있는 큰 나무에 매미 한 마리가 앉아 있는 것을 보았습니다. 그런데 매미 바로 아래 사마귀 한 마리가 매미를 덮치려고 엿보고 있었습니다. 그러나 매미는 그것도 모르고 간드러지게 울고만 있었습니다. 헌데 사마귀는 매미를 덮치려는 데만 정신이 팔려 자기 뒤에서 새가 자신을 노리고 있는 것을 모르고 있었습니다. 그 새 역시 나무 아래서 제가 총을 가지고 자기를 노리고 있는 것을 모르고 있었습니다. 눈앞에 보이는 것에만 정신이 팔려 뒤에서 닥치는 위험을 생각하지 못하는 것이 불쌍해서 그것을 바라보고 있었습니다."

오왕은 무릎을 탁 쳤다.

"그래, 경이 나에게 올바르게 일러 주었다."

오왕은 즉시 형나라를 치려던 생각을 중지했다.

우화적인 이야기이지만 〈연환계〉가 말해주듯이 매미는 사마귀가 노리고, 사마귀는 새가 노리고, 새는 사람이 노리는 일종의 물고 물리는 현상이 연환이다. 자칫 〈연환계〉는 위에서 말한 여성 관계에서도 복잡미묘하게 얽히는 수가 있다. 드라마 속에서 삼각관계로 단막극을 끌고 가듯이 〈연환계〉는 경우에 따라 친구를 반목하게 하고 형제를 이성 문제로 다투게 하며, 크게는 정변을 일으키게도 한다. 그런가 하면 국제간에 분규를 일으키는 도화선이 되기도 한다. 이와 같은 〈연환계蓮環計〉는 제2계 〈위위구조〉의 예에서도 볼 수 있다.

위나라 정예군이 조나라 수도 한단성을 포위했을 때 이를 구하기 위해 출동한 제齊나라 군사의 참모인 손빈孫臏이 감쪽같이 군대를 반대 방향으로 진군해 비어 있다시피 한 위나라 서울 대량성을 포위 공격한 것은 너무나 유명한 일화이다. 이는 〈암도진창〉일 수도 있고, 〈조호이산〉일 수도 있으며 〈원교근공〉책일 수도 있다. 위나라는 이 때문에 한단성 포위를 풀고 회군하는 길목에서 손빈이 파놓은 두 개의 함정에서 괴멸되었다.

이렇게 몇 가지 계략을 연결하여 강대한 적을 섬멸하는 계략이 여기서 말하는 제35계 〈연환계〉의 계략적 특성이다.

적벽전에서 보여준 사례를 구체적으로 하나하나 들어 그 의미를 짚어보면 다음과 같다.

후한 시대 말기, 206년의 일이다. 조조曹操가 호관을 포위하고 공격했는데 좀처럼 함락할 수가 없었다. 초조해진 조조가 측근들에게 선언했다.

"성을 함락하는 날에는 성 안에 있는 자를 모두 생매장해버리겠다."

그러나 달이 바뀌어도 함락하지 못했다. 부하인 조인이 조조에게 조용히 말했다.

"성을 포위할 때에는 반드시 도망갈 길을 터주어야 한다고 생각합니다. 장군께서 하신 말씀은 성 안에 있는 자들에게 목숨을 내걸고 싸우도록 투지를 불어넣어 주는 것과 다름이 없습니다. 더구나 호관성은 수비가 견고하고 비축한 식량도 많습니다. 성을 공격하는 아군 병사의 사상자는 늘어나고 성을 함락하기에는 아직도 시간이 얼마나 더 걸릴지 모릅니다. 아군의 지친 병사가 필사적으로 저항하는 적을 어떻게 공격하겠습니까? 지금까지의 방법은 상책이 아니옵니다."

조조는 그 의견을 받아들여 종래의 힘으로 밀어붙이던 작전을 바꾸어 유화책을 씀으로써 결국 호관성을 순순히 투항하게 했다.

조조는 〈관문착적〉의 계로서 문을 닫아걸고 도둑을 잡듯 성 안에 있는 자를 모조리 생매장해 버리겠다고 했다.

거기에 반하여 부하 조인은 〈욕금고종〉계, 즉 성을 포위할 때는 도망가는 길을 터주어 힘을 분산하는 책략을 써야 한다고 간했다. 어차피 도망갈 길이 없이 꽉 막아 〈관문착척〉을 해놓았으니 죽을 힘을 다해 성을 지키려 할 수밖에 없다는 논리다. 따라서 〈부저추신〉의 계로 솥 밑에 타고 있는 장작을 꺼내 그들의 결의를 무산시켜야 정복할 수 있다는 이야기다. 이렇게 하나의 계획에서 여러 가지의 계책이 응용되는 것을 35계 〈연환계〉라 한다.

내준신, 〈연환계〉로 주흥의 자백을 끌어내다

당시대唐時代 여황제인 측천무후測天武后(재위 690년~705년)가 정권을 장악하고 있을 때의 일이다.

측천무후는 반대세력을 봉쇄하기 위해 밀고를 장려하고 관리의 취조를 잔혹하게 했다. 그 가운데서도 주흥周興과 내준신來俊臣은 잔혹한 형벌자로 공포의 대상이었다. 특히 주흥은 모반의 누명을 씌우는 명인으로 주흥의 손에 걸려들면 살아남는 사람이 없었다.

그런데 정작 주흥이 모반을 꾸미고 있다는 밀고가 들어왔다. 측천무후는 취조를 내순신에게 명했다. 그러나 주흥은 자기가 발고된 줄도 모르고 내준신이 초대한 연회석에 참석했다. 그리고 그 자리에서 취조의 달인이었던 주흥에게 말했다.

"대부분의 범인들은 좀처럼 자신의 죄를 인정하지 않는데 자백을 하게 하려면 어떤 방법이 가장 좋을까?"

그 말에 주흥은 자랑이나 하듯이 서슴없이 말했다.

"간단한 일이지. 커다란 가마솥을 준비하고 그 밑에 불을 피우는 거지. 솥이 벌겋게 달궈졌을 때 그 속에 집어넣으면 바로 입을 열게 될밖에."

"과연 좋은 생각이군."

내순신은 곧바로 부하에게 명해 큰 가마솥을 준비하고 불을 지피도록

했다. 그리고 천천히 몸을 일으키면서 주
흥을 가리키며 말했다.

"그대가 모반을 꾸미고 있다는 고발
이 있었네. 어디 한 번 친히 가마솥에 들
어가 보실까?"

이 말을 듣자 주흥은 새파랗게 질려
고개를 푹 숙이고 그 자리에서 죄를 인정했다.

일반적으로 입수한 정보는 〈혼수모어〉 즉, 흐린 물속에서 고기를 잡는
것처럼 애매한 것들이다. 이를 확정하려면 〈금적금왕〉의 계 즉, 우두머리
를 잡는 것이 상책이다. 그리고 나서 도망가지 못하게 문을 걸어 잠그고 도
둑을 잡는 〈관문착적〉의 계를 쓴다. 이처럼 모든 사건 뒤에는 여러 가지의
계가 얽히고설켜 있으며 그중에 어떤 계를 어떻게 활용할 것인가를 지혜
롭게 생각해야 한다.

여러 계략을 한 개의 그물망처럼 짜 다듬으면 그 계략은 무르익고 실효
성이 커지며 확실히 익은 열매로 거두어들이게 된다.

법칙에 따르고 군대를 잘 운용하는 사람은 계략을 적절히 활용하여 성
공으로 이끈다. 이 계책이 저지당하면 저 계책을 준비하고, 한 개의 실마리
가 생기면 또 다른 세를 내입해 앞의 계책을 아직 다 실행하기도 전에 또
다음 계책을 준비하는 등 만반의 준비로 계략을 완성시킨다.

이렇게 서른여섯 가지 계책이 앞을 다투어 연계하여 전쟁을 승리로 이
끌면 그를 일러 지장智將이라 말할 수 있다. 그런 지장은 아무리 강적强敵
이라 할지라도 무너뜨린다.

싸움닭을 통해 전쟁에 임하는 자세를 배운다

또 적과 싸우지 않으면 안 되는 자리에서 어떻게 하면 확실하게 정신적

인 무장을 완비할 수 있을까? 여기에 열자列子는 무위를 주장하면서도 개인을 철저히 훈련해 전장에서 힘을 배가하는 전술로서 닭을 훈련시키는 예를 들어 설명을 하고 있다.

기성자紀渻子라는 사람은 주周나라의 선왕宣王과의 대화 속에서 닭을 잘 훈련하는데 유명한 사람으로 묘사되고 있다. 어느 날 왕이 기성자에게 닭 한 마리를 주면서 잘 훈련시키라고 당부했다.

그런지 10일쯤 지났을 때, 왕이 물었다.

"어떤가, 이제는 싸움을 해도 괜찮겠는가?"

그러자 기성자가 대답했다.

"아직은 멀었습니다. 지금은 마냥 살기가 올라서 적을 열심히 찾고 있을 뿐입니다."

다시 10여 일이 지난 뒤에 왕이 또 물었다. 그러자 기성자가 닭의 상태를 말했다.

"아직 때가 이릅니다. 다른 닭의 울음소리를 듣거나 낌새를 채면 즉시 투지가 넘칩니다."

그리고 또 10일이 지나서 왕이 물었다.

"아직도 이릅니다. 다른 닭의 모습을 보면 매섭게 쏘아보거나 흥분하는 기색이 역력합니다."

또다시 10일 후에 왕이 묻자, 이번에는 이렇게 대답했다.

"이제 됐습니다. 옆에서 다른 닭이 아무리 소리치며 도전을 해와도 전혀 움직이려 하지 않습니다. 마치 나무로 만든 닭같이 보입니다. 이는 덕德이 충만해 있는 증거로서 어떤 닭이라도 그에게는 당하지 못합니다. 아마 그 모습만 봐도 모두 도망쳐버릴 것입니다."

이 경우 덕이란 재능이나 권모술수 그리고 어딘가 모르게 위용이 있어 넘볼 수 없는 기품이라고 말할 수 있다. 잔재주쯤은 다 쓸어담아도 모자랄 것 같은 요소를 충분히 갖춘 상태인 것이다. 보기에는 나무로 만든 닭으로밖에 보이지 않는다는 것은 충일充溢함을 말한다. 운동하는 선수들도 이제 갓 입문한 풋내기들은 마음이 들뜬 나머지 어설픈 운동 실력을 자랑하다 말썽을 일으키곤 한다. 그러나 달인의 경지에 오른 고수들은 함부로 칼을 뽑거나 경거망동하지 않는다. 이렇게 갈고 닦은 하나하나가 안에 축적됐을 때 내공이 쌓이게 되어 아무리 강한 적이라도 무너뜨릴 수 있다.

〈연환계〉는 거시적으로 보면 생로병사의 큰 수레바퀴와 같은 것이라고 말할 수 있다.

전쟁도 처음 개전開戰이 있으면 종전終戰이 있는 것처럼 계책도 제1계가 있으면 마지막 〈주위상책走爲上策〉의 36계가 있다. 기업 총수도 구멍가게처럼 작은 데서 시작해 큰 대기업 총수가 되었다면 자신의 자리를 내놓을 준비를 해야 한다. 그때는 자신이 재임할 때보다 더 발전할 수 있는 우수한 인재를 후계자로 세워야 한다. 그런 용기있는 결단이 필요하다. 이것이 인계引繼라는 〈연환계〉를 보이지 않게 실행하는 예이다.

조조에 대한 이야기를 더 한다면 〈연환계〉에서는 상대방의 마음을 읽어야 통할 수 있는 것이다.

양수揚修가 일꾼들을 거느리고 조조曹操가 드나드는 막사의 대문을 만들었다. 금방 문틀을 세워놓자 조조가 나오더니 가타부타 말도 없이 문틀 한 가운데에 활活자를 써놓고 나가 버렸다.

일꾼들은 글의 뜻을 도무지 이해할 수가 없어 양수에게 보고했다. 양수가 황급히 쫓아 나와 그 글을 쳐다보았다. 한참 동안 바라본 그는 문틀을 뜯어내라는 지시를 내렸다.

그리고 일꾼들에게 말했다.

"문 가운데 활活자가 들면 넓을 활闊자가 되는 것이다. 조조께서는 문이 너무 넓다고 하신 것이다."

계책에서 가장 중요한 것은 상대방의 마음을 읽는 것이다. 상대방의 의도를 알아야 이쪽에서 거기에 맞는 계책을 뽑아 쓸 수 있기 때문이다.

이렇게 적이나 상대방의 마음을 읽을 줄 알아야 그에 대한 적절한 작전을 수립하고 전세를 승리로 이끌 수 있는 것이다.

유기 장군, 기지로 금군을 내치다

서기 1140년 5월, 금金군은 남송南宋과 맺은 맹약을 파기하고 대거 남침을 감행했다. 남송의 많은 장군들은 그 소문을 듣고 간담이 서늘해져 성을 버리고 도망쳤다. 그러나 끝까지 꿋꿋하게 버티던 유기劉埼 장군은 순창順昌에서 포위되고 말았다. 십만의 금나라 병사가 성을 물샐틈없이 포위하자, 유기는 병사들을 격려했다.

"적을 죽여 공을 세우고 대송大宋의 위력을 보여줄 때가 왔다."

유기는 순창을 포기하지 않는다는 의지를 보여주기 위해 배를 침몰시키고, 자신의 집 앞에 땔나무를 잔뜩 갖다 쌓아놓은 후 격앙된 목소리로 말했다.

"만일 성이 함락되면 맨 먼저 내 집을 불태워 그 불 속에 죽을 것이다. 나는 결코 포로가 되지는 않을 것이다. 우리는 성과 함께 살고 죽음을 함께 하자."

장병들은 모두 유기 장군의 결의에 감동하여 분발했다.

유기는 결코 앉아서 죽기를 기다리지 않았고, 가능한 모든 방법을 찾아내 전쟁의 주도권을 쟁취하기 위해 노력했다. 그는 먼저 간첩을 금의 원수 올술兀術의 진영에 잠입시켜 널리 유언비어를 퍼뜨렸다. 유기는 싸움은 할 줄 모르고 가무와 여색에만 욕심부리는 무능한 무뢰배라는 내용이었다. 금의 올술은 본래 송나라 장군을 업신여겨 왔었는데 유언비어를 들은 후에는 더욱 유기를 무시했다. 그리고 성을 공격하는 데에 위력은 대단했지만 한

번도 사용한 적이 없는 '거위차鵝車'를 시험 사용하는 정도였다.

유기의 계책이 성공하자 군사를 이끌고 순창성 옆으로 흐르는 영하潁河에 대량의 독약을 뿌린 후에 직접 출전하여 큰소리로 외쳤다.

"올술, 네가 능력이 있으면 강을 건너 결전을 치르자. 만일 응전하면 내가 직접 다섯 동의 부교 즉 다리를 놓아 너희가 강을 건너게 해주마."

올술은 화가 치밀어 군사를 이끌고 강을 걸어서 건넜다. 강을 건널 때 날씨가 매우 무더워 금군은 목이 말라 손으로 강물을 움켜 마셨다. 물을 마시자 독약에 중독된 병사들은 죽거나 병이 들어 사기가 크게 떨어졌다. 전선이 잠깐 사이에 크게 어지러워지자, 유기는 기회를 놓치지 않고 기습했다. 올술은 할 수 없이 후퇴를 해야만 했다.

유기장군은 사기를 올리기 위해 〈부저추신〉의 계를 역이용하고, 〈차시환혼〉의 계책을 활용하여 결의를 다지게 했다. 그리고 세력이 큰 금군을 〈조호이산〉책으로 끌어내 물리친 〈연환계〉책을 활용한 전술이었다.

필재우, 〈연환계〉를 이용하여 금군에 대승하다

송宋대의 장군인 필재우畢再遇가 〈연환계〉를 이용하여 전쟁을 멋지게 치른 일화가 있다. 그는 침략해 오는 금군金軍의 강인무도함을 세심하게 분석했다. 특히 적의 기병이 용맹하여 직접 부딪쳐 싸우다가는 많은 손실을 볼 수밖에 없다는 것을 간파했다. 그래서 금군의 약점을 찾기에 온 힘을 기울였다.

그는 적과 교전할 경우에는 반드시 유격전을 취하라고 휘하 장병들에게 지시했다. 적들이 앞으로 나오면 부대는 해산해 산속으로 숨어 기다렸다가 다시 공격하게 했다. 금군이 재차 반격해 오면 후퇴하여 산속에 숨어 있고, 다시 금군이 휴식을 취하면 총공격을 감행했다. 한 마디로 물러났다가 다시 공격하고, 또 물러났다가 다시 공격하여, 금군으로 하여금 공격을 하고 싶어도 제대로 하지 못하고, 그만두고 싶어도 그렇게 할 수 없도록 〈주위상책〉을 폈다.

그리고 나서 금군이 피곤하여 휴식을 취하려고 하자 필재우는 콩을 삶아 대나무 통에 넣어 적진지 주변에 뿌려 놓았다. 금군의 굶주린 말들이 삶은 콩 냄새를 맡고 머리를 땅에 처박고 우왕좌왕할 때를 기다렸다가 습격했다. 금군은 반격해야 하는데 말들이 움직이질 않았다. 전마들은 이리 뛰고 저리 뛰며 거듭 종종거리기만 했다. 말들은 배도 고프고 목도 마르던 때에 마침 땅 위에서 맛있는 냄새가 나니 어찌할 바를 몰랐다. 그리고 여기저기 흩어져 있는 콩을 주워 먹기에 바빴다. 아무리 채찍을 가해도 말은 콩을 먹는 것에만 집중했다. 금나라 군대는 바로 혼란에 빠졌다. 필재우는 이때를 이용하여 전군의 대오를 정비하고 사면에서 금군을 포위하여 대승을 거두었다.

가장 용맹한 기마병을 무력하게 만들어 그들을 쳐부쉈다. 적과 쫓고 쫓기면서 필사적으로 살아남기 위해 치열하게 머리싸움을 하는 것이 전장이다.

그러다 보니 상대방을 감쪽같이 속이거나 꼼짝 못 하게 묶는 계책이 하나만 있는 것이 아니다. 여기에서 활용한 계는 동물의 생리적인 현상을 교묘히 이용한 계책이요 자연적인 생태까지 동원한 기발한 계책이 아닐 수 없다.

《36계 병법》의 마지막 계인 〈주위상走爲上〉책인 줄행랑이 후일을 기약하고 도모하기 위한 도망이라는 사실은 앞에서 지적한 바 있다.

여기서 필재우도 《36계 병법》의 달아났다가 적이 머무르기를 기다려 제압하는 양면 작전에다가 삶은 콩을 뿌린 것은 〈수상개화〉와 〈무중생유〉

로 없는 것을 있는 것처럼 만들어 혼란에 빠뜨리고 〈혼수모어〉에 있을 때 〈진화타겁〉으로 공격한 것이다. 바로 이것이 〈연환계〉로써 연환을 꾀한 것이다.

《36계 병법》의 모든 전략은 서로 상호 보완이 가능하며 대체해서 사용하거나 응용할 수 있게 되어 있다. 따라서 전략을 수행하는 사람은 때와 장소에 따라 창의력을 발휘하여《36계 병법》중에서 몇 개의 계를 조합하면 무궁무진한 전략을 구사할 수 있다.

〈연환계〉는《36계 병법》을 완전히 터득해야 펼칠 수 있는 지혜의 극치를 보여주는 계라고 말할 수 있다. 또 〈연환계〉는 특수한 사람만이 쓰는 계가 아니라 누구라도 방편으로 또는 능력에 맞게 구사함으로써 효과를 거둘 수 있다. 상황에 따라 〈미인계〉도 쓰고 내가 살아남기 위해 〈차도살인〉계도 쓰고 곳에 따라 때에 따라 쓸 수 있다.

〈연환계〉를 정리하면서 새가 머리 위를 지나가는 것은 막을 수 없지만 머리 위에 집을 짓는 것은 막을 수 있다는 말을 떠올리게 한다. 나쁜 생각은 머리 위를 스치는 새와 같아서 막을 도리가 없다. 그러나 나쁜 생각이 머릿속에 자리 잡고 앉아있지 못하게 물리칠 힘은 있다. 나쁜 생각 중에 '욕구불만'이 있다. 그런데 이 욕구불만이라는 것은 만만한 상대에게 전가되면서 물고 물리며 순환한다.

예를 들어 사장이 중역을 모아놓고 그 앞의 실적에 대해 묻다가 신통치 않은 실적 보고에 분을 삭이지 못하고 고함을 지르며 질책한다. 사장으로부터 호된 질책을 받은 중역들은 부장들을 모아 놓고 분통을 터트린다. 난데없는 불벼락을 맞은 부장은 과장들을 모아놓고 호통을 친다. 된통 질책을 받은 과장은 계장을 모아놓고 일갈하고, 작업반장들과 부서직원들에게 자기가 당한 화를 전가한다. 직원들은 머리만 긁적거릴 뿐 화풀이를 할 데가 없어 집에 돌아와 아내에게 불평을 쏟아 놓다가 자기도 모르게 벌컥 화를 낸다. 영문도 모르는 아내는 자기 자식에게 화풀이를 하고, 어린애들은 신경질이 나자 강아지에게 발길질하면서 내쫓았다. 발길에 차인 강아지가 끙끙거리면서 도망가다가 지나가던 사장의 발을 물어버렸다. 욕구불만은 사장으로부터 시작해 사장의 발을 물어버림으로써 일순 즉, 한 바퀴를 돌고 끝을 맺는다.

　사실 CEO의 욕구불만은 끝내는 기업 전체의 이미지 손상과 보이지 않는 물질적 손해를 가져다주어 결국 CEO의 발등을 찍은 경우가 되고 만다는 말인데 이 또한 〈연환계〉의 한 축일 수 있음과 동시에 새겨 둘 계책이다.

여의치 않으면
피하라

주위상
走爲上

달아나는 것이
최상의 계책이다

> 적이 강할 때는 도망치는 것도 뛰어난 계략이다. 승산이 없을 때는 싸우다 피해를 입는 것보다 달아나는 것이 상책이다. 승산이 없을 때는 숨어 있다가 반격하는 길을 택한다. 적의 수가 많고 아군이 약할 때는 퇴각했다가 시기가 오면 반격한다.

〈주위상〉은 달아나는 것이 으뜸의 계책이라는 말로 《남제서南濟署 왕경칙전王敬則傳》에 나온다.

'삼십육계 줄행랑이 제일이다.'는 말은 도망가는 것이 제일 좋은 계책이라는 뜻이다. 또한 《36계 병법》 중에서 제일 뛰어난 전략이란 말도 된다. 이 계책은 자신을 보존하여 무의미한 희생을 막고 다음을 기약하라는 당부이기도 하다.

제36계 '도망치는 것이 상책(주위상책走爲上策)'이라는 말은 모르는 사람이 없을 정도로 스스럼없이 쓰고 있으나 정작 이 말의 참뜻을 제대로 이해하는 사람은 그리 많지 않다.

〈주위상〉 또는 〈주위상책〉, 〈주위상계〉라고도 하는데 이 말이 전해진 고사는 《팔보八寶》에 나오는 섯으로 막다른 궁지에서 어쩔 수 없을 때 적의 포위망을 뚫고 도망쳐 다음을 기약하는 것이 상책이라는 것이다. 《역경易經》에서는 손실을 피하기 위해서 후퇴하는 것은 용병에 어긋나지 않는 것이라고 기록하고 있다. 또 《남제서南齊書》·〈왕경칙전王敬則傳〉에는 줄행랑이 패잔병들의 승리하는 전법이라고 했다. 전략은 자신의 실력을 보존하고 희생을 막아 승리를 목표로 하는 것이다. 어쩌다 적의 포위망을 용케 빠져나올 수 있다면 그 기쁜 마음은 이루다 형용할 수 없다. 그리고 언젠가는 내가 승리자가 되고 내가 속한 편이 이길 것이라는 정신적인 승리가 마음에 파도처럼 밀어닥친다. 바로 그 승리의 일원이 되기 위해 위험을 무릅쓰고 도망가는 길을 택하는 것이다. 따라서 달아나는 것도 뛰어난 용병의 하나인 것이다.

도망에도 피동적인 경우와 능동적인 경우가 있다. 피동적인 경우는 강압에 의해서 어쩔 수 없이 달아나는 것이고, 능동적인 경우는 뜻하는 계획이 있어 자발적으로 도망하는 것이다. 강압에 못 이겨 달아나는 것도 결코 비겁한 행동이 아니고, 자발적으로 도망치더라도 이것이 영웅의 말로는 아니다. 여기서 말하는 도망이란 환경이 불리하여 쫓기는 신세지만 다른 곳에 가서 재기를 도모하여 승리자가 되겠다는 반전의 모션이다.

과거 우리나라의 사대부들은 죽음에 이르면 깨끗이 죽는 것을 미덕으로 삼았다. 그것이 선비의 자세요, 남아의 기상이라고 생각했다. 고려 말 두문동 72현과 사육신, 생육신의 기개氣槪가 사대부들의 기상을 말해주고 있다. 그러나 중국인들은 명예를 위하여 깨끗이 죽는 초개 같은 죽음을 좋아하지 않는다. 《36계 병법》이 말해주듯이 '상황에 따라서는 일부러 후퇴하는 것도 불사한다. 또한 한신처럼 자기보다 못한 자의 가랑이 밑에 기어들어가면서도 결코 낯뜨겁게 생각하지 않는다. 그것이 붉은 딱지로 남아 불명예스럽다거나 부끄럽다고 생각지도 않는다. 이 또한 용병 수단의 하나일 뿐'이라고 말하고 있다.

손자도 '병력이 열세하면 물러나고, 승산이 없으면 싸우지 않는다.'라고 피력했다. 왜냐하면 죽은 뒤에는 이도 저도 할 수 없는 무의미 그 자체지만 일단 퇴각하여 일신을 보존하고 있다 보면 언젠가는 다시 일어설 수 있는 기회가 있기 때문이다. 그런 의미에서 용기 있게 후퇴할 줄 아는 지도자야말로 참다운 지도자라고 말할 수 있다.

그런데 도망하는 방식에도 여러 가지가 있다. '갑옷을 버리고 무기를 질질 끌며 도망하는 자'가 있는가 하면 '스스로를 돌아보고 철수해야겠다.'고 판단하여 행동하는 자가 있다. 비록 도망하는 행위는 같지만 그 동기는 각각 다르다. 그러나 도망이란 것도 결코 그렇게 수월하고 간단한 것만은 아니다.

도망에도 오십 보 백 보의 차이가 있다

맹자孟子는 〈양혜왕梁惠王 장구章句〉에서 양혜왕이 '어떤 병사는 전쟁이 무서워서 오십 보를 도망치고, 어떤 병사는 백 보를 도망쳤다면 누가 더 비겁합니까?' '그야 오십 보나 백 보나지요.'라고 답했던 것처럼 매사는 평가 기준에 따라 달라질 수 있다.

범려范蠡는 월越나라 왕인 구천勾踐을 도와 몸을 아끼지 않고 힘을 다해 오吳나라를 멸망하게 하고 월나라를 일으켜 상장군上將軍의 반열에까지 올랐다. 범려는 '신하된 사람은 주군이 근심하면 이를 해결하고자 애쓰는 법이며, 주군이 치욕을 당하면 이를 갚기 위해 목숨을 버려야 한다'고 했다. 《한비자》는 '군주와 신하가 근심과 걱정을 함께 하며 일심동체가 되면 마침내 바라던 과업이 이루어진다'고 했다.

그러나 범려는 월왕을 도와 오나라 부차를 꺾고 회계에서 당했던 치욕을 설욕하여 상장군이 되었지만 모든 관직을 내려놓기로 마음먹었다. 그는 월왕의 사람됨을 깊이 깨닫고 있었기에 토사구팽兎死狗烹을 생각했다. '토끼를 잡고 나면 사냥개는 주인에게 삶아 먹히고, 적국이 멸망하면 공신은 죽는 법이다. 월왕의 사람됨이 긴 목에 까마귀 주둥이이므로 환난은 함께 할 수 있어도 안락은 함께 할 수 없는 인물이다.' 결국 범려는 부귀를 헌신짝처럼 버리고 조용히 제齊나라의 삼강오호三江五胡로 도망하여 은거하면서 이름을 도주공陶朱公이라 바꾸어 부르고 목숨을 부지했다.

구천의 휘하에서 벗어나 삼강오호로 도망했으니 결국 〈주위상〉책을 구체적으로 실천한 인물이다.

오자서, 도망하여 후에 원수를 갚다

오자서伍子胥는 아버지와 형이 비참하게 초楚나라 평왕平王에게 죽임을 당하고 그 자신만 겨우 오나라로 도망쳐 걸식하며 온갖 고난을 겪다가 마침내 오왕 합려闔閭에게 등용되었다(p479 참조). 그리고 군사를 일으켜 초나라를 아홉 차례나 쳐서 수도인 영도를 함락했다. 영도를 함락하자 초나라 종묘를 훼손하고 평왕平王의 무덤을 파헤쳐 그 시체를 채찍질하여 아버지와 형의 원한을 갚았다. 오자서는 원한을 가슴에 품고 도망하여 끝내 원수를 갚은 〈주위상책〉으로 후일을 도모한 표본적인 행위자이다. 사마천은 《사기史記》·〈오자서전伍子胥傳〉에서 소의小義를 버리고 큰 치욕을 갚아 명성이 후세에 전해졌으며, 모든 고초를 참고 견디며 공명을 이룬 강인한 대장부라고 평가하였다.

'줄행랑이 상책'이란 말은 서른여섯 가지의 계책 중에 마지막 계책으로 《남제서南齊書》·〈왕경칙전王敬則傳〉에서 전해진 말이지만 이 계책은 인류에게 생존을 위한 전쟁이 있었던 이래로 가장 광범위하게 운용되어온 계책이다.

초한전에서 항우項羽가 오강烏江을 건너 강동江東으로 쫓겨오자 뱃사공이 강동으로 가면 지방의 수장 노릇을 할 수 있을 것이라며 빨리 배를 타고 도망치라고 했지만 그는 스스로 비겁함을 느껴 그러지 못했다. 그래서 그는 중과부적의 한군漢軍 속에 뛰어들어 스스로 죽음을 자청했다. 만약 뱃사공의 말을 듣고 강동으로 갔더라면 재기의 기회는 얼마든지 있었을 것이다. 1보 후퇴 2보 전진이라는 말이 있듯이 후퇴했다가 힘을 비축하여 전진하는 것이 이 계의 참의미이다. 재기를 위해 일단 도망치는 것은 어쩔 수 없는 상황 속에서 유일한 수단이며 이 경우 '비겁'과는 근본적으로 다르다. 항우와는 반대로 유방은 상황이 불리하면 도망가는 것을 창피하게 여기지 않았고 수많은 도망 끝에 결국 항우를 이기고 한나라를 세울 수 있었다.

《36계 병법》·〈주위상走爲上〉 즉 '줄행랑이 상책'이란 뜻을 바르게 인식하기 위해서 몇 가지 특징을 상기해 보기로 한다.

첫째, 달아난다는 것과 도망친다는 뜻의 차이다. 도망친다는 '도逃'는 싸움에서 어쩔 수 없이 도망치는 것으로 패주에 해당한다. 이런 경우는 자신의 의사가 아니고 어쩔 수 없는 경우이다. 작전상 선택권이 없는 경우다. 그러나 달아나는 것은 패주가 아니라 후일을 기약하고 일단 물러나는 것이며 작전상 선택의 하나이다. 그래서 원전에서도 '도이상逃爲上'이 아니고 '주위상走爲上'이라고 한 것이다.

둘째, 지智·용勇을 겸비한 지휘관만이 선택할 수 있는 작전상 또는 전술상의 수단이다. 여기서 '지智'라 함은 승산이 없고 다른 방안이 없다는 전세戰勢 판단의 능력이다. 이러한 판단력이 없는 지휘관은 무모하게 전투를 이끌어 가다가 끝내는 전멸하거나 패주하고 만다. 그런데 승산이 없다는 판단을 내리고 되긱하는 데는 진격보나도 몇 배의 용기가 필요하다.

참다운 용기란 달아나야 할 경우에는 서슴없이 달아나는 것이다. 그런데 알면서도 퇴각을 결행하지 못하는 것이야말로 용기가 없는 지휘관, 겁쟁이 지휘관, 비겁한 지휘관이라는 불명예가 따르게 된다. 자존심과 창피함에 대응이 늦어져 손실이 더 커졌기 때문이다.

셋째, 퇴각에는 진격보다 더 치밀한 작전, 즉 퇴각작전이 필요하다. 덮어놓고 달아나다간 전멸당하기 일쑤다. 어떻게 안전하게 달아나느냐? 여기에는 여러 가지 특수한 후퇴 전략·전술이 필요하다. 퇴각 작전이 얼마나 어려운가는 현대전에서도 알 수가 있다.

제2차 대전 때 영국군의 탕게르크 퇴각이 그러했고, 한국전쟁 때 흥남 철수에서도 그 어려움을 잘 보여주고 있다. 또 달아난다는 것은 달아나는 그 자체만으로 목적을 다 하는 것이 아니다. 전력의 소모를 최소한으로 줄이고 이어서 전력의 보존과 재정비로 다음 기회를 대비하는 데 최종 목적이 있다. 어쨌든 승산 없는 싸움은 일단 퇴각하여 전력을 보존하는 것이 올바른 전략·전술임에는 틀림없다.

중국인의 도망 작전은 세계적으로 유명하다. 마오쩌둥은 장제스에게 세력이 밀리자 '대장정'이라는 이름으로 전 중국을 떠돌며 도망작전 끝에 장제스를 대만으로 몰아내고 중국 공산당을 재건하는데 성공했다.

왕족들이 나라를 다스리던 때는 왕손들이 재난을 겪는 일이 흔했다. 따라서 백성들은 중원을 이리저리 떠돌아다니는 것을 일상처럼 여기며 살았다. 이런 전쟁을 피해 중국 산간벽지에는 지금도 몰래 숨어 사는 사람들이 많이 있다. 그들은 정치 제도와 무관할 뿐만 아니라 전쟁과도 무관한 사람들이다. 징글징글한 전쟁을 피해 지구 끝 저 깊은 산중에 은신해 살고 있는 것이다. 또 흉년이 들면 먹을 것을 찾아 사방으로 먹을 것을 찾아 헤매야 했다. 그러다 전쟁으로 어지러운 세상을 만나면 위험을 무릅쓰고 피난길에 올라야 했다. 군대가 도착하면 혼비백산 달아나야 했고, 도적이 오면 어디론가 도망쳐야 했다. 그래서 속담에 이르기를 '도적은 참빗과 같고, 병사는 얼레빗 같고, 관리는 면도칼 같다'고 했다. 이 세 가지 중압감 속에서 달아나는 재주가 없었다면 어찌 살아남았겠는가?

그래서 도망치는 것이 '상책'이라는 말이 나온 것이다. '도망'이라는 말 속에도 두 가지 부류가 있다.

하나는 '문文을 이용한 도망(피를 보지 않고 도망치는 것)이고 또 하나는 '무武를 이용한 도망'이다.

역사상 '문을 이용한 도망'의 예는 많은데, 대부분 암암리에 속임수를 쓰는 계책이었다. 즉, 매미가 허물을 벗고 달아나는 〈금선탈각〉계책처럼 흔적도 없이 사라지는 전법이었다.

무를 이용한 도망의 전법은 내가 살기 위해 손에 피를 묻히고 달아나는 것이다.

장량과 진평, 피 흘리지 않고 도망하다

손빈孫臏은 미친 척하여 화를 모면했고, 오자서는 변장하여 몰래 도망쳤고, 여불위呂不韋는 묘책을 써서 왕족에 귀의했다. 가장 많이 도망 다닌 사람으로는 유방劉邦만한 이가 없다. 그가 홍문鴻門의 연회에서 위험을 벗어났고, 형양榮陽에서 곤란에 빠지고, 백능성白登城에서 달아난 것은 모두가 장량長良과 진평陳平의 도주 계획에 의지한 것이었다. 그들 두 사람은 도주 계책의 교묘함을 깊이 이해했던 인물들이었다. 때문에 자신이 여러 차례 위험을 무릅쓰고 도망쳤을 뿐 아니라, 다른 사람에게도 도망치는 법을 가르쳐 주었다.

예를 들면 측근의 '삼분지계三分之計'계략도 듣지 않던 한신韓信을 부추겨서 한漢나라로 돌아오게 하였고, 슬픈 노래로 초나라 병사를 흩어지게 하였으며, 계책을 꾸며 유방을 안전하게 도왔다. 장량 자신은 유방이 한나라로 통일하자 아무것도 바라지 않고 유방 곁을 떠나 은거지를 찾아갔다. 모두 피를 흘리지 않고 도망하였으므로 '문文을 이용한 도망'의 부류에 속하는 것이라 하겠다.

조조 평생 도망의 삶을 살다

'무武를 이용한 도망'은 격렬한 혈투를 한바탕 거쳐야 했다. 가장 유명한 것은 관우關羽가 여섯 장군을 죽인 것과, 서태후西太后가 열하熱河로 떠난 것 등이다. 이러한 도망 중에서 가장 빈번하고 기묘하게 도주를 한 인물은 조조曹操다. 동탁董卓을 암살하려다 미수에 그치면서 도망을 시작했는데, 일생 동안 그의 삶은 도주의 연속이었다.

장송張松이 조조를 직접 대 놓고 조소한 대목을 들어보자.

"승상께서는 도처에서 병사를 이끌고 싸우면 반드시 이기고, 공격하면 반드시 점령한다는 것을 신 또한 평소에 익히 알고 있는 바입니다. 지난날 복양濮陽에서 여포呂布를 만나고, 화용華容에서 관우關羽를 만나고, 동관潼關에서 수염을 자르고, 위수渭水에서 배를 뺏고 화살을 피한 것은 천하무적입니다."

이렇게 되면 경험이 누적될수록, 역경에 대처하는 능력도 향상되고 도망에도 이골이나 거침없게 되는 셈이다.

그런데 도망쳐야 할 자리에서 도망치지 않아서 입는 폐해도 적지 않다.

도망쳐야 할 때 도망치지 않아 화를 입다

한신韓信은 종리매의 말을 듣지 않고 뭉그적대다가 때를 놓쳐 미앙궁未
央宮에서 화를 입었다.

악비岳飛는 정세의 변화를 알면서도 행동하지 않아서 억울한 일을 당했다.

죽음을 무릅쓰고 도망할 줄 모르는 인물은 모두 탐욕스러운 무리로 지
위와 향락을 즐기다가 실익을 잃은 자들이었다.

그럼《36계 병법》'달아나는 것이 상책'이라는 말은 언제부터 일반화되
었을까?

왕경칙, <주위상>을 내세워 제나라 왕을 비웃다

중국 남북조시대南北朝時代에 있었던 일을 되새겨 보기로 한다.

남북조시대는 삼국시대를 통일한 진晉나라의 뒤를 이은 전란 시대를 말
한다. 이때 황하와 양쯔 강을 중심으로 한 중국이 송宋·제齊·양梁·진陳·북
위北魏·동위東魏·서위西魏·북제北齊·북주北周 등 여러 왕조가 난립하여 항
쟁을 거듭하였다. 이때 제나라 회계會稽의 지방 장관인 태수太守 왕경칙王
敬則이라는 사람이 반란을 일으켜 당시의 남조南朝 제齊나라 수도인 건강健
康(지금의 난징南京)을 향해 진격하고 있을 때였다. 제나라 왕인 소도성蕭道成
이 왕경칙이 도망을 지는 것 같다고, 즉 〈주위상〉계라는 거짓 소문을 퍼뜨
렸다. 진의는 알 수가 없으나 제나라 황실은 들떠 있는 민심을 가라앉히려
는 속셈으로 〈주위상〉계를 이용해 민심의 이반을 막으려는 속셈이었던 것
이다.

이 소문을 들은 왕경칙이 말했다.

"단장군檀將軍의 계략에는《36계 병법》이 있다는데 그는 도망치는 것을
제일의 책략으로 삼는다 하였다. 마찬가지로 너희들 부자父子도 〈주위상〉,
즉 도망치도록 하라."

'너희 부자'라 함은 제나라 왕 소도성과 그 아들을 지칭한 것인데 왕경칙은 후에 그 아들을 사로잡아 죽였다.

왕경칙은 제나라 왕궁을 향해 이렇게 비꼬았다. 왕경칙이 반란을 일으킨 것은 499년으로 신라 소지왕 때이니, 1,500년 전 일이다. 왕경칙이 비겁자로 매도한 단장군은 남조南朝 송宋나라 명장 단도제檀道濟를 말하는데 단장군이 서기 429년 북위北魏를 칠 때 위군은 전략적으로 한발 뒤로 피해 있었다. 그런데 그를 시기하는 정적政敵들이 중상하기 위해 거꾸로 뒤집어 씌워 단장군이 도망(주위상)쳤다고 했으며 그렇게 매도한 것이 근원이 되어 《36계 병법》은 비겁자의 대명사처럼 되었다.

남북조시대 역사를 기록한 정사正史에서 《남제서南齊書》라는 책에 의하면 단공檀公은 당시 남조南朝 송宋의 유일한 명장이며 달아나는 전술을 여러 번 사용하여 적을 혼란에 빠뜨리고 승리를 거두었던 것이다.

일반적으로 《36계 병법》하면 도망치는 것으로만 알고, 또 그러한 뜻으로 쓰고 있으나, 엄연히 훌륭한 전략·전술의 하나이다.

적의 병력이 압도적으로 우세하고 이쪽의 승리가 확실치 않을 때는, 투항이냐, 강화냐, 퇴각이냐의 세 가지 길이 있을 뿐이다. 투항은 전면적인 실패이며, 강화는 절반의 실패이지만 퇴각은 실패가 아니라 승리로 뒤바꿀 기회를 잡는 일보 후퇴일 뿐이다.

예를 들면 송대에 필재우가 금나라에 저항했을 때 금의 병력은 훨씬 많고 송의 진영은 약간의 병력밖에 없었다. 그래서 그는 어느 날 밤 전군의 철수를 결정했다. 기치旗幟는 진지에 그대로 남기고 양을 거꾸로 매달아 양의 앞발이 군고軍鼓, 즉 가죽으로 만든 북위에 닿도록 했다. 거꾸로 매달린 양은 괴로움을 못 이겨 양발로 쉴 새 없이 허우적거리고 있었기 때문에 북이 계속 댕댕 울렸다.

금군은 밤낮을 두고 군고 소리를 듣게 되어 설마 필재우가 벌써 철수했으리라고는 꿈에도 생각지 못했다. 여러 날이 지나 겨우 사실을 알았지만 그때는 이미 멀리 철수한 다음이었다. 이는 매미가 허물을 벗는 〈금선탈각〉이요, 성을 비워 놓고 교묘히 퇴각한 〈공성계〉니 그 전례戰例가 될 것이다.

역사 속에서 도망쳤다가 이긴 일은 한두 가지가 아니지만 하나 더 소개하면 다음과 같다.

진나라 문공, 계획적으로 후퇴하여 초군을 섬멸하다

춘추시대 초楚나라는 날로 강성해져 초나라 장군 자옥子玉이 대군을 이끌고 진晉을 공격하였다. 초나라는 또 진陣·채蔡·정鄭·허許의 네 나라를 협박하여 진나라에 협공하게 했다. 이때 진晉나라 문공文公(젊은 날 신변의 위협을 느껴 19년 동안 도망하여 떠돌이 생활을 한 적이 있다. 훗날 진문공은 춘추 5패 중 2번째 패자가 된다.)은 초나라에 의지하고 있는 조曹나라를 점령한 지 얼마 지나지 않았기 때문에 진나라와 초나라의 전쟁을 피할 수 없었다.

자옥은 대군을 이끌고 호호탕탕浩浩蕩蕩 진晉나라를 향해 진군하였다. 진나라 문공은 이 소식을 듣고 형세를 분석하기에 여념이 없었다. 그는 이번 전쟁에서 이긴다는 확신이 서지 않았다. 초나라는 강성한 반면에 진나라는 약하여 그 예봉을 피하는 것이 좋겠다고 판단했다. 그래서 대외적으로 이렇게 선언했다.

"내가 도망 다니고 있을 때 초나라의 전 왕이 나를 예의로 대우하여 주었고, 나도 그와 약속하기를 내가 진晉나라로 돌아가게 되면 두 나라는 수교하기로 했다. 그리고 만일 두 나라가 싸워야 하는 경우에는 내가 먼저 삼사三舍(약 90리)를 후퇴하기로 하였다. 이제 초楚나라 자옥이 나를 정벌하니 나는 그 약속을 지켜 먼저 삼사로 물러나겠다."

그렇게 하여 90리를 철수하니 거의 진나라 국경 가까운 성에 다다르게 되어 황하를 경계로 하고 태행산을 의지하여 적을 막을 수 있었다. 이와 함께 사람을 진秦나라와 제齊나라에 파견하여 도움을 요청했다.

자옥이 부대를 이끌고 진晉나라 문공이 머물고 있는 좌우군은 먼저 공격하게 하고 뒤이어 중군이 따르도록 했다. 초나라의 좌우군은 바로 진晉군을 향하여 공격했는데 진晉나라 공격부대가 갑자기 후퇴하기 시작했다. 전열에서 진군하고 있던 진陣·초楚군은 진晉나라 군이 후퇴하는 것을 보고 겁이 나서 그런 것으로 간주하고 더욱 거세게 진격하기 시작했다. 이때 홀연히 진晉나라 군대 가운데 한 부대가 나타났는데, 이 부대가 타고 있는 말이 모두 호랑이 가죽으로 싸여 있었다. 진陣·초楚군의 말은 이것이 진짜 호랑이인 줄 알고 놀라서 뒤돌아 달리기 시작했다. 병사들은 이를 막을 길이 없어 그대로 도망가니, 초나라 우군을 크게 이길 수 있었다.

진晉나라 문공은 계책을 써 자신의 부하를 초나라 병사로 변장시켜 초 진영으로 가 초나라 장수 자옥에게 승전보고를 올리게 했다.

"우군이 승리했습니다. 장군께서는 빨리 진군하십시오."

자옥이 마차를 타고 앞을 내다보니 진晉나라 군대의 후방이 혼란에 빠져 있는 것처럼 보여 정말 이긴 줄 알고 큰소리로 웃었다.

"진晉나라 군대는 첫 판에 녹아났구나!"

그러나 사실은 진晉나라 문공이 초군을 끌어들이기 위해 유인 계책을 썼던 것이다. 문공은 말꼬리에 나뭇가지를 매달아 달리게 하여 먼지를 피워 거짓 모습을 보였던 것이다. 자옥은 그것도 모르고 즉시 좌군에 명령하여 공격하게 했다. 초나라 좌군이 진격해 오자 진晉나라 문공은 군기를 빼어 다시 후퇴하도록 명령했다. 결국 초나라 좌군은 진晉나라 군의 함정에 빠져들어 숨겨진 복병을 만나 크게 패했다. 자옥은 뒤이어 중군을 이끌고 나왔으나 역시 진晉나라 군에 섬멸되고 말았다. 이때야 비로소 스스로 진晉나라 문공의 계략에 빠진 것을 알아차리게 되었던 것이다. 용맹한 부하들 덕분에 자옥은 겨우 포위망을 빠져나올 수 있었지만 부대의 손실은 이만저만이 아니었다.

이 고사에서 진晉나라 문공은 몇 번에 걸쳐 후퇴하였는데, 이는 모두 능동적인 퇴각으로, 기회를 찾기 위한 방편이었던 것이다.

사람들은 일상에서 누구나 퇴각은 좋아하지 않으나 경우에 따라서는 반드시 필요하다. 이를테면 취한醉漢에게 잡힐 것 같으면 얼른 도망치는 것이 상책이다.

주식株式에서도 깊숙이 말려들기 전에 틈을 엿보아 물러서는 것이 중요하다. 전쟁에서는 졌다고 하더라도 입은 손해가 생각한 것처럼 큰 것이 아닐 수 있듯이 주식에서도 본전 생각 때문에 머뭇거리다가는 큰돈을 날리고 만다. 패한 뒤 퇴각을 서둘러야지 그렇지 않으면 치명적인 손해를 입게 된다. 주식에서도 손을 털고 나올 때는 미련없이 뱀이 꼬리를 빼듯 신속히 빠져나와야 한다.

심리학心理學 용어에 선택적 지각選擇的知覺이라는 말이 있다. 이는 보이는 것을 보는 것이 아니라 보려고 하는 것, 의지를 가지고 보는 것만 보인다는 말이다. 눈을 떴을 때는 많은 것을 보지만 기억에 없고, 보려고 마음먹은 것만 머리에 남는다는 말이다. 흘러가 버리는 것, 도망가버리는 것이 대부분이고 남는 것은 어쩌다가 남아있게 된다는 말이다.

'장사(상업)에는 흔히 진퇴가 뒤따르는 것'이라고 한다. 이런 때는 더 많은 손해를 입기 전에 때를 잃지 말고 빠져나오는 것도 생각해 두지 않으면 안 된다.

〈주위상〉책의 계에서 CEO의 결단을 긴급히 요구되는 상황에서는 퇴각 즉 물러서는 것도 최선의 방법이다. 판로 축소, 공장 폐쇄, 인원 정비 등은 이름 하여 경영의 퇴각이 곧 용단 있는 〈주위상책〉이다.

이러한 일이 회사 내외에 주는 정신적 악영향은 실제 손비를 훨씬 상회하는 수가 있다. 실기를 하면 기업의 붕괴로 직결할 우려가 있는 만큼 때가 늦기 전에 이를 정리하는 결단을 내려야 한다.

식료품을 취급하는 가게에서 생선이나 식료품은 부패가 빠르다. 썩은 생선이나 식료품은 생물이기 때문에 상하면 상품 가치가 없다. 생물이 상하기 전에 이를 처리하기 위해 웃돈을 내버리지 않으면 안 된다. 생선가게나 식료품 가게는 상품이 상하기 직전에 싸구려 값으로라도 팔아 버리는 결단이 중요하다. 일각의 주저도 허락되지 않는다. 시간을 다투는 일이기 때문이다. 생선뿐 아니라 섬유제품 등 계절상품에 대해서도 같은 말을 할 수 있다. 계절을 넘기면 이월상품이 되어 내년까지 기다려야 한다. 기다려서 판매만 될 수 있다면 얼마든지 기다릴 수도 있다. 그러나 내년에는 유행에서 뒤떨어져 영원히 팔 수 없는 상품이 되고 만다. 바로 여기에서 큰 손해를 입게 되는 것이다. 그래서 손해를 감수하고 싸게 팔아 버리는 결단을 내리지 않으면 안 된다. 그렇지 않으면 창고에 물량이 쌓여 다음 철의 제품을 생산할 수도 없게 된다. 우물쭈물하다가는 장차 책임 문제가 뒤따르고, 회사의 자본은 회전이 안 되어 어려운 상황에 부닥치게 된다. 그럴 때 사장의 입장에서는 부하에게 책임을 묻지 않을 수 없고, 담당 관리도 책임을 면할 수가 없다.

제품(상품)의 단순화는 경영 혁신을 위한 첫째 요건이다. 생산회사는 제품을 만들어 쌓아 놓고 팔지 못해 고민하고 있는 일이 적지 않다. 물품을 만드는 사람의 입장에서는 전에 다량으로 팔린 것, 회사의 명성을 높인 제품 등은 설사 적자를 보더라도 생산을 그만두기가 어려운 일이지만 여기서 필요한 것은 경영의 비정非情이다.

"한 가지 제품은 최성숙기가 다하기 전에 제조를 어느 단계에서 중단하는 용기가 필요하다. 이는 회사를 유연하게 하고 시장의 변화에 적응하기 위한 것으로 빨리 정리하고 새로운 제품을 개발할 에너지를 축적하는 기간으로 봐야 한다. 이를 위해서는 현재 한창 팔리고 있는 상품일지라도 눈 딱 감고 어느 선에서 제조를 중지해야 하는 경우가 있다. 경영에서 이러한 판단이 바로 주위走爲이며 피해서 달아나는 것이다.

경영의 퇴각을 실행함에 있어서도 시장의 동태를 통찰洞察하고 타이밍을 저울질해 잡는 것이 중요하다. 군대의 작전에서처럼 자칫 그 퇴각 시기를 놓치면 작전상 치명적 손실이 따르듯 장사에도 타이밍을 놓치면 큰 손실을 입고 물러설 수 있다.

따라서 CEO는 목표를 확립하고 준비를 철저하게 하여 독수리가 먹이를 낚아채듯 재빠르게 해야 한다. 또한 직원들이 같은 생각을 가지고 일사불란하게 따라주어야 한다. 목표와 준비만 철저하다면 설사 부동산을 일부 매각하더라도 위기를 넘겨 재기할 수 있다.

도주공 범려의 통찰

춘추시대 말기에 범려范蠡는 월왕을 떠나 도지陶地에서 도주공陶朱公이라고 이름을 바꾸어 은둔했다. 그런데 사람의 일은 묘한 것이다. 두메산골에 얼굴을 묻고 없는 것처럼 살아가려고 했는데 느닷없는 일이 생긴 것이다. 그즈음 그의 둘째 아들이 초나라에서 사람을 죽여 사형 판결을 받게 된 것이다. 그는 사람을 시켜 자세한 소식을 알아본 다음 셋째 아들을 불렀다.

도주공은 셋째 아들에게 달구시에 황금 단시를 싣고 초나라에 가서 둘째 아들의 구명 활동을 하도록 명했다. 그런데 첫째 장남이 나서면서 자기가 가겠다고 하는 것이었다. 도주공이 선뜻 허락하지 않자 장남이 말했다.

"장남은 집안의 부형입니다. 지금 둘째 동생이 어려움을 겪고 있는데 저를 못 가게 하고 일부러 셋째를 보내는 것은 제가 쓸모없다고 생각하시는 것이 아닙니까?"

그러자 그의 어머니가 남편에게 말했다.

"둘째가 죄를 지었는데 셋째를 보내는 것은 큰 애 말대로 맞지 않습니다. 또 셋째를 보낸다 해도 반드시 구해 낼 수 있는 것도 아니잖습니까? 만약 큰 애를 보내지 않는다면 저놈은 자살하고도 남을 텐데 말 좀 해 보세요. 당신 첫째를 죽이렵니까?"

도주공은 어쩔 수 없이 장남을 보내기로 하고 편지 한 통을 써주며 초나라의 장생莊生이라는 사람에게 건네주라고 말했다.

"너는 이 황금을 장생의 집에 들여 놓은 후 그에게 아무 말도 하지 말고 돌아오기만 하면 된다."

장남은 아버지의 명에 따르겠다고 했다. 초나라에 당도하자 추이를 살피느라고 장안에 머무르면서 동생의 구명 활동에 나섰다. 그리고 자신이 따로 준비해 온 돈을 뇌물로 써서 다른 귀인을 매수했다.

장생은 비록 가난하게 살지만 청렴하여, 초왕은 물론 관원들까지 모두 그를 존중했다. 그런 그에게 첫째가 뒤늦게 찾아가 아버지 말대로 싣고 온 금을 건넸다. 장생은 도주공의 예물을 아무 말 없이 받았다. 장생이 도주공의 금을 말없이 받아 둔 것은 옛 친구를 실망시키지 않으려는 그의 배려에서였다. 장남은 이런 것도 모르고 장생이 허름한 뒷골목에 사는 것을 보고 아무 쓸모 없는 사람이라고 여겼다.

장생은 초왕을 만나 하늘에서 재액災厄을 일으키는 별을 발견했다고 하면서 장차 초나라에 이롭지 못한 일이 생길 것이라고 진언했다. 초왕은 평소에 장생의 말을 믿었으므로 그의 말을 듣고 물었다.

"그렇다면 어찌해야 하겠는가?"

"좋은 일을 많이 하셔야 합니다. 가장 간편한 것은 대사면을 단행하는 것이지요."

"그렇게 하지."

우선 초왕은 명을 내려 삼전지부三錢之府(나라의 돈을 모아둔 창고)를 봉쇄하도록 했다.

"왕께서 이미 대사면령을 내리기로 하셨으니, 당신 동생은 안전하게 감옥에서 나올 거요. 왕께서는 매번 대사면 전에 반드시 삼전지부를 봉쇄했는데, 어젯밤 봉쇄했으니 이것은 곧 대사면이 내려진다는 예보가 아니겠소?"

장남은 대사면이 있을 것이라는 것을 알고는 이미 장생에게 보낸 황금이 아쉬워 다시 문안을 드리러 갔다. 장생이 그를 보자 이상히 여겨 물었다.

"너는 아직도 돌아가지 않았느냐?"

"저는 동생이 감옥에서 나오면 함께 돌아가려고 했는데 지금 듣기로 대사면이 된다고 하니 작별인사를 드리러 왔습니다."

장생은 그가 온 본뜻을 알고 말했다.

"그럼 이 단지들을 가지고 돌아가거라."

장남은 명에 따라 방에 들어가 그 황금을 가지고 나오면서 한없이 기뻤다. 그러나 장생은 매우 불쾌했다. 젊은이에게 우롱당하리라고는 생각지도 못했기 때문이었다. 이에 그는 다시 입궁하여 초왕을 알현하고 말했다.

"제가 밖에서 나도는 소문을 들었사온데 도주공이란 내부호의 아들이 우리나라에서 사형 판결을 받자 많은 돈을 대신들에게 뇌물로 주었다고 들었습니다. 이번의 대사면은 그 아들을 위한 것이지 결코 백성을 행복하게 하기 위한 것이 아니라고 수군대고 있습니다."

초왕은 벌컥 성을 내며 즉각 명을 내려 도주공의 둘째 아들을 먼저 참수하고, 그 다음 날 대사면령을 내렸다. 모든 죄인이 매우 기뻐하며 감옥을 나왔는데, 도주공의 아들만은 시체가 되어 실려 나왔다.

장남이 동생의 시체를 이끌고 집에 돌아와 안장하니 집안사람들이 대성

통곡하였는데 도주공만은 표정이 없었다.

아내는 그에게 어째서 이렇게 목석같이 냉정하고 무정하냐고 물었다. 그가 속절없이 말했다.

"첫째가 갈 때 나는 이미 둘째가 죽으리라 예상했소. 이것은 결코 그 애가 동생을 사랑하지 않아서가 아니고, 재주를 피우려다 일을 망친 것이오. 그 애는 어려서부터 나와 함께 온갖 고난을 겪어 가면서 돈을 벌어 한 푼의 돈을 버는 것이 얼마나 힘든지를 알기 때문에 돈 쓰기를 아까워한 것이오. 셋째는 세상에 나면서부터 먹고 입는 것이 다 풍족했기에 돈의 내력을 모르니 재물을 하찮게 여길 수 있다오. 내가 셋째를 보내려 한 건 그가 돈을 아까워하지 않기에 임무를 완수할 수 있다고 여겨서였소. 큰 애는 오히려 돈을 업신여길 수 없어서 오늘의 결과가 나온 거라오."

도주공의 설명을 들은 아내는 그저 눈물만 흘릴 뿐이었다.

도망이라는 말과 달아난다는 말의 어원은 다르지만 돈이 아깝게 생각되어 생명을 잃었으니 도주와 달아나는 계책이 실패한 것이다.

전쟁터에서 공격의 시점과 물러날 시기를 잡는 것만큼 어려운 것이 없듯이 돈도 쓸 데 쓰고 아낄 때 아껴야 가치가 있다. 천하를 주고도 바꿀 수 없는 목숨인데 돈이 아까워 동생의 목숨을 잃게 했으니 만금이 있으면 무슨 소용이겠는가. 도주공은 마음속으로 울면서도 겉으로는 태연자약했던 것이다.

36계를 마무리하며

《36계 병법》의 마지막 장을 읽으면서 필자는 용병술이 아무리 뛰어나고 작전을 능수능란하게 구사한다 해도 사랑 앞에서는 아무것도 아닐 수 있다는 생각을 해보았다. 남녀가 사랑에 빠지면 논리적으로 설명할 수 없는 신비로운 일이 생기는 현상을 핑크 렌즈 효과라 한다. 그래서 그리스 신화에 나오는 큐피드의 화살을 맞은 여인은 두 눈이 반짝이고, 발걸음이 활기차며 기쁨이 최고조에 달해 행복해한다. 얼굴엔 홍조를 띠고 밝게 웃음을 띤다. 그렇기 때문에 사랑을 하면 예뻐 보이는 현상을 핑크 렌즈 효과라고 한다. 《36계 병법》을 마무리하면서 사랑에 대한 말을 하고 나니 우스갯말이 생각난다.

전병田倂이 문객들을 데리고 와서 화원에서 바둑을 두며 정담을 나누고 있었는데 갑자기 제나라에서 온 사람이 만나기를 청해 와 면담하면서 나눈 이야기다.

"저는 관리가 되지 않으려는 선생의 고결한 생각을 오래도록 사모하여 선생께 견마를 바치고자 합니다. 심부름꾼으로 삼아 주십시오."

"아이고, 뭘요. 과찬의 말씀이오."

전병은 만족스럽게 문객들을 돌아보면서 짐짓 겸허하게 물었다.

"낭신은 어디서 내 이야기를 들었소?"

"이웃집 여자에게서 들었습니다."

"하, 그런가. 그 여자가 뭐라고 하던가."

"예, 우리 이웃집 여자는 영원히 시집가지 않겠다고 맹세를 했습니다. 그러나 올해 서른 살인데 아이를 일곱이나 낳았습니다. 이 여자는 시집은 가지 않았지만 시집간 사람보다 아이를 더 많이 낳았습니다. 마찬가지로 선생께서도 벼슬을 싫어한다고 늘 말씀하시지만 엄청난 식록과 수백 명의 하인을 거느리고 계시니 벼슬만 하지 않았다 뿐이지 기세와 세력은 어느 관리보다도 큽니다. 그렇지 않습니까?"

그 말을 들은 전병은 얼굴이 온통 빨개지면서 몸을 돌려 안으로 들어가 버렸다.

《36계 병법》의 계책을 엮으면서 느낀 것은 낯을 붉힐 수밖에 없었다. 사람으로서 당연히 인, 의, 예, 지, 덕을 논하라는 선친의 말씀을 들으면서 자란 때문이다. 그런데 이 《36계 병법》은 남을 속이고 이겨야만 하는 술책뿐이기 때문에 마음에 맞지 않았다. 그러나 이 계책을 확실히 알아야만 되겠다는 생각에서 끝까지 인내심을 갖고 엮었다. 어릴 적 사방이 산으로 둘러싸인 말치未峙에서 자라면서 귀가 닳도록 들었던 '습習'자가 생각났다. 갓 깃털이 난 새가 양 날개를 휘젓는 '깃우羽'자와 가슴에 흰털의 '흰백白'자의 뜻이 합쳐진 회의會意문자가 '습習'자라고 했던 말이 떠올랐기 때문이다. 어린 새가 깃털이 나면 수없는 날갯짓으로 퍼덕거릴때 가슴에 흰털이 보이도록 연습하는 동작이 습習자라는 데 고개를 끄덕였었다. 어린 새에게서 인생을 배우는 교훈이라는 데 지금도 주억거리게 된다.

비책처럼 소문으로만 들어오던 《36계 병법》을 나름대로 충실하게 엮어 보았다. 그러나 결국 나 자신도 36계 줄행랑을 친 셈이다.

이제 곤욕스러운 이 계에서 벗어났기에 하는 말이다.

참고문헌

《中國哲學思想史》: 金敬琢, 耕文社, 1955.

《西香萬里》: 金快坤, 글모음, 1993.

《별을 헤이는 마음》: 金泰昌, 유림사, 1979.

《老子·莊子》: 長基槿, 李錫浩, 삼성출판사, 1988.

《韓國人의 智慧》: 李信國 외 2인, 國防部, 1983.

《東洋名言名句辭典》: 編輯部, 수문서관, 1983.

《孫子兵法》: 孫武, 朴一峰 역주, 育文社, 1990.

《東洋의 思想》: 金善姬, 良友黨, 1983.

《이야기 莊子》: 김종윤 편저, 오롬시스템(주)출판부, 1994.

《고대 중국민담의 재발견1,2》: 간보, 도경일 옮김, 세계사, 1997.

《孟子》: 맹자, 박기봉 역주, 비봉출판사, 1995.

《史記》: 司馬遷, 李英茂 옮김, 소설문학사, 1986.

《세상을 이기는 지혜》: 김상실 엮음, 예예원, 1996.

《이야기 한국사1,2,3,4,5》: 홍은표 씀, 정문사, 1972.

《대동야승1.2》: 서저정, 정소문 편, 민족문화추진회, 1980.

《韓國奇人列傳》: 장지연, 김영일 역, 을유문화사, 1984.

《이야기 중국사1,2,3》: 김희영 편저, 청아출판사, 1996.

《孫子兵法》: 孫武, 남만성 역해, 현암사, 1969.

《故事成語俗談辭典》: 정을병 감수, 성문사, 1993.

《한국역대인명사전》: 임종욱, 임종욱 편, 이회, 2009.

《병법삼십육계1,2,3,4》: 한기욱 편역, 고려원, 1996.

《列子·管子》: 이원섭 역주, 현암사, 1977.

《孫子兵法》: 孫武, 김상일 역해, 하서출판사, 1975.

《고사성어대사전》: 임종욱 엮음, 시대의 창, 2004.

《중국역대인명사전》: 임종욱 편저, 이회, 2010.

《리지청의 상략36계》: 김희림 역, 디락원, 2004.

《중국철학우화: 진흙인형의 탄식》: 신하령, 김태완 옮김, 서광사, 1994.

《중국철학우화: 돌부리에 채이고 가시에 찔리고》: 곽신환, 신하령 옮김, 서광사, 1994.

《중국철학우화: 소금 수레 끄는 천리마》: 신하령, 김태완 옮김, 서광사, 1994.

《중국철학우화: 깃발인가, 바람인가, 마음인가》: 신하령, 김태완 옮김, 서광사, 1994.

《한국인물대사전》: 한국정신문화연구원, 중앙일보 중앙M&B, 1999.

《전쟁의 기술》: 로버트 그린, 안진환, 이수경 옮김, 웅진, 2007.

《쟁경爭經》: 좌오찬둥, 노만수 옮김, 민음사, 2013.

《君主論》: 마키아벨리, 신상초 역, 하서출판사, 1975.

《政略論》: 마키아벨리, 신상초 역, 하서출판사, 1975.

《戰略論》: 리델, 하트, 신상초 역, 하서출판사, 1975.

《戰爭論》: 클라우제비츠, 권영길 역, 하서출판사, 1975.

《六韜·三略》: 이상옥 역, 하서출판사, 1975.

《尉繚子》: 울요, 김종갑 역, 하서출판사, 1975.

《李衛公問對》: 이위공, 김종갑 역, 하서출판사, 1975.

《戰國策》: 劉向, 이상옥 역, 하서출판사, 1975.

《韓非子》: 한비, 김상일 역, 하서출판사, 1975.

《吳子兵法》: 오기, 김종갑 역, 하서출판사, 1975.

《司馬法》: 사마양저, 감종갑 역, 하서출판사, 1975.

《상경》: 스유엔, 김태성, 정윤철 역, 더난출판, 2002.

《東洋六千年野史》: 申淳甲 著, 彰文社, 1958.

《록펠러의 장수비결》: 예종규 지음, 삼일서적, 2013.

《길을 묻는 나그네에게》: 변우량, 카이로스, 2008.

《중국의 인간전략》: 홍성주 옮김, 삶과함께, 1988.

《중국인의 이색풍속》: 강명상, 을유문화사, 1995.

《중국인과 에로스》: 이명수 지음, 지성문화사, 1995.

《임어당 엣이이 공자》: 임어당 著, 민병산 적음, 현암사, 1969.

《禮記》: 이민수 역, 삼성문화사, 1965.

《열녀전》: 유향 지음, 박양숙 편역, 자유문화사, 1994.

《유비쿼터스 라이프와 미래사회》: 김석수, 집문당, 2008.

《동방의 등불 한국》: 김상용 지음, 행림출판, 1994.

《한국인답게 사는 길》: 김종빈, 이명자 편저, 우석, 1991.

부록

중국의 역사는 삼황오제三皇五帝로부터 시작되었다고 전한다.

삼황은 태호복희씨太昊伏羲氏 또는 천황씨天皇氏, 여화씨女媧氏 또는 지황씨地皇氏, 염제신농씨炎帝申農氏 또는 인황씨人皇氏로 기록되어 있으며 여화씨 대신 축융祝融 또는 수인씨燧人氏로 기록된 문헌도 있다.

태호복희씨의 성姓은 풍風이며 사신인수蛇身人首로 몸은 뱀이고 머리는 사람으로 수인씨를 대신하여 황제가 되었다고 한다. 팔괘八卦와 문자를 만들고 혼인 예식을 정하였으며, 그물을 만들어 물고기와 새를 잡고 목축을 하여 생활을 윤택하게 하는데 공적을 남겼다.

여화씨는 하늘을 떠받치고 있던 네 기둥이 무너져 불기둥이 솟고 홍수가 지는 것을 막았으며, 짐승들이 사람을 해치는 것을 못하게 오색돌과 거북의 다리로 하늘 기둥을 세워 혼돈의 세계를 원상회복하는데 기여하였다.

염제 신농씨는 성이 강姜이며 인신우수人身牛首로 사람의 몸에 소의 머리를 하였다. 법을 가르쳐 질서를 유지시켰으며 쟁기를 만들어 밭을 갈고 식물을 시험하여 의약醫藥을 제조하여 질병을 치료하였다. 시장市場을 세워 교역을 도왔으며 좋은 세상을 만드는데 기여하였다.

삼황 다음은 오제五帝인데 횡제黃帝, 전옥頊, 제곡帝, 제요帝堯, 제순帝舜을 말한다.

황제 헌원軒轅은 성이 공손公孫으로 창과 방패를 만들어 제후들을 평정하였으며 배와 수레를 고안하여 교통을 편리하게 하였다. 지남거指南車를 만들어 동쪽의 이족인 치우蚩尤를 치자 제후들이 천자로 받들었으며 신농씨의 뒤를 이어 황제가 되었다.

전욱은 황제의 손자로 창의昌意의 아들이며 천하를 잘 다스려 명군으로 이름이 높았다. 일월성신의 별자리 위치를 잡아 하늘이 운행하는 것을 알게 되었으며 중重과 여黎에게 남정南正과 화정火正을 맡겨 백성을 다스리게 하였다. 진秦나라와 초楚나라에서는 전욱을 원조遠祖로 섬긴다고 사마천은 사기에 기록하였다.

제곡은 황제의 뒤를 이어 집을 짓는 법과 옷을 짜 추위와 더위를 막았으며 창힐

昌頡에게 명하여 글자를 만들게 하였다. 영윤伶倫에게 명하여 악기를 만들고 대요大撓에게 십간십이지十干十二支를 만들게 하였다. 이렇게 하여 백성들이 안락한 생활을 누리게 하였으며 씨족 간에 융합을 이루어져 이때부터 한족漢族의 전신인 화하족華夏族이 형성되기 시작하였다.

제요는 제곡의 아들이며 뒤를 이은 순과 더불어 성덕이 높은 군주다. 요가 임금이 되자 나라 이름을 고을 이름을 따 당唐이라 하고 그래서 역사에서는 당요唐堯로 부른다. 요는 관청을 설치해 시령時令을 관장하고 역법曆法을 정하였다. 곤에게 명하여 홍수를 다스리게 했지만 성공하지 못했다. 사악四嶽에게 물어 순舜(전욱 6세손)을 선발하여 후계자로 정했다. 순의 행실을 3년 동안 지켜보며 섭정하다가 지위地位를 물려주었는데 이를 선양禪讓이라 부른다. 순은 성이 우虞 또는 유우有虞이고 이름은 중화重華다. 아버지는 고수緯北로 장님이었으며 어머니는 순을 낳고 일찍 세상을 떠났다. 계모는 간악한 여자로 자기가 낳은 상象만을 사랑하였으며 순을 죽이려고까지 했다. 순은 그래도 효제孝悌의 도道를 다하여 부모를 섬기고 아우를 사랑하였다.

이 같은 순의 효행에 감응하여 역산歷山에서 농사를 짓자 사람들이 모여들었으며, 뇌택雷澤에서 고기를 잡자 사람들이 서로 어장을 양보하였다. 황하에서 도기陶器를 굽자 품질이 좋은 그릇만 만들어 사람들이 스스로 덕화德化에 감복하였다. 순이 머무는 곳에는 사람들이 모여들어 마을을 이루고 1년이면 읍邑이 생기고 3년이면 도시를 이루었다.

요제는 순이 어짊을 알고 두 딸인 아황娥黃과 여영女英을 순에게 출가시켜 사위를 삼고 거문고를 하사하고 창고와 소와 양을 내려 주었다.

천하의 인심이 순에게 기울자 요는 순에게 제위帝位에 오르게 하였다.

순은 제위에 오르자 우禹를 사공司公에 임명하여 홍수를 다스리게 했으며 우를 후계자로 삼았다. 그래서 우는 하夏나라의 시조가 되고 탕湯은 은殷나라의 시조가 되어 사람들은 '요순우탕堯舜禹湯'이라고 일컫게 되었다.

선사 시대 **황하·장강 문명** **신화·삼황오제**		

하夏 (약 BC 21세기 – 약 BC 16세기)		
상商 (약 BC 16세기 – 약 BC 1066년)		
주周	서주西周 (약 BC 1066년-약 BC 771년)	
	동주東周 (BC 770년 - BC 256년)	
	춘추春秋 (BC 770년 - BC 476년)	
	전국戰國 (BC 475년 - BC 221년)	
진秦 (BC 221년 – BC 206년)		
한漢	서한西漢 (BC 206년 - AD 23년)	
	동한東漢 (AD 25년 - 220년)	
삼국三國	위魏 (220년 - 265년)	
	촉蜀 (221년 - 263년)	
	오吳 (222년 - 280년)	
	서진西晉 (265년 - 316년)	
진晉	동진東晉 (317년 - 420년)	**오호십육국시대** 五胡十六國時代 (304년 - 439년)
남북조南北朝	**남조南朝**	송宋 (420년 - 479년)
		제齊 (479년 - 502년)
		양梁 (502년 - 557년)
		진陳 (557년 - 589년)

북조北朝	북위北魏	(386년 - 534년)
	동위東魏	(550년 - 577년)
	북제北齊	(550년 - 577년)
	서위西魏	(535년 - 557년)
	북주北周	(557년 - 581년)

수隋 (581년 - 618년)

당唐 (618년 - 907년)

오대십국五代十國	후양后梁 (907년 - 923년)	
	후당后唐 (923년 - 936년)	
	후진后晉 (936년 - 946년)	
	후한后漢 (947년 - 950년)	요遼
	후주后周 (951년 - 960년)	(907년 - 1125)
	십국十國 (902년 - 979년)	
북송北宋 (960년 - 1127년)		
남송南宋 (960년 - 1127년)	금金 (1115년 - 1234년)	서하西夏 (1032년 - 1227년)

원元 (1279년 - 1368년)

명明 (1368년 - 1644년)

청淸 (1644년 - 1911년)

중화민국中華民國 (1912년 - 1949년)

중화인민공화국中華人民共和國 (1949년 10월 1일 성립)

삼황三皇

　복희씨伏羲氏(또는 천황씨天皇氏)

　여와씨女媧氏(또는 지황씨地皇氏)

　신농씨神農氏(또는 인황씨人皇氏)

오제五帝

　황제黃帝

　전욱顓頊

　제곡帝嚳

　제요帝堯(도당씨陶唐氏)

　제순帝舜(유우씨有虞氏)

하夏(B.C.22세기~B.C.17세기)

　1. 우禹

　2. 계啓

　3. 태강太康

　4. 중강仲康

　5. 상相

　6. 소강小康

　7. 저杼

　8. 괴槐

　9. 망芒

　10. 설泄

　11. 불항不降

　12. 경扃

　13. 근厪

　14. 공갑孔甲

　15. 고皐

　16. 발發

17. 걸桀(이계履癸)

은殷(상商, B.C.17세기~B.C.11세기)

－(전: 史記, 뒤: 甲骨文字)

　1. 천을天乙

　2. 외병外丙

　3. 중임仲壬

　4. 태갑太甲(대갑大甲)

　5. 옥정沃丁

　6. 태경太庚(대경大庚)

　7. 소갑小甲

　8. 옹기雍己

　9. 태무太戊(대무大戊)

　10. 중정仲丁(중정中丁)

　11. 외임外壬(복임卜壬)

　12. 하단갑河亶甲(전갑戔甲)

　13. 조을祖乙(차을且乙)

　14. 조신祖辛(차신且辛)

　15. 옥갑沃甲(강갑羌甲)

　16. 조정祖丁(차정且丁)

　17. 남경南庚

　18. 양갑陽甲(호갑虎甲)

　19. 반경盤庚(반경般庚)

　20. 소신小辛

　21. 소을小乙

　22. 무정武丁

　23. 조기祖己(차기且己)

　24. 조경祖庚(차경且庚)

　25. 늠신廩辛

26. 경정庚丁

27. 무을武乙

28. 문정文丁(태정太丁)

29. 제을帝乙(부을父乙)

30. 제신帝辛: 주왕紂王

주周 (37대 867년)

동주東周 B.C.11세기~B.C.771년

서주西周 B.C.770~B.C.256년

1. 무왕武王 희발姬發 B.C.1134~1116

2. 성왕成王 희송姬誦 1116~1079

3. 강왕康王 희조姬釗 1079~1053

4. 소왕昭王 희하姬瑕 1053~1002

5. 목왕穆王 희만姬滿 1002~947

6. 공왕共王 희예호姬繄扈 947~935

7. 의왕懿王 희희姬囏 935~910

8. 효왕孝王 희벽방姬辟方 910~885

9. 이왕夷王 희섭姬燮 885~879

10. 여왕厲王 희호姬胡 879~828

11. 선왕宣王 희정姬靜 828~782

12. 유왕幽王 희궁열姬宮涅 782~771

13. 평왕平王 희선구姬宜臼 771~720

14. 환왕桓王 희림姬林 720~697

15. 장왕莊王 희타姬佗 697~682

16. 희왕釐王 희호제姬胡齊 682~677

17. 혜왕惠王 희낭姬閬 677~652

18. 양왕襄王 희정姬鄭 652~619

19. 경왕頃王 희임신姬壬臣 619~613

20. 광왕匡王 희반姬班 613~607

21. 정왕定王 희유姬瑜 607~586

22. 간왕簡王 희이姬夷 586~572

23. 영왕靈王 희설심姬泄心 572~546

24. 경왕景王 희귀姬貴 545~521

25. 도왕悼王 희맹姬猛 521~520

26. 경왕敬王 희개姬匄 520~476

27. 원왕元王 희인姬仁 476~469

28. 정정왕貞定王 희개姬介 469~442

29. 애왕哀王 희거질姬去疾 442~441

30. 사왕思王 희숙姬叔 441

31. 고왕考王 희외姬嵬 441~426

32. 위열왕威烈王 희오姬午 426~402

33. 안왕安王 희교姬驕 402~376

34. 열왕烈王 희희姬喜 376~369

35. 현왕顯王 희편姬扁 369~321

36. 신정왕愼靚王 희정姬定 321~315

37. 난왕赧王 희연姬延 315~256

춘추전국시대春秋戰國時代 (B.C. 770년~B.C 221년)

제齊 (여씨)

1. 태공망太公望(呂尙, 姜尙)

2. 정공丁公(급伋)

3. 을공乙公(득得)

4. 계공癸公(자모慈母)

5. 애공哀公(부신不辰)

6. 호공胡公(정靜)

7. 헌공獻公(산山) B.C. 860~851

8. 무공武公(수壽) 851~825

9. 여공厲公(무기無忌) 825~816

10. 문공文公(적赤) 816~804

11. 성공成公(태胎, 설說) 804~795

12. 장공莊公(구購) 795~731

13. 희공釐公(녹보祿補) 731~698

14. 양공襄公(제아諸兒) 698~686

15. 환공桓公(소백小白) 686~643

16. 효공孝公(소昭) 643~633

17. 소공昭公(반潘) 633~613

18. 의공懿公(상인商人) 613~609

19. 혜공惠公(원元) 609~599

20. 경공頃公(무야無野) 599~582

21. 영공靈公(환環) 582~554

22. 장공莊公(광光) 554~548

23. 경공景公(저구杵臼) 548~490

24. 안유자晏孺子(다茶) 490~489

25. 도공悼公(양생陽生) 489~485

26. 간공簡公(임壬) 485~481

27. 평공平公(경驚) 481~456

28. 선공宣公(적積) 456~405

29. 강공康公(대貸) 405~379

전제田齊(전씨田氏)

1. 태공太公(화和) B.C.386~383

2. 후염候剡 383~374

3. 환공桓公(오午) 374~356

4. 위왕威王(인제因齊) 356~319

5. 선왕宣王(벽강辟彊) 319~301

6. 민왕湣王(지地) 301~283

7. 양왕襄王(법장法章) 283~264

8. 왕王(건建) 264~221

노로魯(희씨姬氏)

1. 주공周公(단旦)

2. 백금伯禽 B.C.1055~999

3. 고공考公 999~995

4. 양공陽公(희熙) 995~989

5. 유공幽公(재宰) 989~975

6. 위공魏公 975~925

7. 여공厲公(탁擢) 925~888

8. 헌공獻公(구具) 888~856

9. 진공眞公 856~826

10. 무공武公(오敖) 826~817

11. 의공懿公(희戱) 817~808

12. 백어伯御 808~797

13. 효공孝公(칭稱) 797~770

14. 혜공惠公(불도佛道) 770~724

15. 은공隱公(식息) 724~713

16. 환공桓公(윤允) 713~695

17. 장공莊公(동同) 695~663

18. 민공湣公(개開) 663~661

19. 희공釐公(신申) 661~628

20. 문공文公(흥興) 628~610

21. 선공宣公 610~592

22. 성공成公(묵굉墨肱) 592~574

23. 양공襄公(오午) 574~543

24. 소공昭公 543~511

25. 정공定公(송宋) 511~496

26. 애공哀公(장蔣) 496~469

27. 도공悼公(영寧) 469~432

28. 원공元公(가嘉) 432~411

29. 목공穆公(현顯) 411~378

30. 공공共公(분奮) 378~356

31. 강공康公(둔屯) 356~347

32. 경공景公 347~318

33. 평공平公(숙叔) 318~296

34. 문공文公(가賈) 296~273

35. 경공傾公 273~246

진진晉(희씨姬氏)

1. 당숙우唐叔虞 B.C.1106~?

2. 진후변晉候變

……

597 •

6. 정후의구靖候宜臼 859~841

7. 이후사도釐候司徒 841~823

8. 헌후獻候 823~812

9. 목후穆候 812~785

10. 상숙殤叔 785~781

11. 문후文候 781~746

12. 소후昭候 746~739

13. 효후孝候 739~724

14. 악후鄂候 724~718

15. 애후哀候 718~709

16. 소자후小子候 709~706

17. 진후晉候 706~679

18. 무공武公 679~677

19. 헌공獻公 677~651

20. 해제奚齊 651

21. 도자悼子 651

22. 혜공惠公(이오夷吾) 651~637

23. 회공懷公 637

24. 문공文公(중이重耳) 637~628

25. 양공襄公 628~621

26. 영공靈公 621~607

27. 성공成公 607~600

28. 경공景公 600~581

29. 여공厲公 581~573

30. 도공悼公 573~558

31. 평공平公 558~532

32. 소공昭公 532~526

33. 경공頃公 526~512

34. 정공定公 512~475

35. 출공出公 475~458

36. 애공哀公 458~440

37. 유공幽公 440~422

38. 열공烈公 422~395

39. 효공孝公 395~378

40. 정공靜公 378~376

오吳(희씨姬氏)

1. 태백太伯

2. 중옹仲雍

3. 계간季簡

4. 숙달叔達

5. 주장周章

6. 웅수熊遂

7. 가상柯相

......

18. 거제去齊

19. 수몽壽夢 B.C.585~561

20. 제번諸樊 561~548

21. 여제余祭 548~531

22. 여매余昧 531~527

23. 요僚 527~515

24. 광光(합려闔閭) 515~496

25. 부차夫差 496~473

월越 B.C.??? ~ B.C.306

1. 무여無餘

2. 무임無壬

3. 무역無譯

4. 부담夫譚

5. 윤상允常 B.C. ???~497

6. 구천勾踐 496~464

7. 록영鹿郢 465~458

8. 불수不壽 457~448

9. 옹翁(주구朱勾) 447~411

10. 예翳 410~375

11. 착지錯枝 374~373

29. 혜왕惠王(장章) 489~432

30. 간왕簡王(중中) 432~408

31. 성왕聲王(당當) 408~402

32. 도왕悼王(웅의熊疑) 402~381

33. 숙왕肅王(장臧) 381~370

34. 선왕宣王(웅양부熊良夫) 370~340

35. 위왕威王(웅상熊商) 340~329

36. 회왕懷王(웅괴熊槐) 329~299

37. 경양왕頃襄王(횡橫) 299~263

38. 고열왕考烈王(웅원熊元) 263~238

39. 유왕幽王(한悍) 238~228

40. 애왕哀王(유猶) 228

41. 부추負芻 228~223

조趙

헌후獻侯

1. 열후列侯(자籍) B.C.408~400

2. 무후武侯 400~387

3. 경후敬侯(장章) 387~375

4. 성후成侯(종種) 375~350

5. 숙후肅侯(어語) 350~326

6. 무령왕武靈王(웅雍) 326~299

7. 혜문왕惠文王(하何) 299~266

8. 효성왕孝成王(단丹) 266~245

9. 도양왕悼襄王(언偃) 245~236

10. 유목왕幽穆王(천遷) 236~228

11. 대왕代王(가嘉) 228~222

위魏

1. 문후文侯(사斯) B.C.403~387

2. 무후武侯(격擊) 387~371

3. 혜왕惠王 371~335

4. 양왕襄王 335~319

5. 소왕昭王 319~296

6. 애왕哀王 296~277

7. 안희왕安釐王 277~243

8. 경민왕景閔王 243~228

9. 왕가王假 228~225

한韓

1. 경후景侯(건虔) B.C.408~400

2. 열후烈侯(취取) 400~387

3. 문후文侯 387~377

4. 애후哀侯 377~371

5. 장후壯侯 371~359

6. 소후昭侯 359~333

7. 선혜왕宣惠王 333~312

8. 양왕襄王(창倉) 312~296

9. 희왕釐王(구咎) 296~273

10. 환혜왕桓惠王 273~239

11. 왕안王安 239년~230

진秦(영씨嬴氏)

1. 양공襄公 B.C.778~766

2. 문공文公 766~716

3. 영공寧公 716~704

4. 출자出子 704~698

5. 무공武公 698~678

6. 덕공德公 678~676

7. 선공宣公 676~664

8. 성공成公 664~660

9. 목공穆公(임호任好) 660~621

10. 강공康公 621~609

11. 공공共公(화和) 609~604

12. 환공桓公 604~577

13. 경공景公 577~537

14. 애공哀公 537~501

15. 혜공惠公 501~491

16. 도공悼公 491~477

17. 여공공厲公共 477~443

18. 조공躁公 443~429

19. 회공懷公 429~425

20. 영공靈公 425~415

21. 간공簡公 415~400

22. 혜공惠公 400~387

23. 출자出子 387~385

24. 헌공獻公(사습師隰) 385~362

25. 효공孝公(거량渠梁) 362~338

26. 혜문惠文(왕사王駟) 388~311

27. 무왕武王(탕蕩) 311~307

28. 소양왕昭襄王(칙則) 306~251

29. 효문왕孝文王(주柱) 251~250

30. 장양왕莊襄王(자초子楚) 250~247

31. 시황제始皇帝(정政) 247~210

32. 이세황제二世皇帝(호해胡亥) 210~207

33. 진왕秦王(자영子嬰) 207

한漢나라 시대

한漢(14대 211년)

1. 고조高祖 유방劉邦 B.C.206~195

2. 혜제惠帝 유영劉盈 195~188

3. 소제少帝 유공劉恭 188~184

4. 소제少帝 유홍劉弘 184~180

5. 문제文帝 유항劉恆 180~157

6. 경제景帝 유계劉啓 157~141

7. 무제武帝 유철劉徹 141~87

8. 소제昭帝 유불릉劉弗陵 87~74

9. 폐제廢帝 하賀 74년

10. 선제宣帝 유순劉詢 74~49

11. 원제元帝 유석劉奭 49~33

12. 성제成帝 유오劉驁 33~7

13. 애제哀帝 유흔劉欣 7~1

14. 평제平帝 유연劉衍

　　유자孺子 영嬰(왕망의 섭정기) 5~8

　　희양왕淮陽王 玄(경시제更始帝) 23~24

후한後漢(14대 196년)

1. 광무제光武帝 유수劉秀 25~57

2. 명제明帝 유장劉莊 57~75

3. 장제章帝 유달劉炟 75~88년

4. 화제和帝 유조劉肇 88~105년

5. 상제殤帝 유융劉隆 105~106년

6. 안제安帝 유호劉祜 106~125년

7. 소제少帝 유의劉懿 125

8. 순제順帝 유보劉保 125~144년

9. 충제沖帝 유병劉炳 144~145년

10. 질제質帝 유찬劉纘 145~146년

11. 환제桓帝 유지劉志 146~168년

12. 영제靈帝 유굉劉宏 168~189년

13. 폐제廢帝 변辯 189년

14. 헌제獻帝 유협劉協 189년~220년

삼국시대三國時代

위魏(5대 46년)

무제武帝 조조曹操

1. 문제文帝 조비曹丕 220~226

2. 명제明帝 조예曹叡 226~239

3. 폐제廢帝 조방曹芳 239~254

4. 폐제廢帝 조모曹髦 254~260

5. 원제元帝 조환曹奐 260~265

촉蜀(2대 43년)

1. 소열제昭烈帝 유비劉備 221~223
2. 후주後主 유선劉禪 223~263

오吳(4대 52년)

1. 대제大帝 손권孫權 229~252
2. 회계왕會稽王 손량孫亮 252~258
3. 경제景帝 손휴孫休 258~264
4. 오정후烏程侯 손호孫皓 264~280

진晉

서진西晉(4대 52년)

1. 무제武帝 사마염司馬炎 265~290
2. 혜제惠帝 사마충司馬衷 290~306
3. 회제懷帝 사마치司馬熾 306~313
4. 민제愍帝 사마업司馬鄴 313~316

동진東晉(11대 103년)

1. 원제元帝 사마예司馬睿 317~322
2. 명제明帝 사마소司馬紹 322~325
3. 성제成帝 사마연司馬衍 325~342
4. 강제康帝 사마악司馬岳 342~344
5. 목제穆帝 사마담司馬聃 344~361
6. 애제哀帝 사마비司馬丕 361~365
7. 폐제廢帝 사마혁司馬奕 365~371
8. 간문제簡文帝 사마욱司馬昱 371~372
9. 효무제孝武帝 사마요司馬曜 372~396
10. 안제安帝 사마덕종司馬德宗 396~418
11. 공제恭帝 사마덕문司馬德文 418~420

오호십육국五胡十六國

성成(소문제부터 한漢으로 개칭, 저족氐族, 6대 46년)

1. 경제景帝 이특李特 302~303
2. 무제武皇帝 이웅李雄 303~330
3. 애제哀皇帝 이반李班 330~334
4. 폐제廢帝 이기李期 334~337
5. 소문제昭文皇帝 이수李壽 337~343
6. 귀의후歸義侯 이세李勢 343~347

전조前趙(처음에는 한漢이라 칭함, 흉노족匈奴族, 5대 26년)

1. 광문제光文皇帝 유연劉淵 304~310
2. 유화劉和 310
3. 소무제昭武帝 유총劉聰 310~318
4. 은제隱帝 유찬劉粲 318
5. 유요劉曜 318~329

후조後趙(갈족羯族, 8대 34년)

1. 고조高祖 명제明帝 석륵石勒 319~333
2. 해양왕海陽王 석홍石弘 333~334
3. 태조太祖 무제武帝 석호石虎 334~349
4. 초왕譙王 석세石世 349
5. 팽성왕彭城王 석준石遵 349
6. 의양왕義陽王 석감石鑒 349~350
7. 신흥왕新興王 석지石祇 350
8. 염민冉閔 350~352

전연前燕(선비족鮮卑族, 3대 34년)

모용외慕容廆

1. 태조太祖 문명제文明帝 모용황慕容皝 337~348
2. 열조烈祖 경소제景昭帝 모용준慕容儁 348~360
3. 유제幽帝 모용위慕容暐 360~370

후연後燕(선비족鮮卑族, 5대 25년)

1. 세조世祖 성무제成武帝 모용수慕容垂
384~396

2. 열종烈宗 혜민제惠愍帝 모용보慕容寶
396~397

개봉공開封公 상祥 397

조왕趙王 린麟 397

3. 중종中宗 소무제昭武帝 모용성慕容盛
398~401

4. 소문제昭文帝 모용희慕容熙 401~407

5. 혜의제惠懿帝 고운高雲 407~408

서연西燕(선비족鮮卑族, 3대 10년)

1. 위제威帝 모용충慕容冲 385

2. 모용충慕容忠 385

3. 모용영慕容永 385~394

남연南燕(선비족鮮卑族, 2대 13년)

1. 세종世宗 헌무제獻武帝 모용덕慕容德
398~405

2. 모용초慕容超 405~410

북연北燕(한漢, 2대 28년)

1. 태조太祖 문성제文成帝 풍발馮跋
409~430

2. 소성제昭成帝 풍홍馮弘 430~436

전진前秦(저족氐族, 6대 44년)

1. 고조高祖 경명제景明帝 부건苻健
351~355

2. 여왕厲王 부생苻生 355~357

3. 세조世祖 선소제宣昭帝 부견苻堅
357~385

4. 애평제哀平帝 부비苻丕 385~386

5. 고종高宗 고제高帝 부등苻登 386~394

6. 말주末主 부숭苻崇 394

후진後秦(강족羌族, 3대 34년)

1. 무소제武昭帝 요장姚萇 384~393

2. 문환제文桓帝 요흥姚興 393~416

3. 요홍姚泓 416~417

서진西秦(선비족鮮卑族, 4대 47년)

1. 선열왕宣烈王 걸복국인乞伏國仁
385~388

2. 무원왕武元王 걸복건귀乞伏乾歸
388~412

3. 문소왕文昭王 걸복치반乞伏熾磐
412~428

4. 걸복모말乞伏暮末 428~431

하夏(흉노족匈奴族, 3대 26년)

1. 무열제武烈帝 혁련발발赫連勃勃
407~425

2. 혁련창赫連昌 425~428

3. 혁련정赫連定 428~432

전량前涼(한漢, 9대 76년)

1. 서평공西平公 장궤張軌 301~314

2. 서평원공西平元公 장식張寔(소공)
314~320

3. 양성열왕涼成烈王 장무張茂 320~324

4. 양문왕梁文王 장준張駿 324~346

5. 서평경열공西平敬烈公 장중화張重華
(환왕桓王) 346~353

3. 폐제廢帝 진백종陳伯宗 566~568

4. 선제宣帝 진욱陳頊 568~582

5. 후주後主 진숙보陳叔寶 582~589

북조北朝

북위北魏(선비족鮮卑族, 14대 149년)

1. 도무제道武帝 탁발규拓跋珪 386~409

2. 명원제明元帝 탁발사拓跋嗣 409~423

3. 태무제太武帝 탁발도拓跋燾 423~451

4. 남안왕南安王 탁발여拓跋余 451~452

5. 문성제文成帝 탁발준拓跋濬 452~465

6. 헌문제獻文帝 탁발홍拓跋弘 465~471

7. 효문제孝文帝 (탁발)원굉(拓跋)元宏 471~499

8. 선무제宣武帝 원각元恪 499~515

9. 효명제孝明帝 원후元詡 515~528

10. 효장제孝莊帝 원자유元子攸 528~530

11. 장광왕長廣王 원엽元曄(경제敬帝) 530~531

12. 절민제節閔帝 원공元恭 531

13. 폐제廢帝 원랑元朗 531~532

14. 효무제孝武帝 원수元脩 532~534

서위西魏(3대 22년)

1. 문제文帝 원보거元寶炬 535~551

2. 폐제廢帝 원흠元欽 551~554

3. 공제恭帝 원확元廓 554~556

동위東魏(1대 17년)

효성제孝成帝 원선견元善見 534~550

북주北周(우문씨宇文氏, 5대 26년)

문제文帝 우문태宇文泰

1. 효민제孝閔帝 우문각宇文覺 556

2. 효명제孝明帝 우문육宇文毓 557~560

3. 무제武帝 우문옹宇文邕 560~578

4. 선제宣帝 우문윤宇文贇 578~579

5. 정제靜帝 우문천宇文衍 579~581

북제北齊(고씨高氏, 6대 28년)

1. 문선제文宣帝 고양高洋 550~559

2. 폐제廢帝 고은高殷 559~560

3. 효소제孝昭帝 고연高演 560~561

4. 무성제武成帝 고담高湛 561~564

5. 후주後主 고위高緯 564~576

6. 유주幼主 고환高桓 576~577

수당시대隋唐時代

수隋(3대 39년)

1. 문제文帝 양견楊堅 581~604

2. 양제煬帝 양광楊廣 604~617

3. 공제恭帝 양유楊侑 617~618

  애제哀帝 양통楊侗 618~619

당唐(20대 290년)

1. 고조高祖 이연李淵 618~626

2. 태종太宗 이세민李世民 626~649

3. 고종高宗 이치李治 649~683

4. 중종中宗 이현李顯 683~684

  705~710

5. 예종睿宗 이단李旦 684~690

  710~712

  측천무후則天武后(주周) 690~705

6. 현종玄宗 이융기李隆基 712~756

7. 숙종肅宗 이형李亨 756~762

8. 대종代宗 이예李豫 762~779

9. 덕종德宗 이괄李适 779~804

10. 순종順宗 이송李誦 804~805

11. 헌종憲宗 이순李純 805~820

12. 목종穆宗 이항李恒 820~824

13. 경종敬宗 이심李湛 824~826

14. 문종文宗 이앙李昂 826~840

15. 무종武宗 이염李炎 840~846

16. 선종宣宗 이침李忱 846~859

17. 의종懿宗 이최李漼 859~873

18. 희종僖宗 이현李儇 873~888

19. 소종昭宗 이엽李曄 888~903

20. 애종哀宗 이축李柷 903~907

오대십국시대五代十國時代

당말오대唐末五代

후량後梁(3대 16년)

1. 태조太祖 주전충朱全忠(주황朱晃)
907~912

2. 영왕郢王 주우규朱友珪 912~913

3. 말제末帝 주우정朱友貞 913~923

후당後唐(4대 14년)

진왕晉王 이극용李克用

1. 장종莊宗 이존욱李存勖 923~926

2. 명종明宗 이사원李嗣源 926~933

3. 민제閔帝 이종후李從厚 933~934

4. 말제末帝 이종가李從珂 934~937

후진後晉(2대 11년)

1. 고조高祖 석경당石敬瑭 936~942

2. 출제出帝 석중귀石重貴 942~947

후한後漢(2대 4년)

1. 고조高祖 유지원劉知遠 947~948

2. 은제隱帝 유승우劉承祐 948~950

후주後周(3대 10년)

1. 태조太祖 곽위郭威 951~954

2. 세종世宗 시영柴榮 954~959

3. 공제恭帝 시종훈柴宗訓 959~960

십국十國

오吳(4대 36년)

1. 무충왕武忠王 양행밀楊行密 902~904

2. 경왕景王 양악楊渥 904~908

3. 선왕宣王 양융연楊隆演 908~920

4. 예제睿帝 양부楊溥 920~937

남당南唐(3대 39년)

1. 열조烈祖 이변李昪 937~943)

2. 원종元宗 이경李景 943~961

3. 후주後主 이욱李煜 963~975

전촉前蜀(2대 19년)

1. 고조高祖 왕건王建 907~918

2. 후주後主 왕연王衍 918~925

후촉後蜀(2대 32년)

1. 고조高祖 맹지상孟知祥 926~934

2. 후주後主 맹창孟昶 934~965

남한南漢(5대 67년)

1. 열조烈祖 유은劉隱 905~911

2. 고조高祖 유엄劉龑 911~942

3. 상제殤帝 유분劉玢 942~943

4. 중종中宗 유성劉晟 943~958

5. 후주後主 유창劉鋹 958~971

초楚(6대 56년)

1. 무목왕武穆王 마은馬殷 896~930

2. 형양왕衡陽王 마희성馬希聲 930~932

3. 문소왕文昭王 마희범馬希範 932~947

4. 폐왕廢王 마희광馬希廣 947~951

5. 공효왕恭孝王 마희악馬希萼 951

6. 초왕楚王 마희숭馬希崇 951

오월吳越(5대 71년)

1. 무숙왕武肅王 전유錢鏐 907~931

2. 문목왕文穆王 전원관錢元瓘 931~940

3. 충헌왕忠獻王 전홍좌錢弘佐 940~946

4. 충손왕忠遜王 전홍종錢弘倧 946~947

5. 충의왕忠懿王 전홍숙錢弘俶 947~978

민閩(6대 37년)

무위군절도사武威軍節度使 왕조王朝

1. 태조太祖 왕심지王審知 909~925

2. 사주嗣主 왕연한王延翰 925~927

3. 혜종惠宗 왕연균王延鈞 927~935

4. 강종康宗 왕창王昶 935~939

5. 경종景宗 왕연희王延羲 939~943

6. 공의제恭懿帝 왕연정王延政 943~945

형남荊南(5대 57년)

1. 무신왕武信王 고계흥高季興 907~929

2. 문헌왕文獻王 고종회高從誨 929~948

3. 정의왕貞懿王 고보융高保融 948~960

4. 형남절도사荊南節度使 고보욱高保勗
   960~962

5. 형남절도사荊南節度使 고계충高繼沖
   962~963

북한北漢(4대 29년)

1. 신무제神武帝 유숭劉崇 951~954

2. 효화제孝和帝 유승균劉承鈞 954~968

3. 소평제少平帝 유계은劉繼恩 968

4. 영무제英武帝 유계원劉繼元 968~979

송宋나라시대

송宋(9대 167년)

1. 태조太祖 조광윤趙匡胤 960~976

2. 태종太宗 조광의趙匡義 976~997

3. 진종眞宗 조항趙恒 997~1022

4. 인종仁宗 조정趙禎 1022~1063

5. 영종英宗 조서趙曙 1063~1067

6. 신종神宗 조욱趙頊 1067~1085

7. 철종哲宗 조후趙煦 1085~1100

8. 휘종徽宗 조길趙佶 1100~1125

9. 흠종欽宗 조환趙桓 1125~1127

남송南宋(9대 152년)

1. 고종高宗 조구趙構 1127~1162

2. 효종孝宗 조신趙昚 1162~1189

3. 광종光宗 조돈趙惇 1189~1194

4. 영종寧宗 조확趙擴 1194~1224

5. 이종理宗 조윤趙昀 1224~1264

6. 도종度宗 조기趙禥 1264~1274

7. 공종恭宗 조현趙顯 1274~1276

8. 단종端宗 조시趙昰 1276~1278

9. 상흥제祥興帝 조병趙昺 1278~1279

요遼(15대 303년)

1. 태조太祖 야율아보기耶律阿保機
   916~927
2. 태종太宗 야율덕광耶律德光 927~947
3. 세종世宗 야율완耶律阮 947~951
4. 목종穆宗 야율경耶律璟 951~969
5. 경종景宗 야율현耶律賢 969~982
6. 성종聖宗 야율융서耶律隆緒 982~1031
7. 흥종興宗 야율종진耶律宗眞 1031~1055
8. 도종道宗 야율홍기耶律洪基 1055~1101
9. 천조제天祚皇帝 야율연희耶律延禧
   1101~1125
10. 서료덕종西遼德宗 야율대석耶律大石
    1125~1143
11. 감천후感天后 탑불연탑不烟 1143~1150
12. 인종仁宗 야율이열耶律夷列
    1150~1164
13. 승천후昇天后 보속완普速完 1164~1178
14. 직로고直魯古 1178~1211
15. 굴출률屈出律 1211~1218

금金(10대 120년)

1. 태조太祖 완안아골타完顔阿骨打
   1115~1123
2. 태종太宗 완안성完顔晟 1123~1135
3. 희종熙宗 완안단完顔亶 1135~1148
4. 해릉왕海陵王(제帝완안량完顔亮)
   1148~1160
5. 세종世宗 완안옹完顔雍 1160~1189
6. 장종章宗 완안경完顔璟 1189~1208
7. 위소왕衛紹王(완안제完顔濟) 1208~1213
8. 선종宣宗 완안순完顔珣 1213~1223
9. 애종哀宗 완안수서完顔守緒 1223~1234

10. 말제末帝 완안승린完顔承麟 1234

원元나라시대

원元(14대 163년)

몽고蒙古(4대 54년)·원元(10대 109년)

1. 태조太祖(칭기스칸, 테무진) 1206~1228
2. 태종太宗 1228~1241
   해미실海迷失(황후칭제皇后稱帝)
   1241~1248
3. 정종定宗 1245~1248
   해미실海迷失(황후칭제皇后稱帝)
   1248~1250
4. 헌종憲宗 1250~1259
5. 세조世祖(쿠빌라이, 원元으로 개칭)
   1259~1294
6. 성종成宗 1294~1307
7. 무종武宗 1307~1311
8. 인종仁宗 1311~1320
9. 영종英宗 1320~1323
10. 진종眞宗(태정제泰定帝) 1323~1328
11. 천순제天順帝 1328
12. 문종文宗 1328~1331
13. 영종寧宗 1331~1332
14. 순제順帝 1332~1368

서하西夏(10대 196년)

1. 경종景宗 1032~1048
2. 의종毅宗 1048~1067
3. 혜종惠宗 1067~1086
4. 숭종崇宗 1086~1138
5. 인종仁宗 1138~1193
6. 환종桓宗 1193~1205

7. 양종襄宗 1205~1210

8. 신종神宗 1210~1225

9. 헌종獻宗 1222~1225

10. 이현李晛 1225~1227

명明나라시대

명明(17대 277년)

1. 태조太祖 주원장朱元璋 1368~1398

2. 혜종惠宗 주윤문朱允炆 1398~1402

3. 성조成祖 주체朱棣 1402~1424

4. 인종仁宗 주고치朱高熾 1424~1425

5. 선종宣宗 주첨기朱瞻基 1425~1435

6. 영종英宗 주기진朱祁鎭 1435~1449

7. 대종代宗 주기옥朱祁鈺 1449~1456

8. 천순제天順帝(영종英宗 복위) 1456~1464

9. 헌종憲宗 주견심朱見深 1464~1487

10. 효종孝宗 주우당朱祐樘 1487~1505

11. 무종武宗 주후조朱厚照 1505~1521

12. 세종世宗 주후총朱厚熜 1521~1566

13. 목종穆宗 주재후朱載垕 1566~1572

14. 신종神宗 주익균朱翊鈞 1572~1620

15. 광종光宗 주상락朱常洛 1620

16. 희종熹宗 주유교朱由校 1620~1627

17. 의종毅宗 주유검朱由檢 1627~1644

남명南明(4대 18년)

1. 복왕福王 주유숭朱由崧 1645

2. 당왕唐王 주율건朱聿鍵 1645

3. 당왕唐王 주율월朱聿鐭 1645~1646

4. 계왕桂王 주유랑朱由榔 1646~1662

청淸나라 시대

청淸(12대 296년)

후금後金(2대 28년)·**청淸**(10대 268년)

1. 태조太祖 누르하치愛新覺羅努爾哈赤
   1616~1626

2. 태종太宗 홍타시愛新覺羅皇太極
   1626~1643

3. 세조世祖 복림福臨 1643~1661

4. 성조聖祖 현엽玄燁 1661~1722

5. 세종世宗 윤진胤禛 1722~1735

6. 고종高宗 홍력弘曆 1735~1795

7. 인종仁宗 옹염顒琰 1795~1820

8. 선종宣宗 민녕旻寧 1820~1850

9. 문종文宗 혁저奕詝 1850~1861

10. 목종穆宗 재순載淳 1861~1874

11. 덕종德宗 재첨載湉 1874~1908

12. 선통제宣統帝 부의溥儀(푸이)
    1908~1911

만주국(2대 14년)

1. 부의溥儀(집정執政) 1932~1933

2. 부의溥儀(푸이) 황제皇帝 1933~1945

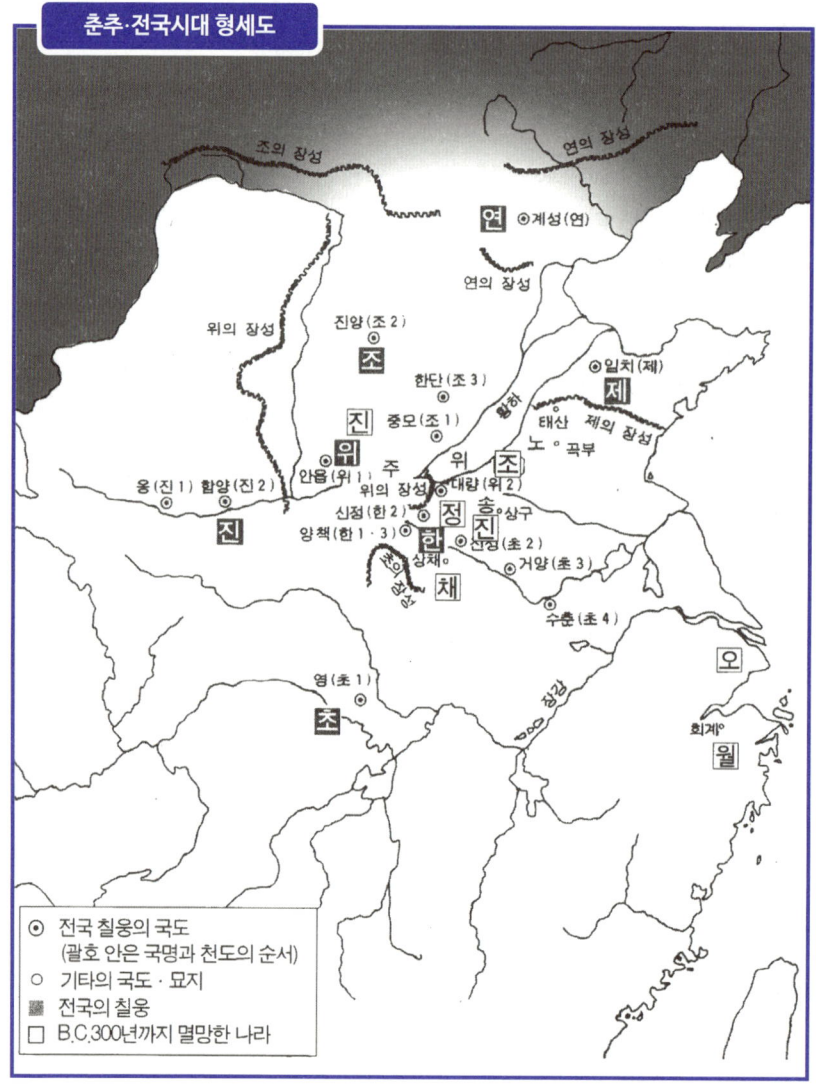

춘추·전국시대 형세도

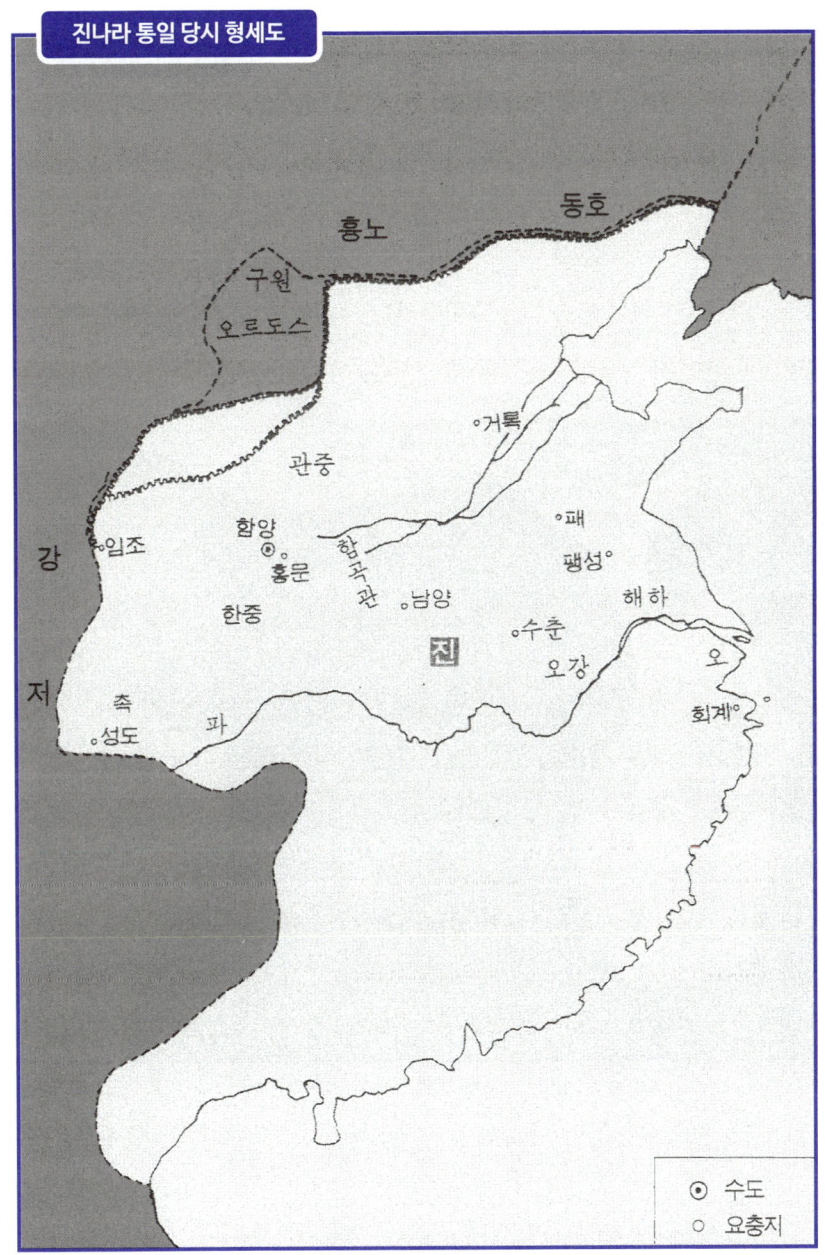

진나라 통일 당시 형세도

흉노

동호

구원

오로도스

거록

관중

임조

함양

함곡관

패

팽성

홍문

남양

강

한중

진

수춘

해하

저

오강

오

축

성도

파

회계

⊙ 수도

○ 요충지

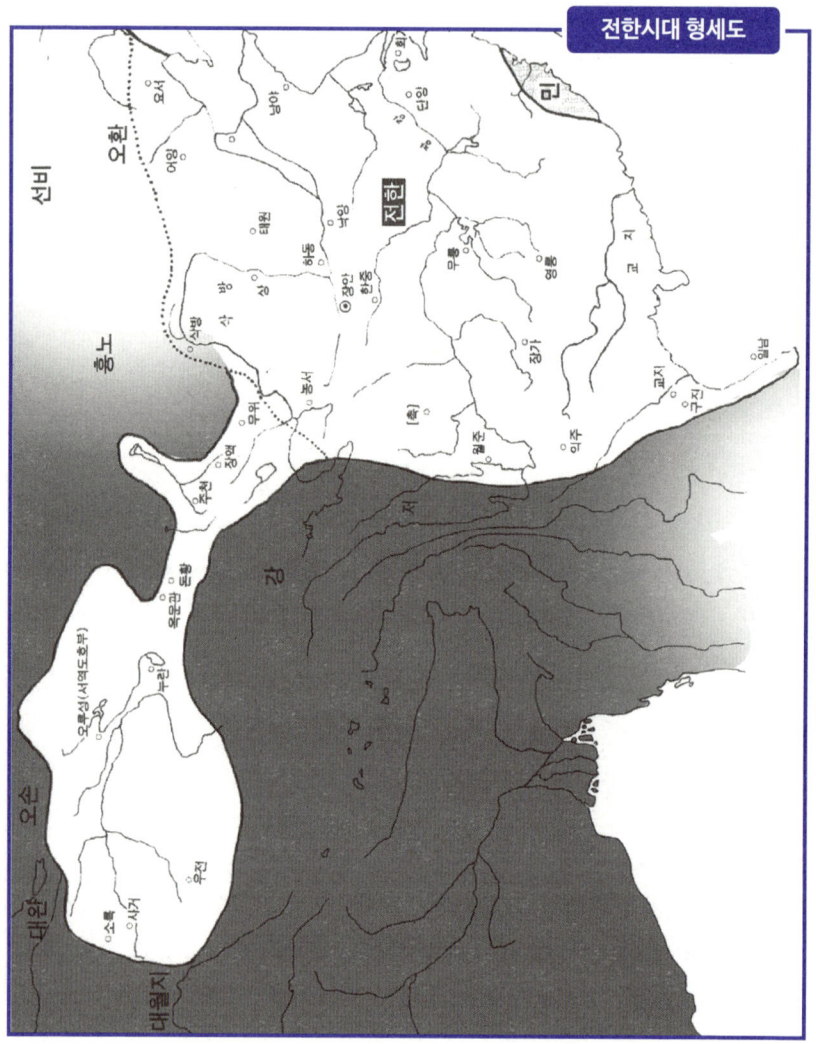

전한시대 형세도

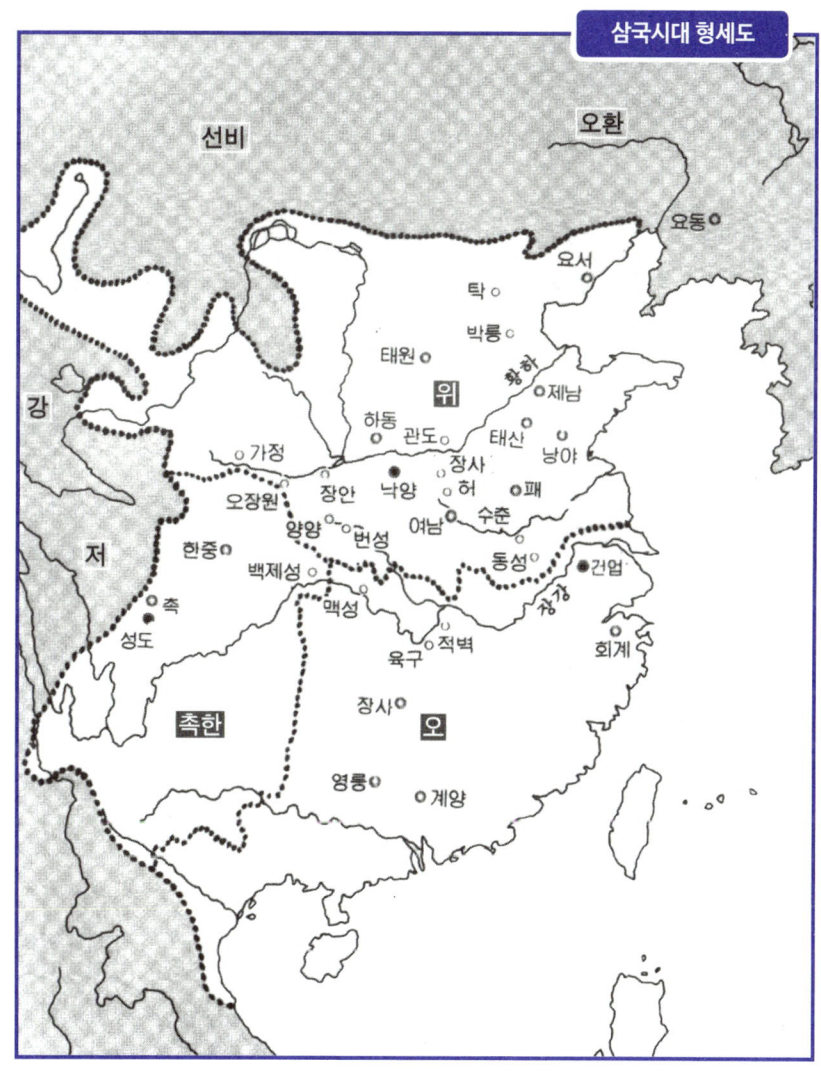

삼국시대 형세도

선비

오환

요동

요서

탁

박릉

태원

제남

위

하동

관도

태산

낭야

가정

장사

허

패

오장원

장안

낙양

수춘

한중

양양

번성

여남

백제성

동성

건업

맥성

적벽

육구

회계

촉한

장사

오

영릉

계양

강

저

촉

성도

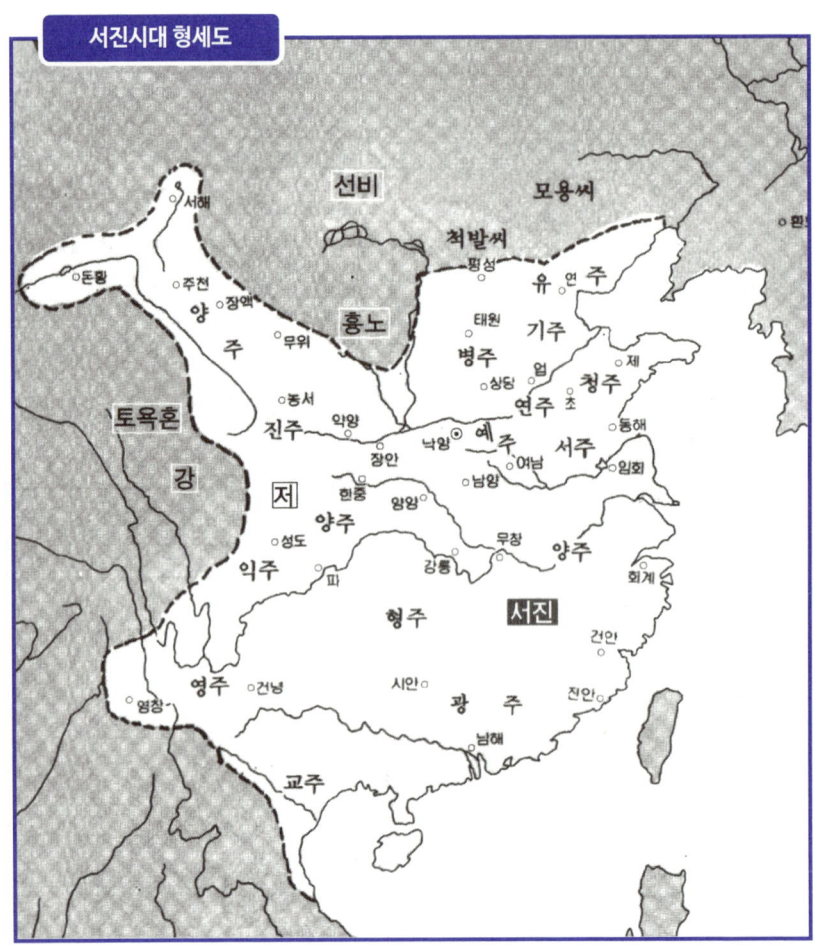

서진시대 형세도

오호십륙국 시대 형세도

선비
흥노
전진
동진
토욕혼

돈황
주전
장액
고장
금성
삼원
무도
장안
패상
낙양
위흥
양양
성도
강릉
성락
평성
계
태원
이석
엄
남양
황성
박릉
하수
광고
허창
수춘
하비
우태
건강
광릉
회음
용성
요동

오호십륙국의 흥망도

서량
401-421

북량
397 430

남량
397-414

후량
386-403

후위(북위)
368-534

북연

대하

후연
384-408

남연
398-410

서연

후진
384-417

서진
385-431

동진

돈황
장액
염천
서평
고장
한중
장안
낙양
양양
강릉
성락
평성
계
광고
하비
광릉
회화
건강
회계

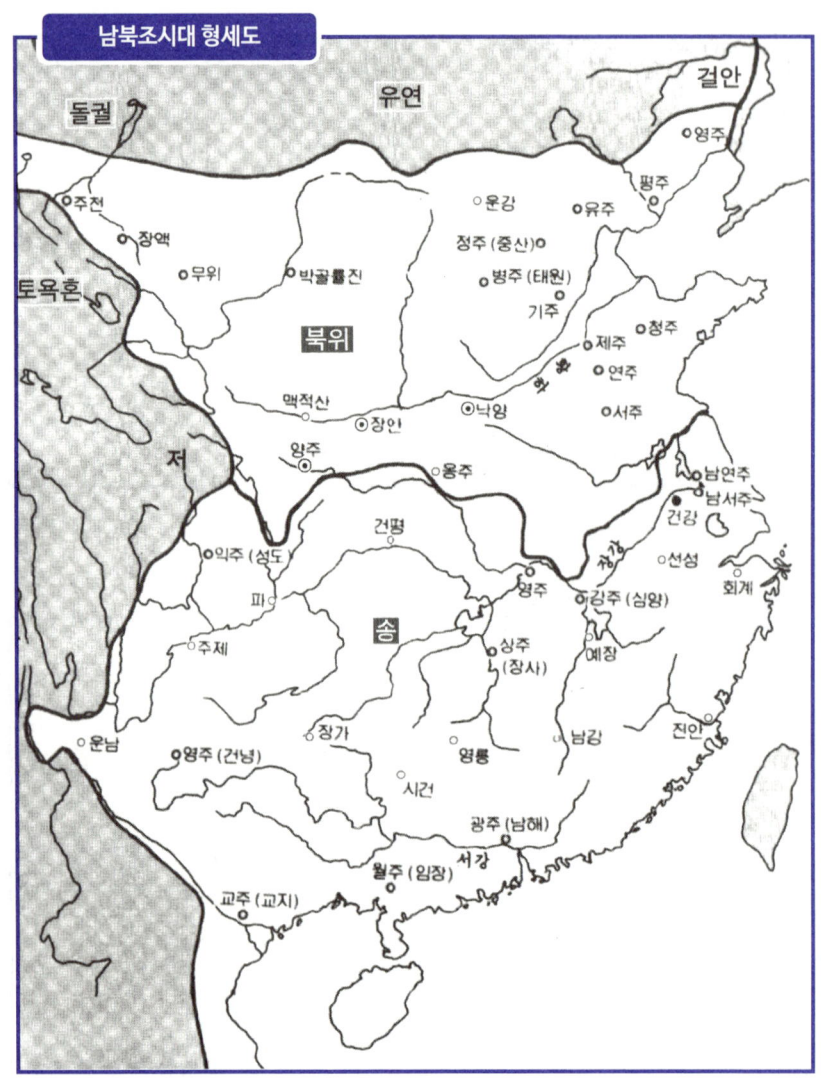

남북조시대 형세도

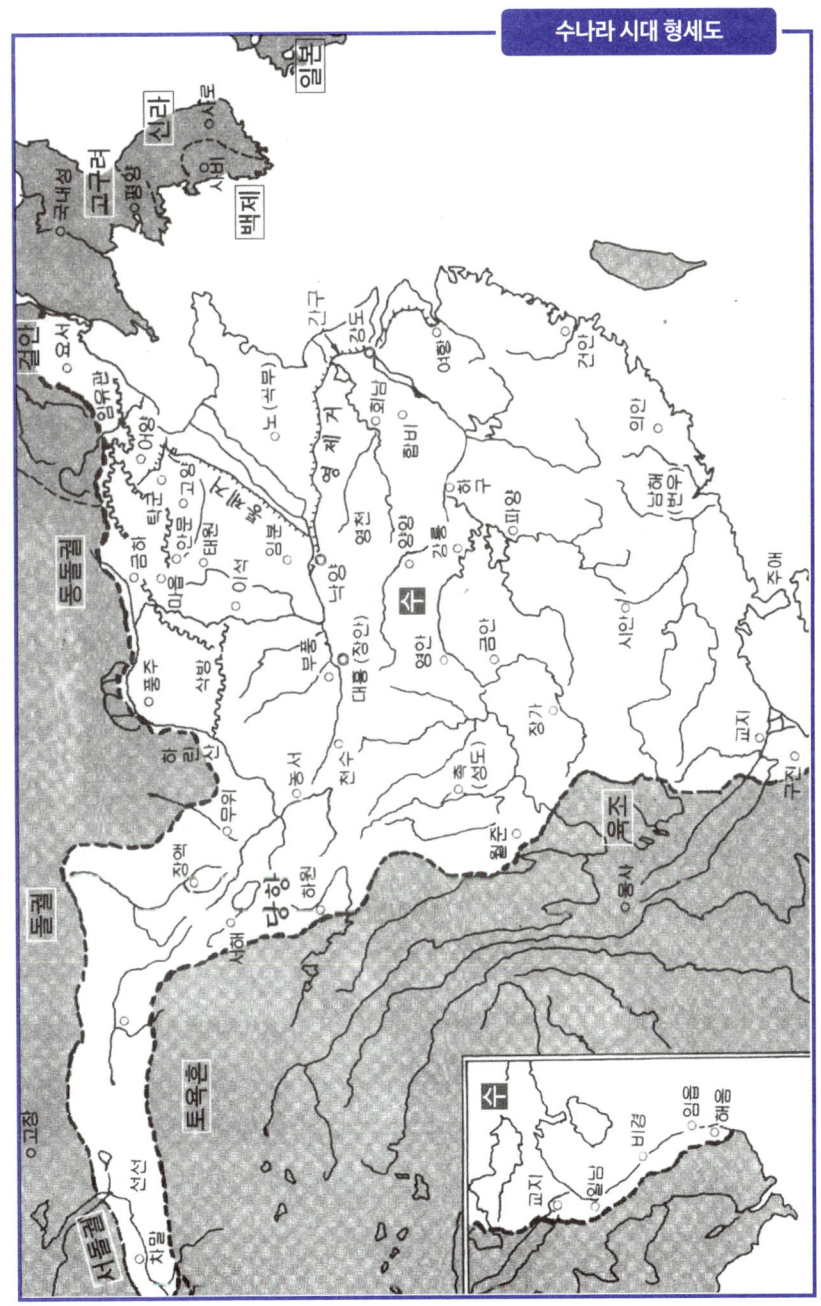

수나라 시대 형세도

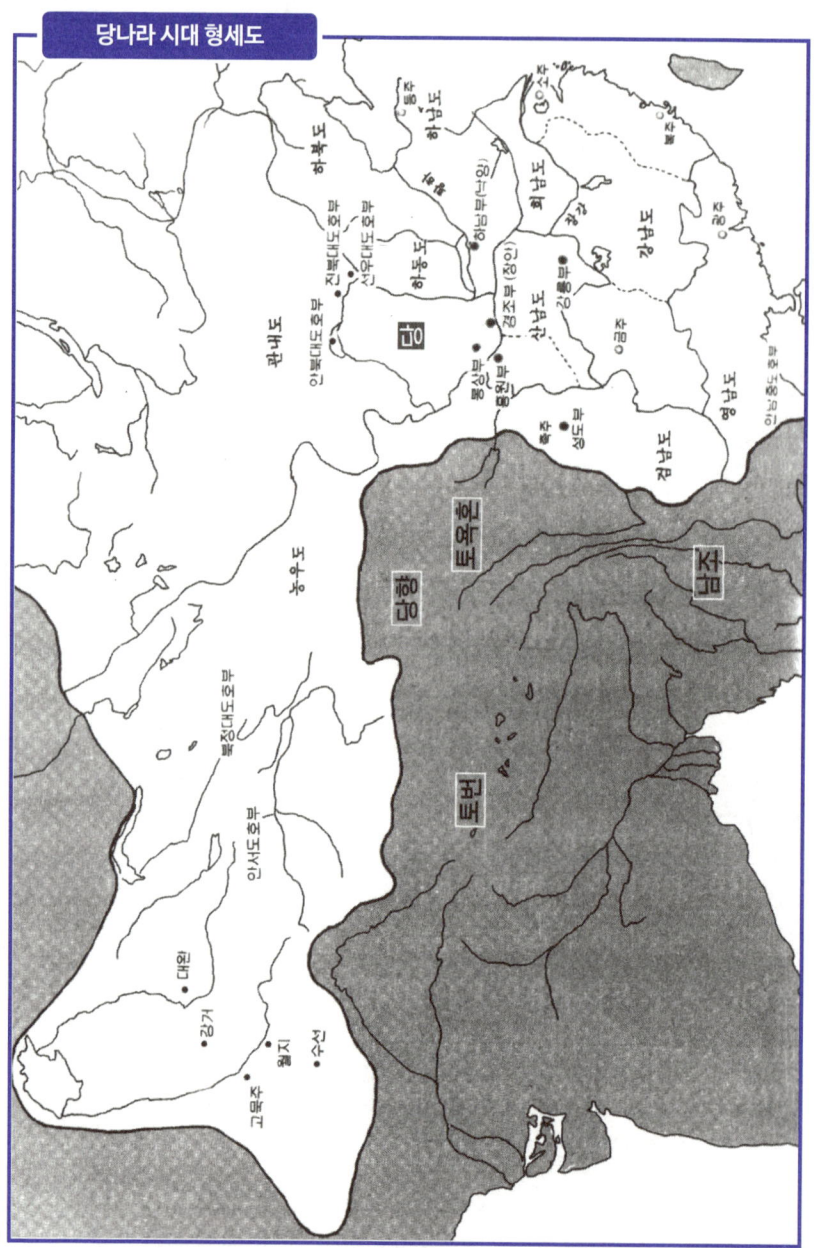

당나라 시대 형세도

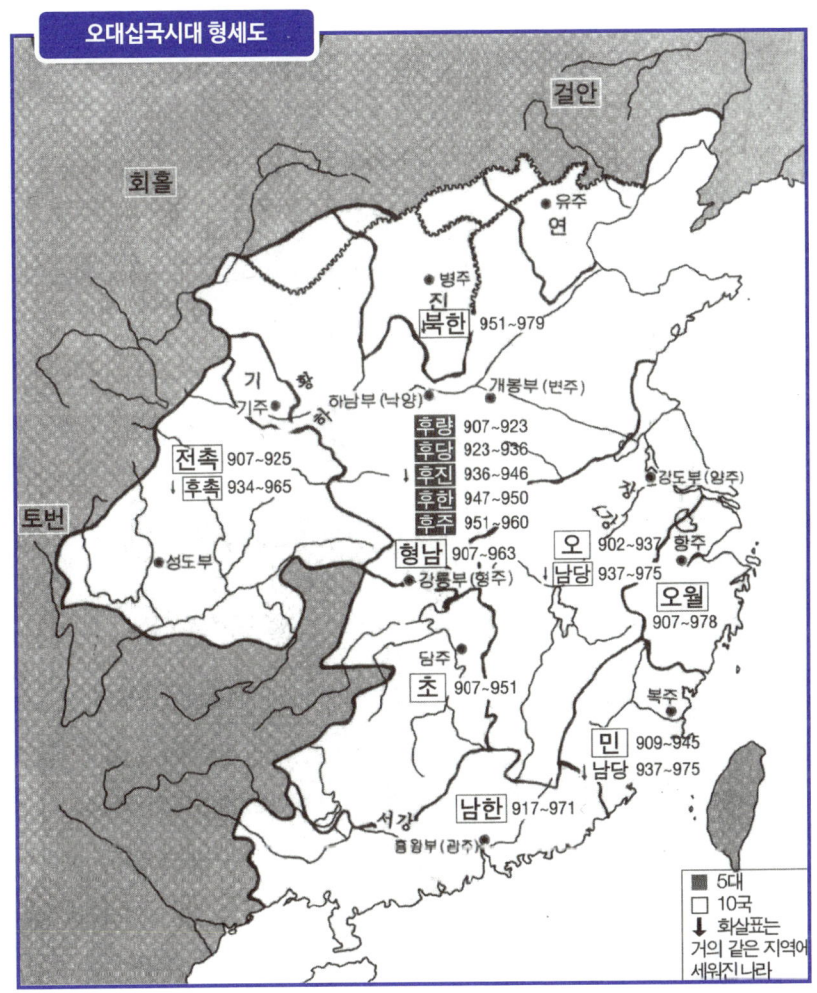

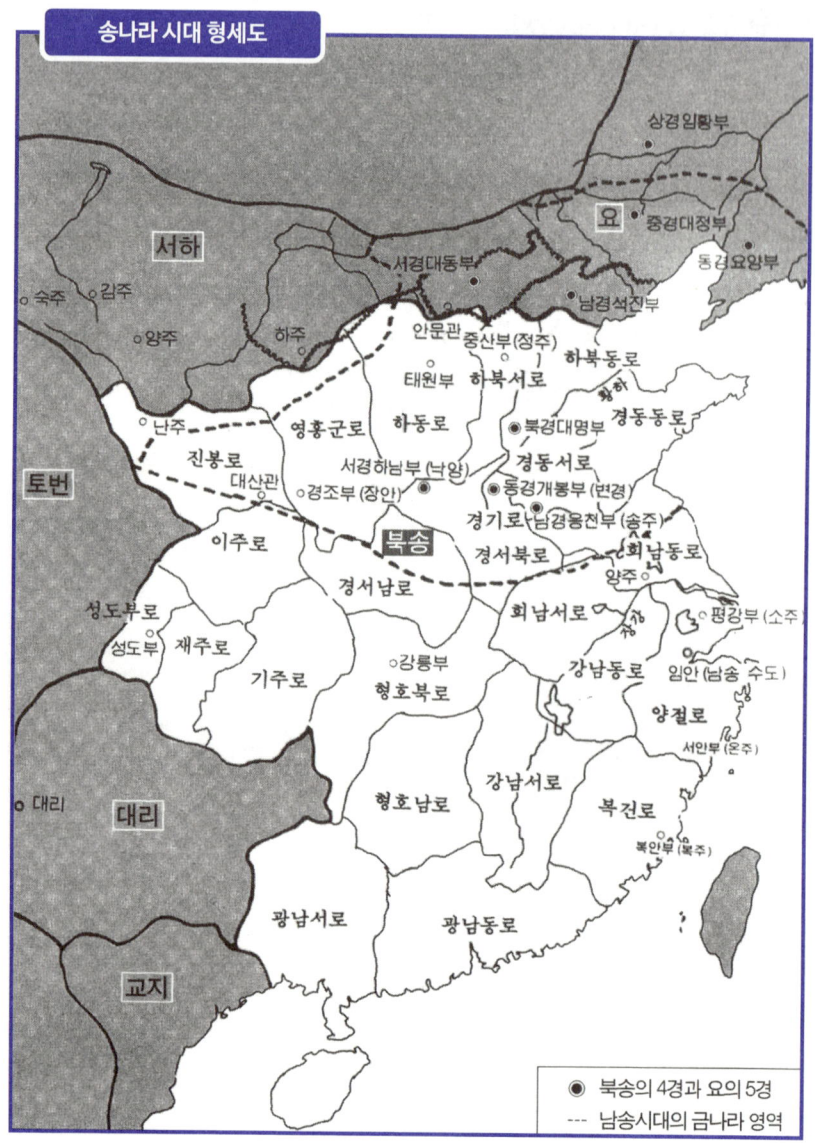

송나라 시대 형세도

상경임황부

요 중경대정부

서하

동경요양부

숙주   김주

양주   하주   서경대동부

남경석진부

안문관 중산부(정주)   하북동로

태원부 하북서로

난주   영흥군로   하동로   북경대명부   경동동로

진봉로   서경하남부(낙양)   경동서로

대산관   경조부(장안)   동경개봉부(변경)

토번   경기로 남경응천부(송주)

복송   경서북로   회남동로

이주로   경서남로   양주   회남서로   평강부(소주)

성도부로   회남서로   임안(남송 수도)

성도부   재주로

기주로   강릉부   강남동로

형호북로   강남동로   양절로

서안부(온주)

대리   강남서로

대리   형호남로   복건로

복안부(복주)

광남서로   광남동로

교지

● 북송의 4경과 요의 5경

--- 남송시대의 금나라 영역

인명 | 중국 고대인물

인명 | 기타

이 책을 엮고 나서

사람은 사랑에 의해 태어나서, 사랑을 먹고 자라고, 서로 사랑을 하다가 결국 사랑을 위해 죽는다. 그런데 많은 사람들이 이 평범한 진리에 온갖 미사여구를 동원하여 혼란에 빠뜨리고, 미혹한다. 그도 그럴 것이 우리가 살고 있는 현실은 사랑 관계로만 맺어져 유지되는 상생관계가 아니라 경쟁관계로 대립각을 세우고 치열하게 살고 있기 때문일 것이다.

삶이란 보기에 따라 정과 사랑에 의해서 사는 것 같지만 그 내부를 들여다보면 서로 이기고 올라서기 위해 치열하게 다투는 살얼음판과 같다. 어떻게든 이기기 위해서 머리를 짜내다 보니 계략과 책략이 난무하여, 서로 속고 속이는 세상이 되었다. 이런 난투극이 극심하게 나타난 때가 중국의 춘추전국시대였다.

중국 역사에서 춘추전국시대란 주나라 평왕이 도읍지를(B.C. 770년) 낙양으로 옮긴(BC 514년) 동주시대부터 진시황이 진秦으로 통일하기 전까지의 시기를 말한다. 춘추시대라는 말은 공자孔子가 노나라 역사를 기록한 연대기 《춘추》에서 유래했으며, 전국시대라는 명칭은 유향劉向이 편찬한 《전국책戰國策》에서 연유된 것이다.

춘추전국시대는 중국이 황하유역을 벗어나 중원의 넓은 영토로 뻗어나가려는 기상이 충일하던 번영의 시대였다. 말하자면 고대의 노예제도가 무너지고 봉건사회가 확립되는 이른바 새로운 사회가 자리잡는 교체기였다.

중국은 주나라 시대에는 일천여 개의 제후국가가 난립되어 있었다. 그런데 차츰 강한 나라가 약한 나라를 통합하여 120여 국으로 재편되었다.

그러다가 나중에는 작은 나라가 큰 나라에 병탄되어 마침내 제齊, 노魯, 정鄭, 송宋, 조曹, 진晉, 초楚, 진陳, 채采, 연燕, 위衛, 진秦 등 10여 개국이 되었다. 그러면서 춘추오패春秋五覇가 탄생되었는데, 제齊나라 환공桓公, 진晉나라 문공文公, 초楚나라 장왕莊王, 오吳나라 부차夫差(혹은 합려闔閭를 넣기도 한다), 월越나라 구천句踐이 그 패왕들이다.

중국인들은 황하 유역을 중원이라 일컬어 왔다. 그들은 11세기부터 강한 문화 우월의식을 가지고 스스로 중화中華, 즉 세계의 중심 국가라고 자부해 왔다. 그러면서 한족漢族 외의 모든 민족은 오랑캐라는 화이사상華夷思想에 빠져 있었다. 자기들 중국 영토가 지대물박地大物博 즉, 땅이 넓고, 없는 물건이 없을 정도로 풍부하며, 깊은 역사와 전통을 가지고 있다고 생각했다. 《36계 병법》은 바로 이런 역사적인 배경을 중심으로 살아남기 위한 수단으로 비책을 찾다 승전자들의 구전을 모아 자연 발생적으로 만들어졌다.

중국은 신화시대로 일컬어지는 요·순시대로부터 시작하여 근 6,000년의 역사를 가지고 있다.

그리고 현군들이 말로만 전해지는 요·순 정치를 실현해 보고자 선정을 펼치고, 태평성대를 이룩하고자 노력했다. 그러나 실권자들이 끝내는 권세에 휘밀려 백성을 도탄에 빠뜨리고, 자신들도 멸망의 길로 삐져들어간 것이 대부분이다.

《36계 병법》은 그런 역사의 흥망성쇠가 이루어지던 때에 전승되었다. 그런데 현대 첨단과학과 정보화시대에 옛 병법이 맞을까하고 의구심도 가졌지만 교묘하게 잘 맞아 떨어졌다. 그러니까 《36계 병법》은 범용 프로그램과 같아서 조건이 까다로운 다른 프로그램에 비해 쉽고 자연스럽게 적용된다.

그래서 크게는 국가 운영, 작게는 개인의 처세 방법을 짚어 보고 새롭게 노약하는데 크게 기여하리라고 믿는다.

《36계 병법》은 한마디로 죽느냐 사느냐 하는 절박한 상황에서 펼치는 전략전술이다. 따라서 내가 살아남기 위해서 적을 이길 수 있는 방법이라면 비록 떳떳치 못한 방법이라 할지라도 찾아내 과감하게 실행했다. 살아남아야 다음을 기약할 수 있기 때문이었다.

21세기는 민족의 벽, 종교의 벽, 문화의 벽을 뛰어넘어 세계가 하나 되는 글로벌 경영시대다. 춘추전국시대와 21세기는 시간적 공간적 차이가 엄청나 고릿적 병법이 이 시대와 걸맞겠느냐고 생각할 수도 있다. 그러나 그렇지 않다. 2,000년 전의 성경말씀이 이 시대에 스테디셀러가 되어 끝없이 인용되듯이 《36계 병법》도 인간의 심리를 꿰뚫어 보는 뛰어난 혜안으로 엮어졌기 때문에 큰 깨달음을 준다.

20세기가 서구문명시대라면 21세기는 동양문화권의 시대로 바로 우리가 속해 있는 아시아시대라고 말할 수 있다. 아시아 하면 동양 삼국으로 한국·일본·중국인데 벌써부터 중국의 경제 폭풍이 뉴욕 증시를 강타하고 있다. 아시아 경제의 회오리바람이 세계를 흔들어 놓고 있는 것이다. 이 가운데 중국 대륙은 벌써부터 세계의 인재를 끌어들이는 블랙홀이라고까지 말하고 있다.

중국이 진秦나라 때 손톱만한 크기에다 수천 자의 글씨를 새기던 재주로 오늘날 첨단기술을 활용하여 새로운 제품을 만들어 낸다면 세계의 경제권을 거머쥐게 되는 날도 그리 멀지만은 않을 것이다. 춘추전국시대의 《36계 병법》을 첨단기술로 다듬어 앞세우고 새로운 형태로서 우리의 옆구리를 찌르며 다가온다면 어떻게 할 것인가?

21세기 후천시대를 열어 가는데 《36계 병법》은 새로운 지평을 여는 21세기의 훌륭한 지혜서다. 그래서 삶의 형태가 다양성과 세분화된 현대에 《36계 병법》을 일신하여 다듬었더니 훌륭한 기업 경영서요, 인간 관리의 지침서이며, 처세학 교과서로 손색이 없어 보인다. 따라서 깨어 있는 국제 감각의 소유자라면 이 《36계 병법》이야말로 빅카드로 쓸 만한 비장의 무기가 될 것이다.

효창원골에서